BOUQUINS

COLLECTION DIRIGÉE PAR

GUY SCHOELLER

GUY BECHTEL
JEAN-CLAUDE CARRIÈRE

DICTIONNAIRE DE LA BÊTISE

et des erreurs de jugement

ROBERT LAFFONT

ISBN : 2-221-08784-4

Oui, la bêtise consiste à vouloir conclure.

Gustave FLAUBERT, Lettre à Bouilhet,
4 septembre 1850.

Il n'y a pas à dire, l'humanité est un peu bête.

François COPPÉE, Le Journal,
26 août 1897.

Préface

ÉLOGE DE LA BÊTISE

Ce serait être bien voltairien, c'est-à-dire bien supérieur, bien présomptueux, que d'avoir passé des années à rechercher mille et mille sottises pour s'en gausser ensuite tout à l'aise et les livrer aux moqueries du plus intelligent des publics. Cette attitude, qui est celle des enfileurs de perles, suppose une sûreté de jugement que nous ne possédons ni l'un ni l'autre.

D'un autre côté, ce serait être bien crédule, à la manière de Bouvard et de Pécuchet, que d'avoir recopié ces nombreuses bévues avec une entière bonne foi, en y voyant scintiller les purs joyaux de la pensée. Cette attitude supposerait une merveilleuse naïveté que nous ne possédons malheureusement pas davantage. Tel est pourtant notre dilemme : passer pour deux esprits pleins d'une morgue absurde, ou pour deux idiots sans danger.

Entre ces deux hypothèses, nous choisissons naturellement la seconde, d'un commun accord et réflexion faite. Qu'il nous soit toutefois permis, à bout de ressources, de plaider l'excuse suprême, celle de la folie.

Oui, cette aventure était si difficile et si périlleuse qu'il fallait que nous fussions fous l'un et l'autre pour nous y lancer sans espoir de retour. Commencé à l'aveuglette il y a quatorze ans, poursuivi par intermittence, traversé de doutes terribles, vingt fois menacé d'abandon, finalement achevé dans une longue fièvre de dix mois, ce livre est incomplet, comme tous les livres. Et cela malgré quelques milliers d'heures passées dans les bibliothèques à lire avec une égale fureur les meilleurs ouvrages, et surtout les pires.

Côte à côte, avec le même acharnement, nous moissonnions par glèbe et par rocaille, nous compilions, nous entassions, estimant jalousement la valeur de nos trouvailles respectives. A deux, il nous est arrivé de lire jusqu'à vingt livres par jour, passant de Gobineau au *Manuel du gradé d'artillerie lourde* et de *L'Entraînement des vélocipédistes* à Tertullien.

Encore heureux si nous avions trouvé quelque chose à glaner : très souvent nous repoussions notre pile de livres ou de brochures avec dédain ; nous regrettions amèrement qu'ils fussent trop intelligents pour nous.

Notre folie, la voilà donc : nous avons aimé jusqu'à la passion les très mauvais livres.

Si nous essayons de nous justifier, un argument assez facile se présente, qu'il faut repousser aussitôt.

Nous n'avons pas, nous n'avons jamais eu l'intention de combattre la bêtise, et cela pour la bonne raison qu'elle est invincible. Même s'il est vrai qu'on ne gagne vraiment que les batailles perdues d'avance, il ne fut jamais question pour nous d'un combat où, chevaliers élus de la bonne cause, nous aurions brandi l'étendard de la clairvoyance.

Bien au contraire. Il ne faut se faire aucune illusion sur les bienfaits intellectuels que pourrait apporter ce dictionnaire. Ils sont tout à fait imaginaires. Jamais le spectacle d'une planche d'anatomie n'a guéri le moindre malade.

Pourtant, certains l'ont cru. *Que de sottises ne dirions-nous pas maintenant, si les anciens ne les avaient pas déjà dites avant nous et ne nous les avaient pas, pour ainsi dire, enlevées ?* En posant cette question, Fontenelle ne disait-il pas une sottise ? Il se montrait en tout cas singulièrement sûr de lui, en oubliant qu'à la différence de l'intelligence, qu'on voit sombrer de temps en temps, la bêtise est inguérissable.

Nous espérons ne corriger personne.

Si ce livre a un premier intérêt, il est tout simplement d'ordre historique. Sur les 6 000 textes que nous avions recopiés, 2 500 sont restés[1]. Des textes dont on ne doit ni se moquer ni s'éprendre ; des textes dont le mérite est d'abord d'exister, d'avoir réellement été écrits et imprimés, comme le montreront les références. Des textes qui ont été lus et qui, eux aussi, racontent l'Histoire.

La bêtise, hélas, c'est d'abord le miroir d'un temps. La rechercher, la traquer même, l'extraire et la présenter, pour fou que cela paraisse, n'est donc pas entièrement inutile, et cette affirmation peut se soutenir d'autant plus aisément qu'elle ne constitue pas un paradoxe.

Dévoiler les sottises d'une époque, c'est sans doute la faire mieux comprendre que par le seul inventaire des splendeurs d'alors. Ou plutôt, les deux façons sont insuffisantes. Nous accordons que si les recueils de sottises se multipliaient, comme les recueils de pensées profondes, ils fausseraient également les perspectives.

Mais voilà trop longtemps qu'on nous présente toutes les sortes de beautés en nous refusant du même coup le meilleur moyen de les apprécier. On a créé des compagnies de beaux esprits, des sociétés d'intelligence, des académies de belles-lettres et des instituts de beaux-arts. Par musées, par bibliothèques, par sélections et collections, on ne nous offre, du passé, que les chefs-d'œuvre.

C'est un mensonge. Dans tous les domaines, l'histoire qu'on nous fabrique ne vit que de morceaux choisis. Elle vole de cime en cime sans que notre regard puisse s'attarder pour quelques instants dans la pénombre fascinante des abîmes. De manuel en manuel elle reprend les mêmes personnages, les mêmes jugements de valeur, les mêmes condamnations légères, les mêmes oublis.

---

1. 3 500 dans la présente édition augmentée.

Elle est l'histoire de l'intelligence, et de l'intelligence seule.

Il y manque beaucoup, et peut-être le principal. Dans ce manichéisme de l'esprit, qui nous dit que le bien doit exclure le mal ? Qui nous dit que le bien n'implique pas le mal, à supposer qu'ils soient distincts ? Comment aimer, comment apprécier un inventeur, un peintre, un philosophe, quand ils paraissent les égaux de dizaines d'autres, réunis sous le toit du même panthéon ? Dans la compagnie de bon ton que forment les recueils et les chrestomathies, il n'y a que du meilleur. Ce sont des catalogues de grand luxe. On ne voit pas comment le goût pourrait se former librement parmi ces génies monotones, ces chefs-d'œuvre paralysés. Il se blase, et c'est tout, dans ce nouveau classicisme — au sens littéral — qui est navrant.

Pour ces raisons, on voit déjà qu'il nous est difficile de souscrire à la phrase d'un fameux franc-tireur : *Nous ne souffrons que d'une chose, la bêtise.* Flaubert, en écrivant ces mots à George Sand, manifestait une vue un peu trop courte des choses et, s'il combattait vaillamment, il n'essayait ni de comprendre ni, à plus forte raison, d'apprécier. C'était aussi montrer de l'ingratitude puisque ce fut à cet adversaire de marque que Flaubert, en partie, dut d'être ce qu'il est. A lui comme à d'autres la bêtise a servi. Après tant d'années de fructueuse coexistence, que voulait-il alors s'en débarrasser ? Il ne mesurait sans doute pas le vide qui suivrait cette disparition.

Imagine-t-on sans frémir ce que serait un monde où, par un miracle fort heureusement peu probable, la bêtise n'existerait plus ? Imagine-t-on que tous les jugements soient justes, toutes les pensées réfléchies, tous les raisonnements logiques ? Que deviendrait l'intelligence, seule dans son désert, abominablement livrée à elle-même ?

Qui ne voit que, sans la bêtise, l'intelligence n'existerait pas ?

Combien plus subtil et clairvoyant se montrait Charles Fourier quand il remarquait : *Si l'on veut faire un instant trêve d'amour-propre, chacun concevra que la meilleure aubaine pour un siècle est d'être convaincu de sottise.* Aubaine dont jouit entre tous le dix-neuvième siècle, *ce stupide dix-neuvième siècle*, comme l'appelait Léon Daudet. Et sans doute ce siècle a-t-il mérité ce titre plus qu'aucun autre. Jamais les moralistes bourgeois, secoués de toutes parts, n'avaient émis d'aussi formidables sottises ni formulé d'aussi stupides prophéties. Jamais les esprits nouveaux, qu'ils fussent utopistes, illuminés, mystiques ou simplement rêveurs, n'avaient accumulé d'aussi peu raisonnables projets.

Et pourtant c'est au cours de ce siècle que tout a commencé. Qui croirait à une coïncidence ?

Non, nous ne souffrons pas de la bêtise. C'est tout le contraire : nous en jouissons, nous en profitons. Pour tout dire, il est évident que la première et grande vertu de la bêtise est d'être féconde.

Dans *cet intelligent vingtième siècle*, nous ne connaissons donc qu'un univers de beautés classées, répertoriées. Cependant, nous dit-on, n'est-ce pas fort bien d'aller ainsi aux œuvres et aux inventions essentielles, aux hommes admirables, à ceux dont la postérité — qui, cela va de soi, n'est jamais bête — reçoit l'image et apprend les leçons ? N'est-ce pas merveilleux que des ouvrages de compilation très éclairés et des musées de plus en plus éducatifs nous offrent tout de suite, et le plus aisément du monde, la fine fleur de ce qu'il faut voir et savoir ?

Notre temps, que l'on croit rapide et qui n'est que pressé, juge tout cela bon. Mais la connaissance de l'essentiel détourne à coup sûr de l'essentiel de la connaissance. On ne sait rien tant qu'on sait par morceaux. Et n'est-il pas clair que cette culture ainsi choisie et limitée n'admet de notre part aucune discussion, qu'il faut l'accepter sans murmure ?

Dans la culture universelle, c'est toujours le droit du plus fort.

Or, qui croirait qu'on peut comprendre l'agriculture au Marché aux fleurs ? Il en est de même dans toutes les disciplines. Comment nous faire sentir la supériorité de Descartes, agréablement présenté d'ordinaire entre Aristote et Spinoza, alors qu'il vécut malheureusement entre Mersenne et Caterus ? Comment nous faire aimer le Hugo de 1830, bien coincé entre Chateaubriand et Lamartine, alors que ceux qui lui disputèrent la palme s'appelaient Viennet et Baour-Lormian ? C'est en énonçant la bêtise et en rappelant la voix des grands bêtes qu'on peut seulement essayer de remettre les choses en place et faire comprendre l'incroyable : que Victor d'Arlincourt ait été en son temps plus célèbre que Stendhal et qu'à l'Académie, M. Biot ait eu le droit de couper la parole aux vrais et grands savants du dix-neuvième siècle.

Dans le feu de l'époque on considère Nonotte autant que Rousseau et Gérôme plus que Manet. Mais rappeler Nonotte et rappeler Gérôme, c'est la meilleure façon de rendre justice aux autres, en disant les luttes qu'ils ont soutenues. Il faut redire la bêtise des oubliés pour faire apprécier le courage et comprendre la fragile grandeur de ceux dont nous nous souvenons.

La bêtise est l'ornement de la beauté, a dit Baudelaire. Il parlait là d'une femme qu'il connaissait, mais ce qui est vrai pour une femme doit être vrai pour tout le reste.

De toute façon, le moment est venu de réclamer à haute voix, dans l'enseignement français, l'institution d'un cours de bêtise. Cela commencera dès l'école primaire. L'étude exclusive des œuvres intelligentes et belles, à moins qu'elle ne décourage, donne une idée très fausse des siècles révolus et à plus forte raison de l'univers qui nous entoure. D'ailleurs on ne peut pas dire qu'elle ait obtenu, jusqu'aujourd'hui, des résultats incomparables. Une réforme s'impose.

L'étude de la bêtise, qui se limiterait à deux ou trois heures de cours par semaine pour ne pas surcharger dangereusement les programmes, outre qu'elle serait plaisante, déchaînerait sans doute l'enthousiasme de la jeunesse, provoquerait de saines réactions et des vocations désintéressées. Non contents de citer à tout propos Sainte-Beuve et Paul Valéry, les jeunes élèves, découvrant émerveillés les trésors obscurs de notre héritage, orneraient leurs compositions françaises de citations de Puthod, Grégoire, Debay, Francon, Bérillon, Mgr Fèvre, Filadelf Gorilla[1].

1. Ce sont quelques-uns de nos meilleurs auteurs. En ce qui concerne Filadelf Gorilla, il s'agit sans doute d'un pseudonyme.

Nous tenons sérieusement que ces quelques heures, plus que toutes les révolutions de ministres, suffiront à transformer enfin nos écoles et nos lycées en pépinières de bons esprits.

Plus tard, il faudra naturellement envisager la création d'une épreuve de bêtise dans les examens du secondaire, ainsi que d'une licence et d'une agrégation de bêtise.

D'avance, nous nous inscrivons.

On le voit, ce fut d'abord par réaction que nous nous jetâmes dans l'aventure, par réaction et par refus. Il s'agissait de refaire à l'envers toute notre éducation, d'acquérir une anticulture. Les façades officielles cachaient la bêtise comme une honte. Nous voulions savoir ce qu'il en était. Mais les découvreurs trouvent souvent autre chose que ce qu'ils sont venus chercher.

Nos premières recherches, encore tâtonnantes, nous révélèrent un océan d'ouvrages malheureux, ouvrages de tous les siècles, de tous les auteurs, une matière inépuisable, infiniment renouvelée, surprenante, divertissante, exaspérante, bouleversante. Un débord de bêtise, coulant de toute part, si bien qu'il nous parut impossible de capter à la fois tant de vagues et de flots. Au moins nous espérions fournir, sur tous les sujets, des échantillons convenables.

Nous nous mîmes au travail, un peu au hasard, sans savoir au juste quelle route suivre, et d'abord nous nous estimions satisfaits lorsque nous avions ri de bon cœur. Ensuite s'élevèrent les premiers doutes. Le sujet se montrait d'une difficulté déconcertante. Qu'était-ce au juste, la bêtise ? La bourde à course de plume, l'injure imméritée, le pataquès, la gaffe, la logique excessive, l'imagerie sans frein, le pari stupide, la simple idiotie, l'hypocrisie, l'aveuglement, la haine, l'esprit de parti ?

Elle était tout à la fois, et bien plus encore. Il nous fallait donc tout recueillir, bien décidés à opérer plus tard une très rigoureuse sélection. Quant à dire en peu de mots ce qu'est la bêtise — qui n'est ici, on s'en doute, qu'un mot pris pour un autre — nous y avons très vite renoncé. Ou plutôt, cet ouvrage n'est qu'un essai de définition, et même un effort pour cerner un phénomène plus général, au-delà des vocables. Un travail d'approche, par sapes et contre-sapes, autour d'une gigantesque inconnue.

Lecture faite, cette inconnue, la définisse qui pourra.

Un long sous-titre a déjà prévenu. A côté d'exemples qu'on pourrait appeler conventionnels, on trouvera des textes beaucoup plus difficiles à juger, allant de la simple erreur au galimatias, de la baliverne au délire immense. Ici quelques auteurs modestes, à la grammaire évasive, donnent dans le phébus et l'ampoulé ; là ce sont des échappées malheureuses ou de navrantes cacographies ; mais ailleurs encore, impromptu, à la grande loterie de l'ordre alphabétique, on tombera souvent sur un texte absolument inqualifiable, venant de loin, portant depuis des siècles un message inouï. Qu'on ne se fie donc pas à une simple lecture.

Mêlés, on reconnaîtra des descriptions du monde anodines, voire aimables (cf. les articles *Harmonies de la nature, Couleurs, Providence*) et des raisonnements sur l'homme véritablement atroces, d'un humour accidentel du plus beau noir, d'une cruauté inimaginable (cf. *Juifs, Nègres, Ouvriers, Pauvres,* etc.). On trouvera aussi, à côté de balourdises récréatives, les affirmations biographiques les plus saugrenues, et cela pour des personnages fort différents (cf. *Adam, Jésus-Christ, Napoléon*). Dans tous ces textes, on remarquera que certaines formes de raisonnement franchissent allégrement les siècles et qu'on les retrouve très près de nous : la bêtise doit beaucoup aux copistes mais, à y bien réfléchir, la si traditionnelle intelligence leur est-elle moins redevable ?

On notera enfin la présence de nombreuses signatures célèbres, de Voltaire à Renan et de Bossuet à Flaubert lui-même.

Qu'on ne croie pas, devant cette diversité, que nous avons conçu ce livre comme un vaste fourre-tout, à notre convenance. Si nous avons beaucoup supprimé, c'est pour conserver à tous ces textes quelque chose de commun, mais non point peut-être ce qui apparaît au premier regard. Quel lien, quel caractère les réunit ? *Peut-être de refléter les faits, les idées ou les hommes qui n'ont pas été retenus par l'Histoire.*

On se tromperait donc lourdement à penser que voici un dictionnaire des idées reçues. Tout au contraire, il s'agit de celles qui ont été rejetées, de celles qu'on veut à force nous faire oublier. Cela à tort ou à raison. Chacun peut en débattre avec lui-même.

La bêtise — ainsi conçue au sens très large de tout ce qui est frappé d'une merveilleuse irréalité — devient à la limite ce qui est parfaitement original. Les idées reçues, ce sont les grands noms et les grands textes, ce sont les leçons de récitation de notre enfance et les phrases gravées à la face des monuments, à la pile des médailles. On trouvera ici, à l'inverse, sous la plume de chercheurs maudits, de penseurs obscurs, des paris qui n'ont été tentés qu'une fois, des maximes que personne n'oserait répéter aujourd'hui.

Au bout du compte, la grande bêtise, la bêtise admirable est *rare.* C'est pourquoi cet ouvrage, loin d'être cruel, ne jette la pierre à personne. Nous affirmons qu'il est nourri d'inestimables pensées. On ne s'étonnera pas d'y trouver ceux que l'on admire, à plus forte raison de s'y trouver soi-même.

Ce livre, aux proportions trop modestes, est un hommage à la plupart des auteurs que nous citons. En effet, s'ils n'avaient été que sots, qu'idiots, ils ne seraient point là. Ils possédaient en plus cette qualité première, qui est l'agressivité. D'où ces textes insolents, provocateurs, hargneux, des textes qui dérangent, qui mettent mal à l'aise, qui obligent, bon gré mal gré, à sortir des sentiers battus (cf. *Guerre, Haine, Folie, Tolérance,* etc.).

Il valait mieux, de toute façon, provoquer le rire ou l'indignation que l'indifférence.

Alors, de quel droit condamner ces auteurs à la poussière ?

Comment ! Un homme a deviné le langage secret de la lune, et ce message essentiel est perdu ? Un médecin a très longuement expliqué les causes de la mort du Christ, qui ne sont pas celles qu'on croit, et ces révélations sont restées lettre morte ? Quoi ! Un historien a découvert que la hauteur des Pyramides est due à un défaut de la vision très commun chez les Égyptiens, et cette hypothèse est abandonnée ? Un chercheur solitaire a trouvé, par illumination divine, l'appareil qui protège du mal de mer, et il ne reste aucune trace de cette invention ? Est-ce possible ? Un philanthrope a proposé d'employer les aveugles de guerre à mirer des œufs, et rien n'a été fait ? Un auteur a prouvé que les Anglais sont tous des Juifs par le fait même que le mot *Saxon* n'est que la déformation très évidente d'*Isaac's son*, et cette théorie est tombée dans l'oubli ?

Honnêtement, n'y a-t-il point scandale dans cette conspiration du bâillon ? Ils sont ainsi plus d'un millier, réunis dans les pages qui suivent. Et des milliers dorment encore.

On trouvera ici, cela devrait aller sans dire, des textes qui politiquement sont à gauche et à droite, religieusement pour et contre les divers dogmes, socialement partisans et adversaires du progrès, mais présentant tous un air de famille. Qu'on ne pense pas que nous donnons le monopole de la bêtise à une école, à une chapelle ou à un parti.

Cependant il serait faux de dire que ce dictionnaire est entièrement — et prudemment — négatif. En citant telle ou telle page, en lui donnant droit d'accès dans ce livre, nous essayons aussi d'exprimer notre opinion, qui est en général contraire. Nous en sommes parfaitement conscients et nous acceptons cette responsabilité.

Nous n'avons pris que peu de textes très anciens. A cette distance-là, notre intention n'étant évidemment pas d'enregistrer la longue liste des erreurs préscientifiques, il est difficile de distinguer ce qui relève de la fable, de l'ignorance ou de la paresse d'esprit. Il eût été trop facile de recueillir dans les grimoires d'innombrables recettes où le manque de connaissances, quand il ne s'agissait pas d'une volonté délibérée d'ésotérisme, eût passé, avec un coup de pouce, pour de la crétinerie.

L'ignorance n'est jamais la bêtise. Est-ce par générosité, est-ce par conviction ? En tout cas, pour choisir les textes et les marquer des lettrines faussement infamantes de notre dictionnaire, nous avons tenu pour assuré ce principe : il n'y a pas faute d'un auteur à ignorer ce que personne ne sait.

Ainsi il serait absurde de citer les textes anciens soutenant, par exemple, que la terre est plate, ovale, cubique ou trouée de part en part. En revanche, *après* Galilée comme *après* Newton, il nous sembla intéressant de connaître les sottes arguties des détracteurs de l'attraction universelle ou du mouvement terrestre. Au demeurant, si Pline figure dans ce livre, c'est pour la raison qu'à son époque il amusait déjà beaucoup. Compilateur honnête et laborieux, s'il n'inventait pas, il rapportait un peu n'importe quoi, et ses contemporains le tenaient justement pour crédule. On sait qu'il a toutefois fait école. Ce ne fut pas la moindre de nos surprises de voir que certaines de ses affirmations les plus fantaisistes, invétérées dans les esprits pendant des siècles, avaient encore cours il y a quelques années.

Tout est dans Pline — et réciproquement.

De même, si nous nous sommes arrêtés en cours de route, vers les années 1925-1930, ce n'est pas, comme on pense, par défaut de matière. La formidable explosion de bêtise qui a marqué le dix-neuvième siècle, quand les cadres traditionnels de la pensée et du raisonnement éclatèrent tous ensemble, n'a pas cessé de soulever des montagnes dans le premier quart du vingtième. Loin de là. Mais nous devions limiter notre travail, si nous ne voulions pas y passer notre vie ; de surcroît, il faut quelque recul pour tirer juste[1].

Nous avons dit que la bêtise était utile, qu'elle était féconde, qu'elle était rare. Nous souhaitons que ces textes rendent service, nous souhaitons aussi qu'ils amusent, qu'ils irritent, qu'ils intéressent.

Nous souhaitons même que, bien au-delà de ces premiers plaisirs, ils livrent l'entrée d'un pays sans frontière où personne ne sait plus vraiment où finit la bêtise et où commence une beauté nouvelle.

Oui, la bêtise — une certaine bêtise au moins — est belle. Et quand elle est belle, il n'est peut-être rien de plus beau. Elle peut se piquer de fantaisie jusqu'à la démence, d'entêtement jusqu'à l'aberration. Elle est ainsi d'une aveuglante beauté lorsqu'elle se tient, arrogante et comme obstinée, sur les limites indécises de la déraison, de la démesure et naturellement de la poésie.

Quand, voulant prouver que partout les animaux se détachent par leur couleur sur le fond naturel, sol ou végétation, Bernardin de Saint-Pierre en arrive à affirmer que, dans les régions polaires, les ours blancs contrastent vivement sur la neige par la noirceur de leur museau, on peut sourire de tant d'acharnement à défendre une thèse, mais l'idée porte une part de génie. On peut rêver longtemps de ce monde malheureusement irréel, recréé, où même les melons étaient intelligents.

Ce qui n'atteint pas le sublime peut encore être une beauté, mais ce qui le dépasse est à coup sûr une sottise, disait avec un bel aplomb Joseph de Maistre, un de nos bons auteurs. Et qui ne comprend maintenant qu'il avait tort ? Pourquoi la sottise ne serait-elle pas belle, elle aussi, et même sublime ?

Par l'esthétique qu'elle apporte, elle est même aujourd'hui l'unique recours, et ce sera notre péroraison. Un recours riche d'espérance pour l'avenir, car une certaine bêtise, si elle n'est pas l'Histoire, raconte toujours de très belles histoires, et d'une façon toute nouvelle. Il suffit peut-être d'écouter, de s'inspirer, d'ouvrir ce qu'un autre de nos auteurs appelle *les cataractes de l'imagination*. En ce sens, il y a un romantisme de la bêtise, qui pourrait bien un jour nous mener à l'abandon de nos vieilles habitudes et, avec un peu de chance, renouveler la sensibilité des générations qui nous suivent.

Le temps des raisonnables est, en effet, bien menacé. Il va craquant de toute part. Contre ces maîtres d'hier se lèvent des adversaires qui sont pourtant de la même farine, des logiciens plutôt farauds qui cataloguent les exceptions au lieu des règles, en comptant lentement, jalousement.

Or, ce n'est pas du positif au négatif, du blanc au noir qu'il faut passer pour aller de l'avant. Ce serait trop simple. Il nous faut au contraire retrouver le foisonnement de toutes les couleurs, l'enchevêtrement délicieux de la palette.

---

1. Cette édition augmentée couvre en fait l'époque contemporaine jusque vers 1980 environ, avec quelques incursions dans les jours actuels.

Où trouver les pinceaux, les sujets ? Renonçant à serrer les règles et les rangs, l'intelligence en péril gagnerait immensément à porter plus d'attention à tous les monstres, grouillant maintenant autour d'elle, venus des imbéciles profondeurs ; grouillant en elle, venus de son propre tréfonds.

Entre toutes les écoles, qui sait s'il ne faut pas encore une fois choisir l'homme ? Tout l'homme, et non point seulement les régions éthérées de son être, vieilles croûtes, vieilles miettes.

La bêtise, cette promesse, est dans l'homme comme le noyau dans le fruit : un caillou inconsommable, et pourtant, invisible, le seul espoir d'un printemps.

Il ne s'agit pas d'écrire des livres bêtes, ce qui n'est pas à la portée de tout le monde, mais d'apprendre la nécessaire générosité sans laquelle on attendra longtemps le renouveau. De préserver le droit à la bêtise, à savoir la liberté, sans lequel l'univers scientifique et ordonné de demain ne connaîtra, en fait de rigueur, que la *rigor mortis*.

La bêtise, dans certains cas, la vraie bêtise, la grande bêtise, celle qui dépasse toutes les bornes et brise toutes les raisons, constitue une richesse secrète mais fabuleuse de ce que nous appelons encore, faute de mieux, l'esprit humain.

Guy BECHTEL et Jean-Claude CARRIÈRE
Paris, juin 1965.

A

ABEILLES
• On leur a beaucoup prêté :
L'odeur des écrevisses, si l'on en fait cuire dans le voisinage, les fait mourir.

PLINE, *Histoire naturelle*, 78 apr. J.-C.

Celui qui a couché avec une femme est mordu le lendemain s'il s'approche d'une ruche.

SCALINGER (1540-1609), cité *in* César de Rochefort, *Dictionnaire général et curieux*, 1685.

ABSINTHE
• A recommander :
Est-il vrai que l'absinthe soit la liqueur dangereuse, la liqueur funeste, la liqueur pernicieuse par excellence ? Faut-il la proscrire au nom de la morale, au nom de la santé publique ?... L'absinthe est-elle une source de dépérissement et d'abrutissement ? C'est ce que j'ai voulu examiner avec l'attention la plus soutenue, froidement, en juge équitable qui désire avant tout s'éclairer. Pendant plusieurs mois, j'ai recueilli des renseignements, interrogé des savants, multiplié les expériences et les analyses chimiques, et après une enquête patiemment prolongée, je viens soutenir, pièces en main, que l'absinthe est une boisson salutaire, cordiale et stomachique.

Henri LIERRE, *La Question de l'absinthe*, 1867.

ABSOUTE
• Au dernier moment, une hésitation :
« Mon père, me dit-elle avec humilité, j'ai été menteuse, voleuse, débauchée, sacrilège et adultère. — Ma fille, répondis-je, j'hésite à vous donner l'absoute. »

Marcel ARNAC, *Saint-Lettres*, roman, 1926.

ABSTINENCE
• Les bienfaits qu'elle procure :
L'abstinence a guéri souvent les incommodités de Charlemagne ; et c'est presque elle seule qui pendant sa vie fut le remède pour toutes ses maladies ; et la même abstinence le mit enfin dans le tombeau.

Nicolas VENETTE, *La Génération de l'homme, tableau de l'amour conjugal*, édition de 1690.

ACADÉMIE DES INSCRIPTIONS ET BELLES-LETTRES
• A des loisirs :
L'Académie des Inscriptions et Belles-Lettres, qui est à l'Académie française ce que l'accordéon est à la musique, a levé la séance parce qu'elle n'avait rien à faire.

Le Journal, 26 août 1900.

ACCENT
• Il peut révéler bien des choses :
« Vous n'avez pas froid, ma chère Jenny ? s'inquiète le jeune homme avec empressement. — *No, dear*, répondit celle-ci avec un léger accent qui dénotait une origine étrangère. »

Guy DE TERAMOND, *Je sais tout*, juillet 1933.

ACCENT MÉRIDIONAL
• A failli nous priver d'Andromaque :
Ce que nous appelons l'accent méridio-

nal (l'assaint) n'est autre chose que l'accent propre de la langue d'oc transposé par le méridional francisant dans la langue française. Cet accent suffit à détraquer pour son oreille le système délicat et fragile des sons de notre langue, à bousculer toutes les valeurs phonétiques et rythmiques qui sont le corps d'un vers français... Ce n'est pas une question de sang et de race mais une question d'oreille. Si à l'âge d'un an les parents du petit Racine l'avaient envoyé chez son oncle d'Uzès et s'il y était resté jusqu'à quinze ans, il n'y aurait pas de poésie racinienne.

Albert THIBAUDET, *La Nouvelle Revue française*, 1er septembre 1920.

ACCOUCHEMENT SANS DOULEUR

• Nettement satanique :

Appris une curieuse monstruosité. Il y a des femmes qui se font *endormir* pour échapper aux douleurs de l'enfantement. Cela me rappelle la grande dame du XVIIIe siècle, qui se soûla pour mourir. Mais cette nouveauté est peut-être plus démoniaque.

Léon BLOY, *Journal*, 27 juin 1908.

ACCOUPLEMENT

• Comment un grand savant français rapprocha une poule et un lapin, et ce qu'il espérait de cette union :

Il a été beaucoup parlé dans Paris, il y a quelques années, d'amours tout autrement étranges que celles d'une canne et d'un coq, des amours d'une poule et d'un lapin.

Le lapin et la poule me furent aussi apportés dès le lendemain 24 juin. Je les logeai dans un lieu où j'avais la commodité de les observer souvent sans les troubler, dans une garde-robe où on entre par le cabinet où je travaille, et dans laquelle je pourrais voir ce qui se passerait sans y entrer [...]

Jusqu'au 28, ils me parurent d'une parfaite indifférence l'un pour l'autre ; le changement de lieu les avait apparemment troublés et occupés ; mais le 28 à cinq heures et demie du matin, je vis le lapin s'approcher de la poule, placer son corps le long d'un des côtés de celle-ci ; un instant après, laissant ses pattes postérieures à terre, il fit faire un saut, avec la légèreté propre aux lapins, à sa partie antérieure sur le dos de la poule qu'il saisit avec ses deux pattes de devant, à l'origine de l'une et de l'autre des ailes ; il approcha ensuite le plus qu'il put la partie postérieure de son ventre du derrière de la poule, et fit faire à cette partie de petits mouvements très prompts, dont la fin n'était pas équivoque. Il ne lui fut permis de rester en cette posture que pendant un temps extrêmement court, la poule n'était pas disposée à se prêter à ses caresses ; elle n'avait que peu plié ses jambes, elle alla en avant et lui échappa.

Le 29 ne fit voir aucune agacerie de la part du lapin, je dis de la part du lapin, car la poule se conduisit toujours en poule modeste.

[...] Le lapin cessa des poursuites qui lui avaient si mal réussi, pendant près d'une heure, après laquelle ses accès de tendresse le reprirent ; vers les sept heures, il se rapprocha de nouveau de la poule, qui un peu auparavant avait cocoté, mais très doucement ; elle était au milieu de la chambre lorsqu'il porta la partie antérieure de son corps sur le dos de celle-ci avec une nouvelle ardeur ; il sut s'y mieux cramponner peut-être qu'il n'avait fait jusqu'alors, ou peut-être que la poule n'avait plus la même envie de le fuir ; elle fit pourtant quelques pas en avant, mais assez lents, et ayant ses jambes un peu fléchies. Le lapin passionné tint ferme et ne l'abandonna pas, aussi le moment où elle allait consentir à être subjuguée était-il proche ; elle s'accroupit comme fait toute poule qui après avoir fui devant le coq consent à souffrir ses caresses ; elle permit au lapin de se poser comme il le voulait ; il laissa ses deux jambes postérieures à terre, et disposa son corps tout du long du dos de la poule, dont la queue se trouva jetée, par la pression des cuisses du lapin, sur le côté gauche ; enfin la poule devint pour lui une lapine ; il resta sur elle en action quatre à cinq fois plus de temps qu'un coq n'y fût resté. [...] Si une poule était capable de honte, et que la nôtre eût connu l'état dans lequel les caresses du lapin la mettaient, elle n'eût osé se montrer à coq quelconque ; elle était tout autrement chiffonnée qu'il ne semble permis à une poule de l'être [...]

Ce qu'on était au moins aussi curieux de savoir, c'est quels seraient les produits d'une union si bizarre. On aurait voulu, et je l'eusse bien souhaité aussi, qu'elle nous eût valu des poulets vêtus de poils ou des lapins couverts de plumes.

[...] On réussirait probablement à avoir des œufs de quelque autre poule trouvée agréable par un lapin, et à qui le lapin ne déplairait pas, en les faisant habiter l'un et l'autre seuls dans une loge pendant plusieurs mois, et surtout si on les mettait ensemble très jeunes : la nôtre et son lapin étaient déjà âgés lorsqu'ils commencèrent à se connaître.

René-Antoine de RÉAUMUR, *Art de faire éclore et d'élever en toute saison des oiseaux domestiques de toutes espèces*, 1749.

ACCROISSEMENT DÉMOGRAPHIQUE

• Un grand merci aux responsables :
La population de l'URSS s'accroît beaucoup plus vite que celle des états capitalistes. C'est là le résultat de la victoire du socialisme, de la suppression de l'exploitation de l'homme par l'homme, du développement méthodique du bien-être des travailleurs et de leur culture, de la sollicitude permanente du pouvoir pour la santé des citoyens.

Georges COGNIOT, *Petit Guide sincère de l'Union soviétique*, 1954.

ACTE SEXUEL

• Les communistes ne sont pas moins exigeants que le catholicisme :

Sans la conscience de classe, l'acte sexuel ne peut pas apporter de satisfaction, même s'il est répété à l'infini.

Aldo BRANDIRALLI, secrétaire du Parti marxiste-léniniste italien, cité *in* Cerf et Navasky, *Paroles d'experts*, Acropole, 1989.

ACTEURS

• Des êtres infâmes :
On ne peut cependant pas ordinairement excuser de péché mortel ceux qui composent ou représentent sur le théâtre des comédies ou des tragédies même peu obscènes, parce que le danger est inséparable de ce genre de divertissement et qu'il en résulte le scandale pour autrui. C'est pour cette raison que le concile d'Arles, tenu en 314, par son canon 5, prononce l'excommunication contre les acteurs et les actrices qui ont été jusqu'ici, au moins en France, regardés comme des êtres infâmes ; aussi les sacrements de l'Église ne leur sont-ils pas administrés, même à l'article de la mort, à moins qu'ils ne fassent la promesse de renoncer à leur profession... C'est pourquoi je n'accorderai pas l'absolution aux acteurs et aux actrices, même à l'article de la mort, à moins qu'ils ne promettent de renoncer à leur profession.

Mgr BOUVIER, *Le Manuel des confesseurs*, 1842.

• Condamnés au vice :
Et l'exemple des comédiens et des comédiennes dont l'état, excepté à Athènes, a toujours été en déshonneur à cause de la vie licencieuse dont il lui est si difficile de se garantir, ne sera-t-il pas une peste dans la république ? La femme qui se montre sur ces tréteaux n'a-t-elle pas déjà perdu la pudeur, et, dans les imitations de la scène, la jeune fille peut-elle rester vertueuse ?

Abbé LE NOIR, *Dictionnaire des harmonies de la raison et de la foi* (article Spectacles), 1856.

• Victimes de leur anatomie :
Qu'est-ce qu'un acteur auprès d'une actrice ? Rien ou fort peu de chose. Dieu, en faisant la poitrine plate à l'homme, lui a évidemment interdit les plus beaux mouvements oratoires.

Alphonse TOUSSENEL, *Le Monde des oiseaux*, 1853.

• A la merci des fluides :
Si les acteurs sont si souvent malades et s'ils meurent de bonne heure, cela provient de ce que sur la scène où ils jouent, ils reçoivent tous les rayons ou fluides différents des personnes qui les regardent. Cette concentration de rayons sur la personne qui est le point de mire a pour résultat de pénétrer dans son sang et de l'affaiblir en le décomposant. Si les acteurs ont besoin

de se précautionner de ces accidents, ils n'auront qu'à se frotter les parties du corps avec une pommade ou une huile adoptées pour amortir les fluides électriques, comme les gladiateurs dans les temps jadis avant qu'ils aillent combattre.

J. PUTHOD, *La Vérité*, 1874.

• Réveillent le singe en nous :
Lorsque vous pleurez, c'est le singe qui pleure chez vous ; et plus grand est l'acteur, plus il remue chez vous cette bête, le singe... Talma, Rachel, Kean, Rossi, Sarah Bernhardt n'ont fait que fouiller dans la nature humaine, y découvrir la bête, le singe, et, l'attrapant par les pattes par une force surhumaine, le jeter et l'étendre sur la scène !

Filadelf GORILLA, *L'Homme, singe dégénéré, notes et impressions d'un singe*, 1893.

• Des conseils pour les habiller :
Charles Boyer joue bien mais Marlène est affublée de robes idiotes. N'a-t-elle pas des jambes de sirène ? Alors, pourquoi ne portait-elle pas short et pull-over ?

Le Journal, 8 avril 1938.

ADAM

• Créé à sa propre image :
Quand Dieu voulut créer l'homme, il se revêtit d'un corps humain, parfaitement beau, et forma sur ce modèle le corps d'Adam.

Félix ACCORAMBONI dit EUGUBINUS, médecin italien (vers 1550-1622), cité in *Diversités curieuses*, IX, 1720.

• De son premier mot :
A l'aspect du Très-Haut, sitôt qu'Adam [parla,
*Ce fut certainement l'*A *qu'il articula.*

Antoine DE PIIS, *Harmonie imitative de la langue française*, 1788.

• De sa barbe :
Le père du genre humain eut une barbe dès le premier instant de son existence. Tous les hommes, avant le déluge, en avaient aussi.

Justini VALERIANUS VANNETTI, *Barbalogia, sive dissertatio de Barba*, Roveredo, 1760 (réponse à un ouvrage de Van Helmont, pour qui Adam avait été créé sans barbe).

• Seuls les Blancs descendent de lui :
Qu'Adam soit l'auteur de notre race blanche, il faut l'admettre certainement. Il est bien clair que les Écritures veulent qu'on l'entende ainsi [...].

Comte DE GOBINEAU, *Essai sur l'inégalité des races humaines*, 1853-55.

• Seuls les Juifs descendent de lui :
Le sixième jour de la création du monde, Dieu créa en même temps et au même jour des hommes et des femmes par toute la terre. Longtemps après, Dieu forma Adam, pour être le premier homme de son peuple, c'est-à-dire des Juifs.

Isaac DE LA PEYRERE, *Praeadamitae sive exercitatio super versibus 12, 13 et 14 capitis V Epistolae D. Pauli ad Romanos*, 1655.

• Il parlait le flamand :
Adam est la même chose que Hath-Dam, une *digue* opposée aux flots de l'*Envie*, ce nom ayant été donné au premier homme pour l'avertir de résister à l'envie du serpent. Eva, c'est Eu-Vat, le *Vase* dont le *siècle*, ou le genre humain, est sorti ; ou bien Eet-Vat, le *vase du serpent*, parce que le Verbe devait naître d'elle pour conclure avec les hommes l'alliance qui les a sauvés.

Jean VAN GORP BECAN, *Origines Antverpianae, sive Cimmeriorum Becceselana novem libros complexa*, 1569, cité in *Bizarre*, avril 1956.

• Il parlait le bas-breton :
Quelle langue parlaient Adam et Ève dans le paradis terrestre ?...

La Basse-Bretagne a donné naissance à plusieurs érudits qui n'admettent pas que la langue primitive soit autre que le bas-breton. Le Brigant est du nombre ; il disait sérieusement, pour concilier son système avec l'étymologie du nom d'Adam et de celui d'Ève, qu'ayant failli s'étrangler en avalant la fatale pomme, Adam aurait dit : *a tam !* (quel morceau !) et qu'Ève lui aurait répondu *ev !* (bois !).

Curiosités philologiques, géographiques et ethnologiques, par une Société de gens de lettres et d'érudits, 1855.

• Les nouveau-nés l'invoquent toujours :
Gaspard Schott, auteur érudit mais fort singulier, dit, dans son ouvrage *De Secretis naturae*, que l'enfant apporte en naissant

le visage tourné vers la terre comme un coupable. Son premier cri en paraissant au grand jour est OA ; celui de la mère est OE. Ainsi rien n'est plus facile que d'expliquer ces sons significatifs : OA ne peut se rendre autrement que par : « Ô Adam ! pourquoi avez-vous péché ? » Et OE veut dire : « Ô Ève ! pourquoi avez-vous induit en erreur notre premier père ? »

G. P. PHILOMNESTE, *Amusements philologiques*, 1842.

• Hermaphrodite :

Antoinette Bourignon assure avoir connu par ses révélations qu'Adam, avant son péché, produisait son semblable sans secours de femme, ayant dans son ventre le principe des deux sexes, c'est-à-dire des vaisseaux, dont l'un produisait de petits œufs, et l'autre une liqueur qui rendait ces œufs féconds. Et quand l'homme s'échauffait dans l'amour de son Dieu, le désir qu'il avait de voir d'autres créatures qui l'aimaient, et adoraient sa suprême majesté, faisait répandre par le feu de cet amour cette liqueur sur un ou plusieurs de ces œufs, avec des délices inconcevables. Cet œuf sortait par une espèce de nez et ensuite on voyait éclore un homme parfait.

Diversités curieuses, IX, 1720.

• L'opinion de Lorédano :

Dieu voulut qu'Adam dormît, quand il forma Ève de sa côte, parce qu'en recevant une femme il allait perdre tout repos...

La terre dont Dieu se servit pour former le corps d'Adam était rouge, ou plutôt elle devint rouge dès qu'il la toucha, par le respect qu'elle portait à son maître.

Jean-François LORÉDANO (1606-1651), *La Vie d'Adam, traduction du chevalier de Mailly*, 1695.

ADULTÈRE

• Des précisions qui ont leur sens :

L'adultère comme son nom l'indique, dit saint Thomas, 22, q. 154 art. 8, consiste à entrer dans le lit d'autrui. Il peut être commis de trois manières :

1. Entre un homme marié et une femme libre ;
2. Entre un homme libre et une femme mariée
3. Entre un homme marié et la femme d'un autre.

Mgr J.-B. BOUVIER (1783-1854), *Dissertation sur le sixième commandement*, 2.

• En effet, il y a une gradation :

Il suit de là que les relations (littéralement faire la chose) entre un homme marié et une femme libre constituent un péché de luxure d'une gravité spéciale ; mais beaucoup plus grave, si elles ont lieu entre un homme libre et une femme mariée, à cause du danger d'introduire des étrangers dans la famille. Il est surtout beaucoup plus grave si les relations ont lieu entre deux personnes mariées, parce qu'il en résulte un double adultère. Ces circonstances doivent donc être dévoilées dans la confession.

Mgr J.-B. BOUVIER (1783-1854), *Dissertation sur le sixième commandement*, 2.

• Mais pour les rigoristes, l'adultère existe même entre mari et femme :

Adultère est celui qui est trop ardemment amoureux de sa femme.

Saint JÉRÔME (vers 347-420).

• Toutefois, il y a des accommodements avec certains pères :

Si quelqu'un entretient des relations coupables avec une femme mariée, non parce qu'elle est mariée, mais parce qu'elle est belle, faisant abstraction de la circonstance du mariage, ces relations, d'après plusieurs auteurs, ne constituent pas le péché d'adultère, mais simplement impureté.

Abbé MOULET, *Compendium à l'usage des séminaires*, 1843.

• Un texte laïque, tout aussi préoccupant :

Des relations sexuelles illicites peuvent être mortelles pour une personne cardiaque. Selon le Dr Leonore R. Zohman, les relations sexuelles entre mari et femme ne sont pas plus fatigantes que de monter deux étages ou descendre rapidement dans la rue. Par contre, les relations sexuelles illicites provoquent une grande tension du cœur à cause de l'émotion qui résulte d'une conscience coupable et du souci de se montrer à la hauteur. Une étude faite au Japon a montré que, sur dix décès subits pendant des relations sexuelles, huit sont parvenus au cours de relations illicites.

Réveillez-vous, Journal des Témoins de Jéhovah, 22 août 1974.

ADVERBE

• Du bon usage :

Là, son pied heurta un cadavre. Elle abaissa sa lampe : c'était celui du garde qui avait eu la tête fendue. Il était complètement mort.

Alexandre DUMAS, *La Reine Margot*.

Le cadavre était rigoureusement immobile.

ALLAIN et SOUVESTRE, *Fantômas*, VI.

AÉRATION

• Fait de beaux enfants :

Les lieux où s'opère la fécondation doivent être bien aérés, ni trop chauds ni trop froids, et exempts de tous gaz, de toute mauvaise odeur qui puissent altérer la pureté de l'air. Personne n'ignore la bienfaisante influence de l'air pur sur la formation du sang, et par conséquent sur la santé. C'est pourquoi les enfants conçus dans les maisons propres, spacieuses, exposées au levant, et surtout à la campagne, sont de plus belle venue que les enfants conçus dans des quartiers et des maisons insalubres.

A. DEBAY, *La Vénus féconde et callipédique*, 1884.

AÉROSTATS

• Désormais inutiles :

Quoique cette invention ne puisse être rangée au nombre des découvertes véritablement utiles, on doit cependant accorder quelques éloges aux hommes intrépides qui, les premiers, osèrent s'élever dans les vastes régions de l'air, pour aller y chercher, en dépit de tous les dangers qu'ils avaient à braver, de nouveaux faits propres à agrandir le domaine de la science. Mais aujourd'hui que celle-ci a pour ainsi dire obtenu le dernier mot de ce qu'elle avait à demander aux espaces célestes, pour confirmer ou rectifier certains principes, il serait absurde de continuer aux aéronautes les mêmes honneurs.

A. DE CHESNEL, *Dictionnaire des merveilles*, 1853.

AÉROSTATION

• Récit d'un pionnier patriote :

A la gloire de la nation française, au nom et sous les auspices de la municipalité de Paris, le deuxième jour du troisième mois de l'an troisième de la liberté, et de l'ère vulgaire le 18 septembre 1791, jour de la proclamation de la Constitution, à cinq heures trois-quarts de l'après-midi !

[...] Je me suis élevé à l'extrémité des Champs-Élysées, au milieu de la tempête, à l'admiration de tout Paris assemblé. Debout, découvert, tenant la Constitution à la main, j'ai passé en ligne droite sur les Champs-Élysées, les Tuileries, le Louvre, la rue et le faubourg Saint-Antoine. Un peuple immense, depuis Chaillot et les lieux que je parcourais, m'accompagnait de ses applaudissements ! J'étais à 1 500 pieds à peu près de haut ; la région était froide ; les nuages se précipitaient avec force les uns sur les autres ; le vent augmentait de distance. Tout à coup j'entends le canon, les cris de joie se succèdent : il se répand autour de moi une espèce de magnétisme ; mes sens sont enivrés ; mon ballon, entouré de nuages, s'élève avec majesté. Ma gondole ressemble à une gloire...

Parfaitement à mon aise, je mangeai un morceau de pain, je pris ma bouteille, je bus à la santé et à la liberté de tous les peuples de l'univers. Arrivé à 12 000 pieds à peu près, il était six heures, j'acquittai là, au nom de tous les Français, le devoir d'un patriote courageux et intrépide : je lus à haute voix la Déclaration des droits de l'homme ; l'Éternel reçut mon serment, et je descendis en jetant çà et là des exemplaires de la Constitution !

Procès-verbal très intéressant du voyage aérien qui a eu lieu aux Champs-Élysées, le 18 juillet 1791, jour de la proclamation de la Constitution.

AFFINITÉ

• C'est l'essentiel :

En un mot, le corps humain n'est qu'un composé de gaz condensés, pressés et solidifiés par une force d'attraction qu'on nomme *affinité* ; la jeunesse seule a la puissance de *l'affinité centrifuge* portée à son maximum de puissance ; l'âge mûr, au contraire, n'a plus que l'*affinité indifférente*, et il ne reste plus à la vieillesse extrême qu'une *affinité centripète*, c'est-à-dire que ces gaz dont la condensation forme seule nos réparations, se groupent mal et laissent arriver la déchéance des tissus par défaut d'attraction au centre.

Dr J. GÉRARD, *La Grande Névrose*, 1889.

AFFLUENT

• Ce n'est pas tout de le dire :

[...] une rivière si petite qu'elle mérite à peine le nom d'affluent.

L'Express, 20 juin 1911.

AFRIQUE

• Causes d'une décadence :

L'Afrique, autrefois si fertile en beaux esprits et en grandes lumières, est tombée par l'oubli des belles-lettres dans une stérilité entière, et même dans la barbarie, dont elle porte le nom.

M. ROLLIN, *Traité des études*, 1740.

Agglutinées, immuables, collées au sol, sans personnalité, adhérentes à un passé dans lequel elles croupissent, les races de l'Afrique représentent les mollusques.

Philarète CHASLES, *Questions du temps*, 1868.

AFRIQUE DU SUD

• Avis aux amateurs :

L'Afrique du Sud offre en ce moment de bons débouchés aux baudets pour la reproduction.

Informations et Renseignements de l'Office national du commerce extérieur, 14 août 1909.

• Les victimes :

Rares sont les portefeuilles français qui ne détiennent pas des mines d'or. Ces titres ont servi longtemps de refuge aux épargnants contre les dévaluations du franc. Enfin, ils permettaient de se garantir contre une éventuelle dépréciation du dollar, qui entrainerait automatiquement une hausse de l'or. Les Français peuvent hélas ! s'inscrire parmi les victimes de la lutte raciale en Afrique du Sud.

La Vie française, 1er avril 1960.

AGENOUILLER

• Par devant ou par derrière :

Les quatre jeunes gens rangés en ligne essayèrent d'imiter les mousmés qui s'étaient agenouillées sur les talons.

G. HAUTEMER, *Petite Mousmé*, vers 1910.

AGGIORNAMENTO

• Un progrès à l'étude :

Madame la Supérieure du couvent du Père-Éternel sollicite l'autorisation de construire des water-closets sur le Loch avec communication dans la propriété du Père-Éternel. Cette question est soumise à l'étude d'une commission.

Le Nouvelliste de Lorient, 10 avril 1918.

AGRICULTURE

• Nous a valu des allégories révolutionnaires :

De hautes futaies ombrageaient un arbre à fruits de la plus excellente qualité ; quoique abondant en sève et très vigoureux, ses branches languissantes et rabougries ne produisaient qu'un faible et chétif revenu. Le propriétaire en gémissait depuis longtemps : mais il attendait pour mettre la coignée que les arbres, parvenus à leur maximum, se couronnassent. Il voulut enfin, et la forêt fut abattue...

Cet arbre, mes concitoyens, est l'agriculture ; la haute futaie, les préjugés et la féodalité ; les branches, le commerce et les arts ; les fruits sont les richesses produites par la terre, les seules véritables. Le propriétaire est le souverain qui s'est rendu justice, en s'exécutant lui-même, le jardinier... Que ce choix mérite attention ! Car il y a plus de taupes que d'hommes clairvoyants dans cette partie. La mousse est la routine qui conduit tous les hommes ; les engrais sont les millions confiés à des hommes pervers qui, au lieu de détruire la mousse des préjugés, ont plutôt cherché à les perpétuer. Les taillis sont les nations voisines qui, jusqu'à présent, nous ont ombragés par leur commerce, et que nous étoufferons bientôt, si la nation veut enfin se convaincre que sa splendeur dépend de l'agriculture, et que toutes ses ressources sont là.

SUTTIERRES-SARCEY, *Apologue adressé aux 85 départements*, 1791.

• Des appréciations bien élogieuses :

L'agriculture est le premier élément de la

prospérité d'un pays, parce qu'elle repose sur des intérêts immuables et qu'elle forme la population saine, vigoureuse et morale des campagnes. L'industrie repose trop souvent sur des bases éphémères.

NAPOLÉON III, *Œuvres complètes*, tome II.

• Et une phrase célèbre :

Les bras manquent à l'agriculture dans un grand nombre de localités.

RAINEVILLE, *Le Moniteur universel*, 20 juillet 1850.

• Mais ces bras reviendront bientôt :

Tandis que l'industrie, arrivée à son apogée, ne peut plus que s'y maintenir, l'agriculture au contraire a un magnifique avenir devant elle. L'exode urbain succédant à l'exode rural est à prévoir. Un mouvement de reflux portera les énergies et les bras vers la terre.

Jules MELINE, ancien ministre de l'Agriculture et président du Conseil, *Le Retour à la terre*, 1905, cité *in* B. Cazes, *Histoire des futurs*, 1986.

AIL

• Fourier l'a chanté dans un texte splendide :

Une jeune fille aime l'ail en dépit des plaisants ; spéculez sur ce goût pour un engrenage double, il peut opérer :

1. L'alliage des sexes dans une série ; car la série qui cultivera les légumes bulbeux, oignon, ail, échalote, porreau, ciboule, sera communément masculine. Il faut, par engrenage, y introduire au moins 1/8 de femmes : et c'est dans le bas-âge qu'il faut les chercher, car ce n'est guère à seize ans que les filles prennent goût à l'ail.

2. L'alliage des travaux chez l'individu. Telle jeune fille aime l'ail et n'aime pas étudier la grammaire. Ses parents voudront qu'elle renonce à l'ail et qu'elle s'adonne à l'étude ; c'est doublement contrarier son naturel ; cherchez plutôt à le développer en double sens. Après l'avoir mise en liaison cabalistique, à table et au jardin, avec les amateurs de l'ail, présentez-lui l'*Ode en honneur de l'ail*, de M. Marcellus : elle s'empressera de la lire, si elle est vivement piquée contre les détracteurs de l'ail. Profitez de cette lecture pour l'initier superficiellement à la poésie lyrique, aux distinctions de strophes et de vers libres ; peut-être se passionnera-t-elle pour la poésie avant la grammaire, et l'une conduira bientôt à l'étude de l'autre.

Charles FOURIER, *Le Nouveau Monde industriel et sociétaire*, 1829-1845.

AILES

• A toutes jambes :

Il court chez Ernestine sur les ailes de l'amour et de l'espérance.

L'Héroïne du Texas, 1819.

AIR

• En langage phénoménologique, la définition la plus compliquée :

L'air. L'élément de la simplicité indifférenciée n'est plus l'identité positive avec soi, cette ipso-manifestation qui est la *lumière* comme telle, mais seulement une *université négative*, en tant qu'elle est réduite au moment sans-ipséité d'un aliud, donc également *grave*. Cette identité, en tant qu'elle est l'universalité *négative*, est la puissance insoupçonnée, mais insidieuse et consumante, qui s'exerce sur l'individuel et sur l'organique ; la fluidité passive à l'égard de la lumière, *translucide* mais volatilisant en elle tout ce qui est individuel, ayant à l'extérieur une élasticité mécanique, pénétrant partout, *l'air*.

HEGEL, *Encyclopédie des sciences philosophiques en abrégé, Philosophie de la nature*, § 282, 1817 (traduction française Gallimard, 1959).

• En français, une réflexion de bon sens :

L'air est ici vif et salubre. C'est lui qui doit purifier l'atmosphère.

Henry BORDEAUX, *Les Annales*, 14 juillet 1933.

AIR (Courant d')

• Ignorez-le :

Craindrai-je un courant d'air ? Il n'y a rien dans ce petit souffle purifiant venu de Dieu qui doive me causer le moindre malaise. Le courant d'air ne peut me faire du mal que si *moi-même* je le lui permets, en me laissant affecter par lui. Il faut établir une distinction entre les causes et les occasions.

Le courant d'air n'est pas une cause et ne porte pas de cause en lui-même...

Le meilleur moyen de désarmer un courant d'air et de le rendre inoffensif, est d'abord, de se mettre dans des conditions intérieures saines et pures ; ensuite de changer d'attitude mentale à son égard. Admettez et reconnaissez que par lui-même il n'a aucun pouvoir, et vous ne le craindrez plus.

R.-W. TRINE, *A l'unisson de l'infini*, 1918.

ALAIN (Émile Chartier, dit)

• Une longue haine :

Une jolie bouffonnerie littéraire, c'est la réputation de ce professeur, dont le nom m'échappe, qui, sous le nom d'Alain, publie depuis quelques années des *Propos* qu'on veut absolument nous faire trouver remarquables. Je viens encore d'en lire un dans le dernier numéro de *La Lumière*. C'est le modèle de la fausse profondeur, des phrases sentencieuses et vides et des petits trucs pour faire effet sur le lecteur. [...] Je ne serais pas étonné que cet Alain soit au total un assez bel imbécile.

Paul LÉAUTAUD, *Journal littéraire*, 30 janvier 1929.

Quand on songe qu'on a fait de cet Alain un grand homme, un penseur, qu'il a eu une influence sur de nombreux esprits qui se réclament de lui, Paulhan par exemple ! Mais il n'y a qu'à lire une page de lui. Ce ton sentencieux, catégorique, ces phrases de professeur, ce sérieux qui fait rire, cette façon de parler de tout : le professeur à chaque ligne. Un sot ! Cent fois un sot !

Paul LÉAUTAUD, *Journal littéraire*, 24 septembre 1939.

ALBIGEOIS

• De tristes sires :

L'on ne peut pas douter que tous les libertins et les malfaiteurs de ces temps-là, connus sous le nom de *routiers, cotereaux* et *mainades*, ne se soient joints aux *albigeois* dès qu'ils virent que, sous prétexte de religion, l'on pouvait piller, violer, brûler et saccager impunément.

Nicolas Sylvestre BERGIER, *Dictionnaire de théologie dogmatique* (article Albigeois), 1788.

AL CAPONE

• Une arrestation plutôt conditionnelle :

Depuis quelques jours, une importante nouvelle traîne dans les journaux, sous la forme prudente de l'imparfait du subjonctif : « Le fameux bandit Al Capone aurait été arrêté. »

G. DE LA FOUCHARDIÈRE, *L'Œuvre*, 24 novembre 1930.

ALCOOLIQUE

• N'est pas toujours celui qu'on croit :

Dans la clinique d'un des plus grands médecins de Paris, un ouvrier robuste, un géant, entrait l'autre jour, faisant passer devant lui un pauvre petit être malingre et triste, grelottant et apeuré, aux épaules voûtées, aux jambes fléchissantes, ayant dans le regard obscur des lueurs sombres, tout un ensemble effondré déjà, comme si le poids de la vie lui était trop lourd à porter.

Et le contraste était si complet et si effrayant entre l'homme superbe qu'était le père et le nain rachitique qu'était le fils, que tous les regards apitoyés se fixèrent sur ce dernier.

Longtemps ils attendirent dans la salle de clinique, et le père disait à l'enfant : « Tu n'auras pas peur ? Tu ne cacheras pas où ça te fait mal ? »

Le petit répondait à chaque fois « non » de la tête. Enfin la porte s'ouvrit. L'ouvrier s'avança automatiquement, poussant devant lui son enfant. « Voyons ça », dit le docteur. Et lentement, avec une grande douceur, il palpait, auscultait, examinait.

De temps en temps, une question brève... puis un silence de mort pendant lequel l'ouvrier, ne vivant plus, ne respirant plus, croyait entendre son cœur battre dans sa poitrine angoissée. Enfin le grand médecin se releva et, regardant l'homme froidement, lui dit : « Ça, c'est un enfant d'alcoolique... — Par exemple ! s'écrie l'ouvrier, moi qui ne me soûle jamais. Vous pouvez demander... — Oui, dit le docteur, mais est-ce que vous ne buvez jamais d'alcool ? — Dame, si ! Tous les matins... avant de travailler... j'ai commencé par en prendre pour deux sous, il y a quinze ou vingt ans... Vous comprenez... l'ouvrage... les camarades... — Et à présent ? — J'en prends pour huit sous... mais je vous jure que ça ne me fait rien... — Mais, malheureux ! Vous ne comprenez donc pas que cette saleté de trois-six que vous avalez comme cela tous les matins et aussi, à l'occasion, dans la journée, a fini par imbiber votre cervelle, par couler dans vos veines, par imprégner vos nerfs, vos muscles, votre moelle épinière... Vous n'êtes plus un homme, vous êtes une éponge remplie d'alcool !... — Et alors !... demanda le pauvre malheureux qui tremblait de comprendre... — Et alors, répondit le docteur, en montrant le petit condamné avec un geste intraduisible... et alors... voilà !... »

C. PAILLART, *L'Alcoolisme dans l'arrondissement d'Abbeville*, 1900.

ALCÔVE

• On y observe d'étranges phénomènes :
Le fait existe, il est fréquent et facile à vérifier. En effet, il suffit, après avoir constaté que l'air d'une pièce est assez pur, de mettre le nez dans l'alcôve où est l'accouchée pour être frappé de l'odeur pour ainsi dire *compacte* qu'on y rencontre, dans laquelle on entre et de laquelle on sort comme on le ferait d'un épais brouillard...

Sous la pression des courants perpendiculaires, l'air de *l'alcôve fléchit comme un coussin élastique* et réagit ensuite. Sous la pression de courants obliques, il prend un mouvement de *rotation sur lui-même* et tournoie dans le sens que lui imprime l'impulsion qu'il a reçue... On peut donc établir des courants d'air dans une chambre, y renouveler presque indéfiniment l'air qu'elle contient, sans parvenir à modifier sensiblement celui de son alcôve. Par conséquent, les miasmes qui s'y développent doivent y séjourner.

Dr VIBERT, *De l'influence pernicieuse des alcôves sur les accouchées*, 1875.

ALEXANDRE LE GRAND

• Monsieur Prudhomme, pour tout dire :
Alexandre le Grand n'avait eu ni trêve ni repos qu'il n'eût conquis l'Orient ; il n'avait pas pensé à se conquérir lui-même, et le vainqueur de Darius se noya dans la coupe d'Hercule. Alexandre est la personnification de l'humanité et, si l'on veut, le représentant de la bourgeoisie.

Mgr Justin FÈVRE, *La Mission de la bourgeoisie*, 1864.

ALGÈBRE

• On lui ferait tout dire :
On peut faire passer pour une ordure la plus sublime des sciences, l'algèbre, en choisissant *au hasard* la ligne suivante : X égale Q carré moins racine de deux Q. Là-dessus ceux qui ne connaissent pas l'algèbre diront : « C'est une ordure scientifique, on n'y parle que de culs carrés et racines de culs. » C'est ainsi qu'il est aisé de déverser le ridicule sur une science neuve par des citations artificieuses...

Charles FOURIER, *Le Nouveau Monde industriel*, livret d'annonce, 1830.

ALGÉRIE

• Aucun problème :
En recherchant les moyens d'opérer la colonisation (de l'Algérie), j'ai cru reconnaître que le premier de tous, et précisément le seul dont on ne se soit pas avisé, c'est le désarmement des Arabes...

L'on objectera contre le désarmement la difficulté de son exécution, et je conviendrai qu'une telle objection peut être de quelque poids. Cependant, si le désarmement est seul capable de fonder la colonie, il n'y a plus qu'à chercher les moyens les plus propres à l'opérer.

QUITARD, ancien militaire, *Du désarmement des Arabes considéré comme l'unique moyen de soumettre, de coloniser et de civiliser l'Algérie*, 1840.

• Pour Louis Veuillot, il fallait convertir :
Ce qu'il faut, dans notre intérêt et dans le leur, aux musulmans d'Algérie, à ceux des villes dès à présent, et à ceux des campagnes le plus tôt possible, c'est une douce et charitable initiation aux vérités du Christianisme. Qu'on leur donne des sœurs de Charité, des Frères de la doctrine chrétienne, des Trappistes ; qu'on leur ouvre des ateliers, des hôpitaux, des asiles : c'est par là que, sans bruit, sans contrainte, avec joie, ils sortiront de leur misère, de leur

ignorance, de leur dépravation, pour entrer dans la foi, c'est-à-dire dans la civilisation de la France.

Louis VEUILLOT, *Mélanges*, 2 juin 1846.

Nous accomplissons en Algérie une des plus grandes œuvres que puissent entreprendre les peuples ; nous enlèverons de vive force un empire à la barbarie pour le donner à la civilisation. Cet empire est vaste ; un siècle ne s'écoulera pas sans que le pays d'Algérie, devenu terre chrétienne, absorbe le Maroc et la Tunisie.

... L'action de la Providence a été visible. La France n'est pas plus un bourreau qu'un marchand ; elle est un missionnaire armé. Envoyée de Dieu en Afrique pour y introduire la civilisation chrétienne, sous la seule forme où l'Islam puisse la recevoir, elle manquerait à sa mission et s'attirerait d'inexorables châtiments, si elle se contentait d'y porter la mort.

Louis VEUILLOT, *Mélanges*, 7 juin 1847.

• **Est aux mains des Juifs :**
Ne nous faisons point d'illusion, le pire ennemi de l'Algérie, c'est le Juif... En France, l'envahissement par le judaïsme a été méthodique, progressif, presque timide. C'était un enlisement. En Algérie, c'est un engloutissement. En France, Shylock est un homme du monde, âpre, mais déguisé, poli dans ses exécutions. En Algérie, c'est le forban féroce, insolent et bravache.

C'est en Algérie surtout que souffle la *Mal'aria* juive.

Fernand GRÉGOIRE, *La Juiverie algérienne*, 1888.

• **Est aux mains des Anglais :**
Si l'appétit vient en mangeant, comme dit un proverbe, cela est vrai surtout des Anglais, ces fourbes sont insatiables. Terre-Neuve ne leur suffit pas ; leurs convoitises se portent vers l'Algérie. Leurs marchands de Bible, leurs diaconesses, leurs clergymen, avec leurs airs aimables, leurs voix doucereuses, parcourent notre colonie comme agents d'anglification, en faisant bon ménage avec nos pasteurs protestants. Quant à nos gouvernants, en leur qualité d'ouvriers du plan maçonnique, ils se gardent bien de les contrarier... Tout cela est encore plus vrai qu'on ne peut le dire.

Louis DE SAINT-VINCENT, *Les Protestants et la guerre de 1870*, 1907.

• **En tout cas, elle n'est plus française :**
L'Algérie n'est plus une terre vraiment française, mais une sorte de tour de Babel où chacun veut commander à sa façon et se poser en maître. Les étrangers, forts de leurs élus Baïlle et Régis, sapent notre prépondérance, pendant que les ouvriers, égarés par les folies socialistes de Chaze, s'érigent en négriers du patronat.

H. MAZON, colon aux Ouled-Brahim, *Pensées d'un vieil anti-juif*, 1899.

ALGÉRIENS

• **Mesures d'intelligence :**
Tant qu'il s'agit « d'intelligence commerciale », puisque c'est l'expression qui a cours, l'Arabe ou le Kabyle vaut l'Européen...

Malgré tout, quand on cause quelque temps avec ces gens-là, il y a un moment où on cesse de s'entendre. Dans les écoles primaires, les garçons sont d'une intelligence étonnamment éveillée. Puis, de l'avis de tous les observateurs sérieux, il y a un arrêt presque brut du développement. Et tel petit garçon qui promettait beaucoup, qu'on a poussé à la Bouzaréa pour en faire un instituteur indigène, n'est plus vers vingt-cinq ans qu'une épave intellectuelle. La régression est très rapide : vers trente ans, il se trouvera moins développé qu'un garçon de seize ans chez nous, étant toujours sous-entendu que je lui compare un petit paysan français.

A. VAN GENNEP, « La mentalité indigène en Algérie », in *Le Mercure de France*, 16 décembre 1913.

ALIGNEMENT

• **C'est facile à dire :**
Chaque soldat, à l'avertissement qui lui sera fait par l'instructeur de se porter sur l'alignement, tournera la tête et les yeux à droite dans la position prescrite à la première leçon de la première partie, marchera, dans la cadence du pas ordinaire, deux pas en avant, en raccourcissant le dernier de manière à se trouver environ seize

centimètres (six pouces) en arrière du nouvel alignement, qu'il ne doit jamais dépasser ; il se portera ensuite, par de petits pas, les jarrets tendus, tranquillement et sans saccade, à côté de l'homme auquel il doit appuyer, de manière que, sans déranger la position de sa tête, la ligne de ses yeux, ainsi que celle de ses épaules, se trouve dans la direction de celle de son voisin, et qu'il sente légèrement le coude de ce dernier, sans ouvrir le sien.

Ordonnance sur l'exercice et les manœuvres de l'infanterie, 4 mars 1831.

ALIMENT

• Les nourritures célestes :

C'est par expérience que je peux dire que la nourriture journalière d'un homme de désir est un petit morceau de bois de la vraie croix infusé dans des larmes du prophète. Malheur à lui s'il passe un jour sans se repaître de cet aliment ! Il n'aura pas mangé son pain quotidien.

L.-C. DE SAINT-MARTIN, *Mon portrait*, 1789-1803.

• Une vieille idée qui ne marche toujours pas :

Le problème des aliments est un problème chimique. Le jour où l'énergie sera obtenue économiquement, on ne tardera pas à fabriquer des aliments de toutes pièces, avec le carbone emprunté à l'acide carbonique, avec l'hydrogène pris à l'eau, avec l'azote et l'oxygène tirés de l'atmosphère.

« Ce que sera un repas au XXe siècle », in *Almanach Hachette*, 1901.

ALIMENTATION

• De quelques expériences :

Parmi les expériences qui ont été faites pour apprécier les qualités nutritives de certaines substances, on cite la suivante : trois Anglais condamnés à être pendus obtinrent une sorte de grâce à la condition que l'un ne vivrait que de thé, l'autre que de café et le troisième que de chocolat. Celui qui ne vécut que de chocolat mourut au bout de huit mois ; le condamné au café ne dépassa point deux ans, et celui qui ne se nourrissait que de thé put aller jusqu'à la troisième année. L'homme qui ne se nourrissait que de chocolat était dans un état complet de décomposition ; il était mangé par les vers, et ses membres tombaient les uns après les autres. Le buveur de café était défiguré comme si le feu avait calciné tout son intérieur. Enfin, celui qui ne vécut que de thé était si maigre et avait le corps si diaphane, qu'en plaçant une chandelle derrière lui, on pouvait voir tout l'intérieur.

A. DE CHESNEL, *Dictionnaire des merveilles*, 1853.

ALLAITER

• Deux façons :

Je ne sais s'il est indispensable que la mère allaite de son sein ; il l'est, j'en suis sûr, qu'elle allaite de son cœur.

Jules MICHELET, *Du prêtre, de la femme, de la famille*, 1845.

ALLEMAGNE

• Est pour :

J'ai étudié l'Allemagne et j'ai cru entrer dans un temple. Tout ce que j'y ai trouvé est pur, élevé, moral, beau et touchant. Ô mon âme, oui, c'est un trésor, c'est la continuation de Jésus-Christ. Leur morale me transporte. Ah ! qu'ils sont doux et forts ! Je crois que le Christ nous viendra de là.

Ernest RENAN, *Lettre à l'abbé Cognat*, 24 août 1845.

• Sont contre :

Allemagne, bouillon d'effroyables cultures !

Antony PUYRENIER, *Poèmes citoyens*, 1915.

La duplicité allemande était déjà connue du temps de Tacite.

Lt-colonel CHENET, *Le Mercure de France*, 1er novembre 1929.

Cette culture, repoussante en archéologie, où elle apparaît prodigieusement surfaite ; ridicule en histoire, où depuis cinquante ans elle n'a pas produit une œuvre de valeur ; grotesque dans les arts graphiques, où elle ne saurait émouvoir quelque homme que ce soit, cette culture n'a de succès qu'en musique. Si, là, elle domine la note, c'est donc là qu'il faut l'écraser.

Frédéric MASSON, *L'Écho de Paris*, 5 octobre 1914.

C'est la façon de penser allemande : ce peuple est imbu de sophismes. A force d'analyser, de considérer, d'examiner et de discuter, ses philosophes en sont arrivés à « accorder les contraires ». Dans la métaphysique transcendante, le oui est égal au non, et cela se discute le plus sérieusement du monde à Tubingen et à Heidelberg. Mis au service de la vie pratique, ce paradoxe engendre de singulières conséquences : cruauté égale compassion ; pillage égale honnêteté et *Kultur* égale barbarie.

G. LENOTRE, *Prussiens d'hier et de toujours*, 1915.

• **Jugements divers extraits de *L'Influence allemande*, enquête menée par Jacques Morland en 1903 auprès d'un grand nombre de personnalités :**

Les grands Allemands, Goethe, Heine et (si vous voulez) Nietzsche, ont eu besoin de se soumettre à l'influence française. Les Taine, les Renan, qui subirent l'action allemande, ne s'y gâtèrent-ils point ?

Maurice BARRÈS.

Karl Marx, il est vrai, est important. Mais dans le socialisme seulement — et le socialisme est français. D'ailleurs Karl Marx est juif.

Georges DEHERME.

Il est hors de doute que l'autorité de l'Allemagne a favorisé chez nous l'anarchie romantique et mêlé son influence à celle de l'exécrable Rousseau, dont (comme Marie-Antoinette) raffolait Schiller.

Louis DIMIER.

Les idées d'essence germanique, en entrant trop pleinement dans une intelligence française, ne l'enrichissent pas, mais menacent de la décomposer et de la stupéfier.

Pierre LASSERRE.

Je n'ai point qualité pour parler industrie, commerce, sciences pures... A peine rappellerai-je, en passant, que l'Allemagne, de qui nul ne conteste la splendeur commerciale, est la patrie de la camelote.

Charles MORICE.

Nous sommes perdus si, au lieu de cultiver la vigne, nous prétendons disputer à l'Allemagne le houblon.

Charles MORICE.

Une nouvelle statistique des *mœurs* annonce que la plupart des prostituées du quartier Latin sont d'origine prussienne.

Mme RACHILDE.

En tout cas, tous les écrivains contemporains allemands ensemble ne valent pas un Kasprowicz ou un Wyspianski.

Jan LORENTOWICZ.

En résumé, supériorité de la France sur l'Allemagne par la pharmacologie et la pharmacognosie, correspondant à l'esprit inventif et imaginatif des Latins ; au contraire, supériorité de l'Allemagne par la pharmacodynamie et l'exercice pratique de la pharmacie, ce qui dénote bien la supériorité du côté pratique des Germains.

BOSQUILLON-LIMOUSIN, docteur en pharmacie.

• **Faisons confiance à son bon sens :**

L'Allemagne a la plus grande estime pour notre Daladier. Elle l'a prouvé quand, l'année dernière, elle l'a éperdument acclamé à Munich. Elle sent que, si un homme loyal comme Daladier veut déboulonner Hitler, c'est que celui-ci mérite d'être déboulonné.

Le Cri de Paris, 17 septembre 1939.

ALLEMAGNE DE L'EST

• **Pourvu que les Russes y restent :**

N'oubliez pas que les Américains sont peut-être prêts à répondre à la guerre par la guerre. Mais qu'ils ne sont pas préparés à répondre aux gestes de paix. Si demain l'URSS évacuait l'Allemagne de l'Est, la riposte n'est pas prête, les Alliés seraient désemparés.

Jean-Paul SARTRE, « Ce que j'ai vu à Vienne, c'est la paix », in *Les Lettres françaises*, 1er janvier 1953.

ALLEMANDES

• **Si différentes :**

Les femmes des villes d'outre-Rhin font une piètre impression... Leurs gestes sont compassés et raides. Une absence complète de féminité caractérise leur extérieur.

La femme allemande n'a ni la souplesse harmonieuse du corps, ni le souci du détail... Elle se chausse mal. Rien n'est plus suggestif que d'examiner les pieds des promeneuses ; les talons usagés, les tiges lâches, les semelles recourbées, accusent les dimensions exagérées de leurs extrémités. La Française glisse, l'Allemande marche, et là où elle pose le pied, il n'y a plus de place pour les fleurs.

Marc HENRY, *Au pays des maîtres-chanteurs*, 1916.

ALLEMANDS

• Jugés par Ambroise Paré :

Les Septentrionaux, comme les Allemands, pour l'abondance de l'humeur et du sang qui empêche la spéculation, s'appliquent plus aux choses sensibles et aux arts mécaniques, étant leurs esprits grossiers et lourds, par la pesanteur du corps, retirés du ciel en bas vers la terre.

Ambroise PARÉ (1517-1590), *Introduction à la chirurgie*, X.

• Héritiers des Grecs, peut-être :

Dans l'histoire de l'humanité, les races saintes ont été jadis les Grecs. Ce sont aujourd'hui les Allemands. Quelle est la nationalité de l'Europe qui se rapproche le plus de la nationalité grecque ? La nationalité allemande.

F.-L. JAHN, *Deutsches Volksturm*, 1809

Bien que l'Allemand manque de la grâce et du sel attique, il est néanmoins le Grec des temps modernes.

Louis ROUSSEAU, *La Clé de la science, études sociales*, 1848.

• Mais ce n'est pas l'avis de tout le monde :

La guerre a mis au jour leur mauvais et vilain caractère que recouvrait une écorce de civilisation. L'animal germanique est, au fond, brutal, dur, despotique, barbare, et l'animal allemand est de plus économe et grappilleur. Tout cela vient d'apparaître à la lumière et me fait horreur.

Hippolyte TAINE, *Lettre à Émile Planat*, août 1870.

J'ai gardé contre ces messieurs une rancune si profonde que tu ne me verras jamais dans la compagnie d'un Allemand quel qu'il soit et je t'en veux un peu d'être maintenant dans leur infâme pays.

Gustave FLAUBERT, *Lettre à Ernest Feydeau*, juin 1871.

Ignorez-vous que le Seigneur a marqué la race germaine du sceau de la prédestination ? Elle a un mètre de tripes de plus que la nôtre.

Défendons-nous ! C'est la férocité d'Odin, doublée de la férocité de Moloch, qui marche contre nos cités, la barbarie du Vandale et la barbarie du Sémite.

Auguste BLANQUI, *La Patrie en danger*, 12 septembre 1870.

Obséquieux avec ses chefs, insolent avec ses inférieurs, l'Allemand, quels que soient sa fortune et son rang, n'a jamais les allures d'un gentleman.

Gustave LE BON, *Premières conséquences de la guerre*, 1916.

Ils sont des barbares et ils s'en vantent.

Paul DE SAINT-VICTOR, *Barbares et bandits*, 1871.

Ces gens d'Allemagne, je vous l'assure, ne sont pas des hommes dignes de fraterniser avec vous.

Pierre LOTI, *Discours aux enfants des écoles, à l'occasion de la distribution de prix de 1917*.

Un Allemand, s'il n'a pas les mains liées, les avance naturellement vers ce qui appartient à autrui.

GOURMONT, *Les Idées du jour*, 1918.

• Leur côté comique :

L'Allemand défile, défilera toujours, en lançant sa jambe gauche derrière la jambe gauche de celui qui le suit.

Le Dimanche illustré, 4 juin 1939.

• Leur côté stérile :

On l'a déjà dit, l'Allemand n'invente rien. Il travaille sur l'invention d'autrui. Pour inventer, il lui faudrait l'esprit de rébellion contre ce qui est. Il ne peut l'avoir. Il est l'être qui accepte, toujours... Jamais les Allemands n'ont ouvert une grande route dans les sciences. Ils n'ouvrent que des chemins latéraux. Leibniz et Kant accrochent leur voie à la chaussée royale de Descartes ; Haeckel ne serait guère, si

Darwin n'avait existé ; Koch et Bering s'appuient sur les travaux de Pasteur.

Émile VERHAEREN, « L'Allemagne incivilisable », in *Les Annales*, 7 mars 1915.

• **Une remarque de Bérillon :**
Dans toutes leurs invasions antérieures, les hordes germaniques s'étaient signalées à l'attention par le débordement d'évacuations intestinales dont elles jalonnaient leur marche... Déjà, du temps de Louis XIV, on disait que, par le seul aspect de l'énormité des excréments, le voyageur pouvait savoir s'il avait franchi les limites du Bas-Rhin, et s'il était entré dans le Palatinat.

Dr BÉRILLON, *La Polychésie de la race allemande*, 1915.

• **Le mot de la fin :**
Les Allemands sont des barbares, et les meilleurs d'entre eux le savent.

Charles MAURRAS, *Mes idées politiques*, 1937.

ALLIER

• **Il coule de source :**
L'Allier descend la pente du Massif central vers les plaines accueillantes au cœur de la France, plutôt que de remonter vers l'Auvergne.

Le Journal du Centre, 10 août 1968.

ALSACE-LORRAINE

• **On ne la perdra pas :**
Quant aux prétentions de l'empire germanique sur l'Alsace et la Lorraine, ce sont là de ces bourdes qu'on ne peut faire avaler qu'à des niais. Ces provinces sont, Dieu merci, soudées à la France, et de l'autre côté du Rhin on le sait bien, on n'ignore pas que leurs populations belliqueuses sont notre plus sûr rempart, et qu'il ne ferait pas bon venir s'y frotter.

A.F. COUTURIER DE VIENNE, *Aurons-nous la guerre ?*, 1868.

• **Et c'est bien dommage :**
Imaginez que l'Alsace-Lorraine vienne à être engloutie dans une convulsion géologique qui la changerait en un marais fangeux et qu'un phénomène semblable ait fait disparaître les autres territoires contestés.

Figurez-vous la détente qui suivrait un pareil cataclysme. Figurez-vous les conséquences fécondes de l'entente devenue possible entre les cinq puissances.

L'Europe en 1900, 1894.

ALTERNANCE SOCIALISTE (mai 1981)

• **Le pessimisme des adversaires :**
Le déclin est à nos portes.

Valéry GISCARD D'ESTAING, campagne télévisée, *Le Monde*, 9 mai 1981.

S'il y a une majorité composée de socialistes et de communistes, c'en sera fini de la Vᵉ République.

Valéry GISCARD D'ESTAING, *Paris-Match*, 15 mai 1981.

Je pense aujourd'hui avoir le droit de dire que le désastre guetterait la France si l'élection de M. Mitterrand à la présidence de la République amenait au pouvoir des hommes dont le programme économique et les promesses auraient vite fait de réduire tout ce qui a été construit de solide en vingt-trois ans de Vᵉ République. La gauche au pouvoir signifierait la ruine des petits épargnants, la ruine des hommes et des femmes dont la retraite modeste se transformerait en retraite de misère.

Antoine PINAY, ancien ministre, *Paris-Match*, 15 mai 1981.

Avez-vous remarqué que, chaque fois que la gauche a gouverné le pays, cela s'est toujours terminé par une faillite financière ?

Michel PONIATOWSKI, ancien ministre, *Paris-Match*, 29 mai 1981.

En quatre semaines, rappelons-le, la fortune française a fondu de 25 à 30 %. Les valeurs nationalisables (Thomson, Matra, Dassault, etc.) ont perdu de 50 à 65 %. 2 300 000 Français qui avaient placé leur argent en actions ou Sicav sont sévèrement lésés...

Pourtant, la vague socialiste, ce 14 juin, soulevée par « l'état de grâce », a encore monté. Voilà bien le paradoxe du temps que nous vivons : le niveau électoral du socialisme est à sa crête en même temps que s'effondre celui de notre richesse et de notre libre prospérité.

Jean CAU, « La faux socialiste », *Paris-Match*, 26 juin 1981.

• Après le succès, les enthousiastes déclarations des partisans :

Si nous n'étions pas arrivés, la France était condamnée à disparaître en 1990.

Jean-Pierre CHEVÈNEMENT.

Le lendemain de l'élection, des millions d'ouvriers ont passé le portail de leur usine plus droits, plus fiers.

Pierre MAUROY.

C'est une aube nouvelle qui commence, avec nous la vérité voit le jour.

Pierre MAUROY.

J'ai vécu de grands moments, le Front populaire, le débarquement des Alliés le 6 juin, la Libération... Ce que je viens de vivre dépasse tout ce que j'ai vécu. Nous avons retrouvé la Démocratie et la Liberté.

Haroun TAZIEFF.

Le 10 mai, les Français ont franchi la frontière qui sépare la nuit de la lumière.

Jack LANG, cité *in* Catherine NAY, *Les Sept Mitterrand*, Grasset, 1988.

La France était laissée en jachère depuis vingt-trois ans.

Pierre MAUROY, à l'Assemblée nationale, juillet 1983, cité *in* Ch. Millon, *L'Extravagante Histoire des nationalisations*, Plon, 1984.

Si la gauche n'était pas arrivée en France, les femmes auraient été broyées.

Yvette ROUDY, mai 1981, cité in *Le Figaro magazine*, 10 mai 1984.

• Enfin trois textes célèbres d'octobre 1981 (débat sur les nationalisations et congrès de Valence) :

Vous avez juridiquement tort parce que vous êtes politiquement minoritaires.

André LAIGNEL, député socialiste de l'Indre, s'adressant à l'opposition.

Il ne faut pas se contenter de dire de façon évasive des têtes vont tomber, il faut dire lesquelles et le dire rapidement. C'est ce que nous attendons du gouvernement. Oui, j'ai dit cela au congrès de Valence. Où voyez-vous dans ces propos, M. Soisson, un quelconque appel à l'épuration ?

Paul QUILÈS, député socialiste, commentant à la Chambre des députés les phrases qu'il avait prononcées au congrès socialiste de Valence, tenu le quatrième dimanche d'octobre 1981.

Le Droit bourgeois, je m'assieds dessus.

Guy BÈCHE, député socialiste du Doubs.

ALTERNATIVE

• Un classique :

Pourvu que la France le veuille, nous serions bien surpris si la troisième alternative du traité de Versailles n'était point la bonne.

E. CHARLOT, député de la Côte-d'Or, *Le Capital*, vers 1927.

AMALGAME

• Par définition, assez complexe :

Le ciel fit de l'homme et de Dieu un cataplasme pour guérir toutes nos infirmités. Ces deux natures furent broyées et mêlées dans le sein de la Vierge, comme dans un mortier, le Saint-Esprit servant de pilon, pour en faire avec suavité le plus doux amalgame.

Saint BERNARD (1091-1153), *Œuvres*, édition de 1690.

AMAZONES

• Leur psychologie :

J'ai remarqué depuis que la plupart des femmes qui montent bien à cheval ont peu de tendresse. Comme aux Amazones, il leur manque une mamelle, et leur cœurs sont endurcis en un certain endroit, je ne sais lequel.

Honoré DE BALZAC, *Le Lys dans la vallée*, 1835.

AMBROISE (Saint)

• Une allégorie :

On ne peut nier que saint Ambroise, dans son livre *de Noé et de l'Arche*, n'ait fait un très mauvais usage de son goût pour l'allégorie, en disant que la petite porte de l'arche était une figure de notre derrière, par lequel sortent les excréments.

VOLTAIRE, *Dictionnaire philosophique* (article Figure), 1765.

ÂME

• De son invisibilité :

Dans sa profonde sagesse, le Créateur a rendu l'âme invisible, afin qu'elle fût inaccessible à l'orgueil ou à la cupidité.

Joseph-Aimable GRÉGOIRE, *Les Quatre Vérités, ou le Système de la vertu applicable à toutes les nations*, 1842.

• De son poids :

Nous sommes aujourd'hui semblables à des ballons dégonflés. Ce gaz merveilleux, qui fut la religion, est devenu plus lourd que l'air : les âmes ne montent plus !

Albin VALABRÈGUE, *Le Christianisme pour tous*, 1895.

AMÉRICAINS

• Ce qu'ils valent :

Les Américains sont perfides, muables, déloyaux, paillards et noirâtres.

Joannes TAXILLUS, *La Physiognomie en splendeur*, 1608.

• Où ils vont :

Je ne crois pas à la stabilité du gouvernement américain.

Joseph DE MAISTRE, *Considérations sur la France*, 1797.

• Qui ils sont :

[...] les Américains des États-Unis étant des Anglais très incomplètement métissés, c'est-à-dire des Juifs.

Louis MARTIN, *L'Anglais est-il un Juif ?*, 1895.

• La légende des grands enfants :

Ainsi les Américains sont comme des enfants inconscients qui vivent au jour le jour, privés de toute réflexion et de toute intention supérieure.

Friedrich HEGEL, *Le Fondement géographique de l'histoire universelle*, 1830.

• Comment se conduire avec les officiers noirs :

Il faut éviter toute intimité trop grande d'officiers français avec des officiers noirs (*américains*), avec lesquels on peut être correct et aimable, mais qu'on ne peut traiter sur le même pied que des officiers blancs américains, sans blesser profondément ces derniers. Il ne faut pas partager leur table et éviter le serrement de mains et les conversations ou fréquentations en dehors du service.

Colonel LINARD, circulaire destinée aux officiers français appelés à exercer un commandement sur les troupes noires américaines, *Journal officiel*, 26 juillet 1919.

• Il n'était guère souhaitable qu'ils gagnent la Seconde Guerre mondiale :

Je reste pro-allemand pour la victoire et même en cas contraire. Les Américains n'ont rien de commun avec nous spirituellement ni socialement, notre culture, nos mœurs, nos façons de penser et de savoir. Ce sont eux les Barbares, à ce point de vue, peuple sans passé, sans histoire, sans art, et non les Allemands. Nous n'avons pas à nous féliciter de ce que nous a valu leur appui dans la guerre 1914-1918, à commencer politiquement, ensuite les hideuses maisons à sept ou huit étages, la « taylorisation » dans le travail des usines, à laquelle il a fallu renoncer comme trop contraire à nos mœurs, l'apothéose cabotinesque des vedettes mâles et femelles du cinéma, leurs films chromos ne montrant qu'attaques de trains, de chemin de fer, ou exploits de gangsters. S'il y a un pays où l'argent est maître, c'est bien celui-là, et les scandales politico-policiers fréquents. Si ce sont eux les vainqueurs, nous verrons de nouveau du joli en France comme mise à la mode de toutes ces beautés.

Paul LÉAUTAUD, *Journal littéraire*, 9 novembre 1942.

AMÉRIQUE

• Antique berceau de la foi chrétienne :

Le christianisme y était anciennement connu... On a trouvé des restes bien sensibles du christianisme au Paraguay.

Abbé FLEXIER DE RÉVAL, *Catéchisme philosophique, ou recueil d'observations propres à défendre la religion chrétienne contre ses ennemis*, 1773.

• Et de la subversion :

Qui ignore que les États-Unis sont depuis longtemps le grand dépôt du virus démocratique et le foyer des révolutions ?

Le Drapeau blanc, 4 juillet 1819.

• Eut le bonheur d'être conquise :

Un des services les plus signalés que la religion chrétienne ait rendus à l'humanité, c'est celui d'avoir civilisé les nations de l'Amérique...

Les Indiens n'avaient, avant leur conversion, point de mot pour exprimer un nombre plus haut que quatre : leur esprit borné n'apprenait qu'avec une extrême difficulté les choses les plus simples ; quelle patience ne fallut-il point pour triompher de tant d'obstacles réunis !

Abbé MIGNE, *Nouvelle Encyclopédie théologique*, tome X (article Prêtre), 1851.

• **N'a pas la faune originale que les spécialistes lui attribuent :**

Les lions, les tigres, et les autres bêtes sauvages que les Espagnols ont trouvées sur le continent de l'Amérique, sont encore une preuve qu'il était anciennement contigu au nôtre.

Abbé BULLET, *Réponses critiques*, édition de 1826.

• **L'art ne peut y fleurir :**

Le gouvernement des États-Unis, l'état social et politique de ce pays, ne sont nullement favorables à développer de grands talents... Le peuple américain semble avoir été condamné, dès sa naissance, à manquer de poésie...

La littérature américaine ignore entièrement ce bon goût, ce tact fin et subtil, ce sentiment délicat, mélange de passion et de jugement froid, d'enthousiasme et de raison, de nature et d'étude, qui président, en Europe, aux compositions littéraires. Pour avoir de l'élégance dans le goût, il en faut d'abord dans les mœurs.

Gustave DE BEAUMONT, *Marie, ou l'Esclavage aux États-Unis*, 1836.

• **Un sombre avenir l'attend :**

Dans les solitudes de l'Australie comme dans les forêts de l'ouest de l'Amérique, la race anglo-saxonne, où notre civilisation a développé à un haut degré les sentiments élevés, déchoit rapidement vers une barbarie relative ; elle adopte le code moral et, quelquefois, les habitudes des sauvages.

Herbert SPENCER, *Principes de biologie*, 1864.

• **La vision gaullienne :**

L'Amérique était un terrain vierge où les pionniers n'ont trouvé que les ossements de quelques Peaux-Rouges qu'ils avaient « zigouillés ». Et d'ailleurs, peu de temps après, il leur a fallu une guerre civile, et elle continue.

Général Charles DE GAULLE à quelques parlementaires, 9 juin 1965, rapporté in *De Gaulle parle*, II, p. 306.

AMOUR

• **Quelques définitions :**

Pour moi, l'amour, c'est de la haine, des gémissements, des cris, de la honte, du deuil, du fer, des larmes, du sang, des cadavres, des ossements, des remords.

Pétrus BOREL, *Champavert, contes immoraux*, 1833.

Un ensemble complexe de phénomènes cérébraux.

Émile LITTRÉ, *Dictionnaire médical*, 1855.

L'amour est une entité émotive spécifique, consistant dans une variation plus ou moins permanente de l'état affectif d'un sujet à l'occasion de la réalisation (par la mise en œuvre d'un processus mental spécialisé) d'une systématisation exclusive et consciente de son instinct.

Gaston DANVILLE, *Psychologie de l'amour*, 1894.

L'amour est l'effort inconscient que fait chacun de nous, homme et femme, de conserver les caractères du genre, de l'espèce, de la race, de la variété et de l'individu humains, effort dû à l'excitation, permanente chez la femme et par saccades chez l'homme, d'un ou plusieurs centres cérébraux sexuels probables, par les hormones génitales.

Élie DE TCHIOKARDECK, *Amour, femme, jeune fille, mariage*, 1928.

• **A l'usage :**

Oh ! l'amour, si les jeunes filles pouvaient en faire l'expérience sans effeuiller leur cœur et sans blesser leur âme, nous leur dirions : Essayez ! Mais cela ne se peut pas.

Ni homme ni femme, par un Auvergnat, 1872.

Hélas ! l'amour ne donne pas toujours des ailes à l'âme. Les amoureux sont désordonnés, et dans leurs désordres peuvent être pervers et vils. Que de haines ! C'est l'amour. Que de lâchetés ! C'est l'amour ! Que de trahisons ! C'est l'amour. Plus d'honneur, plus d'amitié, plus de sentiments familiaux ! C'est l'amour. Et des crimes ! C'est l'amour. L'amour transforme les humains en bêtes. En bêtes malfaisantes et féroces. Eh là ! Soumettant la volonté, avilissant l'intelligence, réduisant le sens social, il annihile l'esprit critique. Le sens critique : dignité de l'homme... L'amour est une passion qui a accaparé dans l'histoire de l'humanité un rôle qui ne lui appartenait point. L'amour est une passion surfaite. L'amour est aussi une passion subalterne.

J. Ernest CHARLES, *Les Drames de la possession amoureuse*, 1925.

• **Prudence :**

La modération dans les plaisirs de l'amour est de toute nécessité pour l'homme qui veut transmettre son sexe à l'embryon.

A. DEBAY, *La Vénus féconde et callipédique*, 1884.

• **Sa saison n'est guère longue :**

En fait, nous sommes capables d'aimer avec une égale ardeur du 31 décembre au 1er janvier.

« Le temps des amours », in *Les Dépêches*, Dijon, 21 juillet 1977.

AMOUR (Alchimie de l')

• **Comment elle fait pleurer :**

Mon amour sert de feu, mon cœur sert
[de fourneau,
Le vent de mes soupirs nourrit sa véhémence,
Mon œil sert d'alambic par où distille l'eau.
Et d'autant que mon feu est violent et
[chaud,
Il fait ainsi monter tant de vapeurs en haut,
Qui coulent par mes yeux en si grande
[abondance.

Philippe DESPORTES (1546-1606), *Diane*.

AMOUR (Lois de l')

• **Un simple calcul :**

La durée d'un amour dépend de l'importance relative des dominantes : cœur, sens, esprit ; plus l'amour est à base de sensualité, moins il est durable, le cœur est le gage le plus sûr de la fidélité, les amours de tête sont vaines et fugitives. Cette loi peut se représenter par la formule suivante : D. désignant la durée de l'amour ; k^2 une constante positive ; C, S, E indiquant les proportions respectives de cœur, de sens et d'esprit qui entrent dans la constitution de cet amour, on obtiendra l'équation :

$$\text{Durée} = k^2 \frac{C}{S \times E}$$

Il suffit maintenant de remplacer les lettres par leurs valeurs correspondant à chacune des modalités de l'amour.

En appliquant la formule, nous trouvons ainsi la durée de chacune de ces passions :

Amour vanité $\begin{cases} E = 70 \\ C = 10 \\ S = 20 \end{cases}$

$$\text{Durée} = k^2 \frac{10}{70 \times 20} = k^2 \frac{1}{140}$$

Amour vénal $\begin{cases} E = 80 \\ C = 5 \\ S = 15 \end{cases}$

$$\text{Durée} = k^2 \frac{5}{80 \times 15} = k^2 \frac{1}{240}$$

Amour-goût $\begin{cases} E = 60 \\ C = 10 \\ S = 30 \end{cases}$

$$\text{Durée} = k^2 \frac{10}{60 \times 30} = k^2 \frac{1}{180}$$

Amour-flirt $\begin{cases} E = 65 \\ C = 0 \\ S = 35 \end{cases}$

$$\text{Durée} = k^2 \frac{0}{65 \times 35} = 0$$

Amitié amoureuse $\begin{cases} E = 75 \\ C = 15 \\ S = 10 \end{cases}$

$$\text{Durée} = k^2 \frac{15}{75 \times 10} = k^2 \frac{1}{50}$$

Amour-passion $\begin{cases} E = 15 \\ C = 80 \\ S = 5 \end{cases}$

$$\text{Durée} = k^2 \frac{80}{5 \times 15} = k^2 \frac{80}{75}$$

Amour platonique $\begin{cases} E = 30 \\ C = 70 \\ S = 0 \end{cases}$

$$\text{Durée} = k^2 \frac{70}{30 \times 0} = \text{infinie}$$

Amour romanesque $\begin{cases} E = 20 \\ C = 65 \\ S = 15 \end{cases}$

$$\text{Durée} = k^2 \frac{65}{20 \times 15} = k^2 \frac{13}{60}$$

$$\text{Amour sensuel} \begin{cases} E = 5 \\ C = 5 \\ S = 90 \end{cases}$$

$$\text{Durée} = k^2 \frac{5}{5 \times 90} = k^2 \frac{1}{90}$$

Les amours, suivant leur durée, pourraient donc se classer ainsi :

	DURÉE
Amour vrai	Infinie.
Amour platonique	Infinie.
Amour-passion	$k^2 \times 1{,}05$
Amour romanesque	$k^2 \times \frac{1}{4}$
Amitié amoureuse	$k^2 \times \frac{1}{50}$
Amour sensuel	$k^2 \times \frac{1}{90}$
Amour-vanité	$k^2 \times \frac{1}{140}$
Amour-goût	$k^2 \times \frac{1}{180}$
Amour vénal	$k^2 \times \frac{1}{240}$
Amour-flirt	0

Les résultats obtenus mathématiquement concordent d'ailleurs parfaitement avec les données obtenues grâce aux méthodes psychologiques.

Paul DIFFLOTH, *Essais sur la mathématique de l'amour*, 1907.

AMPHIBIE

• Exemple et définition :

Les baleines, ces colosses de la création, sont des animaux à mamelles comme nous. Ils sont amphibies, c'est-à-dire qu'ils peuvent vivre simultanément dans l'eau et dans l'air.

Le Petit Marseillais, 30 mai 1926.

AMPUTATION

• De mieux en mieux :

Avec M. Maisonneuve qui a pris place au bureau de l'Académie des sciences, il faut entrer plus résolument dans la science. L'habile docteur ne se contente pas de simples et plastiques études...

C'est tout un système différent que M. Maisonneuve prétend faire adopter. Il lui donne le nom de : *Nouvelle méthode d'amputation des membres*. Son programme a, d'abord, quelque chose de rassurant pour les malheureux forcés de recourir à la science et à l'habileté du chirurgien : « Plus de couteaux, plus de scie, plus de ligature pour arrêter le sang ! » Comment agit-on, alors ? On brise, on arrache les membres qu'il est indispensable de séparer du corps. Le docteur a déjà pour lui, l'expérience, la meilleure de toutes les preuves, de toutes les recommandations : cinq amputations de la jambe, une de l'avant-bras. Toutes ont été suivies de guérison. Je dois ajouter que les patients soumis à ces opérations terribles, ont été préalablement chloroformisés.

Charles D'ARGÉ, *Le Monde illustré*, 8 mai 1858.

ANAGRAMME

• Un cas difficile :

Un homme de Marseille ayant passé trois jours à rêver comment il ferait l'anagramme d'un de ses amis nommé « César Lempereur », ne put trouver autre chose que « l'empereur César ».

E. GUÉRARD, *Dictionnaire d'anecdotes*, 1929.

ANALOGIE

• La Judée, c'est la France :

Entre autres analogies entre la Judée antique et la France moderne, il en est une qui se rattache trop intimement à notre sujet, pour que je la passe sous silence : l'une et l'autre contrées ont été le théâtre où trois sentences capitales ont reçu leur exécution : le Golgotha vit périr à la même heure et du même supplice le JUSTE, le coupable repentant et le pécheur endurci. Le premier meurt, pour ressusciter bientôt glorieusement ; le second meurt, non pour ressusciter à la vie terrestre, mais pour obtenir sa grâce dans la vie future ; enfin le troisième meurt, non seulement pour ne plus revenir dans ce monde, mais pour ne pas obtenir grâce après sa mort. De même la Révolution de 93 traîne aux gémonies les trois grands pouvoirs de la société : Clergé, Royauté et Noblesse. Le Clergé meurt, pour ressusciter bientôt à la vie sociale. La Royauté meurt sans espoir de retour, mais amnistiée après sa mort par le sentiment universel ; enfin, la Noblesse meurt, pour n'être ni ressuscitée, ni graciée.

Louis ROUSSEAU, *La Clé de la science, études sociales*, 1848.

• **Mais les Allemands sont le peuple élu :**
C'est la grande guerre qui nous ouvre les yeux pour nous permettre enfin de saisir le vrai sens de la Bible. [...] Par notre histoire intime aussi bien que par notre histoire publique, nous ressemblons étrangement au peuple de l'Ancien Testament. Il est historiquement indéniable qu'en dehors des prophètes d'Israël, aucun peuple, aucune philosophie au monde n'est arrivé à cette foi si pure et si parfaitement morale. Allemands, ne rougissons jamais de dépendre des prophètes de l'Ancien Testament !

[...] Il est aisé de toucher du doigt comment, par la guerre actuelle, l'Ancien Testament et l'ancien Dieu d'Israël reviennent en honneur parmi nous. Comme les Juifs, nous sommes le peuple choisi de Dieu pour former et purifier notre caractère religieux dans les luttes et les guerres continuelles. Considérez la carte du monde. Vous y verrez les pays alors connus. Vous voyez la Méditerranée avec sa ceinture de rivages ; vous voyez l'Asie Mineure et l'Asie antérieure. Mais au cœur de cette carte du monde, voici la petite Palestine, voici le « peuple choisi » du monde ancien. Par contre, examinez la carte actuelle du monde moderne, avec les cinq parties du globe terrestre, baignées par des mers immenses. Au centre de ce globe, vous voyez l'Europe et, au centre de l'Europe, la petite Allemagne, assiégée, au nord et à l'ouest, par de gigantesques royaumes. C'est là qu'habite le « peuple choisi », c'est-à-dire le peuple allemand, qui est le cœur du monde.

[...] Et c'est pourquoi nous pouvons dire, sans exagération, que, mieux que tout autre peuple, nous avons recueilli l'héritage d'Israël...

Chose extraordinaire, l'Ancien Testament est nettement pour nous touchant notre invasion de la Belgique. Aussi, à cet égard, avons-nous la conscience fort tranquille, et éprouvons-nous une grande joie à penser que dans cette grande guerre nous avons l'alliance de la Bible.

Karl DUNKMANN, *Der Weltkrieg im Licht der Bibel*, Stuttgart, 1915.

ANALYSE

• **Un bel exemple d'esprit d'analyse :**
Voyant une fourmi seule à quelques mètres du gîte et qui paraît chercher quelque chose sur le sol, donnons-lui une bribe de provende. Que fait l'insecte une fois en possession de cette bribe ?

Cas général :
La fourmi part sans hésitation en oscillant dans un sens nettement déterminé.

Cas rare :
Elle part en sinuant fortement, mais toujours dans un certain sens.

Cas très rare :
Elle tourne sur elle-même plusieurs fois, hésite, puis part dans un certain sens.

Victor CORNETZ, *Les Explorations et les voyages des fourmis*, Paris, 1914.

ANCIEN RÉGIME

• **La cause de la chute :**
Cette société, née du christianisme au Moyen Age, nourrie du lait de sa foi dans son berceau, soutenue par son bras dès ses premiers pas vers le progrès et forte de son puissant appui lorsqu'elle eut acquis toute sa croissance pour profiter et pour jouir des bienfaits et des lumières d'une civilisation venue d'en haut — cette société, ayant dévié de la foi chrétienne, devait périr.

Léontine de VILLENEUVE, *Mémoires de l'Occitanienne, publiés par sa petite-fille, la comtesse de Saint-Roman*, 1927.

ANCIENS

• **Une surprenante révélation :**
Les anciens avaient non seulement une conception différente de nous, mais ils n'avaient pas les mêmes sensations dont ils auraient pu se servir pour se constituer une technique. Leurs yeux ne voyaient pas

les mêmes couleurs que les nôtres, leurs oreilles n'entendaient pas les mêmes sons ; ils étaient à peu près incapables de distinguer les nuances qui, aujourd'hui, font l'enchantement non seulement des peintres, mais de tous les hommes et de toutes les femmes cultivés. La mer, le crépuscule, certaines couleurs d'yeux, tout cela était confondu dans une même couleur ; ils voyaient grossièrement, comme des yeux mal éduqués, l'ensemble des couleurs du monde. Leurs oreilles, vous le pensez bien, si elles avaient été condamnées à entendre les dissonances à la mode d'aujourd'hui, ne leur auraient pas permis de conserver leur raison ; ils seraient devenus fous. Il n'y a, par conséquent, aucune espèce de comparaison à établir, même matériellement, physiologiquement, entre les organes des anciens et les nôtres.

Gaston RAGEOT, *La Beauté, essai d'esthétique historique*, 1924.

• **Un bien mauvais exemple :**
C'est une école de mauvaises mœurs et presque tous les auteurs sont remplis de détails des vices du temps. L'étude des Anciens entre pour beaucoup dans la démoralisation des jeunes esprits sortant du collège.

J. Émile IVANOUEL, *La Théorie de l'amour pur*, Paris, 1897.

ANCIENS COMBATTANTS

• **La guerre leur a tout donné :**
La guerre, en nous donnant une occasion honorable d'exploit, nous a pour toujours dispensés d'avoir à fournir d'autres preuves, et nous a permis d'être raisonnables et de recouvrer l'équilibre.

L'Almanach du combattant, éditions Durassié, 1975.

ANDROGYNES

• **A deux, le couple parfait :**
Sans doute, si deux androgynes se rencontrent, ils s'uniront même socialement, ils bâtiront un foyer, ils auront peut-être même des enfants, mais leur trait distinctif sera un automysticisme, le culte de leur personnalité, le soin de leur âme ; jamais ils ne s'humilieront l'un l'autre, jamais ils ne manqueront d'indulgence, ils seront des complices, enfin, dans la grande aventure du devenir.

Joseph PÉLADAN, *La Science de l'amour*, 1911.

ÂNE

• **Si, oui ou non, il est utile à la musique :**
Érasme, qui ne sait pas dissimuler ses sympathies pour l'âne, avoue néanmoins que ce quadrupède porte-croix a peu de dispositions pour la musique ; mais il essaye de faire valoir, en faveur de son protégé, cette circonstance atténuante : que si l'âne contribue peu à l'harmonie pendant sa vie, il la sert généreusement après sa mort, lui fournissant les meilleures peaux qui existent pour faire les grosses caisses et les meilleurs tibias pour fabriquer des clarinettes (*tibiae*). Je demande à me récuser comme juge de cette dernière question, à raison de ma répulsion invincible pour la clarinette, ayant habité le voisinage du Pont-Royal pendant plusieurs années.

Alphonse TOUSSENEL, *L'Esprit des bêtes, zoologie passionnelle*, 1847.

• **Sa chair a bon goût :**
Elle a conservé le parfum
Du pré fleurissant qui verdoie
Et malgré son léger ton brun
Sa graisse vaut la graisse d'oie.

Théodore DE BANVILLE, *Idylles prussiennes*, 1871 (à propos des ânes qui furent mangés pendant le siège de Paris).

ÂNE DE BURIDAN

• **Encore plus bête qu'on ne l'a dit :**
L'âne de Buridan, placé en face de deux tas d'avoine égaux, se laisse mourir de faim parce qu'il ne peut pas se résigner à choisir.

André BERGE, *L'Esprit de la littérature moderne*, 1930.

ANGE

• **N'en parler qu'avec précaution :**
Il n'est pas de foi que les anges soient de purs esprits, parce qu'il n'y a aucun concile général qui l'ait décidé *ex professo*. Ce serait cependant une grande témérité de le nier.

Abbé MIGNE, *Encyclopédie théologique* (article Ange), 1850.

ANGLAIS

• Sont d'origine juive :

Les fondateurs de la nation anglaise, aussi, descendaient des tribus perdues d'Israël, *Saxon* étant manifestement une corruption de *Isaac's son*, fils d'Isaac.

Cité in *Pall Mall Gazette*, 3 avril 1894.

C'est le Juif qui suinte à travers les pores de l'Anglais.

Louis MARTIN, *L'Anglais est-il un Juif ?*, 1896.

Le Juif ne crée pas, ne produit pas, il exploite. C'est le grand négociant, le grand intermédiaire universel, comme jadis les Phéniciens qui étaient juifs, et les Anglais, Phéniciens modernes, qui descendent peut-être des Juifs.

Docteur CELTICUS, *Les Dix-Neuf Tares corporelles visibles pour reconnaître un Juif*, Librairie antisémite, 1903.

Il est admis que deux seulement des douze tribus d'Israël, revenues de la captivité de Babylone, peuplaient la Palestine lors de la naissance de Jésus-Christ. Les autres avaient émigré vers le nord-ouest de l'Europe et se seraient établies dans les îles britanniques.

Roger LAMBELIN, *Le Règne d'Israël chez les Anglo-Saxons*, 1921.

• N'ont aucune qualité :

Ne faites pas venir vos esclaves de Bretagne. Ils sont d'une si grande stupidité, et si incapables de s'instruire, qu'ils ne peuvent pas appartenir à une maison civilisée.

CICÉRON (106-43 av. J.-C.), *Lettres à Atticus*.

La barbarie anglaise est connue. Je sais que les Anglais vantent beaucoup leur humanité et le bon naturel de leur nation, qu'ils appellent « good natured people » ; mais ils ont beau crier cela tant qu'ils peuvent, personne ne le répète après eux.

Jean-Jacques ROUSSEAU, *L'Émile ou De l'éducation*, 1762.

L'industriel anglo-saxon n'obtiendra jamais la supériorité que dans le domaine de la production *utile* et il s'exposera à des comparaisons dangereuses toutes les fois qu'il voudra sortir de sa spécialité. Cela est si vrai, que l'Angleterre, qui nourrit tant de bétail et qui récolte tant de grains, n'a jamais pu réaliser la farine *pour gâteau* ni la volaille *truffée* ! Cela est si vrai que l'Angleterre, qui est si fertile en savants, n'a jamais pu enfanter un dessinateur sur étoffes !

C'est que la volaille superfine, le gâteau et le dessin appartiennent au domaine de l'art ou de *l'agréable*, dont la propriété a été dévolue presque exclusivement à la France.

Alphonse TOUSSENEL, *Tristia*, 1863.

• Du point de vue amoureux :

L'amour, que nous regardons, nous autres peuples du Midi, comme une espèce de jeu de colin-maillard, tourne bientôt la tête à un Anglais ; peu susceptible de passions, leur cœur se rend facilement à leur premier assaut, comme ceux qui, vivant trop longtemps en paix, ignorent l'art de faire la guerre, ou comme l'homme qui, n'ayant pas l'habitude du vin, s'enivre en vidant le premier carafon.

L'Écho britannique, Paris, 1835.

L'Anglais est sans contredit taillé pour faire des colonies, mais certes il ne l'est pas pour faire l'amour.

Max O'RELL, *Les Filles de John Bull*, 1884.

• Sont la cause de tous nos maux :

L'Angleterre sème chez nous la haine du pape, de Rome, des prêtres et des catholiques ; elle excite les Français les uns contre les autres, désagrège le pays, le révolutionne, soulève les ouvriers contre les patrons, détruit notre armée par l'antimilitarisme, achète des complicités avec son or, corrompt l'enseignement, bouleverse la nation jusque dans ses fondements. D'où viennent toutes ces lois qui tuent la vie nationale et préparent la suprématie de l'Angleterre ? Des arrière-loges de la perfide Albion.

C'est cette nation qui a fait chasser les religieuses de nos hôpitaux et y a fait introduire des infirmières, laïques, ces marâtres, et ces infirmiers, qui boivent le bordeaux et le quinquina destinés aux malades...

A la vue des débris de tant de nobles races déchues, l'Anglais, le Juif, le

Protestant clignoteront des yeux dans une bestiale sensation de volupté.

Louis DE SAINT-VINCENT, *Les Protestants et la guerre de 1870*, 1907.

• Un militaire les juge :
Concluons. L'Anglais est indifférent à tout ce que l'on peut dire et penser de lui : la fin justifie les moyens, les clameurs s'apaisent, le profit reste.

Général MANGEOT, du cadre de réserve des Troupes coloniales, « Pourquoi les Anglais s'emparent de nos colonies », *Je suis partout*, 4 octobre 1941.

ANGLAISES

• Une réputation bien établie :
L'Anglaise est laide : son type, comme celui de la race slave, n'est pas beau [...] Ce sont ces amazones de la Tamise qui ont fait horreur aux légions des Romains il y a 2 000 ans !

Filadelf GORILLA, *L'Homme, singe dégénéré, notes et impressions d'un singe*, 1893.

ANIMAUX

• N'ont que ce qu'ils méritent :
Les animaux qui ne peuvent communiquer ni entre eux ni avec les êtres qui les entourent (ignorants qu'ils sont du langage écrit et même de la mimique) n'ont pas de psychologie dans la véritable acception de ce mot. Mais pourquoi n'en ont-ils pas ? Tout simplement parce qu'ils n'avaient pas besoin d'en avoir pour remplir leur destinée providentielle.

Dr Évariste BERTULUS, *L'Âme humaine et sa démonstration clinique et médicale mise à la portée des gens du monde*, 1874.

ANIMAUX (Images d')

• Le serpent à lunettes :
Quant à Otto, il l'attendait, embusqué derrière son bureau, les regards fielleux filtrant à travers les lunettes braquées sur le visiteur. Il ressemblait à un de ces monstres venimeux, tout prêt à dévorer sa proie après l'avoir engluée de bave.

Ch. VAYRE et Cl. HENRIO, *Le Trèfle à quatre feuilles*, 1931.

• L'araignée à main armée :
Quand il se fut bien assuré que son stylet ne tenait pas à la gaine, il se dirigea vers la chambre d'Evelyn. La monstrueuse araignée avait habilement tendu toutes ses toiles : elle apprêtait son dard pour percer le papillon, s'il se jetait dans son piège mortel.

Jules CAUVAIN, *Le Voleur du diadème*, 1891.

• Un mélange de chair et de poisson :
Le Ripeur, parfaitement calme, leva la tête, et fixa son œil glauque de poisson vorace sur la prunelle d'acier de son interlocuteur. On eût dit d'un brochet et d'un loup s'entreregardant.

Louis NOIR, *La Belle Marinière*, 1896.

ANIMAUX (Langage des)

• Les traductions d'un spécialiste :
Le docteur Jean-Mathieu Bechstein, célèbre naturaliste et grand chasseur (1757-1811), a laissé vingt-cinq ouvrages, tous relatifs à l'histoire naturelle, aux diverses espèces de chasse et à l'administration des forêts. Il s'était surtout livré à l'ornithologie, et avait fait une étude particulière des mœurs et du langage des oiseaux. On pense bien que le rossignol ne devait pas y être oublié.

Figurez-vous donc le gentil animal, perché sur sa branche, levant la tête, ouvrant le bec et dégoisant ainsi la kyrielle de ses sons ravissants :

Tiouou, tiouou, tiouou, tiouou,
Shpe tiou tokoua,
Tio, tio, tio, tio,
Kououtiou, kououtiou, kououtiou, kououtiou ;
Tskouo, tskouo ; tskouo, tskouo ;
Tsii, tsii, tsii, tsii, tsii, tsii, tsii, tsii, tsii, tsii.
Kouorror, tiou. Tskoua pipitskouisi.
Tso, tso, tso, tso, tso, tso, tso, tso, tso, tso, tso, tso, tsirrhading !
Tsisi si tosi si si si si si si si,
Tsorre, tsorre, tsorre, tsorrehi ;
Tsatn tsatn tsatn tsatn tsatn tsatn tsatn tsi.
Dlo dlo dlo dla dlo dlo dlo dlo dlo :
Kouioo trrrrrrrrritzt.
Lu lu lu ly ly ly lî lî lî, lî,
Kouio didl li loulyli.
Ha guour guour koui kouio !
Kouio kououi kououi kououi koui koui koui koui, ghi ghi ghi ;
Gholl gholl gholl gholl ghia hududoi.

Koui koui horr ha dia dia dillhi.
Hats hets hets hets hets hets hets hets hets hets hets hets hets hets hets.
Touarrho hostehoi ;
Kouia kouia kouia kouia kouia kouia kouia kouiati ;
Koui koui koui io io io io io io io koui
Lu lyle lolo didi io kouia.
Hihuai guai guay guia guia guia guia guia kouior tsio tsiopi

Voilà le texte pur de la langue des rossignols ; on ne sera peut-être pas fâché d'en avoir la traduction française, telle que nous l'a donnée un homme de beaucoup d'esprit. Feu M. Dupont de Nemours, membre de l'Institut, a ainsi rendu ce morceau ou partie de morceau, dans notre idiome :

Dors, dors, dors, dors, ma douce amie
Amie, amie,
Amie, amie,
Si belle et si chérie :
Dors en aimant,
Dors en couvrant,
Ma belle amie,
Nos jolis enfants,
Nos jolis, jolis, jolis, jolis, jolis,
Si jolis, si jolis, si jolis
Petits enfants.
(Un silence.)
Mon amie,
Ma belle amie,
A l'amour,
A l'amour ils doivent la vie ;
A tes soins ils devront le jour.
Dors, dors, dors, dors, ma douce amie,
Auprès de toi veille l'amour,
L'amour,
Auprès de toi veille l'amour.

[...] Cet estimable écrivain ne s'est pas exclusivement occupé du chant du rossignol, il a encore cherché à comprendre et à traduire la langue d'autres oiseaux et même de quelques autres animaux. Quoique ces opinions soient très hasardées, elles peuvent cependant fixer l'attention sur une foule de faits curieux, car il est certain que les animaux vivant en société ou en famille doivent avoir quelques moyens de s'entendre et de se communiquer leurs idées.

C'est une erreur, selon cet observateur, de croire que les oiseaux répètent toujours le même son ; il assure que le croassement des corbeaux ne comprend pas moins de vingt-cinq mots différents que voici :

Cra, cre, cro, cron, cronon.
Grass, gress, gross, gronss, grononess.
Crae, crea, crae, crona, groness.
Crao, creo, croe, crone, gronass.
Craon, creo, croo, crono, gronoss.

« Si nous pensons, continue l'auteur, qu'avec nos dix chiffres arabes, qui sont dix lettres, dix mots, en les combinant deux à deux, trois à trois, quatre à quatre, on forme les chiffres diplomatiques de 100, de 1 000, de 10... caractères, ou de plus de mots que n'en a aucune langue connue, on aura moins de peine à comprendre que les corbeaux puissent se communiquer leurs idées. Leurs vingt-cinq mots suffisent bien pour exprimer : *Là, ici, droite, gauche, en avant, halte, pâturez, garde à vous, l'homme armé, froid, chaud, partir, je t'aime, moi de même, un nid*, et une dizaine d'autres qu'ils ont à se donner selon leurs besoins. »

Passant des oiseaux aux quadrupèdes, l'auteur dit :

« Le chien n'emploie que des voyelles, et quelquefois, mais seulement dans la colère, les deux consonnes g et z.

« Le chat emploie les mêmes voyelles que le chien, et de plus six consonnes, m, n, g, r, v, f. »

G. P. PHILIMNESTE, *Le Livre des singularités*, 1841.

ANNAMITES

• Leur juste place :

Note de service. Les Annamites employés dans les formations sanitaires et autres établissements de la région devront être portés sur la situation mensuelle à l'encre rouge, dans la colonne « chevaux » avec un A.

Général de division P..., à M..., général commandant les subdivisions, 22 février 1917, cité in *Le Mercure de France*, 1er octobre 1917.

ANNÉE LUMIÈRE

• C'est difficile à exprimer :

L'étoile la plus rapprochée (Proxima Centauri) est à trois ans et demi d'année lumière.

Charles RICHET, *Apologie de la Biologie*, vers 1925.

ANONYMES

• On est sur leur piste :

Nombreux également ont été les amis personnels du président, et même des anonymes, qui ont tenu à déposer leur carte, après avoir pris connaissance du bulletin de santé.

La Dépêche algérienne, 2 août 1929.

De nombreux anonymes signent sur le livre placé devant le domicile de Raymond Poincaré.

L'Intransigeant, 17 octobre 1934.

ANTÉCHRIST

• Né et mort au XVIIe siècle :

La nativité de l'Antéchrist se trouve en l'an vingt-six de ce siècle, le commencement de son règne universel en l'an cinquante-six, sa chute, et de son empire, en l'an soixante, et la fin du monde en l'an soixante-six.

Avertissement à tous chrétiens sur le grand et épouvantable avènement de l'Antéchrist, et fin du monde, 1618.

ANTÉGÉNÉSIE

• Ce qu'on en peut savoir :

A la vérité, demander ce que Dieu faisait avant la création du monde, c'est parler impertinemment, ou même puérilement, et ne savoir proprement ce qu'on demande ; car cette parole *faisait* inclut quelque sorte d'action intime, une action réelle qui ne peut être en Dieu, ni provenir de cette unique source d'intelligence et de perfection. Dieu est un esprit souverain qui n'agit pas à la façon des artisans du monde : les hommes ne peuvent accomplir leurs ouvrages que par le moyen des instruments et outils à ce propres et convenables, mais Dieu n'a point d'instruments chez lui pour travailler...

Aussi, à parler proprement, il ne fait pas, il agit ; ou bien, en faisant toutes choses, il ne fait rien, c'est-à-dire, il se repose en travaillant, et par son seul vouloir son œuvre est accomplie et parfaite...

Dieu ne croupissait point en paresse et loisir avant qu'il eût créé le monde...

Dieu avant la création du monde faisait et ne faisait rien, faisait beaucoup de choses au regard de nous et ne faisait rien à son respect ; il faisait selon notre sens, mais il agissait selon lui par le moyen ineffable de son intelligence et de sa volonté ; il agissait, dis-je, sans action quelconque, ou plutôt il contemplait l'œuvre mystérieuse de la Trinité très sainte, très parfaite et très heureuse ; il ne faisait rien, car, comme nous avons dit, il n'a point de corps, d'organes ni d'instruments pour agir et pour ouvrer, comme les artisans du monde...

Ainsi le Père éternel a toujours régné dans le Ciel de lui-même avant que le ciel et la terre fussent créés et parfaits ; et régnant en ce magnifique palais de sa gloire, il faisait toutes choses sans rien faire...

L'Antégénésie, ou Quelles étaient les occupations de Dieu avant la création, ouvrage du XVIIe siècle, cité in *La Revue rétrospective,* juin 1834.

ANTICLÉRICALISME

• Parlons clair :

L'anticléricalisme devrait être interdit aux protestants et aux juifs. En effet, fort religieux eux-mêmes, ils ne sont point, en réalité, anticléricaux mais anticatholiques.

Charles RÉGISMANSET, *Autres Contradictions,* 1925.

ANTIPATHIE

• Entre les animaux :

Il existe entre les poissons des antipathies et des sympathies merveilleuses. Le muge et le loup se portent une haine réciproque. Il en est ainsi du congre et de la murène, qui se rongent mutuellement la queue. La langouste a une telle frayeur du polype, que le voir auprès d'elle la fait mourir sur-le-champ.

PLINE, *Histoire naturelle,* 78 apr. J.-C.

Inimitiés implacables sont entre les brebis, moutons, agneaux et les loups, voire si grandes, qu'après la mort des uns et des autres, si deux tambourins sont faits, l'un de peau de brebis et l'autre de loup, étant sonnés et frappés tous deux ensemblement, bien difficilement se pourra ouïr le son de celui de brebis, tant sont immortelles les inimitiés et discordances de ces animaux, soient vifs, ou morts. Même aucuns estiment que si un luth, ou autre instrument, est monté de cordes faites de boyaux de brebis et de loup, il sera impossible de l'accorder.

Ambroise PARÉ (vers 1510-1590), *Traité des animaux.*

• Entre les hommes :

Il y a eu de tout temps une antipathie mortelle entre les Français et les Espagnols ; un Italien en a fait un volume tout entier. Celle des ichneumons avec les crocodiles, ni celle des éléphants avec les dragons ne sont pas plus envenimées.

César DE ROCHEFORT, *Dictionnaire général et curieux* (article Antipathie), 1685.

• Affinités végétales :

Des répulsions et des attractions se manifestent chez les plantes entre elles...

C'est par antipathie que la vigne fuit le chou : le sapin ne permet à aucun autre végétal qu'aux lichens et aux mousses de vivre longtemps sur le sol qu'il occupe... L'aigremoine et l'origan se plaisent à côté l'un de l'autre ; le chêne aime à se trouver près du hêtre, auquel il laisse la superficie du sol, tandis qu'il s'y enfonce très avant.

Il y a aussi des plantes qui recherchent, pour ainsi dire, la société de l'homme et s'attachent à ses pas. La pariétaire, les orties, le laurier vulgaire, la grande et la petite oseille croissent autour des habitations, le long des murs, dans les villages, et dans les rues des villes. Elles suivent le pasteur et montent avec lui sur les lieux les plus élevés.

A. DE CHESNEL, *Dictionnaire des merveilles,* 1853.

ANTIPODES

• Une question longtemps controversée :

Se peut-il que des hommes soient assez insensés pour croire que les moissons, les arbres et les animaux croissent la tête en bas, et que les habitants de l'autre hémisphère ont les pieds plus hauts que la tête ?

LACTANCE, *De opificio dei,* 303-304.

Hommes dont les pieds sont tournés vers les nôtres : c'est ce que signifie ce nom. Si nous en croyons Aventinus, dans ses *Annales de Bavière*, Boniface, archevêque de Mayence, et légat du pape Zacharie dans le VIIIe siècle, déclara hérétique un évêque de ce temps nommé Vigile, ou Virgile, pour avoir osé soutenir qu'il y a des antipodes.

Nicolas Sylvestre BERGIER, *Dictionnaire de théologie dogmatique* (article Antipode), 1788.

On a peine à se figurer comment les hommes peuvent habiter des pays antipodes, et où leurs pieds se regardent.

Jérôme DE LALANDE, *Astronomie des dames,* 1824.

• Et volontairement obscurcie :

On a prétendu qu'un évêque de Salzbourg nommé Virgile avait été condamné au VIIIe siècle comme hérétique, parce qu'il avait affirmé l'existence des antipodes. Mais c'est là un fait faux, parce qu'il est mal expliqué. Dans le décret pontifical qui le condamne, Virgile est considéré comme auteur d'une doctrine de laquelle il résulterait qu'il y a quelque part sur la terre des hommes qui ne sortent pas d'Adam, ce qui serait hérétique en effet, mais ce qui n'a aucun rapport avec la question des antipodes.

M. DESDOUITS, *Leçons élémentaires d'astronomie,* 1865.

APARTHEID

• Une grande réussite :

L'apartheid a réussi en République sud-africaine, pays dans lequel Noirs et Blancs vivent libres et heureux.

Robert ANDERS, *Rivarol,* 16 décembre 1965.

APHORISME

• Un exemple :

Le nouveau-né happe le sein, une limaille de fer vers l'aimant s'élance, et César, mûrement, pèse le contre et le pour, tous ayant autant et de même raisonné.

M. FAGUS, *Aphorismes,* 1908.

APOLLINAIRE (Guillaume)

• Les reproches classiques :

Des hommes comme Apollinaire et Fénéon ont été, dans leur domaine, comme Gide dans le sien, de subtils pervertisseurs, des agents de décomposition de la raison et du goût, fêtés comme le sont tous les sophistes par les snobs qu'ils méprisent secrètement.

Camille MAUCLAIR, *Les Métèques contre l'art français,* 1930.

APÔTRES

• Un bon exemple :

Serait-il possible que cinq ou six hommes de mérite, qui s'entendront, ne réussissent pas, après l'exemple que nous avons de douze faquins qui ont réussi ?

VOLTAIRE, *Lettre au président Hénault*, 24 juillet 1760.

• Et de mauvais disciples :

C'est une chose notoire que, réunis sous le prétexte de pratiquer on ne sait quelle religion impie autant qu'absurde, ils se livraient au plus honteux libertinage. On les a universellement accusés de toutes les infamies imaginables, ce qui suffirait pour établir une étroite parenté entre eux et les socialistes de ce temps-ci.

Victor MEUNIER, *Jésus-Christ devant les conseils de guerre*, 1849.

APPÉTIT

• Pourquoi les prisonniers n'en ont pas :

Comme l'âme d'un animal est très susceptible par rapport à sa condensation très puissante, il arrive qu'elle est forcée d'attirer à elle des substances pour amortir les rayons des autres objets, qui autrement la dissoudraient. C'est pourquoi les animaux mangent continuellement. Plus un être animé est à la vue des regards des objets, plus il a d'appétit. Ainsi donc, un prisonnier qui n'a que quatre murs autour de lui a bien moins d'appétit que s'il était en plein air.

J. PUTHOD, *La Vérité*, 1874.

ARABES

• Il n'y a rien à espérer d'eux :

Les Arabes vivent de peu ; mais cette sobriété ne doit pas leur être comptée comme vertu ; elle est le résultat de leur paresse originelle.

Dr BODICHON, cité in *Curiosités philologiques, géographiques et ethnologiques, par une Société de gens de lettres et d'érudits*, 1855.

L'Arabe, sauvage, errant, fier, n'est pas perfectible.

Dr BERNARD, *L'Algérie qui s'en va*, 1887.

L'Arabe du désert... jouit et s'agite comme une mouche dans un rayon de soleil. Petit, sec, sobre, il vit d'un peu de pain cuit sous la cendre et trempé dans l'huile. Sa tête est aussi creuse que son estomac et, sur le cerveau desséché de cette race, la réflexion, la science ne laissent pas plus de traces que la pluie sur le sol rocailleux, stérile, de l'Arabie Pétrée. [...]

On peut impunément battre l'Arabe, ce clown tout cabriolant ; c'est un polichinelle en caoutchouc, s'aplatissant sous le poing, et tout aussitôt remis en forme. [...] I 'Arabe est prolifique à un point extraordinaire — je crois bien que le hareng seul lui est sur ce point supérieur.

Jean REVEL, *Chez nos ancêtres*, 1888.

• Ce qui les a perdus :

Les Arabes furent célèbres par leur esprit, leurs talents, et leur courage, tant qu'ils n'eurent que des amantes pour épouses. Mais depuis qu'elles ne sont que des esclaves, instruments de leurs plaisirs, il est peu de peuples plus bornés dans les facultés de l'entendement.

Essai sur les moyens de procréer des enfants d'esprit, Paris, 1810.

ARAIGNÉES

• Leur alphabet :

Les araignées emploient deux voyelles et deux consonnes, puisqu'elles prononcent *tak* et *tok*.

DUPONT DE NEMOURS, cité in *Curiosités philologiques, géographiques et ethnologiques, par une Société de gens de lettres et d'érudits*, 1855.

ARBRES

• Immortalisés par Edmond Rostand dans ces vers :

Chacun de nos soldats eut son cri de souf-
[france
Devant ces arbres morts qui jonchaient
[les terrains :
« Oh, les pêchers ! » criaient ceux de l'Ile-
[de-France,
« Et les mirabelliers ! » crièrent les Lorrains.
Soldats bleus demeurés paysans sous vos
[casques,
Quels poings noueux et noirs vers le ciel
[vous tendiez !
« Les cerisiers ! » criaient avec fureur les
[Basques,
Et ceux du Roussillon criaient : « Les
[amandiers ! »

Devant les arbres morts de l'Aisne ou de [la Somme,
Chacun se retrouva Breton ou Limousin.
« Les pommiers ! » criaient ceux de la [pomme ;
« Les vignes ! » criaient ceux des pays du [raisin.
Ainsi vous disiez tous le climat dont vous êtes
Devant ces arbres morts que vous consi- [dériez.
— Et moi, voyant tomber tant de jeunes [poètes,
Hélas, combien de fois j'ai crié : « Les lau- [riers ! »

Edmond ROSTAND, *Les Arbres coupés*, in *Lectures pour tous*, 1917.

• **De leur locomotion :**
Brusquement il se leva, s'avançant en oscillant comme un arbre que le vent fouette.

Lectures pour tous, janvier 1908.

ARCHE DE NOÉ

• **Les problèmes d'embarquement :**
Outre les huit personnes qui composaient la famille de Noé, l'arche contenait une paire de chaque espèce d'animaux impurs et sept d'animaux purs, avec leur provision d'aliments pour un an. Au premier coup d'œil, cela peut paraître impossible ; mais quand on en vient au calcul, on trouve que le nombre des animaux n'est pas si grand qu'on se l'était d'abord imaginé. Nous ne connaissons guère que cent ou tout au plus cent trente espèces de quadrupèdes, environ autant d'oiseaux, et quarante espèces de ceux qui vivent dans l'eau. Les naturalistes comptent ordinairement cent soixante et dix espèces d'oiseaux en tout. Wilkins, évêque de Chester, prétend qu'il n'y avait que soixante et douze espèces de quadrupèdes qui fussent nécessaires dans l'arche. [...]

Drexelius pense que l'arche était divisée en trois cents loges ou appartements ; le P. Fournier en compte trois cent vingt-trois ; l'auteur des *Questions sur la Genèse*, quatre cents. Budée, Arias, Montanus, Wilkins, le P. Lami, supposent autant de loges qu'il y avait d'espèces d'animaux. L. Le Pelletier et Butéo en mettent beaucoup moins, parce que, si on les multipliait trop, chacune des huit personnes qui étaient dans l'arche aurait eu quarante ou cinquante loges à pourvoir et à nettoyer par jour ; ce qui est impossible. Peut-être y a-t-il autant de difficulté à diminuer le nombre des loges, à moins qu'on ne diminue le nombre des animaux ; il paraît plus difficile de prendre soin de trois cents animaux dans soixante-douze loges que s'ils occupaient chacun la leur. [...]

Quant à ce qui regarde les aliments contenus dans le second étage, Budée a observé que trente ou quarante livres de foin suffisent ordinairement à un bœuf pour sa nourriture journalière, et qu'une coudée solide de foin, pressée comme elle est dans les greniers ou magasins, pèse environ quarante livres. Or, il paraît que le second étage avait cent cinquante mille coudées cubes. Si on les divise entre deux cents six bœufs, il y aura deux tiers de foin plus qu'ils n'en pourront manger par an. — Selon le calcul de Wilkins, tous les animaux carnassiers sont équivalents, pour leur volume et pour leur nourriture, à vingt-sept loups, et tous les autres à deux cent huit bœufs. Pour la nourriture des premiers, il met mille huit cent vingt-cinq brebis, et pour celle des seconds, neuf cent mille cinq cents coudées de foin : or, les deux premiers étages étaient plus que suffisants pour contenir le tout... Il conclut que la narration de Moïse dont on a voulu faire une objection contre la vérité de l'Écriture sainte, en est plutôt une preuve.

Nicolas-Sylvestre BERGIER, *Dictionnaire de théologie dogmatique* (article Arche), 1788.

ARCHEVÊQUES

• **Tuez-les vite :**
Je suis convaincu que les Communards, qui ont expédié par voie rapide l'archevêque de Paris et les moines dans l'autre monde, leur ont rendu un grand service ; ces gens étaient saints et mûrs pour le ciel ; la terre ne pouvait être digne d'eux.

Antoine ROCHER, *La Friponnerie des évêques et des prêtres par un apostat*, vers 1875.

ARGENT

• **Il est inutile d'en donner aux ouvriers :**
Dans l'état actuel de la civilisation européenne et en dehors de quelques districts

privilégiés, il n'existe pas un ouvrier sur dix qui, devenant tout à coup possesseur d'une somme d'argent, ait assez d'empire sur lui-même pour la conserver intacte et pour se contenter du surcroît d'aisance produit par l'intérêt de cette somme. Cette remarque, qui s'applique à toutes les races et à toutes les régions, est l'un des points de départ essentiels de toute tentative d'amélioration sociale. Un immense mouvement de fraternité qui conduirait à répartir entre toutes les familles ouvrières le capital disponible de l'Europe n'aurait d'autre résultat que de faire dissiper en consommations folles les neuf dixièmes de ce capital. [...]

Cette imprévoyante philanthropie, en excitant d'insatiables appétits, provoquerait donc la dégradation des classes laborieuses ; elle arrêterait immédiatement la marche de cette émancipation réelle qui s'accomplit chaque jour, trop lentement sans doute, mais au moins d'une manière sûre et progressive, sous l'influence du travail, de la tempérance et de l'épargne. La Providence a ainsi tracé les voies qui conduisent à la propriété ; comme la terre de Chanaan, la propriété ne peut s'acquérir que par une longue suite d'épreuves : ceux-là sont de faux prophètes qui promettent aux classes dépourvues l'admission immédiate dans la Terre promise !

Frédéric LE PLAY, *Les Ouvriers européens*, 1855.

ARGENT (Couleur)

• Une teinte assez sombre :

Le cercueil apparaît en haut des degrés et les porteurs le descendent dans un effort périlleux. Le drap d'argent qui le recouvre est tout noir.

Le Matin, 11 juin 1909.

ARIANS

• L'origine d'une légende :

Nous devons considérer la famille ariane comme la plus noble, la plus intelligente, la plus énergique de la race blanche.

Comte DE GOBINEAU, *Essai sur l'inégalité des races humaines*, 1853-1855.

ARISTOCRATIE

• Pourquoi il y en a une :

Dans tous les pays et dans tous les gouvernements possibles, les grands emplois appartiendront toujours (sauf exception) à l'aristocratie, c'est-à-dire à la noblesse et à la richesse le plus souvent réunies. Aristote, en disant que la chose *doit être ainsi*, énonce un axiome politique dont le simple bon sens et l'expérience de tous les âges ne permettent pas de douter. Ce privilège de l'aristocratie est réellement une loi naturelle.

Joseph DE MAISTRE, *Étude sur la souveraineté*, 1796.

• Et pourquoi les États-Unis n'en ont pas :

Si la guerre, ce berceau de toute vraie noblesse, ne faisait pas défaut en Amérique, il y a longtemps que les États-Unis auraient une aristocratie.

Alfred D'ALMBERT, *Flânerie parisienne aux États-Unis*, 1856.

ARISTOTE

• Ce qui lui a manqué :

Aristote est, à juste titre, surnommé le prince des philosophes de l'Antiquité. S'il eût été éclairé des lumières de l'Évangile, il eût poussé très loin les questions dogmatiques et morales.

Abbé MIGNE, *Encyclopédie théologique* (article Aristote), 1850.

ARITHMÉTIQUE

• Un exercice national-socialiste :

Un aliéné coûte quotidiennement 4 marks, un invalide 5,5 marks, un criminel 3,5 marks. Dans beaucoup de cas, un fonctionnaire ne touche quotidiennement que 4 marks, un employé 3,5 marks, un apprenti 2 marks.

1. Faites un graphique avec ces chiffres.

2. D'après des estimations prudentes, il y a en Allemagne environ 300 000 aliénés, épileptiques, etc., dans les asiles. Calculez combien coûtent annuellement ces 300 000 aliénés et épileptiques. Combien de prêts aux jeunes ménages à 1 000 marks pourrait-on faire de façon non

remboursable, si cet argent pouvait être économisé ?

Exercice proposé par un livre scolaire dans l'Allemagne hitlérienne (1933-1945), cité *in* H.J. Gamm, *Der braune Kult*, Hambourg, Rütten et Loenig, 1962 (p. 215) et *in* Alfred Grosser, *Le Crime et la Mémoire*, Flammarion, 1989 (p. 65).

ARME BLANCHE

• Une opinion colorée :

D'autre part, les Allemands auraient une peur bleue des combats à l'arme blanche.

Le Matin, 8 août 1914.

ARMÉE

• Rien n'en ternit l'éclat :

L'armée est comme le soleil, dont les taches rendent plus éclatante la lumineuse splendeur.

Général BILLOT, ministre de la Guerre, *Journal officiel*, 14 janvier 1898, au moment de l'affaire Dreyfus.

L'armée, c'est encore et toujours la grande chose restée noble et pure. Le drapeau immaculé et vierge de toute souillure charrie dans ses plis l'éblouissement de cette servitude faite de grandeur splendide.

Le Petit Dauphinois, 15 juillet 1926.

ARMÉE ALLEMANDE

• Des soldats d'opérette :

La réputation de l'armée allemande est surfaite. [...] Elle est forte, elle est disciplinée, nous en convenons, mais elle est aussi par excellence l'armée de parade, l'armée du bluff. [...]

Le soldat est fait pour se battre et non pour amuser les foules, on l'oublie trop souvent outre-Rhin. [...]

Ce que l'on peut faire de mieux pour le sous-officier allemand, c'est de n'en pas parler. [...] La race allemande commence à dégénérer.

Devons-nous avoir peur de l'Allemagne ? par un général français, août 1911.

Les Allemands tirent bas et fort mal. Quant aux obus, ils n'éclatent pas dans la proportion de 80 %.

Le Journal, 19 août 1914.

ARMÉE ANGLAISE

• Du joli monde :

Presque tous les marins de Nelson étaient des forçats, et les héros de Wellington des bandits de la pire espèce.

Hector FRANCE, *Les Nuits de Londres*, 1900.

ARMÉE DE L'AIR

• Le pourquoi de la déculottée :

NOUVELLE TENUE DE L'ARMÉE DE L'AIR. L'uniforme comprendra une vareuse remplaçant la culotte et les bandes molletières de l'ancienne tenue.

Le Figaro, 31 mai 1935.

ARMES

• Rien de neuf :

Combien de fois avons-nous déjà montré que les progrès scientifiques ou industriels ne sont que des phénomènes de façade, effleurant à peine la réalité des êtres. [...] Entre le coup de poing des temps chelléens et l'obusier de 420 (je prends les deux termes extrêmes de l'art militaire), je n'établis que des différences extérieures.

Camille JULLIAN, *Leçons* au Collège de France, 1914-1919.

ART

• Un exercice dangereux :

L'art fait des fous. [...] Il produit l'idéalisme qui est à l'idéal ce que la fièvre est à la vie. Ceux qui sont atteints de ce mal terrible cessent d'être pratiques. Ils ne comprennent rien aux choses d'ici-bas ; ils se plaisent dans les excentricités, ils font souffrir leurs voisins, ils compromettent leurs intérêts. Devenus grotesques à force d'être sublimes, ils méritent qu'on recueille avec soin leurs chefs-d'œuvre, et qu'on les envoie mourir aux petites-maisons.

R.P. AT, *Saint Joseph ou la Question ouvrière d'après l'Évangile*, 1876.

L'art est aussi la cause principale de la dépravation des hommes au point de vue des relations sexuelles, si importantes dans la vie sociale.

Léon TOLSTOÏ, *Qu'est-ce que l'art ?*, édition de 1898.

• Et difficile :

Pour faire une œuvre d'art, la matière première ne suffit pas : il faut un artiste.

Le Gaulois, 10 novembre 1902.

ART CHRÉTIEN

• C'est zéro :

En fait d'art, le prêtre et le dogme chrétiens n'ont rien pu ou su créer. Tous les monuments romans de l'ère sacerdotale, c'est-à-dire de l'époque où l'art fut exclusivement dans la main des prêtres, ne sont qu'une combinaison de formes générales et de détails, empruntés aux basiliques et aux bains des Romains. La basilique était le palais de la chicane judiciaire et avocassière, le bazar, le marché du négoce et du trafic ; les bains, le grand lupanar de la débauche cynique sans intelligence, sans spiritualisme et sans mystère du Romain de l'empire. Voilà les sources impures des éléments architectoniques qui servirent immédiatement et pendant des siècles aux chrétiens pour la conception de leurs monuments sacrés. On voit qu'ils furent sans talent et inconséquents dans le choix des types des églises de leur culte.

D. RAMÉE, architecte, *Théologie cosmogonique, ou Reconstitution de l'ancienne et primitive loi,* Paris, 1853.

ART JAPONAIS

• C'est un effet du hasard :

Je les crois réalistes (les Japonais), dans la mesure où ils le sont, plus par impuissance que par choix. Ils le sont parce qu'ils ont peu d'imagination en dehors de celle que j'ai dite, et point du tout de raison. Le charme particulier de l'art japonais vient, en grande partie, de ce qu'il y a forcément de grâce dans l'imprévu de son absurdité. Ils jettent au hasard les formes et les couleurs, uniquement et sûrement guidés par une très fine sensualité des yeux. Ce sont de capricieux et abondants artistes en paravents et en potiches ; mais, si un enfant de cinq ans avait leur œil et leur main, il ferait, je crois, exactement ce qu'ils font, et y mettrait juste autant de pensée...

Jules LEMAITRE, *Impressions de théâtre,* 30 avril 1888.

ART MILITAIRE

• Une certitude :

L'art militaire est sans contredit le plus difficile de tous.

NOVILOS DE SAINT-CYR, *Tableau du siècle,* 1761.

ARTHRITIQUES

• Attention :

C'est ici qu'il convient de dire un mot de l'exercice d'une certaine fonction qui doit être l'objet, de la part de l'arthritique, d'une surveillance spéciale. On a dit que Vénus était fatale aux goutteux ; il serait aussi vrai de dire que les excès amoureux — et les excès sont chose toute relative — sont dangereux pour tous les arthritiques, dont les goutteux ne sont qu'une variété.

Dr J. HÉRICOURT, *L'Hygiène moderne,* 1907.

ARTICLE

• La grammaire rimée :

L'article est, pour les noms, un lien né-
[cessaire,
Dans le discours, c'est un petit notaire,
Qui, par de réguliers accords
Sait, entre les conjoints, fixer tous les rap-
[ports.

H. MONTET DE LAROCHE, *Nouvelle Grammaire française,* 1855.

• Preuve que le latin vient du français :

La présence de l'article *le, la, les,* dans toutes les branches de la langue celtique est, comme l'affirmation et la négation, une preuve de plus de l'antériorité des patois et du français sur le latin. En effet, la langue latine, n'ayant ni l'article, ni l'affirmation, ne saurait avoir donné à l'autre ce quelle ne possède pas elle-même.

M.A. GRANIER DE CASSAGNAC, député au Corps législatif, *Antiquité des patois, Antériorité de la langue française sur le latin,* 1859.

ARTILLERIE

• Un rôle modeste :

Et puis, l'artillerie, que je sache, n'a jamais décidé du sort d'une bataille.

Capitaine LEDENT, *A la baïonnette ! Chargez !,* 1912.

ARTISTES

• Ce sont en général des bêtes :

On croit généralement que les artistes sont les gens les plus paisibles, les plus sages, les plus absorbés dans le monde des idées et des sentiments. Rien de plus faux. *Ils sont les plus près de la bête.* Grattez un peu, écorchez à la surface cette peau mince ; enlevez tous ces costumes vastes et magnifiques dont ils s'enveloppent, cherchez l'animal sous cette belle apparence, sous cette grandeur, sous ce génie, et vous serez stupéfaits...

Les âges où le singe se montre le plus sont les âges les plus artistiques.

Filadelf GORILLA, *L'Homme, singe dégénéré, notes et impressions d'un singe,* 1893.

• Et ils sont mal mariés :

La catégorie des artistes, pour qui le modèle représente l'œuvre, ne prouve ni par ses épouses, ni par ses maîtresses, que le sens esthétique guide son désir.

Jospeh PÉLADAN, *La Science de l'amour,* 1911.

ASPERGE

• A bannir :

Jamais un homme de goût et d'odorat subtil n'a été et ne sera en relations sympathiques avec une bête passionnée pour l'asperge. Je m'étais demandé bien souvent la raison de mes faibles attractions pour la race féline avant que l'asperge m'eût tout dit.

Alphonse TOUSSENEL, *L'Esprit des bêtes, zoologie passionnelle,* 1847.

ASSAUT

• Description d'un instant privilégié :

Ils partent à l'assaut nos chers enfants, nos frères. Ils bondissent, ils courent, ils tuent, ils tuent, ils tuent.

Eugène TARDIEU, *L'Écho de Paris,* 21 août 1914.

Le 75 se tait. Le capitaine tire son revolver de l'étui. Tout le monde comprend. Suit un moment d'angoisse mortelle. — « En avant ! » Ah ! c'est la minute divine.

R.P. SERTILLANGES, *Madeleine,* 9 mai 1915.

ASSURANCE SUR LA VIE

• Immorale :

Mme William S. Fellmann me demande si une assurance sur la vie est un bon placement d'argent. Je réponds : non, absolument non. De quel droit une personne faite à l'image de Dieu se promène-t-elle avec une mise à prix sur sa tête, payable après sa mort ?

YEKEL, *The Farm Journal,* Pennsylvania, septembre 1926.

ATHÉES

• Leurs idées politiques :

Il est même évident que l'athéïsme peut rarement se rencontrer avec l'amour de la vraie liberté, c'est-à-dire avec l'amour de la justice. [...] Les athées aiment le despotisme.

J.-J. MOUNIER, *De l'influence attribuée aux philosophes, aux francs-maçons et aux illuminés sur la révolution de France,* 1801.

• Une thèse passionnante :

L'athéisme théorique se trouve, en de nombreux pays, de nos jours, au premier rang de la puissance et de l'autorité. La *possession collective* de ces peuples peut-elle faire l'objet d'un doute ? [...]

Le pays au sein duquel nous apercevons actuellement la présence de Satan au plus haut degré, c'est-à-dire au degré de la « possession collective », n'hésitons pas à le dire, c'est la Chine populaire. Ce que nous savons d'elle, de ce qui se passe derrière le « rideau de bambous », est littéralement diabolique. [...]

Immédiatement après la Chine, mais très différente d'elle, nous nous permettons de placer la Russie communiste. Mais entre le cas de la Chine et celui de la Russie, nous croyons qu'il existe autant de différence qu'entre une *possession* et une *infestation*.

En Russie, le démon est présent dans la direction, dans la politique, dans l'enseignement, dans les desseins d'avenir des dirigeants. Mais ce que l'on a appelé si longtemps « la sainte Russie » demeure intact, pour une grande part. La foi est vivante, la prière est active. Les mensonges du démon n'ont pas altéré la foi immense du peuple russe... Par sa patience, par sa fidélité, par son attachement aux vieilles traditions nationales, la Russie non seulement résiste aux assauts du Démon, mais se prépare peut-être, par la grâce de la Vierge Marie, la *Panagia*, Toute-Sainte, à une résurrection qui étonnera l'univers.

Mgr CHRISTIANI, *Présence de Satan dans le monde moderne,* 1959.

• La solution finale :

C'était en janvier 1852. J'étais depuis quelques jours dans la solitude, séparé de tout commerce avec les hommes, quand tout à coup je me sentis comme frappé d'une lumière surnaturelle. [...] A l'éclat de cette lumière, j'ai vu en un instant tout ce que je vais dire dans ce livre. Et qu'ai-je vu dans cette lumière ? La folie, l'aveuglement des hommes. [...]

Après avoir vu l'ensemble de ce vaste asile du monde, où la plupart des hommes vivent comme des insensés, nous parcourons en détail et avec plus d'attention les diverses galeries ou les sections principales réservées à certaines espèces de fous, qui exigent à peu près les mêmes soins. Nous commencerons par l'*idiotisme* et nous mettrons tous les incroyants dans cette grande division : ainsi les *athées*, les *déistes*, les *matérialistes*, ce sont en effet des espèces de crétins pour la plupart, mais il y en a de furieux, il y en a parmi eux qui sont, comme on dit, fous à lier. Il faudra prendre garde en passant dans cette cour.

La deuxième section, composée des *croyants*, renferme une foule de malheureux insensés qui se divisent en trois classes, les *indifférents*, les *pécheurs*, les *mondains*.

Il y en a que l'on ne peut connaître et guérir si on ne les isole absolument, si on ne les enferme. [...]

Je ne connais pas d'état plus affreux et plus désespéré que la folie d'un vieux Voltairien, par exemple, comme il y en a encore quelques-uns dans le monde. Il n'y a qu'à prier pour ces malheureux.

Je ne connais vraiment qu'un remède qui soit efficace. [...] Ce remède est la souffrance, un malheur quelconque, une peine de cœur, ou une maladie. On a vu des athées convertis par la mort d'une femme vertueuse qui s'était dévouée pour leur salut. [...] D'autres ont été sauvés par la mort d'un petit enfant, d'un fils unique : cet ange, en entrant au paradis, avait demandé et obtenu la grâce de lumière pour un père coupable et surtout malheureux.

R.P. A. LEFÈBVRE, de la Compagnie de Jésus, *De la folie en matière de religion*, Paris, 1866.

• Le point de vue biologique :
Du point de vue philosophique et scientifique le plus rigoureux, l'homme laïque, l'homme des marxistes, des francs-maçons, de tous ces tarés et non-évolués de la libre pensée, est un monstre dont le développement s'est trouvé arrêté à un stade inférieur. C'est un être qui s'est réalisé sur le plan biologique et psychique, mais qui reste incapable d'accéder à l'existence supérieure d'une personnalité à l'image de Dieu, un être qui, au total, demeure le simple représentant d'une espèce animale un peu supérieure à celle d'un canard.

La Voix de la cathédrale, bulletin paroissial de Saint-Étienne de Saint-Brieuc, 20 avril 1952.

ATHLÈTES

• Un danger pour leur santé :
Chez les athlètes, un état de santé porté à l'extrême est dangereux : car il ne peut ni demeurer stationnaire, ni arriver encore à une amélioration. Il ne lui reste plus qu'à se détériorer.

HIPPOCRATE, vers 460-375 av. J.-C., *Aphorismes*.

• Sous le titre « Pour améliorer la race » :
On se demande pourquoi, dans cette glorification éperdue de nos athlètes, on ne songe point, à l'occasion de leurs victoires, à rappeler leur généalogie comme on fait pour leurs collègues du turf. Les gagnants des courses de chevaux sont honorés, en chaque circonstance notable de leur vie, d'une évocation précise de leurs ancêtres. Et cette coutume révèle toute la splendeur de cette aristocratie du muscle, se perpétuant à travers les âges en des descendants sans reproche.

Fernand BIDAULT, *La Vie au grand air*, 27 octobre 1906.

• Un triste constat :
On dirait que l'abondance de nourriture, l'excès des sports, empêchent le progrès psychologique. Les athlètes sont en général peu intelligents.

Dr Alexis CARREL, *L'Homme, cet inconnu*, 1936.

ATOMIQUE (Bombe)

• Un mot aimable pour un allié :

Les dangers de la guerre atomique sont surestimés. Ce serait dur sur des pays petits, concentrés, comme l'Angleterre. Aux États-Unis, nous avons beaucoup d'espace.

Colonel R. RUTHERFORD MCCORMICK, éditeur du *Chicago Tribune,* 23 février 1950.

• La fin d'un bobard :

La bombe atomique d'Hiroshima n'était qu'une bombe de 50 tonnes de l'explosif allemand R D X, additionné d'éléments radioactifs « destinés à donner le change »... Le mythe était créé.

Terreur sur le Monde, Spoutnik, Bobards et Cie, 2e édition revue et augmentée, Chatou, 1958.

• Une enquête d'opinion :

Il est certain que si l'on avait posé la question « Êtes-vous pour ou contre les armes atomiques ? », tout le monde aurait répondu « oui ».

L'Impartial de La Chaux-de-Fonds, 2 avril 1962.

• Une réponse à ceux qui critiquent son prix :

L'arme atomique est l'arme des pauvres.

Général GALLOIS, *Le Midi-Libre,* 13 octobre 1972.

• Le monde n'est que contradiction, disait Mao :

Nouvel essai nucléaire chinois, un événement réjouissant. Le nouvel essai nucléaire auquel la Chine a procédé lundi dans le désert du Sinkiang, où se trouve son polygone de tir de Lopnor, est le dix-septième depuis le 1er octobre 1964, date du premier essai d'une bombe atomique chinoise.

Nous nous réjouissons vivement de celui-ci, alors que nous venons de condamner formellement les récents essais nucléaires soviétiques, comme celui que les USA viennent d'effectuer au Nevada.

L'Humanité rouge, 30 octobre 1975.

• Une certitude du général :

Perrin, la guerre atomique aura lieu. Je ne la verrai pas, mais, vous, vous la verrez.

Charles DE GAULLE, propos à Francis Perrin, haut commissaire à l'énergie atomique, juillet 1959, cité *in* Jean Lacouture, *De Gaulle,* III, p. 452.

ATOMIQUE (Énergie)

• Niée par son propre créateur :

L'énergie produite par l'atome est une très petite chose. Celui qui attend une source d'énergie dans la transformation de ces atomes dit des balivernes.

Ernest RUTHERFORD OF NELSON, qui réalisa la première transmutation d'atomes, septembre 1933.

ATOMIQUE (Théorie)

• Une baliverne :

Le pis, c'est que le fondement général de toutes les théories chimiques, la théorie des atomes, est l'hypothèse la moins prouvée et la moins susceptible de l'être jamais. Jamais chimiste n'a vu un atome ; il n'en tient pas moins pour le but le plus élevé de la science « la mécanique des atomes » ; il décrit la situation dans l'espace et construit les groupements des atomes dans les diverses combinaisons, comme s'il les avait présents devant lui sur la table de dissection...

Nous sommes maintenant convaincus que la chimie comme la physique, ces sciences « exactes », ces fondements « mécaniques » de toutes les autres sciences reposent sur des hypothèses non prouvées, et, partant, ne sauraient être enseignées.

Ernest HAECKEL, *Les Preuves du transformisme,* 1879.

• En tout cas, une réalité très tardive :

Le Verrier a découvert Uranus avant de l'avoir vue, et la théorie atomique a démontré la possibilité de l'atome et de l'électron, qui ne sont que plus tard devenus des réalités.

Docteur Antoine LABBÉ, *Le Conflit transformiste,* 1930.

• Nationalité des atomes :

Le moment est venu d'extirper de la physique aryenne les derniers vestiges de l'esprit sémite. L'atome allemand ne ressemble en rien à l'atome judéo-marxiste.

Johannes STARK, prix Nobel 1919, *Les Grands Hommes devant la Science,* 1938.

ATTENTION

• Il en faut dans certains cas :

L'acte génital est, nous le répétons, de la plus haute importance ; nous ne saurions trop recommander aux époux, dans leur propre intérêt et dans celui de leur progéniture, d'y prêter une sérieuse attention.

A. DEBAY, *La Vénus féconde et callipédique,* 1884.

ATTOUCHEMENTS

• Un péché mortel :

On ne saurait excuser de péché mortel ceux qui, sans cause légitime, se livrent à des attouchements honteux sur des personnes de l'un ou de l'autre sexe à cause du danger évident de commotion des esprits et de la pollution. On doit regarder comme tels, les attouchements sur les parties vénériennes ou sur celles qui les avoisinent. Se rend coupable du même péché celui qui porte avec complaisance morose les mains sur les seins d'une femme alors qu'ils sont couverts, car la sympathie donne naissance au grave danger de mouvement des esprits et de la pollution.

Mgr. J.-B. BOUVIER (1783-1854), *Dissertation sur le sixième commandement,* 4,1.

• Toutefois, dans le mariage, on peut s'y livrer jusqu'à un point inattendu :

Les attouchements quelconques, regards, etc., qui sont jugés utiles et nécessaires pour provoquer les désirs et les satisfaire, sont parfaitement licites, attendu que le but étant concédé, les moyens de l'atteindre le sont également. Ils sont d'ailleurs le prélude du coït, et en font presque partie. On ne peut exiger des époux qu'ils se livrent instantanément à la copulation sans s'être donné ces témoignages naturels de leur amour. Tel est l'avis de Sanchez, Sporer, Ligori.

Ces docteurs conseillent même aux femmes d'un tempérament froid de s'exciter elles-mêmes par des attouchements afin d'arriver au terme du coït en même temps que leur mari, et de continuer les attouchements même après un prurit qui leur ferait éprouver les tentations de la concupiscence.

D. R. LOUVEL, vicaire général d'Évreux, *Traité de la chasteté* (vers 1850).

• Et le théologien Billuart accepte des accommodements :

Comment doit réagir une femme aux attouchements d'un homme ? Si elle est touchée dans la région des parties deshonnêtes, elle doit, par tous les moyens moralement en son pouvoir, repousser celui qui la touche. Or est dit « moralement impossible » ce qui ne peut être employé sans un inconvénient tel qu'il dépasse l'ennui de subir cet attouchement. Tels seraient le danger de mort, d'infamie, de grave perte des biens si elle résistait à l'homme qui la touche. Dans ce cas-là, d'après Lessius et Loth, la femme n'est pas obligée de résister... Il suffit qu'elle évite le consentement intérieur.

F.C.R. BILLUART (1685-1757), *Des différentes formes de luxure,* art. 16.

ATTRACTION UNIVERSELLE

• A Newton, qui avait découvert les lois de l'attraction universelle, un adversaire fit cette curieuse objection :

Si l'attraction a pu élargir l'équateur..., qui empêchera de demander si ce n'est pas l'attraction qui a mis en saillie le devant du globe de l'œil, et qui a élancé au milieu du visage de l'homme ce morceau de cartilage qu'on appelle le nez ?

Noël-Antoine PLUCHE, *Histoire du ciel,* 1739.

AURORE

• Un bon moment :

Il semble que, pour tous les animaux, l'heure du rapprochement coïncide avec la présence du soleil sur l'horizon, quoique la saison des amours puisse être différente selon l'espèce. Le chien et les autres espèces domestiques semblent faire exception à cette règle ; enfin les humains s'accouplent à toutes les heures du jour. Toutefois il serait injuste de refuser une espèce d'influence à la fin de la nuit, ou plutôt au commencement de l'aurore... La naissance de l'aurore a souvent été célébrée par les poètes ; c'est véritablement l'heure génitale.

Julien-Elysée REYDELLET, ancien élève de l'École polytechnique, *Essai sur la nuit,* 1819.

AUSTRALIENS

• Au bas de l'échelle :

Ils sont toutes les choses mauvaises que ne devrait jamais présenter l'humanité, et plusieurs dont rougiraient les singes, leurs congénères.

Buttler EARP, *Manuel des émigrants,* 1857

AUTANT EN EMPORTE LE VENT

• Rien d'intéressant :

« Laisse tomber, Louis. Jamais un film sur la guerre de Sécession n'a fait un sou. »

Irving Thalberg, administrateur de la MGM, déconseillant à Louis B. Meyer d'acheter les droits de ce roman.

AUTOMOBILE

• Qui s'en souviendra ? :

Dangereuse, puante, inconfortable, ridicule assurément, vouée à l'oubli rapide, telle est la voiture automobile qu'en Allemagne MM. Benz et Daimler viennent de présenter au kaiser Guillaume.

Georges CLEMENCEAU, *La Justice*, 1882, cité *in* D. de Rougemont, *L'avenir est notre affaire,* 1977.

AUTOPSIE

• Parfois elle en dit long :

On tente de camoufler en accident le lâche assassinat de Marseille. Mais l'autopsie démontre que la victime a été tuée d'un coup de feu tiré par les communistes.

Titre d'un article, *L'Ami du peuple,* 28 avril 1936.

AUTRICHE

• D'inextricables problèmes ethniques :

La vérité est que, sur neuf millions d'Allemands, il y a, en Autriche, quinze millions de Slaves.

L'Intransigeant, 12 octobre 1907.

AUTRUCHE

• Quadrupède :

L'élevage de l'autruche commence, à Madagascar, à être très actif. Cet animal est appelé par les indigènes « Oiseau-chameau », parce qu'il se couche comme le chameau, en pliant les jambes de devant, en appliquant à terre sa poitrine, puis en pliant les jambes de derrière.

Le Petit Var, 16 juin 1908.

AUVERGNATS

• Hordes errantes :

Les Auvergnats font à Paris le métier de chaudronniers, de raccommodeurs de faïence, de parasols, de rémouleurs. L'enfant, dès l'âge de huit ans, suit son père, qui quoiqu'il traverse toute la France, s'arrête plus volontiers dans la capitale. Semblable aux oiseaux que le froid chasse dans une plus douce contrée, ce peuple fuit la neige qui couvre huit mois de l'année ses montagnes. Il y retourne tous les ans, fait un enfant à sa femme, la laisse entre les mains des vieilles et du curé, et parcourt ensuite le royaume sans avoir un domicile fixe.

Chaque Auvergnat, l'un portant l'autre, rapporte quatre ou cinq louis d'or dans sa triste patrie. L'enfant de dix ans en a gagné deux ; ils les cousent dans la ceinture de leurs culottes, et les enfants mendient le long des chemins.

Ces hordes voyagent ainsi depuis Jules César et plus anciennement encore.

Louis-Sébastien MERCIER, *Tableau de Paris,* 1780.

• Non fumeurs :

Je n'ai jamais rencontré la cigarette, le cigare ou la pipe à la bouche de jeunes Auvergnats au-dessous de 20 ans ; mes félicitations à ces descendants de Vercingétorix.

Fabrice LABROUSSE, *L'Auvergnat,* 14 novembre 1867.

AVENIR

• N'est pas tout rose :

Je crois que *l'avenir est aux filles*, en art comme en tout, car je crois à la fatale et imminente putréfaction d'une latinité sans Dieu et sans symbole.

L'avenir appartient aux pollutionnels ; les uns pollueront la bourgeoisie, les autres la plèbe ; il y aura des spécialistes pour spasme décent et titillation nationale.

Joseph PÉLADAN, « Réponse à Jules Huret », in *Enquête sur l'évolution littéraire,* 1891.

• Comment on le voyait en 1900 :

Du haut des ballons dirigeables qui, à cette époque, sillonneront les airs, on ne verra plus que des fleurs et des arbres, un vaste jardin s'épanouira sur notre continent, ce sera un nouveau paradis terrestre où il n'y aura plus ni frontières ni douanes, ni guerre, ni grèves.

« Ce que sera un repas au XXᵉ siècle », in *Almanach Hachette,* 1901.

• Et en 1955 :
Il peut être considéré comme admis qu'avant 1980 les bateaux, les avions, les locomotives et même les automobiles seront alimentés atomiquement.

Général David SARNOFF, *The Fabulous Future : America in 1980,* 1955.

AVEUGLES

• Ont de la chance :
L'écolier aveugle a une supériorité sur l'écolier voyant : il n'est pas distrait, il suit sa pensée ou l'explication et la démonstration de l'institutrice sans en être détourné — comme c'est le cas trop souvent pour les élèves voyants — par d'insignifiantes manifestations extérieures, le vol d'une mouche ou la grimace d'un camarade.

Les Nouvelles illustrées, 17 mars 1904.

• Et un emploi tout trouvé :
Et, à propos de mutilés réadaptés à l'aviculture, on nous signale un fait, au premier abord bien extraordinaire et cependant parfaitement exact, qui montre ce que l'on peut obtenir avec de la volonté. Dans une des écoles d'aviculture des environs de Paris, les aveugles de la guerre que l'on y rééduque arrivent à parfaitement « mirer » les œufs confiés aux couveuses.

Or, on sait que cette question du mirage a une haute importance, pour se rendre compte, par la vue généralement, si l'œuf est clair ou s'il est vivant.

Eh bien, des aveugles font ce travail au toucher, et se trompent rarement ! Si des aveugles arrivent à de tels résultats et peuvent ainsi s'occuper, combien cela sera-t-il plus facile pour ceux à qui il manque une jambe ou un bras ?

Lectures pour tous, 1er avril 1917.

AVIATION

• C'est chose impossible :
Il a été démontré par l'inutilité de mille tentatives, qu'il n'est pas possible qu'une machine, mise en mouvement par ses propres ressorts, ait assez de force pour s'élever et se soutenir en l'air.

M. DE MARLES, *Les Cent Merveilles des sciences et des arts,* 1847.

Réunissez ces trois faits indiscutables :

1. Il y a une limite de poids, certainement pas plus de cinquante livres, au-delà de laquelle il est impossible à un animal de voler. La nature a atteint cette limite et son ultime effort pour le dépasser a échoué.

2. La machine de l'animal est largement plus efficace que celle que nous pourrions espérer construire. Donc la limite de poids d'une machine volante réussie ne peut pas dépasser cinquante livres.

3. Le poids d'une machine construite pour voler, y compris le carburant et le pilote, ne peut être inférieur à trois ou quatre cents livres. N'est-il pas démontré qu'une véritable machine volante, s'élevant, se maintenant et se propulsant d'elle-même, est physiquement impossible ?

Joseph LE CONTE, *Popular Science Monthly,* novembre 1888.

• C'est chose inutile :
Vous imaginez aisément que du pierrot des rues à l'aigle royal des monts Himalaya, personne de la gent ailée ne prendra l'aviateur au sérieux en le voyant, à grands coups de piston, à pétarades d'allumage et à ronflements de moteur remporter au-dessus du sol, après tant d'efforts, sa laborieuse victoire. Ça ? Voler ? siffleront-ils entre eux, tu veux rire ! Et traçant aussitôt des ronds, des huit entrelacés et des folles arabesques, ils diront au dirigeable : « Fais-en donc autant ». Et le pauvre ne pourra pas ! Il se gardera même bien d'essayer. Si merveilleux que soit son mécanisme, lui permettrait-il les prouesses de l'aigle, du vautour, de l'hirondelle et du pigeon, de la frégate et du paille-en-queue ? Mais admettons qu'il fasse mieux que ces virtuoses de l'air, qu'il les surpasse tous et devienne leur incontesté monarque. Où cela mènera-t-il l'homme-volant ? Il s'élève à... six mille mètres ? Bon. En voulez-vous dix ? Je vous en accorde vingt. Le voilà bien avancé. En saura-t-il davantage au bout du compte ? Se sera-t-il plus sensiblement rapproché de Sirius ? Ou même de Mars ? Possédera-t-il des notions

plus étendues sur la lune ? Est-ce qu'il aura meilleure idée du soleil ?

Henri LAVEDAN, *Bon an, Mal an,* 12 septembre 1908.

• C'est affaire de race :
Rencontrerons-nous des aéroplanes ennemis pouvant nous donner la chasse ? C'est peu probable. [...]

Au contraire, malheur aux aviateurs allemands, militaires ou autres, qui tenteront de nous barrer le chemin ! [...] Non, le danger ne viendra pas de l'ennemi ! Notre supériorité sur les Allemands, en matière d'aviation, est reconnue. Ils pourront nous accabler, un jour, sous le nombre de leurs machines, mais pour aller plus haut que nous, nous pouvons l'affirmer sans crainte, jamais ! A quoi cela tient-il ? C'est question de tempérament et c'est question de race.

Pol TIMONIER, *Comment nous torpillerons Berlin avec notre escadrille d'aéroplanes dès l'ouverture des hostilités,* 1913.

• La preuve :
En fait, l'aviation française est actuellement aux mains des étrangers... ou des Juifs.

Edmond BRELAND, *La France livrée à l'étranger,* 1909.

• Elle ne fera plus de progrès :
On peut modifier les dimensions, la forme et le dessin des ailes et de quelques autres parties, mais l'*aéroplane, c'est le moteur*, et ces modifications n'augmentent guère la valeur générale de l'appareil. L'accroissement des dimensions, du poids, de la puissance, la multiplication des types, leurs changements et modifications continuels, montrent clairement que l'on a atteint la limite d'efficacité pratique.

NÉON, *Une illusion, la conquête de l'air,* traduction Thomazi, 1927.

Les avions de bombardement n'ont fait aucun progrès, et les avions de chasse sont devenus moins bons.

The Times, 11 juin 1926.

• Elle ne peut jouer aucun rôle militaire :
Il n'y a aucun fondement aux ardents espoirs et aux déclarations positives sur l'utilisation sûre et réussie du ballon dirigeable ou de la machine volante, ou des deux, comme moyens de transport commercial ou comme armes de guerre.

Amiral George MELVILLE, *North American Review,* décembre 1901.

Dans la dernière guerre, l'avion a été utilisé pour la reconnaissance, la photographie, le réglage du tir, les combats aériens et les bombardements. L'expérience a montré les limites de son emploi. C'est une arme indigne de confiance, inefficace, qui ne rapporte rien, produit peu et coûte cher.

NÉON, *Une illusion, la conquête de l'air,* traduction Thomazi, 1927.

• Pourtant, si on l'avait eue à Fachoda... :
Le bruit circulait, en 1901, que MM. Krebs et Renard avaient résolu la question de la navigation aérienne pour le compte du gouvernement français. Je serais étonné de voir un gouvernement possédant à lui seul le secret de la navigation aérienne subir une humiliation comme celle de Fachoda (1898). Le jour où ce problème sera résolu, l'Angleterre sera une puissance de troisième ordre.

Guide pour les égarés ou le Livre du prince Korab, cinquième édition, Paris, 1909.

• Elle n'a pas d'avenir dans les transports :
Je ne crois pas du tout que l'aéronautique entre jamais en jeu pour modifier de façon importante les moyens de transport.

H.-G. WELLS, *Anticipation,* 1902.

• Elle a beaucoup perdu de son intérêt :
L'aviation de cette guerre a porté haut son champ de bataille. Les fantassins accueillent la novation avec regret : adieu, le plus souvent, le prestigieux spectacle ! Que les aviateurs se battent à 5 000 mètres, le spectacle n'est certes pas aboli, ce n'est plus qu'une pièce dont le fantassin cherche le sens, où il s'efforce sans beaucoup de succès de distinguer le personnage sympathique du mauvais sire. Il n'est convié qu'au dénouement, à la violence de la dernière scène.

Encore un regret : dans l'autre guerre, me dit-on, l'explosion des obus de l'artillerie allemande contre les avions laissait dans le ciel des flocons blancs. Le flocon favorisait l'intérêt sportif.

Maurice NOEL, *Le Figaro,* 25 novembre 1939.

AVOCATE

• Les femmes belges peuvent le devenir : Tranquillisez-vous, monsieur le Magistrat, si une femme avocat se marie, ou, pour complaire à son mari, elle abandonnera le barreau, ou elle continuera, soit à plaider, soit à consulter, pour le plus grand avantage du ménage, sans que son mari s'amuse à tarir capricieusement une source de revenus dont il profitera.

La naissance du petit citoyen belge au milieu d'une plaidoirie ou d'une consultation est une suprême et folle fantaisie qui ne mérite pas l'honneur d'une réfutation sérieuse.

P. AZEM, *Des femmes, par un ami du progrès,* Bruxelles, 1884.

• Tu causes, tu causes :
Autant que faire se peut, évitons la femme cochère, la femme orateur de réunions publiques, la femme aviatrice, la femme avocate. Dans ces différentes utilisations, elle dépasse ou fausse les possibilités de son adaptation. Il y a bientôt vingt ans que le sexe faible plaide : plus encore que l'homme, l'avocate devrait exceller à faire vibrer dans un auditoire les sentiments émotifs, et cependant le nom d'aucune avocate n'est sorti du palais pour se répandre dans la foule ; il ne semble pas jusqu'ici que chez aucune se soit développée une éloquence féminine propre, qui ait pu s'élever au-dessus du pastiche.

Maurice DE GASTÉ, *La Bêtise humaine et la Science de la vie,* Paris 1922.

AYE ! AYE !

• Exclamation internationale :
L'exclamation douloureuse *aye ! aye !* n'appartient pas à telle langue ni à tel pays : elle est dans tous les gosiers humains. Les Latins l'avaient notée *voe,* les Italiens modernes la figurent *guai.*

François GÉNIN, *Récréations philologiques,* 1856.

AZINCOURT

• On y parlait comme à Fontenoy :
On ne fait aujourd'hui que répéter aux Anglais ce que nos pères leur disaient à Azincourt : « Tirez les premiers, messieurs les Anglais. »

Lucien MILLEVOYE, *La Patrie,* 26 janvier 1899.

B

BABIL

• C'est le parler des militaires :

Je revins sur le chemin en filant d'un groupe à l'autre ; ces hommes, couchés le long des haies ou dans les prairies, criaient à tue-tête en s'appelant entre eux ; je reconnus à leur ignoble façon de parler qu'ils appartenaient à la plus vile populace, principalement à cette classe qui garnit le parterre et le paradis de l'Ambigu ou de la Gaîté : leur langage ne ressemblait en rien à ce babil spirituel qui charme les oreilles dans un camp de soldats français.

Alexandre MAZAS, *Mémoires pour servir à l'histoire de la révolution de 1830.*

BAIN

• Une définition :

Un bain est un liquide dans lequel on plonge soit le corps tout entier, soit l'une de ses parties. Les bains sont dits **froids** quand la température de l'eau dans laquelle on se plonge est au-dessous de 15 degrés centigrades ; **tempérés** quand elle est de 15° à 25° ; **chauds** quand elle s'élève de 25° à 35°.

Mme MILLET-ROBINET, *Maison rustique des dames*, 1859.

• Un point d'histoire :

L'œuvre des bains et ablutions d'eau chaude à prix réduits, fondée en 1864 par M. de Cormenin en faveur des enfants d'ouvriers, a popularisé le goût du bain dans les classes laborieuses.

Dictionnaire de la conversation (article Bain), 1878.

BAINS DE MER

• Exposent à des dangers physiques :

Si, comme disent certains médecins français, les bains de mer n'ont qu'une action mécanique, ne donnent au sang aucun principe nouveau, et ne sont qu'une simple branche de l'hydrothérapie, — il faut avouer que c'est, des formes de l'hydrothérapie, la plus dure, la plus hasardeuse. Du moment que cette eau, si riche de vie, n'en donne pas plus que de l'eau claire, il est insensé de faire de telles expériences en plein air à tous les hasards du vent, du soleil, de mille accidents.

Jules MICHELET, *La Mer*, 1861.

On ne doit jamais prendre de bains de mer, le jour ni le lendemain du jour où l'on arrive dans une station maritime.

Baronne STAFFE, *Le Cabinet de toilette*, 1900.

• Et à des dangers moraux :

Pour se rendre au bain et pour en revenir, il faut s'envelopper d'un peignoir. Les bains de soleil sur le sable, les courses ou les jeux sur la plage, et en costume de bain, doivent être absolument prohibés.

L'Écho paroissial de Brest, 16 mai 1926.

BAÏONNETTE

• Rien ne vaut l'arme blanche :

Dans la bataille, demeurez compacts et n'abandonnez pas vos rangs pour courir en avant. Défiez-vous d'un trop grand élan ; c'est la seule chose que je redoute. Les nouvelles armes de précision ne sont dangereuses que de loin. Elles n'empêchent pas la baïonnette d'être, comme autrefois, l'arme terrible de l'armée française.

NAPOLÉON III, à l'armée d'Italie, 12 mai 1859.

Il faut que le fantassin français en arrive à avoir, dans son adresse à manier la baïonnette, une confiance telle qu'il préfère l'emploi de celle-ci à un tir rapide, qui d'ordinaire n'arrive qu'à faire perdre du temps.

Général FAURIE, *La France militaire*, 30 avril 1911.

La baïonnette est une arme terrible, une arme qui opère vite; c'est l'outil par excellence pour le bon travail.

C'est toujours avec une lame que sera tranché le nœud gordien. Cette « vieille marcheuse » est et restera toujours la reine des batailles. [...]

Ce qui fait la supériorité de la baïonnette, de l'arme blanche en général, c'est qu'à un coup de cette arme correspond presque toujours une blessure plus ou moins grave ; c'est qu'il y a un résultat certain provenant du contact, contact toujours brutal, des adversaires. On peut dire qu'au combat à la baïonnette tous les coups portent. Il est bien loin d'en être de même pour la mousqueterie. On peut rêver de posséder des armes qui tuent à plusieurs kilomètres, qui balaient et arrosent le terrain d'une nappe de projectiles. Ce serait parfait si chacun de ces projectiles mettait un adversaire hors de combat. Mais qu'il est donc loin d'en être ainsi !

Capitaine LEDENT, *A la baïonnette ! Chargez !*, 1912.

• Un progrès sensible :

Les baïonnettes aujourd'hui sont intelligentes ; elles connaissent et respectent la loi.

Étienne BEQUET, *Le Journal des débats*, 10 avril 1829.

BAISER

• On en reviendra :

Le baiser expose à la contagion des graves maladies, et il est à souhaiter que l'habitude du baiser soit abandonnée.

Dr A. NARODETZKI, *La Médecine végétale*, 1910

• Un auteur bien informé :

Le baiser sur la bouche, c'est-à-dire sur les lèvres, dit baiser nominal, est certainement préhistorique, mais sûrement pas si ancien que la femme. Je le fais désormais remonter, au plus, à l'âge de bronze.

Dr Marcel BAUDOUIN, *Le Maraîchinage, coutume sexuelle du pays de Mont (Vendée)*, quatrième édition, 1917.

• Entre personnes libres, n'imitez pas les colombes :

Les baisers même honnêtes, motivés par la passion, donnés ou reçus, entre personnes du même sexe ou de sexes différents, sont des péchés mortels. Mais les baisers sur les parties inusitées du corps, par exemple sur la poitrine, sur les seins, ou à la mode des colombes en introduisant la langue dans la bouche d'une autre personne, sont présumés avoir la passion pour mobile, ou du moins mettent dans un grave danger d'y succomber et pour cette raison, ne peuvent être excusés de péché mortel.

Mgr. J.-B. BOUVIER (1783-1854), *Dissertation sur le sixième commandement*, 4, 1.

• Un défenseur :

Un vrai baiser produit tant de chaleur qu'il détruit les germes.

Dr S. L. KATZOFF, cité in *American Mercury*, avril 1940.

BAL

• Satan le conduit :

Le bal est un cercle dont Satan fait le centre, et ses diables en font la circonférence.

César DE ROCHEFORT, *Dictionnaire général et curieux* (article Bal), 1685.

Oui, mères de famille qui m'écoutez, il vaudrait mieux que vous conduisiez vos filles dans les lieux de prostitution que de les conduire au bal, parce que les grandes fautes sont presque toujours suivies d'un grand repentir.

Un missionnaire de 1820, cité *in* Collin de Plancy, *Anecdotes du dix-neuvième siècle*, 1821.

Je ne pense pas qu'on puisse absoudre, même à Pâques, ceux qui s'obstinent à fréquenter nuit et jour les bals publics car ils s'exposent à un danger manifeste et l'expérience prouve qu'ils sont presque tous corrompus.

Mgr. J.-B. Bouvier (1783-1854), *Dissertation sur le sixième commandement*, 3, 3.

• **Tout dépend de l'heure :**
Les bals qui se donnent de jour sont moins dangereux que ceux qui ont lieu la nuit. On sait les périls de l'obscurité. Les danses qui ne se prolongent pas très avant dans la nuit sont moins dangereuses que celles qui ne se terminent qu'au petit jour.

F.A. Vuillermet, *Les Catholiques et les danses nouvelles*, 1924.

• **Le point de vue de l'hygiéniste :**
C'est presque toujours au sortir des bals, où elles ont passé une grande partie de la nuit, qu'elles contractent, sous l'influence des températures les plus opposées, des maux qui abreuvent leur vie d'amertume. Combien de jeunes personnes n'ont-elles pas puisé, au sortir de ces brillantes réunions, d'où la mode, comme la boîte de Pandore, laisse exhaler des calamités de toute espèce, et ces affections nerveuses qui sont, ainsi que le disait Boerhaave, le fléau de l'humanité et de la médecine, et ces fleurs blanches contre nature qui tarissent la source de la fécondité, et ces affections cutanées qui cachent sous de hideuses éruptions les traits les plus doux et les plus aimables. Heureuse la jeune personne qui n'en rapporte pas le germe de la mort, et n'y puise, au printemps de la vie, le principe de cette maladie terrible qui décompose le corps en détail, après avoir établi son siège sur l'organe si délicat de la respiration !

Dr J.A. Goullin, *La Mode sous le point de vue hygiénique*, vers 1850.

• **Les sanctions :**
Les bals publics. — Dieu merci, il n'y en a pas sur tout le territoire de la commune de Guenrouët. C'est pour moi une très grande joie de féliciter et de remercier tous les aubergistes de la paroisse de leur esprit chrétien. Mais il y en a chez les voisins et, on doit le dire à la honte du chef-lieu de canton (Saint-Gildas-des-Bois), ils n'ont pas eu de relâche un seul dimanche de carême. C'est pour toute la région une honte et un scandale. Mais, à ces bals, il ne vient pas que des jeunes gens et des jeunes filles du chef-lieu de canton, il en vient aussi des environs et même de Guenrouët. Aussi je me vois dans l'obligation de promulguer à nouveau certaines sanctions que j'avais prises il y a déjà quelques semaines et que je pensais bien laisser retomber définitivement dans le néant faute d'objet. J'espère que cette fois encore, le simple énoncé de ces sanctions produira l'effet attendu. Les voici :

1. Tout jeune homme et toute jeune fille qui, à partir d'aujourd'hui, fréquentera, même une seule fois, une salle de bal public, sera exclu de nos œuvres religieuses ;
2. Tout jeune homme et toute jeune fille qui fréquentera habituellement ces bals sera privé des honneurs ecclésiastiques soit pour le mariage, soit pour la sépulture.

L'Indicateur paroissial de Guenrouët (Loire-Inférieure), 3 avril 1938.

BALEINE

• **A des jambes et des pieds :**
Dans le moucheron comme dans l'éléphant, dans le ciron comme dans la baleine, je vois un être vivant admirablement organisé, une tête, un corps, un estomac, des jambes, des pieds, des muscles, des nerfs, des veines, des artères, du sang.

M. de Plasman, ancien vice-président du tribunal de première instance d'Orléans, *Dieu et l'ouvrier*, 1872.

BALLES

• **Tuent avec élégance :**
On peut dire de l'armement moderne qu'il donnera une allure toute particulière aux batailles à venir. Très courtes et très meurtrières, elles constitueront des véritables drames en six actes : le déploiement, les feux de salve, le feu rapide à répétition, le feu rapide coup par coup, l'assaut à la baïonnette, et l'apothéose : la victoire ou la retraite. Drames grandioses, dont l'exécution prendra moins de temps que celle

d'une pièce de l'Ambigu. Mais si on tire plus, si on blesse davantage, ce sera d'une façon plus nette, plus chirurgicale, par plaies saines et correctes, semblables à des coups d'épée, les projectiles modernes traversant le corps sans perdre de leur vitesse, au lieu de s'aplatir en broyant les chairs et les os, comme pendant la campagne de 1870, dont les balles produisaient des ravages analogues à ceux des éclats d'obus. Nos balles actuelles, si élégantes dans leur chemise nickelée, enlèveront donc beaucoup de son atrocité à la guerre, en attendant de nouveaux perfectionnements, qui, dans un avenir bien éloigné sans doute, amèneront l'abandon des revendications à main armée.

La Science illustrée, 15 décembre 1888.

BALLONS

• Aspect général :

Un peu de réflexion fera comprendre que la structure des oiseaux est totalement différente de celle qu'on donne généralement aux ballons.

Le Magasin pittoresque, 1833.

• Une mission providentielle :

Quand les ballons seront passés à l'état actuel, comme les chemins de fer, que deviendront les frontières, les douanes, les murs d'octroi, les passeports et toutes les vieilles formes de l'ancienne barbarie que nous appelons civilisation ? Quelles guerres seront possibles, lorsque les peuples se visiteront tous les jours comme des amis qui demeurent dans la même rue ?

Théophile GAUTIER, *La Presse*, 4 juillet 1855.

BALZAC (Honoré de)

• Un portrait :

M. Honoré Balzac, qui n'est ni le descendant du fameux, ni le parent de l'ancien secrétaire général de l'Intérieur, est un gros garçon assez sale dans sa mise, un peu maniéré dans son style, et fort enclin à dépenser sans avoir.*

Louis VEUILLOT, *L'Univers*, 5 juillet 1837.

• Un gros défaut :

L'un des plus grands défauts de M. de Balzac, c'est de s'être créé un monde imaginaire, qu'il a pris au sérieux et qu'il s'obstine à considérer comme réel... La vogue qui l'a soutenu le délaisse.

Louis REYBAUD, *Le Constitutionnel*, 15 juin 1840.

• Aucun avenir :

Il a tout l'air d'être occupé à finir comme il a commencé... par cent volumes que personne ne lira.

SAINTE-BEUVE, « Dix ans après en littérature », 1er mars 1840, in *Portraits contemporains*.

• Une fécondité désespérante :

Ce nous devient une tâche fort difficile que de parler des livres de M. de Balzac. Cet intarissable écrivain s'obstine dans ses défauts avec une si féconde persévérance que nous renonçons presque à l'en réprimander.

La Revue des Deux Mondes, 1er décembre 1832.

• Une dangereuse immoralité :

Il est sûr que nous ne sommes point les admirateurs de la plume qui a écrit *Vautrin*. [...] Balzac a fait plus de livres exécrables et honteux que nous n'en saurions nommer. [...] L'adultère, les débauches et d'autres vices qu'on ne nomme pas, n'ont point trouvé, depuis que M. de Sade est mort à Bicêtre, de peintre plus effronté ni plus complaisant.

Louis VEUILLOT, *Mélanges*, 1856.

L'auteur de *La Physiologie du mariage* et des *Contes drolatiques*, des *Mémoires de deux jeunes mariées*, de *La Fille aux yeux d'or*, de *Vautrin* et des *Parents pauvres*, peut être taxé hautement et très justement d'immoralité. C'est là un des caractères généraux des œuvres de Balzac qui sont, quoi qu'en disent ses enthousiastes, une lecture malsaine et corruptrice.

Pierre LAROUSSE, *Grand Dictionnaire universel du XIXe siècle*, 1869.

• Un écrivain déplorable :

Le sire de Balzac écrit et parle un grand nombre de langues avec une pureté et une facilité qui fait l'étonnement de tous ceux qui ne connaissent pas les langues. Nous citerons entre autres l'Indostan, le Tartare, le Mantchou, et surtout le Charabias.

Le Charivari, 26 juin 1837.

Sans parler des néologismes innombrables et absurdes, pour ne pas dire des barbarismes, qu'il entasse dans ses livres avec une négligence si prétentieuse, nous pourrions prendre M. de Balzac, vingt fois au moins par page qu'il écrit, en faute irrémissible d'ignorance grammaticale. M. de Balzac est parfaitement étranger aux notions les plus vulgaires de la syntaxe ; il n'y a pas, dans l'art d'écrire, de principe si élémentaire dont il paraisse même avoir une vague idée... Quant aux pronoms relatifs et possessifs, et aux adverbes, le romancier s'en sert comme de ces détachements de cavalerie légère qu'on lâche au milieu d'une armée en déroute pour accroître le désordre et le carnage : c'est son corps de réserve, destiné, aux heures décisives, à rendre le massacre de la langue plus complet.

Jacques CHAUDESAIGUES, *Les Écrivains modernes*, 1839.

Quel homme aurait été Balzac s'il eût su écrire !

Gustave FLAUBERT, *Correspondance*, décembre 1852.

A part deux ou trois nouvelles que je trouve admirables, je considère l'œuvre entière comme absolument médiocre. D'abord, Balzac écrit fort mal et est d'une lecture insupportable. Puis sa philosophie, quand il se mêle d'en faire, est basse et puérile. Il est tout à fait ignorant de la marche générale de l'humanité ; quand il se mêle de parler de ces questions, il fait sourire. Je tiens en outre pour acquis qu'il a eu une influence déplorable sur notre pays.

Ernest RENAN, cité in *Le Mercure de France*, 15 septembre 1937.

• Des personnages mal dessinés :

Balzac ne nous semble pas un observateur aussi profond qu'on se plaît à le répéter. [...] Il a beau affirmer lui-même qu'il a créé des milliers de types, nous ne trouvons guère dans ses œuvres de figures qui méritent ce nom... Car, où sont-ils donc ces héros ? Est-ce Vautrin ou Rastignac, Mme Marneffe ou le baron Hulot, la cousine Bette ou Ferragus, de Marsay ou Quinola, Mercadet ou Modeste Mignon ? Bien loin de voir des types dans ces personnages et dans la plupart de ceux de *La Comédie humaine*, nous trouvons même qu'ils ne sont point vrais ; leur prétendu réalisme est une chimère, Vautrin est un forçat légendaire qui, comme les héros des plus vulgaires romans, commande à l'impossible, dirige les événements, lit à travers les murailles et saute par-dessus les moulins. Rastignac est un ignoble polisson sans caractère et sans physionomie. Le père Goriot est un maniaque sans dignité, qui représente assez misérablement la figure de la paternité... Ce ne sont pas plus là des types qu'un puceron n'est une originalité sur une rose.

Pierre LAROUSSE, *Grand Dictionnaire universel du XIXe siècle*, 1869.

• A propos du *Père Goriot* :

L'auteur des *Deux Gendres* (P. Étienne) nous paraît avoir compris beaucoup mieux que M. de Balzac tout ce qu'il y a d'imposant et d'instructif dans le tableau d'un père méconnu par les enfants ingrats envers lesquels il s'est montré trop prodigue et trop facile...

La Quotidienne, 11 avril 1835.

• A propos des *Paysans* :

Sans compter que c'est une heureuse idée qu'a eue M. de Balzac de prédire une jacquerie et de demander le rétablissement de la féodalité ! Que voulez-vous ? C'est son socialisme à lui. Mme Sand en a un autre, M. Sue également ; à chaque romancier le sien.

P. LIMAYRAC, *La Revue des Deux Mondes*, 1er septembre 1845.

• L'opinion d'André Gide :

Qu'est-ce que Balzac en face de Dostoïevski ?

André GIDE, cité in *Arcos*, « l'Art libre », avril 1922.

• Tout de même un point en sa faveur :

Balzac vivait ainsi de mirages et, pour lui, les illusions étaient plus belles que la réalité. Mais l'auteur de *Germinal* était un artiste.

L'Éclaireur de Nice, édition du soir, 9 juin 1936.

BANANES

• **Nul n'est censé ignorer la loi :**

Toutes les bananes, quelle que soit la position qu'elles occupent dans la main, doivent avoir une longueur d'au moins 13 centimètres.

Bulletin officiel des douanes, 20 juillet 1969.

BAPTÊME

• **On peut s'en passer :**

Le baptême peut être suppléé dans les enfants par le martyre.

Abbé MIGNE, *Nouvelle Encyclopédie théologique*, tome X (article Baptême), 1851.

• **Une histoire d'eau :**

On ne doit, autant qu'on le peut, baptiser qu'avec de l'eau pure et nette. Dans la nécessité pressante on peut, à défaut d'eau pure, baptiser avec de l'eau où il y a quelque autre matière étrangère mêlée, comme est l'eau de lessive, de l'eau bourbeuse, mais il faut bien prendre garde que par le mélange d'une matière étrangère en grande quantité, l'eau n'ait cessé d'être de vraie eau et ne soit devenue un autre corps, car si on baptisait avec ce composé le baptême serait nul : par exemple, si on baptisait avec de la boue, de la sueur, des larmes, du vin, de l'huile, du cidre, de la bière, de la salive, de la gelée de viande, ou avec du bouillon où il y aurait beaucoup de suc de viande ou de poisson. Mais si la viande ou le poisson avaient peu bouilli dans l'eau, on pourrait se servir de cette eau dans le pressant besoin.

BABIN, *Conférences ecclésiastiques du diocèse d'Angers*, 1716.

Une femme qui fait une fausse couche, ou chez laquelle se produit un accident qu'elle a lieu de regarder comme une fausse couche doit veiller à ce qu'on ne jette pas inconsidérément ce qu'elle a rendu : il faut s'assurer s'il y a un ou plusieurs fœtus, et s'ils sont dans le cas d'être baptisés. Si le fœtus est enveloppé dans sa membrane, comme il paraît que cela arrive souvent, on doit le baptiser sur la membrane, en disant : *Si tu es capax* ou *si tu es homo et capax*, etc., de peur que le contact de l'air ne le tue. On troue ensuite la membrane et on la baptise de nouveau sous la condition : *Si tu non es baptizatus*, etc., parce qu'il est douteux que le baptême donné sur l'enveloppe soit valide, puisque l'eau n'a pas touché immédiatement le corps de l'enfant : il n'est pas non plus certain qu'il soit nul, parce qu'on peut regarder cette enveloppe, à laquelle l'enfant tient, comme faisant un tout avec lui. Il serait possible que l'avorton fût assez faible pour que l'eau froide le tuât en le touchant, avant même que le baptême fût accompli : pour éviter cet inconvénient, il faut se servir d'eau tiède, si on en a, ou si on peut en avoir promptement ; car s'il fallait attendre pendant un temps notable, il vaudrait mieux se servir d'eau froide : de deux inconvénients inévitables à la fois, on doit choisir le moindre.

• **En cas d'accouchement laborieux, prenez une seringue dit le même :**

Si le baptême avait été administré sur un pied ou sur une main, il faudrait le réitérer, sous condition, si l'enfant naissait vivant ; parce que ces membres n'étant point essentiels à la vie, il est douteux que le baptême, administré de la sorte, soit valide.

Si l'on n'aperçoit aucun membre à l'extérieur, et si cependant l'accouchement s'annonce comme très difficile ou impossible, Benoît XIV est d'avis qu'on essaie de baptiser l'enfant dans le sein de sa mère. Tournely est du même sentiment. On introduit de l'eau tiède avec la main, une seringue ou un siphon, de manière qu'elle touche l'enfant ou au moins son enveloppe, n'importe en quel endroit, et on prononce en même temps les paroles de la forme. Si l'enfant vient à naître vivant, on doit le rebaptiser sous condition : c'est la décision expresse de Benoît XIV.

Chanoine DINOUARI, *Abrégé d'embryologie*, Caen, 1817.

• **Pour éviter les problèmes posés par le siphon, ouvrez toutes les mortes enceintes :**

Il n'est aucun cas où on ne puisse conférer le baptême à un enfant qui est encore dans le sein de sa mère, puisqu'il est facile par le moyen d'un petit siphon de porter l'eau sur les parties de son corps, dit Mauriceau.

Quoique, pour l'ordinaire, la matrice et les membranes étant ouvertes, on puisse ainsi baptiser le fœtus par le moyen d'un siphon, cependant il y a des conceptions dans la trompe, des conceptions ventrales, et alors il n'y a aucune voie pour baptiser l'enfant et l'on ne peut en délivrer la mère que par l'opération césarienne. Il sera même quelquefois impossible à savoir si l'enfant a été réellement baptisé, parce qu'on ne pourra connaître si l'eau a touché la tête, ou la main, ou le pied; ce qui, dans le dernier cas, rendrait selon le Rituel, le baptême douteux. [...] L'ouverture des femmes mortes étant enceintes doit donc avoir lieu dans tous les temps de la grossesse.

CANGIAMILA, chanoine théologal de Palerme, *Abrégé de l'embryologie sacrée*, Paris, 1762.

BARBARISME

• C'est le cas de le dire :

Que pense la classe ouvrière de tels actes de barbarisme, car ici le mot n'est pas trop.

L'Essor hôtelier, mai 1937.

BARBE

• A quoi elle sert :

Il ne semble pas à M. Riolan que la barbe ait été donnée à l'homme pour garantir son visage du froid. Autrement, dit-il, la nature aurait fait tort aux femmes, qui ont le visage plus délicat que les hommes.

J.A. DULAURE, *Pogonologie, histoire philosophique de la barbe*, 1786.

• Comment la bien raser :

Cependant nous avons des artistes ou artisans qui parfois emploient des mots assez singuliers pour annoncer et vanter la marchandise due à leur génie industriel; par exemple, un habile coutelier parisien, fabricant de rasoirs, vient de faire part au public de ces sortes de produits de sa fabrique, sous la douce, coulante et facile dénomination de rasoirs *thermohygrométrométriques*; ce qui signifie que ses nécessaires de barbe sont surmontés d'un hygromètre et d'un thermomètre; et voici comment l'auteur motive la nécessité et les avantages de son invention. La barbe devenant douce ou rude, facile ou rebelle suivant que l'air est humide ou sec, chaud ou froid, il est bon de savoir quel est l'état de l'atmosphère au moment où l'on se dispose à le faire.

G.P. PHILOMNESTE, *Le Livre des singularités*, Paris, 1841.

• Pervertie par les Juifs :

Une longue barbe, bien fournie, qu'y a-t-il de plus beau dans un visage mâle? Autrefois, elle était l'attribut le plus noble de l'homme. Mais hélas! comme tant d'autres choses, elle a été volée par les Juifs, qui en ont fait un trait sans dignité. Rien, cependant, ne doit nous faire croire que la barbe est nécessairement sémite. Elle doit redevenir ce qu'elle a été chez les Aryens de jadis: leur plus bel ornement.

Der Stürmer, Nuremberg, cité in *Les Primaires*, janvier 1936, p. 57.

BARBEY D'AUREVILLY

• Sévèrement jugé par Gustave Flaubert :

Lisez donc *Fromont et Risler* de mon ami Daudet, et *Les Diaboliques* de mon ennemi Barbey d'Aurevilly. C'est à se tordre de rire. Cela tient peut-être à la perversité de mon esprit, qui aime les choses malsaines, mais ce dernier ouvrage m'a paru extrêmement amusant; on ne va pas plus loin dans le grotesque involontaire.

Gustave FLAUBERT, *Lettre à George Sand*, 2 décembre 1874.

BARBIZON (École de)

• Il faudrait la déplacer :

Les cèdres d'Afrique attendent encore leur peintre. Marilhat seul nous a fait admirer ceux du Liban; mais ses successeurs, campés à Barbizon, s'acharnent après l'écorce de deux ou trois chênes de la forêt de Fontainebleau, toujours les mêmes, que l'amateur salue comme de vieilles connaissances à chacune de nos expositions. Des artistes éminents dépensent une somme considérable de talent à reproduire les mêmes formes, tandis que les cèdres séculaires vivent et meurent ignorés dans les gorges de l'Atlas.

C. MARTINS, *La Revue des Deux Mondes*, 15 janvier 1864.

BARRÈS (Maurice)

• La plus fantastique ascendance :

Dieu merci ! Bourget nous reste encore. Mais la brusque disparition de Barrès est un grand malheur.

Nous voici arrivés à la minute oscillante, mère des siècles.

Les deux grands Drames de la France, le drame externe et le drame interne, le drame physique et le drame métaphysique, le drame du Rhin et le drame du Christ, ces deux immenses Drames de toute notre histoire sont arrivés à leur crise aiguë.

J'ose le prédire, et je prends date :

1. Si la Prusse reste sur le Rhin, la France sera annexée, — et l'équilibre de l'Europe et de la Planète chaviré ;

2. Et si l'athéisme reste dans l'école, la France sera dépeuplée, vidée et balayée. Sans qu'on paraisse s'en douter, jamais la France n'a été en pareil danger : corps et âme, en fait et au fond, c'est une France en perdition.

Or, la seule présence de Barrès parmi nous ne constituait-elle pas comme une double ou triple évocation de la patrie ?

Par sa double ascendance, en effet, Maurice Barrès était, à la fois, *arverne* et *lorrain* : il était, à la fois, du pays de *Vercingétorix* et du pays de *Jeanne d'Arc* ! Et, avant de mourir, il avait encore eu le temps de publier les *Mémoires* de son grand-père, qui avait servi dans les armées de *Napoléon* !

Vercingétorix, Jeanne d'Arc, Napoléon ! Triple source insondable de souvenirs et d'émotions, triple source d'énergies spirituelles à évoquer et à recueillir, à ramasser et à concentrer — pour, invinciblement, affronter les destins !

Jean IZOULET, professeur au Collège de France, *La Rentrée de Dieu dans l'Église et dans l'État*, 1924.

BARTÓK (Béla)

• Il n'y a pas pire :

Si le lecteur était assez téméraire pour acheter une des œuvres de Béla Bartók, il trouverait que toutes consistent en un bouquet de notes sans signification. [...] Certaines peuvent être jouées plus facilement avec les coudes, d'autres avec le plat de la main. Aucune n'exige des doigts pour l'exécuter, ni d'oreilles pour l'écouter. Les œuvres de Bartok sont de la pure ordure.

Frédéric CORDER, *Musical Quaterly*, New York, juillet 1915.

BASTILLE (Prise de la)

• Mieux vaut n'en pas parler :

[...] cette étrange expédition, ce honteux fait d'armes par lequel la franc-maçonnerie parvint à renverser le pouvoir royal pour assujettir la France à la merci de ses caprices.

Chanoine TOUZERY, *Histoire de la révolution française*, 1901.

BATEAUX A VAPEUR

• Une image de l'enfer :

Les bâtiments à vapeur ont quelque chose de surnaturel et de fatal dans leur essence. Le noir panache de fumée qui les couronne, le foyer générateur de l'élément vital qui circule dans leurs veines de cuivre, tout donne une figure diabolique à ces étranges créations du génie de l'homme.

Frédéric BOUYER, capitaine de frégate, « Voyage dans la Guyane française », in *Le Tour du monde*, 1866.

BAUDELAIRE

• Après la publication de ses premiers poèmes, un seul article lui est consacré :

Indigence navrante des idées, adjectifs chevilles, abstractions inintelligibles, langue logogriphique, inspirations puérilement prétentieuses, poésie scrofuleuse, écœurante, glaciale, sans couleur. [...] Baudelaire, déchu de sa renommée de surprise, ne sera plus cité désormais que parmi les fruits secs de la poésie contemporaine.

Louis GOUDALL, *Le Figaro*, 4 novembre 1855.

• Très vite il est jugé :

C'est un croquemitaine littéraire qui a toujours l'air de sortir d'une caverne. Il tient dans l'ombre, comme une menace, des livres qui n'existent pas, et n'a rien fait depuis dix ans. Ce qui a donné la vie à M. Baudelaire, c'est sa traduction d'Edgar

Poe ; il s'est collé aux flancs de cet Américain pour prendre une part de son manteau.

Edmond DURANTY, *Le Figaro*, 13 novembre 1856.

• Après la publication des *Fleurs du mal* (1857), c'est l'avalanche :

Il y a des moments où l'on doute de l'état mental de M. Baudelaire ; il y en a où l'on ne doute plus ; c'est, la plupart du temps, la répétition monotone et préméditée des mêmes mots, des mêmes pensées. L'odieux y coudoie l'ignoble ; le repoussant s'y allie à l'infect. Jamais on ne vit mordre et même mâcher autant de seins dans si peu de pages ; jamais on n'assista à une semblable revue de démons, de fœtus, de diables, de chloroses, de chats et de vermine. Ce livre est un hôpital ouvert à toutes les démences de l'esprit, à toutes les putridités du cœur ; encore si c'était pour les guérir, mais elles sont incurables.

[...] Si l'on comprend qu'à vingt ans l'imagination d'un poète puisse se laisser entraîner à traiter de semblables sujets, *rien ne peut justifier* un homme de plus de trente *d'avoir donné la publicité du livre à de semblables monstruosités.*

Gustave BOURDIN, *Le Figaro*, 5 juillet 1857.

Je vous parlais récemment de *Madame Bovary*, ce scandaleux succès, qui est à la fois une ignominie littéraire, une calamité morale et un symptôme social. Ce hideux roman de *Madame Bovary* est une lecture de piété en comparaison d'un volume de poésies qui vient de paraître, ces jours-ci, sous le titre de *Fleurs du mal*. L'auteur est un monsieur Baudelaire, qui a traduit Edgar Poe, et qui, depuis dix ans, passe pour un grand homme dans un de ces petits cénacles d'où partent des immondices de la presse bohème et réaliste. Rien ne peut donner une idée du tissu d'infamies et de saletés que renferme ce volume ! [...] Les citations même ne sont pas possibles à une plume honnête.

Le Journal de Bruxelles, 15 juillet 1857.

M. Baudelaire est au fond de l'ornière sur laquelle penche M. Flaubert. Il marque le second terme vers lequel doit être précipitée une littérature qui, à défaut des bienséances de la morale, ne s'embarrasse même plus des bienséances de l'art... Il ramasse les sentines et les égouts, il souille la grâce, la beauté, l'amour, la jeunesse, la fraîcheur, le printemps, et d'une voix rauque d'orgie, et cependant guillerette, il s'écrie : « Voilà l'homme ! » [...] Le charnier [...] et M. Baudelaire a des lecteurs ! [...] et on l'admire ! et on le prône ! et il faut le discuter comme un événement !

Jean-Jacques WEISS, *La Revue contemporaine*, 15 janvier 1858.

• Un très mauvais poète :

Le pauvre diable n'avait rien, ou presque rien, du poète, que la rage de le devenir.

Ferdinand BRUNETIÈRE, *La Revue des Deux Mondes*, mai 1887.

Un fort méchant poète, qui nous a laissé pourtant d'excellentes critiques.

Maurice LEBLOND, *La Revue naturiste*, mai 1900.

• Un écrivain obscène et dangereux pour la société :

Que serait une société, que serait une littérature qui accepteraient M. Charles Baudelaire pour leur poète ?

A. DE PONTMARTIN, *La Revue des Deux Mondes*, août 1861.

Les Fleurs du mal sont une sinistre gageure. [...] Ce jeune homme a écrit avec inconscience le poème du charnier et de la pourriture. [...] Des vers où l'image, grotesque ou répulsive, aboutit presque constamment à un trait d'immoralité profonde ou d'une grossière licence. [...]

Cette gravure (de Baudelaire) nous montre un visage hagard, sinistre, ravagé, méchant ; le visage d'un héros de cour d'assises ou d'un pensionnaire de Bicêtre. [...] *Les Fleurs du mal* se sont épanouies sur sa figure.

A. DE PONTMARTIN, *Nouveaux Samedis*, 1966.

Baudelaire se complaît dans les images nauséabondes. Le lecteur se bouche le nez ; la page pue. Ce n'est pas un écrivain...

Partout l'impuissance et le vide. Il ne sait même pas la grammaire. Ce n'est pas un artiste, ce n'est pas un poète...

Baudelaire est un signe, non seulement de la décadence des lettres, mais d'abaissement dans les intelligences.

Éd. SCHÉRER, *Études critiques*, 1869.

Avec Stendhal, et pour d'autres raisons, mais entre lesquelles on trouverait plus d'une analogie, Baudelaire est l'une des idoles de ce temps, une espèce d'idole orientale, monstrueuse et difforme, dont la difformité naturelle est rehaussée de couleurs étranges et sa chapelle une des plus fréquentées. Indépendants et décadents, symbolistes et déliquescents, dandys des lettres et wagnérolâtres, naturalistes même, c'est là qu'ils vont sacrifier, c'est dans ce sanctuaire qu'ils font entre eux leur commerce d'éloge...

Ce n'est qu'un Satan d'hôtel garni, un Belzébuth de table d'hôte. Retranchez des *Fleurs du mal* une demi-douzaine de pièces... il ne reste que des lieux communs.

Ferdinand BRUNETIÈRE, *La Revue des Deux Mondes*, 1887.

• Un fou :

Baudelaire nous apparaît dans le portrait placé en tête de ses œuvres posthumes comme le type véritable du fou mégalomane : allure provocante, regard de défi, contentement extravagant de soi-même. Il descendait d'une famille de fous et d'excentriques. Aussi n'était-il pas nécessaire d'être aliéniste pour constater chez lui la folie.

César LOMBROSO, *L'Homme de génie*, 1896.

• Il a du mal à s'exprimer :

J'ouvre les deux petits recueils de « Pensées » de Baudelaire, *Fusées* et *Mon cœur mis à nu*. Il n'y a pas à dire, cela est terriblement pauvre, avec de grands airs.

C'est la recherche la plus puérile des opinions singulières. Et cela aboutit à des paradoxes aussi faciles qu'effroyables. [...]

Le pire, c'est que je sens ce malheureux parfaitement incapable de développer ces notes sibyllines. Les « pensées » de Baudelaire ne sont, le plus souvent, qu'une espère de balbutiement prétentieux et pénible. Une fois, il déclare superbement : « J'ai trouvé la définition du beau, de mon beau à moi. » Et il écrit deux pages pour nous dire qu'il ne conçoit pas la beauté sans mystère ni tristesse ; mais il ne l'explique pas, il ne saurait. On n'imagine pas tête moins philosophique. [...]

Et son catholicisme ! et son dandysme ! et son mépris de la femme ! et son culte de l'artificiel ! Que tout cela nous paraît aujourd'hui indigent et banal !

Jules LEMAITRE, *Les Contemporains*, 1889.

• L'opinion prudente de Sainte-Beuve :

Ce singulier kiosque, fait en marqueterie d'une originalité concertée et composite, qui, depuis quelque temps, attire les regards à la pointe extrême du Kamtschatka romantique, j'appelle cela LA FOLIE BAUDELAIRE.

SAINTE-BEUVE, *Le Constitutionnel*, 20 janvier 1862.

• Et le jugement plus énergique de Jules Vallès :

Il eut la chance de trouver Edgar Poe et de le traduire. Il eût dû n'être jamais qu'un traducteur, lui qui ne savait ni inventer ni voir, et qui, à court d'idées, à bout de ressources, pour conquérir au moins la réputation d'originalité, fourbit son imagination et affola sa sensibilité.

Jules VALLÈS, *La Rue*, 7 septembre 1867.

BAUDRY (Paul)

• Un maître :

Il y a peu d'années, la mort enlevait à l'art français une de ses gloires les plus pures, un maître vraiment puissant, fort et original... La plus haute personnalité de l'art contemporain.

Abbé BARAUD, *Artistes, littérateurs et savants au XIXe siècle*, 1893.

BAVARD

• Rôle de l'hérédité :

Les enfants nés de parents bavards sont généralement bavards.

A. DEBAY, *Hygiène et physiologie du mariage*, 1879.

BÉATITUDE

• Après la bataille de l'Alma, un médecin français remarque l'aspect particulier de certains cadavres russes :

La plupart des morts avaient l'air empreint de calme et de pieuse résignation.

Quelques autres semblaient avoir la parole sur les lèvres et sourire au ciel avec une sorte de béatitude exaltée. L'un de ceux-ci surtout attira toute mon attention, et je ne pouvais me lasser de le faire remarquer aux personnes qui m'accompagnaient : il était couché un peu sur le côté, les genoux fléchis, les mains levées et jointes, la tête renversée en arrière, et l'on eût dit qu'il murmurait une prière.

Dr J.-C. CHENU, *Rapport au conseil de santé des armées sur les résultats du service médico-chirurgical aux ambulances de Crimée, pendant la campagne d'Orient*, en 1854-1855-1856, paru en 1865.

BEAUHARNAIS (Joséphine de)

• Un mot de son mobilier :

Les appartements que M. Jeanneney lui-même a bien voulu nous faire visiter l'autre jour, avec une bienveillance et une courtoisie qu'on ne saurait oublier, furent occupés par Bonaparte et Joséphine au lendemain du 18 Brumaire. On pourrait croire que rien n'y a changé depuis. [...] L'ameublement date de l'Empire.

L'Illustration, 12 novembre 1932.

• La psychanalyse a trouvé pourquoi Napoléon Bonaparte l'épousa :

Le frère aîné est le rival naturel, le cadet éprouve à son égard une hostilité élémentaire. [...] Éliminer Joseph, prendre sa place, devenir lui-même Joseph ont dû être chez Napoléon enfant le sentiment moteur le plus fort. [...] Il a tout d'abord violemment détesté Joseph mais nous apprenons que, plus tard, il l'a aimé plus qu'aucun être au monde et qu'il n'a presque jamais pu reprocher quelque chose à cet homme sans valeur et peu sûr. [...]

A peine est-il devenu général qu'on lui suggère d'épouser une jeune veuve, plus âgée que lui et possédant, à la fois, de l'influence et un rang. Il y a beaucoup à dire contre elle mais, s'il se décide à l'épouser, c'est probablement parce qu'elle s'appelle Joséphine. Par la vertu de ce nom, il peut transférer sur elle une partie du tendre attachement qu'il ressent pour son frère aîné. Elle ne l'aime pas, le traite mal, le trompe, mais lui, le despote, d'habitude d'une froideur cynique à l'égard des femmes, lui est passionnément attaché, lui pardonne tout ; il n'arrive pas à lui en vouloir.

Sa passion amoureuse pour Joséphine de Beauharnais était compulsionnelle, due au prénom qu'elle portait. [...]

Sigmund FREUD, *Lettre à Thomas Mann*, 29 novembre 1936.

BEAUMARCHAIS (P. A. Caron de)

• A propos de la tirade sur la calomnie, dans *Le Barbier de Séville* :

Nous admettons que la calomnie soit d'abord un bruit léger, mais nous ne concevons pas comment ce bruit léger *rase le sol comme hirondelle avant l'orage.* [...] Que veut dire ensuite un bruit qui *pianissimo murmure et file et sème en courant un trait empoisonné ?* La métaphore est sans justesse et sans clarté. *Telle bouche le recueille et piano, piano, vous le glisse en l'oreille adroitement.* [...] La bouche peut-elle recueillir un trait empoisonné ? *Le mal est fait ; il germe, il rampe, il chemine, et rinforzando de bouche en bouche il va le diable.* Toute cette image ne vaut pas le diable.

Le Nouveau Spectateur, 1er mai 1776.

• A propos du *Mariage de Figaro* :

Cela est détestable. Cela ne sera jamais joué.

Louis XVI, cité *in* Henry Lumière, *Le Théâtre français pendant la révolution*, 1895.

Je vis hier, du fond d'une coulisse,
L'extravagante nouveauté
Qui, triomphant de la police,
Profane des Français le spectacle [enchanté.
Dans ce drame effronté chaque acteur est [un vice :
Bartholo nous peint l'avarice,
Almaviva, le séducteur,
Sa tendre moitié l'adultère,
Et Doublemain un plat voleur.
Marceline est une mégère ;
Basile un calomniateur ;
Fanchette l'innocente est trop apprivoisée
Et le page d'amour, au doux nom [Chérubin,
Est, à vrai dire, un fieffé libertin,
Protégé par Suzon, fille plus que rusée ;
Pour l'esprit de l'ouvrage, il est chez [Bridoison.

Mais Figaro ?... Le drôle à son patron
Si scandaleusement ressemble
Il est si frappant, qu'il fait peur ;
Et pour voir à la fin tous les vices
[ensemble,
Le parterre en chorus a demandé l'au-
[teur.

Chevalier de LANGEAC, *Épigramme*, 1784.

De Beaumarchais admirez la souplesse !
En bien, en mal, son triomphe est complet :
A l'enfance il donne du lait
Et du poison à la jeunesse.

Épigramme anonyme contre Beaumarchais, qui avait fait jouer *Le Mariage de Figaro* au profit des nourrices.

BÉCASSINE

• Un modèle pour les jeunes filles :
A l'inverse des jeunes filles d'aujourd'hui aux tenues négligées et aux mœurs dissolues, le personnage de Bécassine, plein de bon sens, de courage et de bonté, me paraît présenter un remarquable exemple pour toutes les jeunes âmes que la dépravation n'a pas encore contaminées.

Mlle DE SAINT-GÉHAN, *Directives aux cheftaines de nos patronages*, 1913, cité *in* Cerf et Navasky, *Paroles d'experts*, Acropole, 1989.

BEETHOVEN (Ludwig van)

• Un vrai zoo :
Après avoir pénétré l'âme d'une douce mélancolie, il la déchire aussitôt par un amas d'accords barbares. Il me semble vouloir renfermer ensemble des colombes et des crocodiles.

Tablettes de Polymnie, 1810.

• A cause de sa surdité, il se méprit :
Les assemblages de notes les plus monstrueux finirent par résonner, dans sa tête, comme des combinaisons admissibles et bien sonnantes.

Alexandre OULYBYCHEV, *Beethoven*, 1857.

• N'était pas très doué :
Dans la *Neuvième Symphonie*, je vois une nouvelle preuve à l'appui de cette idée, qu'il manquait à Beethoven une imagination esthétique et le sens de la beauté.

Louis SPOHR, *Selbsbiographie*, 1861.

• Un bruit d'atelier :
Beethoven a toujours été pour moi comme des sacs de clous qu'on renverserait avec, de temps à autre, un coup de marteau.

John RUSKIN, *Correspondance*, 6 février 1881.

BELGIQUE

• Quelques extraits de la haine baudelairienne :

Le visage belge ou plutôt bruxellois, obscur, informe, blafard ou vineux, bizarre construction des mâchoires, stupidité menaçante.

La démarche des Belges, folle et lourde. Ils marchent en regardant derrière eux, et se cognent sans cesse [...]

Affreuse laideur des enfants. Pouilleux, crasseux, morveux, ignobles.

Laideur et saleté. Même propres, ils seraient encore hideux.

Peuple siffleur et qui rit sans motif, aux éclats. Signe de crétinisme.

Tous les Belges, sans exception, ont le crâne vide [...].

Pas de femmes, pas d'amour.

Pourquoi ?

Pas de galanterie chez l'homme, pas de pudeur chez la femme. La pudeur, objet prohibé, ou dont on ne sent pas le besoin. Portrait général de la Flamande, ou du moins de la Brabançonne. (La Wallonne, mise de côté, provisoirement.)

Type général de physionomie, analogue à celui du mouton et du bélier. Le sourire, impossible, à cause de la récalcitrance des muscles et de la structure des dents et des mâchoires.

Le teint, en général, blafard, quelquefois vineux. Les cheveux jaunes. Les jambes, les gorges, énormes, pleines de suif. Les pieds, horreur !

En général une précocité d'embonpoint monstrueux, un gonflement marécageux, conséquence de l'humidité de l'atmosphère et de la goinfrerie des femmes.

La puanteur des femmes. Anecdotes.

Obscénité des dames belges. Anecdotes de latrines et de coins de rue.

Quant à l'amour, en référer aux ordures des anciens peintres flamands. Amours de sexagénaires. Ce peuple n'a pas changé, et les peintres flamands sont encore vrais.

Ici, il y a des *femelles*. Il n'y a pas de femmes [...].

Il est difficile d'assigner une place au Belge dans l'échelle des êtres. Cependant on peut affirmer qu'il doit être classé entre le singe et le mollusque. Il y a de la place [...].

A quel échelon de l'espèce humaine ou de l'espèce simiesque placer un Belge ? [...]

Un cadavre de peuple. Un cadavre bavard, créé par la diplomatie. [...]

La Belgique est un *bâton merdeux* ; c'est là surtout ce qui crée son inviolabilité. *Ne touchez pas à la Belgique* ! [...]

Charles BAUDELAIRE, *Pauvre Belgique*, vers 1864-1866.

• Un pays qui n'a pas de chance avec les poètes :

Encore les Belges. Pétition à signer. Ces banlieusards de la littérature française ont eu l'étonnante idée de donner le nom de Paul Verlaine à un square situé au devant de la prison de Mons où le poète a passé dix-huit mois. C'est trop beau. Il y a des jours où je me demande si la Belgique existe réellement, si elle n'a pas été inventée.

Léon BLOY, *Journal*, 2 février 1910.

BELGRADE

• Une situation bien connue :

La ville de Belgrade est, en quelque sorte, le carrefour de l'Europe occidentale et orientale : elle est à mi-chemin entre Paris et Berlin, d'une part, Constantinople et Varsovie de l'autre.

L'Ère nouvelle, 26 août 1926.

BÉNÉDICTION

• Pourquoi les Anciens ne bénissaient pas :

Et toutefois, chose remarquable ! quelque naturel que soit chez un père le droit de bénir ses enfants, cette fonction néanmoins est si haute et a quelque chose de si divin, que le paganisme et l'ancienne philosophie ne paraissent pas l'avoir soupçonnée. Comme je l'ai déjà fait observer, la vraie religion seule a élevé l'autorité paternelle jusqu'à la puissance de la bénédiction.

Les plus sublimes inspirations du génie antique ne montèrent jamais jusque-là. Virgile et Homère, qui sont allés si haut, ne se sont pas élevés jusqu'à la pensée même de la bénédiction paternelle.

Les paroles d'Hector à son fils entre les bras d'Andromaque sont héroïques. Il ne bénit pas son fils.

Priam, le plus sublime des pères dont l'Antiquité ait peint le caractère, Priam n'avait pas béni Hector avant le combat.

Énée emporte son vieux père sur ses épaules. Son père, en mourant, ne le bénit pas.

Chez l'ancien peuple de Dieu, au contraire, et chez tous les peuples chrétiens, dans les temps de foi, un père ne manquait jamais de bénir ses enfants avant de mourir.

Mgr DUPANLOUP, *Le Mariage chrétien*, 1864.

BENSERADE

• Il fait presque l'unanimité :

Voltaire refuse le titre d'homme de génie à Benserade ; mais Boileau, nommé par Voltaire le poète de la raison, Segrais, Saint-Evremont, le marquis d'Argens et l'Europe entière le lui accordent unanimement.

ÉPIMÉNIDE, *Cataractes de l'imagination, déluge de la scribomanie*, 1779.

BÉRENGER (Henry)

• Content de lui :

L'accueil qui m'a été fait par ma propre génération me confirme dans la confiance où je suis d'avoir pensé juste.

Henry BÉRENGER, *L'Aristocratie intellectuelle*, 1895.

BÉRANGER (Pierre-Jean de)

• Il fut en son temps tenu pour un très grand artiste, comme l'attestent, parmi beaucoup d'autres, ces jugements de Boussi et de Citrouillard :

Béranger est pour moi le poète par excellence.

N. BOUSSI, *Le Journal de la langue française*, 1831.

Béranger croit que sa tâche est finie. Sainte-Beuve en profite dans ses *Portraits contemporains* pour écrire que notre chansonnier ***n'est qu'un reflet de La Fontaine et de Molière.*** Moi, qui n'ai pas l'honneur d'être un Sainte-Beuve, à sa place j'aurais dit de l'illustre chansonnier : Béranger, c'est Corneille en gilet de flanelle et Molière en redingote de castorine, et je n'eusse pas été moins grotesque.

Joseph CITROUILLARD, *Les Binettes contemporaines*, 1854.

BERGSON (Henri)

• Un philosophe incompréhensible :

Je mets au défi n'importe quel lecteur ordinaire de comprendre adéquatement une seule page du fameux ouvrage de M. Bergson : ***Matière et mémoire.***

Antoine ALBALAT, *Comment il ne faut pas écrire*, 1921.

J'ai lu et relu bien des fois les ouvrages de M. Bergson ; mais, faute d'éducation philosophique suffisante, je n'en ai jamais compris une seule page.

Émile FAGUET, cité dans l'ouvrage précédent.

• Et cependant nocif :

Dans un État, les philosophes ont assurément une utilité moins évidente que les policiers. On n'a nullement le dessein d'analyser l'œuvre de Bergson et son influence. Mais il faut au moins dire que l'on y reconnaît le travail de désagrégation en quoi une œuvre juive se reconnaît. Si l'on continue à l'étudier en France, ce serait pour dénoncer les vices nocifs du judaïsme. Nous imaginons d'ici les mines de certains précieux devant notre oraison funèbre : Ah ! un coup de balai pour Bergson ! Et pourquoi pas, s'il vous plaît ?

Le Cri du peuple, 7 janvier 1941.

• Le jugement soviétique :

BERGSON Henri (1859-1941). Philosophe idéaliste français, mystique, ennemi du socialisme, de la démocratie et de la conception matérialiste, scientifique du monde. Un des philosophes les plus influents de la bourgeoisie impérialiste. [...]

La sociologie réactionnaire de Bergson justifie l'exploitation et l'agression militaire. Elle présente la domination et la soumission de classe comme l'état « naturel » de la société, tandis que la démocratie basée sur les principes de liberté et d'égalité serait « antinaturelle ». Les guerres seraient la conséquence d'une « loi de la nature » inéluctable. De nos jours, les idéologues réactionnaires et les cléricaux utilisent largement la philosophie de Bergson.

M. ROSENTHAL et P. IODINE, *Petit Dictionnaire philosophique*, Moscou, 1955.

BERLIOZ (Hector)

• A un public d'imbéciles :

Un détestable musicien. [...] On ne peut imaginer rien de plus niais, si ce n'est ceux qui admirent de telles platitudes.

Adolphe ADAM, *Lettre à Spiker*, 11 décembre 1837.

• On ne sait ce qu'il fait :

Selon moi, ce que fait M. Berlioz n'appartient pas à l'art que j'ai l'habitude de considérer comme de la musique.

F.-J. FÉTIS, *Biographie universelle des musiciens*, 1835-1844.

• Manque de technique :

Non seulement M. Berlioz n'a pas d'idées mélodiques, mais lorsqu'une idée lui arrive, il ne sait pas la traiter.

Paul SCUDO, *Critique et littérature musicale*, 1850.

BERNARDIN DE SAINT-PIERRE

Je connais bien ce triple coquin, c'est le plus méprisable de l'espère humaine.

Attribué à NAPOLÉON Ier.

BERNHARDT (Sarah)

• Elle conduit à la défaite :

Pendant ce temps, Paris était aux pieds de Sarah Bernhardt ; la meilleure société s'extasiait devant la vieille comédienne qui fait revivre au naturel la courtisane Cléopâtre et se joue en public avec une couleuvre vivante. Ce contraste n'est pas très rassurant pour l'avenir : l'Égyptienne n'a pas porté bonheur au frivole Antoine. La juive ne nous serait pas d'un grand secours contre l'état-major et les soldats du César allemand.

R. P. Étienne ORNUT, s. j., *Les Malfaiteurs littéraires*, 1892.

• Elle mène au renouveau :

Nous devons en grande partie à Sarah

Bernhardt toute la renaissance poétique de 1895.

André RIVOLLET, *Le Théâtre et Comœdia illustré*, juin 1926.

• Elle voyage beaucoup :

Mme Sarah Bernhardt achève dans l'Amérique du Sud une tournée triomphale. Elle était hier longuement acclamée à Cincinnati.

Le Figaro, 28 mars 1910.

BÊTISE

• Un de nos prédécesseurs qui a tout compris :

La Bêtise humaine a trois sources bien caractérisées :

1. L'absence de moyens intellectuels, qui ne permet pas de comprendre : *type de l'imbécile*.

2. La superficialité de l'intelligence, qui résout la question bien avant d'être arrivée au fait positif : *type latin*.

3. La prédominance du sentiment, qui ne laisse pas la raison se manifester : *type latin et surtout type féminin et croyant*.

Le premier cas peut s'améliorer, mais bien légèrement. Les deux autres cas sont parfaitement curables en soumettant le sujet à la méthode de la pensée scientifique. Il est donc parfaitement faux d'affirmer que la Bêtise humaine est incurable.

Maurice DE GASTÉ, *La Bêtise humaine et la Science de la vie*, Paris 1922.

BÈZE (Théodore de)

• Théologien protestant aussi débauché que les autres :

Théodore de Bèze était natif de Vézelay en Nivernais. L'ouvrage de Richelieu nous apprend qu'en bon apôtre de Luther et de Calvin il était, lui aussi, profondément immoral. Il écrivit une pièce de vers obscènes inspirés par Volmar, son professeur d'hébreu à Bourges.

Théodore de Bèze la dédia à sa maîtresse Candida. Il n'avait que 16 ans ! Il fut poursuivi en outre avec Volmar pour attentat aux bonnes mœurs et il s'enfuit à Genève où il se mit à la remorque de Calvin. Qui se ressemble s'assemble.

Ernest RENAULD, *Le Péril protestant*, 1899.

BERLUE

• Définition par analogie :

Sensation visuelle d'objets qui n'existent pas. La berlue est à la vue ce que le tintouin est à l'ouïe.

A. ESPANET, *La Pratique de l'homéopathie simplifiée*, 1894.

BIBLE

• Ce qu'il faut en penser :

Si, au lieu d'avoir été rédigée par un homme, la Bible l'eût été par une femme, on aurait pu avoir une narration bien différente.

Chevalier DE LAURENCE, *Plus de maris ! Plus de pères ! le Paradis des enfants de Dieu*, 1838.

• Une triste réalité :

Les personnes à qui l'on peut le plus facilement vendre une bible sont les gens qui ne savent ni lire ni écrire. C'est un fait reconnu que cinq pour cent des bibles vendues dans les États du sud par des agents qui vont de porte en porte sont vendues à des illettrés.

T. H. ALEXANDER, *High Pressure in the Bible Belt*, cité in *Les Primaires*, juillet 1937, p. 375.

• A mettre à l'index :

Ce livre saint, qui est pour le moins aussi immoral que les ouvrages du marquis de Sade, fait avec complaisance la narration d'une aventure dégoûtante de deux anges que Dieu envoie à Sodome et que les habitants veulent sodomiser. Nous avons, quant à nous, le respect de nous-même, et, plus propre que le Saint-Esprit, inspirateur de pareilles saletés, nous passerons sous silence ces descriptions honteuses.

Léo TAXIL, *Les Bêtises sacrées*, 1880.

BICOQUE

• Mesdames, votre rôle dans la guerre :

Napoléon disait que souvent un régiment se laissait enfoncer parce qu'il n'avait pu disposer d'une bicoque pour s'y appuyer. Eh bien ! mesdames, soyez la bicoque morale !

R. P. SERTILLANGES, *Madeleine*, 28 février 1915.

BICYCLETTE

• Elle en a deux, mais elle en a quatre :
Deux Hessois, MM. Schneider père et fils, entreprennent le tour de l'Europe avec leur maisonnette lilliputienne montée sur une bicyclette à quatre roues.

La Petite Gironde, 12 juin 1929

• Une machine contre le vice :
On se plaint dans le monde littéraire et scientifique que la bicyclette tue les livres, la photographie, l'étude des sciences et des lettres. [...]

Eh bien ! tant mieux, la morale n'y perd rien et pendant qu'on s'emplit les poumons d'air pur, le corps tout entier de lumière et de soleil, les yeux et l'esprit de belles choses, le diable fait la grimace ; ces apôtres du vice, qui se disent littérateurs, sont obligés de cesser ou de ralentir leur production et en cela la bicyclette a un rôle admirable : on peut l'appeler la grande moralisatrice de notre époque. [...]

Pour moi, amateur photographe et bicycliste, je ne comprends pas que tous mes confrères en vélocipède ne soient pas aussi photographes. Que de jolies vues, d'admirables paysages, de sites délicieux, de scènes de genre amusantes, à croquer et dont on voudrait conserver le souvenir, on voit quand on roule à travers chemins et routes ! [...]

J'espère convaincre tous mes lecteurs, et, s'ils sont bicyclistes seulement, je leur souhaite de devenir photographes, et, s'ils sont amateurs de gélatino, de devenir grands cyclistes.

L. TRANCHANT, *Le Vade-Mecum du cycliste amateur-photographe*, 1896.

• Mode d'emploi :
Une bicyclette ne peut avancer que mise en mouvement.

L'Intransigeant, 14 décembre 1906.

• Une déclaration d'amour :
C'est bien toi. [...] C'est bien ton cadre nu, tes lignes robustes et fines, la courbe du guidon où mes mains, tant de fois, se crispèrent contre les côtes hostiles ou persifleuses. C'est bien, au-dessus, comme au guet, tête de bon chien fidèle, la selle trapue. C'est bien l'étincellement du nickel, çà et là, comme des regards, la chaîne merveilleuse, modeste et inlassable, le réseau nerveux des rayons sonores. [...]
Voyons les réflexes. Je te soulève doucement, et les roues, comme des croupes voluptueuses, oscillent avec une grave lenteur. Comme on tâte le pouls, je prends la pédale ; je tourne : le ronflement pur décèle aussitôt la vitalité latente.

Léon BARANGER, *La Cure*, 1913.

BIDEGAIN (Jean)

• Inoubliable :
Le nom de M. Jean Bidegain appartient, désormais, à l'histoire.

L'Illustration, 7 janvier 1905.

BIDON

• Son rôle dans les victoires :
Thierry-Sandre, ancien prix Goncourt, qui était commandant de réserve et rentre de captivité, explique gravement dans *Aujourd'hui* que, si nous avons perdu la guerre, c'est parce que les soldats français avaient des bidons de deux litres et les Allemands des bidons de 75 centilitres. Quelle noix ! Dans l'hiver 15-16, en Artois, je portais *deux* bidons de deux litres pour le vin et *un* d'un litre pour le café. Et tous mes bonshommes idem. Ça n'a pas empêché de gagner l'autre guerre.

J. GALTIER-BOISSIÈRE, *Mon journal pendant l'Occupation*, 1945.

BIÈRE

• Affole Paris :
La bière mal fabriquée cause des vertiges. L'insanité morale de Paris vient peut-être de là.

Max SIMON, *Du vertige nerveux et de son traitement*, 1858.

• Calme Berlin :
Tous les Prussiens sont sous l'action de la bière ; elle étourdit, endort et berce, elle calme la colère ou la passion, elle rend bonasse et fait oublier.

Maurice BARRÈS, *Au service de l'Allemagne*, 1905.

BIG BEN

• Ne pèse pas lourd :
Les amateurs de T.S.F. qui « accrochent » Londres connaissent bien *Big Ben*, le gros

bourdon de Westminster qui leur donne l'heure matin, midi et soir. Big Ben passe généralement pour être la plus grosse cloche du monde. C'est une erreur. « *The biggest in the world* » se trouve, comme par hasard, en Amérique, à New York. Le clocher de l'église de Riverside-Drive possède un bourdon de 4 tonnes un quart, c'est-à-dire pesant 4 tonnes un quart de plus que Big Ben.

Mon programme, 25 décembre 1936.

BIJOUX

• Comment ils nous guérissent :

Il est pourtant très sain de porter des bijoux en or ; inconsciemment, les femmes, poussées par un sentiment de coquetterie qui les porte à rechercher ces parures, font, sans s'en douter, une cure par l'or, autrement dit elles pratiquent la métallothérapie, méthode qui consiste à donner au sang la richesse aurifère qui fait défaut dans les globules, en appliquant des plaques d'or agissant par absorption.

Comtesse DE TRAMAR, *Le Bréviaire de la femme*, 1903.

BILLARD

• Une interruption de partie :

Les joueurs de billard avaient interrompu leur partie et s'étaient rangés en demi-cercle, appuyés sur leurs queues comme des lanciers sur leurs lances. Les femmes, désireuses de ne pas perdre un spectacle aussi intéressant, se pressaient derrière eux et complétaient la galerie.

Fortuné DU BOISGOBEY, *La Bande rouge*, 1880.

BILLES

• Avant toute chose :

Pour que les billes aient une rotation normale, il est nécessaire qu'elles soient rondes.

Jules ARNOUS DE RIVIÈRE, *Traité populaire du jeu de billard*, 1891.

BIOLOGIE

• N'existe pas :

Par son étymologie (*bios* et *logos*), cela signifie : science de la vie. Or, il ne saurait exister une science appelée ainsi, parce que l'homme ne connaîtra jamais les vraies lois de la vie ; j'ai dit et répété cela dans tous mes livres.

Amédée SIMONIN, *Synthèse scientifique et philosophique*, 1889.

• La preuve :

Le mot français *biologie* veut dire en grec *biographie*.

Rémy DE GOURMONT, *Esthétique de la langue française*, 1899.

BIOSCOPIE

• Une définition qui n'est pas superflue :

La bioscopie a pour objet l'étude de la force motrice qui anime la vie de nutrition bilatérale, en prenant pour mesure de cette force le travail hygrométrique des mains comparé mathématiquement quatre fois de suite entre la main droite et la main gauche dans des temps égaux et à égale température chaude.

Dr COLLONGUES, *Spécialité des maladies de l'estomac et de foie par la bioscopie*, Cusset, s.d. (vers 1880).

BISMARCK

• Ses idées politiques :

Bismarck n'était certes pas un démocrate dans le sens immédiat et visuel qu'on prête ordinairement à ce mot.

Emmanuel MALYNSKI, *La Grande Conspiration mondiale*, 1928.

BIZET (Georges)

• Pire que Wagner :

Se posant en novateur et rêvant dans son sommeil fiévreux d'arracher quelques rayons à la couronne du prophète Richard Wagner, M. Georges Bizet s'est lancé à corps perdu dans ce maelström sonore, au risque d'y laisser ses ailes de néophyte et surtout les oreilles des auditeurs. [...] Je comprends que nous ayons beaucoup progressé dans l'art d'écouter les dissonances et de manger du piment sans sourciller. Je dirai même qu'en feuilletant toute l'œuvre de Wagner, j'ai trouvé bien des pages nuageuses, bien des audaces plus ou moins contestables, mais jamais, non jamais rien de semblable !

Paul BERNARD, *Revue et Gazette musicale de Paris*, 26 mai 1872.

• Un bon musicien qui ne sait pas y faire :

M. Bizet est un jeune musicien d'une

grande et incontestable valeur qui produit de détestables musiques.

Oscar COMMETTANT, *Le Siècle*, 27 mai 1872.

• **Trois jugements sur *Carmen* :**
Le cœur de M. Bizet, blasé par l'école de la dissonance et de la recherche, a besoin de se refaire une virginité. Cet opéra n'est si scénique, ni dramatique. Ce n'est pas avec des détails d'orchestre qu'on peut exprimer musicalement les fureurs et les caprices de Mlle Carmen.

Oscar COMMETTANT, *Le Siècle*, mars 1875.

Comme œuvre d'art, c'est zéro.

New York Times, 24 octobre 1878.

Nous conclurons :

1. Les représentations de *Carmen* ne conviennent point, d'une manière générale, aux jeunes gens et aux jeunes filles.

2. Les parents — c'est le lieu de rappeler ici cette obligation — doivent veiller, en dépit des difficultés et des obstacles, à ce que leurs grands et leurs grandes n'aient pas à exercer leur talent sur des œuvres immorales.

3. Les chrétiens et les chrétiennes adultes ne se permettent l'audition de *Carmen* que s'ils sont assez bons musiciens pour mépriser le texte rimé.

Abbé Louis BETHLÉEM, *Les Opéras, les Opéras-Comiques et les Opérettes*, Paris 1926.

BLAGUE

• **Mot parfois mal employé :**
Blague ! Blague ! Blague ! l'antisémitisme d'Hitler.

Charles MAURRAS, *L'Action française*, 19 septembre 1935

BLANC

• **On doit surveiller ses fréquentations :**
C'est un fait reconnu que le Blanc qui fréquente les milieux des nègres tombe dans un état de dégénérescence le rendant inférieur aux nègres.

Warrington DAWSON, *Le Nègre aux États-Unis*, 1912.

BLENNORRAGIE

• **Couvrez-vous :**
Quelques autres ont une *prédisposition* déplorable : ils gagnent une blennorragie comme d'autres un rhume de cerveau.

E. JOZAN, *Traité pratique des maladies des voies urinaires et des organes générateurs*, 1855.

BLESSÉS

• **Leurs sentiments :**
Ce matin, m'écrit un chirurgien, je disais votre projet dans une de nos salles d'hôpital à cinq ou six petits soldats estropiés. Ah ! si vous aviez vu leur joie !

Maurice BARRÈS, *L'Écho de Paris*, 18 décembre 1914.

BLUM (Léon)

• **Une injure parmi des milliers :**
Le coquin juif à gueule d'hypocampe (*sic*), posté par sa race aux leviers de commande, ainsi qu'il est annoncé, de long en large, dans les *Protocoles des sages de Sion*.

Comte A. DE PUYSÉGUR, *La Trahison des chefs nationaux*, 1938.

BOBO

• **Étymologie :**
Beau-beau, que plusieurs écrivent *bobo*, se dit des enfants à qui, pour leur faire oublier un petit mal, on dit par flatterie en soufflant sur l'endroit qu'ils sont *beaux-beaux*, c'est-à-dire très beaux.

Jacob LE DUCHAT, *Ducatiana*, 1738.

BOCHE

• **Un mot qui parle :**
Nos soldats, dans leur rude et clair bon sens, ont créé, pour désigner les Teutons, les quolibets de Têtes carrées ou Têtes de Boches, exprimant bien par là l'impossibilité d'une idée commune ou d'une entente possible avec les hommes dont les cerveaux sont faits si différemment des nôtres.

Tête de Boche ! Ça dit tout.

G. LENOTRE, *Prussiens d'hier et de toujours*, 1915.

Tuer du Boche, battre le Boche, nettoyer la tranchée à la grenade, au couteau, au revolver, cela vaut la peine, et la peine de mourir. L'idéal national rayonne dans les âmes.

L'Illustration, 12 août 1916, p. 148.

J'ai toujours prédit que les Boches en arriveraient à l'anthropophagie. Ils n'en sont encore qu'à manger du cochon, qui a mangé de l'homme... mais ils y viendront, vous verrez.

Maurice DE WALEFFE, *Paris-Midi*, 19 avril 1917.

Quel spectacle que ces entonnoirs grands comme la place Clichy, chefs-d'œuvre des Tommies mineurs, d'où s'exhale une si déplaisante et bonne odeur de Boches, car il n'est de bon Boche, dit Kipling, que le Boche mort.

G. BERTHOULAT, *La Liberté*, 25 juin 1917.

Il n'y a pas des citoyens et des militaires en Allemagne : il n'y a que des Boches.

A. OULMAN, *Le Petit Bleu*, 11 août 1917.

BOILEAU-DESPRÉAUX (Nicolas)

• N'avait ni savoir ni grammaire :

Quelque ostentation de savoir qu'il ait affectée, elle n'impose pas aux connaisseurs, qui aperçoivent bientôt dans ses écrits une érudition mince et superficielle. On aurait du moins attendu d'un académicien un style châtié et des expressions correctes, et c'est ce qu'on ne trouve pas.

Réponse à l'avertissement qui a été ajouté à la nouvelle édition des œuvres de M. Despréaux, 1713.

• Auteur des *Pensées* de Pascal :

Si Boileau avait connu Colette et son héroïne, il n'aurait pas trouvé que le moi est haïssable.

Le Figaro, 1er novembre 1913.

• Auteur d'un vers de Destouches :

Et Boileau, l'étourdi, qui veut nous faire croire que « La critique est aisée »...

Henri BRÉMOND, « Racine et la poésie », *Les Nouvelles littéraires*, 1930.

BOITEUX

• Pourquoi ils sont lascifs :

Ceux qui sont boiteux de naissance sont (dit-on) pour l'ordinaire plus enclins à la passion de l'amour, que ceux qui ont les jambes égales ; à cause que l'aliment qui se devait employer à leur accroissement, remonte en haut, et se convertit en matière qui sert d'allumette à cette importune passion, parce qu'elle est visqueuse et gluante.

C. D. DE LA BELLIÈRE, *La Physionomie raisonnée*, 1664.

BOLCHEVISME

• Il vient de loin :

La mentalité bolcheviste est aussi vieille que l'histoire. Le Caïn de la bible avait déjà une âme bolcheviste.

Gustave LE BON, *Psychologie des temps nouveaux*, 1920.

• Mais la fin est proche :

Opposition ouvrière, opposition paysanne, toutes les deux d'ailleurs brutalement réprimées, tout le territoire russe en révolte, tel est le résultat d'une révolution faite par des ouvriers et des paysans... Si ce régime n'évolue pas au plus vite et s'il ne renonce pas radicalement à ses méthodes de communisme et de terrorisme, il est permis dès aujourd'hui d'affirmer que ses jours sont comptés.

Le Figaro, 19 avril 1921.

En supprimant le capitalisme en Russie, les Bolcheviks ont ruiné l'industrie de leur pays. [...] Il est sans doute trop tôt pour espérer que la conscience de leur situation les incite à renier leurs doctrines révolutionnaires. Mais il n'existe pas de plus éclatante démonstration pratique de la folie absolue des tentatives bolchevistes et communistes.

The Times, 10 mai 1921.

Les habiles manœuvres auxquelles se livrent les dirigeants du bolchevisme sont le prélude au rétablissement du capitalisme en Russie. Le courant ne saurait être désormais arrêté. En vain les bolcheviks tenteront-ils de le restreindre ou de l'endiguer ; le communisme est condamné.

The Times, 28 juin 1921.

• N'aura été qu'une forme de judaïsme :

Le bolchevisme est la manifestation la plus pure et la plus complète du judaïsme jusqu'à nos jours et l'expression la plus parfaite qu'il ait atteinte depuis les temps bibliques.

Emmanuel MALYNSKI, *La Grande Conspiration mondiale*, 1928.

Le bolchevisme ne constitue pas une expérience socialiste comme trop de gens se l'imaginent. Il n'est pas autre chose qu'un essai de dictature juive. La doctrine est juive, l'argent provient de la finance juive internationale, les juifs sont à la tête d'un mouvement qui vise uniquement à l'hégémonie universelle d'Israël.

C.E. DUGUET, *Le Matin*, 13 mai 1943.

BOMBE

• L'enthousiasme de Déroulède :

Pour ravager comme une trombe
A gauche, à droite, en large, en long,
Sans qu'on puisse voir d'où ça tombe,
Pour tout bousculer, nom de nom !
Vive la bombe !
Vive la bombe !
Pour tout bousculer, nom de nom !
Vive la bombe et le canon !

Paul DÉROULÈDE, *Poésies militaires*, 1896.

• Les recommandations d'un spécialiste :
Ayant pour but principal de bombarder Berlin d'abord, et de porter ensuite notre effort sur des villes ou des armées ennemies, nos projectiles normaux sont forcément destinés à tomber perpendiculairement de chaque aéro, plutôt qu'à être lancés à distance dans une direction horizontale. [...]

Nos « torpilles » ou « bombes » pèsent chacune cinq kilos. Nous nous sommes arrêtés à ce chiffre pour plusieurs raisons. D'abord, chaque aviateur sachant exactement avec quel poids il peut voler, suivant l'appareil qu'il monte, et connaissant, par ailleurs, son propre poids, ainsi que le poids de l'huile et de l'essence contenues dans ses réservoirs pour la durée du vol qu'il va entreprendre, chaque aviateur, disons-nous, voyant le nombre de kilogrammes dont il peut disposer, saura immédiatement combien de bombes de cinq kilos il lui faut prendre à son bord. Ce chiffre facilite les calculs, et, en l'air principalement, le franc-aviateur, voyant d'un seul coup d'œil le nombre de bombes qu'il lui reste à lancer, en calculera sans peine le poids total, ce qui présente pour lui certains avantages.

Pol TIMONIER, *Comment nous torpillerons Berlin avec notre escadrille d'aéroplanes dès l'ouverture des hostilités*, 1913.

• Coup d'œil sur les résultats :
L'effet réel d'un bombardement est la plupart du temps insignifiant. [...] Il faut de 600 à 12 000 obus pour tuer un homme, ce qui est vraiment un peu cher !

L'Illustration, septembre 1914.

Si l'on doit utiliser des bombes atomiques dans les guerres futures, le nombre des personnes tuées ne sera pas nécessairement plus élevé que dans les guerres actuelles et pourra même être inférieur.

Sir G. PAGET THOMSON, *Le Figaro*, 24 août 1945.

BONNE ALLEMANDE

• Au poteau :

I

Aux beaux jours du dernier printemps,
Dans son château des bords de l'Oise,
Une digne et riche bourgeoise
Disait : « C'est un malheur des temps.
« Dans notre état démocratique,
« Le peuple de France est hanté
« D'un rêve fou d'égalité.
« Ni Dieu ni maître *est son cantique,*
« On ne peut plus trouver de domestique.
« Moi j'ai, grâce à Gretchen, toute tranquil-
[lité ;
« C'est une fille sage et que tout recommande ;
« Ni paresseuse, ni gourmande,
« Douce, propre, sans volonté ;
« Jamais elle n'a mérité
« La plus légère réprimande ;
« Elle est parfaite en vérité,
« Ma petite bonne allemande ! »

II

Arrive la chaude saison ;
C'est la guerre ! Est-ce une raison
Pour renvoyer la pauvre fille ?
Elle est presque de la famille,
Elle aime tant notre maison !
Quand le commissaire demande
L'âge, le pays et le nom :
« Est-elle prussienne ? » on dit : « Non,
« Elle est de la Suisse allemande ! »

III

C'est, dans le brouillard automnal,
Le bombardement infernal
De la ville terrorisée.
Qui donc le guide ? Une croisée
Que vient d'éclairer un fanal.
Où l'espionnage commande,
L'ouragan de fer a passé.
Rien ne reste debout de ce qu'a dénoncé
La petite bonne allemande.

IV

Les champs dévastés sont couverts
Par le plus rude des hivers
D'un grand linceul de neige blanche.
En France, elle a sonné, l'heure de la Revanche !
L'heure tragique des revers
Pour l'Allemagne est arrivée,
L'espionne en vain s'est sauvée,
Elle est prise au pays teuton...
Le sergent d'escorte demande :
« Quand donc la fusillera-t-on,
« La petite bonne allemande ? »

Émile LOUTEAU, in *Les Poètes de la guerre*, 1915.

BONNOT (Bande à)

• Censurée :

La direction de la police lausannoise a interdit aux cinématographes un film montrant la capture de Bonnot. On ne peut que l'en féliciter.

La Croix, 9 mai 1912.

• Germanisée :

Il y a trois ans, la société française s'épouvantait à bon droit du froid et hardi cynisme avec lequel la bande de Garnier et de Bonnot accomplissait ses brigandages. Ces bandits légendaires en faisaient beaucoup moins que les soldats allemands, mais ils y montraient la même mentalité. Les brigands en automobile, comme on les appelait, n'étaient que des précurseurs de l'invasion allemande. Raymond la Science, notamment, avait une culture dérivée en droite ligne de celle qu'enseignent les intellectuels de là-bas. Il eût été général allemand, si le hasard ne l'eût dirigé vers d'autres voies. Il réunissait, en sa personne, toutes les tares de l'officier assassin et pillard de Guillaume II.

Jules DELAFOSSE, député du Calvados, *L'Écho de Paris*, 16 janvier 1915.

BORDELAIS

• A écrire en toutes lettres :

Situation — Serg. Mécan. aviation, classe 1912 ; marié, dés. situation région bordel. si possible.

L'Exportateur français, 17 avril 1919.

BORGNE

• A son charme :

Cette infirmité est peu favorable à la physionomie. Cependant on rencontre quelques figures d'hommes et particulièrement de femmes, à qui elle donne une sorte de cachet spirituel qu'elles n'auraient peut-être pas sans cela.

A. DE CHESNEL, *Dictionnaire des merveilles*, 1853.

• Le secret de sa vision :

Le poisson voit une partie de l'horizon par chacun de ses deux yeux et il s'effectue dans le cerveau une superposition des images enregistrées par chacun des yeux. Chez le borgne, le même fait se présente : chaque œil voit différemment comme chacun des yeux du poisson, mais si le borgne est à même de percevoir nettement le monde qui l'entoure, c'est parce qu'à la suite d'une véritable éducation des yeux, les images se superposent dans le cerveau tout comme chez le poisson.

Le Courrier du Centre, 20 février 1939.

BOTTES

• Si, oui ou non, elles jouent un rôle dans les batailles :

En guêtres et en souliers, nos armées ont parcouru l'Europe dans tous les sens ; nos soldats ont traversé les sables de l'Algérie et les déserts de l'Égypte. Nous avons battu les Russes en Crimée : ils portaient des bottes. Nous avons vaincu les Autrichiens en Italie : ils avaient de petites bottes. En revanche, les Allemands aux lourdes bottes nous ont vaincus ! Ce n'est donc pas le type de la chaussure qui fait remporter la victoire.

Médecin-major de première classe SALLE, *La Chaussure du fantassin*, 1896.

BOTTICELLI

• Son idéal :

Nous trouvons la *Vénus de Milo* belle comme elle est. Mais habillée à la mode actuelle, elle nous semblerait affreuse, car les vêtements qu'on porte aujourd'hui lui épaissiraient encore la taille. [...]

La figure de la *Vénus* de Botticelli est pleine d'un charme délicat et mélancolique qui produit une profonde impression. Si l'on examine la figure de plus près, on découvre dans le cou long et mince, dans les épaules tombantes, dans le thorax étroit et affaissé, dans les seins qui se trouvent par suite trop bas et trop rapprochés, on découvre le type bien caractérisé de la phtisique dont la beauté si triste inspire ici, comme dans la réalité, un vif sentiment de pitié. [...]

Botticelli a donc, sans le savoir, fait d'un type de belle phtisique son idéal.

Dr C.-H. STRATZ, *La Beauté de la femme*, traduit de l'allemand par Robert Waltz, 1910.

BOUCS

• Protègent de la peste :

On dit aussi qu'il est bon en temps de peste de nourrir un bouc en la maison où on habite, et le tient-on pour un singulier remède contre la contagion du mauvais air : par ce que la vapeur du bouc ayant rempli le lieu où il habite empêche que l'air pestiféré n'y trouve place.

Ambroise PARÉ (1517-1590), *Œuvres.*

BOUCHE

• Ce qu'elle dit :

Toutes les fois que la bouche aura deux fois la longueur de l'œil d'un angle à l'autre, elle caractérise la sottise.

Manuel du physionomiste des dames, 1843.

BOUCHERS

• Un raisonnement sang pour sang :

Nous ruraux, ne sommes pas des marchands de viande, mais des bouchers complets qui, pour 50 % au moins, sont des bouchers-charcutiers, ce qui incarne la profession 100 %.

La Boucherie française, 1er janvier 1949.

BOUDDHISME

• Un système absurde :

Je ne crains pas d'être démenti, en assurant que, qui n'a pas lu quelques-uns des livres des bouddhistes, ne connaît pas toute l'extravagance humaine, et n'a pas une idée complète du degré d'absurdité où peuvent conduire l'abus des méditations sans objet et l'emploi désordonné des abstractions, appliqués à des objets où l'intelligence ne saurait atteindre.

Abel RÉMUSAT, *Mélanges asiatiques*, 1847.

• Et déjà vu :

Au fond, la forme philosophique du bouddhisme se réduit à la perception rationaliste.

Louise ANZOLETTI, *La Croyance au surnaturel et son influence sur le progrès social*, 1896.

BOUILLON

• Une définition célèbre :

L'eau de poulet est au bouillon de poulet ce que le bouillon de bœuf est au consommé de bœuf.

Mme MILLET-ROBINET, *Maison rustique de dames*, 1859.

BOULANGER

• N'est pas plus bête qu'un autre :

Eh bien, niera-t-on que ce qu'un boulanger a écrit, des boulangers puissent le lire ?

Th.-H. BARRAU, *Conseils aux ouvriers sur les moyens qu'ils ont d'être heureux*, 1850.

BOUQUETS

• Comment en faire avec des chapeaux :

On a toujours une tendance à jeter les fleurs artificielles qui ornent les chapeaux d'été. C'est un tort, car, bien souvent, un peu rafraîchies, elles feraient bon effet mélangées aux plantes vertes qui ornent vos appartements. Il n'y a qu'à savoir les disposer avec goût et elles égaieront de leur note claire le vert sombre des feuillages.

Comment utiliser les choses inutiles, 1916.

BOURBONS

• L'énergique question d'un Ultra, sous la Restauration :

Mille vies comme la vôtre valent-elles un jour de la vie d'un Bourbon ?

Alphonse MARTAINVILLE, s'adressant au ministre Decazes, *Le Drapeau blanc*, 15 février 1820.

• La précipitation d'un journaliste, qui les assimile aux Valois :

Au physique, Émile Augier, avec ses larges épaules et son nez à la Bourbon, ressemblait d'une façon frappante à François Ier.

Le Mercure de France, 1er mars 1917.

• Sous Charles X, au cours d'un sermon, un évêque prononça cette phrase :

On voit bien que le fils de Dieu est mort, il y a 1 800 ans, sur un gibet, pour rétablir sur le trône de France la famille des Bourbons.

Mgr GERBET, *Œuvres*, édition de 1876.

BOURDALOUE (Louis)

• On a bien placé sa rue :

La rue Bourdaloue longe, comme son nom l'indique, un des côtés de l'église Notre-Dame-de-Lorette.

Le Figaro, 15 novembre 1910.

BOURGEOIS

• Ils ont du bon :

Voyons où en est le monde et quelle belle place au zèle de la France !

Sous le rapport religieux, l'Océanie est au-dessous du zéro, l'Afrique morte, l'Asie dans les ténèbres, l'Amérique dans un marasme moral. Et en Europe, quelles obscurités et quelles conspirations ! [...]

Sous le rapport social, l'humanité en armes, le monde civilisé partagé entre les deux camps de l'ordre et de la révolution. [...]

A vous, bourgeois, de conjurer ces périls. Dépositaires de la puissance nationale, vous devez l'employer aux œuvres de foi, de conciliation et de progrès que vous marquent les antécédents de nos traditions. Vous êtes toujours les sujets de Charlemagne, les *missi dominici* de la gloire. Vous êtes encore les fils des croisés et non les bâtards de Voltaire. L'Europe a besoin de vous.

Mgr Justin FÈVRE, *La Mission de la bourgeoisie*, 1864.

• Et du mauvais :

Si, d'aventure, l'enfant de bourgeois, le plus souvent enfant unique ou plutôt garçon unique, n'est pas tout à fait un dégénéré, la stupide sollicitude des parents y pourvoit. Après que la mère l'a gâté, énervé de tendresses hystériques, le père, systématiquement, entreprend de l'abrutir. Le cœur se pourrit d'abord, puis le cerveau s'embrume, se déséquilibre ou se détraque, enfin le corps se débilite.

Georges DEHERME, *Le Positivisme en action*, 1923.

De quoi sert-il que le bourgeois, ayant la vague conscience de son injustice, cherche généralement des circonstances atténuantes à ses victimes et les plaigne en même temps qu'il les serre à la gorge, à la façon d'un meurtrier sentimental ? Son injustice demeure. [...] Des esprits judicieux blâmaient ses rêveries humanitaires. Il ne peut que se les permettre tant qu'il n'est pas menacé. Il pleure parfois, il étrangle toujours.

Ludwig BAUER, *L'Agonie d'un monde*, 1933.

BOURGES

• Est à sa place :

Ceux qui se sont étonnés de ne pas trouver la capitale de la France à Bourges ont montré qu'ils n'avaient étudié que d'une manière superficielle la structure de leur pays.

E. DE BEAUMONT et DUFRÉNOY, *Explication de la carte géologique de France*, 1860.

BOURGET (Paul)

• Quelques vérités bien assenées :

Ce Paul Bourget que j'ai vu, quatre ans, ramasser, chez d'Aurevilly, les *mégots* d'idées et les bouts de phrases qui lui ont suffi pour devenir académicien, crèvera dans son purin de fils de pion gentilhomme et de vieux gigolo des dames, avant d'avoir pu comprendre ou deviner le mépris énorme que le grand artiste me légua pour lui.

Léon BLOY, *Journal*, 3 mai 1909.

• Mais un ami :

Avec Paul Bourget, c'est la plus haute figure des Lettres françaises qui disparaît.

René DOUMIC, *La Revue des Deux Mondes*, 15 janvier 1936.

BOURREAU

• Joseph de Maistre lui a consacré un éloge resté célèbre :

Toute grandeur, toute puissance, toute subordination repose sur l'exécuteur : il est l'horreur et le lien de l'association humaine. Ôtez du monde cet agent incompréhensible ; dans l'instant même l'ordre fait place au chaos, les trônes s'abîment et la société disparaît.

Joseph DE MAISTRE, *Les Soirées de Saint-Pétersbourg*, 1821.

BOURRICHE

• Pour bien la peindre :

Sans doute, une bourriche d'huîtres bien peinte est infiniment supérieure, au point de vue de la jouissance esthétique, à une grande scène d'histoire mal rendue, par la même raison qu'un poème sur la gastronomie peut valoir beaucoup mieux qu'une épopée. Il n'en est pas moins vrai que la facture d'une bourriche d'huîtres exige un ensemble de qualités infiniment moins considérable que pour peindre la chapelle Sixtine.

Eugène VÉRON, *L'Esthétique*, 1883.

BOUSES

• Une phrase qui fut très contestée :
Le bruit doux et rythmique des bouses étalées...

Émile ZOLA, *La Terre*, 1887.

BOXE

• A recommander :
La boxe entretient la souplesse du corps ; c'est un exercice hygiénique et sans aucun danger. La boxe convient mieux aux jeunes gens que l'escrime.

Dr A. NARODETZKI, *La Médecine végétale*, 1910.

• A voir :
L'un et l'autre s'assoient dans un coin du ring... Le signal. Les deux nègres debout et affrontés : tous deux nus — sauf de merveilleuses petites culottes de soie bleues, vertes, rouges, des culottes de rois nègres — sont illuminés, imprégnés par les lampes à incandescence d'une splendide lumière lilas sombre, à croire que ces *coloured men* sont d'une race nouvelle, au pigment encore inédit.

Georges ROZET, *Les Fêtes du muscle*, 1914.

• Ce serait mieux avec des postiches :
La malencontreuse issue de ce combat à grand spectacle (*le match Thil-Apostoli*) incite à émettre une suggestion. Les boxeurs portent des protège-dents, ils utilisent des coquilles contre les coups bas, pourquoi ne seraient-ils pas aussi tenus de protéger leurs arcades sourcilières ? Car il est fréquent de voir une arcade décousue et l'un des combattants saigner comme un bœuf, ce qui transforme un match en une répugnante bataille de rue. Cela n'arriverait pas si les boxeurs portaient des sourcils postiches, faits dans une matière ahérente, qui les mettraient à l'abri de ces sanglantes blessures.

H. MINVILLE, *Gringoire*, 1er octobre 1937.

• Priorité aux gauches :
Quatrième round. Sentant la décision à sa portée, Robinson entre délibérément en action et harcèle sans arrêt son adversaire par de durs gauches des deux mains.

La Résistance de l'Ouest, 11 décembre 1950.

La gauche de Joe Walcott explose soudain sous la forme d'un crochet du droit qui atteignit la machoire d'Ezzard Charles et, pendant quelques secondes, tout le monde demeura pétrifié.

Jean KROUTCHTEIN, *L'Équipe*, 20 juillet 1951.

BRAHMS (Johannes)

• Un musicien sans intérêt :
Les quatuors de Brahms pour instruments à cordes sont nuls, impossibles et ne supportent pas l'analyse.

Charles DANCLA, *Miscellanées musicales*, 1884.

Ce faquin de Brahms ! Quel bâtard sans aucun don ! Cela me gêne, que ce médiocre qui se gonfle lui-même soit salué comme un génie. A côté de lui, Raff est un géant, sans parler de Rubinstein.

Pierre TCHAÏKOVSKI, *Journal*, 9 octobre 1886.

• S'est trompé de métier :
Quel excellent mathématicien il aurait fait, mais quel musicien prosaïque, désespéré, dépourvu de sentiment et d'émotion, quel musicien aride il est en réalité !

Vernon BLACKBURN, *Pall Mall Gazette*, 28 février 1900.

Ah ! ce Brahms ! en voilà un dont la musique est d'un germanisme indigeste. [...] A part quelques œuvres, comme une sonate pour piano et violon, sa symphonie en *fa*, des valses écrites dans sa jeunesse, quelle lourdeur dans ses œuvres, lourdeur que l'on prend pour de la profondeur ! quelle absence de charme, quelle froideur !

Camille SAINT-SAËNS, *L'Écho de Paris*, 16 octobre 1914.

BRAILLE

• Un dialogue de sourds :

Comprenant qu'il avait affaire à un sourd-muet, l'agent le conduisit au poste. Il fallut faire appel au concours d'un gardien de la paix connaissant l'alphabet Braille pour interroger le voleur.

Le Petit Parisien, 8 juin 1936.

BRAS

• Où ils vont se nicher :

Je dus tâter, à travers l'étoffe légère de la jupe, les muscles de ses bras.

Marcel PRÉVOST, *Voici ton maître*, 1930.

BRELAN

• Cela fait plus de monde qu'on croit :

Un beau brelan d'exploiteurs. Neuf individus ! Cinquante sociétés ! Deux milliards deux cents millions de capital ! Tel est le conseil d'administration des aciéries de Longwy.

L'Exploité, 6 juillet 1929.

BRETAGNE

• Une remarque de Balzac :

La place que la Bretagne occupe au centre de l'Europe la rend beaucoup plus curieuse à observer que le Canada.

H. DE BALZAC, *Les Chouans*, 1829.

BRETON (André)

• Une absence d'opinion :

Je n'ai personnellement aucune opinion sur M. André Breton, que je connais uniquement de vue ; j'avoue que je juge presque exclusivement les gens sur leur physique et M. Breton me déplaît parce qu'il a une tête trop grosse ; j'ai lu son *Nadja* qui m'a paru un démarquage assez plat des livres délicieux de Louis Aragon. J'ignore tout de ses mœurs et je veux bien croire que ses amis ont leurs raisons en nous avertissant de nous méfier de ce personnage, mais le temps — cinq ou six ans — qu'ils ont mis à s'apercevoir que leur chef était un saligaud, un faisan et un agent provocateur, ne me paraît pas faire spécialement honneur à leur perspicacité.

Jean GALTIER-BOISSIÈRE, *Le Crapouillot*, mars 1930.

BRIAND (Aristide)

• Portrait :

Élevé dans un lupanar, entremetteur dès l'adolescence, outrage public à la pudeur vers l'âge adulte, renégat tout le reste du temps. Aristide Briand a une tendance naturelle, innée en quelque sorte, à ne connaître que le droit commun.

Léon DAUDET, *L'Action française*, 14 mars 1909.

• Un jugement :

Célèbre renégat qui fut jadis une personnalité archi-révolutionnaire. [...] Il a trahi la classe ouvrière et s'est vendu à la bourgeoisie.

LÉNINE, *Œuvres complètes*, XVIII, p. 510 (Éditions sociales).

• Une dernière consolation :

J'étais profondément ému hier à la vue de toutes ces couronnes, devant l'attitude respectueuse et reconnaissante de la foule qui a tenu à saluer sa dépouille. Je crois qu'on viendra plus sur sa tombe après sa mort que de son vivant.

Édouard HERRIOT, discours prononcé à Lyon à la mémoire d'Aristide Briand, 13 mars 1932.

BRUNIR

• Comment s'y prendre :

Un médecin étranger affirme que la lumière électrique brunit, à l'égal du soleil, les visages qui sont exposés à ses rayons. La lune, la blanche lune, aurait la même influence sur notre peau.

Baronne STAFFE, *Le Cabinet de toilette*, 1900.

BUDAPEST

• Capitale de la Tchécoslovaquie :

Quelques semaines auparavant, M. Barthou s'était rendu à Budapest et il y avait été reçu avec les mêmes témoignages d'amitié par le peuple tchécoslovaque.

Paul SORDOILLET, *L'Éclair de l'Est*, 28 juin 1934.

BUDGET

• Vieux mot français :

Il est aussi des mots qui, empruntés par nos besoins à des langues modernes, sont entrés dans notre langue et doivent y rester, quoiqu'ils aient une origine moins classique. Je veux parler d'abord de ceux qui se sont introduits chez nous avec le système représentatif. Comme c'est à l'Angleterre que nous avons emprunté les choses, c'est à elle que nous avons dû emprunter les mots qui nous manquaient pour les désigner. De là les mots *budget*, *motion*, *adresse*, *pétition*. Ces derniers mots, dont nous ne saurions nous passer, nous conviennent d'autant plus qu'ils sont d'origine française. Rien de plus facile à démontrer. *Budget*, exposé de l'actif et du passif de l'État, n'est-il pas le même mot que *bougette* (petit sac, petite poche), mot inscrit de temps immémorial dans nos glossaires ? « Panurge, dit Rabelais, avait en son saye plus de vingt et six bougettes. » Comme les ministres anglais portent au Parlement, dans un sac, ou dans une *bougette*, ou dans un *budget*, les rapports que les nôtres renferment dans des portefeuilles, on a donné au contenu le nom du contenant, et suppléé par ce mot *budget* à la périphrase qu'à son défaut il faudrait employer.

A.-V. ARNAULT, de l'Académie française, *La Revue de Paris*, octobre 1833.

BUFFON

• On l'oubliera :
Je crois que le mérite de M. de Buffon perdra de son éclat chez la postérité... Au contraire, la réputation de M. Daubenton ne pourra que gagner auprès d'elle.

GRIMM, *Correspondance littéraire*, 1756.

• Il a eu de la chance :
Pour comble de bonheur, il mourut à la veille de la Révolution.

D. SAUCIÉ, préface aux *Œuvres choisies* de Buffon, 1864.

BUGEAUD

• Bien que mort en 1849, songeait déjà à la Revanche :
Ainsi les grands fondateurs de notre empire colonial, les Bugeaud et les Jules Ferry, pour ne nommer que les deux plus illustres morts, avaient bien vu et prévu dans le passé. Les horizons de l'Atlas et du Laos n'avaient point détourné leurs regards de « la ligne bleue des Vosges ».

Le Matin, 17 octobre 1916.

BUÑUEL (Luis)

• A propos du scandale de *L'Âge d'or* :
Disons tout de suite que cette production est d'un ennui évident... Ce pensum prétentieux et morne n'a aucun rapport avec l'art d'avant-garde, ni avec l'art tout court. L'exécution technique est d'une pauvreté qui soulèverait les huées dans la plus humble salle du dernier chef-lieu de canton.

G.M., *L'Écho de Paris*, 10 décembre 1930.

Il s'agit d'un essai de bolchevisme de caractère spécial, oui, réellement spécial, qui vise à nous pourrir. La propagande de Lénine a rencontré dans certains studios, plus ou moins improvisés, des concours inattendus. Elle en profite... Allons, monsieur Chiappe, un coup de balai ! Vous le pouvez, vous le devez.

Gaëtan SANVOISIN, *Le Figaro*, 10 décembre 1930.

• Il eut tout de même un partisan de qualité :
Buñuel s'engagea résolument dans la voie du surréalisme en réalisant avec Salvador Dali, en 1928, *Le Chien andalou*, œuvre d'avant-garde que Lautréamont jugea « belle comme la rencontre d'un parapluie et d'une machine à coudre sur une table de dissection ».

Le Matin, 5 décembre 1951.

BYRON

• L'opinion de Louis Veuillot :
Le génie byronien me semble, au fond, un peu bête.

Louis VEUILLOT, *Les Libres Penseurs*, 1848.

C

CABARET

• On sait ce que c'est :

Le cabaret est un foyer de révolutions [...]. Le cabaret est une succursale de la loge et du club. Les hérésies économiques et politiques, conçues ailleurs, s'y développent. C'est là qu'elles deviennent populaires, qu'elles forment leurs cadres et qu'elles recrutent leurs soldats. Les grèves s'y organisent... Il y a des dates mémorables : le 14 juillet 1789, le peuple s'empare de la Bastille ; les 5 et 6 octobre, le peuple se porte en foule à Versailles et force le roi Louis XVI et sa famille à venir s'établir à Paris ; le 20 juin 1791, le roi est ramené de Varennes où il a été arrêté ; le 20 juin, et le 10 août 1792, le palais des Tuileries est pris d'assaut ; le 21 janvier 1793, le roi monte sur l'échafaud. Tous ces attentats contre la majesté du trône et contre l'ordre public, ont leur principe dans les antres du jacobinisme ; mais ils partent du cabaret [...].

Depuis, le cabaret a continué à remplir sa mission perturbatrice. En 1830, tous les héros des célèbres journées n'étaient pas aussi élégants que La Fayette. Les faubourgs avaient envoyé leurs effectifs avinés. En 1848, l'émeute prit pour prétexte les banquets réformistes ; ici, les mots viennent au secours de ma thèse, de peur qu'on ne puisse en contester l'exactitude. L'insurrection sauvage qui, en 1871, a épouvanté l'Europe civilisée et qui gardera dans l'histoire le nom sinistre de Commune, ressembla à toutes les autres. On montre à Paris, le café où les chefs des fédérés buvaient l'absinthe, et où étaient signés les ordres pour confisquer les propriétés, pour brûler les maisons et fusiller les otages [...].

Le cabaret résume tous les périls intellectuels, moraux, sociaux. Le cabaret est à la fois une école où l'on enseigne l'erreur ; un parlement où l'on fait de mauvaises lois ; un tripot où l'on joue son argent et son sang ; un théâtre où l'on chante des vers obscènes ; un lupanar où l'on se roule dans la fange, et un temple où l'on sacrifie au démon. Le cabaret est le vestibule de l'enfer ; si je ne craignais pas de profaner la poésie de Dante, j'écrirais sur son frontispice : Ouvrier qui passez par ici, laissez l'espérance. Moi je garde l'espérance que l'ouvrier chrétien n'y entrera pas.

R. P. AT, *Saint Joseph ou la Question ouvrière d'après l'Évangile*, 1876.

CACTUS

• Une question :

Est-ce qu'un homme vertueux, un bon époux ne sont pas plus précieux et plus utiles qu'un cactus ou un rhinocéros ?

BERNARDIN DE SAINT-PIERRE, *Harmonies de la nature*, 1796.

CADAVRES

• Comment ils flottent, et pourquoi :

Les cadavres des hommes flottent sur le dos, et ceux des femmes sur le ventre ;

comme si, après la mort, la nature voulait encore ménager leur pudeur.

PLINE, *Histoire naturelle*, 78 apr. J.-C.

CADEAUX

• Tous empoisonnés :

Sans exagérer, n'oubliez pas que la vraie puissance est l'acte de posséder, non pas celui de donner [...]

Donnez le moins possible de cadeaux aux autres ; c'est une perte sèche, vous n'avez pas même l'avantage moral de vous créer une réputation de générosité et, quant à la reconnaissance, vos obligés seront vos ennemis cachés. Vous-même, n'acceptez jamais, pour ne pas être l'obligé de quelqu'un, les cadeaux qu'on vous offre.

Guide pour les égarés ou le Livre du prince Korab, cinquième édition, Paris 1909.

CADRAN SOLAIRE

• Une insulte aux astres :

Si les étoiles voyaient dans un cadran, au soleil, leur grand mouvement imité par le petit mouvement d'une ombre, elles en auraient un dépit et changeraient peut-être de route pour ne servir pas de jouet aux hommes.

CASSIODORE (vers 468-564), cité *in* le père Bouhours, *Pensées ingénieuses des anciens et des modernes*, édition de 1734.

• Parfois grippé :

Semblable à ces cadrans solaires que la vétusté a frappés de paralysie, il persiste à indiquer l'heure du plein midi alors que depuis longtemps le crépuscule est passé.

L.-V. MEUNIER, *La France de Bordeaux*, 4 août 1908.

CAFÉ

• Les métaphores de Delille :

Dans le vase fumant la lie est déposée,
Ma coupe, ton nectar, le miel américain,
Que du suc des roseaux exprima l'Africain,
Tout est prêt : du Japon l'émail reçoit tes [ondes,
Et seul tu réunis les tributs des deux [mondes.

Abbé DELILLE, *Les Trois Règnes*, chant VI, 1807.

• Le délire de Michelet :

Le café, la sobre liqueur, puissamment cérébrale, qui, tout au contraire des spiritueux, augmente la netteté et la lucidité [...]. Ce fort café, celui de Saint-Domingue, plein, corsé, nourrissant aussi bien qu'excitant, a nourri l'âge adulte du siècle, l'âge fort de l'*Encyclopédie*. Il fut bu par Buffon, par Diderot, par Rousseau, ajouta sa chaleur aux âmes chaleureuses, sa lumière à la vue perçante des prophètes assemblés dans « l'antre de Procope » qui virent au fond du noir breuvage le futur rayon de 89.

Jules MICHELET, *Histoire de France*, 1855-1867.

CAISSE D'ÉPARGNE

• Le Christ y est opposé :

Loin de se joindre à l'honorable M. Charles Dupin, pour convier les travailleurs aux jouissances cachées de la Caisse d'épargne, Jésus-Christ les excite à cette fatale imprévoyance à laquelle ils ne sont déjà que trop enclins.

Victor MEUNIER, *Jésus-Christ devant les conseils de guerre*, 1849.

• Et il a tort :

L'ouvrier qui a un livret de la Caisse d'épargne n'a pas besoin d'autre certificat de moralité, et celui-là est le plus beau, le plus honorable qu'il puisse présenter.

Henri DEMORTIER, *Moyen d'avoir toujours de l'argent dans sa poche*, 1883.

CAKE-WALK

• Un point d'histoire :

Inutile de dire que la musique du cake-walk n'a pas plus à voir avec la question nègre qu'avec la question du Peau-Rouge ou du Chinois. C'est là une question qui concerne le Blanc, c'est une musique de cirque et de café-concert, qu'on fait apprendre à des nègres, de même qu'on leur ferait apprendre *le Petit Navire* ou *Viens Poupoule*.

Warrington DAWSON, *Le Nègre aux États-Unis*, 1912.

CALCUL

Ici, c'est inouï. Pensez, la sardine coûte 30 francs le mille, trois centimes la dizaine !

Le Matin, 22 juillet 1909.

Si on travaille un jour pendant deux heures et le lendemain pendant huit, on n'a travaillé que quatre heures par jour.

Louis FOREST, *Le Matin*, 28 mars 1922.

Nous avions avant la guerre 162 arrondissements métropolitains. On a supprimé 105 sous-préfectures, mais on en a créé trois : restent 103 de supprimées en réalité.

Le Journal des débats, 6 octobre 1926.

Notre programme ? Six points : ordre, autorité, liberté, propriété, patrie. Voilà.

André MAGINOT, interview dans la *Revue hebdomadaire*, 5 mars 1927.

Ils allaient de l'avant en dépit de tout. Le repos journalier n'était que de sept heures : huit pour le sommeil et une heure pour le repas chaud.

Christian BRULLS (pseudonyme de Georges Simenon), *Un drame au pôle Sud*, Fayard, vers 1930.

Cela se passait il y a six ans. J'avais alors douze ans. J'en ai maintenant dix-neuf.

Confidences, 8 décembre 1939.

Il faudrait partir de Glasgow le samedi 20 février et nous serions de retour à Londres le samedi 3 avril. Cela fait exactement sept semaines.

T.W. CROFTS, *J'ai tué*, Collection « L'Empreinte », n° 158, 1940.

J'avais en face de moi les trois inculpés : la mère, le fils et les deux maîtresses simultanées dudit fils.

Géo LONDON, *Gringoire*, 20 octobre 1933.

CALEMBOURS

• Sont quelquefois involontaires :

Car c'est ne régner pas qu'être deux à régner.

Pierre CORNEILLE, *La Mort de Pompée*, I, II, 1643.

Vierge non encor née, en qui doit tout renaître.

Jean-Baptiste ROUSSEAU (1671-1741) interpellant la postérité, *Ode à la postérité*, in *Œuvres complètes*, 1795.

J'habite à la montagne et j'aime à la vallée.

Victor D'ARLINCOURT, *Le Siège de Paris*, 1827.

Sa tête était de plomb, et il avait un enfer dans l'estomac.

Henry MURGER, *Scènes de la vie de jeunesse*, 1855.

CALS

• Inconnus outre-Manche :

Comme les Juifs, les Anglais détestent avoir des *cals* aux mains. Les ouvriers et les paysans y ont des mains de duchesse.

Louis MARTIN, *L'Anglais est-il un Juif ?*, 1895.

CALVIN (Jean)

• Un fin gourmet :

Ses impuretés étaient les suites de ses festins ordinaires et de sa bonne chère. Et ce fameux historien (Bolsec) raconte qu'il avait toujours le meilleur vin du pays et que, lorsqu'il allait manger chez ses amis, son valet en apportait dans un flacon d'argent, avec du pain de sa façon, fait avec de l'eau de rose, du sucre et de l'anis, et qui était si délicieux qu'on l'appelait, à Genève, à cause de sa bonté, le *pain de Monsieur*.

[...] Calvin, au rapport d'un célèbre luthérien, mourut mangé des poux et des vers, comme Hérode, et comme Antiochus ; et après avoir vomi mille blasphèmes et invoqué le démon.

Le père ADAM de la Compagnie de Jésus, *Calvin défait par soi-même et par les armes de saint Augustin*, 1650.

• Un débauché puni par où il a péché :

Ainsi que son maître Luther, Calvin était, au moral, tout ce qu'il y avait de plus immoral. Avant son hérésie, il avait été puni à cause de la dépravation de ses mœurs, il fut même condamné à mort pour ses incontinences qui le portèrent jusqu'aux dernières extrémités du vice. Toutefois, le roi lui accorda son pardon sous condition d'être fleurdelysé à l'épaule, flétrissure qui existait à cette époque, comme il y a cinquante ans la marque, également à l'épaule, de la lettre F pour les forçats.

La Réforme, dont Calvin devint l'apôtre à Genève et en France, ne réforma pas ses mœurs le moins du monde. Il put, au contraire, délivré de tout contrôle, y donner libre cours. Ses orgies lui coûtèrent la vie. Et Arênes, étudiant en médecine, huguenot, avait remarqué, lors de la maladie qui emporta Calvin, en 1564, à l'âge de 55 ans, certains symptômes qui l'avaient surpris et effrayé. Resté seul à veiller son cadavre, il osa soulever le linceul, et se convainquit que le législateur et le théocrate avait succombé à tout autre chose qu'à la petite vérole. Calvin, en effet, mourut de la syphilis, tout simplement.

Ernest RENAULD, *Le Péril protestant*, 1899.

• Un jacobin :

La psychologie de Calvin n'est pas sans rapport avec celle de Robespierre.

Gustave LE BON, *La Révolution française*, 1912.

• Un Suisse, disent les érudits :

Il convient de montrer quelque érudition, en rappelant que la Suisse est la patrie de Calvin.

G. DE LA FOUCHARDIÈRE, *L'Œuvre*, 18 août 1926.

CALVITIE

• Un bon remède :

Les mouches communes sont émollientes, abstergeantes et font croître les cheveux, lorsque après les avoir écrasées on les applique sur la partie chauve.

LESSER, *Théologie des insectes*, 1742.

CANCER

• Comment on le guérit :

L'esprit divin m'a dit, en me faisant sentir une piqûre au poignet, que le remède contre les cancers était l'ortie bouillie dans du vin blanc et de l'huile. L'Esprit divin, qui connaît la loi, me défend d'employer d'autres remèdes que ceux de la prière et des bons conseils, qui ne sont pas notés dans le Codex médical.

M. GAGNE, *L'Histoire des miracles*, 1860.

• Comment on l'attrape :

Quoique la femme puisse, sans inconvénient, répéter l'acte amoureux plus fréquemment que l'homme, elle aura néanmoins raison d'en être sobre, puisqu'il est avéré que celles qui en abusent sont sujettes aux tristes affections des ovaires, de la matrice, et à ce mal terrible qu'on nomme le cancer.

A. DEBAY, *Hygiène et physiologie du mariage*, 1879.

• Les femmes n'y coupent pas :

Les femmes averties doivent choisir entre une activité sexuelle précoce et fréquente, qui favorise le cancer de l'utérus, et l'abstinence, qui provoque le cancer du sein.

Professeur Georges MATHÉ, cancérologue, *Dossier Cancer*, Stock 1977.

CANDIDAT

• Un programme électoral :

Conçu dans l'une des maisons de négoce de mon père, en la ville d'Angers, le 9 juin 1803, jour de la fête du Dieu des chrétiens, né à La Flèche, dans le vieux château de cette ville, sur le Loir, le 5 mars 1804. [...]

Élève de l'École militaire de La Flèche, des collèges d'Angers, du Mans, de Précigné et de plusieurs pensionnats. [...] Mes jours de congé, je les ai passés dans la charmante famille de notre brave camarade Camille Desvarannes, avec les excellentes amies de ma mère, Mmes Gauthier, et chez nos bons parents Lemasson, que nous avons tant aimés et que nous aimons toujours. Dès mon enfance et toujours, je n'ai pu subir ni voir infliger une injustice à mes camarades sans gémir ; aussi ai-je préféré conserver ma dignité intacte, à l'instruction de professeurs trop souvent inhumains. [...]

A six ans, je me suis battu en duel pour conserver à une pauvre jeune fille, d'un pauvre officier tué sous les drapeaux, sa réputation, qu'un élève artilleur allait compromettre.

Aujourd'hui mon expérience, acquise par un travail et une théorie très variés, est grande. Je vous avoue que je ne sais où se trouve ce que je ne connais pas ; je ne pense pas même que rien de ce qui intéresse l'humanité me soit étranger. [...] Je viens, au nom de mon expérience, et comme Angevin, vous demander un mandat de confiance, celui de vous représenter au Corps législatif ; vous déclarant qu'en vous faisant cette demande, ce n'est que pour devenir et être réellement législateur du Genre humain, fonction que personne n'a encore occupée, et que je saurai remplir dignement, c'est-à-dire comme un véritable et brave Français et Angevin. [...] Mon élection sera l'avènement de la perfection en tout et partout. Angevins, c'est ce qu'il faut — c'est ce que nous devons tous vouloir.

Adolphe BERTON, candidat humain, *Aux électeurs de Maine-et-Loire*, 1859.

CANIPOSTE

• Un nouveau moyen de liaison : Deux Anglais ont trouvé en Belgique des associés pour la construction d'un chemin de fer *caniposte*, de Blankenberghe à Bruges, destiné au transport du poisson. Quatre chiens attelés à une voiture légère portant deux tonneaux de poisson et pressés par la faim seront excités à la course par un morceau de viande fraîche suspendu à quelques pouces en avant de leur nez, à l'aide d'une tringle partant de la voiture... Pour le transport des lettres, qui doit être plus rapide, on attellera deux lévriers. Au lieu d'un morceau de viande, on suspendra à la tringle un lièvre mort ou empaillé qui aura l'air de fuir devant les chiens affamés.

L'Illustration, 1845.

CANNES

• Jules Janin n'en connaissait qu'une : La ville de Cannes, doublement célèbre par la victoire d'Annibal sur les Romains et par le débarquement de Bonaparte.

Jules JANIN, *Le Journal des débats*, juillet 1858.

CANTAL

• La vertu en fait la force : Les habitants du département du Cantal sont plus robustes que les habitants du département du Puy-de-Dôme, parce que la dissolution des mœurs est moins grande dans le département du Cantal.

A. FRANCON, *Causes de la dégénération de l'homme civilisé*, 1859.

CAPACITÉ CRÂNIENNE

• Les étonnants commentaires de Gobineau :

M. Morton a pris un certain nombre de têtes appartenant à des Blancs, à des Mongols, à des nègres, à des Peaux-Rouges de l'Amérique du Nord, et, bouchant avec du coton toutes les ouvertures, sauf le *foramen magnum*, il a rempli complètement l'intérieur de grains de poivre soigneusement séchés ; puis il a comparé les quantités ainsi obtenues. Cet examen lui a fourni le tableau suivant :

Nombre des crânes mesurés	Moyenne du chiffre de capacité	Maximum de capacité	Minimum de capacité
Peuples blancs 2 052	87	109	75
Peuples jaunes			
Peuples mongols 10	83	93	69
Peuples malais 18	81	89	64
Peaux-Rouges 147	82	100	60
Nègres 29	78	94	65

Les résultats inscrits dans les deux premières colonnes sont certainement très curieux. En revanche, j'attache peu de prix à ceux des dernières ; car pour que la violente perturbation qu'elles semblent apporter dans les observations de la seconde colonne fût réelle, il faudrait, d'abord, que M. Morton eût opéré sur un nombre beaucoup plus considérable de crânes, et, ensuite, qu'il eût spécifié la position sociale des personnes auxquelles les crânes auraient appartenu. Ainsi il a pu avoir d'assez beaux sujets pour les Blancs et les Peaux-Rouges : il s'est procuré là des têtes ayant appartenu à des hommes au-dessus du niveau tout à fait vulgaire ; tandis que, pour les Noirs, il n'est pas probable qu'il ait eu à sa disposition des crânes de chefs de peuplades, et, pour les Jaunes, des têtes de mandarins.

Comte DE GOBINEAU, *Essai sur l'inégalité des races humaines*, 1853-1855.

CAPET

• Une famille prédestinée : C'est sans méchanceté et uniquement comme observateur que j'ai remarqué que le premier de la troisième race de nos rois avait le surnom de Capet, et que le dernier de cette même race ait fini par l'amputation de sa tête, *caput*.

L.-C. DE SAINT-MARTIN, *Mon portrait*, 1789-1803.

CAPILLARITÉ SOCIALE

• Une expression qui fera son chemin : J'ai créé l'expression « capillarité sociale », ce qui n'est pas plus hardi que « sélection naturelle » dans Darwin ou « doute méthodique » dans Descartes.

Arsène DUMONT, *Dépopulation et civilisation*, 1890.

CAPITAL

• On lui doit tout :

A quelque point de vue qu'on se place, qu'on considère le capital dans ses rapports avec nos besoins qu'il ennoblit, avec nos efforts qu'il soulage, avec nos satisfactions qu'il épure, avec la nature qu'il dompte, avec la moralité qu'il change en habitude, avec la sociabilité qu'il développe, avec l'égalité qu'il provoque, avec la liberté dont il vit, avec l'équité qu'il réalise par les procédés les plus ingénieux, partout, toujours et à la condition qu'il se forme et agisse dans un ordre social qui ne soit pas détourné de ses voies naturelles, nous reconnaîtrons en lui ce qui est le cachet de toutes les grandes lois providentielles : l'Harmonie.

Frédéric BASTIAT, *Harmonies économiques*, 1847.

CAPITALE

• Où elle serait bien :

Dans tous les organismes pourvus d'un cerveau, la tête se trouve à une extrémité du corps. A ce compte, le siège du gouvernement, cerveau de la nation, qui est aussi un être vivant, devrait se trouver à Brest, au bout du Finistère... Si l'on ne peut pas transporter la capitale au bord de la mer, qu'on fasse au moins arriver la mer à la capitale.

P. BRANDA, *Réflexions diverses*, Paris, 1888.

Pourquoi cette superbe ville (Paris) n'est-elle pas située au lieu où est Tours ? Le beau climat de la Touraine serait plus convenable à sa situation.

MERCIER, *Tableaux de Paris*, 1783.

CAPITALISME

• Un homme confiant :

Le capitalisme a porté à un niveau encore jamais atteint l'esclavage intellectuel de la grande masse des hommes. Le socialisme à la fois accorde et exige la liberté de l'esprit.

Georges COGNIOT, *Petit Guide sincère de l'Union soviétique*, 1954.

CAPORALISME

• Une prophétie :

Le caporalisme n'a pas d'avenir.

Victor CHERBULIEZ, *L'Allemagne politique*, 1870.

CAPUCINS

• Pourquoi les Arabes les aiment :

Dès que les Arabes voient un homme un peu âgé avec la barbe rasée, ils ne manquent jamais de lui faire cette imprécation : *Que la malédiction de Dieu soit sur le père qui a engendré ce visage imparfait.* Aussi disent-ils que la barbe est la perfection de la race humaine. Plus elle est longue et fournie, plus elle est vénérable. Ils méprisent ces barbes de chat, qui n'ont que quelques poils plantés à la ligne. Ils regardent la barbe comme une partie essentielle, qui constitue l'être de l'homme. C'est pourquoi ils aiment les capucins.

J. A. DULAURE, *Pogonologie, histoire philosophique de la barbe*, 1786.

• Pourquoi les Français peuvent les mépriser :

Ces sapeurs de la contre-révolution, ces animaux infects, empaquetés dans un froc crasseux, accoutumés à ramper dans les masures, comme des colimaçons dans leur coquille, et qui veulent montrer les cornes aux patriotes, singer les gras et les superbes bénédictins qui les méprisaient, et dénigrer l'Assemblée nationale qui les a tirés de la fange où ils croupissaient... Mais c'est du temps perdu que de vouloir élever des cochons dans du velours, avec des croquignoles, comme de jolis roquets, ils aiment mieux vivre d'ordures que de biscuits et la boue dans laquelle ils barbotent leur plaît davantage que de la crème.

Antoine-François LEMAIRE, *Lettres bougrement patriotiques*, 1791.

CARAÏBES

• De leur couleur :

La chair de ces peuples est fort rougeâtre : elle l'est naturellement, et c'est moins un effet du climat que de l'imagination des mères qui, trouvant de la beauté dans cette couleur, la transmettent à leur fruit.

Le père LAFITAU, *Mœurs des sauvages américains*, 1724.

CARIE

• Répartition par race :

Il y a en France deux races principales : les Celtes et les Kymris. Chez les premiers, qui sont petits et trapus, la carie dentaire est rare ; chez les seconds, qui sont grands et blonds, elle est fréquente. Cela se remarque fort bien sur la carte de France : les deux régions où la carie dentaire est la plus fréquente sont la Bretagne et le Plateau central, les deux qui ont été les moins touchées par l'invasion kymrique.

L'Intransigeant, 28 avril 1914.

CARNÉ (Marcel)

• Impressions d'époque :

Le jour se lève. On a dépensé une fois encore beaucoup de talent à monter, raconter et jouer un veule et plat fait divers.

François VINNEUIL, *Je suis partout*, 16 juin 1939.

Au cinéma Madeleine, queues ininterrompues pour le film *Les Visiteurs du soir* qui a coûté des dizaines de millions. Gros effort de mise en scène, mais rythme beaucoup trop lent. Le château fort est tout neuf, sous prétexte qu'à l'époque il était nouvellement bâti ; mais on s'attend à voir une salle de bains avec W.C. à chasse d'eau à la première porte ouverte. La presse a tellement crié au chef-d'œuvre que les braves cochons de payants n'osent pas dire qu'ils ont dormi aux *Emmerdeurs du soir*.

J. GALTIER-BOISSIÈRE, *Mon journal pendant l'Occupation, 1945* (à la date du 30.12.1942).

Hôtel du Nord, de Marcel Carné, produit si je ne me trompe par Rabinovitch. C'est, avec des vertus cinématographiques indiscutables, un film d'une esthétique bourbeuse et dissolvante, le type même du genre dont il faut s'évader.

François VINNEUIL, *Je suis partout*, 28 février 1942.

CARRÉ

• Dans le genre rectangle :

La maison que Rouget avait héritée des Descoing occupe le milieu de la place Saint-Jean, espèce de carré long et très étroit.

Honoré DE BALZAC, *Un ménage de garçon*.

• Dans le genre triangle :

Dans ces ténèbres, au ras du plancher, une mince ligne de clarté dessinait les trois côtés d'un petit carré.

Paul MAHALIN, *Les Espions de Paris*, 1897.

CARROSSES

• Indispensables aux ouvriers :

Oh ! Que l'on encourage le luxe, au lieu de le proscrire ! De beaux équipages circulent-ils sur nos promenades ? Il faut s'en féliciter. S'il n'y avait pas de carrosses, que feraient les ouvriers carrossiers, je vous prie ?

Pamphlet anonyme, dirigé contre les républicains, 1848.

CASERNE

• Mieux que l'université :

A la caserne, on apprend à connaître sa nature, à savoir ce qu'elle donne parmi des hommes étrangers ; la plupart très rudes. Tout ce que je fais, je le fais avec zèle et intérêt. N'a-t-on pas sujet d'être fier si l'on est noté, parmi trente recrues, comme le meilleur cavalier ? En vérité cela vaut mieux qu'un diplôme de philologie.

Frédéric NIETZSCHE, *Correspondance*, 1867.

CASTES

• Elles ont du bon :

Les castes, au fond, ne sont pas si odieuses que le grossier préjugé égalitaire nous le fait croire. La féodalité spirituelle qu'institua le brahmanisme dans l'Inde avait ses beaux côtés. C'était, écrit le Japonais Okakuta (Kahuzo), « la culture absolue fondée sur une extrême simplicité de vie ».

Georges DEHERME, *Le Positivisme en action*, 1923.

CATHARES

• Une étymologie inattendue :

Hérétiques abominables qui devaient leur nom à un chat, Catto, dont ils baisaient le derrière dans leurs réunions secrètes.

J. COLLIN DE PLANCY, *Dictionnaire infernal*, édition de 1863.

CATHOLICISME

• Il est bien malade :

Le catholicisme ne peut retenir les nations ; il perd ses rivages comme la mer à l'heure du reflux. L'Espagne lui échappe, l'Italie glisse entre ses fers ; il ne reste guère en France du catholicisme que le bruit des cloches.

Eugène PELLETAN, *Comment les dogmes se régénèrent, études religieuses,* 1844.

• **Un curieux parallélisme :**

Il est à remarquer que toutes les atteintes portées au catholicisme, depuis les premières hérésies jusqu'à la *Pucelle* de Voltaire, depuis la joyeuse impudeur de la Renaissance jusqu'au culte de la déesse Raison, ont été des atteintes à la dignité de la femme.

Joseph SERRE, *La Lumière du cœur*, 1909.

CAUSALITÉ

• **Un bon exemple :**

CAUSER (*Kô-zé*) v. t. Être cause de : *Un coup d'éventail causa la prise d'Alger.*

Petit Larousse illustré, édition de 1956.

CAVALERIE

• **Une utilité discutable :**

La cavalerie ne se place que sur deux rangs ; le second ne tue pas les hommes du premier comme dans l'infanterie, il n'y a que les chevaux qui en reçoivent les atteintes ; toutefois ce second rang ne peut faire aucun mal à l'ennemi et l'effet en est nul dans le combat.

Maréchal GOUVION-SAINT-CYR, *Pensées sur la guerre*, 1831.

• **Un avenir assuré :**

La guerre de l'avenir verra se produire de très grandes charges de cavalerie.

Général BONNAL, *Journal des sciences militaires*, 1903.

Un peu plus, on eût demandé la suppression de la cavalerie et son remplacement par la nouvelle arme (l'infanterie montée) : une personnalité militaire des plus en vue n'hésita même pas à déclarer que « la cavalerie, dans une guerre européenne, n'aurait jamais l'occasion d'agir en masse, et que l'on pourrait tout au plus l'utiliser pour l'exploration et la sûreté ».

Depuis, heureusement, les choses ont été remises au point, et nombreux maintenant sont les officiers qui sont convaincus que, dans la prochaine guerre, en raison de la composition des armées actuelles, surtout de la jeunesse des combattants, la cavalerie jouera, au contraire, un rôle prépondérant.

Commandant MORDACQ, *Les Cyclistes combattants*, 1910.

• **Mais des réformes sont à envisager :**

Si la cavalerie n'est plus faite que pour le combat à pied, il faut la transformer en infanterie montée. Elle sera avantageusement remplacée par des fantassins montés sur des bidets.

Lieutenant-colonel CORDONNIER, *Revue militaire d'infanterie*, 15 septembre 1910.

CAVALIER

• **Une précision :**

Le cavalier n'est pas un bicycliste. Peut-être n'est-il pas inutile de le rappeler.

Les principes du général Dragomiroff, in *Revue militaire des armées étrangères*, 1895.

CÉLÉBRITÉ

• **A quoi elle tient :**

BACON (Roger), moine anglais, surnommé *le Docteur admirable*, né à Ilchester, un des plus grands savants du Moyen Age ; il est un de ceux à qui l'on attribua (à tort) l'invention de la poudre à canon (1214-1294).

Petit Larousse illustré, édition de 1947.

A gauche, et en arrière, le constructeur du poêle s'est représenté lui-même, s'immortalisant du même coup. Son nom est toutefois inconnu.

Extrait d'une notice touristique pour la visite de la ville de Salzbourg, en Autriche.

CELLULE

• **Du vent :**

Vous avez vu des enfants faire des bulles d'eau de savon : chacun de ces petits ballons que la brise emporte est en grand ce que la cellule organique est en petit.

Dr TURIGNY, *La Jeune France*, 1er octobre 1879.

CENDRES

• **Se mangent à l'occasion :**

Au XIIe siècle, de 1130 à 1133, la France fut désolée par la famine... Un misérable osa porter de la chair humaine au marché de Tournus. Il fut arrêté et brûlé. Un autre déterra son cadavre pour s'en nourrir et fut aussi brûlé.

Paris-Midi, 17 mars 1917.

CENSURE

• Quelques partisans :

Depuis que les hommes expriment leur pensée, ils n'ont rendu l'humanité ni plus sage, ni plus intelligente, ni plus honnête. Elle n'ira pas plus mal s'ils en retiennent quelques-unes.

Henri DE MONTHERLANT, *Le Solstice de juin*, 1920.

Je suis personnellement partisan d'une censure. Entre plusieurs, une raison qui me suffit : j'ai des enfants qui pourront lire bientôt. En quoi la censure a-t-elle gêné l'éclosion d'un beau livre, même érotique ? Tout ce qu'elle peut empêcher c'est sa vente à découvert, sa diffusion dangereuse entre les mains d'enfants ou d'érétomanes latents dont la maladie n'a pas besoin de stimulants. Mais il y aurait tout bénéfice, même littéraire, à ce qu'elle pût l'empêcher. [...]

Et finalement, la censure n'a pas beaucoup nui au talent ni au succès de Flaubert et de Baudelaire... Elle n'a même pas tué Jean Richepin et ne l'a pas empêché d'entrer à l'Académie. Alors ?

René FAUCHOIS, réponse à une enquête sur la liberté d'écrire, *Les Marges*, 15 février 1923.

• Lors de la déclaration de guerre de 1939, un appel à des films plus sains :

Un certain nombre de grands films, parmi lesquels se trouvent même des grands prix, ont été interdits. C'est qu'à l'heure actuelle, il ne faut plus faire des films débilitants. Il faut faire des films sains, optimistes, des œuvres constructives. Carné, Chenal, Renoir doivent changer de genre. Producteurs et metteurs en scène français sauront suivre nos dirigeants dans cette voie de redressement. Ils nous donneront des films de lumière, de courage, de bonheur.

Marcel COLIN-REVAL, *La Cinématographie française*, 2 septembre 1939.

• Indications pour les édiles :

Les photographies de femmes nues affichées à la porte d'un cinéma pour annoncer un spectacle de streap-tease ne constituent pas un outrage aux bonnes mœurs, du moment que les parties pileuses sont couvertes d'un papier gommé (Cour d'appel, 10 mai 1957).

Journal des maires, janvier 1958.

• En Pologne, sévérité pour nos ouvrages :

Un périodique polonais a publié une liste des écrivains jugés subversifs. On y trouve Mizkiewicz naturellement, mais aussi Sienkiewicz (*Par le fer et par le feu*). Et, parmi les ouvrages français interdits, on y trouve Gulliver et Robinson.

E. DE MORSIER, *La Revue*, 1er mai 1907.

CENTAURE

• Bon cavalier :

L'hippodrome a repris son rang dans la série des plaisirs parisiens. Des chevaux courent dans la vaste arène, valsent et polkent montés par des centaures.

Gustave CHADEUIL, *Le Siècle*, 1859.

CENTENAIRE

• Ne l'est pas qui veut :

Pas un seul journaliste, ni homme de lettres, parmi les centenaires, ce dont il n'y a pas lieu de s'étonner.

Et. LEROUX, *Le Journal de la jeunesse*, novembre 1889.

CERTIFICAT D'ÉTUDES

• C'est la fin de tout :

Le certificat d'études primaires constitue, avec l'obligation scolaire et les caisses des écoles, le troisième élément de la Loi du 28 mars 1882 conçue par l'avocat J. Ferry.

Ce certificat est le premier des diplômes que concède notre malfaisante Université. Il est la consécration de méthodes déplorables et marque le point culminant dans l'éducation primaire de l'absorption de matières incomprises et aussitôt oubliées. Il est trop souvent obtenu grâce à la protection d'un élu du suffrage universel, qui rend ainsi à ses électeurs la monnaie de leur vote.

Pratiquement, on peut attribuer au certificat d'études primaires deux effets certains, celui de flatter la vanité des parents, et celui de contribuer à déclasser l'enfant. L'un est vain, mais les braves parents ne s'en aperçoivent pas ; l'autre est socialement nuisible. C'est que pour la plupart des certifiés les travaux de la terre, qui dans une société intelligemment organisée devraient être exaltés, deviennent au contraire méprisables. Le certifié, s'il possède un certain savoir, aspire à tenir les bas rôles d'une administration de l'État, ou à devenir quelque vampire de la basoche, huissier, greffier ou expert ; s'il est ouvrier, le certifié est vivement sollicité à quitter les champs arrosés par la sueur de ses aïeux pour aller à l'usine ou se placer à la ville : c'est ainsi que progressivement la terre est abandonnée et qu'on arrive à l'hypertrophie des centres, avec toutes les causes de la décadence que j'ai analysées ailleurs.

Maurice DE GASTÉ, *La Bêtise humaine et la Science de la vie*, Paris 1922.

CERVANTÈS (Miguel de)

• Bien bas :

C'est un bien petit mérite à moi d'avoir connu les défauts du fameux comique d'Espagne, et la grossièreté de la plupart des esprits de cette nation-là... Ils ne conçoivent rien au-dessus des *Lazarilles* et des *Quichottes.*

Jean CHAPELAIN, *Lettre à Carrel de Sainte-Garde*, 11 novembre 1662.

CERVEAU

• Le cerveau et la vie sexuelle :

Le cerveau, qui est le principal organe de toutes les facultés de l'âme, se refroidit et se dessèche tous les jours, par la perte que nous faisons incessamment de nos humeurs dans les caresses des femmes : il s'épuise et se consume, si bien que dans quelques hommes lascifs, au rapport de Galien, on a quelquefois trouvé cette partie tellement diminuée qu'elle n'était pas plus grosse que le poing.

Nicolas VENETTE, *La Génération de l'homme*, édition de 1690.

• Le cerveau et la parole :

Comme une corde de violon ou une touche de clavecin frémit et rend un son, les cordes du cerveau frappées par les rayons sonores, ont été excitées à rendre ou à redire les mots qui les touchaient.

Julien Offroy DE LA METTRIE, *L'Homme machine*, 1748.

• Le cerveau et la race :

La capacité crânienne d'un nègre et par conséquent le volume de son cerveau sont considérablement réduits. Elle est de 35 onces (994 cm³) contre 45 (1 278 cm³) pour le crâne caucasien. Chez le nègre, les os du crâne, denses et exceptionnellement épais, font de sa tête un véritable bélier. En outre, les sutures crâniennes s'ossifient très tôt au cours de la vie, arrêtant le développement du cerveau bien avant les autres races. C'est ce qui explique l'arrêt brutal de l'évolution intellectuelle chez les Éthiopiens peu après la puberté.

Robert W. SHUFELDT, *The Negro, a Menace to American Civilisation*, Boston, 1907.

• Et enfin le cerveau de son maître :

Et Staline pour nous est présent pour [demain
Et Staline dissipe aujourd'hui le malheur
La confiance est le fruit de son cerveau [d'amour.

Paul ÉLUARD, *Joseph Staline*, janvier 1950.

CÉZANNE (Paul)

• Un premier avis :

MM. Claude Monet et Cézanne, heureux de se produire, ont exposé, le premier trente toiles, le second quatorze. Il faut les avoir vues pour s'imaginer ce qu'elles sont. Elles provoquent le rire et sont lamentables. Elles dénotent la plus profonde ignorance du dessin, de la composition, du coloris. Quand les enfants s'amusent avec du papier et de la couleur, ils font mieux.

Roger BALLU, *Chronique des Arts*, 14 avril 1877.

• A propos de l'exposition de la rue Le Peletier, en avril 1878 :

Il est impossible de stationner plus de dix minutes devant quelques-unes des toiles les plus à sensation de cette galerie sans évoquer aussitôt le souvenir du mal de mer... C'est peut-être cela qui faisait dire à quelques amateurs : « On ne saurait nier qu'il y ait des choses *bien rendues.* »

BARBOUILLOTTE, *Le Sportsman*.

Si vous visitez l'exposition avec une femme dans une position intéressante, passez rapidement devant le portrait d'homme de M. Cézanne. Cette tête couleur de revers de bottes, d'un aspect si étrange, pourrait l'impressionner trop vivement et donner la fièvre jaune à son fruit avant son entrée dans le monde.

Louis LEROY, *Le Charivari*.

• **Dix-sept ans plus tard :**
Pouah !... Fuir, fuir bien vite, afin d'échapper à la cauchemardesque vision de ces atrocités à l'huile, dépassant aujourd'hui la mesure de fumisterie légalement autorisée. On se peut fiche du monde, mais à ce point-là, non !

Georges DENOINVILLE, *Le Journal des artistes*, 1er décembre 1895.

• **L'opinion d'Henri Rochefort, à propos de la vente Zola :**

Les toiles modernes, qu'il (Zola) avait mêlées à ces fonds de magasin, provoquaient dans la foule une hilarité sans mélange. Il y a là une dizaine d'œuvres, paysages ou portraits, signées d'un ultra-impressionniste nommé Cézanne, et qui mettraient en gaieté Brisson lui-même.

On se tordait notamment devant une tête d'homme brun et barbu dont les joues martelées à la truelle semblaient la proie d'un eczéma. [...] L'amour de la laideur physique et morale est une passion comme une autre.

• **A travers les journaux de 1904, à propos de la « Rétrospective Cézanne » au Salon d'automne :**

Ce qui distingue à première vue la peinture de M. Cézanne, c'est la gaucherie du dessin et la lourdeur des coloris. Ses natures mortes, qu'on a beaucoup vantées, sont d'un rendu brutal et d'un effet terne. On a prédit qu'un jour elles iraient au Louvre, tenir compagnie à Chardin. Cet heureux temps n'est pas prochain.

Marcel FOUQUIER, *Le Journal*.

Quant à M. Cézanne, son nom restera attaché à la plus mémorable plaisanterie d'art de ces quinze dernières années.

Camille MAUCLAIR, *La Revue*.

Cézanne ne fit guère à vrai dire que des esquisses, moins par négligence ou par parti pris que parce que la conformation de son œil ne lui permettait pas de pousser l'esquisse la mieux venue jusqu'au définitif.

THIÉBAULT-SISSON, *Le Figaro*.

Cela fait des paysages, des marines, des natures mortes, des portraits, au hasard, au petit bonheur, et le procédé rappelle un peu ces dessins que les écoliers exécutent en écrasant des têtes de mouches dans le pli d'une feuille de papier.

M. VALENSOL, *Le Petit Parisien*.

Cézanne, dont le nom héroïque aux temps héroïques du réalisme servit de prétexte à de si chaudes batailles ! Hélas ! Je crains bien que cette exposition ne mette fin à la querelle en démontrant de façon péremptoire que Cézanne n'était qu'un lamentable raté.

A. M., *La Lanterne*.

C.G.T.

• **Un point de vue :**
L'idéal du cégétiste et du nègre tendant à devenir le même, faut-il craindre, pour l'avenir, un abandon progressif des conquêtes industrielles, un goût tel de la paresse, de la lâcheté, du moindre effort qu'il induise nos petits-fils à se défaire de notre civilisation trop exigeante, pour adopter le type d'existence savouré par les Pahouins dans la forêt congolaise, riche en fruits nourriciers et en tiédeurs somnifères ?... Telle est la question... Ne mérite-t-elle pas qu'on y pense ?

Paul ADAM, préface à W. Dawson, *Le Nègre aux États-Unis*, 1912.

CHALEUR

• **Un chaud et froid :**
Nous venons de traverser une période de chaleur qui ne peut être comparée, comme intensité, qu'à la période de froid qui a signalé les dernières semaines de 1879.

La Science populaire, 30 septembre 1880.

CHAMPIGNON (Unité du)

• **Une lettre restée sans réponse a exposé toute cette théorie :**

Monsieur le Directeur de l'*Intermédiaire des chercheurs et curieux*,

Des recherches expérimentales qui ont abouti m'ont fait découvrir le Protéisme ou Unité du Champignon. Cette découverte donne la *vraie* solution du problème des Origines, prouve l'existence de Dieu, procure à l'homme un pouvoir nouveau presque incroyable, etc. Les mêmes causes qui ont toujours retardé les plus utiles découvertes, *lorsqu'elles sont contraires aux idées reçues*, s'opposent à la vulgarisation du Protéisme ou Unité du Champignon.

J'espère bien, Monsieur, que vous avez l'esprit trop philosophique pour mettre en doute la possibilité d'une pareille découverte, et si vous voulez bien me donner votre promesse d'honnête homme que vous la rendrez publique, *aussitôt votre conviction faite*, je m'empresserai de vous en faire parvenir la démonstration.

Vous pouvez être certain de faire plaisir à vos lecteurs, en les mettant au courant d'une découverte de la plus haute importance, et de plus, vous courrez la chance de recevoir une somme relativement considérable, car le premier qui vulgarisera cette découverte, de façon à la faire admettre par le public éclairé et les sociétés savantes, recevra un témoignage des plus substantiels de ma reconnaissance particulière.

J'ai l'honneur d'être, Monsieur, votre bien dévoué serviteur,

NUGUES

Lettre de lecteur publiée dans l'*Intermédiaire des chercheurs et curieux*, 1907, II, col. 550, citée par A. Blavier, *Les Fous littéraires*, 1982.

CHANGEMENT

• Ça va, ça vient :

Nous autres communistes, nous avons une position claire : nous n'avons jamais changé, nous ne changerons jamais, nous sommes pour le changement.

Georges MARCHAIS, secrétaire général du Parti communiste français, cité *in* Amadou, *Heureux les convaincus*, 1986.

Voici que s'avance l'immobilisme et nous ne savons pas comment l'arrêter.

Edgar Faure, ancien président du Conseil, cité in *Le Monde*, 1er juillet 1988.

CHAPEAUX

• Ne les jetez pas :

Dans les chapeaux de feutre à larges bords, il est facile de tailler des semelles qui rendent de grands services pendant les temps froids. On peut aussi y trouver la matière d'un filtre à eau. Il suffit de couper une rondelle que l'on adapte à un ancien filtre à café. Cette rondelle doit être soigneusement nettoyée, puis recouverte d'un peu de charbon en poudre et l'on passe l'eau comme on le ferait du café. Ce filtre improvisé peut rendre de grands services en temps d'épidémie. Ne jetons donc pas les vieux chapeaux de feutre, surtout ceux qui sont mous et de bonne qualité.

Comment utiliser les choses inutiles, 1916.

CHAPLIN (Charles)

• Allons à l'essentiel :

Nul besoin d'interroger l'état civil pour savoir si Chaplin est juif : son art l'est. Plus encore que le physique de Charlot, son moral sort directement du ghetto. Le chapeau melon, la redingote, les chaussures, les cheveux crépus, le regard fuyant et le sourire torve, mais aussi la patience, la révolte impuissante, la jalousie, la fourberie, le ressentiment, l'impuissance à s'assumer et l'éternelle errance : tout en lui est juif.

Aspects de la France, 5 janvier 1978.

CHARGEZ !

• Une grande page d'héroïsme :

« Chargez ! », c'est l'envol des crinières et le cliquetis des mors ; les injures superbes et le crissement des lames qui, dans un éclaboussement tiède, entrent dans quelque chose de résistant qui est le corps d'un homme ; les éperons rouges jusqu'aux branches, les sabres rouges jusqu'à la poignée, les bras rouges jusqu'aux épaules, et, dans l'enchevellement des crins, les corps penchés sur les encolures des chevaux cabrés. Et, sur le tout, encadrant le travail alerte des pointes, éclairant tout de sa couleur écarlate et chaude, la beauté du sang qui coule au grand soleil, roi du monde, témoin des carnages !

« Chargez ! » Les grandes œuvres sont celles que l'on écrit avec du sang.

« Chargez ! » La sauvage besogne ! Le hourra saccageur ! L'hosanna féroce ! L'alleluia farouche et triomphant !

Commandant ANDRÉ, *Bulletin des conférences de l'École d'instruction de la 20ᵉ Région*, 1912.

CHARPENTIER

• **Un raciste très au courant :**
Ce n'est pas un métier de juif. La Vierge, cousine de sainte Élisabeth, n'était pas plus juive que saint Joseph. [...] Le Christ était blond, avec de grands yeux bleus.

Jean-Marie LACOMBE, *Victoire chronologique sur la fusion des dates des textes sacrés avec les dates des textes profanes*, Paris, 1936.

CHARITÉ

• **C'est du vol :**
Apprenez donc ceci : vous nous volez en donnant aux misérables, et comme l'humanité n'est point représentée par la foule mais par une élite, vous volez l'humanité.

Hugues REBELL, *L'Action française*, 2ᵉ semestre 1905.

CHARLES X

• **Une opinion :** Quoi qu'on ait pu dire, Charles X était un roi libéral.

Charles BOCHER, *Mémoires*, 1907.

CHARTREUX

• **La raison pour laquelle ils n'ont pas de punaises :**
Quelqu'un s'imaginerait peut-être qu'il y aurait quelque figure astronomique, ou quelques caractères inconnus et extraordinaires dans les cellules de chartreux, à cause qu'on dit ordinairement qu'il ne s'y trouve point de punaises, quoiqu'il s'en trouve dans les chambres de leurs domestiques. Mais le père Jacques du Breul, moine de Saint-Germain-des-Prés, assure que cela arrive par un privilège particulier que Dieu a accordé aux religieux de ce saint ordre.

Jean-Baptiste THIERS, *Traité des superstitions qui regardent les sacrements*, 1679.

CHASSE

• **Une nouvelle méthode :**
Il ne sera pas permis de tuer les animaux sauvages, quels qu'ils soient, ni de les maltraiter.

Ceux qui voudront chasser devront poursuivre les animaux, sans armes ; s'ils peuvent les attraper, ils les amèneront devant les représentants de leur commune, afin qu'ils justifient devant les maires de l'adresse des chasseurs. Les maires, après avoir donné une récompense aux chasseurs, rendront la liberté aux animaux sauvages.

J. PUTHOD, *Code de la République*, 1874.

CHASTETÉ

• **Les bienfaits qu'elle apporte :**
La chasteté ne fait défaut que quand la tempérance a disparu ; et quand elle vient à manquer, les races sont honteusement stériles ou tristement fécondes.

Mgr Justin FÈVRE, *La Mission de la bourgeoisie*, 1864.

[...] La qualité qui donne toujours la victoire à une race sur les peuples qui l'ont moins, la chasteté.

Ernest RENAN, *La Réforme intellectuelle et morale de la France*, 1871.

La chasteté, non seulement donne le tact de la beauté, mais elle en donne encore l'amour. Ce rapport intime entre la pratique de la chasteté et l'amour de la beauté semble même une nécessité de l'ordre moral, car la pureté étant la plus belle image du souvenir bien reluisant au fond de l'âme humaine, la pureté aime naturellement la beauté qui lui ressemble.

Ni homme ni femme, par un Auvergnat, 1872.

J'ai la certitude qu'une humanité chaste serait infiniment supérieure.

Jules RENARD, *Journal*, 24 mai 1909.

• **Un peu de littérature :**
La chasteté n'est-elle pas une forme du silence, et encore d'un silence qui ne serait pas la fatigue des mots, le repos d'un discours achevé, mais celui qui précède le balbutiement des préludes ? N'est-elle pas aussi ce qui a été, alors qu'impollué l'atome inconscient attendait le souffle générateur, n'est-elle pas, en même temps, ce qui sera plus tard, alors que, son évolution accomplie, le germe s'endormira dans la sérénité des choses accomplies ? Chaste, c'est l'inconscience primitive et

c'est le sommet final, le décisif des matières absorbées ; l'innocence confine à l'ignare nullité du non-initié, comme à la sapience parfaite de qui séraphisa sa substance ; il n'y a que le mot *devenir* qui exclut l'originale pureté, et c'est la honte de la nature et des choses que la décomposition que doit subir tout ce qui a vécu, c'est-à-dire tout ce qui a fait le chemin de la virginité originaire et la limpidité fluidique définitive.

E. DE SOLENIÈRE, *Notules et impressions musicales*, 1902.

• Deux surprises :
En fait, la pratique de la continence par un certain nombre, en développant dans le milieu social le sens de la chasteté, est favorable à la fécondité. Saint Ambroise le disait déjà : « Où fleurit la virginité, les berceaux fleurissent aussi. »

J. LECLERCQ, *Leçons de droit naturel*, 1931.

La chasteté est une preuve de virilité.

VÉRINE, *Le Sens de l'amour*, 1927.

CHATEAUBRIAND (François-René de)

• Des progrès à faire dans la langue :
Il semble que l'auteur d'*Atala*, projetant d'écrire en notre langue, aurait surtout besoin d'en étudier à fond le génie, et de relire encore longtemps les modèles qui ont illustré notre belle littérature.

Marie-Joseph CHÉNIER, *Les Nouveaux Saints*, 1801.

Pour me distraire des autres folies, je lis Chateaubriand. Il est difficile, quand on tâche pendant cinq volumes de trouver des mots heureux et des phrases sonores, de ne pas réussir quelquefois ; mais c'est la plupart du temps un galimatias double.

Benjamin CONSTANT, *Lettre à Fauriel*, 1802.

Il semble prendre plaisir à corrompre la langue française.

Saint-Géran, ou la Nouvelle Langue française, pamphlet anonyme, 1812.

• A propos des *Mémoires d'outre-tombe* :
Je ne crois pas qu'il y ait un autre livre aussi tiré par les cheveux que celui-là. Il serait bon de le faire lire dans les écoles pour donner horreur du tortillage.

DOUDAN, *Lettre à M. de Sahune*, 5 septembre 1861.

Le talent littéraire est au déclin ; jamais tant de mauvais goût, de puérilités, de bizarreries.

F.T. PERRENS, *Histoire de la littérature au XIXe siècle, 1898.*

• L'avis d'Ernest Renan :
Non seulement la critique et l'esthétique, qu'on considère comme opposées, ne s'excluent pas ; mais l'une ne va pas sans l'autre. Tout est à la fois admirable et critiquable, et celui-là sait admirer qui sait critiquer. Comment comprendre par exemple la beauté d'Homère sans être savant, sans connaître l'antique, sans avoir le sens du primitif ? Qu'admire-t-on d'ordinaire dans ces vieux poèmes ? De petites naïvetés, des traits qui font sourire, non ce qui est véritablement admirable, le tableau d'un âge de l'humanité dans son inimitable vérité. L'admiration de Chateaubriand n'est si souvent défectueuse, que parce que le sens esthétique si éminent dont il était doué ne reposait pas sur une solide instruction

Ernest RENAN, *L'Avenir de la science*, 1890.

• Une tentative d'explication :
Si Chateaubriand eut des facultés intellectuelles de premier ordre, si son cerveau antérieur, siège de sa mentalité, fut intact, son cerveau postérieur, siège de ses émotions, de son centre sensitif, était altéré par des lésions morbides. Et la sensation faussée qu'il percevait ainsi des choses ne les lui montrait qu'à travers un voile accablant de tristesse.

Félicien PASCAL, *La Revue hebdomadaire*, mars 1903.

• Une prophétie :
Sa vogue passera comme bien d'autres ; et je doute qu'on le lise dans une cinquantaine d'années.

Jean-Pons VIENNET, *Journal*, 1831.

CHAUVES-SOURIS

• Leur faiblesse d'esprit :
La vie des chauves-souris est assez monotone, ce qui explique pourquoi leurs facultés intellectuelles sont peu développées.

Henri COUPIN, *Les Animaux excentriques*, 1904.

CHÉCHIA

• La vraie bonne mine :

La chéchia confère une sorte de prestige à celui qui la coiffe. Pour cet heureux, les galons ne sont pas nécessaires aux yeux des femmes. C'est l'envoûtement. Entre la mine allemande et le navire anglais, entre le porteur de chéchia et la petite ouvrière, la magnétisme qui agit est le même.

Le Progrès de l'Allier, 1er décembre 1939.

CHEF

• Énoncé de la mystique :

COMMENT SUIVRE LE CHEF :

1. Regarder fréquemment de son côté.
2. Se conformer à ses gestes et à son attitude.
3. Se jeter en avant lorsqu'il progresse, quel que soit le danger.
4. Tenir ferme autour de lui lorsqu'il se défend sur place.
5. Se rallier à lui dans les moments de désarroi, pour faire face à un abordage ennemi, par exemple.

QUE FAIRE LORSQUE LE CHEF EST TOMBÉ ?

Dans l'attaque, on continue sans lui et on le venge.

Dans la défense, on continue à lutter autour de son corps comme s'il commandait encore.

Général A. LAFFARGUE et capitaine F. LAFFARGUE, *Les Leçons du fantassin*, Paris, 1952.

CHEMINS DE FER

• L'affirmation célèbre d'Arago, à propos des tunnels :

J'affirme sans hésiter que dans ce passage subit les personnes sujettes à la transpiration seront incommodées, qu'elles gagneront des fluxions de poitrine, des pleurésies...

François ARAGO, 1836.

• Et son opinion sur le transport des troupes par voie ferrée :

Nous verrons cependant à l'user si nos généraux ne décideront pas, en définitive, que les transports par wagons auraient pour résultat d'efféminer les troupes et de leur faire perdre cette faculté des grandes marches qui a joué un rôle si important dans le triomphe de nos armées.

• Un pamphlet parmi cent autres :

Les masses d'hommes qui se comptent par milliers ne peuvent être transportées par un chemin de fer ordinaire. [...] Les moyens dont se servaient la République et l'Empire étaient plus expéditifs, et pouvaient transporter des masses ; mais, lorsque les chemins de fer seront établis sur leurs voies, les chevaux de diligence, de transport et autres, employés actuellement au service des correspondances, n'existeront plus et c'étaient eux qui, autrefois, transportaient les armées...

Les voies ne peuvent procurer aux campagnes aucun avantage, puisque les produits agricoles sont trop lourds ou trop volumineux pour être transportés par elles, si ce n'est les œufs, le beurre ou le lait.

F.-J.-B. NOËL, *Les chemins de fer seront ruineux pour la France et spécialement pour les villes qu'ils traverseront*, 1842.

• L'opinion de Michelet :

L'extrême rapidité des voyages en chemin de fer est une chose antimédicale. Aller, comme on fait, en vingt heures, de Paris à la Méditerranée, en traversant d'heure en heure des climats si différents, c'est la chose la plus imprudente pour une personne nerveuse. Elle arrive ivre à Marseille, pleine d'agitation, de vertige.

Jules MICHELET, *La Mer*, 1861.

• Les questions religieuses :

Quand je passe devant les vapeurs des chemins de fer, l'Esprit divin me fait surnaturellement lever mon chapeau et me dit que sans l'intervention céleste les locomotives ne marcheraient pas, faute de traction.

M. GAGNE, *L'Histoire des miracles*, 1860.

Les compagnies de chemins de fer n'ont pas de religion. Elles ne connaissent que la marchandise transportable. Que ce soit du blé, du vin, du plâtre, du bois, du foin, du guano, ou de la chair humaine, peu leur importe ; il ne s'agit que de faire de bonnes recettes. Le dimanche, Paris leur fournit un stock de désœuvrés, impatients d'aller respirer l'air des champs : elles en profitent... Le train de plaisir n'est pas dévot. Ordinairement, il fait manquer la messe. S'il laisse le temps de l'entendre, il en enlève l'envie : il porte à la dissipation.

R.P.A.T., *Saint Joseph ou la Question ouvrière d'après l'Évangile*, 1876.

• **Une réaction féminine :**
Et ces chemins de fer qui sont l'âme de la vie moderne ! Est-il possible d'imaginer quelque chose de plus brutal et de plus dégradant ? Ils me révoltent, vos chemins de fer, et je n'en suis pas encore remise.

Cité *in* Gustave DROZ, *Tristesses et sourires*, 1884.

• **Un vocabulaire français :**
Nous possédons des équivalents de tous ces mots soi-disant indispensables, et même... ils sont pour la plupart du vieux français travesti. Dès lors, pourquoi ne pas leur restituer leur forme française ? Le *tunnel* est notre *tonnel, tonneau* ou *tonnelet*, qui subsiste encore dans la *tonnelle*, chérie des buveurs et des chansonniers ; le *ballast* est le lest de la balle ou fardeau, mot qui se conserve dans *porteballe* ; le *railway* est une voie à rais ou rayons : on ne devrait pas dire les *rails*, mais les *rais* d'un chemin de fer. *Dérailler*, qui semble le rétrograde de *railler*, comme *décoiffer* l'est de *coiffer*, est un verbe absurde ! C'est *dérayer* qu'il faut dire (opposé à *enrayer*), en le reprenant de l'ancien français, où il existait non seulement au sens propre, mais au sens figuré.

F. GÉNIN, *Récréations philologiques*, 1856.

Il est peu de personnes qui ne soient persuadées que le mot *rail* (base principale des chemins de fer) est un emprunt fait aux Anglais. Nous, Provençaux, nous n'ignorons pas qu'il a été tiré par nos voisins d'outre-Manche du mot *rais*, qui signifie : rayon, ligne. La langue anglaise s'en est emparée en l'altérant, et nous avons eu la naïveté de l'adopter, de le franciser à notre tour. De même le mot *tunnel*, qui vient de *tonnel* (arcade, voûte) ; le mot *wagon* qui vient de *vaguar*, aller çà et là, se diriger de côté, courir le pays ; *doock*, qui n'est qu'une altération de *dorc*, qui signifie bassin.

Henri ODDO, *De l'utilité des idiomes du Midi pour l'enseignement de la langue française*, 1898.

• **Le style colonial :**

TERRITOIRE DU TOGO

Direction du chemin de fer et du wharf

ORDRE DE SERVICE n° 18

Certains agents du personnel indigène du Service du Chemin de fer, peut-être ceux qui ont été récemment l'objet de licenciement pour fautes très graves, ont manifesté leur mécontentement à l'égard de leurs Chefs par l'organe d'une infecte revue hebdomadaire dahoméenne dans laquelle des crétins basochiens s'exercent dans une dialectique défaillante à blanchir la crapule.

Il est rappelé, comme je l'ai déjà exprimé dans mes Notes de Service n° 192 et 161 du 11 juin 1928 et 11 août 1931 à l'encontre d'auteurs de lettres anonymes, que ceux qui écrivent ces ordures sont des jeanfoutres, et que les ignobles journaleux qui les propagent sont autant de jeanfesse.

En tout cas, cette polémique lâche, qui ne mérite pour toute réplique que le mot de Cambronne, ne saura jamais atteindre l'énergie des vrais Chefs, sous les ordres desquels les pauvres agents susvisés sont indignes de servir.

Qu'on se le dise !

Le présent Ordre de Service sera affiché dans les Bureaux de tous les Chefs de gare et de tous les agents d'exploitation.

Lomé, le 18 août 1932
Le Capitaine du Génie DALAISE
Directeur du Chemin de fer, du Wharf,
des Travaux Publics et de la T.S.F.
Signé : DALAISE

Note de service citée in *Justice*, journal syndical de Fort-de-France, 12 janvier 1933.

CHENILLES

• **Une sentence :**
Parties ouïes, faisant droit sur la requête des habitants de Villenoxe, admonestons les chenilles de se retirer dans six jours ; et à faute de ce faire, les déclarons maudites et excommuniées

Jean MILON, official de Troyes, Sentence prononcée le 9 juillet 1516.

CHEVAL

• **On lui doit tout :**
Sans le cheval, il n'y aurait pas de culture ; il n'y aurait pas pierre sur pierre de nos

cités ; il n'y aurait pas de civilisation, pas même d'existence possible.

Urbain GOHIER, *Pour être sages*, 1914.

Malgré sa bêtise, le cheval domine une catégorie d'hommes, remplit deux villes (Chantilly et Maisons-Laffitte, situées à l'est et à l'ouest de Paris) de ses serviteurs.

Mme E. DE GRAMONT, *Mémoires*, t. I, 1928.

• Mais défense d'en manger :

Vous m'avez marqué que quelques-uns mangent du cheval sauvage, et la plupart du cheval domestique. Ne permettez pas que cela arrive désormais ; abolissez cette coutume par tous les moyens qui seront en votre pouvoir, et imposez à tous les mangeurs de cheval une juste pénitence. Ils sont immondes, et leur action est exécrable.

GRÉGOIRE III, lettre à saint Boniface, VIIIe siècle.

CHEVAL-VAPEUR

• Récit d'une aventure :

Le chef-mécanicien et des hommes réparaient un cheval-vapeur, quand un bouchon de prise de la chaudière sauta.

Les Annales coloniales, 4 mars 1913.

CHÈVRES

• Une proposition de bon sens :

La bestialité existe plus communément qu'on ne croit en France, non par goût, heureusement, mais par besoin. Tous les pâtres des Pyrénées sont bestiaires. [...] Dans toutes ces montagnes peu fréquentées, chaque pâtre a sa chèvre favorite. On sait cela par les curés basques.

On devrait, par la voie de ces curés, faire soigner ces chèvres engrossées et recueillir leurs produits. L'intendant d'Auch pourrait aisément parvenir à ce but, sans faire révéler des confessions (abus de religion atroce dans tous les cas). Il pourrait se procurer de ces produits monstrueux par ces curés. Le curé demanderait à son pénitent sa *maîtresse*, qu'il remettrait au subdélégué de l'endroit, sans révéler le nom de l'amant.

Je ne vois pas quel inconvénient il y aurait à tourner, au profit des progrès des connaissances humaines, un mal que l'on ne saurait guère empêcher.

Érotika Biblion, 1783.

CHIEN

• A propos de ses oreilles :

Je n'entreprendrai point de décider si les oreilles pendantes du chien sont un caractère de servitude ; c'est du moins l'opinion de M. de Buffon, qui a très bien raisonné sur les physionomies des animaux.

Gaspard LAVATER, *L'Art de reconnaître les hommes par la physionomie*, édition de 1807, tome IX.

• Sur sa couleur :

Les chiens sont pour l'ordinaire de deux teintes opposées, l'une claire et l'autre rembrunie, afin que quelque part qu'ils soient dans la maison, ils puissent être aperçus sur les meubles avec la couleur desquels on les confondrait.

BERNARDIN DE SAINT-PIERRE, *Harmonies de la nature*, 1796.

• Un peu d'histoire ancienne :

Ce qu'il y a de sûr, c'est que déjà du temps de Périclès et d'Auguste les chiens aboyaient.

PIERQUIN DE GEMBLOUX, *Traité de la folie des animaux*, 1839.

L'Orient est le berceau de la civilisation, parce que l'Orient est la patrie du chien. Otez le chien de l'Asie, et l'Asie n'est plus que l'Amérique ; le Romain, le Grec, l'Égyptien, le Chinois ne sont plus que des Aztèques (Mexicains) et des Péruviens. Ce qui constitue toute la supériorité de l'ancien continent sur le nouveau, c'est le chien.

Alphonse TOUSSENEL, *L'Esprit des bêtes, zoologie passionnelle*, 1847.

• Fourier l'a jugé :

Le chien est en amour le plus ignoble des quadrupèdes [...] un vrai cloaque de vices.

Charles FOURIER, *De l'analogie*, édition de 1850.

• Il a pourtant des défenseurs :

Question : Un chien peut-il se livrer sur l'homme à la copulation anale ?

Réponse : Non, je ne le pense pas. Cela me paraît impossible par les motifs que je viens de décrire et aussi pour les raisons physiologiques suivantes que je vais chercher à faire comprendre :

1° En voyant le derrière d'un homme, je ne pense pas qu'il soit dans la nature d'un chien d'éprouver des désirs vénériens aussi ardents qu'en voyant une chienne.

Consultation médico-légale de M. JOUET, vétérinaire à Rambouillet, donnée le 14 mai 1872 et rapportée par G. Dubois-Desaulle, *Étude sur la bestialité*, 1905.

L'individualité et la liberté sont moindres chez la limace que chez la tortue. Celle-ci est moins libre que le poisson, qui l'est moins que les mammifères. Parmi ces derniers, le plus libre est le chien, dont les espèces sont si variées.

Philarète CHASLES, *Questions du temps*, 1868.

• Un politique a cru qu'il pouvait libérer l'homme :

Il faut que l'homme, au lieu de courber sa tête vers la terre, au lieu d'appliquer ses bras aux métiers, soit entouré d'agents mécaniques qui, sur un signe de la main, enfantent des prodiges. Il faut que tous les ouvriers soient remplacés par des chiens savants, chargés de surveiller les usines.

Extrait d'une affiche du candidat aux élections MURÉ, 1848.

CHIMÈNE

• Sa fin tragique :

Même au théâtre, le spectacle de la mort est craint. [...] Corneille ne l'a pas osé dans *Horace*. Chimène y est frappée dans la coulisse.

Docteur ALCESTE, *Les Cahiers d'Alceste, ou Introduction à l'étude de la psychologie des malades*, Maloine, 1929.

CHIMIE

• Une science inutile :

Est-il nécessaire d'observer que cette vaste science (la chimie) est absolument déplacée dans un enseignement général ? A quoi sert-elle pour le ministre, pour le magistrat, pour le militaire, pour le marin, pour le négociant ?

Joseph DE MAISTRE, *Lettres et opuscules inédits*, 1851.

Je me suis toujours trouvé très bien d'ignorer la physique et la chimie ; j'en ai les idées plus claires, et je ne perds point de temps à changer de systèmes.

Louis VEUILLOT, *Les Odeurs de Paris*, 1866.

• Une science néfaste :

Il se pourrait que beaucoup de prétendus « progrès » n'en fussent point. On s'en apercevra certainement quelque jour... Il y aurait moins d'alcooliques, premièrement, si la chimie avait fait moins de progrès.

Ferdinand BRUNETIÈRE, *Le Mensonge du pacifisme*, 1905.

CHINOIS

• Unanimité :

Pour les observations astronomiques des Chinois, elles ne méritent pas plus de considération que les monuments de leur histoire. [...] Qu'on ne s'attende pas à voir parmi les Chinois des Raphaël, des Michel-Ange, des Le Brun, des Delorme, des Lulli. On n'en trouvera pas plus que de Descartes, de Newton, de Copernic, de Kepler. [...]

Pour les arts du goût, ils sont demeurés dans l'enfance, ou même au-dessous. En ce qui concerne la peinture et la sculpture, leurs plus habiles maîtres n'ont jamais égalé un élève européen de deux mois. Leurs tableaux, ou pour mieux dire leurs barbouillages, ne valent pas les plus grossiers gothiques que nous méprisons si justement aujourd'hui.

Abbé NONNOTTE, *Dictionnaire philosophique de la religion* (article Chinois), 1772.

Les Chinois sont le plus mou, le plus voluptueux, le plus paisible et le plus paresseux de tous les peuples de la terre.

Gaspard LAVATER, *L'Art de connaître les hommes par la physionomie*, édition de 1806, tome II.

Il n'existe au monde que les moralistes et les Chinois qui veuillent la monotonie, l'uniformité ; aussi les Chinois sont-ils les êtres les plus faux et les plus éloignés des voies de la nature.

Charles FOURIER, *Le Nouveau Monde industriel et sociétaire*, 1829-1845.

Le Chinois n'est pas redoutable. Irrésistible dans les petits emplois, incomparable dans la domesticité, il est incapable de fonder, personnellement, de nouveaux empires.

Jean REVEL, *Chez nos ancêtres*, 1888.

Une étude attentive des Chinois montre qu'ils sont, en tant que race, traîtres, cruels et criminels d'instinct.

Edmond SHATESBURY, *Child Life*, Washington, 1897.

On peut se demander si l'active influence du Japon parviendra à désintoxiquer la Chine des ferments nocifs que l'Europe lui a inoculés : démagogie, bolchevisme, idéologie genevoise.

M. GAILLARD, *Péril jaune ou péril blanc ?*, 1937.

• Des indifférents politiques :
Le Chinois demeure, en général, profondément indifférent aux questions de politique, politique intérieure tout aussi bien que politique extérieure. Courbé sur sa charrue ou appliqué à ses comptes, il reste étranger aux questions de régime.

Georges MASPERO, *La Chine*, Paris, 1918.

• S'ils sont plus nombreux, c'est de notre faute :
Il est sûr que le général de Gaulle souhaitait connaître ce pays millénaire, peuplé de près d'un milliard d'êtres humains, qui accueille aujourd'hui le président d'un pays dont l'histoire est faite de gloire et de misères, et qui ne compte que 50 millions d'habitants.

Ce déséquilibre démographique n'a pas toujours été aussi marqué. Il serait atténué si certaines minorités ne créaient en France un climat favorable à l'avortement et à la contraception, impensables en Chine.

Le Parisien libéré, 12 septembre 1973.

• Le jugement d'un lettré :
Le Chinois est cruel, moins que M. Mirbeau, mais il l'est.

Charles REGISMANSET, *Questions coloniales*, Paris, 1912.

CHINOISE

• La vision maoïste :
Mme Song Ching-Ling, vice-présidente de la République, a écrit récemment : « Voyez les jeunes filles travaillant aux champs, si légères, si vigoureuses, tout leur être resplendissant du charme du travail. Elles sont la preuve du changement intervenu dans les conceptions esthétiques du peuple. Les filles frêles, minces et sentimentales, que les classes exploitantes considéraient comme jolies, sont laides et dégénérées aux yeux des travailleurs. »

Propos de Mme SONG CHING-LING, vice-présidente de la République populaire de Chine, rapportés par l'Agence Reuter, « Le rôle des Chinoises dans la vie de leur pays », dépêche du 29 juillet 1958.

CHIRURGIE ESTHÉTIQUE

• Ne peut que gâter la nature :
On admire avec raison que, de tous les hommes qui sont au monde, il n'y en a peut-être pas deux qui se ressemblent entièrement de visage : mais on ne prend pas garde à une autre chose aussi merveilleuse, que chaque visage est formé de sorte que, quelque laid qu'il nous paraisse, pourvu qu'il ne soit point défiguré par aucun accident, on ne saurait y rien changer pour le rendre plus beau sans le rendre difforme ; parce que dans sa laideur même la nature a observé une symétrie si exacte, que l'on peut raisonnablement y trouver à redire. Par exemple, si l'on prétendait allonger le nez d'un camus, je dis qu'on ne ferait rien qui vaille ; parce que, ce nez étant allongé, il ne ferait plus symétrie avec les autres parties du visage, qui, étant d'une certaine grandeur et ayant de certaines élévations ou de certains enfoncements, demandent que le nez leur soit proportionné. Ainsi, selon de certaines règles très parfaites en elles-mêmes, un camus doit être camus ; et, selon ces règles, c'est un visage régulier qui deviendrait un monstre, si on lui faisait le nez aquilin. Je dis bien plus, qu'il est quelquefois aussi nécessaire qu'un homme n'ait point de nez, qu'il est nécessaire dans l'ordre toscan, par exemple, que le chapiteau de la colonne n'ait point de volute.

VIGNEUL-MARVILLE, cité *in* Ludovic Lalanne, *Curiosités biographiques*, 1858.

CHIRURGIEN

• Un métier à risque :
Ne pèche pas le chirurgien qui, pour guérir une infirmité ou faire un accouchement, touche ou regarde les parties pudiques d'une femme et qui, à cette occasion, éprouve les effets de la pollution,

pourvu cependant qu'il n'y consente pas, s'exposerait-il même au danger du consentement. Mais il serait dans l'obligation de renoncer à son art s'il tombait fréquemment dans ce danger, car la nécessité de son propre salut l'emporte sur toutes les autres.

Mgr. J.-B. BOUVIER (1783-1854), *Dissertation sur le sixième commandement*, 3, 1.

CHÔMAGE

• C'est simple :

Le chômage, né du manque de travail, n'a qu'un remède : le travail. Tout le reste n'est que palliatif.

Journal d'Argenteuil, 2 janvier 1932.

CHOPIN (Frédéric)

• A fouler aux pieds :

Dans la recherche de dissonances déchirant l'oreille, de transitions tortuées, de modulations perçantes, de contorsions répugnantes de la mélodie et du rythme, Chopin est tout à fait infatigable... Si M. Chopin avait soumis cette musique à un Maître, celui-ci, espérons-le, l'aurait déchirée et jetée à ses pieds, et c'est ce que symboliquement nous souhaitons faire.

L. RELLSTAB, *Iris*, Berlin, 5 juillet 1833.

Chopin fut essentiellement un compositeur de salon.

The Times, Londres, 16 mai 1855.

CHOSES

• Quelle leçon !

Lorsque je réfléchis à tous les services que les choses nous rendent, j'en veux aux maçons qui chargent trop un vieux mur, et je ne ferais pas de mal à une allumette. Je plains les clous rouillés, je bénis les charrues, je remercie avec effusion les chenets qui se mettent dans le feu pour nous, j'admire les chaudrons.

Auguste VACQUERIE, *Profils et grimaces*, 1856.

CHOU-FLEUR

• Il va falloir se modérer :

Le chou-fleur donne le goitre en n'en consommant que dix kilos par jour.

La Vigie marocaine, 22 avril 1967.

CHRISTIANISME

• D'abord une évidence :

Il n'y a jamais eu qu'une religion, le christianisme.

T. RUYNEAU DE SAINT-GEORGE, *Essai philosophique et historique sur le christianisme au XIX siècle*, 1851.

• Discussions sur l'origine :

Le christianisme n'est que le prolongement funeste ou irrationnel dans les nations agricoles et industrielles de l'état de société du code arabe, enfanté dans les plaines arides et stériles, par l'imagination vide et ignorante, mystique, superstitieuse et fanatique. Il est étonnant que bien plus de cent millions d'hommes de sang caucasique n'aient pas secoué l'empire d'une doctrine aussi inconsistante et aussi funeste à l'ordre social tout entier.

D. RAMÉE, architecte, *Théologie cosmogonique ou reconstitution de l'ancienne et primitive loi*, Paris, 1853.

• La remarque célèbre de Joseph de Maistre :

Jamais le christianisme, si vous y regardez de près, ne vous paraîtra plus sublime, plus digne de Dieu, et plus fait pour l'homme qu'à la guerre.

Joseph DE MAISTRE, *Les Soirées de Saint-Pétersbourg*, 1821.

• Et deux prophéties :

Le christianisme [...] n'en a pas pour vingt-cinq ans.

P.-J. PROUDHON, *Idée générale de la révolution au dix-neuvième siècle*, 1851.

Il est désormais pour moi aussi évident que le jour, que le christianisme est mort et bien mort.

Ernest RENAN, *Lettre à Berthelot*, 28 août 1847.

CHURCHILL (Winston)

• Ce qu'il en restera :

Cette guerre anglaise n'est pas conduite par des soldats, mais par des civils stupides et frénétiques. On y retrouve à chaque pas le whisky et la bouillonnante imbécillité de Churchill, le Churchill des Dardanelles et de Norvège, qui restera décidément comme un des bouffons les plus grotesques et les plus sanglants de l'histoire.

Je suis partout, 18 avril 1941.

CIEL

• Ne tirez pas dessus :

Le Ciel est une vérité : en douter serait évidemment une preuve de folie, puisqu'il suffit d'ouvrir les yeux pour le voir. [...]

Tous les canons de la terre seraient braqués indéfiniment contre lui, on épuiserait tout le fer d'ici-bas pour la fabrication des boulets qui seraient lancés contre l'Empire céleste, que cette terrible canonnade de la terre contre le Ciel n'aurait d'autre résultat que de tuer les artilleurs qui serviraient les pièces d'artillerie : car les boulets retomberaient sur la tête des canonniers.

Joseph-Aimable GRÉGOIRE, *Les Quatre Vérités, ou le Système de la vertu applicable à toutes les nations*, 1842.

• Ceux qui s'y trouvent :

Quels sont les êtres qui vivent dans l'éther planétaire ? Selon nous, ce sont ces êtres surhumains, que nous considérons comme étant des hommes ressuscités et pourvus de toutes sortes de perfections morales...

Une tradition, qui existe uniformément dans tous les pays, a tout le poids d'un témoignage scientifique.

D'accord avec le langage et la tradition, les religions modernes les plus répandues, le christianisme, le bouddhisme, le mahométisme, placent dans le ciel le séjour des élus de Dieu.

Ainsi la science, les traditions et les religions se confondent sur ce point ; et c'était une vérité scientifique qu'exprimait le saint prêtre qui, assistant le roi martyr sur l'échafaud révolutionnaire, lui disait : « Fils de Saint Louis, montez au ciel ! »

Louis FIGUIER, *Le Lendemain de la mort*, 1872.

CIGALES

• Quelques particularités :

De tous les êtres vivants, c'est le seul qui n'ait point de bouche... C'est aussi le seul animal qui n'ait pas d'ouverture pour jeter ses excréments.

PLINE, *Histoire naturelle*, 78 apr. J.-C.

CIMETIÈRES

• Étymologie :

Les sabres des Turcs sont terribles. On les appelle des cimetières, parce que c'est là qu'ils envoient tous les malheureux qui en sont atteints.

Le Voltaire, 8 décembre 1879.

CINÉMA

• Un mot sur l'inventeur :

C'est Socrate qui inventa le premier cinéma, si nous en croyons Platon (allégorie de la caverne). Les spectateurs sont assis dans une sombre demeure souterraine, la tête fixée vers l'écran. Derrière eux, à une certaine distance, brûle un feu qui fait office de projecteur, au ras du mur, le long duquel des opérateurs invisibles portent des objets de toutes sortes, figures d'hommes ou d'animaux dont les ombres viennent se profilet sur le fond de la salle.

« Parmi ceux qui portent ces objets, les uns s'entretiennent ensemble, les autres passent sans rien dire [...]. » Alternance du *muet* et du *parlant*.

Achille OUY, *Le Mercure de France*, 1er décembre 1947.

• Muet ou parlant, il n'a pas d'avenir :

Il (L. Lumière) veut nous faire croire que son « cinématographe » pourrait divertir, à la rigueur même remplacer les spectacles et la vie des artistes sur scène. Que tout cela est fâcheux et ridicule ! Pourquoi ne pas interdire aussitôt ces vagues inventions qui, de toute façon, disparaissent au bout de quelques mois ?

Ludovic HALÉVY, vers 1896, cité *in* D. de Rougemont, *L'avenir est notre affaire*, Stock, 1977.

Le cinématographe ne s'est point contenté de reproduire des réalités, il a demandé à des scènes comiques le mauvais goût dont il devrait périr.

Émile BAYARD, *Le Bon Goût*, 1919.

Les films parlants sont des inventions bien intéressantes, mais je ne crois pas qu'elles restent longtemps à la mode. D'abord, le synchronisme parfait du son et de l'image est absolument impossible et ensuite le cinéma ne peut ni ne doit devenir un théâtre.

Louis LUMIÈRE, interview au *Neues Wiener Journal*, traduction in *Films sonores avant 1928*, Bibl. de l'Arsenal, RK. 654.

Le parlant a brisé l'essor du muet, art presque achevé qui produisait d'excellentes œuvres et, de temps à autre, un chef d'œuvre. A cet admirable esperanto, rapide et puissamment expressif, il a substitué le babélisme, la confusion des langues, un flux verbal lent, presque toujours inutile, parfois nuisible.

L'avénement du parlant détermina une régression très nette de l'art cinématographique.

Gaston PAGES, *Le Mercure de France*, 15 janvier 1933.

• **Un peu de philosophie :**
L'appareil de l'opérateur est une machine à transformer le temps en espace et à rebours. C'est la plus grande surprise philosophique depuis Kant.

LEVINSON, *L'Art cinématographique*, cité *in* Jean Kiehl, *Les Ennemis du théâtre*, 1952.

• **Immoral pour les uns :**
Sus au cinéma, école du vice et du crime ! Sus aux malfaiteurs qui l'exploitent !

Urbain GOHIER, *L'Œuvre française*, 1917.

Je viens de parler des romans policiers et du cinéma : ce sont des agents modern-style de démoralisation : ils jouent un rôle des plus importants dans la formation psychologique de l'enfant du peuple. On conçoit l'impression que reçoit une jeune imagination, alors surtout qu'on ne lui a assuré l'influence d'aucun contrepoids, lorsqu'elle voit constamment un escarpe jouer les rôles de héros et la police jouer ceux de Gribouille. Au bout de peu de temps, l'enfant réalise tout naturellement les exemples qu'on lui a mis devant les yeux : il vole d'abord aux étalages, à quinze ans il se « colle avec une gonzesse » dont il fait sa « marmite », à seize ans il cambriole, et à dix-huit ans il assassine. Le cinéma aura été un remarquable pourvoyeur de Cour d'Assises !

Maurice DE GASTÉ, *La Bêtise humaine et la Science de la vie*, Paris 1922.

Il n'est pas possible de ne pas réfléchir à ce progrès de véritable intoxication des âmes et des intelligences qui a son origine dans les exhibitions cinématographiques devant lesquelles passent des millions d'hommes, chaque année, chaque mois, chaque jour.

L'inévitable effet de ces spectacles consiste dans une intoxication spirituelle, un obscurcissement de toutes les nobles et pures idées, un véritable attentat à la volonté, à la pauvre volonté humaine qui doit soutenir tant de luttes pour rester fidèle au devoir qui n'est jamais synonyme de plaisir.

PIE XI, allocution à Rome du 21 avril 1936.

• **Et très moral pour les autres :**
Le brillant développement du cinéma au cours de ces dernières années est la preuve évidente que l'attraction des sexes intelligemment et honnêtement traitée apparaît comme l'une des plus grandes forces morales de notre humanité.

Cecil B. DEMILLE, *Cinéa-Ciné*, janvier 1930.

• **C'est en tout cas un signe de décadence :**
Le cinéma est inférieur au café-concert.

Paul SOUDAY, *Le Temps*, 8 septembre 1916.

Aujourd'hui, le monde des lettres reçoit le premier contingent des hommes dont l'enfance et la jeunesse furent influencés par les spectacles cinématographiques, des hommes qui au surplus ne sauraient se représenter précisément ce qu'étaient les premières émotions de leurs ainés, au temps où les cinéastes n'existaient pas.

Quelle fut cette action des littératures filmées sur les dernières recrues de l'armée des lettres ? Je la crois aussi dangereuse que décisive. Le cinéma tuera le rêve, il l'a peut-être déjà tué. Aux songeries de l'adolescence, il a substitué la rigueur documentaire. Par l'effet du cinéma, le langage de nos échanges a été faussé. A peine si nous nous comprenons. Au surplus, les mots ont perdu, au regard de la jeunesse, ce qui formait pour nous leur faste et leur prestige séculaire. Tout comme *Le Bateau ivre* de Rimbaud, nous voyons « ce que l'homme a cru voir ». Eux, sont assurés d'avoir vu. L'impitoyable et photographique précision de l'objectif les a guéris de nos chères nostalgies. A dix ans, ils avaient fait le tour du monde, en suçant des sucres d'orge.

Henri BÉRAUD, « 1930 », *Revue de France*, 15 octobre 1926.

Pour l'homme ignorant, le cinéma représente une prodigieuse économie d'effort intellectuel.

Lucien ROMIER, *L'Homme nouveau*, 1929.

Un divertissement d'ilotes, un passe-temps d'illettrés. [...] J'affirme qu'un peuple soumis pendant un demi-siècle au régime actuel des cinémas américains s'achemine vers la pire décadence. J'affirme qu'un peuple hébété par des plaisirs fugitifs, épidermiques, obtenus sans le moindre effort intellectuel, j'affirme qu'un tel peuple se trouvera, quelque jour, incapable de mener à bien une œuvre de longue haleine et de s'élever, si peu que ce soit, par l'énergie de la pensée. J'entends bien que l'on m'objectera les grandes entreprises de l'Amérique, les gros bateaux, les grands buildings. Non ! Un building s'élève de deux ou trois étages par semaine. Il a fallu vingt ans à Wagner pour construire la *Tétralogie*.

Georges DUHAMEL, *Scènes de la vie future*, 1930.

Le plaisir, l'agrément avant tout *visuels* du spectacle dans une salle de cinéma n'ont qu'un bien lointain rapport avec le plaisir *intellectuel* du spectateur dans une salle de théâtre.

Edmond SÉE, *Le Mouvement dramatique*, 1933.

On a beaucoup vanté la rapidité et la puissance d'évocation du cinéma, mais il faudrait 200 à 300 mètres de pellicule pour dire convenablement : « Dans l'Orient désert quel devint mon ennui. »

COHEN-SEAT, *Essai sur les principes d'une philosophie du cinéma*, cité *in* Jean Kiehl, *Les Ennemis du théâtre*, 1952.

• Un moyen de l'améliorer :
Si ce genre de spectacle est si médiocre, c'est que c'est le public qui impose son goût, c'est lui qui veut ces drames imbéciles en trois parties, ces films hilarants qui font pleurer de tristesse. [...]

Le moyen d'obtenir un cinéma ? Le rendre, par le prix des places, inaccessible aux lecteurs des *Mystères de New York*.

R. de BURY, *Le Mercure de France*, 16 octobre 1916.

• Le mieux serait de le nationaliser :
Le cinéma est un art international d'une importance telle qu'il devrait être totalement sous la direction et le contrôle de l'État. La meilleure preuve de ce que j'avance est que, jusqu'ici, il est entièrement la propriété d'une bande internationale qui bénéficie, par des spéculations incontrôlables, du mystère de son commerce. Tout le monde tripote. Et notre économie nationale ne s'est pas, jusqu'à présent, appliquée à y trouver son compte, non plus que nos Affaires étrangères à sauvegarder les intérêts du pays.

LUGNÉ-POE, entretien avec Frédéric Lefèvre, in *les Nouvelles littéraires*, 1er avril 1933.

• Les raisons de sa faiblesse :
On sait que le dernier en date des grands circuits juifs est le cinéma. Cet envahissement, commencé voici moins de dix ans, est aujourd'hui presque complet. La majorité des salles parisiennes appartient à des propriétaires juifs ou à des firmes juives. Tous les représentants des firmes américaines sont juifs. Pour 110 grands films français environ réalisés dans le dernier exercice, 58 seulement ont été signés par des metteurs en scène français, et les Juifs forment l'immense majorité. [...] A l'exception des ouvriers, électriciens, accessoiristes, le personnel de studio est juif à 70 %. Mais la liste la plus édifiante est encore celle des producteurs, c'est-à-dire des maîtres de tout notre cinéma. [...]

Il est inutile de chercher d'autres explications à la bassesse du cinéma que l'on prétend français.

Lucien REBATET, *Je suis partout*, 17 février 1939.

CIRAGE

• Que la troupe y renonce :
Il faudrait que l'usage du cirage fût interdit en station à l'intérieur, comme il l'est en manœuvre et en campagne par la circulaire ministérielle du 30 août 1874.

Nous avons déjà renoncé au cirage ordinaire pour les harnais du cheval ; il faut y renoncer pour les souliers des hommes. Ceux-ci perdant leur temps à se *cirer*, à se *recirer* sans cesse, au grand détriment du cuir qui devient dur et cassant.

Médecin-major de première classe SALLE, *La Chaussure du fantassin*, 1896.

CITATIONS

• Le problème, c'est de les attribuer :

« Je crois parce que c'est absurde. » Quelqu'un a dit cela, qui n'était pas une bête, c'est le très distingué saint Augustin.

Le Journal, 2 janvier 1907.

Le brave et spirituel Perrault, dans ses contes des *Mille et Une Nuits*.

L'Auto, 19 février 1907.

C'est nous, maintenant, à répéter à satiété le beau vers de Th. de Banville : *Il pleut dans mon cœur comme il pleut sur la ville.*

Fin de siècle, 11 juillet 1909.

Mon interlocutrice me susurrait à demi-voix le vers de Michelet : *La femme, enfant malade et douze fois impure.*

P. DUSHERM, *Gazette des tribunaux du Midi*, 9 juin 1907.

Aussi quand nous avons goûté tout le charme ensoleillé qui se dégage des *Impressions d'Algérie* de Ph. Zilchen, nous sommes tentés de nous écrier après Verlaine : « Je suis hanté, l'azur, l'azur, l'azur, l'azur. »

La Belgique artistique et littéraire, août 1911.

Sic transit, comme chantait Homère...

Comœdia, 12 décembre 1910, cité *in* Curnonsky et Bienstock, *Le Musée des erreurs*, 1925.

Talleyrand disait : « De l'audace, de l'audace, et encore et toujours de l'audace. »

Pourquoi pas ?, 16 juillet 1926.

« Heureux qui comme Ulysse a fait un beau voyage », ce vers de notre vieux Ronsard a dû souvent chanter dans la mémoire de M. André Bellessort.

La Revue des Deux Mondes, 1er septembre 1926.

C'était drôle, en effet. Lionel Gauvin lisait du Victor Hugo... à Robertine. L'ex-petite bonne était assise sous un pommier, au bord d'un carré de choux et le peintre, soudain enlevé par un souffle de poésie, scandait, debout devant elle, *La Maison du berger*.

MAGD-ABRIL, *Au pays de sa bonne*, feuilleton du *Temps*, 30 janvier 1927.

En modifiant à peine la pensée de Pascal, il faut dire : Je dépense, donc je suis.

Robert DIEUDONNÉ, *L'Œuvre*, 3 décembre 1931.

Objets inanimés avez-vous donc une âme, soupire Hugo, indiquant seulement le problème sans essayer de le résoudre.

Marcel PRÉVOST, *Revue de France*, 15 octobre 1932.

Dieu que le son du cor est triste au fond des bois, a dit un poète connu, Alfred de Musset pour ne pas le nommer.

La Vérité marocaine, 16 octobre 1932.

C'est d'abord un rien, un bruit qui rase la terre, comme dirait Bossuet.

L'Homme libre, 3 octobre 1934.

Il était permis de grossir un peu l'événement, encore que Corneille ait dit avec bon sens :

Pour grands que soient les rois, ils sont ce que nous sommes.

Le vieux classique avait, d'ailleurs de l'audace de proférer cette vérité à la barbe de Louis XIV.

Les Dernières Nouvelles de Strasbourg, 4 octobre 1934.

Le Candide de Voltaire avait sans doute raison, disant qu'il est des choses dont il vaut mieux rire plutôt que d'être obligé d'en pleurer.

Nouveau Publicateur de La Roche-sur-Yon, 9 mai 1937.

Je croyais avec Montaigne — la référence, on en conviendra, est de qualité — que le « moi » est haïssable.

L'Écho de Paris, 27 mars 1938.

Mentez, mentez toujours, disait Voltaire, il en restera quelque chose.

La France réelle, mars 1938.

Voilà bien des vérités fondamentales dont nul ne s'est douté depuis qu'il y a des hommes — et qui pensent, comme dit Pascal.

Lucien FABRE, *La Revue de Paris*, 1er avril 1947.

Que sais-je ? se lamentait Pascal.

Marcel HERVIEU, *Gavroche*, 7 avril 1948.

Chacun, en Allemagne et hors d'Allemagne, aurait dû savoir à quoi s'en tenir, s'il n'en était de certaines vérités alarmantes comme du soleil et de la mort, dont Pascal dit « qu'ils ne se peuvent regarder fixement ».

André FRANÇOIS-PONCET, *De Versailles à Potsdam*, 1948.

« Et plus me plaît l'air marin que la douceur angevine » (*sic*) disait déjà au temps de la Renaissance le grand Ronsard.

Le Petit Marocain, 15 juillet 1963.

« Ô combien de marins, combien de capitaines, qui se sont embarqués pour des courses lointaines », chantait José-Maria de Heredia dans les *Conquérants*.

Sud-Ouest, édition de Pau, 19 avril 1977.

CITROËN

• Un doute :

C'est un fait, Citroën fabrique des autos ! Mobiles ? ça, c'est moins sûr !

Le Merle blanc, 8 octobre 1921.

CLAUDEL (Camille)

• Pourvu qu'il n'y en ait pas d'autre :

La nature s'était montrée prodigue à son égard ; ma sœur Camille avait une beauté extraordinaire, de plus une énergie, une imagination, une volonté tout à fait exceptionnelles. Et tout ces dons superbes n'ont servi à rien : après une vie extrêmement douloureuse, elle a abouti à un échec complet. C'est justement une vocation un peu différente de la mienne : moi, j'ai abouti à un résultat, elle, n'a abouti à rien. Tous ces dons merveilleux que la nature lui avait répartis n'ont servi qu'à faire son malheur, et finalement elle a abouti à un asile psychiatrique, où elle a terminé, dans les ténèbres, les trente dernières années de son existence.

Il est assez naturel que, devant ce spectacle, j'éprouve une véritable horreur à la pensée que cette vocation pourrait se renouveler chez un des enfants qui me sont le plus chers.

Paul CLAUDEL, *Mémoires improvisés*, 1954.

CLEMENCEAU (Georges)

• Étonnant en tout :

Le plus beau mot du Tigre a été muet.

Georges PIERREDON, *L'Esprit de Clemenceau*, Payot 1919.

• Des critiques sévères :

Clemenceau est traité lui aussi de grand Français. Cet incapable, cet homme grossier, cet ignorant (eu égard aux fonctions qu'il a occupées), ce gribouilleur à prétentions philosophiques, ce coquin politique. C'est pitoyable.

Paul LÉAUTAUD, *Journal littéraire*, 26 mars 1929.

CLERMONT-FERRAND

• C'est Babylone :

A Clermont-Ferrand, où règne le libertinage, presque tous les enfants sont malsains en naissant.

A. FRANCON, *Causes de la dégénération de l'homme civilisé*, 1859.

CLYSTÈRE

• Un mot sur l'origine :

C'est en Égypte qu'un oiseau, assez semblable à la cigogne, et qui s'appelle l'ibis, a enseigné tout d'abord aux hommes l'usage du clystère. Quand cet oiseau se sent incommodé par un excès d'humeurs nuisibles, il remplit son bec d'eau de mer et se l'introduit dans l'intestin, qu'il arrose abondamment afin de donner cours au fardeau qui le gêne.

Régnier DE GRAAF, *De Clysteribus*, 1668.

• Un cas extraordinaire :

Aujourd'hui vingt-huit du moye de juing MDCCLXX, ès une maison proche du havre du bourg de Saint-Martin, les soubsignés, maistres en sirurgie et sirurgiens ordinaires du Roy, nous sommes assemblés pour voir le corps du nommé ALPHIN, officier dans le bataillon de Languedoc, à qui l'un de nous avoit fait ordonnance pour un clystère composé et qui était passé de vie trépas sans le recevoir.

A quoi maistre apothicaire Blanchard contre qui plainte a été portée, nous a dit :

Qu'il s'était présenté hier vingt-sept au domicile d'Alphin, étant porteur d'une seringue en bon estat, pour réouvrir et deffermer les courants cholédoques et qu'il avoit cherché à l'insinuer suivant les règles de l'art (*Tuto et Jucunde*), mais inutilement et avec grand empeschement et fascherie.

Qu'il avoit cependant regardé de plus près *in fundamento*, et qu'ayant écarté les posters, il avoit aperçu, contre tous usages et coutumes, un œil qui le regardoit en face, ce qui n'était jamais arrivé depuis sept vingt ans qu'il praticoit.

Qu'il avoit jugé que son honneur était outragé et qu'il s'était retiré de céans.

D'après cette cognoissance, nous soussignés, maistres sirurgiens, avons procédé à l'examen du *fundamentum*.

Le poster étant ouvert, nous avons rencontré un fragment de cristal qui faisait œil et qui regardoit.

Jugeant le cas neuf et extraordinaire mais exempt de maléfices, jongleries ou autre perfidie, nous avons interrogé les gens de service qui nous ont appris qu'Alphin avoit accoustumé de mettre son œil dans un verre d'eau et qu'il avoit pu l'avaler dans son délire.

C'est pourquoi nous avons jugé que Blanchard, maistre apothicaire adolé et outragé, avoit sagement agi en se retirant pour attendre la visite du sirurgien ordinaire du Roy, et déclarons que les torts et rebelleries sont du côté du mort.

De tout quoi certifions véritables entre les mains de Bilaud, notaire royal requis à cet effet au jour, mois et an que dessus, et avons signé.

MONESCAUT, DELCOUR, NIEL, ch. ord. du Roy. BILAUD, not. royal. Cité in *L'Anjou médical*, décembre 1900.

COCA-KOLA

• Ceci est mon sang :

A cette époque de prohibition, vous avez entendu dire qu'en de nombreuses églises on a substitué au vin de communion de l'extrait de grappes non fermenté. Nous sommes fiers d'être les premiers à faire usage du coca-kola. Dimanche dernier, à onze heures, pendant la communion, une grande bannière portant le nom de « coca-kola » fut déployée. La pureté, la qualité et le goût excellent de votre boisson justifient l'usage que nous en faisons, et nous espérons que beaucoup d'autres congrégations suivront notre exemple.

Révérend R. H. RICE, de l'Église libérale de Denver, lettre à la compagnie Coca-Kola, citée in *Le Grand Guignol*, décembre 1926.

COCHON

• Un cas mémorable :

Deux sexes et six pattes pour un seul cochon. Un cochon phénomène est né dans la petite commune de La Tourette, près de Carcassonne. Cet animal possédait six pieds, était de surcroît hermaphrodite, trois devant et trois derrière, et malgré les soins qui lui ont été prodigués, il n'a vécu que vingt-quatre heures.

Combat, 24 septembre 1948.

COCORICO

• Un désir des auditeurs :

J'avais imaginé que chaque canton de l'univers devrait se signaler par le cri spontané de sa nature. L'Allemagne, par exemple, je la voyais bien faire le paon ou le chacal : tout le monde aurait compris que Hitler allait mentir à voix haute. Pour la France, un seul appel était possible : celui de Chanteclerc, le chant du coq... D'un peu partout, de Paris, de Dreux, de Haute-Savoie, de Niort, etc., nous sont venues d'éloquentes prières pour réclamer que la radio française lance désormais plusieurs fois par jour ce cocorico qui nous est si naturel et que les cœurs entendraient comme un cri de ralliement.

NORPOIS, *L'Époque*, 29 septembre 1939.

COCU

• Ça veut tout dire :

Non seulement ceux qui abusent des femmes d'autrui mais aussi les maris abusés sont appelés cocus ; de sorte que, ce nom étant actif et passif et commun à tous les deux, nous pouvons dire cocu cocuant et cocu cocué.

Antoine DU VERDIER, *Diverses leçons*, 1577.

CODE PÉNAL

• On a proposé ces réformes :

L'ASSASSINAT. Tout citoyen qui aura tué son semblable, sans l'avoir provoqué en duel, sera condamné à cinq ans de travaux publics. Tout citoyen qui aura tué ou blessé son semblable, soit par accident ou par méchanceté, sera condamné également pour cinq ans de travaux publics.

LE MENSONGE : Il sera expressément défendu de mentir. Toute personne qui mentira sera condamnée à la peine de mort.

L'exécution se fera sur le coup de midi, dans la capitale de la province du condamné.

La forme pour faire mourir sera la pendaison.

J. PUTHOD, *Code de la République,* 1874.

CŒUR

• La mécanique des sentiments :

Quand on dit à quelqu'un qu'on l'aime de tout son cœur, cela signifie physiologiquement que sa présence, ou son souvenir, éveille en nous une impression nerveuse qui, transmise au cœur par les nerfs pneumogastriques, fait réagir notre cœur de la manière la plus convenable pour provoquer dans le cerveau un sentiment ou une émotion affective.

Claude BERNARD, Étude sur la physiologie du cœur, in *La Revue des Deux Mondes,* 1er mars 1865.

COGITO

• A la portée d'un chat :

« Je pense, donc je suis » est bien un mot qui sent le poêle de Hollande, c'est-à-dire la vision métaphysique séparée des éléments réels. Mes chats pensent davantage que certains hommes qui cependant occupent une position sociale de meneurs d'hommes.

Joseph PÉLADAN, *La Science de l'amour,* 1911.

• Mais non d'un nègre :

Les langues des nègres sont bassement matérielles sans aucune envolée dans l'abstraction, à ce point que le verbe abstrait par excellence, le verbe *être* n'existe dans aucun de leurs idiomes. Si Descartes n'avait eu à sa disposition qu'un langage nègre, il aurait été incapable de dire : « *Je pense,* donc *je suis* », ces deux termes abstraits étant étrangers aux conceptions de ces primitifs. Il s'agit bien là de races mineures auxquelles seule la tutelle européenne peut apporter un peu d'idéal et de bien-être.

H. DE RAUVILLE, *Almanach de l'Action française,* 1932.

COIFFURES FÉMININES

• Violente hostilité de l'Église :

On connaît à la tête des femmes si Dieu est dans leur cœur. C'est-à-dire, ce qui montrera si elles portent Dieu dans leur cœur, par la présence de son esprit, ou s'il en est éloigné, ce sera la modestie ou l'immodestie de leurs coiffures.

TERTULLIEN (vers 160-225), *De virginibus velandis,* 206 ou 207.

Conformément au décret de Constantinople, appelé *in Trullo,* nous déclarons excommuniées toutes celles qui, par l'arrangement trop étudié de leurs cheveux, tendent aux âmes des filets et des pièges où elles vont se perdre.

Concile de Tours, 1583.

COITUS INTERRUPTUS

• Un des rares cas permis :

Question, est-il permis de s'interrompre dans un accouplement illicite ? Réponse : celui-qui, par dégoût et horreur du péché s'interrompt, même en répandant sa semence au-dehors, fait bien et est tenu d'agir ainsi. [...] Par contre, celui qui, persévérant dans le goût du péché, interrompt une copulation commencée et répand la semence au dehors pèche doublement, à savoir : pour la fornication commencée et pour la pollution.

F.C.R. BILLUART (1685-1757), *Des différentes formes de luxures,* art. 2.

COLÈRE

• Comment la surmonter :

Aussitôt que vous sentirez la tentation de vous fâcher, il faudra vous taire, ne pas prononcer une syllabe, et sur-le-champ passer dans votre cabinet ; là, seule et sans témoins, vous plongerez votre anneau dans un grand verre d'eau froide, et vous répéterez neuf fois posément ce mot *Peinthéphiladelmirézidarnézulmèzidore.* Ensuite vous retirerez le talisman du vase, vous boirez l'eau, et vous serez parfaitement calmée.

Mme de GENLIS, *Les Souvenirs de Félicie,* 1806.

COLIGNY (Gaspard de)

• **Portrait :**

[...] ce traître à la France, doublé d'un vil et lâche assassin dont le protestantisme, pas difficile, fait son grand homme.

Ernest RENAULD, *Le Péril protestant,* 1899.

COLLECTIONNEURS

• **Une pièce rarissime :**

Tout a été dit sur les indignes profanations qu'on a fait subir au cadavre de cette infortunée princesse. Mais les collectionneurs ne respectent rien. J'ai vu, il y a une vingtaine d'années, dans un château des environs de Liège (Belgique), conservées, toutes parcheminées, tendues sur un coussin de satin, les parties arrachées à la princesse de Lamballe.

Intermédiaire des chercheurs et des curieux, 10 juin 1894.

COLLÈGES

• **C'est la ruine de l'Europe :**

Je répète que l'Europe fait une faute colossale en se remplissant de professeurs et de collèges. Que l'Europe jette les yeux sur l'histoire ancienne : les Corinthiens et les Athéniens furent les hommes les plus corrompus de la Grèce. Les Romains, paysans, furent vertueux ; les Romains, lettrés, furent corrompus. Les Gaulois, illettrés, furent admirables par la pureté de leurs mœurs ; les Gaulois, versés dans les sciences, après l'établissement des Phocéens, perdirent les mœurs antiques.

A. FRANCON, *Histoire de la régénération physique des Français,* 1860.

COLMAR

• **Une région très ensoleillée :**

Colmar. Dans la nuit de mardi, un beau soleil régnait dans la montagne.

Les Dernières Nouvelles d'Alsace, 22 février 1956.

COLOMB (Christophe)

• **La réponse du collège d'experts chargé d'examiner sa proposition :**

Car rien ne peut justifier la faveur de Vos Altesses pour une affaire qui repose sur des bases aussi faibles et qui apparaît impossible à réaliser aux yeux de toute personne ayant quelque connaissance, aussi faible soit-elle.

TALAVERA, prieur du couvent du Prado, 1490, cité *in* J. Heers, *Christophe Colomb,* 1981.

COLONIES

• **Quelques évidences :**

La question de nationalité n'a jamais fait aucun doute dans l'esprit des personnes qui, sans haine et sans préventions, se sont occupées de nos possessions d'outre-mer. En effet, il suffit de considérer que les établissements qui y existent ont été fondés par des Français, que tous les noms y sont français, que l'on n'y parle que la langue française, pour reconnaître que nos colonies sont plus anciennement et plus originellement françaises que la Corse, par exemple, où l'on parle italien, que l'Alsace, où l'on parle allemand.

Alexandre FOIGNET, *Quelques Réflexions sur les colonies,* 1831.

• **Il faut protéger les indigènes contre eux-mêmes :**

L'Inde aux Hindous, le Maroc aux Marocains ne servirait *actuellement* qu'à une couche indigène toute prête à exploiter ses compatriotes bien plus durement que ne le fit jamais le colon d'Europe, et surtout profiteraient à une bande de *politiciens* indigènes, c'est-à-dire ce qu'il y a de moins recommandable dans ces groupements humains.

Paul RECLUS, *Les Temps nouveaux,* 15 juin 1920.

COLOSSE

• **Il en est de menus :**

M. Dario donnera prochainement à La Pallice, au café Tabutin, des représentations fort intéressantes : exercices de tir et de gymnastique. Malgré la petitesse de son corps, c'est un colosse fort apprécié.

La Charente-Inférieure, 7 mai 1916.

COMBES (Émile, dit le Petit Père)

• **Ce n'est pas tout de ne plus le voir :**

Nous sommes enfin débarrassés de cette odieuse crapule de Combes. Par quel scélérat fétide va-t-il être remplacé ?

Léon BLOY, *Journal,* 19 janvier 1905.

COMÉDIENNE

• Condamnation :

En règle générale, on peut dire qu'une femme de théâtre est une femme perdue ; le déshonneur est plus ou moins public, plus ou moins doré, mais le fond est le même.

R.P. Étienne CORNUT, s. j., *Les Malfaiteurs littéraires*, 1892.

COMMUNARDS

• Comment on les a jugés :

[...] ces faux républicains.
Loups voraces, chacals, mâchoires de [requins,
Troupeau hideux — Ferré, Varlin, Rigault, [Millière !

Jules LACROIX, *L'Année infâme*, mai 1871.

Les bandits de la Commune étaient les valets du bourreau allemand, qui, debout sur les remparts de Paris, présidait à l'exécution de la France.

Paul DE SAINT-VICTOR, *Barbares et bandits*, 1871.

Les abbés, certains abbés s'entend, les abbés défroqués, déclassés, c'est-à-dire ceux qu'un état psychopathique plus ou moins confirmé prédispose aux déterminations irréfléchies et anormales, devaient décidément jouer un rôle dans cette orgie politico-sociale.

Dr LABORDE, *Les Hommes et les actes de l'insurrection de Paris devant la psychologie morbide*, 1872.

Les combattants de la plus criminelle des causes. [...]

Paul BOURGET, *L'Envers du décor, le déserteur*, 1911.

COMMUNE

• Dans le feu de l'action :

Qu'on est heureux, dans ce cas, d'avoir une philosophie qui permette quelque tranquillité d'âme au milieu de tant d'horreurs.

Ernest RENAN, Lettre à Ritter, 29 avril 1871.

Horreur ! Dire que nous n'étions séparés que par un pouce du cannibalisme, et de l'enfer !

Ernest RENAN, lettre à Berthelot, 28 mai 1871, peu de temps après avoir quitté Paris.

Ces hommes (les communards) ne sont plus des ennemis qui combattent, ce sont des assassins et des incendiaires. [...]

Pendant que nous contemplions hier le Palais-Royal, qui s'effondrait, nous voyions sortir d'une fenêtre une langue de flamme.

Elle venait lécher la hampe de fer qui soutenait la loque rouge que la Commune appelait un drapeau et que la fumée avait déjà noircie et flétrie.

Il semblait que ce feu avait de l'intelligence.

Il se hissait de lui-même jusqu'à l'étoffe, bientôt il en atteignait l'extrémité, et en un clin d'œil l'oriflamme disparut, dévorée par le feu ; les cendres s'en allèrent dans le vent.

C'était le dernier lambeau de la révolution qui disparaissait.

Jules de GASTYNE, *La Constitution*, 26 mai 1871.

Hier, vers cinq heures après-midi, la rue Radziwill était fermée à ses deux extrémités et au passage qui donne sur la rue de Valois, par un cordon de soldats. Il s'agissait tout simplement de faire une visite des maisons, pour savoir si elles n'abritaient pas des engins d'incendie, l'autorité ayant reçu avis que les scélérats ne renonçaient pas à l'espoir de mettre le feu à la banque, et qu'ils devaient y procéder en s'installant dans la rue Radziwill.

On a visité de la cave au grenier, et on n'a retrouvé que des quantités insignifiantes de pétrole, nécessitées pour l'entretien des lampes.

Mais on a fermé le passage Radziwill, qui jouit d'une mauvaise réputation.

La Constitution, 1er juin 1871.

• Les sentiments de Flaubert :

Quant à la Commune, qui est en train de râler, c'est la dernière manifestation du Moyen Age. La dernière, espérons-le ! Je hais la démocratie (telle, du moins, qu'on l'entend en France), c'est-à-dire l'exaltation de la grâce au détriment de la justice, la négation du droit, en un mot l'antisociabilité. La Commune réhabilite les assassins, tout comme Jésus pardonnait aux larrons. [...] La seule chose raisonnable (j'en reviens toujours là), c'est un gouvernement de mandarins, pourvu que les mandarins sachent quelque chose et même qu'ils sachent beaucoup de choses. Le peuple est un éternel mineur.

Gustave FLAUBERT, *Lettre à George Sand,* 1871.

• **Le rôle de l'absinthe, des femmes et de la religion :**

Pendant le siège de Paris, l'usage des boissons enivrantes n'avait cessé d'être abondant, avec la Commune il devint surabondant. L'on peut supposer n'être élevées qu'à cinq cent mille les quotidiennes consommations d'absinthe à Paris, pendant la Commune. En ces deux cent quarante fatales journées, cent vingt millions de verres d'absinthes ! Que de cerveaux brûlés ! L'habitude est dans l'air, le pétrole dans les esprits.

Il ne tarde pas à se répandre de toute part, pour ne laisser après lui que des monceaux de ruines. L'ivrogne croit avoir triomphé : il succombe, la société justement irritée le rejette de son sein et l'envoie finir sa misérable existence à Cayenne ou à Nouméa.

Telles sont les conséquences terribles de l'abus des boissons.

L'Ouvrier, ses vrais intérêts, par une association de jeunes gens, 1877.

Un témoin oculaire digne de foi m'a affirmé que, pendant la Commune, il avait vu des pétroleuses saisir par les organes génitaux des gardes nationaux récalcitrants et les forcer à les suivre sur les barricades pendant l'attaque de Paris par les troupes de Versailles.

Dr JACOBUS X..., *De l'amour,* 1901.

La grande erreur consiste à supposer que la Commune de Paris fut un mouvement spontané, et cette erreur se répète à propos de toutes les révolutions. La publicité juive fait évidemment tout ce qu'elle peut pour l'entretenir. [...]

La Commune de Paris, si nous regardons son essence profonde, ne fut pas autre chose qu'une guerre religieuse.

Emmanuel MALYNSKI, *La Grande Conspiration mondiale,* 1928.

• **Une grande page, qui résume tout :**

C'est une honte de penser que cette insurrection exécrable va entrer et se vautrer dans l'histoire. [...] Cherchez bien, parcourez l'histoire, vous n'y trouverez pas une révolution d'un niveau si bas et d'un caractère si pervers.

L'ivrognerie était l'élément de cette révolte crapuleuse. Une vapeur d'alcool flottait sur l'effervescence de sa plèbe. La bouteille fut un des « instruments de règne » de la Commune. Elle abrutissait avec le vin et l'eau-de-vie des bandes imbéciles qu'elle expédiait à la mort, comme le Vieux de la Montagne hallucinait ses séides avec le haschisch. Ses bataillons marchaient en titubant au combat. Il y avait du *delirium tremens* dans la furie de leur résistance...

Cette catastrophe exécrable a purifié la France en la foudroyant. Elle aura l'éclat d'un Jugement dernier, tranchant en deux parties la nation. D'un côté, quelles que soient d'ailleurs leurs opinions diverses et leurs préférences légitimes, les élus de l'ordre, du devoir, de l'honnêteté, de la paix publique ; de l'autre, les réprouvés du brigandage et de l'anarchie. La Commune a flétri la sédition, tué le complot, déshonoré la révolte. Elle a marqué d'avance de son stigmate infamant quiconque oserait, même de loin, rentrer dans ses voies...

Cette effroyable insurrection aura été aussi une révélation. La démagogie socialiste s'y est montrée à nu dans toute sa hideur. [...] Elle est apparue dégoûtante de sang et la torche au poing. L'épreuve est consommée, le charme est rompu. Les peuples ne se laisseront plus tenter ni séduire par la faction des incendiaires et des assassins.

Paul DE SAINT-VICTOR, *Barbares et bandits,* 1871.

COMMUNISME

• **Définition :**

— Tu es laborieux, tu travailles : je ne fais rien, et je ne veux rien faire. Tout le socialisme, tout le communisme est là.

Théodore MURET, *La Vérité aux ouvriers, aux paysans et aux soldats,* 1849.

• **Une folie répugnante :**
Que sont les doctrines communistes ? Des folies radicalement impuissantes, à moins toutefois que la queue d'une comète ne vienne balayer l'humanité qui existe, et peuple la terre d'une race inconnue et tenant le milieu entre Ariel et Caliban. [...] Vous pourriez prendre parmi les hâbleurs les plus résolus, et vous verriez à quelle imperceptible minorité se réduirait la phalange d'extravagants qui se contenteraient d'avoir, au lieu d'enfants, des petits numérotés.

Armand MARRAST, *Le National*, 20 septembre 1847.

Loin de moi, communisme ! [...] Votre présence m'est une puanteur ! et votre vue me dégoûte !

Léon PILLET, *Les Rouges jugés par eux-mêmes*, 1849.

• **Grave erreur des premiers chrétiens :**
Pour moi, je ne crains pas de dire que les Apôtres et les premiers chrétiens se sont trompés en faisant du communisme ; que les Docteurs et les grands Saints des premiers siècles se sont trompés en soutenant qu'il était criminel de tirer du capital un revenu, quelque menu fût-il.

S'ils avaient l'AMOUR du peuple, ils n'avaient pas encore la SCIENCE SOCIALE.

Victor CONSIDÉRANT, *Le Socialisme devant le vieux monde*, 1848.

• **Aux temps modernes, il a ses fidèles enthousiastes :**
Salut à toi, Parti, ma famille nouvelle
Salut à toi, Parti, mon père désormais
J'entre dans ta demeure où la lumière est [belle
Comme un matin de premier mai !

Louis ARAGON, Mon parti lumineux, 1960.

• **Et son phare de vérité :**
Pour un communiste, Staline est la plus haute autorité scientifique du monde.

F. COHEN, « Mendel, Lyssenko et le rôle de la science », in *La Nouvelle Critique*, février 1950.

• **Il est vrai qu'il a toujours raison :**
En France, pays de vieille culture, il n'est pas vraisemblable que les communistes soient plus intelligents que les autres Français : pourtant, ce que l'immense majorité du peuple français reconnaît aujourd'hui comme vrai, ils étaient seuls à le voir ; en 1935, lors des accords Laval-Mussolini qu'ils furent seuls à refuser de ratifier ; en 1936, en protestant seuls contre la prétendue non-intervention en Espagne, favorisant l'encerclement de la France par l'Allemagne ; en 1937, en proposant contre l'agresseur hitlérien un plan de sécurité collective de tous les États démocratiques, de la petite Belgique à la grande Union soviétique ; en 1938, en s'opposant seuls ou presque à la trahison de Munich ; en 1939, en dénonçant seuls la « guerre pourrie » des Munichois et des « Finlandais » ; en 1940, en demandant seuls la levée en masse contre l'invasion et en dénonçant Vichy et Montoire comme instruments de l'ennemi.

Note de l'éditeur, en préface à J. STALINE, *Matérialisme dialectique et Matérialisme historique*, Éditions sociales, Paris, 1947.

• **Le lyrisme et les mythes :**
Marx et Engels ne sont pas simplement les fondateurs d'une « école » philosophique quelconque. Ils sont les chefs vivants d'un mouvement prolétarien vivant, qui monte et se fortifie chaque jour.

Joseph STALINE, *Anarchisme ou Socialisme*, Éditions sociales, 1950.

Nous, communistes, sommes fiers que le grand Lénine ait été au berceau de notre mouvement. Au cours du demi-siècle qui s'est écoulé depuis, celui-ci est devenu la force politique la plus influente dans l'arène internationale. Les succès du mouvement communiste sont incontestables. Mais nous n'oublions pas que cette magnifique ascension est le fruit d'énormes efforts, d'une lutte de tous les instants, de sacrifices sans nombre. Il n'y a jamais eu de champions plus dévoués au bonheur du peuple travailleur que les représentants de la glorieuse cohorte des marxistes-léninistes. Leurs noms seront transmis de génération en génération comme l'exemple d'un héroïsme authentique, comme le symbole d'une foi inébranlable en l'avenir radieux de l'humanité. Honneur et gloire aux héros du mouvement communiste, aux Prométhées de notre époque !

Léonid BREJNEV, *L'œuvre de Lénine vit et triomphe,* Albin Michel, 1974.

COMPARATIFS

• L'exemple du cheval :

1. *Comparatif superlatif* : mon cheval est le plus beau de tous les chevaux.

2. *Comparatif hyperbolique* : mon cheval est plus beau que le tien.

3. *Comparatif parabolique* : mon cheval est aussi beau que celui du général.

4. *Comparatif elliptique* : mon cheval est moins beau que le premier.

5. *Comparatif inferlatif* : mon cheval est le moins beau de tous les chevaux.

J. B. LEMERCIER, *Lettre sur la possibilité de faire de la grammaire un art-science,* 1806.

CONCEPTION

• Précautions à prendre :

Tout, jusqu'à la manière de marcher, a de graves conséquences pour les femmes enceintes ; les aliments trop salés leur font avoir des enfants sans ongles, et la couche est plus laborieuse si, au milieu des douleurs, elles ne retiennent pas leur respiration ; il est mortel pour elles de bâiller dans l'accouchement ; comme il leur suffit d'éternuer après avoir conçu pour être exposées à un avortement.

PLINE, *Histoire naturelle,* 78 apr. J.-C.

Il s'est trouvé des femmes blanches engendrer des enfants noirs, semblables aux Éthiopiens, pour avoir contemplé trop attentivement, pendant qu'elles concevaient, ou aussitôt après avoir conçu, des Maures, soit réellement soit en peinture.

Nicolas VENETTE, *La Génération de l'homme,* édition de 1690.

• A qui l'enfant ressemblera :

On prétend que c'est le plus vigoureux des époux qui reproduit le plus souvent son image. Cette observation est parfaitement vraie, appliquée à la formation des sexes. C'est en effet le parent le mieux conservé, si je puis m'exprimer ainsi, ou, si l'on veut, le moins épuisé par l'âge, la santé, surtout les excès, qui reproduit le plus son sexe.

Nouvelle Théorie des ressemblances, les Preuves de la paternité, 1867.

• Jamais d'alcool :

Les relevés faits dans plusieurs grandes villes d'Europe établissent que les enfants engendrés par des parents en état d'ivresse, succombent dès le bas âge à des convulsions mortelles, ou portent en eux les germes d'une dégradation physique et morale : les paralysies partielles, l'épilepsie, la chorée, les tremblements nerveux, l'idiotisme, le crétinisme, la folie, etc. Tels sont les terribles effets de l'ivresse des procréateurs sur les êtres engendrés. N'est-ce pas épouvantable ?

A. DEBAY, *La Vénus féconde et callipédique,* 1884.

CONCIERGES

• Unanimité :

Dans toutes les explosions à la dynamite qui ont mis Paris sens dessus-dessous en 1892, il n'y a eu qu'une constatation sur laquelle tout le monde ait été d'accord, c'est la somnolence des concierges.

Louis PUIRABAUD, *Les Malfaiteurs de profession,* 1893.

CONCORDE (Pont de la)

• Plus large... de rien du tout :

Le pont de la Concorde, la largeur de ce pont — l'un des plus fréquentés de Paris — sera portée à trente-cinq mètres, soit vingt mètres de chaussée et deux trottoirs de sept mètres. Le pont Alexandre III, le dernier construit, n'a que trente-quatre mètres.

Le Figaro, 24 juin 1927.

CONCUBINAGE

• Grave péché, qui n'est tolérable qu'avec la domesticité :

Le concubinage étant un péché beaucoup plus grave que la fornication simple, cette circonstance doit être dévoilée dans la confession. [...] La séparation doit être exigée, même *in extremis,* et la confession du moribond ne doit être entendue que lorsqu'il a été donné satisfaction à Dieu et aux hommes par le renvoi de la femme ou par son départ volontaire. [...] On ne doit pas exiger la séparation quand elle est impossible comme lorsque c'est un fils ou une fille de famille qui commettent le péché avec un domestique ou une servante de la maison paternelle.

Mgr J.-B. BOUVIER (1783-1854), *Dissertation sur le sixième commandement*, 2.

CONFESSEUR

• Prenez garde au bouc :

Chaque église, dans nos grandes villes, tient en réserve pour les dévotes hystériques une variété de boucs sacrés ; il y en a de toute couleur et pour tous les goûts, depuis l'abbé pimpant, frisé et musqué, jusqu'au capucin sale et puant. [...] Pères, maris, veillez sur vos femmes, sur vos filles ! Séduire, corrompre, c'est la mission du confesseur ; flétrir les âmes, polluer les corps, c'est le rôle des curés. Tout prêtre est un bourreau patenté par la foi.

Les Mystères du confessionnal, par le curé X..., 1871.

CONFESSION

• Pour :

La confession a encore du bon.

La Croix, 2 juin 1912.

• Et contre :

On peut commettre tous les crimes, assassiner père et mère, violer des petites filles, comme Mgr Maret, ou sodomiser des jeunes gens, selon la mode de M. le comte de Germiny ; on peut détrousser un garçon de recettes et le larder de coups de couteau ; on peut accomplir les plus exécrables forfaits, se souiller des turpitudes les plus obscènes et les plus dégradantes ; en sortant du confessionnal, on est, d'après l'Église, plus innocent que le bébé qui vient de naître.

Léo TAXIL, *Les Livres secrets des confesseurs*, 1883.

CONFLIT ISRAÉLO-ARABE

• L'indiscutable franchise de la France, qui vend des armes aux deux parties :

Je souhaiterais que les Israéliens comprennent que leur intérêt est que les États arabes possèdent le maximum de matériel militaire moderne, car cela leur donnera envie de livrer bataille, et ils la perdront toujours.

Alexandre SANGUINETTI, intervention devant le Bureau politique de l'UDR à l'Assemblée nationale, *Le Monde*, 15 janvier 1970.

• Une suggestion inattendue :

Arabes et Juifs doivent régler ce problème dans un véritable esprit chrétien.

Warren AUSTIN, délégué des États-Unis à L'ONU, 1948.

CONJUGAISON

• C'est tout simple :

Explication de la conjugaison du verbe *tenir* :

PRÉSENT : La première personne du présent se forme du premier participe (de l'infinitif) en changeant *r* en *s*, et en transposant *l'i* avant *l'e*. Ex : *Tenir, je tiens.*

PASSÉ : Le passé se forme du présent en supprimant l'*e* (tins).

FUTUR : Le futur se forme du présent en changeant l'*s* en *drai (tiendrai).*

PRÉVOST SAINT-LUCIEN, *La Grammaire française et l'orthographe apprises en huit leçons*, 1796.

CONSCIENCE

• Ceux qui n'en ont pas :

Le Temps publie une lettre de Sully-Prudhomme, le récent vainqueur de Stockholm (*prix Nobel de littérature*), informant les peuples qu'il se réserve d'employer le prix qu'il a obtenu « suivant sa conscience ». Je suis fixé. Lorsqu'un protestant ou un philosophe parle de sa conscience, on peut être sûr qu'il ne fichera rien.

Léon BLOY, *Journal*, 22 janvier 1902.

CONSCRIPTION

• Multiplie les naissances :

La population a continué de s'accroître ; et pourquoi ne dirions-nous pas que la conscription elle-même, qui chaque année fait passer sous nos drapeaux l'élite de notre jeunesse, a contribué à cet accroissement ?

Camille BACHASSON DE MONTALIVET, *Le Moniteur*, 27 février 1813.

CONSTANTINOPLE

• Étonnement d'un voyageur :

Constantinople est un monde où le nombre de chrétiens est prodigieux.

R. P. TARILLON, Lettre au comte de Pontchartrain, 4 mars 1714.

CONSTELLATIONS

• Tout dépend d'où on les regarde :

Chaque nuit, sur le pont, je regarde nos constellations changer de formes. Sans rien connaître à l'astronomie, je sens qu'ici elles ont de nouveaux profils.

Guy DE POURTALÈS, *Voyage au pays khmer*, p. 9, vers 1930.

CONTAGION

• Prudence :

Un rasoir suspect, une serviette d'auberge, il n'en faut pas davantage, quand on a la guigne et une écorchure, pour inoculer le tréponème à la plus chaste pucelle.

Le Journal, 3 juillet 1916.

CONTRACEPTION

• Le nec plus ultra :

Une firme américaine a lancé sur le marché un « avertisseur de fécondité » qui n'est rien d'autre qu'une radio-pilule séjournant plusieurs mois dans l'organisme des femmes et qui décèle ainsi l'augmentation de température correspondant à la période d'ovulation, c'est-à-dire de fécondité. La radio-pilule émet alors un signal radio continu, qui est amplifié par un haut-parleur d'alerte installé près du lit conjugal. Cet avertisseur de fécondité est, bien sûr, harmonisé au cadre de la chambre à coucher.

Le Parisien libéré, 10 décembre 1963.

• Un argument contre :

Encore, dans ce Bloc-notes de rentrée, à propos de la pilule, ai-je supprimé à la dernière minute des considérations qui méritaient au-delà du supportable le reproche maternel : « Tu ramènes tout à toi ! ». Je rappelais que je suis le cinquième enfant de ma famille et que, si la pilule avait régné en ce temps-là, il y aurait eu un romancier de moins en France, un gaulliste de moins, un octogénaire de moins, et que je n'aurais eu qu'une existence toute négative, celle qu'expriment ces deux vers de Sully-Prudhomme :

« Demeure dans l'empire innommé du [possible
Ô fils le plus aimé qui ne naîtra jamais ! »

François MAURIAC, *Le Figaro littéraire*, 23 septembre 1968.

• Un vrai bateau :

La pilule de certaines est payée par tous les Français par le biais de la Sécurité sociale. Il est probable que cet argent serait mieux apprécié pour donner un an de sursis au plus beau paquebot du monde.

Article à propos du « France », *Le Parisien libéré*, 13 septembre 1974.

CONVENANCE

• Le chameau ne l'ignore pas :

Avec quel subtil esprit de la convenance, encore, la sobriété du chameau s'accorde avec l'aridité du désert !

Émile BAYARD, *Le Bon Goût*, 1919.

COPERNIC (Nicolas)

• Il trouverait là à qui parler :

Il est prouvé de la manière la plus claire, que les systèmes de Ptolémée et de Copernic sont également faux ; que le soleil n'a pas un mètre de diamètre ; que l'étoile de Vénus n'est pas si grosse qu'une orange ; que la terre est plus grande que tous les corps célestes réunis en masse, qu'elle n'a que le mouvement diurne, qu'elle occupe le centre du système planétaire et des espaces, etc.

Abbé L. P. MATALÈNE, *L'Anti-Copernic*, Paris, 1842.

• Des incertitudes sur sa date de naissance et sa profession :

Il y a un demi-siècle naissait Copernic.

La Liberté de l'Est, 17 février 1973.

Le 500e anniversaire du grand gastronome que fut Nicolas Copernic.

L'Est Républicain, 18 avril 1973.

COQ

• Conseils aux éleveurs :

Les coqs doivent être renouvelés tous les ans, car jeunes ils sont beaucoup plus vaillants. En plus, ils ont l'avantage de grandir, tandis qu'un vieux reste stationnaire.

Théophile MONTBRESSON, *Le Bienfaiteur, véritable ami de la famille et de la patrie*, 1899.

COQUILLE

• Un seul exemple, mais pris à bonne source :

M. Naffrechoux fait part de la demande de Mme Devigili, ancienne secrétaire de la mairie de Craches, qui propose l'achat de la machine à rire.

Compte rendu d'une séance du conseil municipal de Prunay-sous-Ablis, *Les Nouvelles des Yvelines*, cité in *Le Canard enchaîné*, 27 mars 1974.

COQUINS

• Ont de la religion :

Je crois avoir environ 100 prisonniers que demain je ferai mitrailler. Ces coquins ont tous des cocardes avec des madones, et se défendaient en criant : Viva Maria !

Joachim MURAT, *Lettre au général Dallemagne*, 1798.

CORBILLARD

• Nul n'est censé ignorer la loi :

Une instruction du 10 juin 1957, de la Direction des Impôts, précise le régime des fourgons funéraires au regard des taxes sur le chiffre d'affaires.

— S'ils ne comportent pas de place d'accompagnement, ils sont considérés comme des « transports privés de marchandises ».

— S'ils ont une ou plusieurs places d'accompagnement, ce sont des « transports de personnes », soumis aux exigibles en pareil cas.

Toutefois, compte tenu d'une tolérance admise en 1939 en matière de taxe sur les transports de voyageurs, il a paru possible d'exonérer des dites taxes, non seulement les transports pour fourgons ne comprenant que l'emplacement réservé au cercueil, mais encore ceux qui sont effectués par des véhicules comportant, outre cet emplacement, au maximum cinq places d'accompagnement.

La France alimentaire, 1er août 1957.

CORDAY (Charlotte)

• L'aryenne justicière du Juif :

Son geste justicier ne saurait être taxé ni d'assassinat, ni même de meurtre. Cela nous l'écrivons tranquillement, sans avoir le moins du monde le sentiment de céder au goût du paradoxe. En acceptant, au plein d'un cataclysme social sans précédent et où s'était effondrée toute magistrature légitime, de devenir l'instrument d'une justice profanée, Charlotte Corday nous a donné un inoubliable exemple d'héroïsme sacrificiel.

Elle est la plus haute personnification des vertus civiques dans notre pays. Mais c'est à un autre titre encore que sa gloire doit briller éternellement et dans tout l'univers d'un rayonnement inégalable. Martyre des grandes causes de la Patrie, elle est aussi la suprême héroïne de la chrétienté dans sa guerre de libération du judaïsme.

Issue d'une antique race chevaleresque, une des rares en France dont l'origine remonte au XIe siècle, Marie-Antoinette Charlotte de Corday d'Armont descend en ligne droite des compagnons de Rollon et de Guillaume le Conquérant. On ne saurait pourtant songer en évoquant son visage à quelque Walkyrie égarée en terre gauloise. Le sang généreux des Wikings ses ancêtres s'est depuis des siècles et des siècles romanisé. Et de fait, cette jeune Nordique a une âme de Romaine. Elle en parle le langage que lui a transmis le grand Corneille dont elle est en filiation suivie et prouvée l'arrière-petite-fille. [...]

Par une singulière prédestination, c'est à cette vraie princesse aryenne, racialement nordique, psychiquement latine et pour cela même si complètement française, qu'incomba l'héroïque mission de précipiter aux Enfers la plus belle incarnation de la race maudite que l'univers ait connue depuis Judas jusqu'à Bela Kuhn.

Professeur Armand BERNARDINI, *Le Juif Marat*, Éditions Études et documents, Paris 1944.

CORNEILLE (Pierre)

• L'influence de son époque :

Corneille, né dans un siècle plein d'affectation, ne pouvait avoir le goût bon.

VAUVENARGUES, *Réflexions critiques* in *Œuvres*, 1797.

• La querelle du *Cid* :

Ingrat, rends-moi mon Cid *jusques au der-*
[nier mot
Après tu connaîtras, Corneille déplumée,
Que l'esprit le plus vain est souvent le plus sot
Et qu'enfin tu me dois toute ta renommée.

L'auteur du vrai *Cid* espagnol, à son traducteur français, 1637.

Oui, je le dis encore une fois, cette rare comédie espagnole vous a tellement aidé que les moins habiles même remarquent que vous n'en êtes que le traducteur et le copiste.

CLAVERET, *Lettre au sieur Corneille, soi-disant auteur du* Cid, 1637.

Il est de certaines pièces comme de cer-
[tains animaux qui sont en la nature,
Qui de loin semblent des étoiles, et qui de
[près ne sont que des vermisseaux...
Je prétends donc prouver contre cette
[pièce du Cid
Que le sujet n'en vaut rien du tout
Qu'il choque les principales règles du
[poème dramatique
Qu'il manque de jugement en sa conduite
Qu'il a beaucoup de méchants vers
Que presque tout ce qu'il a de beautés sont
[dérobées
Et qu'ainsi l'estime qu'on en fait est
[injuste.

Georges DE SCUDÉRY, *Les Fautes remarquées en la tragi-comédie du* Cid, 1637.

Nous dirons que le sujet du *Cid* est défectueux en sa plus essentielle partie, comme celui qui manque de l'un et de l'autre vraisemblable commun et extraordinaire.

Jean CHAPELAIN, *Les Sentiments de l'Académie française touchant les observations faites sur la tragi-comédie du* Cid, 1638.

• A propos de *Polyeucte* :

Que les auteurs prennent garde de ne pas mêler aux tragédies saintes les galanteries du siècle, et de faire paraître des passions humaines, qui donnent de mauvaises idées aux spectateurs, et les portent à des pensées vicieuses. Car ce mélange fait qu'elles deviennent odieuses par la sainteté du sujet, ou que la sainteté du sujet est méprisée par la complaisance que plusieurs ont à cette coquetterie. C'est la faute où M. Corneille est tombé dans *Le Martyre de Polyeucte*, où parmi tant de propos chrétiens et tant de beaux sentiments de la religion, Pauline fait avec Sévère un entretien si peu convenable à une honnête femme...

Abbé d'AUBIGNAC, *Pratique du théâtre*, 1657.

En vérité, y a-t-il rien de plus sec et de moins agréable que ce qui est de saint dans cet ouvrage ?

Armand DE BOURBON, prince DE CONTI, *Traité de la comédie et des spectacles selon la tradition de l'Église*, 1667.

Ce qui eût fait un beau sermon faisait une misérable tragédie.

SAINT-ÉVREMOND, *De la tragédie ancienne et moderne*, 1672.

• Un jugement d'ensemble :

Corneille est partout guindé, entortillé, obscur, gigantesque, extravagant. [...] On devrait interdire aux jeunes gens la lecture de ses œuvres.

ÉPIMÉNIDE, *Cataractes de l'imagination, déluge de la scribomanie*, 1779.

• Mais son souvenir reste présent, malgré de petites confusions :

Pour ses concitoyens, il est devenu un peu comme le Cid, le héros de Corneille, qui tua l'assassin de son père.

Paris-Match, 24 juin 1971.

Maître de lui comme de l'univers, l'Auguste de Racine est proprement moderne, douteusement romain, certainement pas grec.

André GLUCKSMANN, *Les Maîtres penseurs*, p. 281, 1977.

CORPS A CORPS

• C'est l'idéal :

Or, quel plus beau résultat de l'instruction un chef peut-il espérer, quelle plus grande satisfaction peut-il ressentir que cet ardent désir d'arriver au corps à corps manifesté par les hommes qu'il a l'honneur de conduire au combat ?
Il n'en est certes point.

Capitaine LEDENT, *A la baïonnette ! Chargez !*, 1912.

CORRIDA

• Un jusqu'au-boutiste :

Je me suis même brouillé avec pas mal d'amis coupables d'avoir assisté en curieux à l'infamie des corridas, tant est profond l'abîme que creuse entre eux et moi leur honteuse curiosité, et, quelle que soit mon horreur de la guerre, je nourris pourtant le vague espoir que ma chère et noble patrie la fera un jour à l'Espagne pour la contraindre à la destruction des plazzas.

Georges COURTELINE, *La Philosophie de Courteline*, 1922.

CORSE

• Quand la géographie parle :

La Corse est doublement française d'abord par son massif hercynien qui fut jadis directement rattaché à celui de la Provence, et ensuite par les Alpes dont le prolongement au sud de Nice-Cannes se poursuit presque sans solution de continuité dans les plis du cap Corse.

M. G. SIMOENS, *Étude stratigraphique, tectonique et économique du bassin houiller d'Osani, théorie de l'évolution cataclysmique et de l'évolution alternante*, 1936.

CORSET

• On lui a beaucoup prêté :

Puisse le tableau suivant faire ouvrir les yeux aux mères aveugles qui, dans l'espoir de former une taille élégante à leurs filles, les enferment, dès le bas âge, dans un corset inflexible. Ce tableau est la moyenne de quarante années d'observations.

Sur 100 jeunes filles portant corset :

25 succombent à des maladies de poitrine ;

15 meurent à la suite du premier accouchement ;

15 restent infirmes après l'accouchement ;

15 deviennent difformes ;

30 seulement résistent, mais sont, tôt ou tard, affligées d'indispositions plus ou moins graves.

Docteur A. DEBAY, *Hygiène vestimentaire*, 1865.

• Il agit sur le teint :

Ainsi, peu de personnes pensent que le corset ait de l'influence sur cette pâleur des femmes des grandes villes qui tranche si fortement avec le teint chaud et coloré des femmes de la campagne ; et pourtant le corset y contribue pour une grande part.

Le Journal des femmes, février 1842.

• Il a inspiré François Coppée :

Vraiment, je lui trouvais l'air honnête et [gentil,
A ce petit corset, simple et svelte, en coutil ;
Mais, hier, je ne l'ai plus revu dans la bou- [tique.
Une enfant du faubourg, jolie et chloro- [tique,
L'a sans doute lacé sur ses mignons appas.
Et c'est attendrissant de penser, n'est-ce [pas ?
Qu'il enferme à présent le sein pur d'une [vierge,
Ouvrière en journée ou fille de concierge,
Et que, songeant tout bas : « L'amour ? [Qu'est-ce que c'est ? »
Un cœur battra bientôt sous le petit corset.

François COPPÉE, *Les Humbles*, 1872.

COSAQUES

• Ce que Renan attendait d'eux :

Que les Cosaques viennent pourvu qu'ils me laissent les bibliothèques, des penseurs pour commercer, une académie pour m'entendre et la liberté de penser et de dire. Je m'anoblirai intérieurement. Que m'importe que la vérité s'attache au nom de France ou de Cosaques.

Ernest RENAN, *Cahiers de jeunesse*, 1907.

• D'où ils viennent et où ils vont :

Comme chez tous les peuples d'origine celtique, il y a, dans le Cosaque, un sentiment très vif de personnalité et d'individualisme. On retrouve les mêmes traits de caractère chez le Slave russe, chez le Breton armoricain, chez le Gallois et le Gaulois. [...] Le Cosaque est aujourd'hui, dans la Sainte Russie, ce que le Gallois et le Gaulois sont dans la Grande-Bretagne, ce que le Breton est dans la Grande France.

Les événements, surtout ceux qui se produisent actuellement, prouvent qu'à travers les mélanges, les conflits, les rivalités de la politique, les violences de la conquête, la race finit toujours par se retrouver et l'élément originel par se dégager. Le sang parle, et l'expression *la voix du sang* n'est dénuée ni de vérité ni de raison. [...]

Il vient, il accourt, le Cosaque ; on l'entend pousser son cri de guerre, on le voit, penché sur son petit cheval, assaillir et disperser Hongrois, Autrichiens, Germains !

Et la France le salue et l'aime parce que frère des Slaves et fils des Celtes, il combat pour la civilisation contre la barbarie, pour l'indépendance des races contre la sauvagerie teutonique et vandale et, une fois de plus, contre les Turcs. Le Cosaque, le voilà !

Iann KARMOR, *Celui qui vient, le Cosaque*, Bordeaux, 1914.

COU

• Il est la preuve de l'existence de Dieu :
Le ciel (étoiles, lune, soleil, séjour des mortels vertueux et de Dieu) est une vérité incontestable : en douter serait une preuve de folie puisqu'il suffit de lever les yeux pour le voir. [...] L'homme est fait pour le voir puisque la flexibilité de son cou et les yeux placés à l'extrémité de la tête prouvent que le Créateur a voulu que sa créature vît constamment le ciel.

Joseph-Aimable GRÉGOIRE, *Les Quatre Vérités ou le Système de la Vertu applicable à toutes les nations*, 8e édition, Paris, 1840.

• Ce qu'il veut dire :
Ceux qui ont une petite tête, d'aventure si avec cela ils ont un long col et menu, sont sots et stupides ; mais si d'aventure le col est court, ils sont prudents et ont bon esprit, parce que par ce moyen, à cause du chemin plus court, les esprits parviennent bien plus tôt et plus promptement jusques au cerveau, le siège de l'imagination.

Gabriel CRESSONNET, *Physionomie judiciaire*, 1626.

De tout temps, la longueur démesurée du cou a été considérée comme l'emblème de la stupidité, parce qu'alors il y a une moins grande promixité du cœur et du cerveau.

Balthazar RICHERAND, *Éléments de physiologie*, 1802.

Les femmes froides, frêles, dures et minces comme est Mme de Rochefide, ces femmes dont le cou offre une attache osseuse, qui leur donne une vague ressemblance avec la race féline, ont l'âme de la couleur pâle de leurs yeux clairs gris ou verts.

Honoré DE BALZAC, *Béatrix*, 1839.

COUCHER

• Insuffisant :
Coucher avec une femme ne suffit pas pour l'inonder de clarté et la doter d'un cerveau.

Joseph PÉLADAN, *La Science de l'amour*, 1911.

COULEURS

• Vive le bleu :
Toutes les couleurs sont belles, et je ne saurais vraiment pas dire laquelle je préfère aux autres ; mais la couleur bleue a je ne sais quoi de touchant, de rêveur ; c'est la livrée du firmament, et comme telle, elle a une affinité particulière avec le cœur de l'homme, ce pauvre exilé du ciel.

Marie MAUGERET, *La Science à travers champs*, 1875.

• Vive le vert :
Le vert est la couleur favorite du peuple, celle qu'adopte et préfère sa simple poésie, et j'entends le seul vert qui mérite ce nom, gai, vif et aigu, le vert de la nature et des choses champêtres, le vert végétal, éternel, le vert de l'herbe et de la feuille, de la tonnelle et du chou, de la barrière et du banc rustique.

Henri LAVEDAN, *La Famille française*, 1917.

• Flaubert n'est pas fixé :
De couleur vert pomme, sa chasuble, que des fleurs de lis agrémentaient, était bleu ciel.

Gustave FLAUBERT, *Bouvard et Pécuchet*, 1881. L'erreur fut corrigée dans les éditions postérieures à l'édition originale.

COURAGE

• Les interrogations d'un littérateur :
Après avoir lu un article odieux de Léon Daudet sur Zola, *Le Grand Fécal*, irai-je tout de même dîner ce soir avec Léon Daudet chez Goncourt ? Est-ce que je ne devrais pas envoyer toute cette Académie à la balançoire ? Oui, si j'étais riche.

Jules RENARD, *Journal*, 27 mars 1908.

COURBET (Gustave)

• Jugé par Ingres :
Comme il arrive à la nature de gâter elle-même ses plus belles productions ! [...] Courbet n'a rien donné de lui-même, et il avait tant reçu ! Quelles valeurs perdues !

Quels dons sacrifiés ! Est-ce assez remarquable et désolant ! Rien comme composition, rien comme dessin, des exagérations, presque une parodie ! [...] Ce qu'il présente est, comme talent d'artiste, d'une parfaite nullité.

Dominique INGRES à propos de *L'Après-dîner à Ornans*, salon de 1849.

• Le peintre de la laideur :

Jamais peut-être le culte de la laideur n'a été exercé avec plus de franchise que cette fois par M. Courbet.

J. DÉLÉCLUZE, à propos d'*Un Enterrement à Ornans*, Salon de 1850.

Courbet enlaidit la nature, comme Delacroix.

Le Corsaire, 1850.

... (j'ai subi) les cuisantes souffrances du laid, l'affreux dégoût de l'ignoble.

Prosper HAUSSARD, à propos d'*Un Enterrement à Ornans*, 1850.

Vendredi 24 février (1851) [...] On a beaucoup parlé du tableau de Courbet (un enterrement) et on l'a traité comme il mérite de l'être. Ce tableau est une mauvaise plaisanterie, faite en mauvaise peinture.

22 juillet (1853) : Hier nous avions une séance du jury pour le choix des tableaux de l'exposition d'honneur.

Je suis parvenu à faire repousser de l'exposition d'honneur les tableaux de Courbet ; je n'ai pas voulu que la mauvaise plaisanterie du chef de l'école de l'ignoble pût se prolonger.

Horace DE VIEL-CASTEL, *Mémoires sur le règne de Napoléon III*, 1881-1884.

• A propos du rôle qu'il a joué pendant la Commune :

Vois cet autre envieux, peintre de quin-
[zième ordre
Devant qui la bohème autrefois se cour-
[bait :
De la peinture il sait à peine l'alphabet
Et sur Raphaël même il trouverait à mordre !

Tous les tableaux du Louvre, oh ! s'il pou-
[vait les tordre
Pour allumer le feu, sorcières de Macbeth,
Sous la chaudière où bout la graine du gibet,
L'huile où son noir pinceau trempe dans
[le désordre !

Vieux palais de nos rois, historique séjour,
Ô Louvre ! s'il régnait un jour, rien qu'un
[seul jour,
Que se passerait-il dans tes augustes salles ?
Comme il en chasserait de nos maîtres
[anciens
Les merveilleux tableaux, pour y mettre
[les siens !
Quelle exposition de ses peintures sales !

Jules LACROIX, *L'Année infâme*, mai 1871.

Courbet aura été perdu par la peinture politique, comme Victor Hugo par la poésie politique.

La Constitution, 9 juin 1871.

Le gros Courbet, le peintre réaliste et déboulonneur, auquel la France doit quelques mauvais tableaux de plus et une glorieuse colonne de moins.

A. DE LAMOTHE, *Les Métiers infâmes*, 1877.

• Un faire-part prématuré :

Gustave Courbet a été fusillé !

Le peintre d'Ornans a été pris dans une armoire du ministère de la Marine, où il s'était réfugié.

Les soldats ne lui ont pas fait grâce. C'était un grand peintre ; mais il a tant fait de mal qu'il ne méritait pas de pitié.

La Constitution, 27 mai 1871. (Courbet est mort en 1877.)

• Sa vraie place :

Courbet est parfois artiste. [...] Mais il ne vient qu'au second rang, après les Rousseau, les Corot, les Millet, les Jules Dupré.

Eugène VÉRON, *L'Esthétique*, 1883.

Il m'a été donné de revoir l'œuvre à peu près complète de Gustave Courbet. Quelle désillusion ! Ces toiles réputées dignes d'être comparées à certaines des œuvres indélébiles qui figurent au Louvre, étaient devenues d'incohérentes enseignes... Avec Courbet, nous revenons tout simplement aux plus exaspérantes vétustés de la peinture : selon moi, le talent de cet homme est une parfaite mystification.

J.-K. HUYSMANS, *L'Art moderne*, 1883.

COURSE A PIED

• Les nègres ne peuvent pas gagner :

Relevons enfin (*chez les nègres*) cette caractéristique de la jambe et du pied : le mollet est tourné par-devant plutôt que par-derrière, et l'os du talon projeté en éperon. On a voulu croire que le nègre était constitué ainsi afin de pouvoir marcher facilement. Ah ! les théories sont belles ! Qu'on aille un peu voir les courses que font les nègres des États sudistes et de l'Afrique orientale anglaise ! Il faut dire que je vis une tribu remarquable au point de vue de la course à pied : c'étaient les Magandas, d'origine mauresque, qui étaient très fiers d'avoir *égalé* le record des coureurs blancs du marathon anglais.

Warrington DAWSON, *Le Nègre aux États-Unis*, 1912.

COURSES DE CHEVAUX

• Un observateur impartial :

J'avoue que je comprends également l'intérêt de ceux qui assistent aux courses et l'indifférence de ceux qui n'y assistent pas.

RENÉ, *La Semaine des familles*, 14 juin 1862.

• Et un partisan :

Une reprise des courses de chevaux est donc de nature à la fois à satisfaire les besoins de la Défense nationale et à contribuer à la reprise de la vie économique.

Robert PONCET, *Lyon-Républicain*, 4 octobre 1939.

COURTELINE (Georges)

• L'égal de Molière :

Courteline ne saurait, vraiment, m'empêcher de proclamer, une fois de plus, mon admiration pour son très puissant génie ; et, dans cent ans, *Un client sérieux*, ce sera aussi beau que *Les Précieuses ridicules*, comme *Boubouroche* sera admiré à l'égal de *Georges Dandin*.

Catulle MENDÈS, *L'Art au théâtre*, 1900.

COUTEAU (Peinture au)

• Un symptôme évident :

Le traitement de la pâte démesurément épaisse et surtout l'utilisation du couteau au lieu du pinceau est la prédilection des déments.

François LEHEL, *Notre art dément*, 1926.

COUTURE (Thomas)

• Dont acte :

J'ai l'amour-propre de me croire le seul artiste véritablement sérieux de notre époque (vous voyez que j'ai le courage de mes opinions).

Thomas COUTURE, lettre à M. de Villemessant, in *Le Figaro*, 28 janvier 1857.

CRACHAT

• Deux recommandations :

Quand on aperçoit à terre quelque gros crachat, il faut aussitôt mettre adroitement le pied dessus.

Saint Jean-Baptiste DE LA SALLE, *La Civilité puérile et honnête*, 1695.

Il faut avoir le courage de considérer les choses en face, indépendamment de toute hypocrisie des mots et des gestes : cracher dans la rue, c'est cracher dans la bouche de son voisin.

Dr J. HÉRICOURT, *L'Hygiène moderne*, 1907.

CRÂNE

• Aucune hésitation :

Comparez le crâne de Judas Iscariote avec celui du Christ, de Holbein, et demandez-vous où est le traître ? Où est l'innocence trahie ? Balancerez-vous ? Non, assurément.

Gaspard LAVATER, *L'Art de connaître les hommes par la physionomie*, édition de 1806, tome I.

CRAYON

• Un membre intéressant :

Lui aussi avait été de toutes les batailles, au premier rang, revolver d'une main, carnet de l'autre, et la mitraille ne faisait pas trembler son crayon.

Jules VERNE, *L'Île mystérieuse*, 1874.

CRÉATION

• Une date célèbre :

Dieu qui crée le ciel et la terre par sa parole, et qui fait l'homme à son image... 4004 ans avant Jésus-Christ.

BOSSUET, *Discours sur l'histoire universelle*, 1681.

CRÈME

• Survivance d'un raisonnement scolastique :

La crème du lait monte toujours à sa surface. Elle monte simplement, parce que *c'est dans sa nature de monter*.

R.-W. TRINE, *A l'unisson de l'infini*, 1918.

CRÉTIN

• Les apparences sont trompeuses :

Il est bon de noter ici que Mind, le célèbre peintre des chats, avait l'aspect d'un crétin ou d'un dégénéré, ainsi que Socrate, Skoda, Ibsen, Tolstoï, Sardou, Dostoïevski, Magliabecchi, Darwin, Cooper, et de nos jours, parmi les Italiens, Schiapparelli, le savant mathématicien si renommé entre tous ses confrères.

César LOMBROSO, *L'Homme de génie*, 1896.

CRÉTINS POLITIQUES

• Des noms :

A partir de 1830, la France descend le haut rang qu'elle occupait en Europe. Elle n'est plus qu'un objet de mépris, c'est à qui la reniera, et cette France si digne avant la révolution, qui faisait trembler la puissante Albion, est réduite à se traîner à sa remorque et à subir toutes les humiliations que toutes les parties du monde lui prodiguent. Voilà les résultats du triomphe de la politique des Dupont (de l'Eure), Laffitte, Lafayette, Béranger, Raspail, Ledru-Rollin, Proudhon, Barbès, Louis Blanc, Caussidière et autres crétins politiques qui n'ont pas eu l'intelligence de créer pendant leur pouvoir la moindre chose utile au pays.

Histoire de 60 ans de folies révolutionnaires et sociales, 1849.

CRI

• N'importe quoi :

Au cri que la Pudica avait jeté, à ce cri sorti comme d'une vulve de louve, tant il était sauvage, et qui me vibrait encore dans les entrailles, une femme de chambre était montée.

Jules BARBEY d'AUREVILLY, *Les Diaboliques, A un dîner d'athées*, 1874.

CRIMINALITÉ

• Une théorie qu'il y aurait intérêt à vérifier :

Des gens bien cherchent un remède. On avait fondé de grandes espérances sur l'instruction. Il faut convenir maintenant qu'il n'y a pas de rapport exact entre la moralité et la connaissance de l'orthographe.

Le Mercure de France, 16 mai 1909.

• A qui la faute ? :

N'a-t-on pas remarqué que les plus grands criminels ont été dépravés, dès l'enfance, par les mauvaises lectures ? N'en a-t-on pas vu, en pleine cour d'assises, confesser que c'est la basse littérature qui les a entraînés dans la voie qui aboutit fatalement au bagne et à l'échafaud ? Engeance honteuse, éclose du fumier des infâmes doctrines, nourrie par l'éducation sans Dieu, par cette éducation menteuse et monstrueuse, que les apôtres du socialisme ont juré d'imposer à notre malheureux pays, sous le titre insensé d'*Instruction laïque* !

E. CARON, chef d'institution à Paris, *Un coup d'œil sur la mauvaise presse*, 1874.

C'est la négation de l'existence de Dieu et l'enseignement du matérialisme, qui de tout temps et partout ont fait les grands criminels.

DU SAUSSOIS DU JONC, *De l'extinction du paupérisme par une instruction morale*, 1877.

• Un grand médecin a la solution :

Pourquoi la société ne disposerait-elle pas des criminels et des aliénés d'une façon plus économique ? [...] Peut-être faudrait-il supprimer les prisons. Elles pourraient être remplacées par des institutions plus petites et moins coûteuses. Le conditionnement des criminels les moins dangereux par le fouet, ou par quelque autre moyen plus scientifique, suivi d'un court séjour à l'hôpital, suffirait probablement à assurer l'ordre. Quant aux autres, ceux qui ont tué, qui ont volé à main armée, qui ont enlevé des enfants, qui ont dépouillé les pauvres, qui ont gravement trompé la confiance du public, un établissement euthanasique, pourvu de gaz appropriés, permettrait d'en disposer de façon humaine et économique.

Dr Alexis CARREL, *L'Homme, cet inconnu*, 1936.

CROCODILE

• Comme ses larmes, son hilarité est bien connue :

Carmen lui donna une commission et, dès que nous fûmes seuls, elle partit d'un de ses éclats de rire de crocodile.

Prosper MÉRIMÉE, *Carmen*, 1845.

• Une légende tenace :
Les femmes en Égypte se prostituaient publiquement aux crocodiles.

P.-J. PROUDHON, *De la célébration du dimanche*, 1850.

CROISSANCE

• Ce qui la favorise :
J'attribue le prompt accroissement des enfants des nègres, non seulement à l'influence du soleil sur eux, mais à ce qu'ils vont tout nus à l'air.

BERNARDIN DE SAINT-PIERRE, *Harmonies de la nature*, 1796.

CROIX

• Existait en Amérique avant l'arrivée des Européens :

Le père Chrétien le Clerc, qui, à ce que je crois, a eu le premier la gloire de cette découverte, prétend que le culte de la croix est si ancien chez ces sauvages (du Canada) que c'est une raison suffisante pour nous faire conjecturer, et croire même, que ces peuples n'ont pas eu l'oreille fermée à la voix des Apôtres.

Le père LAFITAU, *Mœurs des sauvages américains*, 1724.

CRUDITÉS

• A déconseiller :
Les crudités et légumes verts non cuits sont inassimilables, surchargent l'estomac et sont nuisibles.

Dr A. NARODETZKI, *La Médecine végétale*, 1910.

CUBA

• Le problème réglé :
Pour l'Espagne, Cuba, Colomb a su trouver ;
Et seuls, ses descendants pourront la conser-
[ver.

Parmi les nombreuses et ingénieuses combinaisons proposées, dans ces derniers temps, par la diplomatie, pour conjurer la lutte entre l'Espagne et les États-Unis, aucune, malheureusement, n'a pu aboutir.

Ce n'est pas pour nous surprendre. Car on en a oublié une qui, heureusement, se trouve être la vraie. [...]

Ce moyen consistait, purement et simplement, dans la stricte exécution par l'Espagne de tous les termes du traité passé le 17 avril 1492, entre Isabelle la Catholique et Christophe Colomb.

La vice-royauté de toutes les îles et terres fermes qu'il découvrirait était formellement attribuée à celui qui n'était encore qu'un hardi navigateur, et à ses descendants *à perpétuité*. [...]

Il est bien évident que le jour où le gouvernement de Sa Majesté la reine-régente d'Espagne eût, par un simple décret, rétabli dans ses droits quatre fois séculaires le descendant direct de Christophe Colomb, M. le duc de Veragua [...], il est bien évident que la situation eût été immédiatement et radicalement transposée.

Comment l'Espagne conservera Cuba, 1898.

• Un communiste explique pourquoi il n'y a pas de presse d'opposition sous Fidel Castro :

En réalité, depuis 1959, aucun organe de presse n'a été interdit. Le phénomène d'autodisparition des journaux réactionnaires s'explique par l'émigration vers les États-Unis des grands potentats de la bourgeoisie cubaine. Les riches propriétaires de *Prensa libre, El Païs, Excelsior, Carteles, El Diario de la Marina*, etc., quittèrent leur pays de leur propre gré, dès les premiers mois de la révolution.

Jean ORTIZ, responsable de l'Amérique latine auprès du Comité central du P.C.F., *Le Socialisme à la cubaine*, Éditions sociales 1983, cité in *Le Monde*, 11 janvier 1990.

CUBISME

• Ce n'est pas nouveau :
La conscience humaine ne s'est pas élevée depuis Socrate ; l'intelligence, la sensibilité, le goût, ne se sont pas développés d'Aristote à M. Petdeloup, de Périclès à M. Chauchard, de Phidias aux cubistes.

Urbain GOHIER, *Pour être sages*, 1914.

• Ce n'est pas de la peinture :
Le crime d'Apollinaire est d'avoir vu des peintres dans les parieurs du cubisme. Par égard pour la jeune audace du reste de son œuvre, audace toute nationale, je ne peux lui passer d'avoir pris le cubisme pour un pas en avant.

Mme AUREL, *L'Information*, 17 novembre 1918.

L'ancien bon sens s'étant mis à courir les rues, la tête en bas, les pieds en l'air, on ne s'étonne pas que le cubisme se recommandât froidement d'Ingres, tout en assemblant au hasard de la main, sous prétexte de nature morte, de portrait ou de figure nue, des pièces de puzzle éparpillées, et que l'inepte dadaïsme frappât Hugo de déchéance, en des phrases d'où étaient absents le sujet, le complément et le verbe.

Georges COURTELINE, *La Philosophie de Courteline*, 1922.

• C'est le triomphe des métèques :
Les plus récentes tentatives picturales sont celles du cubisme et de ses dérivés ou parallèles, fauvisme, surréalisme, expressionnisme, futurisme. [...]

Il s'agit d'une forme d'internationalisme intégral, d'une négation des sujets, des terroirs, des patries, des sentiments, au profit d'une construction exclusivement mentale, dont les promoteurs sont d'arides logiciens. Il n'est pas étonnant que cette conception, si elle fut due en partie à des Français, soit adoptée d'enthousiasme par une forte majorité d'étrangers, scandinaves, germains ou judéo-slaves. Il n'est pas étonnant qu'elle se relie, par le reniement du terroir, de la race et de la tradition, à toutes les formes du communisme et du bolchevisme. Il n'est pas étonnant qu'elle plaise à tous les blasés de la nature, de la beauté, de l'amour, de la foi, aux immoralistes, chambardeurs de valeurs, déracinés de toutes nuances, depuis le paneuropéanisme jusqu'au nihilisme absolu. Et c'est pourquoi il convient de combattre cette peinture avec le reste, dont elle est l'illustration. [...]
On peut mettre dans un sac tous les cubistes, de Picasso à Lurçat, sans en tirer rien qui vaille le moindre ornement géométrique des mosquées de Fez ou de Cordoue.

Camille MAUCLAIR, *Les Métèques contre l'art français*, 1930.

CULTURE

• Un modeste aveu :
Moi qui suis cultivé, je ne trouve pas de mal en moi, et spontanément en toute chose je me porte à ce qui me semble le plus beau. Si tous étaient aussi cultivés que moi, tous seraient comme moi dans l'heureuse impossibilité de mal faire.

Ernest RENAN, *L'Avenir de l'intelligence, Œuvres complètes*, édition de 1947.

• Il y a encore à faire :
Notre absence de culture, d'ordinaire, est telle que presque tous les noms célèbres nous ne les connaissons que par une seule action, une seule découverte, un seul poème ou un seul vers. Alcibiade ? La queue de son chien ! François Ier ? Ah oui, le panache blanc !

Léon PIERRE-QUINT, *Revue de France*, 15 décembre 1928.

CURÉ

• La délinquance ecclésiastique :
J'ai cru devoir aussi chercher à me rendre compte de l'effet que produisent sur la plupart de ces hommes appelés prêtres l'instruction et l'éducation qu'ils reçoivent. Je les ai comparés aux citoyens de la classe la moins instruite, à ceux qu'on désigne sous le nom de portefaix. Eh bien ! j'ai constaté que, malgré le manque d'instruction et d'éducation de ces derniers, en fait d'attentats commis contre nos mœurs, de troubles apportés dans notre société civilisée, les prêtres et les gens appartenant à la séquelle cléricale fournissaient plus de cent délinquants contre dix aux plus dépendants de la classe des portefaix...

Si vous prétendez que je me trompe, faites-le-moi savoir, je vous attends à la démonstration.

Justin RIEL, *Le Curé mis au défi et à l'ordre*, 1883.

CURIOSITÉ

• N'est pas toujours punie :
Pèche mortellement celui qui se complaît à regarder ses propres parties pudiques, car il est presque impossible que ces regards ne fassent pas naître chez lui des mouvements lubriques. Il en serait autrement s'il les regardait par pure curiosité.

Mgr BOUVIER, *Le Manuel des confesseurs*, 1842.

CYCLISTES

• L'avenir est à eux :

Tout porte à croire maintenant que la cause des cyclistes combattants est à peu près gagnée.

Commandant MORDACQ, *Les Cyclistes combattants*, 1910.

• Sous le regard de Dieu :

Sur la demande du curé-doyen de Ganges et à l'occasion de la venue du champion du monde Louison Bobet, Mgr l'évêque a bien voulu accorder dispense de la loi d'abstinence pour le vendredi 10 septembre. *Le Midi Libre*, 8 septembre 1954.

D

DANEMARK

• Une bonne règle :

Il est de règle en Danemark que ce soit un Frédéric qui succède à un Christian, et un Christian qui succède à un Frédéric, quels que soient les prénoms de ses prédécesseurs.

La Petite République, 13 juin 1907.

DANGEAU (Abbé Louis de)

• Grammairien français (1643-1723) dont l'équanimité est restée fameuse :

Dangeau disait, pour toute réponse, à un ami qui semblait vouloir lui communiquer les frayeurs que lui causait une nouvelle politique : « Il arrivera ce qu'il pourra, mais j'ai dans mon portefeuille deux mille verbes français bien conjugués. »

J. TASCHEREAU, *La Revue de Paris*, septembre 1833.

DANSE

• Adam l'inventa :

Le premier des humains n'eut qu'un ennemi dans sa félicité, ce fut l'ennui. Cet ennemi étant plus que suffisant pour troubler son repos, le sommeil lui fut donné pour le défendre ; mais le charme de ses plus doux pavots ne fut point éternel, l'homme s'éveilla et poussa des soupirs. Alors l'auteur de la nature créa la femme, son plus charmant ouvrage : la beauté brillait sur sa personne, l'innocence était dans ses yeux et les jeux badins dans ses bras. Notre premier père dormait, lorsque cet inestimable présent lui vint du ciel, quels transports ne ressentit-il pas en s'éveillant ! Quelle admiration ! Quel respect ! Que n'éprouva point ce cœur tout neuf, qui n'avait jamais connu l'amour ni ses plaisirs ! Il court les bras ouverts du côté du bel objet qui le charme, il le regarde et ses regards au défaut de sa voix expriment ses transports ; enfin ils s'embrassent et la volupté pure naît dans leur sein.

A cette course précipitée, à ces tendres regards, et à ces bras ouverts, je crois pouvoir dire que nous devons les premiers principes de la danse.

Jean LECOINTE, *Apologie de la danse*, 1752.

• Utile aux nouveaux mariés :

L'exercice que font les mariés en dansant le jour de leurs noces paraît extravagant à plusieurs personnes, qui blâment toujours ce qui ne leur plaît pas. Ils ne sauraient se persuader que ce n'est pas sans raison que l'usage tolère cette ancienne coutume. Mais si l'on faisait un peu de réflexion sur les effets que causent les mouvements des mariés, peut-être trouverait-on que la danse des noces n'a été inventée que pour perpétuer plus aisément la race des hommes. Car ce n'est ni la malice du siècle, ni l'adresse de l'amour, ni les voluptés déréglées qui sont la cause de cette cérémonie ; c'est la raison même qui a voulu que les mariés dansassent le jour qu'ils se marient, afin que par cette agitation leur corps fût plus libre, plus ouvert et plus propre à la génération.

Nicolas VENETTE, *La Génération de l'homme*, édition de 1690.

• **Condamnation de la danse classique :**
Dans cette catégorie de danses extrêmement dangereuses en raison du costume adopté, il faut ranger en général les ballets d'opéras, où des troupes de danseuses évoluent en costume plus que sommaire ; corsage largement décolleté et laissant voir la plus grande partie de la poitrine ; bras entièrement à découvert ; jambes couvertes d'un maillot ; pour unique robe, le tutu, ou jupe de gaze légère extrêmement courte, n'arrivant pas même aux genoux, et qui, comme si elle était déjà trop longue, se relève, comme d'elle-même, dans le tourbillon rapide de la danse. L'exhibition d'actrices en pareil accoutrement présente, indépendamment même de la danse, un grave danger pour la morale.

R.P. ORTOLAN, *Dictionnaire de théologie* (article Danse), vers 1895.

• **Condamnation des danses modernes :**
Ce que je reproche, moi profane, aux fox-trot, one-step, shimmy et autres habanera, c'est de n'être pas des danses ; nul rythme, point de pas, point d'élégance, de plastique, dans quoi que ce soit. Lents ou frénétiques, mous ou trépidants, rien que des mouvements, ce qui n'est tout de même pas la même chose.

Ch. DAMBRIES, réponse *in* José Germain, *Danseront-elles ? Enquête sur les danses modernes*, 1923.

Un homme du monde, excellent danseur, caractérisait ainsi devant moi chacune des danses nouvelles : tango, immonde ; fox-trot, cynique ; java, grossière ; scottisch espagnole, provocatrice ; shimmy et blue, gâtisme et danse de Saint-Guy. Tout cela, ajoutait-il avec force, sent l'apache, l'aventurier, le rastaquouère, le sauvage...

Deux mots résument tout ce que je viens de dire. Ces danses ne sont pas autre chose que du bolchevisme moral.

F.-A. VUILLERMET, O.P., *Les Catholiques et les danses nouvelles*, 1924.

DANTE

• **Qualités et défauts :**
Les beautés de cette production bizarre (*La Divine Comédie*) découlent presque entièrement du christianisme ; ses défauts tiennent au siècle et au mauvais goût de l'auteur.

François-René DE CHATEAUBRIAND, *Génie du christianisme*, 1802.

DARWINISME

• **Un résumé de la doctrine :**
Avoir pour ancêtre un asticot, pour aïeul de seconde main une sardine, pour grand-oncle un marsupiau, pour chef de race un singe, et pour juge en dernier ressort un pou, que demander de plus ? Aussi m'écrierais-je volontiers avec le poète :

Grâce aux dieux, mon bonheur passe mon espérance !

Dr Constantin JAMES, *Du darwinisme, ou l'Homme-singe*, Paris 1877.

• **La réaction d'un ami à la lecture de *L'Origine des espèces* :**
J'ai ri jusqu'à en avoir mal aux côtes.

Adam SEDGWICK, géologue, lettre à Ch. Darwin, 1859.

• **Arguments contre :**
Le darwinisme, en nous faisant dériver du singe, et en nous ravalant de la sorte aux proportions de la brute, ne fausse pas seulement notre origine, il fausse également la notion de nos devoirs dans ce monde et de nos destinées dans l'autre : c'est au point que son triomphe équivaudrait à une véritable dislocation sociale...

Quant à moi, je me flatte de comprendre tout autrement le culte de la famille et, s'il est vrai que notre grand-père fut un singe et notre grand-mère une guenon, qu'ils reçoivent ici le tendre hommage de ma sympathie et de mes respects.

Dr Constantin JAMES, *Du darwinisme, ou l'Homme-singe*, 1877.

Ces idées doivent être fausses, puisqu'elles sont dangereuses.

Ferdinand BRUNETIÈRE, *La Revue des Deux Mondes*, 1890.

Napoléon, Alexandre, César, Aristote, Archimède et Newton, Shakespeare, Homère, Zola et Danton, Démosthène,

Colomb, Cicéron, ne sont donc au fond que des postiches attachés sur le rictus hideux d'un singe !

Filadelf GORILLA, *L'Homme, singe dégénéré, notes et impressions d'un singe*, 1893.

Darwin, jugeant de l'homme par les Anglais, ne voyait pas grande différence entre l'homme et le singe.

Louis MARTIN, *L'Anglais est-il un Juif?*, 1895.

• C'est l'œuvre du diable :
La loi des bêtes sauvages, ou loi de Darwin, qui consiste à faire sa pâture du plus petit ou du plus faible, est passée. De telles mentalités, de si tristes caractères, ont été formés par l'esprit du diable au moyen de toutes ses religions, même de celles dites chrétiennes, toutes associées avec l'égoïsme, et qui sont des abominations.

La Nouvelle Terre, le message à l'humanité, 1927.

• La preuve :
En 1894, la flèche de l'église de Sainte-Marie, à Shrewsbury, s'écroula, causant à l'église elle-même de graves dommages. A cette occasion, le recteur, M. Pointz, fit un sermon pour expliquer que cet accident devait être considéré comme un châtiment de Dieu. Les habitants de Shreewsbury s'apprêtaient en effet à élever un monument à Darwin, leur concitoyen.

Further Extracts from the Notebooks of Samuel Builer, Londres, 1934.

DAUDET (Alphonse)

• Aux limites de l'aliénation :
Daudet est un cochon maladif, avec les foucades d'un cerveau chez lequel, un jour, pourrait bien entrer la folie.

Journal des Goncourt, 5 mai 1876.

• Plus dangereux qu'il ne semble :
On ne peut pas dire que sa littérature est chaste et inoffensive pour tous les lecteurs. Les tout jeunes gens se contenteront de lire : *Contes pour la jeunesse, Tartarin de Tarascon*... Les plus grands pourront lire avec prudence : *Le Petit Chose*, histoire d'un enfant ; *Jack* ; *Les Lettres de mon moulin* ; *Contes du lundi*.

Abbé Louis BETHLÉEM, *Romans à lire et romans à proscrire*, Cambrai, 1908.

DAVID ET GOLIATH

• Comment on écrit leur histoire :
La connaissance des effets puissants de la force centrifuge existe depuis la plus haute antiquité. Dans ce livre de légendes parfois poétiques, mais souvent immorales et grotesques, la Bible, on voit le pâtre David abattre, à l'aide d'une simple fronde, une brute géante du nom de Goliath, sorte de fléau de Dieu des peuples sémites.

H. ARNOULD et S. SERVANT, *Catéchisme républicain*, 1904.

• L'arme du crime :
R.M. Johnson, de Morristown, est propriétaire de la pierre avec laquelle David a tué Goliath. Il a demandé à Wilbur Nelson, géologiste de l'État, de venir la voir pour l'évaluer. Il dit que cette pierre est dans sa famille depuis les temps bibliques.

Léo DURAN, *Le Grand Guignol*, décembre 1926.

DEBOUT

• On est mieux assis que debout :
Une triste expérience a démontré que la copulation exécutée debout amenait plus tard, chez l'homme, des lassitudes dans les membres inférieurs, des fatigues générales d'une persistance désolante. Les tremblements convulsifs et la paralysie dont sont frappés les hommes de seconde jeunesse, n'ont souvent pas d'autre cause.

A. DEBAY, *Hygiène et physiologie du mariage*, 1879.

DEBUSSY (Claude)

• On ne fera jamais pis :
Pelléas et Mélisande aura été une limite infranchissable, je crois, et méritera certainement de figurer, à titre de curiosité, dans toutes les bibliothèques de musique. M. Debussy consentira peut-être à renoncer à son système et à revenir à une conception plus saine de l'art musical.

Eugène D'HARCOURT, *Le Figaro*, 1er mai 1902.

• Un musicien discret, mais bien désagréable :
En son art deux fois amorphe, l'abolition du rythme répond à la suppression de la mélodie. L'orchestre de M. Debussy

paraît grêle et pointu. S'il prétend caresser, il égratigne et blesse. Il fait peu de bruit, je l'accorde, mais un vilain petit bruit.

Camille BELLAIGUE, *La Revue des Deux Mondes*, 15 mai 1902.

Ce n'est plus de la composition, c'est de la décomposition. La musique de Debussy a la grâce d'une jolie poitrinaire, aux regards languissants, aux gestes anémiés et dont la perversité a le charme de ce qui est frappé de mort. Une symphonie, un morceau sont un organisme. L'organisme debussyste rappelle celui des méduses dont la substance translucide s'irise brillamment aux rais du soleil à fleur de la vague, mais qui ne seront jamais que des protozoaires.

Alfred MORTIER, *Rubriques nouvelles*, 1909.

• **Le point de vue moral :**
On l'a dit (à propos de *Pelléas et Mélisande*) en quelques mots : « C'est un horrible poème d'amour incestueux, qui se termine par un double meurtre. » [...] Mais parmi quel enveloppement de trouble et de déraison ! Dans quel décor amolissant ! Après quelles tentatives pour dérouter notre conscience, lui faire prendre le mal pour le bien, l'accessoire pour le principal, l'amour, c'est-à-dire la passion irrésistible et folle, pour un seul dieu auquel tout doit obéir !

C'est plus peut-être qu'un mauvais spectacle, c'est une mauvaise action.

Abbé Louis BETHLÉEM, *Les Opéras, les Opéras-Comiques et les Opérettes*, Paris, 1926.

DÉCADENCE

• **Une vieille litanie :**
En vérité, ce n'est pas la fin d'une ville, c'est la fin d'un monde.

Saint JÉRÔME, après la prise de Rome par Alaric (410).

Or, tournons les yeux partout, tout croule autour de nous.

MONTAIGNE, *Essais*, III, 1588.

Nous sommes dans le temps de la plus horrible décadence.

VOLTAIRE, lettre à La Harpe, 1770.

Une visible décadence menace sérieusement la vitalité de la plupart des grandes nations européennes, et notamment de celles dites latines.

Gustave LE BON, *Lois psychologiques de l'évolution des peuples*, 1894.

• **Une prédiction :**
Nous disparaîtrons corps et âmes de ce territoire, comme les Gaulois. [...] Ils n'ont pas laissé vingt mots de leur propre langue. De nous, si le mot « merde » subsiste, ce sera bien joli.

Louis-Ferdinand CÉLINE, cité *in* P. Sérant, *Le Romantisme fasciste*, 1960.

• **Une preuve :**
Qu'est-ce que ces « petites femmes » tapageuses et sans culture qu'on rencontre aujourd'hui dans les bars à la mode, si nous les comparons à une Otéro, une Émilienne d'Alençon, une Irma de Monsigny ?

POLAIRE, *Le Journal*, vers 1936, cité in *Le Mercure de France*, 1er novembre 1936.

DÉCLARATION DE GUERRE

• **L'article d'un grand journaliste sportif en 1914 :**

Mes p'tits gars ! Mes p'tits gars chéris ! Mes p'tits gars français ! Écoutez-moi ! Depuis quatorze ans que *L'Auto* paraît tous les jours, il ne vous a jamais donné de mauvais conseils, hein ? Alors, écoutez-moi !

Les Prussiens sont des salauds. J'emploie le mot non pas pour parler « poissard », mais parce qu'il dit exactement ce que je veux dire. Et si je parle des Prussiens sans confondre avec eux les Allemands, c'est parce que je crois que tous les cerveaux allemands ne sont pas encore fondus au creuset prussien. [...]

Voyez-les d'ailleurs, ces sales têtes carrées, moutons stupides sans initiatives, têtes à boucherie.

Mes p'tits gars ! Mes p'tits gars chéris ! Mes p'tits gars français ! Écoutez-moi bien ! Il faut que vous les « ayez » ces salauds-là ! [...] Croyez-le : il n'est pas possible que ce qu'est un Français succombe devant ce qu'est un Allemand. C'est un gros match que vous avez à disputer : faites usage de tout votre répertoire français.

La tactique, n'est-ce pas ? n'est pas pour vous effrayer. Une feinte, et l'on rentre, un démarrage et l'on part. Vous savez tout cela, mes p'tits gars, mieux que moi qui vous l'enseigne depuis bientôt trois lustres. Mais méfiez-vous ! Quand votre crosse sera sur leur poitrine, ils vous demanderont pardon. Ne vous laissez pas faire. Enfoncez sans pitié ! Il faut en finir avec ces imbéciles malfaisants qui, depuis quarante-quatre ans, nous empêchent de vivre, d'aimer, de respirer, et d'être heureux. [...]

Ah ! le grand soupir que va pousser l'Humanité, mes p'tits gars, si vous êtes victorieux ! Comme on va respirer ! Comme on va trouver la vie belle et bonne ! Et puis, plus de grotesques, plus de « choucroutmen », plus de voleurs de pendules, plus d'imperator en zinc qui redresse ses moustaches en affirmant que l'Allemagne est « attaquée ». Plus de Kaiser ! Plus d'Agadir ! Plus d'impôt de sang ! Plus de cauchemar ! Plus de salauds !

Cela dépend de vous, mes p'tits gars ! mes p'tits gars chéris ! mes p'tits gars français ! Nous avons eu la première manche à Iéna ; ils ont eu la seconde à Sedan. A nous la belle si vous le voulez, comme savent le vouloir des Français quand ils veulent.

Henri DESGRANGE, *L'Auto*, 3 août 1914.

DÉCLARATION DES DROITS DE L'HOMME

• Deux appréciations intéressantes :

La préface criminelle d'un livre impossible.

Antoine DE RIVAROL, cité *in* L. de Rochefort, *Souvenirs et mélanges*, 1825.

De cette erreur monstrueuse sont sorties toutes les ruines successives accumulées depuis.

La Croix, 12 juin 1912.

• Et une question :

Où Locke et Rousseau ont-ils trouvé ces prétendus droits de l'homme à la liberté et à l'égalité ?

COTTU, *Guide politique de la jeunesse*, 1838.

• Péladan conclut :

En 1789, Mirabeau, politicien, lut aux honorables d'alors un factum qui commençait par cette idiotie : « Les hommes naissent et demeurent libres et égaux en droits. »

Joseph PÉLADAN, *La Science de l'amour*, 1911.

DÉCOUSU

• Un exemple :

Désirant terminer notre série de conférences par une simple causerie, je vous demande la permission de glaner à droite et à gauche, et je réclame votre indulgence pour le décousu de mon discours. Je l'ai intitulé « Prévoyance et Charité » ; parlons d'abord de la Prévoyance, et même auparavant, de la Charité.

A. BELLIER, *Conférences faites à la gare Saint-Jean à Bordeaux*, 1868.

DÉFAUT

• En bref :

Au-delà des Oujiji habitent les Ouakaranga et les Ouavinza. Ces derniers joignent les défauts des Ouanyamouezi à ceux des Oujiji.

Charles GRAD, *Voyage de Burton et Specke*, 1862.

DÉFENSIVE

• Un argument souvent entendu :

La situation générale ne s'est pas modifiée. Nous restons sur une défensive plutôt avantageuse.

Le Petit Journal, 29 août 1914.

Le moral est superbe. La retraite franco-britannique sur l'Aisne apparaît un des plus beaux faits d'arme accomplis par les Alliés.

Le Journal, 1er juin 1918.

DEGAS

• L'avis de Coquiot :

Ce peintre pompier et « moderniste » [...]. C'est de l'image de calendrier ; c'est de la photographie directe, de l'anecdote étroite. [...] Et voilà le peintre dont on nous a rebattu les oreilles !

Gustave COQUIOT, *Des gloires déboulonnées*, 1924.

DE GAULLE (Charles)

• La qualité de ses discours :

Ceux-là mêmes qui ne se seront pas rendus aux arguments développés par le général de Gaulle dans sa dernière allocution seront sensibles, du moins, à la rigueur géométrique d'un discours reliant d'une seule foulée logique la France d'hier et celle de demain, en passant par-dessus les remous de l'épreuve et de l'objection avec la hardiesse calculée d'un ouvrage d'art.

Paris-Match, 14 février 1962.

• Son triste bilan :

Il importe de dresser au plus tôt un bilan du gaullisme. Ne laissons pas ces faillis nous fabriquer des culpabilités. Politiquement, de Gaulle a isolé la France dans un nationalisme du XIXe siècle, repoussé la nécessaire union européenne, erré d'alliance de hasard en futiles malédictions ; économiquement, il a mené le pays au bord de la ruine. Le mécanisme de cette économie passéiste et de la chute du franc doit être minutieusement démonté. Et puis, il faut savoir ce que ce gaullisme a coûté, et à qui. Combien d'argent gaspillé en dépenses militaires camouflées et contradictoires, en parades de prestige, en donation, non à des peuples sous-développés, mais à des roitelets serviles faisant ponctuellement leur cour à l'Élysée, en cadeaux au grand capital, aux industriels amis du pouvoir et aux œuvres de propagande. Quels choix ont été faits : combien d'entretenus et de profiteurs vivent à nos crochets depuis onze ans tandis que nous n'avons ni autoroutes, ni téléphones, ni justice pour les pauvres, les infirmes, les enfants inadaptés, les vieillards. Où sont allés ces impôts écrasants, directs ou indirects ?

Morvan LEBESQUE, *Le Canard enchaîné*, 30 avril 1969, article faisant suite au départ du général de Gaulle après l'échec du dernier référendum.

• Les certitudes d'un partisan :

La riche pensée du général de Gaulle continuera à guider les Français longtemps après que se soient tues les cloches de Colombey.

Pierre LEFRANC, président de l'Association nationale d'action pour la fidélité au général de Gaulle, *Le Monde*, 9 novembre 1973.

DÉISTES

• De grands malades :

Des mystères ! Ils n'en voudront jamais. C'est la maladie. [...]

Il en est de même des miracles. Ne parlez jamais de miracles à ces pauvres insensés : les déistes n'en veulent pas. C'est la maladie, encore une fois.

Il en est de même des sacrements et de la prière. [...] C'est la maladie, toujours la maladie...

Mais le caractère spécial, le symptôme le plus frappant de cette monomanie du déisme, c'est de s'opiniâtrer à rejeter tout ce qui est surnaturel. [...] C'est leur maladie.

R.P. A. LEFEBVRE, de la Compagnie de Jésus, *De la folie en matière de religion*, Paris, 1866.

DÉJECTIONS

• L'argent va à l'argent :

On constate que les vidanges des hôtels et des restaurants sont en général plus riches que celles des maisons particulières et des casernes.

Ce fait ressort des analyses suivantes, dont la première, due à M. Corenwinder, se rapporte aux déjections d'ouvriers recevant principalement une alimentation végétale, et la deuxième, faite par M. Girardin, aux déjections des bourgeois ayant une alimentation plus spécialement animale :

	Déjections	
	Ouvriers	Bourgeois
Eau	95,190	95,100
Azote	0,549	0,869
Acide phosphorique	0,167	0,323
Potasse	0,161	0,207

En calculant la valeur comparée de ces engrais avec les prix que nous avons attribués aux matières fertilisantes, nous trouvons : par tonne de vidange des ouvriers, une valeur de 9,74 F ; et par tonne de vidange des bourgeois, 15,47 F.

A. MUNTZ et C. GIRARD, professeur et chef de travaux à l'Institut national agronomique, *Les Engrais*, Paris, 1898.

DELACROIX

• Un jeu de mots :

M. Delacroix a commandé deux voitures à l'entreprise des déménagements pour enlever le mobilier de Sardanapale, trois corbillards pour les morts et deux omnibus pour les vivants. M. Delacroix est, dit-on, indisposé depuis le 26 avril, il est au régime du laid.

L'Observateur du 6 mai 1827 (à propos de la *Mort de Sardanapale*, toile de Delacroix exposée au Salon).

• **Parlons métier :**

Eugène Delacroix a fait trembler le contour, espérant donner à la ligne l'émotion de la couleur. C'était un excès.

Philarète CHASLES, *Question du temps*, 1868.

• **L'opinion d'Edmond de Goncourt :**

On veut que Delacroix soit un coloriste, je le veux bien, mais alors c'est le coloriste le plus inharmonieux qui soit. Il a des rouges de cire à cacheter de papetiers en faillite, des bleus à la dureté du bleu de Prusse. Des jaunes et des violets des vieilles faïences de l'Europe, et ces éclairages de parties de nu avec des hachures de blanc pur sont, je l'ai déjà dit, tout ce qu'il y a de plus insupportable, de plus cruel pour l'œil.

Edmond DE GONCOURT, *Journal*, 12 mars 1885.

DELAVIGNE (Casimir)

• **Un maître :**

Casimir Delavigne sera pour tous ce qu'il est pour les hommes de goût, un poète de génie, dont les vers élégants et harmonieux rappellent souvent les éminentes qualités des écrivains du grand siècle ; et je n'hésite pas à le placer au-dessus de Crébillon.

Jean-Pons VIENNET, *Journal*, 1831.

DELAWARE

• **Un fleuve bien complaisant :**

Le Delaware coule parallèlement à la rue qui suit son bord.

F. R. DE CHATEAUBRIAND, *Voyage en Amérique*, 1827.

DÉLECTATION MOROSE

• **Enfin des précisions :**

La délectation en général est un acte de la volonté qui s'attarde pour s'y complaire et en avoir du plaisir à un objet ou à une opération de l'esprit. [...]

Une fiancée ou une veuve pèche-t-elle quand elle se réjouit d'une copulation charnelle future ou passée ? Si la fiancée se délecte en esprit et non charnellement de la copulation, en tant que future et légitime épouse, elle ne pèche pas, du moins mortellement. Mais si elle se délecte charnellement, elle pèche mortellement.

J'en dirai autrement de la veuve qui se réjouit d'une copulation passée.

F.C.R. BILLUART (1685-1757), *Des différentes luxures*, art. 12.

DÉLICATESSE

• **L'exagération d'un homme de lettres :**

Au jardin, je baisse les yeux pour ne pas faire peur, quand je passe, à l'oiseau qui est sur son nid.

Jules RENARD, *Journal*, 13 juin 1907.

DEMAIN

• **De quoi sera-t-il fait :**

La France de demain sera une France militaire et religieuse qui reviendra à une politique d'autorité.

L'Écho de Paris, 10 mai 1915.

DÉMOCRATIE

• **Veuillot n'a pas varié :**

Il faut que la démocratie française devienne chrétienne, ou la France sera anéantie.

Louis VEUILLOT, *L'Univers*, 23 décembre 1840.

Un peuple de démocrates est un peuple d'histrions.

Louis VEUILLOT, *Les Odeurs de Paris*, 1867.

• **Un grand danger :**

Nos orateurs et nos écrivains commettent donc une grande méprise lorsqu'ils nous recommandent, sous le nom de démocratie, un système de gouvernement qui n'a jamais existé en Grèce, et qui compromet aujourd'hui les destinées de l'Amérique du Nord.

F. LE PLAY, *L'Organisation du travail*, 1870.

• **L'opinion d'un philosophe :**

La démocratie est le renversement de tous les principes, le péché contre l'esprit.

Jules LACHELIER (1832-1918), *Cours de morale*, XV.

• Quelques polémistes :
Pourquoi les démocrates n'aiment pas les chats, il est facile de le deviner. Le chat est beau ; il révèle des idées de luxe, de propreté, de volupté, etc.

Charles BAUDELAIRE, *Fusées*, vers 1855-1862.

Un homme d'une intelligence et d'une instruction moyennes, capable d'enchaîner deux idées élémentaires, n'est pas, ne peut pas être démocrate.

Ce n'est pas assez dire de la démocratie qu'elle est vague, embrouillée, imprécise. Elle est plus que cela, et elle est mieux que cela : elle est absurde.

Pierre FÉLIX, *L'Équivoque démocratique*, 1906.

DÉMONSTRATIFS

• On les chante :

Pronoms démonstratifs :
Air : En passant par la barrière :
Pour démontrer une cause
Homme, femme *et caetera :*
L'intention se repose
Sur ce, celle, celui-là.
Il semble qu'on voit la chose,
En disant ceci, cela.

Stéphanie DE WARCHOUF, *Le Vélocifère grammatical, ou la Langue française et l'orthographe apprises en chantant*, 1806.

DÉMORALISATION

• Pourquoi la Bretagne n'est pas atteinte :
De la mi-juin à la Saint-Michel, les sardiniers couchent à bord, à l'exception du samedi soir où ils viennent « rendre le devoir » à leurs femmes. Le dimanche, personne ne pêche, tous les cabarets sont pleins. Un proverbe veut que, plus il y a d'ivrognes le dimanche, meilleure sera la tâche du lundi. [...]

On parle de la dépopulation et de la démoralisation de la France. Il faut faire une exception pour la Bretagne des sardiniers.

L'Illustration, décembre 1898.

DÉNOUEMENT

• Quand c'est la fin, c'est la fin :
La conclusion de cette affaire sera son dénouement devant le tribunal.

Comœdia, 16 avril 1932.

DENTS

• La tradition :
Les dents de l'homme portent avec elles un poison : présentées à un miroir nu, elles en ternissent l'éclat.

PLINE, *Histoire naturelle*, 78 apr. J.-C.

Si, en guise de tabac, l'on fume un nid de guêpes, l'on apaisera la douleur des dents.

LESSER, *Théologie des insectes*, 1742.

• Une phrase de Ponson du Terrail :
Ouf ! répondit Melchior, qui, pour calmer ses rudes émotions, n'avait cessé de boire, durant la longue route qu'ils venaient de faire, et n'avait point desserré les dents.

PONSON DU TERRAIL, *Les Étudiants d'Heidelberg*, 1862.

• Un coup d'œil sur la paléontologie :
C'est en analysant la forme d'une molaire, d'une canine ou d'une incisive que Cuvier put reconstituer le squelette entier d'animaux qu'on retrouva plus tard. S'il est vrai de dire avec Buffon : le style, c'est l'homme, il l'est plus encore de s'écrier : La dent, c'est l'humanité !

W. DE FONVIELLE, *Les Merveilles du monde invisible*, 1874.

• Un principe d'hygiène :
Je vous défie de me montrer un jeune homme qui ait une bouche propre et un cœur sale. Le jeune homme qui se lave les dents deux fois par jour ne peut pas être mauvais. Non, il ne peut pas.

George S. FOWLER, président de la compagnie Colgate and C°, Discours rapporté in *The Oregonian*, octobre 1925.

• Le lyrisme hugolien :
Se brosser les dents est au haut d'une échelle au bas de laquelle il y a : perdre son âme.

Victor HUGO, *Les Misérables*, II, VI, 2.

DÉPOPULATION

• Les données du problème :
La diminution extraordinaire dans le monde depuis Jules César a souvent attiré mon attention ; il est certain que les peuples innombrables qui habitaient l'Asie, la Grèce, la Scythie, la Germanie, ont disparu à mesure que la religion

chrétienne s'est étendue en Europe, et la mahométane dans les autres parties du monde.

Cette diminution va toujours en augmentant. Il y a environ soixante ans que M. de Vauban fit le dénombrement des habitants qui étaient en France; il en trouva vingt millions; il s'en faut bien que ce nombre y soit à présent.

Maréchal DE SAXE, *Réflexions sur la propagation de l'espèce humaine*, 1756.

• **Les célibataires sont innocents:**
Le nombre des mariages s'est accru depuis le commencement du XIXe siècle, dans une proportion plus grande que celui des naissances; tandis que les uns ont triplé, les autres ont à peine doublé. Ce résultat tendrait à prouver que la fécondité dans le mariage est moindre aujourd'hui qu'elle ne l'était alors. Ce n'est donc pas tant aux célibataires qu'aux gens mariés qu'il faut reprocher le faible accroissement de la population.

Maurice BLOCK, *Statistique comparée de la population de l'empire français*, 1861.

• **Une fière devise:**
Voulez-vous que je vous indique un moyen infaillible de sauver la patrie qui s'abîme, revenez tous à la devise de nos pères: Mon Dieu, mon Roi et ma Dame. Mon Dieu pour l'adorer; mon Roi (ou mon pays) pour le servir; et surtout: ma Dame pour la féconder.

J. DU VALDOR, *Les Signes de la fin d'un monde*, 1893.

• **Les causes:**
La force française se retire du monde. L'avenir de la France n'est plus sur les eaux.

Le zèle n'est donc plus dans sa marine, la foi qui donne l'unité d'action et l'audace de vivre.

Et il coule beaucoup de nos bâtiments parce que nos femmes ne font plus d'enfants.

Paul-Hyacinthe LOYSON, *Les Idées en bataille*, 1910.

Avec la vie chère l'une des causes de la dépopulation, c'est justement le progrès de la pornographie. [...] Des générations habituées par leurs lectures à ne voir les relations sexuelles que par les yeux de Suzanne, de la « garçonne » ou de l'« entremetteuse » sont vouées à la stérilité. Comptez les romans pornographiques, dont la diffusion est favorisée par l'indifférence ou la lâcheté des pouvoirs publics: plus leur tirage monte, plus la natalité baisse; le voilà, le vrai synchronisme!

Gustave TÉRY, *L'Œuvre*, 4 mars 1923.

• **En tout cas, c'est là où ça va mal que ça s'aggrave:**

En Italie, la dépopulation rurale commence par les campagnes.

La Petite Gironde, 29 septembre 1929.

• **Les remèdes:**
C'est par une prime aux campagnardes fécondes qu'il faut faire la remonte de la France.

Edmond LEPELLETIER, Paris, 4 août 1890.

Le remède, le vrai, le grand remède à la [dépopulation, le voilà:
Il faut croire en Dieu.
Il faut craindre la justice de Dieu.
Il faut avoir confiance dans la bonté, dans la miséricorde, dans la Providence de [Dieu.

Mgr GIBIER, *La Revue hebdomadaire*, 15 mai 1909.

Moins de naissances en France en 1972 qu'en 1971? Aux armes, citoyens!

La Gazette indépendante d'Autun, 3 février 1973.

• **Et un grave danger:**
La nature veut que la femme soit l'éternel contraste de l'homme, pour que l'homme soit charmé par la différence, attiré par la curiosité, tenu en haleine par le désir. Du jour où les femmes porteront un pantalon et un paletot, la population s'arrêtera.

Léon GOZLAN, *Le Journal de Paris*, 1848, cité *in* Paul Ginisty, *Anthologie du journalisme*, 1922.

DER DES DER

• **Un thème trop connu:**
Cette guerre-ci sera la dernière.

Général DUMOURIEZ, *Discours à la Convention*, 1792.

La Guerre — avec une majuscule — est agonisante, tuée par la guerre de 1914, qui assure à l'Europe une paix durable et sans nuages.

Victor LECA, *A bas les Boches !, 1914.*

L'abominable guerre qui durant tant de mois jeta les hommes au creux des tombes, celle qui noya de pleurs les yeux de tant de mamans, de pauvres veuves, de jeunes maîtresses, sera-t-elle, du moins, la dernière qui a épouvanté le monde ?

Je le souhaite, je l'espère et je le crois.

Dans tous les cas, ceux qui y ont assisté auront bien fait de la regarder de près, n'étant pas, j'ose le leur prédire, à la veille d'en voir une autre.

Georges COURTELINE, *La Philosophie de Courteline*, 1922.

DÉSARMEMENT

• Les dangers qu'il présente :

Si l'on procédait demain au désarmement, qu'est-ce que nos pacifistes feraient des millions de Français dont le principal moyen d'existence est de contribuer, dans leur spécialité, à l'entretien d'un contingent de quatre ou cinq cent mille hommes ? Ou encore, qu'est-ce qu'ils feraient des ouvriers de nos arsenaux de Toulon, Brest, Lorient, Cherbourg et Rochefort, et de ceux du Creusot, et de ceux des forges et chantiers de la Méditerranée, si l'on cessait demain de construire des cuirassés, des croiseurs et des torpilleurs ? La fabrication du drap de troupe fait vivre des milliers de Français, et pareillement la fabrication des chaussures pour nos soldats : de tous ces ouvriers, qu'est-ce que feraient nos pacifistes ?

Ferdinand BRUNETIÈRE, *Le Mensonge du pacifisme*, 1905.

DESCARTES

• Perspicacité de Lavater :

Sa physionomie annonce le créateur d'un nouveau système.

Gaspard LAVATER, *L'Art de connaître les hommes par la physionomie*, édition de 1807, tome VI.

• Prudence de l'Église :

Combien est admirable la modération de l'Église, qui, en bannissant les œuvres de Descartes, treize années après sa mort, y ajoutait cette clause « *donec corrigantur*, jusqu'à leur correction ».

Louise ANZOLETTI, *La Croyance au surnaturel et son influence sur le progrès social*, 1896.

• Grâce à la souplesse du vocabulaire marxiste, on ne sait plus s'il a vécu à l'époque « manufacturière »... :

Cette méthode (*de Descartes*), ou d'une façon générale toutes ses conceptions philosophiques (les animaux sont conçus comme des automates) n'est que la philosophie caractéristique de la période manufacturière.

Georges POLITZER, *Principes élémentaires de philosophie*, 1946.

• ... ou à l'époque féodale, d'ailleurs étrangement résumée :

A cette époque ou l'idéologie féodale était très vivante, jusque dans les sciences, Descartes entre en lutte contre cet état.

L'idéologie féodale, c'est ce raisonnement qui veut qu'il y ait deux sortes de gens : les nobles, et ceux qui ne le sont pas. Les nobles ont tous les droits, les autres aucun. On appliquait ce même raisonnement aux sciences, c'est-à-dire que seuls ceux qui, par leur naissance, avaient une position privilégiée avaient le droit de s'occuper de sciences. Seuls, ils étaient capables de comprendre ces problèmes !

Georges POLITZER, *ibid.*

• Les poètes n'aiment pas les philosophes :

Vous m'avez donné l'idée de relire, ou plutôt (soyons honnête !) de lire le *Discours de la méthode*. [...] C'est ce que je viens de faire, et ce qui me permet de vous rejoindre tout de suite avec la plus grande assurance : « Non, Descartes n'est pas un grand écrivain. » C'est même tout le contraire. [...] Peut-on dire, avec Fontenelle, que c'est un maître à penser ? Pas davantage.

Paul CLAUDEL, *Les Nouvelles littéraires*, 24 juillet 1937.

DESCENDANCE

• Parfois remonte :

L'enfant (il doit avoir douze ans) doit être sain, sans tare physiologique. Il doit n'avoir dans sa descendance directe aucun alcoolique.

Édouard HERRIOT, *Je sais tout*, 25 mars 1919.

DÉSINENCE

• Souvent révélatrice :

Son père, M. François de Cabarrus, n'était pas espagnol mais bien français, malgré un nom dont la désinence latine indique clairement une origine basque.

Joseph TURQUAN, *La Citoyenne Tallien*, 1926.

DÉSIR

• Faible chez la femme, heureusement :

Si une femme a l'esprit normalement développé et bien élevé, son désir sexuel est faible. S'il n'en était pas ainsi, le monde entier deviendrait un bordel ; mariage et famille seraient impossibles.

Joseph G. RICHARDSON, *Health and Longevity*, 1909.

DESSIN

• Une idée originale :

A mesure que la création s'élève, elle diminue l'importance de la couleur pour s'attacher de préférence au dessin... Les animaux les plus intelligents sont les moins colorés, et le moins coloré de tous les animaux est l'homme... Le corps humain est l'œuvre d'un dessinateur et non celle d'un coloriste.

Ch. BLANC, *La Grammaire des arts du dessin*, 1879.

DESSOUS

• Un bon indice :

On juge de la vertu d'une femme à ses dessous.

Émile BAYARD, *Le Bon Goût*, 1919.

DÉTAIL

• Une vue d'ensemble :

On m'a fait une querelle d'Allemand parce que j'avais parlé, à propos des chambres à gaz des camps de concentration nazis, de point de détail de l'Histoire, comme Hiroshima est un détail de l'histoire aérienne de la guerre : détail horrible, détail affreux, mais un détail.

Jean-Marie LE PEN, déclaration faite à Sarcelles (Val-d'Oise) le 26 février 1990, citée in *Le Monde*, 28 février 1990.

DÉTONATION

• Deux mystères :

Le premier coup de feu essuyé par Dreyfus avait été bien dirigé. Le commandant aurait reçu le projectile dans le dos s'il ne s'était pas retourné, averti par la détonation.

La Gazette, 5 juin 1908.

Un inventeur a expérimenté hier en public, à New York, un fusil dont la détonation ne produirait aucun bruit.

Le Rappel, 15 juin 1908.

DEUX

• Ou trois :

A proprement parler, il n'existe que deux formes de gouvernement : le gouvernement de tous, ou de quelques-uns, et le gouvernement d'un seul.

COTTU, *Guide politique de la jeunesse*, 1838.

DEUX CENTS FAMILLES

• Une supériorité arithmétique incompréhensible :

Les Cinq de l'opposition sous l'Empire, les Dix du Conseil de Venise ou de l'Académie Goncourt, les Treize et les Dix-huit de Genève, les Trente du fameux combat de Ploërmeur, les Trente-trois de la Commission Stavisky, les Quarante du quai Conti, les Quarante-cinq de Balzac, les Soixante-dix du Sacré Collège, les Cent-quatre du Panama, les Trois-cent-soixante-trois du Seize-Mai, les Cinq-Cents du Directoire, les Mille de Garibaldi, les Dix-Mille de Xénophon, etc. ont fait ou font moins parler d'eux que les Deux cents familles.

Le Journal, « Mon film », 16 avril 1936.

DEYR-EL-KAMAR

• Ville prise pour un homme :

Zarleh avait succombé sous les attaques des hordes de barbares, renforcées d'une soldatesque effrénée, sous la conduite de l'infâme transfuge Deyr-el-Kamar.

La Revue orientale, cité in *La Revue anecdotique*, décembre 1860.

DIAPHRAGME

• Et mourir de rire :

On attribue au diaphragme la subtilité de l'entendement : voilà pourquoi il est sans chair, mais nerveux et mince. Il est aussi le siège principal de la gaieté, comme on le voit surtout par l'effet que produit le chatouillement des aisselles, au-dessous desquelles il avance ; et la peau de l'homme n'ayant, nulle part ailleurs, plus de finesse, c'est aussi là que le chatouillement se fait sentir de plus près ; aussi, dans les batailles et dans les spectacles de gladiateurs, a-t-on vu mourir, en riant, des hommes dont le diaphragme avait été traversé.

PLINE, *Histoire naturelle*, 78 apr. J.-C.

DICKENS (Charles)

• Une calamité :

Quant à Dickens, il fut, si l'on veut, un écrivain de grand talent. De ces talents-là, très applaudis de la foule et chers aux riches oisifs qui veulent être amusés à tout prix, il y en a toujours trop. Malheur aux peuples où ils se multiplient !

Louis VEUILLOT, *Derniers Mélanges*, 2 mai 1875.

• Prudence :

Il n'est jamais immoral, cependant ses romans ne doivent pas être confiés à des lecteurs trop jeunes. Les qualités littéraires qui en font l'intérêt leur échapperaient, et les scènes d'amour dont ils sont remplis les troubleraient bien inutilement.

Abbé Louis BETHLÉEM, *Romans à lire et romans à proscrire*, Cambrai 1905.

DIDEROT (Denis)

• Une double exécution :

Sa phrase longue (*de Stendhal*) est mal construite, sa phrase courte est sans rondeur. Il écrit à peu près dans le genre de Diderot, qui n'était pas un écrivain.

H. DE BALZAC, « Études sur *La Chartreuse de Parme* de Monsieur Beyle », *Revue parisienne*, 25 septembre 1840.

• Une distraction de l'écrivain :

Lorsque j'entendis l'hôte s'écrier de sa femme « Que diable faisait-elle à sa porte ! », je me rappelai l'Harpagon de Molière, lorsqu'il dit à son fils : « Qu'allait-il faire dans cette galère ? »

Denis DIDEROT, *Jacques le Fataliste*, p. 12.

DIÊN-BIÊN-PHU

• Parmi nos victoires :

Concernant l'anniversaire de Diên-Biên-Phu que nous commémorerons cette année le 7 mai, il a été adopté et voté à main levée une motion tendant à ce que cette date historique soit reconnue officiellement sur le plan national au même titre que le 11 novembre 1918 et le 8 mai 1945.

Le Sénonais libéré, 15 avril 1964.

DIERX (Léon)

• Une belle chute :

Et voici que, dans l'admiration de la jeunesse nouvelle que suivront sans fin des postérités, sous les claires et molles nuées errantes du céleste Lamartine, sous les fulgurances éternellement dominatrices de Victor Hugo, parmi les chères plaintes fraternelles de Musset, les vermeils éblouissements de Banville, les dévots blasphèmes et les déchirantes prières de Baudelaire, la plus désastreuse et la plus grande des âmes icariennes, passent en bel appareil de gloire les trois grands poètes blancs de notre âge, Alfred de Vigny, Leconte de Lisle, Léon Dierx.

Catulle MENDÈS, *L'Art au théâtre*, 1900.

DIEU

• Une solution :

Le pouvoir étant en Dieu, l'idéal serait qu'il daignât nous gouverner lui-même en se montrant à nous sous une forme sensible à nos yeux.

DUAREG, *La souveraineté du peuple est de droit divin*, 1850.

• Dieu et l'impôt :

L'Éternel se montrerait sur la terre, sans argent, qu'il ne pourrait, avec la base de l'or, y jouir d'aucun droit politique... Je prévois qu'on pourrait m'objecter qu'il serait facile à Dieu de payer l'impôt exigé, et qu'ensuite il jouirait des droits politiques ; mais je dois faire remarquer que ce n'est pas à cause de sa divinité qu'il en jouirait, puisque le démon serait tout aussi favorablement traité, s'il versait dans les caisses l'impôt fixé par les lois.

Joseph-Aimable GRÉGOIRE, *Les Quatre Vérités, ou le Système de la vertu applicable à toutes les nations*, 1842.

• S'il a des passions et des nerfs :

Dieu jouit continuellement par 810 passions différentes qu'il satisfait et développe continuellement.

Charles FOURIER, *Égarement de la raison*, édition de 1847.

Toutes les facultés que le déisme vulgaire attribue à Dieu n'ont jamais existé sans un cerveau. Il n'y a jamais eu de prévoyance, de perception des objets extérieurs, de conscience enfin, sans un système nerveux.

Ernest RENAN, *L'Opinion nationale*, 4 septembre 1862.

• Un portrait fidèle :

Dieu est d'une taille ou corpulence comme pourrait être l'homme le plus parfait, ayant six pieds six pouces de taille, proportionné dans toutes les parties qui le composent, mais toujours en plus de perfections que l'homme le plus parfait que je lui compare.

Il est majestueux ; sa peau est de la couleur de la flamme d'une bougie ; ses pieds, ses genoux, ses cuisses, ses mollets sont si parfaits que, quoi que j'en dise, je serai toujours au-dessous pour en pouvoir représenter la perfection.

Les ongles de ces pieds sont d'une beauté incomparable, le plus bel ivoire ne peut lui être comparé.

Les mollets de ses jambes sont si beaux, si parfaits, et comme il est tout esprit, que je voyais comme à travers le cristal le plus clair.

Mais ce qu'il y a de plus beau dans toute cette beauté de perfections réunies, c'est l'arrangement des muscles qui le forme. Ils sont arrangés comme de petites poires, de trois en trois, deux en haut et un en bas ou au milieu des deux premiers, et dans chaque muscle on ne voit qu'un rayon continuel de lumière gazeux qui, se croisant dans tous les sens et sans se séparer, montant ou descendant, forment et font apparaître un million de perfections dans l'intérieur de chaque muscle.

François CAMBRIEL, *Cours de philosophie hermétique*, Paris 1843.

• Il ne sait pas ce qu'il perd :

Le Bon Dieu ne perdrait assurément rien à être reconnu logiquement, car, reconnu ainsi, on ne pourrait plus douter de son existence.

L. PURPER, *La Résurrection de la mythologie*, Paris, 1894.

• Les ennemis de Dieu :

Dieu, c'est sottise et lâcheté ; Dieu, c'est l'hypocrisie et mensonge : Dieu, c'est tyrannie et misère ; Dieu, c'est le mal.

P.-J. PROUDHON, *Philosophie de la misère*, 1846.

Son excuse est qu'il n'existe pas... Débarrassons-nous de ce personnage, qui est de trop dans le monde. Personne ne le regrettera.

Victor CHARBONNEL, *Dieu, l'homme et le singe*, 1907.

• Une preuve de sa non-existence :

Si Dieu existait, pourquoi les hommes auraient-ils d'inutiles et inallaitables mamelles ?

Octave MIRBEAU, *L'Écho de Paris*, 25 août 1890.

• Une preuve de son existence :

Tout homme du XXe siècle qui croit à l'évolution n'est pas digne de faire partie de l'espèce humaine. Le fait que le soleil se lève à l'est tous les matins et qu'il se couche à l'ouest chaque soir, est une preuve suffisante, pour la plupart de nous, qu'il y a un Dieu. Pourquoi ne se couche-t-il pas au nord, de temps en temps, pour changer ? Tout simplement parce que Dieu ne le veut pas.

Flynnt Daily Herald, Michigan, février 1926.

• Dieu et l'impôt :

L'Éternel se montrerait sur la terre, sans argent, qu'il ne pourrait, avec la base de l'or, y jouir d'aucun droit politique... Je prévois qu'on pourrait m'objecter qu'il serait facile à Dieu de payer l'impôt exigé, et qu'ensuite il jouirait des droits politiques ; mais je dois faire remarquer que ce n'est pas à cause de sa divinité qu'il en jouirait, puisque le démon serait tout aussi favorablement traité, s'il versait dans les caisses l'impôt fixé par les lois.

Joseph-Aimable GRÉGOIRE, *Les Quatre Vérités, ou le Système de la vertu applicable à toutes les nations*, 1842.

• En tout cas, une certitude à l'entrée en guerre :

Oui, Dieu est français.

Roger DELEPLANQUE, *Le Petit Bleu*, 28 octobre 1939.

DIFFÉREND

• L'histoire de la brique :

Un solitaire dit un jour à son compagnon : « Je ne sais ce que c'est qu'un différend. » L'autre lui dit : « Voici une brique que je mets entre nous deux : je dirai qu'elle est à moi, et vous soutiendrez qu'elle est à vous ; et ainsi nous aurons un différend. » Le premier dit donc : « Cette brique est à moi ». Le second répondit : « Je crois qu'elle m'appartient ». « Non, dit l'autre, elle est à moi. » « Si elle est à vous, répliqua l'autre, prenez-la donc. »

Ainsi ils ne purent avoir de différend ensemble.

Histoires choisies, ou Livre d'exemples tirés de l'Écriture, 1735.

DIFFORMITÉS

• Un raisonnement :

Rien n'est plus rare à la campagne que les difformités de la taille ; celle des femmes est, il est vrai, d'une grosseur démesurée ; mais cela tient au développement exagéré que donnent aux formes des paysannes les rudes travaux de la terre.

Mme MILLET-ROBINET, *Maison rustique des dames*, 1859.

DILEMMES

• Les surprenantes interrogations d'un jésuite :

1. Les Églises luthérienne, calviniste, anglicane, etc., sont ou anciennes ou récentes. Si elles sont anciennes, où étaient-elles cachées avant Luther, Calvin, Henri VIII ? Avaient-elles alors des pasteurs, des docteurs, des prêtres ? Où étaient leurs temples, leurs assemblées, leur culte ? Pourquoi n'en est-il resté aucun acte, aucun vestige dans toute la durée des quinze premiers siècles ? Si ces Églises sont récentes, elles ne viennent donc pas de Jésus-Christ, qui a établi son Église 1 500 ans avant qu'il y eut un luthérien, un calviniste, un anglican au monde.

2. Les Églises protestantes avant Luther, Calvin, etc., étaient ou visibles ou invisibles. Si elles étaient visibles, qui est-ce qui les a vues ? De quels hommes, de quelles nations se composaient-elles ? Où fallait-il aller pour les entendre, pour s'y réunir, pour s'y affilier ? Si elles étaient invisibles, à quel signe pouvait-on reconnaître celle qui eût été la véritable Église, et la distinguer des autres, qui toutes aussi prétendaient l'être ? Ou bien dira-t-on que toutes ensemble, avec leurs doctrines contradictoires, n'en étaient pas moins l'Église de Jésus-Christ ? Ne serait-il pas plus simple d'avouer franchement que, si elles étaient invisibles, c'est qu'elles n'existaient pas ?

R. P. LORIQUET, *Mes doutes*, 1838.

DIMANCHE

• Ne pas l'observer est dangereux :

Ouvrez un peu les yeux, mes amis, et regardez autour de vous : cette multitude de gens étiolés, contournés, impotents, cassés, décrépits avant la vieillesse ; n'ont-ils pas, dans leur temps, violé le repos des saints jours et prétendu réformer l'œuvre de Dieu ?

Le dimanche, avis à tout le monde, surtout aux habitants des campagnes, par un ex-professeur de théologie du séminaire de Troyes, 1854.

• A preuve, le châtiment d'un cantonnier :

Un cantonnier tenait à paraître religieux, mais en dessous il allait cultiver son champ dans la nuit du dimanche au soir. Une nuit qu'il piochait dans ces conditions, il vit venir vers lui une bête noirâtre ressemblant à un ours énorme ; elle se mit debout sur ses pattes et lorsque le cantonnier levait sa pioche, elle s'approchait avec une vitesse extraordinaire ; ensuite elle en faisait autant pour reculer lorsque la pioche tombait. On comprendra que cet homme, qui se croyait des plus courageux, en eut bientôt assez et s'empressa d'aller s'enfermer dans une cabane, mais tout s'y renversait avec un fracas épouvantable. Il ne trouva rien de mieux que de s'en retourner, mais pendant tout le trajet, qu'il se dirigeât d'un côté ou de l'autre, il eut cette bête à quelques pas devant lui, debout, lui faisant face avec des pattes crochues un museau de sanglier, une tête comme une marmite, des yeux larges et verdâtres. Cet homme s'introduisit dans la première maison venue. La bête le quitta, lui disant qu'il n'en ressortirait que les pieds premiers. Quelques jours après on l'enterra.

Théophile MONTBRESSON, *Le Bienfaiteur, véritable ami de la famille et de la patrie*, 1899.

DINDON

• Tout son caractère :

« Moi, disait un dindon, je vois bien quelque chose... »

Trait de caractère et d'un comique excellent. Le propre des dindons est de ne jamais avouer qu'ils ne voient rien ; c'est qu'à l'ignorance ils joignent la sottise et des prétentions à la perspicacité.

E. GERUZEZ, édition annotée des *Fables de Florian*, Hachette, 1893.

DISCIPLINE

• Elle fout le camp :

On enseigne aux militaires la culture du tabac, la vie des abeilles, la pousse des arbres et des champignons ; on leur fait de l'économie sociale et politique. La discipline s'émousse et s'effrite au contact de ces idées plus que modernes.

Le Temps, 7 janvier 1910.

• Les pensées d'un vieux soldat :

Je viens d'être le témoin d'un fait qui dépasse l'imagination et qui marque bien l'état de décadence et l'époque où nous vivons. Un soldat du contingent a croisé, ce matin même, dans ma rue, un sous-officier sans le saluer, et est passé totalement indifférent.

Il serait bon, je crois, de revenir à une notion plus stricte de la discipline (cette force d'autrefois). Je pense même que les anciens cadres de l'armée qui ne sont plus en activité devraient porter sur leurs habits civils un insigne distinctif qui leur donnerait droit au salut des militaires et aux marques de respect des civils. Un regard plus appuyé ou même un petit signe discret de la tête, cela suffirait... Le prestige de notre pays et la gloire de nos armées ne pourraient qu'y gagner.

Lettre de lecteur, *Paris-Jour*, 7 décembre 1964, cité in *Le Canard enchaîné*, 12 décembre 1964.

DISETTE

• Elle est bénéfique :

La disette fit aux Français le plus beau présent que puisse recevoir un peuple, en lui enseignant l'économie des comestibles.

Des causes de la révolution et de ses résultats, brochure anonyme, 1797.

DISSEMBLANCE

• Un observateur :

Il n'y a pas besoin de vivre longtemps en Allemagne pour y constater une dissemblance frappante entre les marmots de dix à douze ans et les adolescents qui atteignent leur quinzième année.

G. LENOTRE, *Prussiens d'hier et de toujours*, 1915.

DISTRACTION

• Un exemple proposé par un grand quotidien d'avant-guerre :

Un nouveau jeu : Toc, Toc !... — Qui est là ?... Votre interlocuteur vous dit : — *Toc, toc !* Vous répondez : — *Qui est là ?* Il déclare (par exemple) : — *Gérard.* Vous demanderez alors : — *Gérard ? Gérard quoi ?* Et la réplique doit venir immédiatement : — *Gérard...ment vu quelqu'un d'aussi stupide !*

En somme, il s'agit, en utilisant, pour commencer votre phrase, le prénom ou le nom fourni par votre partenaire de former une réponse qui se tienne. Si elle ne se tient que par à peu près, c'est naturellement beaucoup plus drôle.

Nous publierons volontiers les « toc-toc » imaginés par nos lecteurs.

Voici, pour leur donner une idée du jeu (qui, nous le répétons, fait fureur parmi les foules anglo-saxonnes, friandes de ces divertissements innocents), quelques exemples : A. — Toc, toc ! B. — *Qui est là ?* A. — Géo. B. — *Géo quoi ?* A. — Géo...reur de ça !

Ou bien : A. — Toc, toc ! B. — *Qui est là ?* A. — Éléonore. B. — *Éléonore quoi ?* A. — Éléonore... quand elle devrait être dans le Midi.

Ou bien : A. — Toc, toc ! B. — *Qui est là ?* A. — Roméo. B. — *Roméo quoi ?* A. — Roméo, si elle est chaude, ça s'appelle un grog.

Ou encore : A. — Toc, toc ! B. — *Qui est là ?* A. — Samuel. B. — *Samuel quoi ?* A. — Samuel s'est glacé dans ses os...

Jeu proposé par *Paris-Soir*, 22 octobre 1936.

DIX-SEPTIÈME SIÈCLE

• Dumas lui a donné la pomme de terre et Voltaire :

— Holà, mon bonhomme ! cria d'Artagnan à un paysan qui travaillait son champ de pommes de terre.

Alexandre DUMAS, *Les Trois Mousquetaires*, 1844

— Vous êtes, dit Colbert, aussi spirituel que M. de Voltaire.

Alexandre DUMAS, *Le Vicomte de Bragelonne*, 1848.

DIX-HUITIÈME SIÈCLE

• Ce qu'il aurait pu être :

L'infériorité du XVIIIe siècle est due uniquement à l'esprit d'irréligion qui l'a distingué. [...]

Donnez à Buffon la loi de Linné ; imaginez Jean-Jacques Rousseau tonnant dans une chaire chrétienne sous le surplis de Bourdaloue, Montesquieu écrivant avec la plume qui traça *Télémaque* et *Politique sacrée*, Mme du Deffand allant tous les jours à la messe, n'aimant que Dieu et sa fille, s'échauffant sur la Providence, sur la grâce, sur saint Augustin, et peignant une société qui lui ressemble, etc. Qui sait si, dans des genres si différents, le grand siècle ne se trouverait pas avantageusement balancé ?

Joseph DE MAISTRE, *Examen de la philosophie*, 1836.

DIX-NEUVIÈME SIÈCLE

• Sont pour :

Oui, le dix-neuvième siècle, le plus grand devant Dieu parce qu'il est le dernier-né et le benjamin, en quelque sorte, de l'histoire, est un siècle missionnaire, chargé d'une révélation. Il porte en lui une nouvelle effusion de la Divinité.

Eugène PELLETAN, *Profession de foi du dix-neuvième siècle*, 1852.

Le dix-neuvième siècle est le plus moral de l'histoire.

Henry MAYSTRE, *De la durée des peines dans la vie future*, 1866.

Il est le seul siècle poétique de notre pays.

Catulle MENDÈS, *Rapport sur le mouvement poétique français de 1867 à 1900*, 1902.

• Sont contre :

Dans une monographie des siècles, le dix-neuvième devrait s'appeler le siècle de l'escroquerie.

Auguste CHIRAC, *Les Rois de la République*, 1883.

Il n'a pas inventé grand-chose, ce misérable siècle ! [...] A l'heure actuelle il se glorifie dans cette électricité qu'il s'imagine avoir découverte ! Mais elle était connue et maniée dès les temps les plus reculés...

K. HUYSMANS, *Là-bas*, 1891.

Aucune des découvertes dont le XIXe siècle est si vaniteux n'a ce caractère de pérennité et de consubstantialité. On sent que la science de l'électricité pourrait s'éteindre et disparaître, par un court-circuit intellectuel, comme l'électricité elle-même. La chimie actuelle, en voie de transformation, se débat comme une agonisante, dans les hypothèses atomiques, et dans celles concernant l'éther, qui elles-mêmes s'effondrent de tous côtés. Le sol de la bactériologie pastorienne est lézardé. [...] Bref, il apparaît que la stabilité des découvertes est inversement proportionnelle à leur nombre et à leur vitesse...

Léon DAUDET, *Le Stupide XIXe Siècle*, 1922.

DOCTRINE

• Un postulat :

Toute doctrine qui n'est pas aussi ancienne que la société est une erreur.

Paul BOURGET, *L'Étape*, 1902.

DOIGTS

• Une imitation ratée d'Homère :

Pendant près de trois quarts d'heure, l'aviateur se livra au-dessus de Bucarest à des évolutions savantes et hardies, et ce ne fut que quand la nuit, de ses doigts de cirage, commença à refermer les portes de l'Occident, qu'il se décida à atterrir.

La Politique, Bucarest, 28 mai 1914.

DOLMENS ET MENHIRS

• **Une énigme insondable :**

On s'y perd et le silence est le meilleur parti à prendre. Il est plus court de convenir que l'étude de l'Antiquité présente, comme celle des sciences, quelques points dont l'éclaircissement est impossible et qui sont condamnés à une entière obscurité.

Comte de CAYLUS, *Recueil d'antiquités égyptiennes, étrusques, grecques, romaines et gauloises*, 1752-1767.

• **Construits par les Romains, ou pour eux :**

Les Romains avaient élevé là ces rochers pour mettre leurs tentes et leurs baraques à l'abri des coups de vents violents qui règnent fréquemment sur ces côtes. [...] Il ne fallait rien moins que leur industrie pour imaginer un semblable retranchement, et leur ardeur infatigable pour l'exécuter.

M. de la SAUVAGNÈRE, officier du génie, *Recherches sur les antiquités de Vannes*, 1775.

Ils ont été élevés par les vaincus en l'honneur du triomphe de César, le grand empereur, le grand dominateur des nations.

Baron de M. L..., *Le Monument de Carnac et les deux pierres colossales de Locmariaquer*, 1809.

• **Diverses autres hypothèses :**

[...] érigés en mémoire d'un guerrier péri en ces lieux dans une bataille mémorable.

MAUDET de PENHOUËT, *Essai sur des monuments armoricains*, 1806.

Ce sont les Colonnes d'Hercule

MAUDET de PENHOUËT, *Recherche sur l'origine des Bretons armoricains*, 1814.

Les cromlechs des chambres des députés ou de représentants du peuple. [...]

Les menhirs : la colonne vertébrale des habitations de l'époque tourmentée où la catastrophe terrestre sidérale joncha notre globe de débris de planètes, suivant les légendes et les traditions celtiques, brahmaniques, indiennes, étrusques et égyptiennes.

J. DENIZET, « Les Pierres monumentales », in *L'Explorateur géographique et commercial*, 13 et 20 mai 1875.

Ces pierres doivent être considérées désormais comme la preuve la plus flagrante qui se puisse trouver de la vérité du christianisme et proclament majestueusement le triomphe de Dieu.

Hippolyte CLAUZEL, *Le Triomphe du Christ*, 1875.

Les dolmens recouvrent les restes de cette population, *les Hyperboréens*, dont l'histoire ne nous parle pas et qui n'existait plus au temps de César.

Alexandre BERTRAND, *Archéologie celtique et gauloise*, 1876.

• **Une ancienne opinion sur Stonehenge :**

Un temple bâti dans le style toscan.

Inigo JONES (1572-1651), architecte de Christian IV de Danemark, cité *in* H. de Cleuziou, *L'Art national*, 1882.

• **En tout cas, les Celtes n'y sont pour rien :**

C'est aux Celtes moins qu'à toute autre population antéhistorique de l'Occident qu'on peut attribuer ces gigantesques constructions. Leur tempérament lymphatique, le manque d'énergie de leurs grands corps, qui ne pouvaient supporter de longues fatigues, leur aversion enfin pour le travail prolongé forment un faisceau d'impossibilités qui prouvent jusqu'à l'évidence que jamais ils n'ont pu dresser le moindre menhir, construire le moindre dolmen... C'est à la race énergique et opiniâtre des Ligures, à ces petits corps secs et nerveux, à ces esprits tenaces et entêtés, qu'on peut et qu'on doit faire l'honneur des effrayants travaux qu'ont exigés les monuments mégalithiques.

Baron ROGET de BELLOGUET, *Ethnologie gauloise*, 1872.

DOMESTIQUES

• **Une instruction :**

Pour la religion, le domestique doit se conformer aux habitudes de la maison.

Manuel des bons domestiques, 1865.

DONC

• **L'origine de ce mot :**

La conjonction DONC... s'analyse ainsi :
Tous les êtres respirants doivent mourir.
Or, l'homme est un être, un respirant.

De cela vient
De là vient
D'où vient

De unde venit quod
De un venit q
D ON C
DONC

SICARD, *Éléments de grammaire générale appliqués à la grammaire française*, 1797.

DOS

• **Exemple de transparence :**

J'avais à peine tourné le dos que je le vis prendre son journal.

Gérard DE NERVAL, *Portrait du Diable*, 1839.

DOUCHE

• **Des détails :**

La douche est *ascendante* lorsqu'elle est donnée de bas en haut, *descendante* de haut en bas, et *verticale* lorsque l'eau arrive horizontalement.

Comtesse DE TRAMAR, *Le Bréviaire de la femme*, 1903.

DOUTE

• **Toute la lumière :**

Montaigne, Descartes, Gassendi, Bayle, répandirent en France l'esprit de doute ; Spinoza, Locke, Hobbes, Leibniz agirent dans le même sens ; sur ces 8 philosophes, 1 était juif, 4 étaient protestants.

Edmond BRÉLAND, *La France livrée à l'étranger*, 1909.

DRAPEAU

• **Bouleversante confession d'un républicain :**

Je vous salue, messieurs et mesdames, à tous présents et à venir :

Je me fais l'honneur d'offrir un drapeau à la Nation française, basé sur les principes de la nature. Vu les difficultés qui règnent dans l'intérieur de la France, à l'égard de son étendard, et pour mettre fin à toutes ces difficultés, si toutefois cela est possible. [...]

J'espère que la France comprendra que je suis un des premiers républicains du monde et que, si elle accepte le principe de l'humanité, tel que je le comprends, c'est à elle d'arborer mon drapeau. [...] Ah ! si le rédacteur en chef du *Messager de l'Aisne* avait inséré dans les colonnes de son journal le discours que j'ai fait à l'égard du plébiscite 1870, quoique pourtant il me l'avait bien promis, sans doute par la crainte d'être retourné plus tard par le gouvernement de Napoléon, comme tant d'autres l'ont été ; il n'aura pas voulu s'exposer à le faire, sans quoi, il est probable que Napoléon n'aurait pas eu la majorité au plébiscite 1870, et que nous n'aurions pas eu à supporter le terrible fléau de la guerre que nous venons d'éprouver. Oui, j'en ai pour ma bonne part ; premier passage des Prussiens, j'ai été pillé ; au deuxième passage je n'étais pas chez moi, ils sont entrés en enfonçant les portes ; ils m'ont pillé à leur aise, bref : j'arrive chez moi, 33 chevaux de logés, une maison au désert, tout sans (*sic*) dessus dessous, assiégé par 33 voraces, jugez du reste ; outre tout cela, deux soldats se présentent à moi pour coucher dans mon lit ; ah ! pour cette fois, je m'y suis refusé énergiquement, l'un d'eux dégaina sur moi, je le regarde avec dédain, il rengaina son sabre et partit honteusement, son camarade le suivit. Mes jours ont été exposés tant de fois dans ma vie que je finis par m'y habituer.

C. N. ISIDORE, dit CHAMBERTIN, *Vœu d'un célibataire pour sa patrie*, 1872.

• Les sentiments recommandés au soldat : Quand tu défileras devant un drapeau :

Pense à d'autres défilés.

Lorsque le régiment rangs complets, montant à la bataille, saluait le drapeau et que chacun, sentant présente l'âme de la Patrie, jurait tout bas de faire son devoir.

Lorsque le régiment meurtri, cortège traînant de fantômes courbés aux visages blêmes, soulevé tout à coup par le rythme de la musique, se redressait à la vue de la frange d'or étincelant là-bas près du colonel immobile, qu'un frisson de fierté passait dans les rangs décimés. « Patrie, nous avons fait notre devoir ! » et tandis que les femmes pleuraient alentour.

Alors, toi aussi, en scandant le pas aux reprises des clairons, tu sentiras un peu ce que représente le drapeau.

Général A. LAFFARGUE et capitaine F. LAFFARGUE, *Les Leçons du fantassin*, Paris 1952.

DREYFUS (Affaire)

• Il n'y a pas de quoi fouetter un chat :
Il ne faudrait pas s'imaginer que l'affaire Dreyfus puisse exercer la moindre influence sur l'esprit public...

C. BLANC, *Le Petit Caporal*, 22 novembre 1894.

Il n'y a pas d'affaire Dreyfus !

Jules MÉLINE, président du Conseil, discours à la Chambre des députés, 4 décembre 1897.

• Les anti-dreyfusards :
Je crois qu'on ouvrirait le cerveau de Dreyfus, on n'y trouverait rien d'humain.

SAINT-GENEST, *Le Figaro*, 24 décembre 1894.

L'auteur du crime le plus détestable, Dreyfus, sauvé de la mort par l'Argent des siens, doit à son Argent, au lieu de châtiment, une existence qu'envieraient des milliers d'honnêtes travailleurs.

Urbain GOHIER, *Contre l'argent*, 1896.

La révision du procès Dreyfus serait la fin de la France.

Henri ROCHEFORT, 1er mai 1898.

• Et s'il était innocent :
Dreyfus est-il coupable ou non ? Il n'importe !

La Liberté de Saône-et-Loire, 1er mai 1898.

Si Dreyfus était innocent, ce serait horrible, mais il est certain qu'il est coupable de l'avis de tous les ministres de la Guerre qui ont examiné le dossier. Et quand bien même il serait innocent, est-ce une raison pour ébranler les assises de l'ordre social ?

[...] Il est fâcheux, sous ce rapport, que les temps soient changés ; on aurait fait disparaître Dreyfus dès qu'il a été pris la main dans le sac, et personne n'en aurait rien su. Décidément, les oubliettes avaient du bon.

Ernest RENAULD, *Le Péril protestant*, 1899.

• A propos de l'intervention d'Émile Zola :
L'intervention d'un romancier, même fameux, dans une question de justice militaire m'a paru aussi déplacée que le serait, dans la question des origines du romantisme, l'intervention d'un colonel de gendarmerie.

Ferdinand BRUNETIÈRE, *Après le procès*, 1898.

• Après la décision de réviser le procès, Rochefort imagine le châtiment des juges :
On ferait ranger tous les membres de la Cour de Cassation en queue de cervelas comme dans les maisons centrales. Un tortionnaire, préalablement stylé, leur couperait d'abord les paupières avec une paire de ciseaux. [...] Quand on les verrait ainsi dans l'impossibilité absolue de fermer les yeux, on introduirait de grosses araignées de l'espèce la plus venimeuse dans des coquilles de noix, qu'on appliquerait sur le globe de l'œil et qu'on fixerait soigneusement au moyen de solides cordons noués derrière la tête. Les araignées, affamées, et qui ne sont pas très délicates sur la nourriture, rongeraient peu à peu la prunelle et le cristallin jusqu'à ce qu'il ne restât plus rien dans ces cavités sans regard. Alors on entraînerait tous ces hideux aveugles à un pilori élevé devant le Palais de Justice où s'est commis le crime et on leur accrocherait sur la poitrine cet écriteau : « Voilà comment la France punit les traîtres qui essayent de la vendre à l'étranger. »

Henri ROCHEFORT, *L'Intransigeant*, 18 octobre 1898.

• La clé de l'énigme :
Qui commence par raconter des blagues finit souvent par mentir. Ce petit œuf n'a l'air de rien : il contient pourtant en germe l'affaire Dreyfus tout entière.

Georges COURTELINE, *La Philosophie de Courteline*, 1922.

DROIT

• Un bon principe :
La rétrospectivité des lois n'est pas prévue en matière pénale.

Var Matin République, 7 janvier 1977.

DROMADAIRE

• Il a beaucoup fait rêver :

Mais n'oublions pas de mentionner que la tentative de l'empereur Napoléon pour naturaliser le dromadaire dans le département des Landes échoua. Le dromadaire est emblème d'esclavage patriarcal. C'est la grande raison qui me fait douter qu'il réussisse jamais à s'acclimater sur le sol de la France, terre de liberté.

Alphonse TOUSSENEL, *L'Esprit des bêtes, zoologie passionnelle*, 1847.

L'analogie est tout aussi intime entre l'Arabe et le dromadaire.

Tous les deux sont originaires de mêmes déserts ; ils ont l'un et l'autre les jambes et le cou longs, le pied large, la peau peu garnie de poils. Ils résistent parfaitement à la fatigue et à des privations prolongées ; à beaucoup d'égards, au physique comme au moral, ils offrent de nombreux rapprochements.

Dr BODICHON, cité in *Curiosités philologiques, géographiques et ethnologiques, par une Société de gens de lettres et d'érudits*, 1859.

DRUIDES

• Un bon enseignement :

Les druides vivaient au fond des cavernes creusées dans les roches dont les Gaulois n'avaient pas à s'approcher. Ils sacrifiaient à leurs dieux des victimes humaines, soit des animaux, soit même des hommes.

Nouveau Cours d'histoire de France, publié sous la direction de Jean Guiraud, Cours préparatoire, 1930.

DUEL

• Comment le catholique doit se battre :

Nul ne mérite le titre de dévot pèlerin de Notre-Dame... s'il ne porte sur lui une image bénite de la sainte relique : préservatif assuré, bouclier impénétrable derrière lequel les chevaliers ne craignent ni fer, ni acier ; à tel point, est-il observé dans certain discours sur les duels, que celui qui est puni d'un tel avantage en doit avertir son adversaire parce que la partie n'est plus égale.

Mgr PIE, cité *in* R.P. HUGUET, *La Dévotion à Marie en exemples*, 1868.

DUMAS (Alexandre)

• A condenser :

Quand on aura réduit à trente ses trois cents volumes, je suis sûr que je les lirai avec un plaisir extrême et un profond émerveillement.

Jules LEMAITRE, *Impressions de théâtre*, 1896.

DYNAMITE

• Nobel croit qu'elle mettra fin à la guerre :

Mes usines peuvent mettre fin à la guerre plus vite que vos Congrès (*pacifistes*). Le jour où deux corps d'armées seront capables de se détruire mutuellement en une seconde, toutes les nations civilisées reculeront d'horreur et licencieront leurs armées.

Alfred NOBEL, lettre à Bertha von Suttner, citée in *Times Literary Supplement*, 27 janvier 1984.

E

EAU

• Un aphrodisiaque :
Nous avons l'expérience, en France, que ceux qui ne vivent presque que de coquillages et de poissons, qui ne sont que de l'eau rassemblée, sont plus ardents à l'amour que les autres. En effet, nous nous y sentons bien plus portés en Carême qu'en toute autre saison, parce qu'en ce temps-là nous ne nous nourrissons que de poissons et d'herbes, qui sont des aliments composés de beaucoup d'eau.

Après tout, l'illustre Tiraqueau n'eût pas engendré trente-neuf enfants légitimes, s'il n'eût été un buveur d'eau : et les Turcs n'auraient pas aujourd'hui plusieurs femmes, si le vin ne leur était pas défendu.

Nicolas VENETTE, *La Génération de l'homme*, édition de 1690.

• Quelques propriétés physiques :
L'eau est formée de petits globules qui roulent les uns sur les autres : c'est à la forme sphérique de ses éléments qu'il faut attribuer sa fluidité.

BERNARDIN DE SAINT-PIERRE, *Études de la nature*, 1784.

Si l'homme est plus léger que l'eau, comme l'annoncent beaucoup de théoriciens, cela ne peut pas et ne doit pas être accepté comme une règle générale.

N. LAISNÉ, *Traité élémentaire pour l'enseignement de la natation*, 1868

Quand un physicien affirme que l'eau entre en ébullition à tel degré, il affirme du même coup qu'au-dessous elle n'y restera pas et qu'au-dessus elle y restera toujours.

Paul BOURGET, *L'Action française*, 8 décembre 1909.

L'eau prend la forme du vase où on la verse, ronde, cubique, verticale ou horizontale.

Joseph PÉLADAN, *La Science de l'amour*, 1911.

• Les regrets de Monseigneur Gaume :
Chaque année, ce qu'on appelle le beau monde et que j'ai le mauvais goût de ne pas trouver tel, s'empresse, lorsque la saison est venue, de quitter les villes et leurs plaisirs, et s'en va passer aux eaux une partie de l'été. Eaux de mer, eaux de Vichy, de Barrèges, de Néris, de Bourbonne, de Plombières, d'Ems, de Bade ; eaux purgatives, sulfureuses, ferrugineuses, il les connaît toutes, il les estime toutes. A toutes, il court et il recourt ; seule, la plus salutaire, l'eau bénite, n'est ni connue, ni recherchée, ni employée.

Mgr GAUME, *L'Eau bénite au XIXe siècle*, 1866.

• Se fait à la maison :
Pour rendre absolument ininflammables les rideaux des bébés, il suffit de tremper ces rideaux dans une dissolution d'ammoniaque, composée d'une partie de sel et cinq parties d'eau qu'on fait soi-même.

Le Gaulois, 27 novembre 1870.

• **Précautions à prendre :**
En hiver, lavez-vous le visage à l'eau froide, l'été à l'eau tiède ou chaude pour établir l'harmonie avec la température extérieure.

Baronne STAFFE, *Le Cabinet de toilette*, 1900.

EAU DE SELTZ

• **Une pensée de guerre :**
Ouvrez votre dictionnaire. Cherchez les mots « Eau de Seltz ». Que lisez-vous ? « Seltz, village de Prusse, à 40 km de Mayence-sur-l'Ems. Eaux minérales gazeuses ». Et vous mettriez encore de l'eau de Seltz dans votre Chambéry-fraisette ou votre amer-citron ?

Paris-Midi, 30 juillet 1917.

ECCLÉSIASTIQUE

• **Un manuel indique les convenances auxquelles il doit se plier :**

« Changer de bas tous les jours, quand on pue des pieds », p. 31. « Surtout pas de parfums », p. 35. « Quand vous prenez du tabac en compagnie, n'en offrez pas », p. 47. « Ne pas se moucher ni baver sur son rabat », p. 68. « La grande tenue est de rigueur quand on va chez les riches », p. 74. « En fait d'ameublement, la règle la plus sage est de faire comme tout le monde », p. 78. « Pas de curiosités artistiques », p. 80. « Signalons certains mouvements bruyants que la politesse prescrit de comprimer ou de modérer », p. 100. « La chasse interdite aux prêtres et la pêche non interdite », p. 109. « Les jeux de cartes tolérés », p. 110. « Ne pas se présenter avant que les dames aient fait leur toilette », p. 153. « Ne mettez pas votre chapeau par terre ni sur le lit d'une dame », p. 158. « Quand on reçoit une visite, il n'est pas poli d'offrir le siège sur lequel on est assis soi-même, ni celui sur lequel est assis un autre visiteur », p. 170. « Ne vous asseyez pas trop loin de la table », p. 179. « Les ecclésiastiques sont dispensés, en général, de donner le bras aux dames pour passer dans la salle à manger », p. 201. « A l'égard des domestiques, ne soyez pas impolis, mais évitez d'être respectueux », p. 210. « Un prêtre ne doit pas tricher », p. 232. « Il n'est pas convenable qu'un prêtre donne le bras à un autre homme », p. 235. « Ne pas visiter un musée où on serait exposé à rencontrer quelque indécence », p. 238. « Soyons amis de la vérité, mais ne soyons pas incivils », p. 241. « Éviter avec soin tout ce qui porterait le cachet de la singularité ou de l'originalité », p. 274. « Un des avantages les plus appréciables qu'offre à un jeune ecclésiastique le séjour dans un château, c'est de pouvoir acquérir, mieux que dans tout autre milieu, la science et la pratique du savoir-vivre », p. 322. « Ne pas dire *gifle* ni *blaguer*, etc. », p. 380. « En général, ne risquons aucune expression figurée ou proverbiale sans être assurés qu'elle est admise dans la bonne société. Pourtant ce serait pousser trop loin la délicatesse que d'exclure de la conversation les mots *porc*, *gueule*, *vomir*, etc. », p. 382.

Extraits de Abbé BRANCHETEAU, *Politesse et convenances ecclésiastiques*, cités par Léon Bloy, *Journal*, 5 novembre 1902.

ÉCHAUDOIR

• **Pourquoi le veau l'évite :**
Le veau est assez difficile à conduire à l'échaudoir, car il est capricieux et peu intelligent.

La Maison rustique, cité in *La Nation*, 5 juillet 1912.

ÉCHECS

• **Les Russes en font un sport de combat :**
Nous devons une fois pour toutes en finir avec la neutralité aux échecs. Nous devons une fois pour toutes condamner la formule « les échecs pour les échecs »? comme la formule « l'art pour l'art ». Nous devons organiser des brigades de choc de joueurs d'échecs et nous mettre à la réalisation immédiate d'un plan quinquennal des échecs.

Déclaration de KRYLENKO, au Congrès des joueurs d'échecs de 1932.

• **A l'opposé le libéralisme français :**
Le jeu d'échecs, véritable sport de l'esprit, développe et épanouit les facultés mentales. Pour cette raison, le Secrétaire d'État à la Jeunesse et aux Sports a décidé de stimuler la pratique du bridge auprès de la jeunesse.

Bulletin de presse du Secrétariat d'État à la Jeunesse et aux Sports, décembre 1976.

ÉCHOUER

• C'est le cas de le dire :

Le principal rôle féminin est échoué à la toute charmante Marie Kalff.

Comœdia, 13 avril 1909.

ÉCLAIRAGE

• L'électricité ne vaudra jamais le gaz :

Au moment où j'écris ces lignes (*vers 1890*), une révolution radicale semble être sur le point de se produire dans l'éclairage de la voie publique à Paris : la substitution de la lumière électrique à celle du gaz.

Sous mon administration, les essais de lumière, oxhydrique, magnésienne, électrique, même faits par des industriels, n'avaient aucune chance d'aboutir à un pareil résultat ; mais aujourd'hui l'Administration se montre disposée à le subir et je le regrette. En effet, la lumière électrique, dont le ton blafard, lunaire, est déplaisant, et dont l'éclat blesse ou fatigue la vue, émane de foyers intensifs, répartis forcément sur la voie publique à des distances beaucoup plus grandes que celle des becs de gaz multipliés [...]. Le système Edison cherche le progrès au rebours du système Lavoisier et, par ce motif, je ne saurais désirer son adoption. Je crois, du reste, qu'à part son inventeur, ses propagateurs et ses fabricants d'appareils, il n'aura d'adhérents, au bout d'un certain délai, que les oculistes et les opticiens.

Baron HAUSSMANN, *Mémoires*, cité *in* B. CAZES, *Histoire des futurs*, 1986.

ÉCOLE

• Voici où cela mène :

La plus basse classe de la société, dans les grandes villes, est aussi la plus dépravée. La dégradation est entrée dans les villes populeuses, elle s'y est fixée au milieu des grandes masses, se retranchant comme dans un antre, et de là elle se répand dans tout le pays avec une rapidité furieuse. Le maître d'école est pour ainsi dire celui qui a inoculé cette lèpre.

L'Écho britannique, Paris, 1834.

• Soyons clairs :

Le temps passé à l'école est du temps à peu près perdu pour la majorité des enfants. Que ce soit dans l'enseignement primaire ou l'enseignement secondaire, partout nous verrons l'Université complètement incapable de former les caractères et de développer les intelligences.

Maurice DE GASTÉ, *La Bêtise humaine et la Science de la vie*, Paris 1922.

ÉCOLES NORMALES

• Un fougueux adversaire :

Je recommande à vos coups les *écoles normales* ; elles mériteraient d'être submergées dans des flots d'acide phénique. Les neuf dixièmes des normaux, si pas la totalité, sont socialistes, antinationalistes, antimilitaristes, et, par-dessus le marché, vicieux comme des cochons. [...]

Vous parlerai-je des écoles normales de filles ? Ces malheureuses enfants n'ont aucune religion, et professent un athéisme révoltant. Elles ont, de plus, la frénésie du vice.

Jean DE DOMPIERRE, *Tas de cochons ! Odyssée du fameux marin breton Biennick*, 1905.

ÉCONOMISTES

• Veuillot les a compris :

Il me paraît que les économistes sont les mêmes gens qui faisaient autrefois des bouts-rimés, des madrigaux et des charades dans *Le Mercure*. L'Économie exige les mêmes aptitudes et les mêmes lumières, mais elle est moins innocente.

Louis VEUILLOT, *Les Odeurs de Paris*, 1867.

ÉCOSSAIS

• Des gens de peu :

Les Écossais sont les plus outrecuidants, les plus orgueilleux et les plus insolents de tous les êtres.

Martin LUTHER, *Correspondance*, 25 novembre 1538.

• Comme leurs noms l'indiquent :

Leurs noms barbares sont le symbole infernal de leur naturel. Je ne m'attendrais à aucune commisération de la part d'un homme nommé *Mac Colleitock*.

John MILTON (1608-1674), cité in *Curiosités de la littérature*, traduites de l'anglais par M. T. P. Bertin, 1810.

ÉCRITURE

• Trahit la femme amoureuse :

L'écriture (*de la femme amoureuse*) commence par se pencher puis par se coucher.

C'est la première phase. [...] Les lettres se presseront, s'écraseront comme l'amante se presse et s'écrase contre la poitrine de l'aimé.

Me Paul DE FALLOIS *in* DUCHATEL (Edmond), *La Vue à distance... Suivie d'une conférence relative à l'influence de l'amour sur l'écriture par Me Paul de Fallois, avocat,* Paris, 1910.

ÉCRIVAIN

• Ce que c'est :

Qu'on veuille bien y prendre garde : n'est pas un écrivain tout homme dont le nom figure sur la couverture d'un volume. Est-on soldat seulement parce qu'on porte un képi ?

Marcel BOULENGER, *Le Figaro,* 29 novembre 1922.

• Comment surveiller et punir :

Serait-il vraiment très difficile de poser le principe que tout auteur, tout écrivain dont l'œuvre se plaît à la description minutieuse des raffinements de luxure, dont les ouvrages avilissent la jeunesse, souillent le cœur, est un écrivain déshonoré, un homme disqualifié, à qui on ne serre pas la main, qu'on n'invite pas à sa table, un mauvais Français, un actif collaborateur des convoitises germaniques ?

Paul BUREAU, *L'Indiscipline des mœurs,* 1921.

Le Saint-Office de l'Église romaine condamne tous les jours des écrivains. Le Conseil de l'Ordre de la Légion d'honneur peut évidemment en faire autant.

Maurice DE WALEFFE, *Paris-Midi,* 11 janvier 1923.

• Le sentiment de Paul Bourget :

La pensée française est irréductible à la pensée germanique, et toutes deux irréductibles à la pensée russe ou à la pensée anglaise. Ce caractère d'irréductibilité est précisément ce qui fait leur valeur. Quels sont les plus grands écrivains français ? Un Pascal, un Bossuet, un Corneille, un Racine, un Molière, un La Fontaine. Les concevez-vous maniant une autre langue, grandissant dans un autre pays ? Non. Pas plus que vous n'imaginez un Dante qui ne soit pas italien, un Goethe qui ne soit pas allemand, un Shakespeare qui ne soit pas anglais.

Paul BOURGET, *Nouvelles Pages de critique et de doctrine,* 1922.

• Ses difficultés dans le monde moderne :

Les grandes maisons de stylos ne sortant depuis vingt ans que des articles à corps trop mince et à plume trop dure, seraient responsable d'une part de la fréquence croissante de la crampe de l'écrivain, d'autre part, en littérature, de l'abondance anormale de récits ou essais étriqués et secs.

The Lancet, Londres, 1er décembre 1953.

ÉDITION A BON MARCHÉ

• N'est pas faite pour Baudelaire :

Et pensez-vous que Baudelaire n'eût pas protesté contre une édition des *Fleurs du mal* à dix-neuf sous, et que ce grand homme n'eût pas souffert de voir glisser les poèmes sublimes et douloureux, le sourire, équivoque autant qu'incompréhensif, des collégiens, des midinettes et des garçons bouchers, qui achètent son chef-d'œuvre dans les gares du métro, en même temps que *Froufrou et Le Canard enchaîné* ?

René FAUCHOIS, *Les Marges,* 15 février 1923.

ÉDUCATION

• Paralyse les jeunes filles :

Un particulier, dont on n'a pu se procurer le signalement que d'une manière imparfaite, se fait depuis quelque temps un plaisir cruel de piquer par-derrière, soit avec un poinçon, soit avec une longue aiguille fixée au bout d'une canne ou d'un parapluie, les jeunes personnes que le hasard lui fait rencontrer dans les rues, sur les places ou sur les promenades publiques.

Celles sur lesquelles il semble qu'il ait de préférence exercé, jusqu'à ce jour, sa coupable et dangereuse manie, sont les jeunes personnes que les principes d'une éducation soignée, une timidité naturelle, ou la crainte d'occasionner un éclat ou du scandale, ont dû empêcher de se plaindre aussitôt qu'elles se sont senties blessées.

Note de la Préfecture de Police, in *Le Moniteur universel,* 4 décembre 1819.

ÉDUCATION SEXUELLE

• Rousseau ne mâche pas ses mots :

Comment se font les enfants ? Question embarrassante qui vient assez naturellement aux enfants, et dont la réponse indiscrète ou prudente décide quelquefois de leurs mœurs et de leur santé pour toute leur vie. La manière la plus courte qu'une mère imagine pour s'en débarrasser sans tromper son fils, est de lui imposer silence. Cela serait bon, si on l'y eût accoutumé de longue main mais dans des questions indifférentes, et qu'il ne soupçonnât pas du mystère à ce nouveau ton. Mais rarement elle s'en tient là. *C'est le secret des gens mariés*, lui dira-t-elle ; *de petits garçons ne doivent point être si curieux*. Voilà qui est fort bien pour tirer d'embarras la mère : mais qu'elle sache que, piqué de cet air de mépris, le petit garçon n'aura pas un moment de repos qu'il n'ait appris le secret des gens mariés, et qu'il ne tardera pas de l'apprendre.

Qu'on me permette de rapporter une réponse bien différente que j'ai entendu faire à la même question, et qui me frappa d'autant plus, qu'elle partait d'une femme aussi modeste dans ses discours que dans ses manières, mais qui savait au besoin fouler aux pieds, pour le bien de son fils et de la vertu, la fausse crainte du blâme et les vains propos des plaisants. Il n'y avait pas longtemps que l'enfant avait jeté par les urines une petite pierre qui lui avait déchiré l'urètre ; mais le mal passé était oublié. *Maman*, dit le petit étourdi, *comment se font les enfants ? — Mon fils*, répond la mère sans hésiter, *les femmes les pissent avec des douleurs qui leur coûtent quelquefois la vie*. Que les fous rient, et que les sots soient scandalisés : mais que les sages cherchent si jamais ils trouveront une réponse plus judicieuse et qui aille mieux à ses fins.

Jean-Jacques ROUSSEAU, *L'Émile*, livre quatrième, 1761.

EFFORT

• Cérébral avant tout :

On sait que l'effort musculaire subit et momentané est proportionnel, chez l'homme, au degré d'intelligence. Ce n'est pas avec ses muscles que l'individu produit l'effort, c'est avec son cerveau.

Dr. J. HÉRICOURT, *L'Hygiène moderne*, 1907.

ÉGLISE

• Un théologien se demande si on peut y faire l'amour :

Il est commis un sacrilège charnel par la copulation et par toute effusion volontaire de semence humaine dans un lieu sacré. Et il n'est pas nécessaire, pour qu'il y ait sacrilège, que cette semence soit répandue sur le sol de l'église. Il suffit qu'elle le soit dans le vase naturel. [...] La copulation conjugale peut-elle licitement et sans sacrilège se faire dans un lieu sacré ? Quelques auteurs l'affirment. Un tel jugement ne paraît pas probable. [...] Mais l'acte conjugal exercé dans un lieu sacré à cause du péril d'incontinence chez l'un ou chez l'autre conjoint n'est pas sacrilège mais licite. Par exemple si deux époux sont détenus longtemps dans une église et que l'un ou l'autre ne peut se contenir.

F.C.R. BILLUART (1685-1757), *Des différentes formes de luxure*, art. 8.

ÉGLISE CATHOLIQUE

• Un anticlérical :

L'Église catholique est la première organisation financière du monde, car elle totalise toutes les juiveries.

Auguste CHIRAC, *Les Rois de la République*, 1883.

ÉGORGEUR

• Il frappe au cœur :

[...] ma fille étendue
Sur l'autel, et criant vers sa mère éperdue,
Tandis que l'égorgeur, impitoyablement,
Aux Dieux épouvantés offrait son cœur [fumant !

Ch. LECONTE DE LISLE, *Les Érinnyes*, scène IX, 1873.

ÉGYPTE

• Hier :

Un autre *Scarabée*, l'*Ateuchus*, faisait partie du culte des Égyptiens. Ce peuple, tout à la fois si intelligent et si grossier, ce peuple qui adorait un bœuf, lui élevait des palais, et prenait le deuil à sa mort, avait fait de l'ateuchus, coprophage comme celui que nous venons de voir, un animal sacré, dont leurs monuments nous retracent la figure, et dont on a retrouvé des effigies jusque dans le fond de leurs tombeaux.

Laissons vite ces tristes souvenis du paganisme et revenons à nos fleurs.

Marie MAUGERET, *La Science à travers champs,* 1875.

• Et aujourd'hui :
Sous Albion, voici donc l'Égypte retombée aussi bas qu'elle peut descendre. Or, que pense, au fond, le fellah de cet avilissement national ? Je voudrais que mes lecteurs fussent bien convaincus que la chose lui est un peu bien égale.

Qu'est-ce qu'une « nationalité » ? Peu lui chaut, tenez-le pour démontré. « L'Égypte aux Égyptiens », voilà, pense-t-il, une idée comme seul en pouvait produire le cerveau européen, à son avis plein d'extravagances !

Jean REVEL, *Chez nos ancêtres,* 1888.

• Une observation clairvoyante, mais tardive :
Il est permis de dire que sa situation géographique semblait prédestiner l'Égypte à devenir le berceau d'une haute civilisation.

P. CHRISTIAN, *Histoire de la magie,* 1867.

EIFFEL (Tour)

• Une condamnation :
Lorsque nous entendons parler aujourd'hui des sept merveilles du monde, une vision de beauté passe devant nos yeux. Nous savons que ces chefs-d'œuvre ont fait l'admiration du monde antique, si épris de grandeur imposante et de perfection artistique. Aujourd'hui, veut-on attirer le monde entier ? On élève la tour Eiffel. Quand auront été dispersés les derniers boulons de ce monstre de fer, quel souvenir laissera-t-il de lui-même ? Celui d'avoir été aussi laid qu'il a été d'ailleurs inutile.

Lectures pour tous, octobre 1898.

EINSTEIN (Albert)

• Une nullité :
Ce n'est pas une doctrine scientifique, c'est plutôt une sorte de mysticisme bizarre, presque une religion nouvelle dont Einstein est le prophète. [...] Quand on l'approfondit à la lumière d'une critique sérieuse, on découvre facilement la fragilité de cette construction qui n'est qu'une grossière contrefaçon de la science, un amas étrange de raisonnements faux et de superstitions métaphysiques.

Les conséquences de la théorie d'Einstein sont même tellement singulières qu'il est impossible de lui attribuer une valeur scientifique quelconque. On y découvre des erreurs grossières et flagrantes démontrant qu'Einstein ne possède pas une culture mathématique suffisante pour apprécier exactement la signification des calculs, ni pour interpréter et discuter les résultats. Ce n'est, je le répète, qu'une grossière contrefaçon de la science.

Au début du XIXe siècle, un médiocre mathématicien polonais nommé Wronski avait essayé de déformer la science d'après des données de la philosophie de Kant. De la théorie de Wronski, il ne reste plus que le souvenir d'un pédantisme ridicule. Que restera-t-il de celle d'Einstein ?

J. LE ROUX, professeur à l'université de Rennes, *Ouest-Éclair,* 2 avril 1923.

• Mais des mérites insoupçonnés :
Mme Einstein est, à l'heure actuelle, la femme la plus interviewée ; mais si elle accepte ce supplice, soyez persuadé que c'est uniquement pour épargner un surcroît de travail à son mari, l'illustre inventeur de la quatrième dimension.

Paris-Midi, 8 septembre 1933.

ÉLECTIONS

• Un triste spectacle :
Depuis vingt ans, la bourgeoisie française a fait, des élections, l'école populaire de l'impiété, des mauvaises mœurs, de l'imposture, de l'ivrognerie, et du brigandage.

Mgr FÈVRE, *L'Organisation du quatrième État,* 1893.

ÉLÉGANCE

• Interdite aux pauvres :
La misère enlaidit la femme plus vite que l'homme. Les haillons se poétisent encore sur la mâle stature de l'ouvrier ; ils effacent la beauté de la femme, et la femme

met son orgueil à être élégante quand elle le peut, comme l'ouvrier met sa fierté à être propre le dimanche ; l'amour de l'élégance, qui est un charme et presque un mérite chez la femme aisée, devient donc nécessairement un crime chez la femme pauvre, et c'est par là que beaucoup succombent.

Bulletin de la République, n° 12, 6 avril 1848.

ÉLÉPHANT

• Une définition :

L'éléphant est le plus grand des animaux et le plus proche de l'intelligence humaine.

PLINE, *Histoire naturelle*, 78 apr. J.-C.

• De quoi il a peur :

Rien ne mate tant l'éléphant courroucé que la vue d'un agneau.

Saint FRANÇOIS DE SALES, *Introduction à la vie dévote*, 1609.

L'éléphant, le plus robuste et l'un des plus courageux quadrupèdes, est saisi d'un tremblement convulsif à l'aspect d'une souris.

A. DE CHESNEL, *Dictionnaire des merveilles*, 1853.

• Confidentiel :

Sachez que quand le mâle veut saillir la femelle, ils font une grande fosse dans la terre ; et se met l'éléphante à la renverse dans cette fosse, et l'éléphant monte dessus, comme le fait l'homme à la femme : cela parce que l'éléphante a la nature très près du ventre.

Marco POLO, *Le Devisement du Monde*, 1298.

• Sa vie religieuse :

Quant à la religion, Plutarque a écrit qu'ils font prière aux dieux immortels : car de leur bon gré ils se purgent, se lavent en la mer, et adorent le soleil levant avec une grande révérence, levant leur trompe haut vers le ciel, au lieu des mains. Et Pline à ce même propos témoigne qu'ils font l'honneur et révérence non seulement au soleil, mais aussi à la lune et aux étoiles, et qu'après avoir fait leur adoration ils s'en retournent aux bois et portent devant eux leurs petits veaux ou faons, qui sont las. Les Arabes en font bon témoignage, qui voient ordinairement grande quantité d'éléphants, à la nouvelle lune, descendre en grands troupeaux aux rivières, où ils se lavent et baignent, et après qu'ils sont purifiés ils se mettent à genoux et font leur adoration, puis s'en retournent aux bois.

Ambroise PARÉ (vers 1510-1590), *Traité des animaux*, XIII.

La pudeur est un des attributs distinctifs de l'humanité, dérivant à plein du sentiment religieux. [...] Les éléphants n'ont point de pudeur et ne rendent aucun hommage, soit au soleil, soit à la puissance créatrice du monde.

LAMARCHE, *La Politique et les religions*, 1859.

ELKANAH SETTLE

• Son nom n'annonce rien de bon :

Le dernier poète de la cité de Londres fut Elkanah Settle. Il est dans les noms quelque chose que l'on ne peut s'empêcher de reconnaître. Or, Elkanah sonne si mal à l'oreille que l'on ne peut rien attendre de ce nom. Nous n'hésitons pas à préférer John Dryden à Elkanah Settle, à cause de la différence de son nom seulement, et sans connaître son mérite.

John WILKES (1727-1797), cité in *Curiosités de la littérature*, traduites de l'anglais par M. T. P. Bertin, 1810.

ÉMERSION

• Il faut pour la comprendre avoir fait des études :

L'émersion du premier satellite de Jupiter nous a permis de pouvoir observer, calculer et reconnaître, *dès ce monde*, la vitesse de la lumière ; de même l'émersion des dogmes, des lois et du système de la création, appliquée au système de la religion, nous permettra de pouvoir vérifier et reconnaître, aussi *dès ce monde*, l'exactitude de la vérité religieuse.

(Peu de lecteurs ordinaires comprendront bien ceci. Ce paragraphe n'est guère écrit que pour les savants et pour la jeunesse des Facultés des sciences.)

Deux Lois du monde, ou Application des sciences aux religions, sans nom d'auteur, 1864.

ÉMOTION

• Un constat :

De l'avis de tous les hommes de guerre et de tous les psychologues, supprimer complètement l'émotion sur le champ de bataille semble chose impossible.

René BREMER, *Patriote avant tout*, 1912.

• **Ce qu'elle fait de la femme :**

La prédominance de l'émotivité fait de la femme une sensitive nerveuse : aussi est-elle complètement dominée par son sentiment, c'est-à-dire par sa façon propre de sentir à un tel point, que les vérités les plus évidentes lui échappent : elle ne voit ni ne comprend les raisons, car la vivacité de son sentiment obscurcit chez elle et annihile le processus intellectuel. Il est presque impossible de raisonner avec la plupart des femmes, aussi faut-il de préférence chercher à les persuader en faisant vibrer leur sentiment que de tâcher de les convaincre en s'adressant à leur intelligence. La femme n'a presque jamais d'idées personnelles et semble rester automatiquement dominée par son éducation, son milieu et ses préjugés, parce que son incapacité de raisonner lui interdit d'approfondir une question : aussi, livrée à elle-même, la voyons-nous toujours superficielle et futile, s'adonnant trop volontiers au luxe, aux frivolités et à l'amour. C'est très justement qu'un auteur la définit ainsi : « Un charmant petit animal dont la seule préoccupation est de s'habiller tantôt comme un parapluie, tantôt comme une cloche. » La raison froide et pure lui sert rarement de guide et de frein ; une affirmation ou une négation ironique, un éclat de rire ou une crise de larmes sont les arguments qu'elle emploie le plus fréquemment, semblable en cela aux enfants dont elle a souvent la psychologie inachevée.

Maurice DE GASTÉ, *La Bêtise humaine et la Science de la vie*, Paris 1922.

EMPÉDOCLE

• **Indéfinissable :**

D'après ce qu'on peut relever des fragments du poétique Empédocle, il semblerait que ce philosophe, bien que regardé par les uns comme pythagoricien, comme éléatique par d'autres, se serait rapproché de l'école ionique, sauf en un point.

Louise ANZOLETTI, *La Croyance au surnaturel et son influence sur le progrès social*, 1896.

EMPOISONNEUSES

• **De leur moralité :**

Les femmes qui empoisonnent leurs bons parents ne sont jamais complètement vertueuses.

J. Ernest CHARLES, *Les Drames de la possession amoureuse*, 1925.

EMPRUNT RUSSE

• **Un Français désabusé :**

Nos capitalistes n'ont pas été bêtes du tout en prêtant leur argent aux Russes qui leur ont servi, tant qu'ils n'ont pas été détroussés eux-mêmes, un intérêt très louable, tout en construisant des chemins de fer stratégiques qui ont permis de nous sauver en 1914, et il serait excessif de nous traiter d'idiots parce que nous n'avons pas prévu la conquête de la Russie par des bandits léninistes. Et puis si nous avions mis ces milliards à planter du café ou de l'hévéa dans nos colonies, croit-on que le résultat actuel serait bien différent ? L'argent est fait pour être perdu, disent les sages, et les canailles sont là pour leur donner raison, soit les banqueroutiers de Russie, soit les flibustiers de France et de Navarre.

SAINT-ALBAN, *Le Mercure de France*, 1er juillet 1938.

ENCYCLOPÉDIE

• **Deux mandements :**

Nous voyons avec douleur, mes très chers frères, les funestes progrès faits chaque jour par cette philosophie superbe et téméraire, dont saint Paul se plaignait dès les premiers siècles de l'Église.

Christophe DE BEAUMONT, archevêque de Paris, *Mandement contre l'Encyclopédie*, 28 janvier 1752.

Jusqu'ici l'enfer avait vomi son venin goutte à goutte ; aujourd'hui ce sont des torrents d'erreurs et d'impiétés qui ne tendent à rien moins qu'à submerger la foi, la religion, les vertus, la subordination, les lois et la raison.

Mgr DE VERTHAMON, archevêque de Montauban, *Mandement contre l'*Encyclopédie, mars 1752.

• **La condamnation pontificale :**

Nous donc, que Dieu a établi garde et sentinelle sur les murs de Jérusalem [...]

ordonnons à tous et chacun des fidèles, sous les mêmes peines d'excommunication et de suspense respectivement, qui auraient chez eux ledit ouvrage, ou entre les mains desquels il pourrait tomber par la suite, qu'aussitôt qu'ils auraient connaissance des présentes lettres, ils aient à l'apporter aux ordinaires des lieux, ou bien aux inquisiteurs de la foi ou à leurs vicaires, qui auront soin de faire brûler sur-le-champ les exemplaires qui leur seront livrés.

CLÉMENT XIII, *Condamnation de l'*Encyclopédie, 3 septembre 1759.

• **Un siècle après :**
On a écrit de gros livres sur l'esprit de l'Encyclopédie : nous serons brefs, parce que cet esprit a heureusement vieilli en France au point d'être presque une curiosité d'antiquaire.

Nous ne comprenons pas pour notre part la rage qui poussait tous ces philosophes orgueilleux à se ravaler au rang de la brute...

Édouard MENNECHET, *Cours complet de littérature moderne*, 1862.

Les deux plus informes productions de l'esprit humain sont l'Encyclopédie et la Constitution française.

Joseph DE MAISTRE, *Fragments sur la France*, édition de 1883.

• **Deux siècles après :**
Presque tout le mal qui désintègre une France discutante et qui s'ausculte sans cesse, refoulant sa grâce et ses désirs, nous vient des Encyclopédistes et de ce Voltaire dont la foudre orphique évite les habits de soie.

Jean COCTEAU, *La Nouvelle République-Dimanche*, 29 janvier 1956.

ÉNÉIDE

• **Est peut-être le fruit du hasard :**
Je prends deux caractères d'imprimerie, A et R, je les mets dans une boîte, je les laisse couler par une petite fente qui n'en peut admettre qu'un à la fois. Ils ne peuvent passer que de l'une de ces manières, AR, RA ; car ces lettres n'ont que deux combinaisons différentes. Je puis parier sans désavantage un contre un que le hasard me fera rencontrer la syllabe AR, qui est la première de *L'Énéide*. Mais si je veux me procurer une très grande probabilité d'obtenir la syllabe AR par un jet fortuit, je n'ai qu'à demander que la tentative soit répétée un million de fois. Je pourrai gager que le hasard me donnera au moins une fois la syllabe AR. Il n'est pas absolument impossible, mais ce serait grande merveille, que la syllabe RA revînt un million de fois tout de suite.

Prenons maintenant les quatre lettres du premier mot de *L'Énéide*, ARMA. Les quatre lettres ont vingt-quatre combinaisons différentes. Il y a vingt-trois à parier contre un que je n'obtiendrai pas la combinaison *Arma*, puisqu'il y a vingt-trois combinaisons différentes. Mais en vingt-trois reprises, le pari devient égal ; et si l'on m'accorde un million de fois vingt-trois reprises, je puis obtenir du hasard au moins une fois la combinaison *Arma*.

Prenons ensuite les douze lettres ARMA VIRUMQUE. Ces douze lettres peuvent se combiner de près de 120 millions de manières différentes. Il y a donc 120 millions à parier contre un qu'en ballottant ces douze lettres, le hasard ne les fera point sortir dans l'ordre *arma virumque*. Mais en 120 millions de reprises, l'égalité du pari revient. Et en un million de fois 120 millions de reprises, je parie d'obtenir ce qui paraissait d'abord chimérique.

S'agit-il après cela du vers entier, *Arma virumque cano Trojae qui primus ab oris* ; s'agit-il même de *L'Énéide* ? La probabilité que le hasard ne fera point sortir ces lettres selon l'ordre qu'elles ont dans *L'Énéide* est immense. Mais enfin c'est un nombre fini. Si l'on fait cent mille millions de millions de fois la tentative, le prodige ne serait point alors que le hasard rencontrât *L'Énéide* ; le prodige serait qu'il ne la rencontrât pas.

Si donc il y avait une infinité de roues d'où sortissent perpétuellement des caractères d'imprimerie, ou bien une seule d'où il en fût sorti de toute éternité, il y aurait une probabilité infinie, c'est-à-dire une certitude entière que le hasard en aurait fait sortir *L'Énéide*.

André-Pierre LE GUAY DE PRÉMONTVAL, *Vues philosophiques*, Berlin, 1757-58.

ENFANTS

• Mères, remerciez le ciel qui vous les enlève :

Et vous, mères, qui pleurez sur les berceaux vides les petits envolés, consolez-vous. Les fleurs ne se conservent fraîches qu'en paradis. Vos enfants vous seront rendus là-haut, toujours enfants, c'est-à-dire toujours beaux. [...] Ne voyez-vous pas que si la vie flétrit les enfants, les endurcit toujours et les dégrade quelquefois, nul ne perd autant à cette douloureuse détérioration que les mères ? A 7 ans, ils ne vous donnent déjà plus toutes leurs pensées ; à 12, ils vous enlèvent un peu de leur soumission ; à 16, ils naissent à l'orgueil ; à 20, ils vous reprennent leur amour. [...] Dieu veut qu'ils demeurent des anges, parce que vous les aimez ainsi ; et comme les anges de la terre passent et s'enlaidissent, il les fait devenir anges du ciel, où la jeunesse et la beauté demeurent. Les autres mères devraient être jalouses de votre douleur.

Abbé Henry BOLO, *Le Lendemain de la vie*, 1892.

ENFER

• Le Seigneur est aux fourneaux :

Dieu, pour tourmenter davantage les damnés, s'est fait distillateur. Dans ces alambics d'enfer, il renferme les douleurs des faims les plus enragées, des soifs les plus ardentes, des froids les plus glaciaux, des ardeurs les plus fortes ; les tourments de ceux qui ont été égorgés par les fers, étranglés par les cordes, réduits en cendres par les flammes et dévorés par les bêtes féroces ; les chairs mangées vivantes par les vers, dévorées par les serpents, écorchées par les rasoirs, lacérées par les peignes ; les flèches des Sébastien, les grils des Laurent, les taureaux des Eustache, les lions des Ignace ; les seins arrachés, les os rompus, les jointures disjointes et les membres démembrés ; toutes les douleurs les plus aiguës, toutes les angoisses les plus véhémentes, toutes les affres les plus fortes, toutes les agonies les plus longues et toutes les morts les plus lentes, les plus épuisantes et les plus atroces.

Il met tous ces ingrédients dans l'alambic et il en fait en bas un distillat, dont chaque goutte contient, dans une quintessence sublimée, un raffinement de toutes les douleurs.

Romolo MARCHELLI, *Prediche quaresimali*, Venise, Storti, 1682.

• Preuve qu'il est au centre de la terre :
Nous ne savons pas définitivement où l'enfer est placé ; mais s'il a plu à Dieu de le mettre dans le sein de la terre, l'espace n'y manquera pas ; et il ne faut supposer pour cela aucun miracle. Il résulte de ce que nous avons dit plus haut qu'un cube de quatre miles d'Italie, d'une lieue d'Allemagne, suffit pour contenir les corps de tous les hommes. Le cube des pieds contenus dans cet espace est 160 000 000 000 000 000 ; en donnant 10 pieds cubiques à chaque corps, il y aura place pour 16 000 000 000 000 000 ; par conséquent 200 000 000 000 n'y seront pas fort à l'étroit.

Abbé FLEXIER DE RÉVAL, *Catéchisme philosophique, ou Recueil d'observations propres à défendre la religion chrétienne contre ses ennemis*, 1773.

• Preuve qu'il n'y est pas :
En supposant un seul couple de chaque race à l'origine, on a cinq couples ou dix personnes, et en appliquant à ces données la règle des intérêts composés, on trouve jusqu'au Déluge 9 289 000 naissances pendant 1 658 ans ; depuis le Déluge jusqu'à notre ère, il s'est passé 2 326 ans ; pendant ce temps, s'il n'a survécu que cinq couples, ceux-ci auront engendré 2 213 867 610 000 enfants ; en poussant les calculs jusqu'en l'an 2000, on obtiendra le nombre de 34 326 414 259 675 172 000 qui, avec les 9 289 000, font 34 326 414 259 684 461 000 rejetons. En admettant charitablement que tous les papistes sont sauvés, leur nombre étant aujourd'hui 1/7 de la population de la terre, celui des damnés se composera des nés avant le Déluge, des nés depuis le Déluge jusqu'en l'an 2000, moins le 1/7 des

nés depuis l'an 44 de la naissance du Christ. Ce nombre est de 4 903 773 008 164 544 000, et au total le nombre des damnés serait de 29 422 641 251 519 917 000.

Le cube moyen entre un nouveau-né et une personne accomplie est à peu près 1/20 de mètre; la masse des damnés ci-dessus représente la solidité d'une sphère de 705 540 mètres de rayon. Celui de la terre est de 6 366 200 mètres. [...]

Si on recule l'origine de l'homme, suivant certains naturalistes allemands, à 80 000 ans, le nombre des morts damnés formerait un cube de plus de trois fois celui de la terre.

Maintenant, comment réunir pour être jugés les 34 326 414 260 milliards de ressuscités sur une surface de 60 000 000 de mètres carrés; comment faire passer cette masse de damnés à travers les roches de toute sorte à une profondeur de 5 666 660 mètres?

THEIN, *Testament physique et moral*, 1877.

• Les damnés, pêle-mêle :

Ma quittance à la main, j'irai prendre ma [place,
Tandis que sous mes yeux par les diables [saisis,
Philosophes, Indous, Comédiens, Parsis,
Anglicans, Francs-Maçons, Musulmans, [Calvinistes,
Quakers, Luthériens, Juifs, Païens, [Jansénistes,
Et ces monstres du jour qu'on nomme [libéraux
Rouleront pêle-mêle aux brasiers infer- [naux.

Jean-Pons VIENNET, *Épître à M. Hoffmann en faveur des jésuites*, 1826.

EN OUTRE

• Curieux emploi de cette locution :

ARRAS, 25 mars (dépêche particulière du *Matin*).

A Montreuil, revenant de l'école, Édith Grignon, âgée de sept ans, traversant la route de Beaumerie à Montreuil, fut heurtée violemment à la tête par l'automobile de M. Lagelouze, percepteur à Berck.

La pauvre fillette, qui a été tuée net, a eu en outre un pied coupé par la roue du véhicule.

Le Matin, 26 mars 1908.

ENSEIGNEMENT

• Un programme possible :

Plus de latin et même, autant que possible, plus de langues modernes. Plus d'heures interminables consacrées à scruter les dessous de la « langue maternelle », car c'est là une *spécialité*, la philosophie, qui ne saurait trouver véritablement sa place que beaucoup plus tard dans les cours des études. [...] A ce moment, la littérature, si elle existe encore, prendra place parmi les autres arts d'agrément, comme la dentelle au crochet, la pyrogravure et le macramé.

Régis MESSAC, *La Révolution culturelle*, 1938.

ENTRAILLES

• Balzac les entendait :

J'avais fini par entendre en elle des remuements d'entrailles causés par une affection qui voulait sa place.

H. DE BALZAC, *Le Lys dans la vallée*, 1835.

ENVIES

• Celles du mari sont incompressibles et la femme doit y céder :

Considérer, ma très chère sœur, qu'un mari qui chérit sa femme et ressent pour elle une grande passion, ne peut garder la continence. Vous êtes tenue, sous peine de très grave péché, de lui ouvrir vos bras et de donner satisfaction à ses sens. Pour me faire comprendre de vous, je vais appuyer mon raisonnement sur une comparaison: Si, par exemple, vous vous trouviez prise d'un gros besoin et si, ayant exprimé à votre mari le désir de satisfaire aux nécessités de la nature, celui-ci vous engageait à remettre la chose au lendemain ou à huit jours de là, vous vous diriez assurément que votre mari est un imprudent ou un imbécile, qu'il vous est absolument impossible d'attendre au lendemain, et vous iriez déposer votre *mierda* dans un lieu quelconque. La situation dans laquelle se trouve votre mari est tout à fait semblable à celle qui se produirait dans ma comparaison : et si vous refusez de le recevoir, il ira répandre son sperme dans un autre vase que le vôtre, et vous porterez le péché de son incontinence.

Mgr Antonio Maria CLARET, confesseur de SM Isabelle II, *La Clef d'or*, 8 (vers 1860).

ENVIRON

• Un adverbe dont on ne sait jamais s'il est précis ou imprécis :

On avait relevé environ dix-sept cadavres.

Hurlevent, feuilleton de *Lyon-Républicain*, 12 avril 1937.

ÉPARGNE

• Mère des grands hommes :

Quand on remonte à l'origine des grands hommes qui, dans les derniers siècles, ont jeté un si grand éclat sur le nom français, on arrive bientôt à quelque famille modeste qui s'est élevée lentement par l'épargne.

Frédéric LE PLAY, *L'Organisation du travail*, 1870.

ÉPAULES

• Ce qu'elles disent :

Les épaules maigres et menues signifient l'homme débile. [...] Duquel les épaules sont larges et grosses, signifient l'homme fort.

La Physionomie de Michel Lescot, traduction de Nicolas de Séroville, 1540.

Ceux qui ont les épaules larges et grosses sont d'ordinaire robustes, propres au travail et à supporter toutes sortes de fatigues, comme a remarqué Galien qui par antonomase les a nommés *hommes robustes*.

C. D. DE LA BELLIÈRE, *La Physionomie raisonnée*, 1664.

ÉPÉE

• Sous le titre « Un sportman romancier » :

Lorsqu'on se trouve en présence de M. Binet-Valmer, homme de sport, on peut ignorer, si on ne le connaît pas déjà, qu'on a devant soi un littérateur ; mais, après la lecture des *Métèques*, personne ne s'étonnera plus que ce livre ait été écrit par un triomphateur de l'épée.

La Vie au grand air, 15 décembre 1906.

ÉPICERIE

• Du beurre et des canons :

L'épicerie est respectable. C'est une branche du commerce. L'armée est plus respectable encore, parce qu'elle est une institution dont le but est l'ordre. L'épicerie est utile, l'armée est nécessaire.

Jules NORIAC, *Les Nouvelles*, 26 octobre 1865

ÉPICURE

• Sa fatale influence :

L'école d'Épicure, selon la remarque du cardinal de Polignac, forme plus de suicides que toutes les autres. Lucrèce se tua à 44 ans ; Crecht, son traducteur anglais, à 40.

Abbé FLEXIER DE RÉVAL, *Catéchisme philosophique, ou Recueil d'observations propres à défendre la religion chrétienne contre ses ennemis*, 1773.

• Les bourgeois ne veulent pas le comprendre :

Épicure (341-270 avant notre ère), disciple de Démocrite, a été complètement truqué par l'histoire bourgeoise qui nous le représente comme un vulgaire « cochon philosophique », car être épicurien pour l'histoire, c'est être un bon viveur, alors que, au contraire, Épicure dans la vie était un ascète. Cette mauvaise réputation est due au fait qu'il était matérialiste.

Georges POLITZER, *Principes élémentaires de philosophie*, Paris 1946.

ÉRASME

• Un bonnet superflu :

Il est toujours représenté un bonnet sur la tête. Craignait-il que son front ne fût pas assez ouvert, pas assez noble, pas assez hardi, pour se montrer au grand jour ? Le cachait-il par modestie ? Ou bien n'avait-il pas assez de tact physiognomonique pour sentir que cette partie est essentielle au portrait ?

Gaspard LAVATER, *L'Art de connaître les hommes par la physionomie*, édition de 1807, tome VI.

ERRATUM

• Un engrenage :

Roemer trouva ainsi que la lumière se meut à travers l'espace avec la prodigieuse vitesse de 6 000 lieues par seconde.

La Science populaire, 28 avril 1881.

Dans notre dernier article, il s'est glissé une erreur typographique qu'il importe de rectifier : la vitesse de la lumière est de 76 000 lieues à l'heure — et non de 6 000.

La Science populaire, 19 mai 1881 (n° 66).

Une note rectifiant une première erreur a paru dans notre N° 68, indiquant que la vitesse de la lumière est de 76 000 lieues à l'heure. Nos lecteurs ont d'eux-mêmes rectifié cette nouvelle erreur. La vitesse de la lumière est d'environ 76 000 lieues (de 4 kilomètres) par seconde.

La Science populaire, 16 juin 1881.

• D'autres bons exemples :
Nos correspondants nous font remarquer que 25 x 8 = 20 000, et non pas 25 000.

Pourquoi pas ?, 26 octobre 1928.

A propos de l'affaire Gillier. Une erreur que nous tenons à rectifier s'est glissée dans notre compte-rendu de l'audience correctionnelle. Au lieu de « la société rembourse à Mme Gillier la somme de un million », lire « la société rembourse à Mme Gillier la somme de un million ». Nous donnons bien volontiers acte de cette rectification à Mme Gillier.

Ouest-Éclair, 30 janvier 1933.

Objet : prescriptions relatives au port du bonnet de police. [...]

2. Une forte inclinaison latérale de cette coiffure est incorrecte. Elle peut être portée *légèrement* inclinée, sur le côté gauche obligatoirement.

Général LECOQ, commandant de la IVe Région militaire de Bordeaux, note de service du 21 mars 1957.

RECTIFICATION

Objet : port du bonnet de police.

Paragraphe 2.

Au lieu de :

« La coiffure peut être portée *légèrement* inclinée, sur le côté gauche obligatoirement ».

Lire :

« sur le côté droit obligatoirement ».

Général LECOQ, etc., 29 mars 1957.

Une inversion regrettable dans notre édition d'hier nous a fait mettre le tableau concernant les prix de la viande de porc à la place de celui qui traitait des départs en vacances des personnes âgées.

La Charente libre, 15 août 1975.

Plougasnou (rectificatif). — Dans l'avis mortuaire de remerciements concernant M..., il fallait dire « ainsi qu'aux six porteurs bénévoles » et non « ainsi qu'aux supporters bénévoles ».

Le Télégramme de Brest, 11 octobre 1976.

ESCARGOT

• Comment lui couper la tête :
Pour couper habilement la tête à un escargot, on le tient de la main gauche par la coquille, on pose un des taillants d'une paire de grands ciseaux sous sa gorge, et on lui laisse le temps de revenir de ce premier attouchement. Lorsqu'il allonge bien le cou, lorsque ses cornes paraissent pleines de la liqueur noirâtre qui semble être le principe le plus actif de son sentiment, on rapproche peu à peu les ciseaux, jusqu'à ce que la branche supérieure soit presque sur le cou du reptile, derrière les grandes cornes. Alors, serrant vivement les doigts, on lui abat la tête entière, avec autant de célérité qu'on en pourrait mettre à prononcer la lettre A.

Georges TARENNE, *La Cochliopérie, recueil d'expériences très curieuses sur les hélices terrestres vulgairement nommées escargots*, 1808.

• La victime d'un canular :
On ne voit nulle part que ces honnêtes créatures aient jamais figuré au sabbat. Mais il paraît qu'elles ont aussi leur côté mystérieux, et qu'elles pourraient, quand les études dont s'occupent les savants auront abouti, faire concurrence au télégraphe électrique. On a donc proposé en 1850 un procédé qui se mûrit, c'est la *boussole pasilalinique-sympathique*. Si vous trouvez ce nom bizarre, l'agent de cette boussole ne l'est pas moins ; c'est l'escargot. Deux amis séparés par de grandes distances se seront munis chacun d'un escargot de même espèce, les auront magnétisés ensemble pour établir la sympathie. Puis l'ami resté à Paris chargera son escargot des nouvelles qu'il veut transmettre à son ami installé à Pékin, et ce dernier répondra de la même manière. Par quels moyens

faciles ? Nous l'ignorons. Mais en mars de la présente année, les journaux disaient qu'on était à la veille de résultats satisfaisants.

J. COLLIN DE PLANCY, *Dictionnaire infernal*, édition de 1863.

ESCHYLE

• L'opinion de Fontenelle :

On ne sait ce que c'est que le *Prométhée* d'Eschyle. Eschyle est une manière de fou.

FONTENELLE, *Remarques*, édition de 1758.

• Et de la presse spécialisée :

Eschyle, comme quelques dramaturges de notre époque, avait toujours une pinte de vin quand il composait ses tragédies.

Le Moniteur vinicole, 1856.

ESCLAVES

• Une aimable condition :

L'humanité, ou si l'on ne veut pas y croire, un intérêt bien entendu a porté les colons à améliorer le sort de leurs esclaves, sans attendre les ordres de la métropole. J'en appelle à toutes les personnes impartiales qui, depuis dix ou vingt ans, ont visité nos Antilles. Elle diront comme moi que les Noirs sont mieux vêtus, mieux nourris, mieux logés ; que la journée de travail est moins prolongée qu'en Europe ; que leurs heures de repas, plus un jour entier par semaine, leur sont exactement accordés, pour les mettre à même de cultiver le jardin qu'on donne à chacun d'eux, et soigner le bétail qu'on leur permet d'élever ; que les samedis, les jours de marché et dimanches, ils sont libres d'aller vendre leurs petites denrées et de se livrer à leurs plaisirs habituels, la danse surtout qui se prolonge ordinairement jusqu'au lendemain matin. Le plus léger service rendu dans ces jours est généreusement payé par le maître. Ils achètent presque toujours ce que leurs esclaves n'ont pu vendre au marché. Aussi, excepté aux heures des travaux, où, par une ancienne habitude, ils sont à peine vêtus, voit-on les Noirs habillés avec une propreté, une recherche et l'on pourrait dire avec un luxe de bijoux qui annoncent leur aisance, de même que leur belle santé et leur joie démentent toutes les absurdités qu'on débite sur leur compte.

Alexandre FOIGNET, *Quelques Réflexions sur les colonies*, 1831.

• Contre l'abolition :

Certes la loi peut faire des changements dans l'état des personnes, mais des personnes libres. Elle ne peut en opérer dans celui des esclaves, parce que dès que ces personnes sont esclaves, elles ont des maîtres et en sont la propriété. Or, en accordant la liberté à ces esclaves, vous en ôtez la jouissance et la possession à leurs maîtres, et vous violez le principe inviolable de la propriété.

Félix PATRON, *Questions relatives aux colonies*, 1832.

L'esclavage n'est pas seulement de droit naturel, mais providentiel.

La Revue de Paris, cité *in* Charles Dain, *De l'abolition de l'esclavage*, 1836.

• La grande erreur des États-Unis :

Soigné, morigéné, surveillé par ses maîtres qui le ménageaient à cause de sa valeur pécuniaire, du moins l'esclave des plantations n'était pas un de ces malheureux que l'on rencontre par milliers, dans les avenues spéciales des grandes villes américaines. [...] Avouons-le franchement. Devant la question esclavagiste, le Nord s'est trompé. A l'expérience des planteurs sudistes, il a naturellement opposé la théorie généreuse et séduisante que la République française adopta. L'expérience avait raison contre la théorie.

Paul ADAM, préface à W. Dawson, *Le Nègre aux États-Unis*, 1912.

• Deux réflexions :

Semblable aux animaux qui ne peuvent respirer l'air à une certaine hauteur sans périr, l'esclave meurt dans l'atmosphère de la liberté.

CHAMFORT, *Maximes et pensées*, 1795.

L'esclavage est une très mauvaise préparation à l'exercice de la liberté.

Anthony TROLLOPE, *The West Indies and the Spanish Men*, Londres, 1860.

ESPAGNOLS

• Trois traits de leur caractère :

Les Espagnols n'eurent jamais beaucoup d'inclination pour les voyages.

SCHWAB, *Dissertation sur les causes de l'universalité de la langue française*, 1803.

Le tromblon, en Espagne, est la base du caractère national, comme l'oignon cru est la base de la cuisine.

Auguste VILLEMOT, *Le Journal illustré*, 4 février 1866.

L'avantage immense, inappréciable, que l'Espagnol, si l'on excepte toutefois le vieux Castillan, a d'ordinaire sur la plupart des autres Européens, est celui d'être heureux.

Élisée RECLUS, *Nouvelle Géographie universelle*, 1877.

• Victimes de francs-maçons :

Il est regrettable que l'Espagne se soit laissée aller de la sorte au vice maçonnique. A vrai dire, elle avait commencé à perdre son rang dans le concert européen à la fin du dix-septième siècle. On ne peut donc accuser la Franc-Maçonnerie, créée en 1717, d'avoir été la cause première de ses malheurs. Mais peut-être l'a-t-elle empêchée de se relever et de reprendre le rang qui lui appartient. La Franc-Maçonnerie a dû avoir sa part dans ses malheurs coloniaux. Albion ne devait pas voir d'un bon œil cette rivale puissante. Ne sont-ce pas ces Francs-Maçons espagnols qui empêchent cette vaillante nation de culbuter dans la Méditerranée du haut du rocher de Gibraltar les soldats de l'Angleterre ?

Louis MARTIN, *L'Anglais est-il un Juif ?*, 1895.

ESPÉRANTO

• Son usage éventuel :

Tant que le Juif n'est pas devenu le maître des autres peuples, il faut que, bon gré mal gré, il parle leur langue. Mais sitôt que ceux-ci seraient ses esclaves, ils devraient tous apprendre une langue universelle (l'espéranto, par exemple) pour que, par ce moyen, la juiverie puisse les dominer plus facilement.

Adolf HITLER, *Mon combat*, première partie, chapitre II, traduction française Nouvelles Éditions latines.

ESTHÉTIQUE

• Une leçon de vocabulaire :

La nature, comme les productions industrielles, est coupable de provoquer en nous des émotions ne différant en rien de celles qui sont à la base des sentiments artistiques ; qui mieux est, les émotions qui nous ont conduits à distinguer les diverses modalités du beau sont les mêmes. Ainsi une roseraie, le chant des oiseaux sont *plaisants* ; plaisant également un fauteuil anglais. Diane de Poitiers, la Pompadour, l'Impératrice Eugénie furent réputées *désirables*. Le cocuage, les tics sont *risibles* ; la girafe, le pélican, le cactus le sont aussi ; tout autant qu'un parapluie, un piano droit, une batteuse mécanique ou un rouleau compresseur. Le crépuscule et une cité minière peuvent provoquer des impressions *pénibles*. Le mugissement du vent, une avalanche ou le bombardement d'une ville causent les uns et les autres de l'*horreur*. Le cirque de Gavarnie et la mer de Glace paraissent comme *imposants*, tout autant qu'un transatlantique ou un haut fourneau, et l'on trouverait des exemples de *repoussant* dans la vue d'un crapaud ou dans celle d'un tas de fumier.

Marcel et André BULL, *L'Art contemporain, sa raison d'être, ses manifestations*, 1931.

ÉTALON

• Son avenir :

L'étalon brabançon sera la poule aux œufs d'or de la Belgique.

M. BRUYN, ministre belge de l'Agriculture, *L'Indépendance de l'Est*, 21 février 1900.

ÉTATS-UNIS

• Un président y croit :

Le jour n'est pas loin où trois bannières étoilées en trois endroits équidistants, marqueront l'extension de notre territoire : une au pôle Nord, l'autre sur le canal de Panama, la troisième au pôle Sud. Tout l'hémisphère sera nôtre, de fait, comme, en vertu de notre supériorité raciale, il l'est déjà moralement.

William H. TAFT, président des États-Unis, 1912, cité *in* Gregorio Selser, *Diplomacia, garrote y dolares en America latina*, Buenos Aires, 1962.

ÉTERNEL RETOUR

• Peut-être la plus pernicieuse des idées de l'Antiquité :

Ceux qui viendront après nous ne verront rien de nouveau, et ceux qui sont venus avant nous n'ont rien vu de plus extraordinaire que nous ; mais l'homme qui a vécu quarante ans, pour peu qu'il ait d'intelligence, a vu en quelque façon tout ce qui a été et tout ce qui sera, puisque c'est toujours la même chose.

Marc AURÈLE, *Pensées*, XI.

ÉTHIOPIENS

• L'invasion italienne de 1935 les fera réfléchir :

Après ce coup de balai relativement aisé, les Éthiopiens refoulés sur leurs terres, dans le donjon de leurs montagnes, réfléchiront sur la nécessité de faire quelques concessions à l'Europe, qu'ils avaient jusqu'ici brimée avec insolence.

Henry DE MONFREID, « L'Éthiopie a-t-elle une armée ? », in *Le Petit Dauphinois*, 29 juillet 1935.

ÉTINCELLE

• Un peu de chimie :

En chimie, quand on met en présence de l'Hydrogène et de l'Oxygène, et qu'on fait passer une *ÉTINCELLE ÉLECTRIQUE*, il en résulte, non pas un simple *mélange*, mais une véritable *combinaison*, qui donne un corps entièrement nouveau, à savoir, de l'eau.

Pareillement, en sociologie, si l'on met en présence le Paganisme et le Christianisme, et si l'on fait passer l'*ÉTINCELLE HÉBRAÏQUE* — l'éclair du Sinaï —, il ne peut en résulter aussi qu'une combinaison ou synthèse, qui donnera une religion entièrement nouvelle, laquelle reste encore à dénommer.

Jean IZOULET, professeur au Collège de France, *La Rentrée de Dieu dans l'Église et dans l'État*, 1924.

ÉTOILE POLAIRE

• Une bonne définition :

POLAIRE (étoile) ou la *Polaire*, étoile de troisième grandeur, ainsi nommée parce qu'elle est à une très faible distance du pôle Nord.

Nouveau Petit Larousse illustré, édition de 1935.

ÉTONNEMENT

• Un cas justifié :

Jugez, Messieurs, de l'étonnement, de la douleur de l'honorable témoin que voilà quand, rentrant de l'atelier, il trouve sa femme au lit, la tête fendue et la porte défoncée.

La Liberté, 18 octobre 1908.

ÉTRANGLER

• Divers moyens :

Ces sublimes épées mozarabes forgées sous le Magnifique, avec lesquelles on pouvait étrangler un taureau des Asturies.

Léon BLOY, *La Femme pauvre*, 4e édition, 1897.

On n'étrangle pas les idées avec des matraques ou avec des cailloux.

Gaston VIDAL, *Le Journal*, 24 décembre 1925.

ÉTUDE

• Fait des ravages :

Vous savez mieux que moi quelles altérations la méditation et l'étude produisent dans ceux qui s'y appliquent. Le cœur se resserre ; l'imagination se fatigue, les yeux s'enfoncent et se ternissent ; le visage devient pâle et morne, la mine sombre, mélancolique, et chagrine ; la parole rude, les manières grossières et mal polies. On s'entête, on se préoccupe, et l'on prend un esprit de contradiction, de mystère et de chicane.

POULLAIN DE LA BARRE, *De l'éducation des dames*, 1674.

ÉTUDIANTS

• Un misanthrope les juge :

Depuis des mois et des mois, *Combat* nous rase avec les « étudiants » (peut-être aussi d'autres journaux) : ils ne trouvent pas à se loger, on fait appel aux particuliers qui pourraient disposer d'une chambre, les chambres, dans les hôtels sont hors de prix. Une maison entière, inoccupée, en ruine, rue de Fleurus (je la connais depuis longtemps), qui appartient à l'Assistance publique, a attiré l'attention de leur Fédération. Celle-ci l'a signalée à la « Sécurité sociale ». Celle-ci a offert à l'Assistance publique de la lui acheter, se chargeant de toutes les réparations. L'Assistance publique a refusé. On s'indigne. Autre question : la vie est chère, beaucoup d'étudiants manquent des ressources nécessaires, un grand nombre ne fait qu'un repas par jour. Enfin, bobard sur bobard. On parle même, dans je ne sais quel milieu, de leur donner un salaire, ce qui est un monde. Pourquoi pas un salaire aux joueurs de billard ? Qui, quoi, oblige ces jeunes gens, la plupart provinciaux, à être étudiants, ce qui n'est pas du tout l'indication de facultés intellectuelles remarquables, si ce n'est la prétention de les avoir ? Ils n'ont qu'à prendre un métier, ou retourner dans leur famille.

Paul LÉAUTAUD, *Journal littéraire*, 12 octobre 1949.

ÉTYMOLOGIE

• Deux exemples du grand Ménage :

ALFANA : Jument. De l'espagnol *alfana*, qui signifie la même chose et qui fut ainsi formé de l'article arabe *al* et du mot latin *equa* : *equa, eka, aka, kaka, faca, facana* et, par contraction, *fana*, et puis, avec l'article arabe, *alfana*.

Gilles MÉNAGE, *Les Origines de la langue italienne*, 1699.

Haricot vient de *faba* : Faba, faricotus, haricotus, haricot.

Gilles MÉNAGE, *Dictionnaire étymologique, ou Origines de la langue française*, 1650-1694.

• Et, en huit textes, les incertitudes de cette science :

Par le mot de *Barbe*, on entend le poil qui vient au menton des hommes, à l'âge de quinze, dix-huit ou vingt ans. Ce mot vient du latin *Barba*, que Guichard prétend s'être formé de l'hébreu *Ahab* ; d'où vient *Abib*, qui est interprété, *prima feconditas, germinatio, seu proventus frugum et fructuum*, première fécondité, premier germe, production de fruits ; que de *Ahab*, s'est fait *Baba*, en ajoutant un r, *Barba*. Mais c'est là une de ces étymologies qui, quand elles seraient vraies, sont sans preuves.

J. A. DULAURE, *Pogonologie, histoire philosophique de la barbe*, 1786.

Subjonctif est formé de ces trois mots : *office de joindre sous*, c'est-à-dire, le verbe après la conjonction *que* est tellement joint sous un autre verbe, que sans cela il se mettrait à un autre mode.

J. H. ROULLÉ, *Les Premiers Éléments de la grammaire française*, 1800.

Le mot *gars*, que l'on prononce *gâ*, est un débris de la langue celtique. [...] Ce mot a de l'analogie avec le mot latin *vir*, homme, racine de *virtus*, force, courage.

Honoré DE BALZAC, *Les Chouans*, 1829.

La forme primitive perdue de πυγμαῖος (pygmée) dérivait certainement d'une racine voisine du sanscrit *pît*, au féminin *pa*, qui veut dire *jaune*, et d'une expression voisine des formes pronominales sanscrite, zende et grecque, *aham*, *azem*, ἐγών, qui, renfermant surtout l'idée abstraite de *l'être*, a donné naissance au gothique *guma*, *homme*, πυγμαῖος ne signifie donc autre chose qu'*homme jaune*.

Comte DE GOBINEAU, *Essai sur l'inégalité des races humaines*, 1853-55.

MÉPHI-STOPHÉLÈS : *Méphi* se rapporte à *méphitique* et *stophélès* signifie *étoffé* ; un miasme étoffé, épais, une forte puanteur.

Stoph, en grec, veut dire *stoff* en allemand et en anglais, et en français cela signifie *matière*, *étoffe*.

Au figuré *Méphi-stoffe* est l'esprit de la chair, celui qui nous tente si affreusement de toutes les façons, surtout en notre jeunesse, et auquel saint Antoine a failli succomber. Et que cet esprit n'est pas ce qu'il y a de plus sain, cela s'aperçoit dans l'exhalaison des hommes qui étant réunis en grand nombre dans un local fermé empestent l'air ; cela s'aperçoit aussi dans notre chambre à coucher à notre réveil.

L. PURPER, *L'Éclosion de mille et une choses*, 1883.

Nous voici à la Casbah, l'ancienne demeure des deys. Pourquoi l'appelle-t-on la Casbah ? C'est bien simple, vous répondra-t-on à Alger. C'est la maison du bey, la maison du ba, la case au ba, la Casba, quoi !

Docteur BERNARD, *L'Algérie qui s'en va*, 1887.

On appelle hebdomadaire (en grec : *hebdoma*, huit) [...].

L'Intransigeant, 25 février 1911.

Si l'on réfléchit que le qualificatif d'*isotherme* signifie « qui isole la chaleur » [...].

La Vigie marocaine, 23 mai 1930.

EUCHARISTIE

• Quelques recommandations :

Les théologiens ne sont pas d'accord entre eux si le vin gelé est une matière suffisante pour être consacrée. Il y en a qui estiment que la consécration ne serait pas valide. Les autres sont d'un sentiment contraire. Ainsi on peut dire, à cause de la diversité de leurs opinions, que le vin gelé est une matière douteuse.

Le pain doit être fait exprès avec grand soin, être entier et pas trop vieil cuit et d'une médiocre grandeur... Si pourtant la petitesse du pain était telle qu'il fût imperceptible à nos sens, il ne pourrait être consacré.

BABIN, *Conférences ecclésiastiques du diocèse d'Angers*, 1716.

EUNUQUES

• Et s'il n'en reste qu'un :

Il y a des eunuques qui n'ont qu'un seul testicule, mais il est bien fait et bien proportionné, ce qui les rend aussi féconds que les autres hommes : car, selon l'axiome des philosophes, la force unie est capable de plus d'action que celle qui est partagée. Un homme voit aussi bien, et peut-être mieux, d'un œil que s'il en avait deux.

Nicolas VENETTE, *La Génération de l'homme*, édition de 1690.

• Gare à leur descendance :

Le Chinois incomplet (*eunuque*) est, après sa mort, l'objet de la réprobation générale pour lui et les siens jusqu'à la dix-septième descendance.

Pourquoi pas ?, 21 décembre 1911.

EUROPE

• Impossible d'y croire :

Le temps de la chevalerie est révolu, celui des calculateurs et des économistes commence : la gloire de l'Europe est à jamais éteinte.

Edmund BURKE, 1790.

Elle est au bord de l'effondrement, votre Europe, d'un effondrement général, total, effroyable !

F. DOSTOÏEVSKI, *Journal d'un écrivain*, 1881, cité *in* B. CAZES, *Histoire des futurs*, 1986.

EUROPÉENS

• Ils sont les élus :

La civilisation européenne est entrée, s'il est permis de le dire, dans l'éternelle vérité, dans le plan de la Providence ; elle marche selon les voies de Dieu. C'est le principe rationnel de sa supériorité.

François GUIZOT, *Cours d'histoire moderne*, 1828.

• Ils sont les plus forts :

Désormais aucun peuple n'est capable de soutenir la lutte contre les nations européennes. Le canon a récemment ouvert la Chine et le Japon à nos idées, à nos arts et à nos marchandises aussi facilement qu'il leur ouvrit Tahiti au siècle dernier. Les nations musulmanes sont décidément subalternisées. Il est inévitable que toutes les civilisations fassent connaissance et se pénètrent les unes les autres, les parties défectueuses périssant dans la lutte contre les parties meilleures des civilisations rivales.

Arsène DUMONT, *Dépopulation et civilisation*, 1890.

• Ils sont les plus beaux :

Une hiérarchie visible est établie de toute antiquité, et, dans cette noblesse humaine, les Européens sont les plus éminents par la beauté des formes et la vigueur du développement musculaire. [...]

Pour en être pleinement convaincu, il suffit de contempler les types variés répandus sur le globe, et l'on voit que depuis la construction et le visage, en quelque sorte, rudimentaires du Pélagien et du Pécherai jusqu'à la taille élevée, aux nobles proportions de Charlemagne, jusqu'à l'intelligente régularité des traits de Napoléon, jusqu'à l'imposante majesté qui respire sur le visage royal de Louis XIV, il y a une série de gradations par laquelle les peuples qui ne sont pas du sang des Blancs approchent de la beauté, mais ne l'atteignent pas.

Comte DE GOBINEAU, *Essai sur l'inégalité des races humaines*, 1853-55.

ÉVANGILE

• Nous qui l'avions cru écrit en grec... :
Tolstoï étudia l'hébreu pour lire l'Évangile dans l'original.

Henriette ROLAND-HORST, *Monde*, 1er septembre 1928.

ÈVE

• Origine du nom :
Ève est constitué des mêmes lettres que le mot *Vae*, pour marquer l'imprécation qu'Adam fit contre elle après qu'elle l'eut engagé à manger du fruit défendu.

PHILON LE JUIF (vers 20 av. J.-C. - 54 apr. J.-C.), *De mundi opifici.*

• Une anecdote :
Ève coupa une branche de l'arbre de la science du bien et du mal et elle en fit un gros bâton avec lequel elle menaça Adam pour le forcer à manger les fruits de cet arbre.

Guillaume SALDEN, *Otia theologica, Amsterdam*, 1684.

• Une comparaison fameuse :
La femme, Ève, c'est la Révolution, qui force le bon Adam à chanter avec elle la *Marseillaise* de l'Éden, qui l'entraîne avec elle à l'assaut de l'*arbre de la science*, comme le peuple a poussé les bourgeois de Paris à l'assaut de la Bastille, qui enlève bravement la pomme, et qui, de ses pépins tombés sur la terre de France, fait éclore les principes de 1789 au soleil de la liberté.

Hippolyte RIGAULT, *Œuvres complètes*, 1859.

• Nouvelles lumières sur la Génèse :
Ève a été produite de la semence écoulée de la verge d'Adam, assimilée alors à un corps dur comme une côte. Elle atteignit l'âge de la puberté. A ses yeux, la verge enflée d'Adam ne fut plus une côte amorphe, mais elle y découvrit une partie vivante, dont l'extrémité ressemblait à la tête d'un serpent. Cédant à la tentation, excitée par l'aspect de la verge, Ève s'en approcha et le coït fut accompli.

Pierre BÉRON, *Panépistème ou Ensemble des sciences physiques et naturelles...*, 1863-1867.

ÉVÉNEMENTS DE 1968

• Les évidences du général :
L'année 1968, je la salue avec sérénité. L'année 1967, je la salue avec satisfaction. [...] En considérant la façon dont les choses se présentent, c'est vraiment avec confiance que j'envisage pour les douze prochains mois l'existence de notre pays.

Général Charles DE GAULLE, vœux télévisés de nouvel an, 31 décembre 1967.

Eh bien ! en effet, une explosion s'est produite...

Général Charles DE GAULLE, entretien télévisé, 7 juin 1968.

ÉVÊQUE

• Le sabre et le goupillon :
N'attendez pas d'un évêque qu'il admire l'armée de la guerre, comme un soldat aime le cheval et la poudre. Non ! En face du Dieu qui versa son sang pour réconcilier les hommes, je déplore ce mystère douloureux de la guerre, et je prie chaque jour afin qu'elle soit évitée, supprimée même s'il se peut ! [...] Mais qui donc, en déplorant la guerre, n'admire pas l'armée ?

Mgr DUPANLOUP, *Oraison funèbre de Lamoricière*, 1865.

ÉVOLUTION

• Une idée intéressante :
La Bible contredit formellement l'enseignement d'une évolution. Les animaux préhistoriques, du moins un grand nombre d'entre eux, de véritables monstres, sont de création satanique et ont subi une certaine évolution. Toutes les créations divines, par contre, sont parfaites.

La Nouvelle Terre, le message à l'humanité, 1927.

EXEMPLE

• Un festival en quelques lignes :
Je ne saurais me taire pour faire mon devoir, à l'exemple du jeune Macédonien qui, se laissait, sans rien dire, ronger le cœur par un canard.

La Dépêche de Toulouse, 1919.

EXISTENTIALISME

• Un jugement scientifique :

Courant philosophique décadent de nos jours, variété de l'idéalisme subjectif, destiné essentiellement à démoraliser la conscience sociale, à combattre les organisations révolutionnaires du prolétariat. [..]

De nos jours, les existentialistes s'efforcent de dénigrer la lutte révolutionnaire des travailleurs pour le socialisme. Ils prêchent le nihilisme intellectuel et moral, le mépris de la science et de la moralité. Les existentialistes se dressent contre le matérialisme dialectique et historique, contre la conception marxiste, scientifique du monde.

M. ROSENTHAL et P. IOUDINE, *Petit Dictionnaire philosophique*, Moscou 1955.

EXORCISME

• Une réussite spectaculaire :

En 1603, sur l'entrée de l'été, les blés étant fort beaux, survint une si grande quantité de langoustes et sautereaux, que partout où cette plaie passait, elle ne laissait pas une feuille verte, détruisant tous les fruits de la terre. Qui fut une grande affliction à ce pauvre peuple ; néanmoins Dieu en garantit les catholiques. Un matin ceux du bourg où les catholiques demeurent vinrent dire au Père que déjà cette vermine était proche de leurs champs, lesquels, ce même jour, s'en allaient perdus et ruinés si Dieu ne les aidait. Le Père, ému de compassion, leur commande de s'associer vivement tous à l'église où il leur dit la messe, et après l'avoir dite, récite les litanies et leur bénit force eau, leur commandant de l'aller jeter sur les champs ensemencés. Cela fait, Dieu voulut que ces bêtes-là n'entrèrent en aucun champ de catholiques, au lieu qu'elles mangèrent tous ceux des hérétiques qui étaient alentour, n'y ayant en plusieurs endroits qu'un petit fossé pour les séparer.

Père JARRIC, *Histoire des Indes*, 1614.

EXPÉRIENCES

• On n'en fait jamais trop :

L'alcool, par lui-même, est un poison. M. le docteur Dujardin-Beaumetz a établi ce fait d'une façon irréfragable par une série d'expériences bien conduites, qui ont abouti à la mort de deux cent cinquante-huit chiens.

Comte D'HAUSSONVILLE, *Socialisme et Charité*, 1895.

EXPORTATIONS

• Une prédiction :

Nous enregistrons avec satisfaction l'arrêt provisoire des exportations américaines destinées à la Russie, et qui ne reprendront qu'une fois le Bolchevisme abattu.

PERTINAX, *L'Écho de Paris*, 23 novembre 1917.

F

FAIRE

• La difficulté de savoir ce qu'on fait :
Que ferai-je donc ? Voici, je crois :

Je dis : je crois parce qu'on ne sait bien ce que l'on voulait dire qu'après qu'on a parlé, et c'est généralement le contraire de ce que l'on a dit ; et parce qu'on ne sait bien ce qu'on voulait faire qu'après qu'on a agi — et c'est généralement le contraire de ce qu'on a fait. Je ne puis donc vous dire que ce que je crois que je ferai et c'est vous qui me direz dans quelques années, si Dieu m'en donne autant, ce que j'aurai fait.

Émile FAGUET, expliquant à ses lecteurs du *Gaulois du Dimanche* comment il va tenir sa nouvelle rubrique littéraire, cité in *La Rénovation morale*, 30 janvier 1910.

FALKLAND (Îles)

• On se demande comment les Argentins sont arrivés là :

Les îles Falkland, au nord de l'Angleterre [...].

Almanach national pour 1927, 8 janvier.

FAMILLE

• Dieu le veut :
Une vraie famille chrétienne, pour respecter les vœux divins, ne devrait pas avoir moins de quinze enfants, dont douze au moins seraient vivants.

Abbé NIOLET, *Nouveaux sermons pour les jeunes époux*, 1829.

FAMINE

• Heureux ceux qui ont faim :
Nous ne négligeons aucune circonstance favorable pour travailler à la conversion des infidèles. En ce moment, nous sommes à l'œuvre plus que jamais, à cause de la famine. [...] Il y a quinze jours seulement que la famine se fait sentir ici. Si les choses continuent comme elles sont maintenant, nous ferons une abondante récolte d'âmes, surtout parmi les enfants.

R. P. SYMPHORIEN, lettre d'Acra, 17 septembre 1877, parue dans les *Annales de la propagation de la foi*, n° 296, 1878.

FANTASSIN

• Un hymne à sa gloire :

Le cheval court, le canon flambe !
Mais pour donner l'assaut... Viens-y !
Toujours joyeux, toujours ingambe,
C'est le fantassin qu'on choisit,
Vive la jambe !
Vive la jambe !
C'est le fantassin qu'on choisit,
Vive la jambe et le fusil !

Paul DÉROULÈDE, *Poésies militaires*, 1896.

FARD

• Unanime condamnation des Pères de l'Église :

Comme un homme à qui on a mis un cataplasme sur la main, ou un emplâtre sur les yeux, fait voir par là qu'il a quelque mal à la main ou aux yeux, ainsi le fard et les couleurs empruntées sont une marque évidente que l'âme est malade.

Saint CLÉMENT D'ALEXANDRIE (mort vers 215), *Le Pédagogue*, III.

Celles-là pèchent contre Dieu qui se fardent le visage, car elles font voir par là que l'ouvrage de Dieu, en elles, leur déplaît et qu'elles trouvent à redire à ce qu'a fait le grand ouvrier de toutes choses. N'est-ce pas, en effet, y trouver à redire, que d'entreprendre de le corriger, en y ajoutant ce qu'elles reçoivent d'un autre ouvrier, son ennemi ? Cet ouvrier, c'est le Démon.

TERTULLIEN (vers 160-225), *De cultu feminarum*, 200.

Ce sont les anges apostats qui ont appris à mettre au visage un rouge trompeur.

Saint CYPRIEN (vers 205-258), *De habitu virginum*, 249.

Gardez-vous bien de mettre des couleurs étrangères sur un visage consacré à Jésus-Christ, de peur que cette couleur ne devienne pour elle un présage des feux de l'enfer.

Saint JÉRÔME (vers 347-420), lettre à Laeta, femme de Toxocius, à propos de l'éducation de sa fille Paula.

• Fulminations d'un missionnaire :
Vilaines carcasses, cloaques d'infection, bourbiers d'immondices, n'avez-vous pas honte de vous tourner et retourner dans la chaudière de l'amour illicite, et d'y rougir comme les écrevisses lorsqu'elles cuisent, pour vous faire des adorateurs ? Au reste, il est juste que des visages qui ne savent plus rougir de pudeur, rougissent au moins par artifice. Mais puisque vous avez voulu imiter la rougeur des écrevisses, comme elles, vous irez à reculons dans la voie du ciel.

La Seringue spirituelle, vers 1620.

FARINE

• Les conseils pratiques d'une illustre baronne :

Les cheveux blancs (et les autres) se nettoient admirablement avec de la farine ; on les en frotte bien ainsi que le cuir chevelu. On brosse soigneusement ensuite. Je crois que ce moyen est le meilleur de tous. C'est dommage qu'il soit difficile à employer pour les chevelures foncées, qui en gardent la trace assez longtemps.

Baronne STAFFE, *Le Cabinet de toilette*, 1900.

FAURE (Félix)

• Près de la pègre :
Sous Louis XV, la France fut gouvernée successivement par la fille Poisson, dite Pompadour, et par la fille Bécu, dite du Barry, qui avaient encore une certaine allure dans leur métier. La République de F. Faure est gouvernée par Eva la Tomate et par Peau de Requin, dont n'aurait pas voulu la Fillon.

Urbain GOHIER, *L'Armée contre la nation*, 1899.

FAUST

• Incompréhensible :
Faust (de Goethe) est intangible. Le public français qui en parle avec admiration ne le connaît pas ; il n'en connaît que l'épisode de Marguerite, ou plutôt il croit le connaître, car il s'en fait une idée tout à fait erronée ; la Marguerite d'Ary Scheffer et de Gounod n'est pas du tout la gretchen de Goethe, créature insignifiante et vulgaire qui prend un relief et une couleur inusités par le reflet des personnages qui l'entourent. Les scènes où elle figure sont peu de chose dans ce vaste poème dont bien des parties sont impénétrables pour les Allemands eux-mêmes et dont la valeur littéraire disparaît dans les traductions.

Camille SAINT-SAËNS, *L'Écho de Paris*, 19 septembre 1914.

FAUVISME

• Un produit comme un autre :
Le fauvisme a été lancé contre des « pilules pâles » ou un purgatif en « ol », et il y a identité de boniments pour vanter la panacée et le cubisme.

Camille MAUCLAIR, *Les Métèques contre l'art français*, 1930.

FÉBRIFUGE

• Le meilleur :
Sans avoir la prétention d'offrir un médicament aussi héroïque que le sulfate de quinine, nous venons proposer aux médecins en particulier et à tout le monde en général, l'emploi d'un nouveau fébrifuge d'un prix presque nul, qui se trouve à la portée de tous, même des plus pauvres, qui n'exige aucune manipulation, et

dont l'innocuité est complète, même aux plus hautes doses. Chose singulière ! cette substance se trouve partout employée à d'infimes usages, sans que jamais personne ait songé à lui prêter attention ! Pour le dire tout de suite, ce nouveau fébrifuge est *l'os de seiche.* [...]

Nous nous hâtons de prévenir nos lecteurs que nos expériences ont été faites sur les fièvres qui nous entouraient, sur celle de Bourges et des environs. L'os de seiche agirait-il contre les fièvres graves, parfois si rapidement pernicieuses des pays chauds ?... Il ne s'agit probablement que d'une affaire de doses.

N. BRAULT, docteur en médecine, et E. PENEAU, pharmacien de première classe, *De la guérison des fièvres intermittentes et larvées au moyen de l'os de seiche et de l'écaille d'huître*, 1864.

FÉCONDATION

• Une méthode vraiment originale :
Mes doutes se dissipèrent davantage au bout de quelques années, en lisant un passage de *La Religion démontrée* du grand et sublime Woolaston :

« [...] Il est prouvé qu'il y a de petits animalcules de toute espèce, formés dès le commencement du monde par le Tout-Puissant pour être la semence de toutes les générations futures. Si cette semence, ou ces animalcules, passent, comme il n'en faut pas douter, avec les aliments ou avec l'air qu'on respire, dans le corps des mâles, et se transmettent ensuite, par des couloirs propres à cette fonction, dans le sein des femelles, où ils prennent leur croissance, pourquoi ces animalcules ne seraient-ils pas reçus directement par la femme ? Pourquoi l'enfant de cette semence produit ne se formerait-il pas dans le sein de la mère sans avoir passé par le corps de l'homme ? En un mot, pourquoi une femme ne pourrait-elle pas devenir enceinte sans le concours d'un mari ? [...] »

Après bien des essais, je vins à bout de fabriquer une machine cylindrico-catoptrico-rotundo-concavo-convexe, dont je donnerai incessamment la figure au public, avec tous ses développements, pour la satisfaction des curieux.

Je plaçai cette espèce de trappe vers l'occident ; et lorsque je fus en possession d'une quantité suffisante de ces animalcules, de ces germes originaux d'existence, je les fixai devant moi, non sans bien des peines, pour en démêler les espèces à l'aide d'un microscope excellent. Je tirai ceux qui me parurent destinés à notre propre reproduction, je les plaçai avec le plus grand soin sous un bocal de fin verre et je distinguai avec mon microscope que ces animalcules étaient de petits êtres humains, de l'un et de l'autre sexe, exacts dans tous leurs membres, dans toutes leurs proportions.

Que de réflexions ce spectacle me fit faire ! Ce petit atome que je vois à peine, me disais-je, pourra quelque jour devenir un Alexandre, cet autre un Démosthène, celui-ci un grand seigneur, celui-là un danseur de corde. J'ai peut-être ici, ajoutai-je, des héros, des législateurs, des monarques, pour qui le monde ne sera pas assez grand. [...]

Le monde a donc été pendant plus de six mille ans dans la plus grande erreur, et probablement il y serait resté longtemps encore, si je n'étais né tout exprès pour dissiper les préjugés ridicules dans lesquels nous sommes élevés. [...]

Et tout d'abord je crois avoir mérité la reconnaissance de tout le beau sexe, dont je mets la réputation à l'abri de la calomnie. [...] Je dois dire aussi que les dames trouveront au moins autant de plaisir dans ma méthode que dans le commerce grossier des hommes.

Mais, plus que tout cela, mon système détruira cette maladie affreuse que la galanterie apporte, que les débauches multiplient, et contre laquelle ont échoué jusqu'ici toutes les ressources de la médecine. Aussi, dans quelques jours, je me propose de supplier très humblement, et avec toute la soumission possible, les très honorables conseillers privés de Sa Majesté de faire rendre un édit royal par lequel sera défendu tout commerce charnel de l'un à l'autre sexe, pendant l'espace d'une année, à dater du premier mai prochain.

Et comme je ne doute nullement qu'on ne m'accorde le privilège exclusif d'exploiter ma découverte, j'ai déjà loué une maison vaste et commode, au marché au foin, où je me ferai un vrai plaisir de recevoir toute personne du sexe qui sera curieuse d'engendrer seule. Pour ménager celles de nos dames qui auraient encore une fausse honte, mes audiences se tiendront de huit heures du soir à deux heures du matin, et les personnes qui me feront l'honneur de se soumettre avec docilité à mes instructions seront bien sûres de sortir de chez moi bien enceintes.

Abraham JOHNSON, *Lucina sine concubitu, ou Lettre à messieurs de la société royale de Londres, dans laquelle on démontre que la femme est bien supérieure à l'homme et peut se passer de lui pour la reproduction de notre espèce*, vers 1745.

FÉCONDITÉ

• Une constatation découragée :

Les désirs vénériens sont très vifs chez les idiots et les imbéciles ; ils se livrent fréquemment à l'acte sexuel et sont malheureusement d'une fécondité désolante.

A. DEBAY, *La Vénus féconde et callipédique*, 1884.

FÉLIBRES

• Au poteau :

Nous demandons la tête (non pas littéralement, mais littérairement) de tous les Félibres et autres partisans de la résurrection des dialectes disparus.

Ni plus, ni moins. Mais nous estimons qu'il n'est que temps de jeter le cri d'alarme. Trop longtemps on n'a vu dans ces tendances que simples passe-temps, inoffensifs jeux de lettres, douces manies sans conséquences.

Grave erreur. Il s'agit là de notre langue, c'est presque dire de notre nationalité. Nous disons que c'est une question vitale. [...]

Si on laissait faire, il y aurait bientôt de nouveau une France du Nord et une France du Midi, une de l'Est, et une de l'Ouest, puis un Languedoc, une Provence, une Bretagne, une Auvergne, des Flandres, une Vendée. (Quelques *Vendées* ! Comme aussi quelques *Communes*, peut-être !) Il y aurait bien tout cela, oui, mais il n'y aurait plus de France.

Gustave ROUSSELOT, *A bas les Félibres*, 1894.

FEMELLES

• On n'arrête pas le progrès :

On sait, en effet, que dans toutes les races animales ou hominales, le progrès s'opère par les femelles. Ainsi il n'y a pas d'exemple que la chienne ait jamais accepté la mésalliance avec un hôte des bois, le loup ou le renard, tandis que tous les jours, au contraire, on voit la louve écouter avec la facilité la plus extrême les propos amoureux du chien, et même faire des avances à celui-ci dans le voisinage des bois. La femme noire vient au Blanc, jamais la blanche au Noir ; la fille du juif aspire à la main du gentilhomme, jamais la fille du gentilhomme ne s'abaissera jusqu'au juif ; toutes les femmes européennes viennent au Français, rarement la femme française prend-elle mari hors de France, parce qu'elle sent vaguement qu'il lui faudrait descendre pour épouser ailleurs.

Alphonse TOUSSENEL, *L'Esprit des bêtes, zoologie passionnelle*, 1847.

FÉMINISME

• Premières revendications :

Le seul moyen de travailler à notre délivrance, c'est de refuser le cantique d'amour aux oppresseurs. [...] Nous renoncerons aux saintes joies de la famille ainsi qu'aux enivrements de la volupté, et nous forcerons les hommes, bientôt las de leurs abjects plaisirs, à nous faire une place à leur côté.

George SAND, *Lélia*, 1833.

Pourquoi la femme du prêtre ne serait-elle pas prêtre aussi avec la charge de confesser les filles ?

Madame ALLART, *La Femme dans la démocratie de nos temps*, 1846.

Ce tressaillement de la vie dans ses entrailles est pour la femme une initiation supérieure qui met face à face avec la vérité divine, dont l'homme n'approche que par de longs circuits à l'aide des appareils compliqués et des disciplines arides de la science. [...] Une femme en allaitant son fils peut rêver avec Platon et méditer avec Descartes.

Daniel STERN, *La Revue indépendante*, septembre 1847.

Plus d'incertitudes !

Plus d'hésitations !

Posons-nous nettement cette question :

Que voulons-nous ?

Nous voulons notre émancipation totale, complète.

C'est-à-dire : être reconnues en ce qui est de l'intelligence, égales aux hommes.

La Voix des femmes, 29 mars 1848.

• **L'égalité ne suffit plus :**

Douze cents ans avant Marie, la chaste Aossée passa sur la trace de l'esprit saint et enfanta le grand Fo-hi.

Ce que je remarque et que je souligne avec plaisir, c'est que la tradition, de quelque latitude qu'elle vienne, n'enregistre jamais du fait de l'homme semblable exploit.

Pourquoi dieu a-t-il fait alliance avec la femme plutôt qu'avec l'homme ?

Miracle pour miracle, ne pouvait-il pas faire surgir un Sauveur des entrailles ou du cerveau du sexe fort, soi-disant *noble* ? Que signifie cette préférence ?

Maria DERAISMES, *Ève contre monsieur Dumas fils*, 1872.

On ne peut pas nier que la femme soit plus belle que l'homme. [...] Tout, chez la femme, est pur, mignon, tendre, attrayant et séducteur. Partout, sur son beau corps les lignes glissent, serpentent et ondulent en décrivant de voluptueux contours. Tout, chez cet être mignon, tremble, frémit et frissonne.

Chez l'homme, au contraire, tout est sec, raide, anguleux. Sa peau est rugueuse et couverte de poils. Ses traits sont fortement accusés.

F. BONNAL, *Apothéose de la femme*, 1897.

L'étude physique de la femme démontre chez elle une complète supériorité sur l'homme.

Burnon GINEXTOUX, *Les Jeunes Femmes*.

• **L'avenir de l'homme :**

L'homme, sa mentalité changeant graduellement, obéira à son tour passivement : il fera les gros travaux, ses muscles l'y destinant, et il laissera à la femme les travaux intellectuels. [...]

A ce moment le rôle de l'homme sera le rôle du frelon chez les abeilles, à la seule différence que les femmes seront moins cruelles que ces jolies petites bêtes si pratiques. On ne les supprimera pas après qu'ils auront rempli leurs devoirs.

Mme C. DE MONTJOIE, *L'Égale*, 1911.

FEMME

• **Pythagore et les Pères de l'Église sont formels :**

Il y a un principe bon qui a créé l'ordre, la lumière et l'homme ; il y a un principe mauvais qui a créé le chaos, les ténèbres et la femme.

PYTHAGORE, (vers 580-500 av. J.-C.).

Le Christ est le chef de tout homme et l'homme est le chef de la femme. [...] L'homme n'a pas été tiré de la femme, mais la femme de l'homme ; et l'homme n'a pas été créé pour la femme, mais la femme pour l'homme.

Saint PAUL, *Première Épître aux Corinthiens*, XI.

Homme, tu es le maître, la femme est ton esclave, c'est Dieu qui l'a voulu. Sarah, dit l'Écriture, obéissait à Abraham et l'appelait son maître. [...] Oui, vos femmes sont vos servantes, et vous êtes les maîtres de vos femmes.

Saint AUGUSTIN (354-430), *Sermon 322.*

Comme, dans l'âme humaine, il y a une partie qui commande par la réflexion et une autre qui se soumet et obéit, ainsi la femme a été créée physiquement pour l'homme. Sans doute elle a un esprit et une intelligence raisonnables pareils à ceux de l'homme, cependant son sexe la met sous la dépendance du sexe masculin.

Saint AUGUSTIN, *Confessions*, 400.

En tant qu'individu, la femme est un être chétif et défectueux.

Saint THOMAS D'AQUIN (1225-1274), *Summa theologica*, XCII, 1.

• **Origine de la femme :**

L'homme est mitoyen entre les dieux et la femme, et ainsi la femme tient le milieu de l'homme et des pygmées et singes, qui ne leur ressemblent point trop mal...

Les singes se reconnaissent à leur poil et à leur extérieure façon ; à cela reconnaîtrez-vous les femmes ; les singes ont une face que, si elle était masquée, ce serait une vraie femme, et quand on me montre une femme masquée, je m'imagine de voir un singe, tant le rapport a de proximité et de concurrence.

Les Singeries des femmes de ce temps découvertes, et particulièrement d'aucunes bourgeoises de Paris, 1623.

La femme est le produit d'un os surnuméraire.

BOSSUET, *Élévations sur les mystères*, 1727.

• La misogynie de Molière :

[...] une femme en sait toujours assez
Quand la capacité de son esprit se hausse
A connaître un pourpoint d'avec un [haut-de-chausses.

MOLIÈRE, *Les Femmes savantes*, 1672.

• Nature de la femme selon quelques bons auteurs :

L'orgueil ou la vanité, voilà le caractère général de toutes les femmes ; il suffit de blesser une de ces deux passions, pour faire ressortir des traits qui nous laissent entrevoir jusqu'au fond l'abîme de leur caractère.

Gaspard LAVATER, *L'Art de connaître les hommes par la physionomie*, édition de 1806, tome III.

Voltaire a dit, à ce que tu me dis (car, pour moi, je n'en sais rien ; jamais je ne l'ai tout lu, et il y a trente ans que je n'en ai pas lu une ligne), que *les femmes sont capables de faire tout ce que font les hommes, etc.* C'est un compliment fait à quelque femme, ou bien c'est une des cent mille et mille sottises qu'il a dites dans sa vie.

Joseph DE MAISTRE, *Lettre à sa fille Constance*, 5 novembre 1808.

Quinze ou vingt jours sur vingt-huit (on peut presque dire toujours) la femme n'est pas seulement une malade, mais une blessée. Elle subit incessamment l'éternelle blessure d'amour.

Jules MICHELET, *L'Amour*, 1858.

La femme, si inférieure par le pur intellect, la femme qui ne raisonne pas, ou raisonne mal, par *contiguïté*, a-t-on dit, et non par *continuité* ; dont la conversation primesautière, intuitive et charmante, toute par parenthèses et soubresauts, ignore l'ordre et la méthode, n'en est pas moins, et sans le savoir, capable de toutes les altitudes, mais non de toutes les abstractions.

Elle est la métaphysicienne du cœur...

Joseph SERRE, *La Lumière du cœur*, 1909.

La femme n'a pas le goût de l'art, ni la notion de la beauté plastique.

Joseph PÉLADAN, *La Science de l'amour*, 1911.

Il est inutile de le nier : la femme n'est pas pareille à l'homme.

Gina LOMBROSO, *L'Âme de la femme*, 1922.

• Ses propriétés chimiques :

La femme a des rapports avec les bases qui bleuissent le papier de tournesol, et le bleu est la couleur de la réflexion. Contradiction apparente, car la femme n'est pas un type de réflexion.

Dr Antonin RIPAULT, *Les Lois naturelles, fondements de l'égalité*, Paris 1883.

• Quelle est sa place ? :

Elles devraient s'occuper de leur intérieur ; on devrait les bien nourrir et les bien vêtir, mais ne les point mêler à la société. Elles devraient aussi être instruites de la religion, mais ignorer la poésie et la politique, ne lire que des livres de piété et de cuisine. De la musique, du dessin, de la danse, et aussi un peu de jardinage et de labourage de temps en temps.

Lord BYRON (1788-1824), *Letters and Journals*.

La femme ne peut être que ménagère ou courtisane.

P.-J. PROUDHON, cité in *L'Opinion des femmes*, janvier 1849.

Elle ne s'entend qu'à ce qui concerne la maison.

Alfred TENNYSON, *In Memoriam*, 1850.

La femme, cette fleur de la nature vivante, cette tige essentielle du genre humain, a une mission importante à remplir sur la terre. Elle est destinée à être la compagne de l'homme

NEUVILLE DE PONSAN, *Histoire philosophique et médicale de la femme*, 1858.

La nature humaine se décompose en deux parties principales : l'homme et la femme. Les deux êtres sont par conséquent le complément l'un de l'autre. On peut même dire que la femme est le complément.

Dr JAF, *L'Art de se faire aimer*, 1913.

• Contre l'émancipation de la femme :
Émanciper les femmes, c'est les corrompre.

Honoré DE BALZAC, *La Femme de trente ans*, 1831.

La nature a assigné à chaque sexe sa vie et sa condition. [...] La femme qui a le malheur d'en sortir est un monstre de l'ordre social.

Odilon BARROT, cité in *La Phalange*, 25 août 1841.

Nous ne savons si, en fait d'aberrations étranges, le siècle où nous sommes est appelé à voir se réaliser à quelque degré celle-ci : l'émancipation des femmes. Nous croyons que non.

La Liberté, 15 avril 1848.

Être épouse et mère de famille, tel doit être le rôle de la femme. Ce rôle est assez noble et beau et doit remplir toute son existence ; la femme ne doit donc pas envier l'homme parce qu'il est électeur et chercher à descendre dans l'arène politique où elle risque de perdre sa grâce et son charme ; la vanité de posséder un diplôme s'acquiert souvent au prix du bonheur que lui aurait donné la famille, et transforme la femme en un être sans sexe et par là inutile.

Dictionnaire médical à l'usage des familles, 1890.

La femme n'a besoin d'aucun exercice ni jeu. Son activité physique est suffisante pour elle, quel que soit son genre de vie ; du reste, tout exercice chez elle peut devenir dangereux même, parce que son corps (organes et squelette) n'est pas fait pour fournir une grande dépense musculaire ou un effet de force, et l'exercice amènera forcément la souffrance dans les organes.

Dr A. NARODETZKI, *La Médecine végétale*, 1910.

Tandis que l'homme devient un être humain par l'affirmation de lui-même, la femme le devient en renonçant à elle-même.

Guida DIEHL, *La Femme allemande et le national-socialisme*, Eisenach, 1932.

• Contre ses droits politiques :
Une femme qui voterait les lois, discuterait le budget, administrerait les deniers publics, ne pourrait être autre chose qu'un homme.

Charles NODIER, *L'Europe littéraire*, mars 1832.

Naturellement, et par une de ces lois providentielles où le droit et le fait se confondent, le droit de suffrage n'appartient pas aux femmes. La Providence a voué les femmes à l'existence domestique.

François GUIZOT, cité in *La Démocratie pacifique*, 10 janvier 1847.

Nous ne comprenons pas plus une femme législatrice qu'un homme nourrice.

P.-J. PROUDHON, *Le Peuple*, mai 1849.

• Un programme d'action :
Il est malheureusement trop vrai qu'aujourd'hui, grâce surtout à l'éducation malthusienne et à l'infécondité, nous avons des femmes qui ne sont plus des femmes : ce sont des êtres hybrides. [...]

Avec ces êtres, il faut procéder autrement qu'avec les femmes ordinaires. Les caresses sont inutiles, c'est peine perdue, elles n'ont plus de cœur. Il faut procéder par voie d'autorité, par voie de force. Elles se croient des hommes, il faut leur prouver péremptoirement qu'au moins physiquement elles ne sont que des femmes. Elles sont fières ; il faut les humilier. Elles veulent être absolument maîtresses de leurs faveurs ; il faut s'attacher à les prendre, surtout quand elles ne voudraient pas les accorder. Elles ne veulent pas enfanter ; il faut les féconder sans trêve ni repos. Et c'est ainsi que ces êtres redeviendront de véritables femmes, avec le cœur, la tendresse, la sensibilité, l'amour, même avec cette beauté féminine aux formes arrondies qu'elles n'avaient plus.

Voilà le programme : l'exécution en est-elle difficile ? Je ne le crois pas.

J. DU VALDOR, *Les Signes de la fin d'un monde*, 1893.

• **La vraie cause du mal :**
La femme a été peu ou mal étudiée. Nous avons des monographies complètes sur le ver à soie, sur les hannetons et sur les chats, et nous n'en avons pas sur la femme.

P. MANTEGAZZA, *Physiologie de la femme*, 1911.

• **La synthèse de Strindberg :**
Il était réservé à notre époque de découvrir, entre autres choses, que la femme est une forme rétrécie de l'homme.

La femme est inférieure à l'homme. L'œuf de la femme est une forme de cellule inférieure, non automotrice, tandis que le spermatozoïde est susceptible d'un développement supérieur, et féconde activement, étant automoteur, à l'encontre de l'œuf féminin qui, lui, est passivement fécondé. Enfin l'homme possède des œufs à l'état rudimentaire, tandis que chez la femme on ne trouve pas de spermatozoïdes même à l'état rudimentaire, d'où il découle que l'homme est bien la forme supérieure. [...]

Un détail qui paraîtra probant aux darwinistes, c'est que la femme offre une vertèbre caudale de plus que l'homme et se rapproche ainsi de l'enfant et de l'embryon. [...]

Un garçon aspire plus d'oxygène qu'une fille. [...]

Puis le cerveau de la femme présente moins de circonvolutions que celui de l'homme et chez elle la substance grise est plus légère que chez l'homme — au contraire ses nerfs sont plus forts, ainsi qu'on le remarque chez l'enfant. D'où sa faculté de pouvoir supporter plus facilement certaines douleurs physiques ; en quoi elle ressemble au sauvage et cela prouve aussi qu'elle a un système nerveux plus grossier.

Des anthropologues ont trouvé — ce qui a été confirmé par des explorateurs africains — que le crâne de la femme blanche se rapproche de celui du nègre et que le crâne d'une négresse est inférieur à celui d'un Noir ; la conclusion serait donc que le crâne de la femme blanche se rapproche d'un type de crâne qui rappelle une race inférieure. [...]

Quoi qu'il ait été fait peu de recherches à cet égard, les sens paraissent chez la femme inférieurs à ceux de l'homme.

Le toucher n'est pas aussi développé chez la femme que chez l'homme. Certes, sa main est considérée comme délicate et souple ; mais ceci tient surtout à un dépôt plus abondant de graisse sous la peau. [...] Jamais encore la main d'une femme ne toucha d'un instrument de musique ainsi que celle de l'homme. Pensez à Rubinstein, Liszt, Paganini ! Quelle main de femme aussi facilement que celle de l'homme déchiffre au doigt les caractères d'imprimerie ? Quelle main de femme sait aussi bien « stopper » un vêtement de drap que celle de l'homme ? [...]

Il n'est point de télégraphiste féminin qui puisse recevoir, par audition, un télégramme, aussi vitement et aussi sûrement qu'un télégraphiste homme.

Pour ce qui est de l'odorat, il ressort des recherches comparatives, faites par MM. Nichols et Bailey, et présentées à la Société américaine pour l'avancement des sciences, que le sens olfactif est, chez l'homme, incomparablement plus sensible que chez la femme. Des hommes ont pu percevoir l'odeur de l'acide prussique dissous dans une quantité d'eau représentant 100 000 fois son poids, tandis que les femmes cessèrent de le sentir dans une solution de 1 pour 20 000. [...]

Les livres de cuisine n'ont d'autorité que lorsqu'ils sont signés par des hommes. [...]

La femme ne possède que très rarement la faculté de pouvoir fixer son attention sur un objet donné. [...] De là cette incapacité si commune chez la femme par exemple : elle ne peut pas apprendre à bien faire du café, ce qui n'exige cependant que de l'attention, de l'exactitude et le sens du temps.

Leur manque de prévoyance et de pondération éclate également et fréquemment dans nombres d'actes irréfléchis et dans la perpétration des crimes dont elles n'ont jamais calculé les probabilités de découverte.

La femme n'est que le complément de l'homme. [...] Si la femme occupe une situation subordonnée relativement, c'est que les choses sont ainsi qu'elles doivent être. [...] Que les inférieurs dépendent des supérieurs, c'est un bonheur pour le progrès et pour eux !

August STRINDBERG, *De l'infériorité de la femme*, in *La Revue blanche*, 1893.

FEMME A BARBE

• Comment le devenir :

Prenez cela qui vient aux jarrets des ânes, ressemblant à des verrues, et le brûlez et en faites poudre, laquelle vous mettrez en huile vieille, puis l'appliquerez sur le lieu. Cette chose a telle vertu que si on frotte ou oint les mâchoires d'une femme, certainement la barbe lui viendra.

Antoine DU MOULIN, *Souverainetés contre toutes maladies*, 1582.

FEMME DE LETTRES

• Un bon conseil :

Une femme ne doit pas écrire. Croyez-moi, ne faites pas de livres, faites des enfants.

Auguste DE KÉRATRY, cité *in* George Sand, *Histoire de ma vie*, 1854.

FEMME D'HOMME DE LETTRES

• Une remarque en passant :

Les femmes d'un très grand nombre de littérateurs ont eu ou des mœurs dissolues, ou un caractère acariâtre ; elles ont montré ou beaucoup de négligence dans leur toilette, ou un penchant extrême pour les frivolités.

Curiosités de la littérature, traduites de l'anglais par M. T. P. Bertin, 1810.

FEMME NOUVELLE

• C'est du joli :

La femme nouvelle a des aspirations généreuses, mais qui déguisent mal des idées révolutionnaires et anarchiques. Elle réunit, comme dans un saisissant microcosme, tous les ferments de décadence et de destruction qui travaillent notre monde moderne : dans le théâtre de Bataille et de Bernstein, elle calme son droit au bonheur. Dans le monde des lettres, elle s'incarne en un groupe de femmes tristement renommées et fait effrontément, en vers comme en prose, l'apologie de la luxure.

Abbé Louis BETHLÉEM, *La Littérature ennemie de la famille*, 1923.

FÉNELON

• Auteur licencieux :

Le profond respect que j'ai pour le caractère et pour le mérite personnel de M. de Cambrai, me fait rougir de honte pour lui d'apprendre qu'un tel ouvrage (*les Aventures de Télémaque*) soit parti de sa plume et que, de la même main dont il offre chaque jour sur l'autel au Dieu vivant le calice adorable qui contient le sang de Jésus-Christ, le prix de la rédemption de l'univers, il ait présenté à boire, à ces mêmes âmes qui en ont été rachetées, la coupe du vin empoisonné de la prostituée de Babylone ; car c'est ainsi que les Pères ont nommé tous ces livres détestables qui, sous des fictions ingénieuses, ne contiennent que des histoires de galanteries et d'amourettes. [...]

Je n'ai presque vu autre chose, dans les premiers tomes du *Télémaque* de M. de Cambrai, que des peintures vives et naturelles de la beauté des Nymphes et des Naïades et de celle de leurs parures et de leurs ajustements, de leurs danses, de leurs chansons, de leurs jeux, de leurs divertissements, de leur chasse, de leurs intrigues à se faire aimer et de la bonne grâce avec laquelle elles nagent toutes nues aux yeux d'un jeune homme pour l'enflammer. La grotte enchantée de Calypso, la troupe galante des jeunes filles qui l'accompagnent partout, leur étude à plaire, leur application à se parer, les soins assidus et officieux qu'elles rendent au beau Télémaque ; les discours que leur maîtresse, encore plus amoureuse qu'elles, lui tient, les rendez-vous dans un bois, les tête-à-tête sur l'herbe, les parties de chasse, les festins, le bon vin et le précieux nectar dont elles enivrent leur hôte, la descente de Vénus dans un char doré et léger, traîné par des colombes, accompagnée de son petit

Amour ; enfin la description de l'île de Chypre, et des plaisirs de toutes sortes qui sont permis en ce charmant pays, aussi bien que les fréquents exemples de toute la jeunesse, qui, sous l'autorité des lois et sans le moindre obstacle à leur pudeur, s'y livre impunément à toutes sortes de voluptés et de dissolutions, occupent une bonne partie du premier et du second tome du roman de votre prélat, madame.

Abbé FAYDIT, *La Télémacomanie ou la Censure et critique du roman intitulé « Les Aventures de Télémaque », à Eleutérople*, 1700.

• Poète d'avant-garde :

Je n'ai rien lu de plus poétique que les adieux de Minerve à Télémaque. Fénelon était un poète en avance de quatre ou cinq siècles sur son époque.

Amédée SIMONIN, *Synthèse scientifique et philosophique*, 1889.

FEU

• Un aperçu des conceptions anciennes :

Un fluide ne peut rien allumer, à moins qu'il ne contienne des particules de feu.

WINCKLER, *Essai sur la nature de l'électricité*, 1748.

Ce sont surtout les huiles, les bitumes, les gommes, les résines, dans lesquels Dieu a enfermé le feu, comme dans autant d'étuis capables de le brider.

Abbé MANGIN, *Question nouvelle et intéressante sur l'électricité*, 1749.

Hooke ayant battu une pierre à fusil sur une feuille de papier, et ayant examiné avec un bon microscope les endroits où les étincelles étaient tombées, qui étaient marqués par de petites taches noires, y a aperçu des atomes ronds et brillants, quoique la simple vue n'y découvrît rien. C'étaient de petits vers luisants.

J.-L. ROBINET, *De la nature*, 1766.

Au moindre événement, on voit les fourmis grouiller et sortir tumultueusement de leur demeure souterraine : de même à la moindre secousse d'un phosphore, on voit les animalcules ignés se rassembler et se produire en dehors sous une apparence lumineuse.

J.-L. ROBINET, *ibidem*.

FÉVRIER

• Une déception :

Le mois de février ne comptant que 28 jours, il n'y aura pas de soirée le 30 dans les salons du *Parthénon*.

Le Parthénon, 5 février 1913.

FIGARO (Le)

• Deux condamnations :

S'il est un journal qui, à l'étranger, porte à l'honneur et à la considération de la France la plus grave atteinte, n'est-ce pas *Le Figaro*, par le soin qu'il prend d'arracher à tout prix ses voiles à la vie privée ?

Émile DE GIRARDIN, *La France*, 7 juin 1877.

Les effets du journalisme, tel qu'il existe parmi nous, sont presque toujours mauvais et malfaisants... Le bourgeois qui se plaît au *Figaro* est radicalement incapable de goûter Bossuet, Corneille et même La Fontaine ou Molière... *Le Figaro* est sans contredit à la tête des malfaiteurs de la presse périodique.

R. P. Étienne CORNUT, s. j., *Les Malfaiteurs littéraires*, 1892.

FILLES (Éducation des)

• L'indignation d'un grand prélat :

Le quartier Latin ! M. Duruy a-t-il donc oublié ce qu'il est ? Pour moi, malgré l'entrée par la rue Gerson, je ne suis guère rassuré sur ce quartier-là, et je n'ai pu qu'être fort attentif aux paroles d'un des plus honorables fonctionnaires de notre ville qui s'écriait à propos de tout cela : « le quartier Latin, il est donc bien changé, depuis notre temps ! Appeler là des jeunes filles, mais cela n'a pas le sens commun ! »

J'ai moi-même été professeur à la Sorbonne, et je n'ai jamais traversé les cours et les abords, sans les voir, comme ils le sont encore aujourd'hui, remplis d'étudiants qui vont et viennent, qui attendent l'ouverture des amphithéâtres, ou, après les leçons des professeurs, se forment en groupes pour discuter. Ce sera donc au milieu et sous les regards de tous ces jeunes étudiants dispersés dans les cours ou aux abords de la Sorbonne, que devront sans cesse passer les jeunes filles pour se rendre aux leçons qu'institue M. Duruy !

Mais, dit-on, ces jeunes filles, elles ne seront pas seules, elles viendront chacune, à défaut de sa mère, avec une gouvernante. Mais quel âge aura cette gouvernante ? M. Duruy ne le fixe pas plus que l'âge des professeurs. Et celles qui n'ont pas de gouvernantes, et dont les mères sont trop occupées, c'est-à-dire le plus grand nombre, elles viendront là avec *une bonne*, plus ou moins jeune : et au lieu d'un péril, en voilà deux.

[...] Je sais des professeurs, qui, faisant un cours public où assistaient des demoiselles, ont été du premier coup se jeter sur les sujets les plus scabreux !

Il y en a qui, devant un tel auditoire, ont traité de Rabelais. L'un d'eux, apercevant là un ecclésiastique, le prit à part et lui dit : Monsieur l'abbé, vous allez peut-être vous trouver embarrassé ; car, je vous en préviens, je parlerai de Rabelais dans ma prochaine leçon. Ainsi le scrupule que cet honorable professeur avait vis-à-vis d'un prêtre, il ne l'avait pas en face de jeunes femmes et de jeunes filles !

Mgr DUPANLOUP, *Seconde Lettre sur M. Duruy*, 1867.

• **A propos de la loi Camille-Sée, qui organisait l'enseignement secondaire des jeunes filles, quelques réactions de la presse :**

En vérité, ce dont il s'agit, c'est de soustraire la femme à l'influence du christianisme. [...] Ajoutez à ce programme l'étude de l'hygiène qui comprendra : l'hygiène de la première enfance, l'allaitement maternel, étranger et artificiel, la coiffure et le costume des nourrissons, et vous aurez une idée de l'éducation toute darwinienne et scientifique que recevront les jeunes filles de l'avenir. C'est pour constituer cet enseignement inutile et odieux qu'ils sont libres de donner à leurs filles, si leurs femmes le leur permettent, toutefois, que les républicains se proposent de grever le budget de 80 millions.

La Civilisation, 24 novembre 1880.

On va supprimer la jeune fille. [...] Assez de ces petites niaises qui croient à l'ange gardien, au bonhomme Noël, aux bébés qui naissent sur les choux. La science de l'État se chargera de souffler sur ces illusions enfantines. M. Paul Bert leur prouvera, scalpel en main et tablier au ventre, qu'il n'y a ni Dieu, ni Diable, ni devoirs, ni justice, ni vertu, ni choux ; qu'il n'y a que des sensations, que des jouissances, une République, et de la matière. On leur apprendra tout, même la rébellion contre la famille, même l'impureté. Elles citeront Tacite, Montesquieu les jours de gaieté. Elles n'auront même pas été vierges avant de devenir femmes.

Le Gaulois, 25 novembre 1880.

C'est là tout simplement le renversement des lois de la nature.

Le Français, 24 janvier 1881.

• **Le résultat lamentable :**
Les lycées de jeunes filles fonctionnent, depuis une vingtaine d'années, en France, comme en Suisse et en Allemagne. L'élément protestant y domine parmi les directeurs comme aussi parmi les professeurs. Ces internats sans âme ont produit la normalienne sans foi, sans idéal, sans enthousiasme, aux appointements dérisoires ; la névrosée, la déclassée, la diplômée sans place, en révolte contre la société et contre la morale, que vous trouverez « dans les asiles de nuit, à Saint-Lazare et sur les trottoirs des grandes villes... » Lugubre aboutissement de la course aux diplômes.

Léon RIMBAULT, missionnaire, *Les Vaillantes du devoir*, 1907.

• **L'avis d'un auteur à succès :**
Il ne faut pas donner aux jeunes filles la même formation intellectuelle, le même genre de vie, le même idéal qu'aux garçons. Les éducateurs doivent prendre en considération les différences organiques et mentales du mâle et de la femelle, et leur rôle naturel. Entre les deux sexes, il y a d'irrévocables différences. Il est impératif d'en tenir compte dans la construction du monde civilisé.

Dr Alexis CARREL, *L'Homme, cet inconnu*, 1936.

FILLE LIBRE

• **N'est pas à plaindre :**
Comme le *petit chéri* est généralement tombé, au moral, aussi bas qu'un homme peut tomber, il exploite sa « marmite » dans la même proportion qu'elle exploite

ses michés. Et comme il a la colère facile, il la bat souvent. La femme pleure, mais elle ne se fâche pas. Au contraire, plus elle est battue, plus elle aime le chevalier de sa honte. [...]

Voilà donc la vie d'une fille libre. C'est une vie, à un certain point de vue, assez heureuse.

Comtesse DE LA VIGNE, *Les Usages du demi-monde*, 1909.

FILS UNIQUE

• Il y a des accommodements :

MM. Jules Grasset, avocat à la Cour, et Albert Grasset, officier de marine, sont les fils uniques du défunt.

Le Soir, 20 juin 1893.

FIN DU MONDE

• Une prédiction, parmi beaucoup d'autres :

Jacob, chef des douze tribus d'Israël, et par conséquent chef de l'ancienne église, fut évidemment la figure de Jésus-Christ, chef des douze apôtres, et par conséquent chef de la nouvelle. Jacob naquit l'an du monde 2168, c'est-à-dire 1 836 ans avant Jésus-Christ. Le monde à la naissance de Jésus-Christ avait 4 004 ans ; l'église ancienne, figure de la nouvelle, a donc duré 1 836 ans. Au moment où j'écris, nous sommes 1 816, par conséquent, puisque d'après la parole de Dieu, la nouvelle église doit durer jusqu'à la fin des siècles, si l'ancienne a vraiment été (comme il n'est pas douteux) le type de la nouvelle, il en résulte clairement que le monde n'a plus qu'environ vingt ans à exister, puisqu'en unissant ces vingt ans aux 1 816 qui se sont passés depuis Jésus-Christ jusqu'en ce moment, cela nous donne précisément les 1 836 ans qui s'écoulèrent depuis Jacob jusqu'à Jésus.

Comte DE SALLMARD-MONTFORT, *De la divinité de l'homme, des différentes religions ; idées sur la fin prochaine et générale du monde*, 1816.

FINLANDE

• Une étymologie facile et une analogie bretonne :

« Finland », on le sait, signifie fin de pays, quelque chose comme notre Finistère français, avec lequel le nouvel État n'est pas sans présenter des analogies au point de vue de la conformation géographique.

« Le Masque de fer », *Le Figaro*, 9 mars 1918.

FINS ÉDIFIANTES

• Rabelais :

Il mourut en 1553, désavouant, par une fin très chrétienne, les doctrines qu'il avait tant contribué à propager.

Louis COLLAS, *Histoire de la littérature française*, 1897.

• Voltaire :

On ne laissa point le prêtre pénétrer jusqu'au moribond, lequel est mort dans un hideux désespoir.

Mgr DE SÉGUR, *Réponses aux objections contre la religion*, édition de 1864.

• Lamartine :

Lamartine est mort dans les bras de l'Église, le 28 février 1869, à onze heures du soir. [...]

S'il était mort quelques années plus tôt, il serait mort moins chrétien.

Abbé BARAUD, *Artistes, Littérateurs et Savants au XIXe siècle*, 1893.

• Baudelaire :

Le libertinage ignominieux et l'impiété systématique satanique des *Fleurs du mal* sont assez connus. Ce qu'on sait moins, c'est le repentir et la mort chrétienne de ce pauvre dévoyé.

R. P. Étienne CORNUT, s. j., *Les Malfaiteurs littéraires*, 1892.

FLAUBERT (Gustave)

• Sa généalogie :

L'auteur de *Salammbô*, était fils du célèbre docteur Bovary.

Lapsus d'Émile FAGUET, in *Revue universelle Larousse*, 1903.

• Un esprit faible :

Flaubert n'a rien compris du monde et de la vie que ce qui pouvait, selon son mot, « profiter à sa consommation personnelle », et tout le reste a toujours été, à son égard, comme nul et non avenu. Cette grande haine elle-même de la bêtise humaine, cette haine qui l'a bien servi dans *Madame Bovary*, mais si mal, en revanche, dans *L'Éducation sentimentale*, n'était rien de plus que la projection de sa propre bêtise, à lui, sur les choses qu'il ne pouvait comprendre, et parce qu'elles étaient étrangères à son monde.

Ferdinand BRUNETIÈRE, *La Revue des Deux Mondes*, 1er février 1884.

Il y a là de quoi humilier notre petite sagesse ; cet homme, qui avait le secret des paroles infinies, n'était pas intelligent.

Anatole FRANCE, *La Vie littéraire*, 1891.

• **Deux appréciations de Léon Daudet :** Je donnerais tout Flaubert pour deux sous.

Léon DAUDET, cité *in* Jules Renard, *Journal*, 29 janvier 1895.

C'est un potache prolongé que l'ermite de ce sinistre petit pavillon de Croisset, où il passa sa maussade existence, une plume à la main, et rêvassant. Il ne manquait plus à l'imbécile doctrine littéraire du romantisme, puis du Parnasse, que ce grotesque diverticule de la douleur, de la torture, de l'angoisse, nécessaires et indispensables à la conception et création romanesque, poétique et littéraire.

Léon DAUDET, *Le Stupide XIXe siècle, 1922.*

• **A propos de *Madame Bovary* :** L'art sans règle n'est plus l'art ; c'est comme une femme qui quitterait tout vêtement. Imposer à l'art l'unique règle de la décence publique ce n'est pas l'asservir, mais l'honorer. On ne grandit qu'avec une règle. Voilà, messieurs, les principes que nous professons, voilà une doctrine que nous défendons avec conscience.

PINARD, avocat général, réquisitoire lors du procès intenté à Flaubert après la parution de *Madame Bovary*.

Quand vous aurez fini *Lord Byron*, lirez-vous ce chien de livre qu'on nomme *Madame Bovary* ? Ce n'est pas le même genre de littérature. Je ne sais pas où les jeunes gens ont aujourd'hui la tête de trouver cela beau. J'ignore si la police correctionnelle le devait condamner, mais Racine et Voltaire en auraient pris un violent mal de cœur. Des vilenies réfléchies dans la malpropreté tranquille du ruisseau de la rue ne sauraient faire un beau tableau.

Xavier DOUDAN, lettre à M. Piscatory, 12 juin 1857.

Il n'y a ni émotion, ni sentiment, ni vie dans ce roman.

E. DURANTY, *Le Réalisme*, 15 mars 1857.

Emma Bovary, c'est la Marguerite de *La Dame aux camélias*, la duchesse de *La Dame aux perles*, la Suzanne du *Demi-Monde* : toutes les héroïnes des drames de Dumas fils sous un nom nouveau.

CUVILLIER-FLEURY, *Le Journal des débats*, 26 mai 1857.

Madame Bovary, c'est l'exaltation maladive des sens et de l'imagination dans la démocratie mécontente.

A. DE PONTMARTIN, *Le Correspondant*, juin 1857.

Commençons par déclarer que le livre est de telle nature qu'il est impossible d'en donner ici une analyse. L'art cesse du moment qu'il est envahi par l'ordure.

LAUBINEAU, *L'Univers*, 26 juin 1857.

Ayant à signaler et à arrêter si c'est là une œuvre humaine, avec le ravage effrayant opéré aujourd'hui par le roman dans les mœurs publiques, la honte qu'il imprime aux lettres et l'égarement qu'il impose au goût, nous avons dû nous résigner à sonder hardiment la plaie la plus saignante, à marcher droit au plus gros tas de fumier.

A. GRANIER DE CASSAGNAC, *Le Réveil*, 16 janvier 1858.

Si les choses en sont à ce point, c'en est fini des lettres ; nous retournons à la barbarie.

Abbé SAGNIER, *Les Variations du goût littéraire au dix-neuvième siècle*, 1862.

Il eut en publiant *Madame Bovary* une de ces vogues qui vident en quelques jours la boutique de l'éditeur et remplissent le monde de vilaines pensées. Le livre plut aux vicieux et à ceux qui, sans aimer le vide, ne sont pas fâchés de le voir de près. Une volonté froidement violente, un labeur de forçat, d'incurables vices, et beaucoup de mauvais français frappèrent le lecteur de ce roman cauchois et chirurgical, où « l'odeur chaude des cataplasmes se mêlait à la *verte* odeur de la rosée ». Une pécore de la bourgeoisie pelée de province, un Sangrado de village, un saute-ruisseau moitié merlan, moitié escroc et quelques autres niais de la dernière espèce : voilà les insectes humains dont M. Gustave Flaubert fut le Réaumur ou plutôt le Balzac départemental, en patois.

Oui, en patois ; M. Flaubert ne sait pas écrire autrement. Il peine, il sue et souffle pour se tirer de ses phrases ; mais il y reste embourbé. Bien loin d'être un écrivain précis jusqu'à la minutie, il se montre de la première à la dernière page de ses livres incorrect, obscur, maniéré et pesant ; pesant en diable ; sa plume est une poutre ; et il nous donne ses pages comme un joueur d'écarté qui donnerait à son partner des contrevents au lieu de cartes [...].

M. Gustave Flaubert va cesser d'écrire au moins six ans. On dira peut-être qu'il fait, en se taisant, bonne réserve de beautés épiques. Mais son temps est passé. Comme le roi d'Yvetot, son compatriote, levé tard, il se couchera tôt, et dormira sans gloire.

Théophile SILVESTRE, *Le Figaro*, 8 janvier 1863.

Quant à *Madame Bovary*, ce développement d'une vie qui croît comme une plante, M. Flaubert semble ne l'avoir retracé que pour démontrer par un exemple la philosophie de M. Taine... M. Flaubert n'est point folâtre ; il n'a pas la prétention de rivaliser avec *La Laitière de Montfermeil* ; il grave chaque trait avec un sérieux qui ne permet point d'ignorer le prix qu'il y attache ; il n'est content que s'il nous donne des frissons de dégoût.

J.-J. WEISS, *Essais sur l'histoire de la littérature française*, 1865.

• **A propos de *L'Éducation sentimentale* :**
L'Éducation sentimentale est à *Madame Bovary* ce que les rides sont au visage.

A. DE PONTMARTIN, *Nouveaux Samedis*, 1870.

Ce roman est illisible.

Attribué à Ferdinand BRUNETIÈRE.

Ces quatre œuvres : *Madame Bovary*, *La Tentation*, *Salammbô* et *La Légende de saint Julien l'Hospitalier*, placent Flaubert parmi les grands écrivains. Quant à *L'Éducation sentimentale*, à *Bouvard et Pécuchet*, à *Un cœur simple*, je n'ai jamais pu en saisir les beautés.

Gustave CLAUDIN, *Mes souvenirs, 1840-1871*, 1884.

FLÈCHES

• **Théorie générale :**
Bien des gens prétendent que l'arbalète et la flèche seraient bien plus meurtrières que le fusil, si l'on n'avait imaginé d'armer celui-ci de la baïonnette.

M. DE MARLES, *Les Cent Merveilles des sciences et des arts*, 1847.

• **Application à l'aviation :**
L'idée d'utiliser des flèches spéciales pour détruire des armées en marche n'est pas de nous.

Nous l'avons empruntée à Cl. Ader, l'auteur de *L'Aviation militaire* [...].

« Pratiquement, dit Ader, nous estimons qu'il faut limiter les dimensions des flèches entre deux modèles, un petit et un grand ; leur fabrication ne présentera aucune difficulté.

« Petit modèle. Cette flèche (qui a tout simplement la forme d'une grosse aiguille, mais avec deux ailettes en V au lieu d'un chas) a 100 millimètres de longueur dans la partie cylindrique avec 1 millimètre carré de section, ce qui porte son diamètre à 1 millimètre 13. Son poids ne dépassera pas un gramme, pointes et ailettes comprises.

« L'extrémité inférieure sera fusiforme au dixième, ce qui donnera à la pointe un angle de 6° à 7°. L'extrémité supérieure devra être aplatie, pour former deux petites ailettes, légèrement pliées hélicoïdalement, afin de former un pas très allongé, de manière à donner à la flèche un mouvement rotatif de 20 à 30 tours par seconde pour la tenir pointée vers sa chute.

« La vitesse de la flèche, au moment où elle touchera le but, variera, selon les hauteurs de la chute. Elle se trouvera tantôt au-dessus, tantôt au-dessous de 100 mètres par seconde.

« La force de pénétration, aux vitesses ci-dessus, deviendra de 500 grammes à 1 kilogramme millimètre carré, de 5 à 10 kilogrammes à la pointe. Un avion chargé de 100 kilos de flèches en emportera 100 000.

« Un distributeur, mû à la main ou par une transmission venant de la force motrice, tournant à des vitesses réglables à volonté, les laissera tomber, une à une, à raison de 10 par mètre de sol parcouru, autrement dit par mètre de la vitesse acquise par l'avion comme par l'opérateur.

« Chaque distribution (de 100 000 flèches) attaquera donc 10 kilomètres de lignes ennemies, soit 100 000 fantassins sur un rang, et 25 000 sur deux rangs, avec 10 ou 5 flèches par homme. »

Même si l'on admettait que 75 pour cent des flèches manquassent leur but — proportion énorme étant donné les conditions du lancement — il resterait dans cette hypothèse 250 000 hommes mis hors de combat.

Cette conception, nous le répétons, est excellente, en soi. Mais, telle quelle, elle présente certaines difficultés pratiques que nous n'avons pas encore complètement résolues pour notre compte.

Pol TIMONIER, *Comment nous torpillerons Berlin avec notre escadrille d'aéroplanes dès l'ouverture des hostilités*, 1913.

FLEURS

• Un rôle à jouer :

Répandre le goût des fleurs, c'est travailler à l'amélioration sociale.

Gabriel VIAUD, *Les Fleurs et notre littérature contemporaine*, 1896.

FLORIDE

• On n'en fera jamais rien :

Quand le dernier Séminole aura quitté sa patrie, le sud de la Floride n'aura plus d'autres habitants que les fauves et les reptiles : aucun Blanc ne peut supporter ce climat meurtrier.

Achille POUSSIELGUE, *Le Tour du monde*, 1870.

FOCH (Maréchal)

• Son arme secrète :

Le maréchal Foch n'a gagné vraiment de bataille que quand il a recommandé les troupes dont il avait la responsabilité au Sacré-Cœur.

La Liberté du Sud-Ouest, 29 juin 1919.

• Sa famille spirituelle :

Foch est de la filiation de Montaigne, La Boétie, Pascal et Descartes. A ces grands hommes, il doit tout. A Dieu, il doit le reste.

M. CROCKAERT, ministre belge de la Défense nationale, *Le Journal des débats*, 4 juillet 1932.

FOIE (maladie de)

• Malgré une certaine obscurité, un beau texte :

Un amoureux apprend soudain que celle qu'il aime a... une maladie de foie ! Odieuse profanation ! Un viscère, tout comme un pneumatique crevant à une voiture automobile trouble la griserie exquise de la vitesse, vient de révéler que l'être aimé n'est point immatériel.

Tout comme une pluie torrentielle violente les nuages et empêche d'admirer la beauté fulgurante d'un ciel, tout comme un parapluie rappelle à la réalité toujours désagréable, voici qu'un amoureux apprend de la bouche du docteur, après une savante palpation, que son aimée... a une maladie de foie !

Éternelle histoire du peintre de marines si fort intéressé par le mouvement de la lame qu'il ne voit pas la mer monter autour de lui, prête à l'engloutir.

Émile BAYARD, *Le Bon Goût*, 1919.

FOLIE

• Frappe d'abord les bourgeois :

A la suite des événements politiques qui ont de la gravité, la folie se déclare surtout chez les propriétaires et les rentiers, c'est-à-dire ceux qui, ayant le plus à perdre, se trouvent le plus agités, affectés, durant les commotions publiques.

A DE CHESNIER, *Dictionnaire des merveilles*, 1853.

• Un fantastique témoignage :

Ce que l'on désigne sous le nom de folie n'est purement et simplement que de l'hypnotisme, et comme nous sommes tous hypnotisables, nous sommes également tous susceptibles de devenir fous (ou folles).

Pour hypnotiser une personne, on lui fait absorber, à son insu, en plaçant dans ses aliments ou sa boisson, un produit qui n'est autre qu'un violent poison. Ce produit serait le marron d'Inde, fruit des marronniers qui ornent les promenades publiques ou privées ; réduit en poudre on peut en mettre dans le pain et lorsqu'il est cuit il dégage une odeur peu accentuée et à laquelle on ne prête généralement pas attention.

Dans les boissons, on y introduit un produit qui doit être, je crois, de l'essence ou extrait de marrons d'Inde. [...]

Dans les asiles, il y a plusieurs catégories de pensionnaires, il y a les fous proprement dits, c'est-à-dire les hypnotisés, ensuite il y a les hypnotiseurs qui sont disséminés parmi les premiers et sont chargés de suggérer aux autres les actes ou les paroles constituant la folie. La plupart des gardiens sont également liseurs de pensée et par suite hypnotiseurs et suggèrent, eux aussi, aux malheureuses victimes, quitte à réprimander ensuite les actes qu'ils ont fait commettre. Quand un malheureux ne sait plus du tout ce qu'il fait et qu'il n'est pas nécessaire, pour qu'il soit fou, de lui suggérer fréquemment, on dit de lui qu'il *marche seul*. C'est un terme du métier.

Henry ROLLIN, *L'Art de faire des fous et des folles, histoire d'un fou*, 1896.

• Un exemple moderne :
D'autre part, l'hypothèse d'un drame de la folie ne peut être retenu ; les lettres d'adieu en effet sont sensées, à part l'une d'elles qui ne porte que ces mots : « Vive la France ! »

L'Ouest-Éclair, 31 mai 1938.

FONTENELLE

• Pourtant, avant l'heure, ce n'est pas l'heure :

En 1755, le centenaire vivait encore : il avait près de quatre-vingt-dix-neuf ans.

F. FUNCK-BRENTANO, préface aux *Mémoires* de Mme de Staël, 1927.

FOOTBALL

• D'où vient le mot :
Foot-ball signifie littéralement « ballon-pied », ce qui éveille tout de suite l'idée d'un ballon mis en mouvement avec le pied.

V. DABAT, *Revue encyclopédique*, 2 septembre 1899.

• D'où vient la chose :
En sport comme ailleurs, la fonction dépend de l'organe. Si la vieille *soule* bretonne a pu devenir, dans l'ancien collège anglais de Rugby, le jeu du même nom, c'était parce que ce collège était à peu près le seul à posséder un terrain de gazon et qu'on pouvait sans danger y pratiquer les arrêts énergiques et les plaquages parfois brutaux.

Réciproquement, c'est parce que les faubourgs, les rues même de Londres étaient fort encombrés et d'un sol assez dur, c'est parce que les autres collèges anglais ne possédaient, en guise de terrain, que des cours dallées, voire des cloîtres peu moelleux, qu'on y joua seulement le ballon au pied, sans les mains, le *football* proprement dit.

Georges ROZET, *Lectures pour tous*, 15 avril 1917.

• Jouez avec nous :
Grand concours biblique : le football et la Bible. Ceci s'adresse à tous les jeunes : composez une équipe de football avec des personnages de la Bible. Expliquez pourquoi vous les affectez à tel poste plutôt qu'à tel autre. La meilleure réponse sera dotée d'un prix de 50 000 F.

Fraternité évangélique, juin 1955.

• Comme en 14 :
Quelle était belle cette *Sambre et Meuse* jouée à la mi-temps par la « Gross » harmonie de Stuttgart.

Nous menions par 2 à 0, un drapeau tricolore battait la mesure par-dessus la tête de nos supporters. [...] et l'on supputait déjà le nombre des demis ingurgités, après la victoire, par ces mêmes supporters.

Nous venions d'assister à un bien sympathique miracle.

L'artillerie allemande avait d'abord tiré un feu roulant infernal. Nos hommes, dans leurs tranchées, avaient baissé la tête, sans céder un pouce de terrain.

C'était Maryan, on ne passe pas !

On s'inquiétait cependant, quand une timide sortie de nos troupes, à la baïonnette, se termina par un coup au but du fantassin Stako.

L'adversaire y perdit de sa superbe. Nous fîmes alors donner le 75. L'artilleur Sauvage visa la tête du chef-canonnier Goujon. [...] et ce fut le chef-d'œuvre tricolore du combat.

Un combat que nous faillîmes perdre en seconde mi-temps, par manque d'audace.

Là où il fallait Foch, il n'y avait que Maginot.

Qu'importe, match nul à Stuttgart, c'est tout de même bon à prendre.

Le Provençal, 25 octobre 1962, cité in *Le Canard enchaîné*, 31 octobre 1962.

• **La grande incertitude du sport :**
La victoire revient quand même à Reims, mais Monaco aurait tout aussi bien pu être battu.

L'Équipe, 3 septembre 1974.

FORCE PHYSIQUE

• **Nous sommes les plus forts :**
Y a-t-il aussi inégalité des forces ? Sans contredit, les sauvages de l'Amérique comme les Hindous sont de beaucoup nos inférieurs sur ce point. Les Australiens se trouvent dans le même cas. Les nègres ont également moins de vigueur musculaire.

Comte de GOBINEAU, *Essai sur l'inégalité des races humaines*, 1853-55.

FORGERONS

• **Ce qui les distingue des ballerines :**
Tandis que les forgerons ont les muscles des bras et des épaules incomparablement plus vigoureux que les muscles des jambes, les ballerines, au contraire, se distinguent par leurs jambes aux formes robustes et ont les bras et les épaules peu développés.

Dr. C.-H. STRATZ, *La Beauté de la femme*, traduit de l'allemand par Robert Waltz, 1910.

FORMOSE

• **Une légende tenace :**
Une partie des habitants de l'île Formose ont des queues au bas des reins ; ces queues sont chauves et ont la forme de celle de cochon.

La Lanterne magique, 1835.

FOSSILES

• **Les célèbres erreurs de Voltaire :**
On a vu dans des provinces d'Italie, de France, etc., de petits coquillages qu'on assure être originaires de la mer de Syrie. Je ne veux pas contester leur origine ; mais ne pourrait-on pas se souvenir que cette foule innombrable de pèlerins et de croisés qui porta son argent en Terre sainte, en rapporta des coquilles ? Et aimera-t-on mieux croire que la mer de Joppé et de Sidon est venue couvrir la Bourgogne et le Milanais ?

VOLTAIRE, *Discours sur les changements arrivés sur notre globe*, 1746.

Il est arrivé aux coquilles la même chose qu'aux anguilles ; elles ont fait éclore des systèmes nouveaux. On trouve dans quelques endroits de ce globe des amas de coquillages ; on voit dans quelques autres des huîtres pétrifiées : de là on a conclu que, malgré les lois de la navigation et celles des fluides, et malgré la profondeur du lit de l'océan, la mer avait couvert toute la terre il y a quelques millions d'années. [...]

Ces systèmes valent bien l'horreur du vide, les formes substantielles, la matière globuleuse, subtile, cannelée, striée, la négation de l'existence des corps, la baguette divinatoire de Jacques Aimard, l'harmonie préétablie et le mouvement perpétuel. [...]

On découvrit, ou l'on crut découvrir, il y a quelques années, les ossements d'un renne et d'un hippopotame près d'Étampes, et de là on conclut que le Nil et la Laponie avaient été autrefois sur le chemin de Paris à Orléans. Mais on aurait dû plutôt soupçonner qu'un curieux avait eu autrefois dans son cabinet le squelette d'un renne et celui d'un hippopotame. Cent exemples pareils invitent à examiner longuement avant que de croire.

VOLTAIRE, *Des singularités de la nature*, 1768.

• Un curieux raisonnement sur l'origine de l'homme :
Les espèces fossiles sont des espèces perdues, supprimées ; l'espèce humaine ne saurait donc fournir des fossiles, par cette raison qu'on voudra bien accepter pour valable, que l'homme n'est pas une espèce supprimée ou perdue.

H. LAMARCHE, *La Politique et les religions*, 1859.

• Un homme sera toujours un homme :
Que nous disent ces os ? Rien.

Voyez, les espèces ne changent pas, l'homme a été et sera toujours homme, comme le chien, chien et le chat, chat, etc. Il y aura donc toujours parmi nous : des avaricieux, des orgueilleux, des gourmands, des tartuffes, des envieux et surtout des paresseux.

P.M. BERGÉ, *Précis de religion et de république*, 1881.

FOUETTER

• Un bon mot :
Quand nos soldats pénètrent victorieusement dans quelque tranchée où les Boches ont longtemps séjourné, ils sont très péniblement incommodés de l'atmosphère qui règne en ces tanières empestées : « Ça fouette ! » disent les poilus, sans se douter que cette expression, qui paraît appartenir au plus bas argot des faubourgs, est, au contraire, essentiellement classique, ayant pour étymologie manifeste le mot latin *fœtor*, d'où dérive fétidité.

G. LENOTRE, *Prussiens d'hier et de toujours*, 1915.

FOURMI

• Une conception très anthropomorphique :

On a pu distinguer douze vocables ou mots différents dans le discours des fourmis. Cette différence existe essentiellement dans le rythme des battements. Les fourmis peuvent exprimer la peur, la combativité, l'attention, la convoitise, la détresse, mais d'une façon très générale. Le langage des fourmis ressemble beaucoup à ce langage tambouriné à grande distance qu'emploient les Noirs sur le continent africain pour communiquer entre eux, et dont plusieurs correspondants qualifiés ont entretenu ces temps derniers les lecteurs du *Mercure*. Au reste, l'alphabet morse n'est que la représentation rythmique de coups frappés ainsi.

Mercure de France, 16 octobre 1918.

• Prenons bien garde :
C'est un crime plus grave de tuer une fourmi que de tuer un homme, parce qu'un homme après sa mort se réincarne, tandis qu'une fourmi est morte définitivement.

MARTINEZ, dictateur salvadorien, vers 1932, cité *in* William Krehm, *Democracia y tirania en el Caribe*, Buenos Aires, 1959.

FOURRURE

• Facile à faire :
Avec les têtes des canards, on peut faire de superbes fourrures, imitant le lophophore.

Il faut prendre celles qui sont d'une jolie couleur vert et or, enlever la peau entière, et y appliquer une solution de bichromate et potasse, puis une couche de glycérine. On coud ensuite toutes les peaux dans le sens de la plume.

Comment utiliser les choses inutiles, 1916.

FRANC

• Un peu d'économie :
Nous sommes assez au courant des conditions économiques pour savoir que la chute du franc entraîne le surenchérissement des étoffes, et, par suite, la baisse des corsages et la hausse des jupes.

Pasteur POIVRE, *Les Ornements de la jeune fille*, 1926.

FRANÇAIS

• Sont toujours gais :

Il fait nuit ; la diane a sonné, tout [s'éveille ;
Les hommes sont sortis des tentes qu'on [abat ;
La soupe est sur le feu, le vin dans la [bouteille,
Et, chantant et riant à la flamme [vermeille,
Ces diables de Français commencent leur [sabbat :
C'est le joyeux lever d'un matin de [combat.

Paul DÉROULÈDE, *Poésies militaires*, 1896.

• **Une race pure :**
Que nous devions les dix-neuf vingtièmes de notre sang à une seule race, voilà qui n'est plus douteux aujourd'hui. Cette race, c'est la race celtique. [...]

Mais devant cette affirmation de la pureté du sang français, que deviennent les faits historiques, les invasions des Gaulois, des Romains, des Francs, des Burgondes, etc. ?

Eh bien ! Ces peuples ont fourni le vingtième de notre sang. [...]

Nous ne sommes donc pas plus des Latins que des Aryens, nous sommes des Celto-Gaulois, au sang pur ou à quelques gouttes près.

Dr Maurice ADAM, *La Tradition celtique et ses adversaires*, Paris, 1901.

• **Des défauts éternels :**
Depuis Volney, les aptitudes coloniales du Français ont changé, mais il demeure toujours causeur et toujours sous l'influence de sa femme ou de la femme.

Colon, citadin ou campagnard, le Français ne comprend pas celui qui ne pense pas exactement et surtout ne parle pas exactement comme lui. Il écoute rarement celui qui lui parle, il n'est occupé que de ce qu'il doit dire lui-même.

OSSIP-LOURIÉ, professeur à l'Université nouvelle de Bruxelles, *Le Langage et la verbomanie*, Paris, Alcan, 1912.

• **Le point de vue soviétique :**
Les Français souffrent de malnutrition au point que les enfants y naissent de la taille d'une poupée. Ainsi, lorsque la femme d'un diplomate soviétique en poste à Paris a mis au monde un bébé de neuf livres — ce qui est naturel en URSS —, tout le personnel de la maternité s'est précipité pour le regarder.

Vladimir BOLCHAROV, correspondant de la *Pravda* à Paris, cité in *Le Point*, 22/28 juin 1987.

• **Le point de vue espagnol :**
« Combien y a-t-il d'empereurs des Français ? — Un véritable en trois personnes trompeuses. — Comment les nomme-t-on ? — Napoléon, Murat et Manuel Godoï. — Lequel des trois est le plus méchant ? — Ils le sont tous trois également. — De qui dérive Napoléon ? — Du péché. — Murat ? — De Napoléon. — Et Godoï ? — De la fornication des deux... — Est-ce un péché de mettre un Français à mort ? — Non, mon père ; on gagne le ciel en tuant un de ces chiens d'hérétiques. »

Catéchisme, enseigné en Espagne pendant l'invasion française de 1809, cité *in* G. Touchard-Lafosse, *La Révolution, l'Empire et la Restauration*, 1828.

• **Le point de vue allemand :**
Les autres parties du monde ont des singes ; l'Europe a des Français. Cela se compense.

Arthur SCHOPENHAUER, *Pensées, maximes et fragments*, réunis par J. Bourdeau, 1880.

• **Les réticences de Brunetière :**
Il y a, dans l'esprit français, un fonds naturel, je ne veux pas dire de grossièreté — je le pourrais, je ne le dis pas, je le dirai plus loin —, mais au moins de vulgarité.

Ferdinand BRUNETIÈRE, *Histoire et littérature*, 1884.

• **Et une autocritique :**
Le Français, comme la bicyclette, est fait de caoutchouc et d'acier, avec plus de caoutchouc que d'acier cependant, c'est-à-dire avec plus d'élasticité que de durée dans l'action. Sa force de résistance est dans son élasticité même, mais l'alcool et tous les excito-moteurs détruisent cette élasticité. Il n'est que temps de réagir.

Dr TISSIÉ, *Revue encyclopédique*, 2 septembre 1899.

FRANÇAISE

• **Toute la vérité :**
Une Française est l'incarnation de la malpropreté et de la paresse. La pensée dominante de sa vie est la toilette.

Dans leurs dessous, les dames sont d'une saleté repoussante, et dans les classes ouvrières et les campagnes, les femmes se lavent rarement autre chose que la figure.

Ainsi, une Française de vingt-quatre à vingt-cinq ans paraît aussi âgée et n'est pas moitié si active qu'une Anglaise de trente ou trente-cinq. La graisse les déborde et elles sont presque invariablement aussi jaunes que du safran.

John Bull's Neighbour in Her True Light, by a Brutal Saxon, Londres, 1899.

FRANCE

• Des partisans :

Une grande nation, si généreuse et si répulsive par nature à l'ignoble trafic qui force l'homme à mentir, qu'il lui a fallu faire venir de Juda et de Genève d'infâmes mercenaires façonnés à la fourbe pour tenir ses boutiques de prêt ! Et qu'elle a été obligée de tirer de l'étranger sa tribu d'écumeurs de bourse, comme elle en avait tiré déjà sa tribu de ramoneurs !

Alphonse TOUSSENEL, *L'Esprit des bêtes, zoologie passionnelle*, 1847.

Comment en effet ne pas lire le nom de Dieu au front de cette créature merveilleuse qui s'appelle la France ? Comment aimer, sans penser à Dieu, ce sol, ce drapeau, cette histoire, ces foyers et ces autels, cette patrie enfin ? [...] Ah ! Messieurs, depuis que descendirent dans la piscine où Clovis fut baptisé les vérités et les libertés qui ont consacré l'identité de notre pays, la France n'a pu être aimée que d'un amour surnaturel ! [...]

C'est lui, le surnaturel, qui, laissant au patriotisme antique son incontestable valeur, a créé la différence éternelle qui existe entre les Scipion et les Bayard, entre les Cornélie, les Flavie et les Clotilde, les Blanche de Castille, les Jeanne d'Arc, et l'éternelle supériorité des héros chrétiens sur les héros païens.

Abbé G. ROUQUETTE, *Le Patriotisme et le surnaturel*, 1878.

• Des adversaires :

Jamais nation n'a eu un si mauvais voisin, pendant les quatre derniers siècles, que celui que l'Allemagne eut dans la France, voisin mauvais de toutes les façons, impudent, voleur, instable, infatigable et querelleur, mais aussi, jamais impudent et injuste voisin ne reçut une correction aussi complète, aussi rapide et aussi infamante. [...]

Le plus triste symptôme est le rôle que, depuis une génération ont joué, en France, les hommes de génie, qui devaient être ses prophètes et ses voyants. Ils croient que la France fait rayonner une nouvelle sagesse céleste sur toutes les autres nations, qu'elle est la nouvelle Sion de cet Univers, et que toute cette triste, sale, presque folle et infernale matière dont la littérature française nous a rassasiés, depuis les cinquante dernières années, est le véritable nouvel Évangile, l'annonce du salut et de la bénédiction pour tous les enfants des hommes.

Tels prophètes, tel peuple. Et maintenant encore, dans leur chute la plus profonde, les Français ne paraissent pas connaître d'autre secours que la duperie et la quasi-gasconnade, ils regardent cela comme héroïque, ils croient être le Sauveur des nations, l'innocente victime rachetant les péchés des autres peuples ; je souhaiterais qu'ils se demandent enfin s'ils ne sont pas, plus vraisemblablement, le Cartouche des autres peuples.

Thomas CARLYLE, cité in *Magdeburgische Zeitung*, 23 novembre 1870.

La France est un pays charmant et amusant. [...] Mais n'y cherchez ni gouvernement sérieux, ni homme vertueux (au sens antique du mot), ni mariage d'amour. [...] ni même véritable art. [...] Beau pays pour la galanterie et le plaisir, mais le reste ?

Marie BASHKIRTSEFF, *Journal*, 30 octobre 1879.

Le mensonge a toujours été une partie intégrante du caractère français. La France a toujours menti : c'est une nécessité psychologique de son histoire, de son caractère et de sa race.

Revista d'exportação e d'importação, revue brésilienne imprimée à Berlin, septembre 1921.

• Et deux prophéties :

La France ne peut cesser d'être catholique et monarchique sans cesser d'être la France — de même qu'un foie ne peut cesser de produire de la bile sans cesser d'être un foie — un estomac de sécréter du suc gastrique sans cesser d'être un estomac.

Paul BOURGET, préface aux *Lettres sur l'histoire de France*.

La France est-elle donc irrémédiablement perdue ? Je le crois.

J. DU VALDOR, *Les Signes de la fin d'un monde*, 1893.

FRANCE (Anatole)

• Il ne paraît d'abord pas méchant :

Anatole France n'est, au fond, que le premier des amateurs.

Jules RENARD, *Journal*, 15 octobre 1908.

• Mais il est dangereux :

Je ne crois pas qu'un honnête homme puisse goûter un plaisir sans mélange aux livres d'Anatole France.

Abbé C. LECIGNE, *Revue de Lille*, 1900.

Par son scepticisme, son dédain du christianisme et de la chasteté, son fatalisme, son « renanisme » ondoyant, voluptueux et faux, Anatole France est l'un des écrivains les plus malfaisants de notre époque.

Abbé Louis BETHLÉEM, *Romans à lire et romans à proscrire*, Cambrai, 1905.

FRANCK (César)

• Ce qui le singularise :

Au XIXe siècle, le grand chaste de la musique aura cependant été César Franck, le seul musicien catholique peut-être en dehors des liturgistes, que les boucles blondes de Marie-Madeleine n'aient pas ensorcelé, et qui n'ait pas excité sa chanterelle devant l'image de sainte Thérèse.

E. DE SOLÉNIÈRE, *Notules et impressions musicales*, 1902.

FRANCO (Général)

• Une vision assez positive :

Plutôt petit de taille, bien pris, parfaitement proportionné, vif, alerte, jeune : une belle tête purement espagnole, les traits réguliers et fins, le teint très brun, les cheveux noirs mêlés de quelques mèches argentées, Franco porte la tenue kaki, celle des légionnaires, agrémentée d'une chemise bleue dépassant légèrement le col, la taille ceinte par l'écharpe rouge des capitaines généraux.

Il a, par sa structure, sa manière de parler, ses gestes, la vivacité mobile de son visage, je ne sais quoi qui rappelle curieusement Jean Chiappe.

Ce sont deux purs Latins, tous deux.

R. RECOUCY, *Gringoire*, 5 mars 1937.

FRANCS-MAÇONS

• Définitions :

Mon cher, le mot franc-maçon est tout simplement synonyme de franc-cochon.

Jean DE DOMPIERRE, *T'as de cochons ! Odyssée du fameux marin breton Biennick*, 1905.

Au lieu de franc-maçonnerie et de secte internationale, rien n'empêche de lire *protestantisme*, car c'est tout un.

Louis de SAINT-VINCENT, *Les Protestants et la guerre de 1870, 1907.*

• Une odeur de soufre :

Toute société secrète est marquée au sceau de Satan.

R. P. DELAPORTE, *Le Diable existe-t-il, et que fait-il ?*, 1863.

C'est l'Église de Satan. Parmi les ennemis intérieurs et extérieurs de la patrie, il est de notre devoir, chers amis, de vous signaler les Francs-Maçons qui, selon la spirituelle remarque de Mgr de Ségur, ne sont ni *francs*, ni maçons.

Abbé F. BARBIER, *L'Ami de l'ouvrier*, 1893.

• Ils sont partout :

Les Européens ne sont pas les seuls à avoir une Franc-Maçonnerie. Les Chinois et les Musulmans ont aussi la leur, ce qui indique une unité de direction intéressante à étudier.

Louis MARTIN, *L'Anglais est-il un Juif ?*, 1895.

• Un avis autorisé :

Les Francs-Maçons emploient une partie de l'argent que leur donnent les pauvres ouvriers à soudoyer certains journaux. Ces journaux, moyennant la somme de dix à douze mille francs par an, disent tout ce que veulent leurs maîtres qui les payent. Ainsi, à propos de l'ouvrage de Renan, niant la divinité de Jésus-Christ, les francs-maçons ont donné cinquante mille francs pour favoriser la publication et la diffusion de ce livre, que l'Empereur lui-même a condamné.

L'émir ABD EL-KADER, *Causeries populaires*, 1866.

• Leur rôle :
Il est bon qu'au sein de la société française existe un lieu où aboutisse, comme en un cloaque, ce qu'elle compte, au point de vue intellectuel, de plus abject et de plus nocif. Le rôle social de la Franc-Maçonnerie est, ainsi envisagé, incontestablement utile. Son utilité ne saurait être mieux comparée qu'à celle des maisons de prostitution. [...]

Le jour de la tenue de sa loge, sous le delta lumineux, le Franc-Maçon est tolérant, généreux, humain, tandis que, rentré près de sa femme, il redevient ce que la nature le fit : un vilain monsieur.

Jean BIDEGAIN, *Le Grand Orient de France*, 1905.

FRANÇOIS D'ASSISE (Saint)

• Anecdote :
On raconte que le saint, en prêchant, allongeait la langue et se pourléchait les lèvres toutes les fois qu'il prononçait le nom de Jésus, comme s'il avait mangé du miel ; il s'exerçait à prononcer en bêlant le mot *Bethléem*, et s'enfermait dans une étable pour apprendre des meilleurs maîtres le bêlement naturel.

Pierre LAROUSSE, *Grand Dictionnaire du XIXe siècle* (article Prédicateur), 1869.

FROID

• Une explication possible :
Je pense que les coups de froid subits, qui causent tant de morts subites et tant de maladies — le froid risque de déclencher environ quatre vingts maladies — sont aussi déclenchées par des esprits d'un mauvais genre ; justement parce qu'ils sont subits et commencent brusquement quand on ne s'y attend pas.

Normalement, l'abaissement hivernal de la température de l'atmosphère devrait être un phénomène régulièrement constant. Ainsi, on saurait d'avance quelle doit être la température de l'atmosphère et on pourrait se protéger efficacement par des bons vêtements chauds — maillots de corps, tricots, chaussettes chaudes, gants chauds, chauffe-air portatif — tandis qu'on est presque toujours surpris par les coups de froid subits et sans défense contre eux. Ce qui me fait penser depuis quelque temps qu'il n'est pas impossible qu'ils soient causés par des esprits invisibles d'un mauvais genre.

Dr. J.-P. CROUZET, *Des esprits modèlent les nuages*, Paris, Adyar, 1964.

FROMAGE

• Une vision quasi religieuse :
Seules les nations ultracivilisées qui ont eu une Renaissance artistique ont une gamme de fromages : la France a ses Camembert, ses Brie, ses Roquefort, etc, l'Italie ses Gorgonzola, ses Cacecavallo, son Parmesan. Les fromages suisses, anglais, allemands sont des préparations plus compliquées peut-être, quant à leur fabrication, mais de beaucoup inférieures au point de vue microbien et artistique. Ce sont les fromages des pays protestants.

Édouard DE POMIANE, *Bien manger pour bien vivre*, Albin-Michel 1922.

FRONT

• On y voit les vertèbres :
Elle tendait à mes lèvres son triste front pâle et fade sur lequel, à cette heure matinale, elle n'avait pas encore arrangé ses faux-cheveux, et où les vertèbres transparaissaient, comme les pointes d'une couronne d'épines ou les grains d'un rosaire.

Marcel PROUST, *A la recherche du temps perdu*, I, *Du côté de chez Swann*.

FRONT POPULAIRE

• Quelques pensées d'époque :
Ce qui ne m'a pas empêché de sursauter, l'autre jour, lorsqu'un de mes voisins de campagne, inspecteur pour le nord et l'est d'une grande marque, de la plus grande marque d'apéritif, m'a avoué vendre, ce printemps-ci, deux fois plus de liquide que l'année dernière. La voilà bien, la reprise des affaires. La voilà bien, l'utilisation des loisirs ! [...] Je ne suis nullement, au contraire, l'adversaire de la nouvelle législation sociale. Je dis seulement qu'elle risque de favoriser l'alcoolisme.

André BILLY, *Sillage*, mai 1937.

Dans l'état présent des affaires de l'Europe, le temps travaille pour l'ordre et la paix.

Roland DE MARES, « Chronique de la vie internationale », *Le Mercure de France*, 1er septembre 1937.

Et nous ne craignons pas de l'affirmer : jouer à la belote et appuyer sur la gâchette d'un revolver, trafiquer de la canne (*sic*) et terroriser les filles, cela constitue des occupations qu'une société comme la nôtre ne peut plus tolérer.

L'Œuvre, 13 août 1937.

La cour d'assises de la Seine a acquitté M. Paul Cusinberche, industriel, qui avait tiré en l'air au cours d'une occupation de ses ateliers par ses ouvriers en grève et en avait tué un.

Le Courrier de Flers, 29 mars 1938.

FRUITS

• Comme le reste de la nature, ils ont été faits pour l'homme :

La plupart des arbres fruitiers sont moins élevés et plus aisés à escalader que ceux des forêts : tels sont surtout ceux qui portent des fruits tendres, qui se seraient brisés dans leur chute, comme les pommiers, les figuiers, les abricotiers, etc. ; ils ont besoin d'être cueillis à la main. Au contraire, les arbres qui portent des fruits durs sont de la plus grande taille : tels sont les châtaigniers, les noyers ; et leurs fruits sont enveloppés d'un brou tendre, comme les noix, ou d'une coque hérissée de pointes non piquantes, dont le ressort est élastique, comme dans les châtaignes, de sorte qu'ils peuvent tomber sur les roches les plus dures sans s'endommager. J'ajouterai à ces observations que la maturité des fruits tendres s'annonce par des parfums qui flattent agréablement l'odorat. C'est une harmonie de plus que la Providence a mise entre nos sens et nos besoins. Les fruits bien mûrs en ont encore avec nos yeux, par leurs vives couleurs ; avec nos mains, par leurs formes arrondies ; avec nos dents, par leur tendreté ; quelquefois avec notre bouche, par leur diamètre ; enfin avec notre goût et les diverses humeurs de notre tempérament, par des saveurs délicieuses et variées, en rapport avec les premiers, suivant les saisons. Les fruits rouges et rafraîchissants, comme les fraises et les cerises, paraissent au commencement de l'été, saison où notre sang, dont ils portent la couleur, entre en effervescence. Les fruits fondants et sucrés, comme les prunes, les abricots et les pêches, viennent vers la fin de cette saison ardente, afin de rafraîchir doucement notre sang, dont les humeurs s'alcalisent ; les fruits vineux et cordiaux, tels que les pommes, les poires et les raisins, mûrissent en automne, pour fortifier notre corps épuisé par les transpirations trop abondantes de l'été.

BERNARDIN DE SAINT-PIERRE, *Harmonies de la nature*, 1796.

FURIES

• Un témoin oculaire :

Des personnes religieuses se fâcheront peut-être, parce que je fais allusion aux Furies, dont il n'est pas question dans la Bible... Moi, je crois que les Furies sont une partie de la hiérarchie de Satan, des anges déchus qui sont devenus des démons. Le Seigneur s'en sert comme d'instruments, car toutes choses sont à lui, même Satan, pour la punition des méchants. Nous en trouvons dans la littérature de la Grèce et de Rome, et assurément je les ai vues à côté de mon lit, comme elles se présentaient à Oreste, selon les narrations d'Eschyle et d'Euripide.

Thomas Godfrey JACK, *Le Serpent ancien, appelé le diable et Satan, celui qui séduit toute la terre*, Londres, 1893, traduction R. de Médina.

FUSIL

• Définition :

Un fusil sans cartouches (aux grandes et moyennes distances tout au moins) ce n'est plus une arme, c'est un objet quelconque et sans aucune utilité.

Capitaine LEDENT, *A la baïonnette ! Chargez !*, 1912.

• Composition :

Le fusil 1886 modèle 1893 comprend sept parties principales : le canon et sa boîte de culasse, la culasse mobile, le mécanisme de répétition, la monture, les garnitures, l'épée-baïonnette et la pelle-bêche.

Commandant DE SENILHES, Conférence régimentaire faite au 145e d'infanterie.

• **Le meilleur :**

Que doit-on faire lorsqu'un camarade a été tué ou blessé ?

On ne doit avoir de cesse qu'on ne l'ait vengé. Les morts crient vengeance : aucun fusil n'est plus juste que le fusil d'un mort.

Général A. LAFFARGUE et capitaine F. LAFFARGUE, *Les Leçons du fantassin*, Paris, 1952.

G

GALE

• Un remède qui vaut ce qu'il vaut :
On peut se débarrasser de la gale en deux heures par le moyen suivant. On se frotte énergiquement le corps pendant une demi-heure avec du savon noir, puis le même temps, avec de la pommade d'Helmerick ; après quoi, on prend un bain alcalin tiède d'une heure. On sort de là guéri ; mais il est à craindre que d'autres maladies de la peau ne soient la conséquence de cette médication énergique.

A. BITARD, *Le Livre de la maison,* 1878.

GALILÉE

• N'a pas à se plaindre :
C'est cette congrégation dont personne ne sait rien, tant elle a été douce ; si ce n'est que Galilée voulant à toute force appuyer un système d'astronomie sur les livres saints, elle le traita par deux fois avec la plus magnifique délicatesse.

LACORDAIRE, *Mémoire pour le rétablissement en France des frères prêcheurs,* 1839.

• Est mort sur le bûcher :
Une décision de la Cour de Rome a brûlé Galilée. La postérité proteste contre cette fatale erreur d'un pouvoir infaillible, et les papes actuels croient à la parole du génie que leurs prédécesseurs ont fait mourir.

Le Courrier de Paris, 17 février 1860.

GALIMATIAS

• Quelques exemples :
Enfin, le feu sacré qui brille sur la montagne, ce boulevard de la liberté publique, par l'extrême refrangibilité de ses rayons régénérateurs, développe dans tous les cœurs les germes de l'esprit révolutionnaire ; sa force sans cesse agissante et centrifuge doit un jour embraser l'un et l'autre hémisphère.

Adresse de la Société populaire de Beaufort-en-Vallée (Maine-et-Loire) à la Convention, 1793, cité *in* abbé Hautreux, *La Société populaire de Beaufort-en-Vallée,* 1907.

Disons-le en passant, ce chapeau fort classique, porté ailleurs par Oreste et Pylade, arrivant d'un voyage, dont Callimaque a décrit les larges bords dans des vers conservés, précisément à l'occasion du passage qui nous occupe, par le scoliaste, que chacun a pu voir suspendu au cou et s'étalant sur le dos de certains personnages de bas-reliefs, a fait de la peine à Brumoy qui l'a remplacé par un parasol.

Henri PATIN, *Études sur les tragiques grecs,* 1842.

L'esprit divin, daignant exaucer mes prières ou *dei-invocations*, a bien voulu, malgré mon indignité, me rendre *dei-inspiré*, ou inspiré de Dieu, je me sers de cette expression parce que j'ai souvent entendu dire *inspiré de Satan*, au lieu de *diaboli-possédé*, et parce qu'on pourrait dire *possédé de Dieu*.

M. GAGNE, *L'Histoire des miracles,* 1860.

L'esprit humain fourvoyé, las de ces ambages infinis, s'assoit plus d'une fois aux pierres du chemin, et là, comme un enfant qui pleure, ne veut plus écouter personne, ni marcher, ni avancer, sinon peut-être à reculons, pour faire en arrière des pas rétrogrades qui doubleront sa fatigue et l'éloigneront du but.

Jules MICHELET, *Histoire de France*, t. IX, Introduction, 1855-1867.

Si la parabole évangélique de la paille et de la poutre pouvait être enseignée à un israélite, je recommanderais à M. Jean Astruc de ne conseiller à personne de rester d'un seul côté de la barricade et d'enseigner qu'il est toujours mauvais de vouloir manger à deux râteliers, car, outre que, par essence même, un distributeur est déjà à cheval sur la barricade, ayant une jambe de chaque côté, dans chaque parti — quand je dis une jambe, c'est peut-être plutôt un bras, et, au bout du bras, une main tendue — que penser d'un distributeur qui alimente de copie non seulement plusieurs périodiques, mais une grande feuille quotidienne d'agence, où il occupe en quelque sorte le poste de rédacteur en chef ?

Le Grand Guignol, automne 1927.

En effet *moins trois* (– 3) ressemble à s'y méprendre à *plus trois* (+ 3) de même que la hiérarchie, ou l'inégalité bolcheviste, ressemble à la hiérarchie ou l'inégalité féodale.

Mais pour passer de l'extrémité de l'une, où se trouve le Christ-Roi, à l'extrémité de l'autre, où se trouve le Talmud-Roi, il faut traverser le zéro, c'est-à-dire l'anneau équatorial de la démocratie.

Emmanuel MALYNSKI, *La Grande Conspiration mondiale*, 1928.

Une femme mûre, aux pieds silencieux et avec un regard instruit par les armoires.

Henri LAVEDAN, *Le Chemin du salut* ; Irène Olette, roman, prépublication in *La Revue des Deux Mondes*, 15 décembre 1919.

En réalité, le jeune officier a reçu une balle dans le bras du mari de sa maîtresse, son supérieur, le capitaine.

Le Journal, 24 février 1938.

A certains moments, même, il semble bien que les hommes, pas plus que leurs rêves généreux, ne parviennent que difficilement à maîtriser la précarité d'un destin collectif.

Jacques CHABAN-DELMAS, ancien Premier ministre, *Journal municipal d'information de Bordeaux*, juillet 1975.

• **Balzac y réussissait assez bien :**
Beatrix avait doublé l'emploi du mépris comme piston moral, de la comparaison perpétuelle d'un chez-soi poétique.

H. DE BALZAC, *Beatrix*.

Vous avez tordu les barres de fer de quelque nécessité, tandis qu'elles chaussaient les mitaines, endossaient le manteau d'une ruse : à elles la palme, et ne la leur disputez pas.

H. DE BALZAC, *Une fille d'Ève*.

GARIBALDI

• **C'est lui le responsable :**
Un de nos lecteurs nous rappelle que Mélanie, la bergère de La Salette, avait prédit, d'une manière aussi nette et aussi explicitée que possible, les terribles événements dont la Sicile et les Calabres viennent d'être le théâtre...

• **Tout a commencé à Messine. Pourquoi ?**
Souvenons-nous que c'est à Messine que Garibaldi, dont on a fait une véritable idole, s'est embarqué pour ses opérations maçonniques, dont le but réel était la destruction du Pouvoir temporel...

Conformément à la prédiction de Mélanie, la mer s'est soulevée pour balayer la « via Garibaldi » et la statue de l'idole !

A. DE BOISANDRÉ, *La Libre Parole*, 4 janvier 1909.

GASTÉ (G.)

• **Un grand maître :**
L'an dernier, étant entré par hasard à l'Exposition des peintres orientalistes, je fus tout à coup, dans le coin d'une des salles, frappé, comme harponné par une douzaine de petites toiles devant lesquelles je reçus la commotion, le choc, cette électrique et profonde secousse qu'impriment en nous le contact et la vue de « l'œuvre d'art », originale et parfaitement simple, inaccoutumée et sincère, ardente, éblouissante, jeune et réfléchie, enthousiaste et comme découragée à la fois, de l'œuvre

en laquelle on s'est abîmé, de l'œuvre pensée, croyante, résolue, où vibrent encore toutes les détonations de la volonté, de l'œuvre enfin qui brûle et flambe comme un feu sacré sur le marbre d'un autel.

Ces toiles étaient signées G. Gasté.

Henri LAVEDAN, *Bon an mal an*, 18 février 1911.

GAUGUIN (Paul)

• Un malheureux :

Gauguin est un décorateur gâté par la folie.

Kenyon COX, *Harper's Weekly*, 15 mars 1913.

GAULLISTES

• Une vieille histoire :

Il y avait des gaullistes avant de Gaulle.

Bernard PONS, député UDR, sur France-Inter, 11 décembre 1981, cité *in* Cerf et Navasky, *Paroles d'experts*, 1989.

GAZ ASPHYXIANTS

• Rien que du vent :

Il ne faudrait pas s'alarmer outre mesure des effets meurtriers des bombes asphyxiantes. Qu'on se rassure, ce n'est pas bien méchant. [...] Ces engins resteront inoffensifs. [...] Et, si l'on fait le total de leurs victimes et qu'on le compare aux autres, on n'y prêtera même pas attention.

André LEFÈVRE, *Le Matin*, 27 avril 1915.

Les masques actuels protègent complètement et sans exception.

« Lettre d'un officier » in *L'Écho de Paris*, 10 janvier 1916.

Nos soldats se f... des gaz asphyxiants.

Marcel HUTIN, *L'Écho de Paris*, 16 décembre 1916.

GAZ ET ÉLECTRICITÉ

• La paix est signée :

On disait que le gaz et l'électricité étaient deux frères ennemis, cherchant mutuellement à se supplanter. Eh bien, non ; le temps des compétitions est passé, et la preuve, c'est que l'usine à gaz de Lyon va très prochainement être éclairée à la lumière électrique.

La Science populaire, 8 décembre 1881.

GELÉS (Pieds)

• Contre une idée reçue :

On sait le rôle considérable que l'affection, dite « les pieds gelés », joue en ce moment. On attribue communément ce fait à l'action du froid. M. Témoin, à la suite de nombreuses observations, faites également par d'autres chirurgiens, nous apprend que le froid est peut-être le facteur le moins important en l'espèce.

Dr R. B., *L'Écho de Paris*, 3 février 1915.

GENDARMERIE

• Un gendarme présente son œuvre :

Et pourquoi ne serais-je pas satisfait de ma versification ?...

En agissant ainsi, je crois avoir vaincu les difficultés qui semblaient me défier au début de mon poème ; en me bornant à régulariser la facture et la marche de mes vers sur l'aride fond de mon sujet, *peu poétique par lui-même*, j'ai cherché, avant tout, à mettre en relief les qualités morales qui dotent les éléments de la gendarmerie dont la valeur militaire, cuirassée par les lois, se montre aux yeux de tous comme *le plus beau faisceau de l'armée*, et j'ajoute, comme un *pilier d'airain* contre lequel viennent se briser toutes les fureurs des avalanches ennemies. Qu'on le reconnaisse enfin : la gendarmerie est de nos jours la seule *digue assez solide* pour arrêter en son cours le torrent fangeux, sans cesse grossissant, de la *canaille*, et je m'écrie avec raison :

La canaille en maints lieux assiège nos [étages,
S'installe et malgré nous entasse ses bagages.

Or, et quoi qu'en pensent certains réformateurs, si la Gendarmerie n'existait pas, il faudrait la créer ! Le gendarme, soldat de la loi, sera toujours le *belluaire* indispensable à la justice pour arrêter les criminels (*fauves à face humaine*) et les conduire enchaînés sur les bancs des cours d'assises.

Messieurs et chers camarades, soyons donc fiers de notre coiffure qui vaut bien maint *gibus* ! Quant à moi, *vieux Pandore bruni par le soleil d'Afrique et de bien d'autres lieux*, fier de mon uniforme que j'endosse gaiement, surtout en un jour de revue, je me présente toujours le front haut, et sans perdre un pouce de ma taille, devant mes chefs, puis, quand il le faut, devant le public, qui, voyant ma *figure rébarbative hérissée de moustaches en brosse*, et sachant que, parfois, je passe volontiers du temple de *Thémis* dans celui d'*Apollon*, doit se dire tout bas : *« Où diable la poésie va-t-elle se nicher ? Tant de miel entre-t-il dans l'âme d'un pareil gendarme ? »*

Pourquoi pas, s'il vous plaît, Messieurs ? L'âme d'un gendarme est accessible à toutes les délicatesses et, par suite, à tous les nobles sentiments que lui inspire l'amour du beau !...

Une seconde fois, têtu comme une enclume,
Pour vous scier le dos, lecteurs, je prends [ma plume.
Trop de verve m'étouffe et je ne puis [vraiment
Sans un réel danger souffrir pareil tourment.

Pierre LOUBET, gendarme à Orléansville, *Pandore*, vers 1880.

GÉNIE

• Les exceptions confirment la règle :

Les plus grands conquérants et les plus grands généraux étaient des hommes de petite taille. [...] Les grands artistes se distinguaient également par leur petite taille. [...] Les policiers, les grands juristes et les grands avocats rivalisent sous ce rapport avec les théologiens et les artistes. [...] Nous ne trouvons, en fait de grands hommes de haute taille, que Volta, Pétrarque, Helmholtz, d'Azeglio, Foscolo, Monti, Mirabeau, Bismarck, les Dumas, Schopenhauer, Lamartine, Voltaire, Pierre le Grand, Riberi, Panizza, Carlyle, Washington, Flaubert, Tourgueneff, Kropotkine, Tennyson, Whitman.

César LOMBROSO, *L'Homme de génie*, 1896.

GENOUX

• Ils en disent long :

Quand on m'amène au Dépôt des malheureuses ramassées dans la rue, je regarde leurs genoux : les filles qui ont les genoux sales sont honnêtes, celles qui ont les genoux propres sont malhonnêtes. C'est mathématique.

Dr LASSÈGUE, cité par Jules Claretie, *Le Temps*, 23 mars 1883.

GENS DU MONDE

• On leur dit tout :

Cet ouvrage étant spécialement destiné aux gens du monde, j'ai jugé convenable, avant d'aborder le détail de l'anatomie intérieure des voies urinaires et de l'appareil générateur dans l'un et l'autre sexe, de donner un aperçu sommaire de la situation respective des divers organes contenus dans le ventre.

E. JOZAN, *Traité pratique des maladies des voies urinaires et des organes générateurs*, 1855.

GENTILHOMME

• Une vision assez négative :

Quand un homme illettré cite du latin, vous pouvez être sûr que c'est un gentilhomme.

Jules RENARD, *Journal*, 24 juillet 1902.

GÉOGRAPHIE

• La forme :

Il ne faut pas que, par des termes qui sont rudes pour leur bouche, les dames affectent de paraître un peu trop géographes. Je leur abandonne *climat, zone, détroit* et quelques autres ; mais je ne veux point qu'elles me viennent effrayer par des *longitudes* et des *latitudes*.

Pierre D'ORLIGUE DE VAUMORIÈRE, *L'Art de plaire dans la conversation*, troisième édition, 1698.

• Et le fond :

J'ai la témérité de croire qu'il n'est pas impossible de faire de la géographie quelque chose de chrétien, et par conséquent d'agréable.

Léon GAUTIER, *Voyage d'un catholique autour de sa chambre*, 1862.

• Graphie ou phagie ?

Ne faites pas une grimace dégoûtée : manger de la terre est une pratique qui semble dater d'aussi loin que l'homme et il ne paraît pas que les adeptes de cette curieuse coutume s'en soient plus mal portés, au contraire. La géographie, pour user d'un vocabulaire scientifique un peu prétentieux, a même fait l'objet d'études qui ont abouti, de nos jours, à l'usage médicinal raisonné des argiles : vous en trouverez dans toutes les pharmacies, et beaucoup d'entre nous sont des géographes qui s'ignorent.

Le Messager de l'Eure, juin/juillet 1976.

GERSHWIN (George)

• Un jugement sur *Rhapsody in Blue* :

Combien banales et faibles et conventionnelles sont les mélodies de *Rhapsody in Blue*. Combien sentimental et insipide le traitement harmonique, sous son déguisement de contrepoint embarrassé et futile. Pleurons sur l'absence de vie dans la mélodie et l'harmonie, si périmées, si inexpressives.

Lawrence GILMAN, *Tribune,* New York, 13 février 1924.

• Et un autre sur *Un Américain à Paris* :

Un Américain à Paris est un blabla nauséeux, si plat, inégal, mince, vulgaire, interminable et vide qu'il assommera le public moyen. [...] Cette œuvre, sotte et sans valeur, semble lamentablement futile et inepte.

Herbert F. PEYSER, *Telegram,* New York, 14 décembre 1928.

GIBIER

• Un grand texte :

Le bon gibier a été créé pour les religieux et, si les perdreaux, les faisans et les ortolans pouvaient parler, ils s'écrieraient : « Serviteurs de Dieu, soyons mangés par vous, afin que notre substance, incorporée à la vôtre, ressuscite un jour dans la gloire et n'aille pas en enfer, avec celle des impies. »

CORNEILLE DE LA PIERRE, *Commentaires sur l'Écriture sainte,* 1701.

GIDE (André)

• Une bonne question :

Pourquoi ne s'est-il pas tué en 1933, en constatant sa déchéance ? Il en est encore temps, pour l'honneur de son œuvre.

Pierre DEUDON, réponse à l'enquête de la revue *Jeux* sur le thème « Qu'est pour vous André Gide ? », juillet 1936.

GIRAUDOUX (Jean)

• Une bonne impression :

J'ai écouté hier soir à la radio M. Jean Giraudoux. C'est un homme que j'aime bien entendre : même quand on ne comprend pas exactement ce qu'il dit, on sent que c'est très malin.

ANNETTE, *Paris-Midi,* 27 novembre 1939.

• Pour sa mort, un mot de Céline :

En douce, les Juifs doivent bien se marrer de lire les nécrologies de Giraudoux ! Façon de leur lécher le cul par la bande ! On se comprend... au nom des belles-lettres... de la pensée française et patati ! La brosse ! Jean-foutres ! Supposez que je crève ou qu'on me crève, je voudrais voir les *Isvestia* me filer des nécrologies ! Ah ! minute ! On regrette tous les jours d'être aryen.

Louis-Ferdinand CÉLINE, *Je suis partout,* 11 février 1944.

GLABRE

• Curieux emploi du mot :

Je vois encore le regard brutal, glabre, éteint et méfiant de ses gros yeux.

Félix DUQUESNEL, *Le Gaulois,* 8 novembre 1902.

GLOBE

• Pas si vieux que cela :

Accorder à ce globe que nous habitons 100 000 ans d'existence, ce serait aller au-delà du vraisemblable.

P. H. AZAIS, *Système universel, Unité, Simplicité, Vérité,* 1810.

GOETHE (Wolfgang)

• Le problème escamoté :

Goethe est trop supérieur à la race germanique pour que nous l'acceptions comme son représentant.

Alfred MÉZIÈRES, *La Revue des Deux Mondes,* 1871, cité *in* Paul Ginisty, *Anthologie du journalisme,* 1922.

• L'avis de quelques personnalités :

La postérité, à laquelle Goethe a donné son œuvre à juger, fera ce qu'elle a à faire. Elle écrira sur ses tablettes d'airain : « Goethe, né à Francfort en 1749, mort à Weimar en 1832, grand écrivain, grand poète, grand artiste. » Et, lorsque les fanatiques de la forme, de l'art pour l'art, de l'amour quand même et du matérialisme, viendront lui demander d'ajouter : « Grand homme », elle répondra : « Non ».

Alexandre DUMAS fils, 23 juillet 1873, cité *in* Guy de Maupassant, *Étude sur Gustave*

Flaubert, en tête des Lettres de Gustave Flaubert à George Sand, 1889.

Goethe et Schiller sont de grands poètes, mais combien surfaits ! Que de strass parmi leurs diamants, que de plomb autour de leur or !

Camille SAINT-SAËNS, *L'Écho de Paris*, 19 septembre 1914.

Goethe, je l'admire, pour ma part, profondément. La discipline qu'il a imposée à son esprit reste un modèle pour tous les jeunes gens de la classe moyenne qui veulent développer leurs facultés en les adaptant à leur milieu. je vois d'ici son noble visage convulsé de douleur si Eckermann fût entré dans son jardin de Weimar pour lui dire : « La cathédrale de Reims vient d'être bombardée. » Il n'en est pas moins vrai qu'il entre beaucoup de sa pensée dans l'erreur allemande dont ce bombardement et les autres abominations de cette guerre sont le résultat.

Paul BOURGET, *L'Écho de Paris*, 29 novembre 1914.

GORDIUS

• Comme cet homme nommé le Pirée :

[...] laissant à d'autres le soin de dénouer une situation fort embrouillée, si embrouillée qu'elle menace de nécessiter l'opération fameuse où s'immortalisa dans l'histoire ancienne le nom du Phrygien Gordius.

La Dépêche de Brest, 20 mai 1907.

GORGE

• Un conseil :

Il y a toujours du péril à considérer attentivement une gorge nue.

De l'abus des nudités de gorge, Paris, 1680.

GORILLE

• Ce qu'on raconte :

Il est hors de doute que les négresses enlevées par les gorilles n'ont pas eu à se plaindre des mâles qui les ont prises pour compagnes, un peu par la douceur, beaucoup par la violence.

Ces femmes n'avaient été nullement maltraitées par ces amants redoutables ; les gorilles les nourrissaient le mieux qu'ils pouvaient, ils chassaient pour elles, leur bâtissaient des cabanes, se montraient complaisants et empressés.

Le savant naturaliste ajoute que lorsqu'une négresse, par épouvante, lassitude, surprise ou brutalité, finissait par céder à un gorille, celui-ci lui témoignait sa reconnaissance du mieux qu'il pouvait. Dans une tribu du Congo, les femmes furent un jour émerveillées de ce que l'une d'elles contait sur les gorilles. Les Congolaises, obligées par leurs maris à un rude travail, menacèrent de quitter le village ; quelques-unes mirent ce projet à exécution et partirent en forêt où elles furent des mieux accueillies par les gorilles. Les maris essayèrent bien de reprendre leurs moitiés, mais en vain.

Sept ans après, des voyageurs anglais consignèrent leurs observations dans les registres des annales géographiques. Ils racontèrent qu'ils avaient rencontré une troupe de gorilles installés dans une espèce de village et qui se servaient du feu pour cuire les aliments.

Ils crurent avoir affaire à des nègres, mais ils reconnurent que c'étaient des singes, mariés à des négresses, qui leur avaient appris à faire du feu et leur avaient enseigné tout ce qu'elles savaient.

Les voyageurs anglais ne purent séjourner au village qu'une demi-heure. Leur présence éveillait la jalousie des gorilles et ils craignaient la colère de ces animaux redoutables.

G. DUBOIS-DESAULLE, *Étude sur la bestialité*, 1905, citant un ouvrage d'un voyageur belge, M. de Chaillu.

GORKI (Maxime)

• Commençons par le situer :

La vérité nous oblige à dire que Gorki demeure un homme du début du dixneuvième siècle. Il a écrit ses ouvrages les plus significatifs avant 1914.

L'Ère nouvelle, 22 juin 1936.

GOSSES

• Un beau poème :

Or, justement, voici qu'au bruit de la [bataille,
Nos gosses d'aujourd'hui, délaissant les [joujoux,

Vont emboîter le pas de nos petits pioupious,
Rageant, pour s'enrôler, de n'avoir pas
[la taille ;
Oui, disons-le, nos gosses bien à nous :
Gosses de ville ou de campagne,
Nobles, bourgeois ou plébéiens,
Ayant tous des cœurs citoyens !
De ceux-là, soyez-en certains,
Ils n'en ont pas en Allemagne ;
Les grosses dames d'outre-Rhin
Peuvent en pondre par douzaines ;
Mais elles glissent dans leurs veines
Un sang lourd, noir et vipérin
Qui met sous la chair de leurs mioches
De la barbarie en dépôt
Et fait battre des mains les jeunes monstres
[boches
Si l'âne, sans le voir, écrase le crapaud.
Alors, souvent, on se demande
Par quels contresens inouïs
Une femme, même allemande,
Peut engendrer de tels produits...
C'est devant ces marmots féroces
Qu'il fait bon contempler nos gosses,
Ces héros, petits mais si grands,
Que de loin ils ont l'air de rudes vétérans,
Et font, sans y penser, des choses si sublimes
Que pour eux, guerre ou jeux sont presque
[synonymes ;
Leurs rires font chorus avec ceux des clairons,
Et lorsque les drapeaux frémissent sur
[leurs têtes,
Ils sentent le frisson joyeux des jours de
[fêtes ;
La mort est trop loin d'eux pour obscurcir
[leurs fronts ;
Si son aile, en passant, les frôle,
Elle est reçue avec un haussement d'épaule,
Et quand les brutes de Germains,
Aux bas instincts de belluaires,
S'amusent à couper les mains
De ces enfants devant leurs mères,
Indomptés, les pauvres mignons
Les menacent encor du sang de leurs
[moignons !

Jacques REDELSPERGER, *Nos gosses*, in *La Baïonnette*, 28 octobre 1915.

GOTHIQUE (Art)

• Désaccord sur l'origine :

Cette architecture, nommée gothique, est, dit-on, celle des Arabes.

FÉNELON, *Dialogues sur l'éloquence*, édition de 1718.

Le génie qui a guidé les maçons ou architectes indiens dans la construction de leurs pagodes est le même qui a présidé chez nous à la construction de nos églises gothiques.

J. LE GENTIL DE LA GALAISIÈRE, *Mémoire sur l'origine du Zodiaque*, in *Mémoires de l'Académie royale des sciences*, 1785.

L'ogive elle-même n'est qu'un emblème égyptiaque. L'ogive est une représentation de l'œuf sacré, considéré par les Égyptiens comme le principe créateur de la grande déesse Isis et même d'Osiris, son frère, tous deux nés d'un œuf fécondé par la substance lumineuse.

Charles DUPUIS, *L'Origine de tous les cultes*, 1795.

Durant le Moyen Âge, pour imiter la France, l'Allemagne s'était couverte de monastères, de cathédrales et de *burgs*, et elle avait tant et tant multiplié la mode française de l'ogive que l'ignorance des siècles suivants avait appelé « gothique » cette invention de l'Ile-de-France.

Victor BÉRARD, *L'Éternelle Allemagne*, 1916.

• Au dix-huitième siècle, un grand mépris :

Le génie du goût gothique, c'est de tirer peu de jour par de grandes fenêtres... on peut diminuer le ridicule de ce goût bizarre en l'attribuant à la vénération que les Gaulois avaient autrefois pour l'obscurité des forêts qui leur servaient de temples, et où ils portaient les statues de leurs dieux. C'est pour garder cette ombre vénérable et imposante qu'ils ont eu recours à ces verres peints qui arrêtent l'effet de lumière comme les branches et les feuilles qui font le sombre des forêts.

H. LE BLANC, *Architecture des églises anciennes et nouvelles*, 1723.

La dépravation du goût dans les arts a toujours été un indice et une suite de celle de la littérature. Les ornements chargés, confus, grossiers des anciens édifices gothiques, et placés pour l'ordinaire sans choix, contre les bonnes règles, et hors des belles proportions, étaient l'image des écrits des auteurs du même siècle.

M. ROLLIN, *Traité des études*, 1740.

Architecture gothique, c'est celle qui est éloignée des proportions antiques, sans correction de profils ni de bon goût dans ses ornements chimériques. [...] Les bâtiments gothiques sont de mauvais goût, quoique hardiment construits. On croit que tout va tomber, mais tout dure pendant bien des siècles.

Dictionnaire universel français-latin, communément appelé *Dictionnaire de Trévoux,* édition de 1771.

GOULAG

• Comme des coqs en pâte :

Je sais qu'il n'existe pas de camps de concentration en Union soviétique et je considère le système pénitentiaire soviétique comme indiscutablement le plus souhaitable dans le monde entier. Je crois que c'est le seul pays où les condamnés, quels qu'ils soient, que ce soit des condamnés de droit commun ou que ce soit des condamnés politiques, touchent un salaire égal à ce qu'ils toucheraient s'ils étaient à l'extérieur, peuvent acheter ce qu'ils achèteraient à l'extérieur, sauf des boissons alcooliques, ce qui est évidemment désagréable pour ceux qui aiment boire, et peuvent se payer, avec leur salaire, une chambre individuelle s'ils en ont le désir et la possibilité, qui ont la possibilité de lire, d'écrire, de voir des films, de faire de la musique.

Marie-Claude VAILLANT-COUTURIER, député communiste, précédemment déportée à Ravensbrück, déposition au procès David Rousset contre *Les Lettres françaises* sur l'existence des camps soviétiques, Paris, 22 décembre 1950, cité *in* A. Grosser, *Le Crime et la Mémoire,* Flammarion 1989.

GOUNOD (Charles)

• Un conseil à propos de *Mireille* :

On ne saurait trop conseiller aux parents, qui mènent leurs jeunes gens ou leurs jeunes filles à ce spectacle, de les prémunir au préalable contre le poison que celui-ci, l'infirmité de notre nature aidant, porte en soi.

Abbé Louis BETHLÉEM, *Les Opéras, les Opéras-Comiques et les Opérettes,* Paris, 1926.

GOUNOUILHOU

• Des impressions :

Ce nom de Gounouilhou me semble, en effet, par sa seule consonance, renfermer quelque chose d'obscène, et je ne puis vaincre la répugnance euphonique qu'il m'inspire. [...] Il y a là-dessous le hululement du hibou dans le petit bois que le voyageur ne traverse jamais sans se signer et recommander son âme au bon Dieu. Il y a là-dedans le coassement de la viscosité malodorante des nouilles fromageuses et, pour terminer, le juste cri de la grenouille dans le bourbier fangeux.

La Voix du peuple, Auch, 27 juin 1908.

GOÛT

• N'appartient pas à tout le monde :

Oui, je dois démontrer qu'il y a beaucoup plus d'hommes de goût à Paris que dans Athènes. Nous avons plus de trente mille âmes à Paris qui se plaisent aux Beaux-Arts, et Athènes n'en avait pas dix mille ; le bas peuple d'Athènes entrait au spectacle, et il n'y entre pas chez nous, excepté quand on lui donne un spectacle gratis, dans des occasions solennelles ou ridicules.

VOLTAIRE, *Lettre à Horace Walpole,* 15 juillet 1768.

• La nature n'en manque pas :

Si la girafe, si l'éléphant, si le tigre et le lion couraient et bondissaient dans la majesté calme et familiale de nos paysages, il faut avouer que la nature, à ce moment, eût manqué de goût.

Émile BAYARD, *Le Bon Goût,* 1919.

GOUVERNEMENT

• Principes mécaniques :

En gouvernement comme en mécanique, tout ce qui n'est point combiné avec précision, tant pour le nombre que pour l'étendue, n'obtient qu'un jeu embarrassé et occasionne des brisements à l'infini : les résistances entravantes et les frottements destructeurs diminuent à mesure qu'on simplifie le rouage. La meilleure constitution civile est celle la plus rapprochée des procédés de la nature, qui n'admet elle-même que trois principes dans ses mouvements, la volonté pulsatrice, l'être que cette volonté vivifie, et l'action de cet individu sur les objets environnants : ainsi tout bon gouvernement doit avoir un centre de volonté, des leviers qui s'y rattachent immédiatement, et des corps secondaires sur qui agissent ces leviers, afin d'étendre le mouvement jusqu'aux dernières extrémités.

Jean-Nicolas BILLAUD-VARENNE, *Rapport pour l'établissement du gouvernement révolutionnaire,* 1792.

GOYA

• Coup double :

M. Manet ne peut encore se considérer que comme un pastiche du plus maladroit des peintres, Goya.

Henry TRIANON, *L'Entracte,* 21 juin 1869.

• Un point de vue original :

L'Espagnol F. Goya, dont les fantasmagories peut-être encore plus riches s'étendent dans le XIXe siècle, est un dément d'une nature plus gaie. Ses thèmes, même les plus effarants et les plus fantastiques, ne sont pas cruels, et ils gardent quelque doux humour... Dans un empalage, il montre non pas la partie du corps d'où sort le pal, mais celle où il a pénétré.

François LEHEL, *Notre art dément,* 1926.

GRÂCE A

• Un emploi discutable de cette locution :

Les chefs-d'œuvre de la littérature grecque et romaine étaient devenus rares, grâce aux invasions.

Pierre LAROUSSE, *Grand Dictionnaire universel du XIXe siècle* (article Cassiodore), 1874.

GRANDE-BRETAGNE

• Un drôle d'État :

M. Norman Davis serait nommé ambassadeur de Grande-Bretagne à Londres.

Paris-Midi, 31 janvier 1933.

Sir Ronald Lindsay rentre à Londres afin d'empêcher la rupture des négociations anglo-britanniques.

L'Ami du Peuple du soir, 28 janvier 1933.

GRANDS HOMMES

• Leur nom dit tout :

Nous pensons que les noms des grands hommes de chaque pays révèlent à l'oreille, comme à l'œil, le génie même de la race.

Haroun al-Raschid n'indique-t-il pas la magnificence, la pompeuse vanité des Arabes, leur amour de l'éclat, du sonore ?

La-o-tseu : ces fragments de mots désunis, voilà bien la Chine, où les idées générales n'ont pu se constituer, où l'individu résiste à l'agglutination, aux cohésions nationales, où les racines ne se sont point groupées pour faire un arbre.

Périclès : mot bien pondéré, rythmique et noble, coiffé de gais accents ; c'est l'image même de l'Athènes antique.

Romulus révèle la force obscure, les solides cohésions de la vieille cité latine, et **Médicis** représente bien les délicates élégances de la Rome renaissante. **Moïse** ne nous dit-il pas l'indomptable orgueil, la distinction suprême, le mysticisme du peuple élu ?

Salmanazar, Nabuchodonosor, Téglath, Phalasar : assemblage bizarre et lourd, d'apparence redoutable, éclatant et dur comme des notes de clairon, ne ressuscitent-ils pas devant nous la formidable Babylone, la guerrière Ninive ?

Budhâ personnifie l'Indien accablé devant une idole.

Michelet, Henri de Béarn, Hugo, n'est-ce pas bien l'esprit français, clair, amoureux des cadences nettes et franches, des syllabes bien coupées et symétriques, des mots où consonnes et voyelles se fassent pondération ?

Jean REVEL, *Chez nos ancêtres,* 1888.

GRECS

• Le regret de Lavater :

Le sang était plus beau chez les Grecs que chez nous. [...] Ah ! si les grandes vérités de la foi leur avaient été révélées, avec quel empressement ne les auraient-ils pas reçues ! S'ils avaient connu Jésus-Christ, avec quels transports de reconnaissance et de joie ne lui auraient-ils pas rendu hommage !

Gaspard LAVATER, *L'Art de connaître les hommes par la physionomie,* 1807.

• La sévérité de Lamennais :

Ce peuple si brillant n'a rien fondé, rien établi de durable, et il n'est resté de lui que des souvenirs de crimes et de désastres, de livres et de statues.

LAMENNAIS, *Essai sur l'indifférence,* 1823.

• Un point d'histoire :
Les Juifs et les Romains ont perdu leur nationalité en luttant contre le Ciel et si, depuis quelques années, les Grecs ont recouvré la leur, c'est parce qu'ils sont restés fidèles au Ciel.

Joseph-Aimable GRÉGOIRE, *Les Quatre Vérités, ou le Système de la vertu applicable à toutes les nations*, 1842.

GRÈVE

• Elle est inutile :
Il reste démontré que le principal dommage est pour les ouvriers ; que ceux-ci relativement et absolument en souffrent plus que les maîtres, et qu'il n'y a pas pour eux la moindre chance d'améliorer leur condition en troublant l'ordre régulier de la société.

Léon FAUCHER, *Études sur l'Angleterre*, 1845.

• Il faut frapper fort :
Ne croyez pas que je sois sanguinaire, mais, s'il faut que le sang coule, il vaut mieux que ce soit le leur que le nôtre.

Le Dimanche des familles, 6 octobre 1872, à propos d'une manifestation de grévistes à Nantes.

• Elle va disparaître :
Si la grève a encore des fanatiques et même de dangereux fanatiques en Angleterre, il lui reste assez peu de partisans chez nous.

Edmond ABOUT, *ABC du travailleur*, 1888.

GRIPPE

• Elle vient du cheval :
Le crottin de cheval, dont l'atmosphère des villes, par le moindre vent, est abondamment chargée, est pour beaucoup de personnes la cause de coryzas et de maux de gorge incessants. Au retour des voyages ou de séjours à la campagne, ces personnes, à peine arrivées dans les villes, y prennent le catarrhe habituel, qui vraisemblablement est d'origine équine. D'ailleurs, le cheval est un animal qui prend la grippe, et comme la grippe est, avant tout, une infection intestinale, il serait bien possible que l'origine de la grippe fût dans cette infection des poussières urbaines par le crottin de cheval.

Dr J. HÉRICOURT, *L'Hygiène moderne*, 1907.

• Et est fort inattendue dans l'autre hémisphère :
Une épidémie de grippe en été ! Voilà qui est au moins surprenant. Pour nous, en Europe, c'est seulement en hiver que nous avons à nous prémunir contre ce danger. Il n'en va pas de même en république Argentine. Buenos Aires est actuellement en proie à une très grave épidémie de grippe. Près de cinquante mille personnes sont atteintes. On ne s'explique pas là-bas les causes de cette maladie.

Le Journal, 15 juillet 1929.

GUERRE

• Le prestige du mot :
La guerre ! Ce mot reprend un soudain prestige pour la jeunesse d'aujourd'hui. [...] C'est un mot jeune, tout neuf, paré de cette séduction que l'éternel instinct belliqueux a revivifiée au cœur des hommes. Ces jeunes gens le chargent de toute la beauté dont ils sont épris et dont la vie monotone les prive.

H. MASSIS et A. DE TARDE, *L'Opinion*, 1913.

• La guerre est divine :
La guerre est donc divine en elle-même, puisque c'est une loi du monde. [...] La guerre est divine dans la gloire mystérieuse qui l'environne, et dans l'attrait non moins inexplicable qui nous y porte.

La guerre est divine dans la protection accordée aux grands capitaines, même aux plus hasardeux, qui sont rarement frappés dans les combats, et seulement lorsque leur renommée ne peut plus s'accroître et que leur mission est remplie.

Joseph DE MAISTRE, *Les Soirées de Saint-Pétersbourg*, 1821.

• Elle est belle et utile :
Si la sottise, la négligence, la paresse, l'imprévoyance des États n'avaient pour conséquence de les faire se battre, il est difficile de dire à quel degré d'abaissement pourrait descendre l'espèce humaine. La guerre est de la sorte une condition du progrès, le coup de fouet qui empêche une nation de s'endormir, en forçant la médiocrité satisfaite à sortir de son apathie. [...]

Le jour où l'humanité deviendrait un grand empire romain pacifié et n'ayant plus d'ennemis extérieurs, serait le jour où la moralité et l'intelligence courraient les plus grands dangers.

Ernest RENAN, *La Réforme intellectuelle et morale de la France,* 1871.

« [...] Si la guerre est supprimée, il faudra trouver une autre espèce de saignée. — De saignée ? — Oui, de saignée. Je crois que les hommes, dans leur phase actuelle de développement, ont besoin de quelque chose de pareil, sinon leur sang deviendrait trop épais. »

H. IBSEN, entretien accordé au *Verdens Gang,* Christiana, 1902.

C'est à la guerre que tout se refait. Il faut l'embrasser dans toute sa sauvage poésie.

Abel BONNARD, *Le Figaro,* 1913.

• **Elle perfectionne l'homme :**
Observez, je vous prie, que le métier de la guerre, comme on pourrait le croire ou le craindre, si l'expérience ne nous instruisait pas, ne tend nullement à rabaisser, à rendre féroce ou dur celui qui l'exerce. Au contraire, il tend à le perfectionner.

Joseph DE MAISTRE, *Les Soirées de Saint-Pétersbourg,* 1821.

L'idée de guerre n'est donc point dissolvante et funeste ainsi qu'on s'est plu trop longtemps, par erreur ou malice, à le blasphémer à nos enfants. Elle est au contraire moralisante et génératrice des meilleurs sentiments qui redressent l'homme [...] la guerre fait partie de la mort. Nous serions des sots et des ingrats si nous étions capables de ne pas évaluer tout ce que nous devons de reconnaissance à la mort !

Henri LAVEDAN, *Bon an, mal an,* 16 septembre 1911.

La valeur éducative de la guerre n'a jamais fait de doute pour quiconque est capable d'un peu d'observation réfléchie. [...] Une génération qui a su se battre lègue à ses héritiers les magnifiques vertus d'intelligence que développe l'habitude de l'énergie périlleuse et ordonnée et de la mort regardée en face. [...] Oui ! La guerre est vraiment une régénératrice.

Paul BOURGET, *L'Écho de Paris,* 7 septembre 1913.

La guerre est une grande redresseuse des intelligences et des sensibilités.

Paul BOURGET, *L'Écho de Paris,* 29 octobre 1914.

• **La célèbre apologie de Proudhon :**
Salut à la guerre ! C'est par elle que l'homme, à peine sorti de la boue qui lui servit de matrice, se pose dans sa majesté et dans sa vaillance ; c'est sur le corps d'un ennemi abattu qu'il fait son premier rêve de gloire et d'immortalité. Ce sang versé à flots, ces carnages fratricides font horreur à notre philanthropie. J'ai peur que cette mollesse n'annonce le refroidissement de notre vertu. Soutenir une grande cause dans un combat héroïque, où l'honorabilité des combattants et la présomption du droit sont égales, et, au risque de donner ou recevoir la mort, qu'y a-t-il là de si terrible ? Qu'y a-t-il surtout d'immoral ? La mort est le couronnement de la vie ; comment l'homme, créature intelligente, morale et libre, pourrait-il plus noblement finir ?

Les loups, les lions, pas plus que les moutons et les castors, ne se font entre eux la guerre ; il y a longtemps qu'on a fait de cette remarque une satire contre notre espèce. Comment ne voit-on pas, au contraire, que là est le signe de notre grandeur ; que si, par impossible, la nature avait fait de l'homme un animal exclusivement industriel et social, et point un guerrier, il serait tombé, dès le premier jour, au niveau des bêtes dont l'association forme toute la destinée ; il aurait perdu, avec l'orgueil de son héroïsme, sa faculté révolutionnaire, la plus merveilleuse de toutes et la plus féconde ? Vivant en communauté pure, notre civilisation serait une étable. Saurait-on ce que vaut l'homme sans la guerre ? Saurait-on ce que valent les peuples et les races ? Serions-nous en progrès ? Aurions-nous seulement cette idée de valeur, transportée de la langue du guerrier dans celle du commerçant ? Il n'est pas de peuple ayant acquis dans le monde quelque renom, qui ne se glorifie avant tout de ses annales militaires : ce sont ses plus beaux titres à l'estime de la postérité. Allez-vous en faire des notes d'infamie ? Philanthropes, vous parlez d'abolir la guerre ; prenez garde de dégrader le genre humain...

P.-J. PROUDHON, *La Guerre et la Paix*, 1861.

• Un officier explique comment s'y prendre :

Le but immédiat du combat, ce n'est pas la victoire, c'est tuer. Et l'on ne marche que pour tuer, et l'on ne saute à la gorge de l'ennemi que pour tuer ; et l'on tue jusqu'à ce qu'il n'y ait plus rien à tuer. [...]

La même passion de haine, ardente et féroce, la même soif de sang, la même volonté d'anéantissement, doit inspirer et animer tous les gestes et tous les actes de la guerre.

Et tous ces actes de la guerre doivent exhaler un caractère de violence, d'acharnement, tel que s'impose pour l'adversaire l'impression terrifiante d'une haine toujours attachée à son objet et insatiable.

Lieutenant-colonel MONTAIGNE, cité *in* M. Lelong, O. P., *Célébration de l'art militaire*, 1962.

• De toute façon, elle tue moins que la paix :

La guerre, certes, est haïssable. Tout doit être tenté pour la rendre plus rare, moins meurtrière. Mais n'en a-t-on pas souvent, à dessein, exagéré les horreurs, surtout en ce qui concerne les pertes en vies humaines ?

En 1870, les Allemands ont perdu un total de 40 000 morts, ce qui correspond au millième de la population, à cette époque. Sur ceux-là, 12 000 environ sont morts de maladie. Il est bien évident que parmi les 1 100 000 hommes qui ont été réunis, pendant les six mois que durèrent les hostilités, il en serait déjà mort beaucoup, même sans la guerre. [...]

Dans son ouvrage *Die Zahl im Kriege*, Berndt constate que la mortalité totale est souvent plus grande durant les années de paix que pendant les années de guerre.

René BRÉMER, *Patriote avant tout*, 1912.

• Et elle est bonne pour la santé :

Dès les premiers mois de la guerre, tout le monde a été frappé du remarquable état de santé dans lequel se maintenaient nos héroïques poilus. Bien souvent les journaux l'ont constaté avec satisfaction. La belle mine des permissionnaires revenant du front donnait confiance à ceux qui restaient calfeutrés à l'arrière. Quarante mois se sont écoulés et cet état a persévéré. [...]

L'état hygiénique des troupes démontre [...] ce que prêchaient les hygiénistes, à peu près toujours dans le désert, que les hommes sont faits pour vivre en pleine campagne et non point agglomérés, en masses superposées, dans l'air vicié des grandes villes. [...] On pourrait dire que ce retour pendant de longs mois à l'existence de nos premiers ancêtres est profitable à la race. Voilà une leçon de choses concluante qui vaudrait que dorénavant on l'appliquât.

Victor CAMBON, *Où allons-nous ?*, 1918.

• Sa disparition serait catastrophique :

Si une intervention miraculeuse venait à supprimer la guerre, un pareil fait ramènerait rapidement l'humanité entière dans la barbarie primitive. Une ou deux races supérieures, dégagées de toute contrainte, absorberaient économiquement toutes les races plus faibles, puis, ne redoutant plus aucune concurrence, se laisseraient conduire par leur subjectivisme le plus bas.

La disparition de la guerre sur la terre serait donc, pour la civilisation, une calamité plus grande que ne l'ont été les famines et les pestes du Moyen Âge.

Maurice DE GASTÉ, *La Bêtise humaine et la Science de la vie*, Paris 1922.

• L'essentiel d'une théorie :

A la guerre, la plus grande absence de scrupules, si l'on y va intelligemment, coïncide en fait avec la plus grande humanité. Quand on a la possibilité d'anéantir Londres par un procédé dont on est le maître, cela est plus humain que de laisser un seul de nos camarades allemands perdre son sang sur le champ de bataille, car une cure aussi radicale amène la paix au plus vite. L'hésitation et la temporisation, la sensiblerie et les égards sont d'impardonnables faiblesses.

Mathias ERZBERGER, leader du Centre catholique allemand, in *Der Tag*, Berlin, 1915.

• La conclusion s'impose :

C'est la guerre, la guerre, la guerre,
C'est la guerre qu'il nous faut.

Yann NIBOR, *Coups de clairon*, 1903.

• ... quoiqu'on soit sensible aux réserves d'un acteur :

Je sais trop que la guerre minimiserait l'importance de mon métier et nous empêcherait, au théâtre comme au cinéma, de travailler avec la tranquillité d'esprit nécessaire.

Gérard PHILIPE, réponse à l'enquête « Ces grands Français vous invitent à voter pour la paix », *L'Humanité*, 17 juin 1951.

GUERRE DU MEXIQUE

• Une phrase restée célèbre :

La plus grande pensée du règne.

Attribué à Eugène ROUCHER, ministre d'État sous le second Empire.

• Dans la correspondance d'un soldat français :

La question du Mexique n'est rien ; elle est déjà réglée.

Alfred BOCHER, lettre du Mexique à son frère Charles Bocher, décembre 1865.

GUERRE DE 1870

• Deux phrases historiques :

Nous sommes prêts, la Prusse ne l'est pas. [...] L'armée prussienne, je la nie. [...] J'ai quinze jours d'avance sur la Prusse. [...] Il ne nous manque pas un bouton de guêtre.

Maréchal LEBŒUF, ministre de la Guerre, discours du 4 juillet 1870.

Nous l'acceptons d'un cœur léger.

Émile OLLIVIER, président du Conseil, discours du 15 juillet 1870, jour où furent votés les crédits de la guerre.

• Une déclaration ministérielle :

Nous ne céderons ni un pouce de notre territoire, ni une pierre de nos forteresses.

Jules FAVRE, ministre des Affaires étrangères, circulaire du 6 septembre 1870.

• Aucune inquiétude :

Je ne vois pas que la Prusse ait intérêt à faire la guerre à la France, parce qu'elle a les yeux sur le midi de l'Allemagne et qu'elle a chez elle à lutter et à s'organiser. [...] Je suis de ceux qui pensent que l'Allemagne, complètement unie, sera moins redoutable pour vous que la confédération soumise à l'hégémonie de la Prusse. [...] Je ne crois pas, je vous le répète, à une guerre prochaine.

Jules SIMON, discours au Corps législatif, décembre 1867.

Est-ce le chiffre de l'armée prussienne qui vous préoccupe ? L'armée prussienne est une armée essentiellement défensive.

Émile OLLIVIER, discours au Corps législatif, 23 décembre 1867.

• Et pour cause :

La France est victorieuse !

Le Courrier de la guerre, 2 septembre 1870.

• A la recherche des responsables :

Hic fecit cui prodest est un axiome d'instruction criminelle. Les Jésuites seuls avaient un intérêt capital à la chute de Paris. Les Jésuites sont seuls coupables. [...] Quant à la méthode qu'ils ont mise en œuvre, elle est des plus simples.

Ils ont décidé, d'une part, que Paris ne ferait pas de sortie sérieuse ; d'autre part, que les armées de secours n'arriveraient jamais sous Paris. Conclusion : la capitulation.

Pour atteindre le premier but, Trochu et Jules Favre leur suffisaient. Pour atteindre le second, ils ont eu Aurelle de Paladines et peut-être Chanzy.

Tout le monde vous dira à Orléans que le général Aurelle de Paladines habitait l'hôtel de l'évêque, M. Dupanloup, et vivait avec lui dans les termes de l'intimité la plus absolue.

La Bouche de fer, 11 mars 1871.

Oui, le *Daily News*, organe de la franc-maçonnerie et du protestantisme anglais, connaissait à l'avance les résultats de cette guerre de 1870. [...] C'est dans les loges et les arrière-loges de la perfide Albion que le sort de la France avait été réglé.

Louis DE SAINT-VINCENT, *Les Protestants et la guerre de 1870*, 1907.

• En tout cas, une certitude :
Si la France n'avait pas été vaincue, elle se serait levée plus brillante et plus forte que jamais !

Marcus ALLART, *Au suffrage universel: contre-fusion ! réforme ! empire et revanche !*, 1873.

GUERRE DE 14-18

• Les dates de Madame de Thèbes :

Mort de Guillaume	29 septembre
Révolution à Berlin	2 octobre
Entrée des Français à Berlin ...	22 octobre
Fin de la guerre	7 novembre
Durée de la guerre	3 mois, 5 jours

Les Prédictions de Madame de Thèbes, septembre 1914.

• Les vrais buts de guerre : la sainteté et la paix :

La guerre de 1914-1918, pour nos catholiques, a été une guerre sainte, où il s'agissait, pour Rome et la fille aînée de l'Église, de prendre leur revanche de la Réforme et d'avoir la peau de Luther.

Magdeleine MARX, *Clarté*, 5 juin 1923.

Cette horrible guerre, que nous maudissons, trouvera son excuse et peut-être son pardon dans son résultat ; elle aura été le chemin douloureux de la rédemption de l'Europe. Elle aura plus fait pour la paix en six mois qu'un siècle de réunions et de conférences pacifistes.

Dr AGÉMIOC, *L'Allemagne devant l'humanité*, 1915.

Il était temps que vînt la guerre pour ressusciter, en France, le sens de l'idéal et du divin.

Général REBILLOT, *La Libre Parole*, 13 décembre 1914.

• Portraits de nos combattants :
Haute en couleur, la cuirasse de Bouvines sur ses larges seins maternels, et l'épée d'Iéna dans son poing [...].

Georges D'ESPARBÈS, *L'Écho de Paris*, 16 décembre 1914.

Couverts de cette terre qu'ils fécondaient avant de l'arroser de leur sang, ils portent dans leur carapace de boue, comme dans une armure sacrée, les débris des ancêtres qui l'ont défendue avant eux et le labeur accumulé des âges.

Paul DESCHANEL, *Discours à la Sorbonne*, 7 mars 1917.

• Un exemple de notre détermination :
Le 12, un soldat allemand s'avançait vers les tranchées, tenant d'une main des cigares et, de l'autre, une proclamation. On ne lui laissa pas le temps d'engager des pourparlers. Une balle bien placée mit fin à sa tentative.

Bulletin hebdomadaire officiel, 20 décembre 1915.

• Des diagnostics sur le front occidental :
La situation de nos armées reste magnifiquement inchangée.

Général CHERFILS, *L'Écho de Paris*, 14 novembre 1914.

La guerre nous a ouvert le royaume du sublime.

JUNIUS (Paul Bourget), *L'Écho de Paris*, 16 juin 1915.

• Optimisme sur le front russe :
On peut conclure sans excès d'optimisme que l'invasion russe ne trouvera pas en face d'elle d'obstacle proportionné à sa masse.

SAINT-BRICE, *Le Journal*, 22 août 1914.

L'arrivée des Cosaques à Berlin, répétons-le encore, elle est prochaine, non immédiate, mais immédiatement l'Allemagne va être renseignée sur l'approche des Russes.

Maurice BARRÈS, *L'Écho de Paris*, 8 septembre 1914.

Le recul russe s'est poursuivi avec cette assurance calme que favorisent les contre-attaques énergiques.

Général CHERFILS, *L'Écho de Paris*, 17 août 1915.

Le règne de Lénine et Trotsky semble toucher à sa fin.

Paul ÉRIO, *Le Journal*, 20 février 1917.

J'ai fait quelquefois sourire mes amis, en m'obstinant à leur dire que la victoire nous viendrait des Russes, parce qu'ils iraient plus sûrement et plus vite que nous à Berlin.

Jules DELAFOSSE, *L'Écho de Paris*, 18 août 1915.

La victoire russe s'accentue.

Gustave HERVÉ, *La Victoire*, 13 juillet 1917.

• Dieu veut que la guerre dure :
On comprend très bien pourquoi, dans le plan de la souveraine Providence, la guerre n'a pas eu la brièveté foudroyante que

nous avions escomptée. Cette guerre doit être pour la fille aînée de l'Église une délivrance, une résurrection. La résurrection implique d'abord le tombeau. A défaut du tombeau de Lazare, Dieu nous donne la litière de Job, la longue épreuve douloureuse et sanglante où se renouvelle l'âme de la France chrétienne. Et telle est l'explication la plus vraie de la durée de la guerre. Elle est la plus vraie parce qu'elle est surnaturelle. Jamais, depuis les temps de Jeanne d'Arc, il n'a été plus visible que le surnaturel gouverne les mondes.

Général CHERFILS, *Le Gaulois*, 26 décembre 1914.

• De bons résultats :
Jamais la France ne fut plus grande ; jamais l'humanité ne monta plus haut.

Paul DESCHANEL, *Discours à la Chambre*, 22 décembre 1914.

La guerre donnera-t-elle des génies aux nations qu'elle laboure cruellement ? J'en suis sûr.

Maurice BARRÈS, *L'Écho de Paris*, 16 mars 1915.

• Un pronostic de dernière heure :
Même avec l'aide de l'Amérique, les Alliés ne réussiront pas à infliger une défaite militaire à l'Allemagne.

SNOWDEN, *Manchester Guardian*, 11 juillet 1918.

• Un réconfort pour les morts et leur famille :

Heureuses, malgré leur deuil, les familles dont le sang coule pour la patrie.

Général REBILLOT, *La Libre Parole*, 13 décembre 1914.

Jamais on ne vit tant de cadavres et jamais on ne vit tant d'âmes. Ces cadavres se défont et les âmes multiplient leurs forces. L'homme le plus humble qui se bat pour la France se trouve avoir une âme de roi. D'où la tient-il ? Les âmes des morts devenues disponibles doublent-elles les âmes des vivants ?

Maurice BARRÈS, *L'Écho de Paris*, 5 avril 1915.

Interrogez les milliers de tombes éparses de nos plaines, et de toutes ces tombes partiront ces cris de « Patrie ! Patrie ! »

Mgr TISSIER, évêque de Châlons, 30 mai 1917.

Ô Morts, que vous êtes vivants !

Maurice BARRÈS, *L'Écho de Paris*, 17 février 1915.

Êtes-vous sûrs qu'ils soient morts et qu'ils ne soient pas plus vivants que jamais ?

Gustave HERVÉ, *La Victoire*, 2 novembre 1916.

• Comment Wells devinait l'avenir :
Les nouveautés d'ordre mécanique joueront probablement un très petit rôle dans cette histoire de demain. Cette guerre mondiale implique un arrêt général d'invention et d'initiative, sauf pour ce qui est de la science de la guerre. Toutes les capacités sont concentrées sur ce point, et les types de capacités qui ne sont pas applicables à la guerre sont négligés. Le capital est détruit sur une vaste échelle et l'épargne est gaspillée, qui serait nécessaire pour subventionner les tentatives nouvelles. De plus, nous sommes en train d'anéantir la plupart de nos jeunes hommes les plus brillants. On peut admettre en toute sécurité qu'il y aura très peu de matériel nouveau sur la scène du monde pendant un temps considérable ; que si les routes, les chemins de fer et la navigation subissent de grands changements, ce sera pour le pire ; que l'architecture, les commodités domestiques et le reste auront de la chance s'ils en sont en 1930 au même point qu'au printemps 1914.

H. G. WELLS, *Demain*, 2 janvier 1916.

• Tout est bien qui finit bien :
C'est encore une surprise de cette guerre, et l'une de ses merveilles, le rôle éclatant qu'y joue la poésie.

JUNIUS (Paul Bourget), *L'Écho de Paris*, 28 juin 1915.

Chaque cadavre de soldat devient un astre dans le firmament épuré.

J. DE BONNEFON, *Le Journal*, 3 août 1916.

Ce n'est pas un hasard si la paix est signée le jour même anniversaire de la consécration de la France au Sacré-Cœur.

La Liberté du Sud-Ouest, 29 juin 1919.

GUERRE 39-45

• Rien à craindre :
Croyez-moi, l'Allemagne est incapable de faire la guerre.

LLOYD GEORGE, *Le Petit Journal*, 1er août 1934.

• **La drôle de guerre :**
Cette guerre qui déroute tous nos jugements et contrarie tout pronostic amènerait-elle dans le domaine des modes féminines un événement inattendu ?

On parle très sérieusement du retour des tailles en tulipe et de la renaissance du corset baleiné tel qu'il florissait vers 1900.

Reverrons-nous les silhouettes féminines chères à Chéret — si j'ose dire — et à Toulouse-Lautrec ?

Cruelle énigme.

Pierre DE TRÉVIÈRES, *Le Cri de Paris*, 29 octobre 1939.

Inutile de se presser : la victoire est certaine.

Louis LAMOUREUX, *Le Journal*, 20 novembre 1939.

Si elle bombarde nos villes [l'Allemagne], s'exposera à d'effroyables représailles qui faciliteront, par l'intérieur, l'écroulement germanique. L'offensive aérienne allemande, nous ne la redoutons pas. Bien au contraire.

Aux Écoutes, 14 octobre 1939.

Le « Research Milk Committee » vient de faire de curieuses expériences, sur 8 000 enfants, a dit la BBC.

On a fait prendre à certains enfants une grande quantité de lait, tandis que les autres n'en buvaient pas.

Le résultat a été, paraît-il, très net, les enfants qui avaient pris du lait étaient plus intelligents que les autres.

Ajoutons que le lait a fait défaut, ces dernières années, en Allemagne.

Paris-Midi, 17 novembre 1939.

Vous me demandez mon sentiment sur l'armée française, je vous le dirai franchement, et avec l'unique souci de la vérité, ce qui ne me gêne nullement. Je crois que l'armée française a une valeur plus grande qu'à aucun moment de son histoire : elle possède un matériel de première qualité, des fortifications de premier ordre, un moral excellent et un haut commandement remarquable. Personne chez nous ne désire la guerre, mais j'affirme que, si l'on nous oblige à gagner une nouvelle victoire, nous la gagnerons.

Général M. WEYGAND, *Discours à Lille*, juillet 1939.

Nous vaincrons parce que nous sommes les plus forts.

Affiche placardée sur les murs français au printemps 1940, à partir d'une formule de Paul Reynaud, président du Conseil.

• **Évidemment, il ne faudrait pas faire de bêtises :**

J'espère en tout cas que vous ne commettrez pas la folie de prendre l'offensive contre l'armée allemande.

Recommandation du maréchal Ph. PÉTAIN au généralissime Gamelin, chef d'état-major général, 1940, cité *in* Marc Ferro, *Pétain*, 1987.

• **Heureusement qu'on n'a pas gagné :**
Pour avoir chassé Dieu de l'école, des prétoires de la nation, pour avoir supporté une littérature malsaine, la traite des Blanches, pour la promiscuité dégradante des ateliers, des bureaux, des usines, Seigneur nous vous demandons pardon. Quel usage avons-nous fait de la victoire de 1918 ? Quel usage aurions-nous fait d'une victoire facile en 1940 ?

Mgr SALLIÈGES, archevêque de Toulouse, juillet 1940.

• **Opinions sur la suite des opérations :**
Hitler prendra le contrôle de la Russie d'ici trente jours.

Martin DIES, *New York Times*, 24 juin 1941.

Ce n'est pas encore la paix, mais ce n'est plus la guerre. Il n'y a de combats que sur le front de l'Est, où l'avance des troupes du Reich devait être en raison des distances et de l'état des routes plus lentes à parcourir que sur l'ancien front de l'Ouest (*sic*). Mais, quelle que soit la durée de la campagne de Russie, il est d'ores et déjà certain que les Soviets ont perdu la partie.

DORSAY, *Je suis partout*, 27 décembre 1941.

Une attaque japonaise sur Pearl Harbour est une impossibilité stratégique.

Général G.F. ELIOT, « The Impossible War with Japan » in *The American Mercury*, septembre 1938.

• **Au total, une bonne chose :**
A noter que la pire des guerres a fini elle-même par être bénéfique. S'il faut mettre au passif du deuxième conflit mondial cinquante millions de morts ou de non-naissances, elle a, dit Sauvy, « contribué de telle façon au progrès médical et à sa

diffusion que le gain annuel peut être chiffré au bas mot à quatre millions de vies par an ». Si bien qu'en douze ans le retard a été comblé : la guerre rapporte.

René SÉDILLOT, *Nice-Matin*, 24 août 1961.

GUERRE DE CORÉE

• Quarante ans après, une version toujours très rouge du Matin calme :

En juin 1950, les troupes US — avec la participation de contingents en provenance des pays occidentaux, parmi lesquels la France — envahirent le Nord.

Michel MULLER, *L'Humanité*, 7 juillet 1990.

GUERRE D'ALGÉRIE (1954-1962)

• Choix de citations :

On ne transige pas lorsqu'il s'agit de défendre la paix intérieure de la nation, l'unité, l'intégrité de la République. Les départements d'Algérie constituent une partie de la République française. Ils sont français depuis longtemps et d'une manière irrévocable.

Pierre MENDÈS FRANCE, discours à l'Assemblée nationale, 12 novembre 1954.

L'intégration sera réalisée loyalement et rapidement.

Edgar FAURE, entretien à la radio, 20 août 1955.

Les jeunes soldats actuellement en Tunisie, en Algérie et au Maroc, demandent souvent à leurs aumôniers des missels. Pour Noël prochain, les « Amis de l'aumônerie catholique » ont décidé de répondre à leur appel. Si donc vous voulez vous joindre à eux, envoyez 100 F aux Amis de l'aumônerie et un missel sera remis, DE VOTRE PART, à un soldat. Naturellement, si vous envoyez plusieurs fois 100 F, vous permettez de faire plaisir à plusieurs soldats.

Le Figaro, 8 décembre 1955.

Le Midi sait faire sa publicité. Des mains diligentes ont badigeonné au long des routes un slogan péremptoire : « Buvez du vin. » Voilà qui nous change du fâcheux « Paix en Algérie » qui barrait le sol voici deux étapes.

Nord-Éclair, 20 juillet 1956.

La France restera en Algérie, les liens unissant la France métropolitaine et l'Algérie sont indissolubles.

Guy MOLLET, président du Conseil, déclaration du 9 février 1956.

M. Mezaour Areski, maire d'Artur, village situé près de la Médéa, dans l'Algérois, a été inculpé d'atteinte à la sécurité de l'État. Le calme qui régnait dans sa commune l'a rendu suspect aux autorités.

Paris-Presse, 14 février 1957.

Article premier. L'importation et la vente en Algérie de pistolets automatiques 6 mm 35 factices sont prohibées à compter de la date de la publication du présent arrêté au *Journal officiel de l'Algérie*.

Pierre CHAUSSADE, secrétaire général du gouvernement, *Journal officiel de l'Algérie*, 4 avril 1957.

La situation de l'Algérie est satisfaisante.

Robert LACOSTE, délégué général en Algérie, déclarations à la TV suisse, cité in *L'Aurore*, 16 mai 1957.

Le manque d'effectifs retarde la pacification en Algérie.

Le Figaro, 29 juillet 1957.

Le 13 mai 1958, cette révision a été entreprise. Elle se poursuivra désormais inéluctablement. Tous les catholiques ont compris que cette date (anniversaire, au cours de l'année mariale de Lourdes, de la première apparition de Fatima) était un signe indiscutable : manifestement, la Vierge Marie a tenu à promouvoir elle-même le mouvement qui, sagement et résolument mené, conduira à la résurrection de la France, fille aînée de l'Église.

Général Maxime WEYGAND, *L'Écho d'Alger*, 13 juin 1958.

Le retour au droit, ce n'est pas, ce ne peut pas être la reconnaissance d'une prétendue souveraineté algérienne. Il n'y a pas de souveraineté algérienne. Il n'y en a jamais eu. Le retour au droit, ce n'est pas davantage une négociation politique avec les dirigeants de la rébellion.

Michel DEBRÉ, Premier ministre, déclaration à l'Assemblée nationale, 13 octobre 1959.

Moi vivant, jamais le drapeau FLN ne flottera sur Alger. N'ayez pas peur,

Massu, Fehrat Abbas ne sera jamais à Alger.

Charles DE GAULLE, président de la République, propos tenus au général Massu, première « Tournée des popotes », août 1958.

• Une définition de la politique qui fut menée :

Je veux bien admettre que pour éviter les écueils qu'il n'a cessé de trouver devant lui, et sur sa gauche et sur sa droite, et chez les militaires et chez les civils, et en Algérie et en France, de Gaulle ait été obligé de louvoyer, de finasser, de temporiser. Quel est l'imbécile qui aurait agi autrement. *Mais son combat a toujours été le même.* Un tire-bouchon est une vis en métal grâce à laquelle on parvient à ouvrir les bouteilles les plus hermétiquement fermées. Eh bien ! la politique de De Gaulle en Algérie a été droite comme un tire-bouchon.

Wladimir D'ORMESSON, *Bulletin de l'Association nationale pour le soutien de l'action du général de Gaulle*, n° 17, avril 1962.

GUILLOTINE

• Un morceau d'éloquence :

Mieux que le bouclier de cuir et de fer des rois francs, la plate-forme de la guillotine fut, pour ceux qui s'y tinrent alors quelques instants debout, le suprême et vrai pavois d'où nous les voyons, à travers le passé, dominer encore, quoique décapités, les foules, et que la sanglante bascule n'a fait que lancer plus fort dans l'histoire.

Henri LAVEDAN, *Bon an mal an*, 17 octobre 1908.

GYMNASTIQUE

• Une définition autorisée :

La gymnastique, c'est un grand sport qui s'agite dans des pantalons blancs.

L'Équipe, 21 octobre 1957.

GYMNASTIQUE SUÉDOISE

• C'est une vieille technique française :

Les procédés préconisés par la gymnastique dite suédoise, dont on fait grand cas en France depuis quelques années, apparaissent comme une nouveauté un peu périmée. Mais ces mouvements, connus et pratiqués chez nous il y aura bientôt un demi-siècle, n'étaient alors nullement appréciés. Se souciait-on des sports à cette époque ? Les Suédois les ont consacrés, ils nous sont revenus avec une estampille étrangère et c'est ce qui a suffi à en faire comprendre toute l'utilité.

Georges LE ROY, *Les Exercices sportifs au réveil*, 1914.

GYNANDRE

• Une prophétie un peu obscure :

L'ère des gynandres commence.

Joseph PÉLADAN, *La Science de l'amour*, 1911.

H

HABITS

• Un adversaire décidé :

J'enseigne avec la plus grande persuasion que l'habit est le grand ennemi du corps. J'enseigne que l'habit est un besoin moral et nullement physique. J'enseigne que l'homme a reçu une constitution capable de s'accoutumer à toutes les injures de l'air. J'enseigne que les habits font périr le quart des hommes au milieu de leur course en favorisant les maladies aiguës. J'enseigne que l'habit ôte à un homme le quart de ses forces. J'enseigne que l'habitude de marcher pieds nus a sauvé trente mille Français dans l'expédition du premier Bonaparte en Russie.

A. FRANCON, *Histoire des préjugés*, 1862.

HAINE

• Un vibrant appel :

La France va renaître. Mais si nous voulons qu'elle se relève de toute sa grandeur, hâtons-nous de faire rentrer dans son âme cette haine urgente, vitale, essentielle. Entretenons-la comme un feu sacré. Si elle s'éteignait, sa vie nationale ne ferait plus que décroître. Son abjuration serait une abdication.

Il faut sonner ce toscin, battre ce rappel, car la France ne sait pas haïr. [...]

Que cette haine ne s'évapore pas en paroles, mais qu'elle pénètre dans nos lois, qu'elle s'insinue dans nos mœurs, qu'elle inspire notre diplomatie et notre politique. Qu'elle suscite notre armée nouvelle, illustrée déjà par une lutte héroïque, l'exalte de sa passion, l'embrase de son souffle.

Paul DE SAINT-VICTOR, *La Liberté*, 4 juillet 1871.

HALTÈRES

• Un bon présage :

Quand j'entre dans la chambre d'un garçon, et que j'y trouve une Bible et quelques livres bien choisis sur son étagère, ainsi qu'une paire d'haltères dans un coin, sur le plancher, je sais tout de suite que l'avenir de ce garçon est plein d'espoir et de promesses.

Sylvanus STALL, *Ce que tout jeune garçon devrait savoir*, 1933.

HAMLET

• Sa conduite enfin expliquée :

Il n'est pas, dans tout le théâtre de Shakespeare (et je devrais dire absolument : dans tout le théâtre), de caractère, non tant germain, mais plus germanisé que celui de Hamlet. [...]

Au retour d'Allemagne, il ne peut plus vouloir ; il ratiocine. Je tiens la métaphysique allemande pour responsable de ses irrésolutions.

André GIDE, « Pages du *Journal* », *La Nouvelle Revue française*, 1er septembre 1932.

HANNETON

• A son mystère :

Le hanneton a 8 820 facettes par œil. Je vous laisse à penser de quelle formidable dose d'étourderie il faut qu'il soit affligé, pour trouver moyen de se heurter à tous les obstacles sans les voir avec quelqu'un de ses 8 820 yeux.

Marie MAUGERET, *La Science à travers champs*, 1875.

HARICOTS

• Un combattant chevaleresque :

M. Albert Dauzat, pour finir, veut bien me féliciter d'avoir protesté contre « les z'haricots ». Je pensais que ce fût la moindre des choses ; mais il m'apprend que certains croient qu'il faut dire « des haricots » quand ils sont crus et « des z'haricots » quand ils sont cuits.

Le nombre est considérable des demi-lettrés ou des illettrés complets qui inventent — Dieu sait où ils vont les chercher — des règles de cette force-là, qui finissent par y croire eux-mêmes, et qui vous regardent de haut en bas quand ils s'aperçoivent non seulement que vous ne les appliquez pas, mais que vous n'en avez jamais entendu parler. Il faut absolument empêcher de nuire ces sots prétentieux, et il n'y a qu'un moyen : c'est de les humilier à toute occasion publiquement. Je n'y manquerai jamais pour ma part : je fais la guerre.

LANCELOT, *Le Temps*, 22 décembre 1939.

HARMONIES DE LA NATURE

• « La nature a été créée pour l'agrément et les besoins de l'homme. » Si l'on admet ce principe, on peut expliquer pourquoi les plantes sont vertes et pourquoi le ciel est bleu :

Entre toutes les couleurs, la verte est échue aux arbres, et à presque toutes les plantes. Qu'on suppose un moment les plantes rouges, jaunes, blanches, etc., on trouvera que ces couleurs ne leur conviennent pas, qu'elles altéreraient la beauté de la terre, qu'elles ôteraient tout l'agrément de la nature végétante, que les fleurs perdraient leurs grâces. [...]

Il en est de même de l'azur des cieux. Dieu aurait pu rembrunir ou noircir cette voûte ; mais le noir est une couleur lugubre, qui eût attristé toute la nature. Le rouge et le blanc n'y convenaient pas davantage, l'éclat en aurait offensé tous les yeux, le jaune est réservé pour l'aurore : d'ailleurs une voûte entière de cette couleur n'aurait pas été assez détachée des astres qu'on devait y voir rouler : le vert, avec beaucoup de sympathie et d'agrément pour nos yeux, aurait à la vérité produit tout le reflet nécessaire : mais c'est l'aimable couleur dont Dieu a paré notre demeure ; c'est le tapis qu'il a tendu sous nos pieds. Le bleu, sans tristesse et sans rudesse, a encore le mérite de trancher heureusement sur la couleur des astres et de les relever tous.

Abbé FLEXIER DE REVAL, *Catéchisme philosophique, ou Recueil d'observations propres à défendre la religion chrétienne contre ses ennemis*, 1773.

• Pourquoi la brebis n'a que quatre pattes, et pourquoi la mouche en a six :

J'ai entendu plusieurs fois annoncer, dans nos foires, des monstres vivants ; mais jamais je n'ai pu parvenir à en voir un seul, quelque peine que je me sois donnée. Un jour on afficha, à la foire de Saint-Ovide, une vache à trois yeux et une brebis à six pattes. Je fus curieux de voir ces animaux et d'examiner l'usage qu'ils faisaient d'organes et de membres qui me paraissaient leur être superflus. « Comment, me disais-je, la Nature a-t-elle pu poser le corps d'une brebis sur six pattes, lorsque quatre étaient suffisantes pour la porter ? » Cependant je vins à me rappeler que la mouche, qui est bien plus légère qu'une brebis, en avait six, et j'avoue que cette réflexion m'embarrassa. Mais ayant observé un jour une mouche qui s'était posée sur mon papier, je remarquai qu'elle était fort occupée à se brosser alternativement la tête et les ailes avec ses deux pattes de devant et avec celles de derrière. Je vis alors évidemment qu'elle avait besoin de six pattes, afin d'être soutenue par quatre lorsqu'elle en emploie deux à se brosser, surtout sur un plan perpendiculaire.

BERNARDIN DE SAINT-PIERRE, *Études de la nature*, 1784.

• Quel est le langage des oreilles :

La direction de l'oreille d'une bête doit vous dire à première vue les mœurs et le caractère de cette bête.

L'oreille du lièvre est dirigée vers l'arrière et vous dit que le pauvre animal est destiné à être poursuivi.

Alphonse TOUSSENEL, *L'Esprit des bêtes, zoologie passionnelle*, 1847.

• Pourquoi les astres sont où ils sont : Les astres tournent au firmament, et malgré leur multitude ne s'entrechoquent jamais. Ils sont placés juste à la distance convenable pour réjouir nos yeux, comme les points dorés d'une voûte magnifique.

Le Dimanche, A vis à tout le monde, surtout aux habitants des campagnes, par un ex-professeur de théologie du séminaire de Troyes, 1854.

• Pourquoi les astres sont plus ou moins grands :

Chaque objet créé a sa destination providentielle. [...] Saisissez ici la différence qui existe entre l'arbre gigantesque qui doit servir à des constructions navales, et l'arbre plus modeste, mais non moins utile, l'arbre fruitier. Celui-là élève son tronc puissant dans les airs, comme si sa destinée était de résister aux ouragans et à la tempête ; celui-ci incline de lui-même ses branches vers le sol comme s'il avait deviné qu'il doit se rapprocher de la main qui a besoin de cueillir ses fruits.

M. DE PLASMAN, *Dieu et l'ouvrier*, 1872.

• Et pourquoi la grenouille est vernie : Sur la route poudreuse le moineau vagabonde, ses plumes sans élégance ne courent aucun risque dans la poussière, tandis que le martin-pêcheur, vêtu de pierres précieuses, volera dans le miroir des eaux limpides. A chacun sa route et son rang, voilà pourquoi le vilain crapaud demeure, caché et voilà pourquoi l'oiseau se pose pour qu'on le contemple à son aise. Et puis, on n'en finirait pas de remarquer que le papillon est léger pour butiner les fleurs sans les briser, et que la grenouille est vernie afin que l'humidité qu'elle aime flatte davantage sa peau couleur d'émeraude !

Émile BAYARD, *Le Bon Goût*, 1919.

HARPON

• Comment il tue sa proie :

Le poisson transpercé par le harpon reste dans tous les cas retenu prisonnier par le fil, et fatalement se noie.

L'Illustration, 21 août 1937.

HAUT ET BAS

• Quand on écrit vite :

« Voyons, continua le Piémontais, parlant tout haut au lieutenant des Chevau-légers et tout bas à La Môle, Messieurs, qu'y a-t-il ? »

Alexandre DUMAS, *La Reine Margot*, 1845.

HEIDEGGER

• Un Français l'avait dit avant lui :

Cela su, qu'on veuille bien se figurer d'autre part que, mercredi soir (11 janvier 1939), j'allais lisant *Was is Metaphysik ?* (*Qu'est-ce que la métaphysique ?*), leçon inaugurale prononcée par M. Martin Heidegger le 24 février 1929 à l'université de Fribourg-en-Brisgau. Tout à coup, cette lecture austère de m'arracher une exclamation : « Ah ! c'est splendide. Il a retrouvé le Pataboum. » Je lisais, en effet, chez ce grave philosophe allemand, qu'interroger sur le Néant au moyen du verbe *être*, se demander si le néant *est* ceci ou cela comportait un contresens foncier. On ne peut pas, dit M. Heidegger, dire que le néant n'est pas ; ce qu'il faut dire, c'est qu'il *néantoie* : *« das Nichts selbst NICHTET. »* Or, c'est l'idée même qu'exprime, au moyen du terme burlesque de *pataboum*, ce verset de *L'Apocalypse symbolique* de Phéaxanthe (une œuvre de l'auteur de cette lettre) :

7. Et Niliane pataboume dans l'Éternité. Elle est hors Malas. [...] Et c'est trop de dire : elle n'est pas, car elle pataboume.

Lettre d'un lecteur au directeur du *Mercure de France*, 15 mars 1939.

HELVÉTIUS (Claude Adrien)

• Contre un satanique :

Oui, mes bien chers frères, ce sont là les noires vapeurs de l'enfer : ce sont les œuvres du Prince des ténèbres, et nous avons la douleur d'en voir les traces trop marquées dans un livre extrêmement répandu parmi les brebis confiées à nos soins. [...]

Christophe DE BEAUMONT, archevêque de Paris, *Mandement portant condamnation d'un livre qui a pour titre : De l'Esprit*, 22 novembre 1758.

Le livre *De l'Esprit* est le code des passions les plus odieuses et les plus infâmes.

Omer JOLY DE FLEURY, *Discours à l'assemblée de toutes les chambres du Parlement*, 23 janvier 1759.

HÉMISPHÈRES

• **Des calculs compliqués :** L'homme brun aux yeux noirs est resté maître des quatre demi-hémisphères qui forment l'Europe méridionale.

G. HANOTAUX, *Histoire de la France contemporaine*, IV, p. 50.

HENRI V

• **Sa précocité :**

Je suis le petit Henri,
Et je ne fais que de naître ;
Mais plus tard je promets d'être
Digne de papa Berry.
D'abord au sein de ma mère,
Que de peurs, et pour raison,
N'a-t-on pas voulu me faire !
Mais j'ai toujours tenu bon,
Eh ! Bon, bon, bon, bon, bon, bon !
Cela prouve assez, j'espère,
Eh ! Bon, bon, bon, bon, bon, bon.
Que je ne suis pas poltron !

Chanson chantée au baptême de S.A.R. Henri Dieudonné, duc de Bordeaux, le 1er mai 1821.

HÉRÉDITÉ

• **C'est donnant, donnant :**

Je crois pouvoir poser en principe que, sauf de rares exceptions, lorsque l'enfant est modelé d'après le système osseux de son père, le système musculeux lui a été transmis par la mère. Et par contre, si le système musculeux provient du père, l'enfant aura le système osseux de sa mère.

Nouvelle Théories des ressemblances, les Preuves de la paternité, 1867.

HÉRÉTIQUE

• **Une définition :**

L'hérétique est celui qui a une opinion.

Ferdinand BRUNETIÈRE, *Discours de combat*, 1903.

• **Une affirmation :**

C'est une hérésie d'enseigner ou de croire que brûler les hérétiques est contraire à la volonté du Saint-Esprit.

LÉON X, bulle du 15 juillet 1520.

• **Une recommandation :**

Des enfants chrétiens et catholiques pourront accuser leurs pères du crime d'hérésie, quoiqu'ils sachent que pour cela leurs pères seront brûlés et mis à mort. [...] et non seulement ils pourront leur refuser la nourriture s'ils tâchent de les détourner de la foi catholique ; mais même ils pourront les tuer sans péché, si leurs parents veulent les obliger par la violence à abandonner la foi.

Étienne FAGUNDEZ, jésuite portugais, *Traité sur les commandements de l'Église*, 1626.

HERMAPHRODITES

• **Qu'ils se décident :**

Il est à remarquer que les hermaphrodites ne peuvent ni recevoir les ordres sacrés ni embrasser la profession religieuse tant que leur sexe reste dans le doute.

Mgr BOUVIER, *Manuel des confesseurs*, 1842.

HERVIEU (Paul)

• **En bonne compagnie :**

Prenez une tragédie de Sophocle, une tragédie de Racine et une tragédie de Paul Hervieu et comparez-les entre elles. Il n'y a pas tant de différence que cela !

Gaston RAGEOT, *La Beauté, essai d'esthétique historique*, 1924.

HEUREUSEMENT

• **Un exemple classique :**

Deux tubes contenant chacun deux kilos de nitroglycérine ont éclaté. Heureusement, il ne se trouvait à proximité qu'un ouvrier, dont le corps a été littéralement réduit en miettes.

L'Écho de Paris, octobre 1902.

HEXAGONAL

• **On n'en finit jamais de faire ses humanités :**

Elle est hexagonale comme le pays qu'elle symbolise : huit côtés.

Le Dauphiné libéré, 21 juillet 1979.

HINDOUS

• **Quelques jugements :**

Les Hindous sont méchants ou bons, suivant l'occasion ou le caprice, mais sans conscience suffisante du bien ou du mal qu'ils accomplissent. Leur entendement n'a pas d'âge viril.

H. LAMARCHE, *La Politique et les Religions*, 1859.

L'Hindou est économe, parce que ses moyens d'existence, comme du reste ses besoins, sont très limités.

Guillaume LEJEAN, *Le Pendjab et le Cachemire*, in *Le Tour du monde*, 1868.

Il est aujourd'hui prouvé que les Hindous n'ont point d'histoire... Il n'est pas possible cependant d'étudier leur pays sans y reconnaître les traces évidentes d'une antique civilisation.

Alfred GRANDIDIER, *Voyage dans les provinces méridionales de l'Inde*, in *Le Tour du monde*, 1869.

HISTOIRE

• Elle est ce qu'elle est :

On aura beau s'évertuer, on ne fera jamais de l'histoire une lecture divertissante, comme les contes de Perrault.

Gustave PLANCHE, *La Revue des Deux Mondes*, 1857.

• Telle que Delorme la voyait :

L'histoire est une grande cynique mal à l'aise dans les langes où l'emmaillotent les pédagogues bien-pensants. Elle se plaît à déchirer les vertueux habits dont pudiquement ils couvrent ses parties honteuses. Nous avons beau fermer les yeux, l'éclatant flambeau qu'elle darde impitoyablement sur nos paupières blessées nous force bientôt de les rouvrir ; et c'est alors que sous sa lumière impie elle étale effrontément ses monstrueuses nudités qui nous font frémir.

Achille DELORME, *L'Église unie à l'État*, 1865.

• Le sens de l'histoire :

Jusqu'à 1789 l'histoire avait été horizontale. Elle devenait verticale et horizontale, mais plus verticale qu'horizontale. Les conflits de l'avenir étaient plutôt en profondeur qu'en largeur ; entre ce qui est audessus et ce qui est au-dessous, bien plus qu'entre ce qui est à côté et sur le même plan.

Emmanuel MALYNSKI, *La Grande Conspiration mondiale*, 1928.

• Une définition globale :

Il en résulte que l'Histoire, au lieu d'être repoussée, comme le préconisait Paul Valéry, que cet ouvrage réfute, doit être reprise, et que de nouveau debout, résurrectionnée sur le monde en ruines, elle tient dans ses mains puissantes les clefs de l'avenir.

Prière d'insérer pour l'ouvrage d'André LEBEY, *Nécessité de l'Histoire*, 1933.

HITLER

• Deux déclarations prophétiques :

Ni militairement ni économiquement, Hitler ne pourrait faire la guerre. L'Allemagne manque de cadres qualifiés dans tous les domaines.

André MARTY, *Discours au Vel'd'Hiv*, 19 février 1938.

M. Hitler est par nature artiste et non politique et, une fois réglée la question de la Pologne, il se propose de finir ses jours en artiste et non en faiseur de guerre.

Sir Neville CHAMBERLAIN, Premier ministre de Grande-Bretagne à Berlin, *Déclaration après son entrevue avec Hitler*, 25 août 1939.

• Ce qu'il y avait derrière lui :

Le médium par lequel Satan tendait à renverser toutes les normes du droit et de la morale, qui jusque-là, aussi bien par tradition que par nature, et malgré toute la déchristianisation progressive, étaient encore généralement reconnues, ce médium était Adolf Hitler. Il n'y a aucune autre définition plus brève, plus précise, plus adaptée à la nature de Hitler que celle si absolument expressive : *Médium de Satan*.

Dom Aloïs MAGER, *Satan*, in *Études carmélitaines*, 1948.

• Un homme sans avenir :

Hitler est un drôle de type qui ne sera jamais chancelier. Tout ce qu'il peut espérer, c'est le ministère des Postes.

Maréchal Hindenbourg, 1931, cité *in* Toland, *Adolf Hitler*, 1976.

• Un bon génie :

Poète allemand, cet Hitler qui invente des nuits de Walpurgis et des fêtes de mai, qui mêle dans ses chansons de marche le romantisme du myosotis, la forêt, le Venusberg, les jeunes filles aux myrtilles fiancées à des lieutenants de sections d'assaut.

Albert BRASILLACH, *Je suis partout*, 30 janvier 1937.

Hitler est bon. Regardez-le au milieu des enfants. [...] La sincérité de Hitler doit être considérée comme certaine. [...] Hitler n'est pas un conquérant, il est un édificateur de l'esprit. [...] L'Allemagne actuelle n'a aucun projet contre la France. [...] Si Hitler a une main qui salue, qui s'étend vers les masses de la façon que l'on sait, son autre main, dans l'invisible, ne cesse d'étreindre fidèlement la main de celui qui s'appelle Dieu.

Alphonse DE CHÂTEAUBRIANT, *La Gerbe des forces*, 1937.

• Il y en a qui le regrettent :
L'Allemagne et l'Europe de cette époque ont vécu un beau rêve, celui de la transformation raciale. En observant ce qui se passe aujourd'hui, nous pouvons nous rendre compte à quel point ce rêve était nécessaire et combien étaient justifiées, à l'époque, les mesures prises.

Pierre RUSCO, « Le problème racial dans l'Allemagne nationale-socialiste », in *Tribune nationaliste*, n° 41/42, 1989.

• Deux réactions féminines de l'époque :
Je viens d'entendre Môssieu Hitler. [...] pas longtemps, cinq minutes ; ça m'a suffi. D'autant que je ne parle pas l'allemand et que ses paroles, c'est pour moi de l'hébreu.

ANNETTE, *Paris-Midi*, 7 octobre 1939.

Bien que cela ne paraisse pas sérieux, nous devons à la vérité d'écrire qu'à plusieurs reprises, depuis quelques jours, le Führer a de nouveau parlé de son suicide.

Geneviève TABOUIS, *L'Œuvre*, 5 novembre 1939.

HOMÈRE

• On peut se passer de le lire :
Il est deux livres que je préfère à Homère lui-même. Le premier a pour titre *Antiquitates homericae*, de Feithius, où il a consigné tout ce qui est relatif aux usages et coutumes des Grecs ; l'autre est la *Gnomologia Homeri per Duportum*, imprimée à Cambridge. Je trouve dans ces deux livres tout ce qu'il y a d'estimable dans Homère, sans être obligé de lire tous ses contes à dormir debout.

Abbé Louis DE LONGUERUE (1652-1733), *Longueruana*, 1754.

Quiconque lira *L'Iliade* sans parti pris ne pourra s'empêcher de reconnaître qu'Homère fait l'effet d'un vieux bafouilleur.

Régis MESSAC, *A bas le latin !*, Issy-les Moulineaux (vers 1930).

HOMICIDE

• Un peu d'étymologie :
En moins de dix minutes, le renard avait étranglé dix-sept poules et deux coqs. Dix-neuf fois homicide !

Alexandre DUMAS, *Mémoires*, 1854.

HOMME

• Ce qui le distingue de la femme :
On a remarqué que les hommes ont, les uns la partie droite plus forte que la gauche, les autres, les deux parties égales, et d'autres la partie gauche plus forte que la droite : ce qui ne se trouve pas dans les femmes.

PLINE, *Histoire naturelle*, 78 apr. J.-C.

• S'il était un cheval :
Si la nature, au lieu de mains et de doigts flexibles, eût terminé nos poignets par un pied de cheval, qui doute que les hommes, sans arts, sans habitations, sans défense contre les animaux, tout occupés du soin de pourvoir au soin de leur nourriture et d'éviter les bêtes féroces, ne fussent encore errants dans les forêts comme des troupeaux fugitifs ?

Claude Adrien HELVÉTIUS, *Traité de l'esprit*, 1758.

• La science le rabaisse :
C'est, ce nous semble, une grande pitié que de trouver, aujourd'hui, l'homme mammifère rangé, d'après le système de Linnaeus, avec les singes, les chauves-souris et les paresseux. Ne valait-il pas autant le laisser à la tête de la création, où l'avaient placé Moïse, Aristote, Buffon et la nature ?

François-René DE CHATEAUBRIAND, *Génie du christianisme*, 1801.

• Et pourtant :
Si nous jetons les yeux sur l'intérieur de son corps nous éprouvons d'abord un sentiment de répulsion très vif ; sa ressemblance frappante avec l'organisation

interne des animaux nous impressionne désagréablement.

M. DE PLASMAN, *Dieu et l'ouvrier*, 1872.

• **S'il est, oui ou non, le roi de la création :**
Bien fous, dirions-nous donc, ceux qui s'écriaient, comme dans *Hamlet*, que l'homme est le chef-d'œuvre de Dieu, parce qu'ils ne voient rien de supérieur ici-bas ! Des êtres intelligents qui se borneraient à respirer par la peau n'auraient-ils pas au moins sur nous l'avantage de ne pouvoir devenir poitrinaires ?

W. DE FONVIELLE, *Les Merveilles du monde invisible*, 1874.

L'homme à lui seul est la preuve vivante et la plus irrécusable de l'existence de Dieu ; car pour peu qu'il veuille s'examiner, il verra qu'il est supérieur à la nature entière dont le Créateur l'a fait roi, et que le soleil et ces milliers d'astres qui brillent sur nos têtes sont infiniment inférieurs à lui dans l'ordre de la création.

DU SAUSSOIS DU JONC, *De l'extinction du paupérisme par l'instruction morale*, 1877.

HOMME DE GÉNIE

• **Sait s'amuser :**
Tout homme de génie affectionne un amusement particulier. Homère s'est fait passer pour aveugle, et César pour poitrinaire.

M. MÉRY, préface au livret de *Sémiramis*, de Rossini, 1860.

HOMME DE LETTRES

• **Comment on le devient :**
Quelque goût qu'on ait aujourd'hui pour la philosophie et la littérature, les hommes vraiment lettrés, les vrais philosophes sont aussi rares que jamais... On n'est pas précisément homme de lettres parce qu'on a beaucoup lu et beaucoup écrit, qu'on possède les langues, qu'on a fouillé les ruines de l'antiquité : parce qu'enfin on est orateur, poète ou historien. On n'est pas toujours philosophe pour avoir fait des traités de morale, sondé les profondeurs de la métaphysique, atteint les hauteurs de la plus sublime géométrie, révélé les secrets de l'histoire naturelle, deviné le système de l'univers.

LE FRANC DE POMPIGNAN, *Discours de réception à l'Académie française*, 10 mars 1760.

• **Les effets de l'âge :**
L'homme tout entier durcit en vieillissant, et la vieillesse est un racornissement général. Chez les ouvriers, les parties qui travaillent deviennent calleuses. Chez les gens de lettres, c'est le cerveau même ; et souvent ils deviennent incapables de lier des idées, et vieillissent longtemps avant le temps.

TISSOT, *De la santé des gens de lettres*, édition de 1775.

• **Les sentiments de Marat :**
Quant à moi, j'éventrerais avec plaisir un noble, un riche, un homme d'État ou un homme de lettres et j'en mangerais le cœur.

Jean-Paul MARAT, *L'Ami du peuple*, 1792.

HOMME-MARIN

• **On lui a parlé :**
Jean-Philippe Abelinus rapporte, dans le premier volume de son *Théâtre de l'Europe*, qu'en l'an 1619 des conseillers du roi de Danemark naviguant de la Norvège à Copenhague virent un homme-marin se promenant dans la mer et portant une botte d'herbes sur la tête. On lui jeta un appât qui cachait un hameçon. L'homme-marin se laissa prendre au morceau de lard, y mordit, et fut attiré à bord du vaisseau. Mais à peine fut-il sur le pont, qu'il se mit à parler le plus pur danois et à menacer le bâtiment de sa perte. Aux premières paroles qu'il prononça, les matelots, comme on le pense bien, furent fort étonnés ; mais quand des simples paroles il passa aux menaces, leur étonnement se changea en épouvante. Ils se hâtèrent de rejeter l'homme-marin à la mer en lui faisant toutes sortes d'excuses.

B.-H. REVOIL, *Pêches dans l'Amérique du Nord*, 1878.

HOMOSEXUALITÉ

• **En 1926, la revue *Les Marges* lançait, parmi les personnalités de l'époque, une enquête sur l'homosexualité dans les lettres, et publiait les réponses dans son numéro du 15 mars. En voici deux extraits :**

Il s'agit maintenant d'une littérature compliquée et savante, dont les derniers et les plus remarquables types sont l'*Albertine disparue* de Proust et ces *Faux-Monnayeurs* que nous a laissés Gide après le double scandale de son *Corydon* et de sa vente : j'avoue me divertir énormément en voyant l'embarras des critiques alambiqués et serviles devant ces deux puddings de prose assommante et vénéneuse.

Camille MAUCLAIR, journaliste et essayiste.

Le jour où une saine et brave Française chassera d'un salon, en lui mettant sa main sur la figure, une « gousse » par trop « voyante » ou une « tapette » ostentatrice, les mœurs changeront d'un coup. Et les hommes feront des lois.

Georges MAUREVERT, écrivain.

• **L'Église ouvre la bouche :**
L'homosexualité, bien qu'elle soit réprouvée par la Doctrine comme ne servant pas la procréation, mérite aux yeux du Saint-Père l'assistance que les évêques doivent porter à ceux qui sont confrontés à des choix oraux difficiles.

Le Panorama du médecin, septembre 1983.

• **Et tous les espoirs restent permis :**
Il faut que les homosexuels qui liront ce livre [*Jean-Paul* de Marcel Guersant] sachent qu'une issue « par le haut » leur est ouverte.

Abbé ORAISON, *Arts-Spectacles*, 27 mai 1953.

HONGRIE

• **Un excès de sévérité :**
Dans l'histoire, il n'y a pas de grand pays ou de petit pays, et la Hongrie est devant l'histoire un grand pays.

Pierre MESSMER, Premier ministre, allocution au président du Conseil hongrois, *Le Monde*, 20 juillet 1973.

• **Quelques renseignements sur la révolte de 1956 :**

Mais qui se bat ? D'abord les fascistes, les contre-révolutionnaires, préparés, équipés et organisés pour cela. Ensuite, ce lumpen-prolétariat particulier, qui reste la plaie des capitales des pays de démocratie populaire et dont une partie forme avec les précédents la lie des classes déchues, les trafiquants et oisifs. [...] A cela, il faut ajouter des milliers de condamnés de droit commun, dont la libération sans distinction a été une des premières tâches de la contre-révolution. [...] Et il est vrai que tout ce beau monde combattait, pour parler comme *Franc-Tireur*, pour la liberté, la sienne ! Un groupe armé du boulevard Ferenc, dans le IXe arrondissement (*de Budapest*), était commandé par une ancienne prostituée qui n'a pas dessoûlé pendant les jours de l'insurrection et qui entraînait de tout jeunes gens dans la bataille, dans l'atmosphère morale qu'on imagine.

[...] L'armée soviétique s'est comportée non en ennemie, mais, comme toujours, en soutien et défenseur du peuple.

André STIL, rédacteur en chef de *L'Humanité*, « Je reviens de Budapest », conférence tenue à Paris le 17 décembre 1956, puis publiée en volume, 1957.

HONNÊTE HOMME

• **Un critère :**
Il n'y a pas d'honnête homme à moins de six mille francs de rente.

Eugène VILLIOD, *Comment on nous vole, comment on nous tue*, 1909.

HORIZON

• **Le fruit d'un sérieux calcul mathématique :**

L'horizon d'un homme haut de 1,829 m (six pieds) est de 5,414 kilomètres (3,24 miles).

Guide pour les égarés ou le Livre du prince Korab, cinquième édition, Paris 1909.

HOSTIE

• **Une grave question théologique :**
Si un rat ou tout autre animal ronge ou mange une hostie consacrée, ronge-t-il ou mange-t-il le corps même de Jésus-Christ, et, dans le cas négatif, que devient ce corps ?

Wilhelm HORDER, *Le Rat éventré, ou Traité superlativement magistral sur une certaine question théologique, épineuse et des plus subtiles*, 1953.

HUGO (Victor)

• **Faisons connaissance :**
Je trouve à M. Hugo jusqu'à la forme de la cloche. Il en a aussi, d'une certaine manière, l'emploi, la voix, et le poids. Observez encore que la cloche ne change pas d'elle-même, qu'il faut la mettre en branle,

qu'elle n'est mise en branle que par des vigueurs vulgaires, qu'elle est sujette à se fêler.

Louis VEUILLOT, *Les Odeurs de Paris*, 1867.

• **Généralités :**

Nous sommes forcés de reconnaître une certaine dépense de talent dans les œuvres de Victor Hugo.

Joseph CITROUILLARD, *Les Binettes contemporaines*, 1854.

De l'esprit, Hugo en a, mais d'un certain genre ; et il a le genre d'esprit qu'on a d'ordinaire quand on n'en a pas assez.

Émile FAGUET, *Études sur le XIXe siècle*, 1887.

Dès l'origine, l'équilibre lui fait défaut : l'imagination l'emportait sur le jugement ; un orgueil énorme rendit le mal incurable et le fit dégénérer en folie... On n'aura le dernier mot sur cette idole du siècle que lorsqu'un aliéniste philosophe l'aura étudié à fond.

R.P. Étienne CORNUT, *Les Malfaiteurs littéraires*, 1892.

Il s'est inspiré du théâtre de Schiller, de Pierre Lebrun et d'Alexandre Soumet, précurseurs des romantiques. [...] Son style sonore aboutit vite à l'incohérent et discordant fracas. Hugo parle la langue française comme un étranger qui l'a bien apprise.

F.T. PERRENS, *Histoire de la littérature du XIXe siècle*, 1898.

• **Les dangers pour le lecteur :**

Il a célébré la religion en termes magnifiques ; mis à côté de ces splendeurs, que d'assertions mensongères, de blasphèmes, de calomnies contre l'Église, le pape, les évêques, le clergé ! Que d'immoralités !

Aussi la lecture de ses œuvres complètes est-elle dangereuse. Elle ne peut être concédée qu'aux personnes d'âge mûr et pour des raisons sérieuses.

Abbé Louis BETHLÉEM, *Romans à lire et romans à proscrire*, Cambrai, 1905.

• **Un critique lucide :**

M. Hugo touche à une heure décisive ; il a maintenant trente-six ans, et voici que l'autorité de son nom s'affaiblit de plus en plus.

Gustave PLANCHE, *Portraits littéraires*, 1838.

• **Les limites de l'écrivain :**

Je ne sais pas s'il y aura des hugolâtres quand ces *Mémoires* paraîtront ; mais, fussent-ils assez nombreux pour m'étouffer, je dirai hautement que, si j'avais à choisir entre les deux renommées, ce n'est pas celle de l'auteur d'*Hernani* que je préférerais ; je donnerais tout son théâtre pour *Les Vêpres siciliennes* et pour *Les Enfants d'Édouard*.

Jean-Pons VIENNET, *Journal*, 1845.

Ôtez à Hugo trente gros adjectifs, et toute sa poésie s'affaisse comme un plafond auquel on enlève ses étais.

E. DURANTY, *Le Réalisme*, 1857.

L'histoire des ouvrages de M. Victor Hugo est l'histoire de livres éphémères, greffés sur des lieux communs du jour ou imités d'ouvrages analogues, où le mérite de l'invention n'appartient pas à M. Victor Hugo. Je n'en sache pas un dont la pensée lui soit propre ; je n'en sache pas un où il ait crié le premier, du haut du mât de misaine : Italie ! Italie !

Désiré NISARD, *Études d'histoire et de littérature*, 1859.

Chez M. Victor Hugo, le talent est surtout le style [...] ; par là il échappe au triste destin de n'être plus que l'imitateur d'Eugène Sue.

Jules BARBEY D'AUREVILLY, *Le Pays*, 1862.

• **Les faiblesses de l'homme privé :**

V. Hugo est au plus bas, au plus sale du ruisseau, à l'heure présente, et c'est justice. Il a vécu avec les femmes de théâtre, escorté par un cortège de poètes crottés qui l'encensaient comme un dieu : la tête lui a tourné.

[...] Ce poète ampoulé, dont l'avenir fera justice, croit l'univers attentif à sa seule personnalité. C'est un homme qui commettrait une méchante action, comme il commet de méchants vers, pour attirer l'attention publique.

[...] Le nom de Victor Hugo revient souvent sous ma plume, mais il est impossible qu'il en soit autrement. Cet homme représente la plus mauvaise fraction de la société française. [...] Personne n'est tout à la fois plus lâche et plus dénué que lui de sens moral. [...] Lorsque ses deux fils étaient en prison avant le 2 décembre, il allait en compagnie de sa maîtresse dîner avec eux et leurs maîtresses. Alors poète, écrivailleurs et femmes se livraient à de telles orgies que Proudhon, leur voisin de captivité, a dû se plaindre plusieurs fois du bruit.

[...] Voilà quelle est la vie fangeuse de cet homme qui s'est réduit, au nom d'une morale qu'il outrage chaque jour, au rang des plus vils pamphlétaires. Il se meurt d'envie et d'impuissance. S'il arrivait jamais au pouvoir, il aurait l'ambition d'effacer de l'histoire les noms exécrés des Caligula et des Marat.

Horace DE VIEL-CASTEL, *Mémoires sur le règne de Napoléon III*, 1881-1884.

• **Les erreurs de l'homme public :**
La politique de M. Hugo est aussi abominable que sa littérature.

Jean-Pons VIENNET, *Journal*, 1832.

Victor Hugo, de plus en plus égaré, loin des principes auxquels il avait consacré les plus belles années de sa vie, ne s'est refusé à aucune démonstration révolutionnaire ; il a parlé dans des banquets, aux obsèques des radicaux célèbres, il a serré la main à Blanqui, acclamé Garibaldi ; les assassins des rois et empereurs, tels qu'Oberkampf, ont trouvé en lui un avocat sympathique. Victor Hugo aurait bien dû laisser dormir sa plume après *La Légende des siècles* ; sa gloire assurément n'y aurait rien perdu. Il n'aurait pas affligé ses admirateurs par le délire sénile de ses derniers écrits. [...]

Mais il est mort de la mort des athées. Promenée dans une sorte d'apothéose ridicule, sa dépouille est allée rejoindre celle de Rousseau sous la coupole de l'église déshonorée de Sainte-Geneviève, redevenue le temple païen du Panthéon.

P. M., *Manuel littéraire de préparation au brevet supérieur*, 1892.

• **Son évolution spirituelle :**
Je suis vraiment désolé de constater chez M. Victor Hugo des tendances de plus en plus matérialistes, et par conséquent des absences intellectuelles de plus en plus marquées.

Daniel BERNARD, *L'Union*, 10 mars 1877.

• **L'opinion de quelques célébrités :**
Un petit sot.

Adolphe THIERS, cité *in* J. Lucas-Dubreton, *Monsieur Thiers*, 1948.

Je suis de ces lecteurs, dont le nombre va considérablement s'accroître, qui regardent la colossale réputation de M. Hugo comme une mystification colossale.

Louis VEUILLOT, *L'Univers*, 2 février 1842.

Ce vieux faisan de Victor Hugo [..]. Que sera-ce donc des funérailles imminentes de Victor Hugo ? [...] Que ne fera-t-on pas en ce prochain jour ? On ameutera sans doute Paris sur ce dernier camionnage d'une pourriture si célèbre.

Léon BLOY, *Le Pal*, 1882.

Des maîtres détestables, les Hugo, les Michelet [...].

Paul BOURGET, « Le Déserteur », *L'Envers du décor*, 1911.

Le romantisme, en littérature comme en politique, est l'école du message et de l'hypocrisie. Il n'est pas de plus grand Tartuffe que Victor Hugo. On aurait pu le conjecturer d'après son œuvre, sans rien connaître de sa biographie.

Léon DAUDET, *Le Stupide XIXe Siècle*, 1922.

• **A propos des *Orientales* :**
Quel dommage ! Il se perd ; il promettait tout ! Jamais il n'a si bien fait qu'au début.

F. DE NEUFCHATEAU, cité *in* Sainte-Beuve, *Portraits contemporains*.

M. Victor, je poursuis d'office vos *Orientales* devant les assises du goût et de la raison, sous la double prévention d'outrage à la morale littéraire, et de provocation à la révolte contre les autorités légitimes du sens commun en France ; et moi, chef des jurés nommés par l'opinion publique pour juger votre volume, je me lève et je dis : Sur mon honneur et sur ma conscience, oui, l'ouvrage intitulé *Les Orientales*, dont M. Victor Hugo se reconnaît l'auteur, est mauvais.

Emmanuel CHÉTELAT, *Les Occidentales, ou Lettres critiques sur les « Orientales »*, 1829.

Il faut plus de génie pour être batelier du Rhône que pour faire les *Orientales*.

P.-J. PROUDHON, cité *in* Albert Cim, *Nouvelles Récréations littéraires*, 1921.

• **A propos des *Feuilles d'automne* :**
Les Feuilles d'automne sont une noble tentative, mais une tentative avortée.

Gustave PLANCHE, *Portraits littéraires*, 1838.

C'est une nature assez puissante qui produit avec énergie et indifférence des palmiers, des serpents, des crapauds, des oiseaux-mouches, des araignées ; il vous met le tout ensemble dans un sac, et voilà un volume fait.

Xavier DOUDAN, *Lettre à R. Raulin*, 12 juillet 1837.

• **A propos d'*Hernani* :**
Cette pièce abonde en inconvenances de toute nature. Le roi s'exprime souvent comme un bandit, le bandit traite le roi comme un brigand. La fille d'un Grand d'Espagne n'est qu'une dévergondée, sans dignité, sans pudeur, etc. Toutefois, malgré tant de vices capitaux, je suis d'avis que non seulement il n'y a aucun inconvénient à autoriser la représentation de cette pièce, mais qu'il est d'une sage politique de n'en pas retrancher un seul mot. Il est bon que le public voie jusqu'à quel point d'égarement peut aller l'esprit humain affranchi de toute règle.

BRIFAUT, CHÉRON, LAYA et SAUVÉ, *Rapport de la censure sur le drame d'« Hernani »*, 1829.

Le Coriolan de la littérature, le transfuge qui s'est écrié : *Adieu, Rome, je pars*, et s'est mis à la tête des Volsques, M. Victor Hugo s'indignait avec raison que ses lieutenants eussent moissonné si abondamment dans le champ de l'extravagance et du ridicule. Il a voulu leur prouver qu'il serait toujours leur maître quand il le voudrait, et il a fait *Hernani... Hernani*, le chef-d'œuvre de l'absurde... On aurait dit que tous les fous, échappés de leurs loges, s'étaient rassemblés au Théâtre-Français, et le plus grand fou n'était pas dans la salle.

Le Drapeau blanc, 26 février 1830.

Nous résumons notre critique en disant que tous les ressorts de cette pièce sont usés : le sujet inadmissible, reposât-il sur un fait vrai, parce que toutes les aventures ne sont pas susceptibles d'être dramatisées ; les caractères, faux ; la conduite des personnages, contraire au bon sens. [...]

M. Victor Hugo ne rencontrera jamais un trait de naturel que par hasard ; et à moins de travaux consciencieux, d'une grande docilité aux conseils d'amis sévères, la scène lui est interdite.

Honoré DE BALZAC, *Le Feuilleton des journaux politiques*, 4 avril 1830.

• **A propos de *Ruy Blas* :**
Je ne crois pas que l'extravagance puisse aller plus loin. [...] C'est un mélange de prétention et de niaiserie, une nouvelle insulte à la royauté.

Jean-Pons VIENNET, *Journal*, 1838.

Toute la pièce n'est qu'un puéril entassement de scènes impossibles. Il semble que l'auteur se soit proposé de prendre la mesure de la menace publique... Si *Ruy Blas* était applaudi, il faudrait proclamer la ruine de la poésie dramatique.

Gustave PLANCHE, in *La Revue des Deux Mondes*, novembre 1838.

• **A propos des *Contemplations* :**
Des méditations *sibyllines*, des divagations *pythagoriciennes*, des révélations d'*hypothèses* enfantines sur l'*âme* du *caillou*, du *roc*, de la *bête*, de la *plante*, [...] sont MORTELLES pour la POÉSIE qu'elles entraînent, témérairement, hors de sa sphère, et qui doit rester rationnelle.

LEGENDRE, *Le Figaro*, 23 avril 1854.

L'orgueil humain nous montre, dans *Les Contemplations*, comment les poètes finissent.

A. DE PONTMARTIN, in *Le Correspondant*, mai 1856.

Il faut se hâter de parler des *Contemplations*, car c'est un de ces livres qui doivent descendre vite dans l'esprit des hommes. [...] C'est un livre accablant pour la mémoire de M. Victor Hugo, et c'est à dessein que nous écrivons « la mémoire ». A dater des *Contemplations*, M. Victor Hugo n'existe plus. On doit en parler comme d'un mort.

Jules BARBEY D'AUREVILLY, *Le Pays*, 19 juin 1856.

Vive l'enfer ! ont crié les égorgeurs de prêtres et les démolisseurs d'églises en

1793. Et ce cri sauvage a plus d'une fois rententi à l'époque de commotions sociales plus récentes ; on l'a poussé, en Suisse, comme un cri de guerre contre les catholiques. Mais tout est éclipsé par la versification du penseur qui a écrit *Les Contemplations*.

R.P. DELAPORTE, *Le Diable existe-t-il, que fait-il ?*, 1863.

Ha ! Ha ! Ha ! Abstenons-nous de rire ! Il vient d'écrire *Les Contemplations.*

Le Pamphlet clérical, 1866.

• **A propos de *La Légende des siècles* :** La postérité, je le crains, se souviendra de *La Légende des siècles* comme elle se souvient de l'*Attila* de Corneille.

E. RAMBERT, *Bibliothèque universelle*, in *Revue suisse et étrangère*, 1859.

Il n'y a plus à s'y méprendre. C'est le panthéisme, dans sa vague et difforme immensité, dans son effroyable chaos.

A. NETTEMENT, *Poètes et Artistes contemporains*, 1862.

Que tout cela est allégorique, ténébreux, confus, démesuré ! Et involontairement vous songez aux fresques de Cornelius et de Kaulbach. N'est-ce pas la même méthode ? Et n'est-ce pas aussi la poésie de *l'avenir*, comme la peinture des *Cornéliens* de Munich et la musique de M. Wagner ?

BÉRARD-VARAGNAC, *Le Journal des débats*, 18 avril 1877.

• **A propos des *Misérables* :** Ce livre, en dépit de tout, par sa tendance trop avouée, n'est pas seulement œuvre d'écrivain ; c'est l'acte d'un homme, j'allais dire l'acte d'un parti, une véritable démonstration de 1848. C'est bien tard. La liberté politique a besoin d'autres défenseurs et de moins dangereux amis.

CUVILLIER-FLEURY, *Le Journal des débats*, 29 avril 1862.

Ce livre d'accusation contre la société s'intitulerait plus justement *L'Épopée de la canaille*. [...] Ce qui fait de ce livre souvent dangereux pour le peuple, dont il aspire évidemment à être le code, c'est l'erreur de l'économiste, à côté de la charité du philosophe. En un mot, c'est l'excès d'idéal, ou soi-disant tel, versé partout à pleins bords, et versé à qui ? à la misère imméritée, et quelquefois très méritée, des classes inférieures.

Alphonse DE LAMARTINE, *Considérations sur un chef-d'œuvre*, in *Entretiens familiers de littérature*, 1863.

Souvent ceux qui méditent et préparent le crime sont plus coupables que ceux qui l'exécutent.

Avec son livre des *Misérables*, Victor Hugo a fait plus de mal à la société que les misérables eux-mêmes en se levant contre elle. [...]

Aujourd'hui, le citoyen-poète a une grosse fortune, gagnée à changer de convictions et de paletots.

Si le métier n'est pas très honnête, je puis vous affirmer qu'il est joliment lucratif.

A. DE LAMOTHE, *Les Métiers infâmes*, 1877.

La thèse soutenue dans tout ce roman est immorale ; c'est la réhabilitation du forçat, c'est un perpétuel réquisitoire contre la société, qui tendrait à faire croire que tous les vices sont en haut et toutes les vertus en bas. La conséquence est immorale et antisociale ; il y a là une excitation perpétuelle des instincts révolutionnaires et comme un perpétuel appel à l'émeute. Aussi l'Église, sage gardienne des mœurs, a-t-elle interdit la lecture de ce livre dangereux.

P. M., *Manuel littéraire de préparation au brevet supérieur*, 1892.

Vous pouvez renoncer à la langue française, qui ne s'en plaindra pas, car depuis longtemps vous l'avez assez éreintée. Écrivez votre prochain livre en allemand.

Jules BARBEY D'AUREVILLY, *Le Figaro*, avril 1872.

L'esprit, c'est ce qui, même dans ses plus beaux temps, même dans ses plus belles œuvres, a toujours manqué à M. Victor Hugo. Le titre qu'il donne à son nouvel ouvrage — *Les Quatre Vents de l'Esprit* — est, de sa part, une preuve d'abnégation stoïque ou d'étourderie sénile.

F. DE PONTMARTIN, *La Gazette de France*, 1881.

• **In memoriam :**

Victor Hugo est mort à une heure trente-cinq [minutes.

Il fut le plus grand poète de notre siècle.
Il était fou depuis plus de trente ans
Que sa folie lui serve d'excuse devant Dieu.
Plaignons ceux qui vont lui décerner
[l'apothéose et prions pour lui.

La Croix, 23 mai 1885.

HUGUES CAPET

• Un roi longtemps prolifique :

Hugues Capet eut des fils et des petits-fils sans interruption aucune de 987 à 1328.

DUPONT-FERRIER, *La Formation de l'État français et l'Unité française*, 1929.

HUMANISTE

• Définition :

Un humaniste est un nourrisson que les Muses viennent de sevrer.

Abbé T., *Le Guide des humanistes, ou Premiers Principes du goût*, 1780.

HUMANITÉ

• Un point de vue :

C'est une question d'humanité de faire la guerre atroce, pour qu'elle finisse plus vite.

VON BERNHARDI, 1914, cité *in* Pierre Loti, *L'Horreur allemande*.

HUMBERT (Madame)

• N'est rien à côté de Dante :

La vulgarité, la sottise, la bassesse sont inhérentes à l'humanité mais elles ne font pas l'humanité. La preuve en est que, après six cents ans, Dante Alighieri trouve encore des lecteurs ; un seul de ses tercets est plus significatif, me semble-t-il, que tout le procès de Mme Humbert.

Ernest BOVE, professeur à l'université de Zurich, *Lyrisme, Épopée, Drame*, 1911.

HUMOUR

• La chose et le mot sont français :

Les Anglais ont un terme pour signifier cette plaisanterie, ce vrai comique, cette gaieté, cette urbanité, ces saillies qui échappent à un homme sans qu'il s'en doute, et ils rendent cette idée par le mot *humour*, qu'ils prononcent *yumor*. Et ils croient qu'ils ont seuls cet *humour* ; que les autres nations n'ont point de terme pour exprimer ce caractère d'esprit. Cependant c'est un ancien mot de notre langue, employé en ce sens dans plusieurs comédies de Corneille.

VOLTAIRE, *Lettre à l'abbé d'Olivet*, 20 août 1761.

HURRAH !

• Un mot hébreu :

Ajoutons que le mot juif « sabbath » se retrouve en anglais et que « hurrah ! » (prononcez hourré) ressemble de bien près au « houzé ! » hébraïque des loges.

Louis MARTIN, *L'Anglais est-il un Juif ?*, 1895.

HUYSMANS (Joris-Karl)

• Défini par Jules Renard :

Huysmans, un Léo Taxil plus lettré.

Jules RENARD, *Journal*, 9 août 1902.

HYDROGÈNE

• Son influence sur le sexe :

De ce que l'hydrogène admet 13.6 de feu et le carbone 7.8 de lumière, ne doit-il pas être conclu que les femmes ont plus d'affinité pour les hommes, que les hommes pour les femmes ? [...] Une femme peut donc concevoir sans qu'il y ait eu, dans le temple de la postérité, aucun dépôt d'éléments sous forme concrète de la part de l'homme : il suffit que son encens y fume gazeusement [...] mais alors le fœtus est une fille (Chap. XIX, Sur la différence de masses dans les deux sexes : phénomènes qui en résultent).

Dr Antide MANGIN, *Notions mathématiques de chimie et de médecine, ou Théorie du feu*, Paris, 1800.

HYGIÈNE

• Une institution divine :

A bien regarder, les ablutions, par exemple, des Juifs et le carême des Chrétiens ont été institués pour des raisons hygiéniques indiscutables. Peut-être bien que le Juif lépreux à qui Moïse eût dit : « Va te baigner ! » n'y eût point été ; en lui donnant cet ordre de la part de Dieu, Moïse a été obéi et la race a vécu.

Philippe GILLE, *La Bataille littéraire*, 1880.

L'hygiène, c'est la morale, la science divine, la science du bien et du beau, la vraie science de la vie. L'hygiène, c'est la science universelle, c'est tout, c'est Dieu.

L. ALLIOT, *Éléments d'hygiène religieuse et scientifique*, Paris 1874.

HYPERCHÉSIE

• Les Allemands devant la Faculté :

Une constatation qui s'impose à tout odorat normal, c'est que la puanteur des résidus stercoraux allemands n'est pas en rapport simple avec la quantité, ce qui suffirait d'ailleurs à constituer une sérieuse incommodité. L'intensité des émanations malodorantes se manifeste, au contraire, dans une proportion géométrique. Si, au point de vue de l'énormité, la production excrémentielle est double, au point de vue de l'odeur, elle atteint des proportions inouïes, incroyables. On pourrait dire qu'elle est au moins quatre fois plus forte. L'hyperchésie des Allemands réalise un cas auquel s'applique la situation pressentie par l'auteur de l'*Art poétique*, dans son vers fameux :

« Le vrai peut quelquefois n'être pas vraisemblable. »

Dr Bérillon, *La Polychésie de la race allemande*, 1915.

I

IBSEN (Henrik)

• Son maître à penser :

On ne saurait assez répéter que tout l'essentiel de sa philosophie est dans George Sand.

Jules LEMAITRE, *Impressions de théâtre,* 8 avril 1894.

IDEAL

• Un obscur sabir :

La jeunesse actuelle est toute
Désaxée : il lui manque un chef
Et une étoile sur la route.
Oui, l'idéal, macach bézef !

Jean DELOULME, *Feuilla ou le Péché de jeunesse, roman lyrique de la jeunesse intellectuelle,* Toulon 1940.

IDÉOLOGIE

• Pour Napoléon, elle est la grande coupable :

C'est à l'idéologie, à cette ténébreuse métaphysique qui, en recherchant avec subtilité les causes premières, veut, sur ces bases, fonder la législation des peuples, au lieu d'approprier les lois à la connaissance du cœur humain et aux leçons de l'histoire, qu'il faut attribuer tous les malheurs qu'a éprouvés notre belle France. Ces erreurs devaient et ont effectivement amené le régime des hommes de sang. En effet, qui a proclamé le principe d'insurrection comme un devoir ? Qui a adulé le peuple en l'appelant à une souveraineté qu'il était incapable d'exercer ? Qui a détruit la sainteté et le respect des lois ?

NAPOLÉON Ier, *Discours au Conseil d'État,* 20 décembre 1812.

IDIOT

• Chez l'homme :

D'un idiot, on ne pourra jamais faire un sage.

Jean-Frédéric FLATTICH, *Conseils pédagogiques d'après certains passages de l'Écriture sainte,* 1768, traduction française de 1862.

• Chez les animaux :

Les idiots sont assez communs parmi les oiseaux.

PIERQUIN DE GEMBLOUX, *Traité de la folie des animaux,* 1839.

• Et dans la nature en général :

L'animal pense, mais les inférieurs sont en quelque sorte idiots. Toutefois il n'y a de totalement idiot que le végétal et, à plus forte raison, le minéral car, chez lui, la pensée n'existe à aucun degré, le mental faisant défaut.

Dr AUVARD, *Passionnalité,* 1919.

IDYLLE

• A la bavaroise :

Le chef des soudards dit : « Je prends la fille, moi.
« La belle me regarde avec un doux émoi,
« Et, vive Dieu ! je crois qu'elle s'impatiente.
« Je sais l'art de calmer les désirs de l'infante ;
« Tirez la vieille au sort et détalez gaiement,
« Vous autres ! Il me faut, pour cet amusement,
« La grande volupté de l'ombre et du mystère.
« Allons, rompez les rangs, vite ! Enlevez la mère,
« Et ne reparaissez avant l'aube. »

A ces mots,
Un tas d'hommes hideux, au milieu des [sanglots,
Se bouscula, traînant dans la nuit quelque [chose.
Le chef, qui restait seul alors, prit une pose :
« — Mignonne, t'a-t-on dit parfois des mots [d'amour ?
« Eh bien ! je t'aime, moi, non pas en [troubadour
« Qui roucoule, en geignant, quelque ro- [mance tendre,
« Mais en soldat pressé qui ne sait pas [attendre. »
Il ôtait, en parlant ainsi, son ceinturon,
D'où pendait, sur l'acier brillant de l'éperon,
Le grand sabre aux lueurs fauves.
La jeune fille,
Frêle enfant de seize ans aux yeux bleus, fort [gentille
(C'est le héros, plus tard, qui conta son [exploit)
— Lèvres en fleur, cheveux dorés, morceau [de roi.
Calice à peine ouvert qui tremble sur sa [tige, —
Le pauvre ange effaré plie au vent du vertige :
« — Au nom de votre mère, au nom de [votre sœur,
« Grâce, grâce, je suis seule, sans défenseur,
« Protégez-moi, monsieur, soyez bon. »
Mais l'altesse
Riait, mordant les coins de sa moustache [épaisse :
« Que vous ai-je fait ? Grâce ! »
Et l'enfant, à genoux,
Suppliait, les deux bras tordus et les yeux [fous.
« — La belle, j'aime fort un peu de ré- [sistance,
« Mais j'ai bon appétit, en ces jours [d'abstinence. »
Et la vierge sentit la patte du soudard.
Alors le désespoir enflamme son regard ;
Superbe de mépris hautain, elle se dresse,
Repousse le vainqueur immonde qui la [presse,
Échappe à son étreinte, et, folle, dans la nuit,
Au hasard, par les champs dévastés, elle fuit.
Voici l'étang qui dort, — tentation soudaine !
Face tranquille et sombre où la lune sereine,
Se jouant sur les flots, jette son voile blond.
Irrésistible attrait du vide et du profond !
Ce gouffre, c'est la mort — mais c'est la [délivrance.
L'enfant, en ce tragique instant, songe à [la France,
Puis plonge dans l'eau morne — et le flot [argenté
Fut un suprême asile à sa virginité.
Cependant le soudard, traînant ses lourdes [bottes,
Encor tout échauffé des dernières ribotes,
Courait dans les sillons, suant, sacrant, [beuglant,
Mêlant à ses jurons quelque propos galant.
Il voit la forme blanche immobile, et la [chute
Dans l'eau qui se referme : alors cet homme- [brute
— Avouons-le — rêva d'accomplir un [exploit ;
Mais, ayant médité : « Tant pis, il fait trop [froid ! »
Et le vainqueur tourne les talons.
Or, là-bas,
La fête allait bon train, et l'on ne chômait [pas :
Une femme gisait sur le sol, expirante.
Reinold disait à Fritz : « J'ai le numéro [trente ;
C'est long ; je vais dormir un peu, rêver [d'amour ;
Tu me réveilleras, lorsque viendra mon [tour. »

Louis BRUNET, *Idylle guerrière*, in *La Jeune France*, 1er octobre 1879.

IMAGES

• **Imagerie révolutionnaire :**

Quel gouvernement que celui qui plante l'arbre de la liberté sur l'échafaud et met la faux de la mort entre les mains de la loi !

SAINT-JUST, *Discours du 4 novembre 1792.*

Je me suis retranché dans la citadelle de la raison ; j'en sortirai avec le canon de la vérité et je pulvériserai les scélérats qui ont voulu m'accuser.

DANTON, Guerre aux girondins, in *Discours de Danton*, publiés en 1910.

On se plaint, et très amèrement, de l'exorbitant et ruineux impôt du timbre, jeté comme un grappin de paralysie sur les fragiles barques des écrivains patriotes, que les Clichyens devaient faire pendre en masse, pour leur apprendre à vivre, et qui, depuis quinze mois, étaient à la diète, comme si au contraire le vent de fructidor n'eût pas dû les faire voguer à pleines voiles pour aller porter l'aliment de la raison et la pâture du patriotisme dans les îles désertes occupées seulement par la sottise et le fanatisme !

Le Patriote français, 2 novembre 1797.

• **Le style ecclésiastique :**
Mesdames, dans la marche de la société chrétienne, sur le railway du monde, la femme, c'est la goutte d'eau dont l'influence magnétique, vivifiée et purifiée par le feu de l'Esprit-Saint communique aussi le mouvement au convoi social sous son impulsion bienfaisante ; il court sur la voie du progrès, et s'avance vers les doctrines éternelles. Mais si, au lieu de fournir la goutte d'eau de la bénédiction divine, la femme apporte la pierre du déraillement, il se produit d'affreuses catastrophes.

Mgr MERMILLOT, cité *in* Guy de Maupassant, *Étude sur Gustave Flaubert,* en tête des Lettres de Gustave Flaubert à George Sand.

Messieurs, j'entre à pleines voiles dans cet océan de la charité et de l'amour, et j'y entre avec bonheur, porté que je me sens par le souffle de Dieu, par le souffle du siècle, et, pourquoi ne le dirais-je pas, par le souffle de vos cœurs.

R. P. FÉLIX, *Christianisme et Socialisme, conférences du Mans,* carême de 1879.

La virginité est une écluse qui donne au fleuve des races un cours plus vigoureux et plus profond. Le célibat est comme la fissure ouverte dans la digue, par où le fleuve saigne et se perd dans la boue.

Abbé Henry BOLO, *Les Mariages écrits au ciel,* 1892.

• **Dans le roman populaire :**
Cette poutre, destinée à glisser sur quatre bois debout, était tout à coup devenue pour le jeune homme la première page et la page la plus saisissante de toute une histoire lugubre.

Prosper VIALON, *L'Homme au chien muet,* 1890.

Elle eût dénoncé le docteur, mais le jour du supplice arrivé, elle aurait posé sa propre tête sous le couteau, pauvre tête dérangée, rouage délicat d'une pendule mis en désordre par un atome égaré.

Léon GOZLAN, *Le Médecin du Pecq,* 1839.

Cet enfant, qu'il s'appelle Jean Frénois ou Burnes, me paraît être précisément la clef du mystère dont je désire déchirer le voile.

Pierre MAEL, *Le Secret de Georgina Green,* 1898.

Des gens qui assaisonnent les pommes au dessert de strychnine sont capables de corser leur poignard de curare.

Léon SAZIE, *Les Bourreaux invisibles,* 1893.

• **Exemples variés :**
Les maux de mon pays ont brisé mon âme : comme le fer broyé par le caillou jaillit en étincelles, ma pensée déchirée éclate en vérité.

Jules FAVRE, *Anathème,* 1834.

Il entendait toujours ces mêmes mots, dont les syllabes lui perçaient le cœur comme les dards d'une couvée de serpents.

Henry MURGER, *Scènes de la vie de jeunesse,* 1855.

La physionomie de la jeune fille était si pure, si calme et si chaste que la moindre peine s'y inscrivait comme la peau du lézard sur le sable.

CHAMPFLEURY, *Monsieur de Boisdhyver,* 1856.

Le pépin du mécontentement était semé dans une terre fertile et allait donner en peu de temps un arbre touffu.

CHAMPFLEURY, *Monsieur de Boisdhyver,* 1856.

La poignée de main, les paroles flatteuses de M. de Maupas n'étaient donc que du miel recouvrant une lame de poignard qui me pourchassait dans les reins.

Mémoires de M. CLAUDE, ancien chef de la Sûreté, 1881-1883.

Combien de vierges durent emporter dans leur cœur à jamais troublé l'image de ce jeune homme dont le regard à rayon X évaluait leurs formes avec une précision d'anthropométrie !

Marcel BARRIÈRE, *Le Nouveau Don Juan,* 1900.

Mon couvent était frais, doux, parfumé, comme l'intérieur d'un melon blanc.

Mme DE NOAILLES, *Le Visage émerveillé,* 1904.

Le devoir est un drapeau qui ne capitule ni ne recule jamais. Dieu l'a fièrement planté sur les hauteurs de la conscience humaine. Il faut donc le suivre au chemin du sacrifice.

Léon RIMBAULT, *Les Vaillantes du devoir,* 1907.

Les gouvernements se tendent la cuvette de Ponce Pilate qui, depuis des siècles, passe de main en main comme le flambeau du coureur antique.

Joseph CAILLAUX, *Où va la France ? Où va l'Europe ?*, 1920.

La France de Descartes et de Voltaire ne prend pas sa source sous le front bas d'un légionnaire romain.

Pierre AUDIBERT, *L'Opinion républicaine,* 30 juin 1926.

• Quelques bons auteurs :

La vapeur de mon sang ira grossir la foudre
Que Dieu tient déjà prête à le réduire en [poudre.

Pierre CORNEILLE, *Héraclius,* I, 3, 1648.

Arrivée au dernier degré du thermomètre de la curiosité féminine...

Honoré DE BALZAC, *L'Héritière,* 1823.

La rivière fut comme un sentier sur lequel nous volions.

Honoré DE BALZAC, *Le Lys dans la vallée,* 1835.

Dites son rire frais plus doux que l'au- [bergine...

Charles LECONTE DE LISLE, *Poèmes antiques,* 1852.

Sa femme était encore moins un piédestal à sa vanité qu'une échelle à son orgueil.

Jules BARBEY D'AUREVILLY, *Les Diaboliques,* 1874.

Elle avait tout englouti dans son sein. Abîme noir comme un cratère que la profondeur qu'il y avait déjà dans cette frêle poitrine de rossignol, qu'une piqûre d'épine d'églantine eût traversée de part en part.

Jules BARBEY D'AUREVILLY, *Ce qui ne meurt pas,* 1884.

IMMÉMORIAL

• Un exemple :

Le président Carnot est reçu par le Syndicat des pêcheurs, qui portent le costume Louis XIII de temps immémorial.

Cité in *Le Soleil,* 11 septembre 1897.

IMMORTALITÉ

• N'est pas faite pour tout le monde :

De même qu'un Pasteur, un Renan, un Curie, un Berthelot, un Haeckel, la servante de curé voudrait avoir son immortalité. Pour quoi faire, mon Dieu ?

Victor CHARBONNEL, *Dieu, l'Homme et le Singe,* 1907.

IMPARFAIT DU SUBJONCTIF

• Une bonne règle :

On peut être un imbécile et pratiquer tout de même l'imparfait du subjonctif, cela s'est vu. Mais la haine de l'imparfait du subjonctif ne peut exister que dans le cœur d'un imbécile.

Léon BLOY, *Journal,* 12 septembre 1902.

• De bons auteurs :

Aucun livre important ne parût (*sic*) soit en Angleterre, soit en Allemagne, soit en France, sans qu'Édouard VII le lisât.

Henri NICOLLE, *Le Figaro,* supplément littéraire, 14 mai 1910.

Il n'y avait pas un homme dans la cour de la prison qui ne riât aux larmes.

Eugène DEGRAVE, *Le Bagne,* p. 258, 1911.

Les fossettes qui, pour peu qu'elle souriât ou simplement parlât [...].

Philippe HÉRIAT, « La Main tendue », Revue de Paris, 1er mars 1933.

IMPÔTS

• Quand il n'y en a plus, il y en a encore :

Le gouvernement n'envisage aucun impôt nouveau d'ici la fin de l'année, en dehors des mesures frappant les revenus élevés et les sociétés, proposées actuellement au Parlement dans le collectif budgétaire exceptionnel.

Valéry GISCARD D'ESTAING, ministre des Finances, 15 mai 1963.

Sur une brique, l'État vous en prend deux.

Jean GRANDMOUGIN, *L'Aurore,* 19 novembre 1963.

• **Une interrogation entre percepteurs :**
Comment faire admettre qu'en percevant leurs impôts, nous rendons service à nos concitoyens ?

L'Avenir du Trésor, n° 9, 1969.

IMPRESSIONNISTES

• **Une explication toute faite :**
Devant les œuvres de certains membres du groupe, on est tenté de croire à un trouble physique de l'œil, à des singularités de vision qui feraient la joie des docteurs en ophtalmologie et la terreur des familles.

Paul MANTZ, *Le Temps*, 14 avril 1880.

• **De leur technique :**
Salissez de blanc et de noir les trois quarts d'une toile, frottez le reste de jaune, piquez au hasard des taches rouges et bleues, vous aurez une impression de printemps devant laquelle les adeptes tomberont en extase.

Émile CARDON, *La Presse*, 29 avril 1874.

L'impression que procurent les impressionnistes est celle d'un chat qui se promènerait sur le clavier d'un piano, ou d'un singe qui se serait emparé d'une boîte de couleurs.

Albert WOLFF, *Le Figaro*, 25 mars 1875.

Vue dans son ensemble, l'exposition des Impressionnistes ressemble à une collection de toiles fraîchement peintes sur lesquelles on aurait répandu des flots de crème à la pistache, à la vanille et à la groseille.

Baron GRIMM, *Le Figaro*, 5 avril 1877.

Ils ont les yeux fermés, la main lourde et ils affectent pour l'exécution des mépris superbes. Il n'y a point à s'occuper de ces esprits chimériques qui s'imaginent qu'on prendra leur laisser-aller pour de la grâce et leur impuissance pour de la candeur.

Paul MANTZ, *Le Temps*, 22 avril 1877.

Ces gens-là font de la peinture sous eux, vous dis-je. [...] C'est la fin de la nation, de la France.

Jean GÉRÔME, *Le Journal des artistes*, avril 1894.

Le rendu des soi-disant impressionnistes ne va pas au-delà d'un coup d'œil sur le paysage vu à travers la vitre d'un wagon entraîné à la vitesse de 80 kilomètres à l'heure, et, quant à la technique ou au métier, ils sont soigneusement évités.

F. A. BRIDGMAN, *L'Anarchie dans l'art*, 1898.

• **Claretie défend la beauté :**
M. Manet est de ceux qui prétendent qu'on peut en peinture et qu'on doit se contenter de l'*impression*. Nous avons vu de ces *impressionnalistes* une exposition naguère au boulevard des Capucines, chez Nadar. C'était purement déconcertant. MM. Monet — un Manet plus intransigeant —, Pissarro, Mlle Morizot, etc., semblaient déclarer la guerre à la beauté. L'*impression* de quelques-uns de ces paysagistes devenait du brouillard et de la suie.

Jules CLARETIE, *L'Indépendance belge*, 13 juin 1874.

• **Une attitude énergique :**
Je ne veux pas vous parler longuement de ces gens-là, parce que je ne les connais pas et ne veux pas les connaître. Quand j'aperçois quelqu'un d'entre eux, je me sauve au plus vite. [...] Mon avis est très carré, c'est à coups de pied au derrière qu'on doit les traiter.

Gabriel FERRIER, *Le Journal des artistes*, avril 1894.

• **Quelques extraits d'un grand article :**
Cette prétention des impressionnistes d'avoir surpassé l'art des grands maîtres, en révélant la lumière et l'air, en imitant la nature, en singeant la vie que nos regards embrassent, en ne s'occupant que du caractère, en niant toutes les généralités, les synthèses, nous allons l'analyser, quelque puérile et insolente qu'elle nous paraisse, quelque ridicule qu'elle soit, en somme. [...]

L'impuissance des impressionnistes à produire quoi que ce soit qui semble en relief vient de leur négation du noir, de l'absence de cette couleur sur leur palette. [...]

L'erreur de l'impressionnisme est donc de vouloir produire l'harmonie, sans en savoir les chemins. [...]

Les sacrifices ne font pas partie de leur art, ils veulent tout faire chanter, et pour cela tout crie et rien ne chante en leur œuvre... Il est une chose qui attire les impressionnistes vers la vie moderne, c'est la laideur. Ils en firent une orgie, pour cela même que jusqu'alors on l'avait rejetée. [...]

Si nous voulons franchir l'abîme de l'impressionnisme, il faut bien nous persuader que l'incomplet et les erreurs esthétiques de leur œuvre collective nous démontrent suffisamment que nous ne saurions rien tirer d'eux, et qu'il nous faut jeter un pont, pour relier notre temps aux grandes époques, au-dessus de ce précipice de paradoxes et de fanfaronnades.

Émile BERNARD, « Réfutation de l'impressionnisme », *Le Mercure de France*, 16 septembre 1911.

IMPUISSANCE

• Un auteur, qui paraît bien peu sévère, conseille de ne pas s'y résoudre :

1° L'homme débile est tenu de chercher à ranimer sa vigueur par des boissons et des aliments fortifiants et même par des remèdes s'il ne peut sans cela satisfaire sa femme.

2° La femme dont la vulve est fermée ou trop étroite est tenue de se laisser faire une incision ou l'amputation du clitoris, s'il ne doit en résulter aucun danger pour sa vie.

3° Si l'homme, par faiblesse ou par excès d'ardeur, ne peut réussir à briser la cloison virginale, bien qu'il soit capable de s'accoupler avec une femme ayant perdu sa virginité, sa femme doit lui permettre de vaincre cet obstacle au moyen d'un godmichet ou d'un instrument quelconque. Comme dans ce cas le défaut doit être imputé, non à la femme, mais au mari, il semblerait plus juste que celui-ci fût obligé d'employer sur lui-même les moyens propres à le faire disparaître. Cependant, si cela ne lui est pas facile, il est généralement admis que la femme doit se soumettre à cette opération, attendu qu'en se mariant elle a donné à son mari le droit de jouir de son corps et qu'elle doit lui en faciliter les moyens lorsqu'elle peut le faire sans un grave inconvénient. Or, cet élargissement peut être fait sans inconvénient et même sans blesser la pudeur soit par le mari, soit par la femme elle-même ; la douleur qui en résulte n'a rien d'extraordinaire, puisqu'elle n'est autre que celle éprouvée par toutes les vierges lors de leur défloration.

D. R. LOUVEL, vicaire général d'Évreux, *Traité de la chasteté* (vers 1850).

• Ne pas confondre :

On distingue plusieurs espèces d'impuissance : l'impuissance naturelle ou accidentelle ; l'impuissance absolue ou respective, perpétuelle ou temporaire, antérieure ou subséquente.

Mgr J.-B. BOUVIER, *Manuel des confesseurs*, 1842.

INCENDIES DE FORÊT

• La vérité brûlante :

C'est le système capitaliste qui est en cause et qui a dépeuplé les montagnes et ne débroussaille plus les forêts.

André LAJOINIE, membre du Comité central du Parti communiste français, cité in *Le Nouvel Observateur*, 2 août 1986.

INCINÉRATION

• A proscrire :

Les négateurs de l'âme immortelle, les calomniateurs de la Sainte Église se sont faits brûleurs de cadavres... Les apôtres modernes de la crémation ne sont qu'abjects. Pour eux, il n'y a ni vie future, ni âme, ni Dieu. Il n'y a que des corps infects, dont il faut se débarrasser par le moyen le plus violent et le plus rapide possible, une matière utilisable qu'il faut confier à la chimie, afin d'en faire bénéficier l'industrie, ou des débris sans valeur morale, bons tout au plus à servir d'engins de guerre dans leur lutte satanique contre les croyances religieuses.

Ils sont abjects : sans respect pour le cadavre, ils procèdent de cette race impie et hurlante qui assistait, en 1793, au déchargement des tombereaux de guillotinés.

Abbé Henry BOLO, *Le Lendemain de la vie*, 1892.

INCONTINENCE

• Attention :

Les époux qui se livrent intempestivement aux plaisirs sexuels commettent une faute grave dont ils auront, plus tard, à se repentir ; parce que si la fécondation s'opère dans un moment néfaste, l'enfant qui naîtra sera tôt ou tard victime de l'incontinence de ses procréateurs.

A. DEBAY, *La Vénus féconde et callipédique,* 1884.

INDE

• Cachez ce sein :

La mer fut là un grand artiste. Elle donna à la terre les formes adorées, bénies où se plaît à créer l'amour. De ses caresses assidues, arrondissant les rivages, elle lui donna les contours maternels et j'allais dire la tendresse visible du sein de la femme.

Jules MICHELET, *La Mer,* 1861.

INDÉPENDANTS

• Une promenade au salon :

Le trouble extraordinaire qui règne depuis quelques années dans le monde des peintres se manifeste avec une violente intensité dans l'exposition qui vient de s'ouvrir au *Pavillon de la Ville de Paris* sous cette fière rubrique : « Exposition des artistes indépendants ». Ah ! ils le sont, en effet, indépendants, indépendants jusqu'à la folie ! C'est ici le royaume du présomptueux dans l'incompréhensible, où l'on voit l'audacieuse niaiserie du raté, aux prétentions rénovatrices, s'affirmer brutalement dans d'infâmes productions, d'où toute conscience artistique est irrespectueusement bannie et où l'opinion de l'amateur de bonne foi, chaque jour de plus en plus troublé par les éloges outrés d'une presse trop complaisante, cherche douloureusement une orientation esthétique. Oh ! ces néo-réalistes ! Christophe Colomb de la peinture qui se figurent avoir découvert les grandes sources inspiratrices de l'art et donc chaque tartine infâme veut avoir les prétentions d'un programme...

Nous ne saurions toutefois assez remercier les organisateurs de ce Salon des Indépendants, qui renferme plus de douze cents toiles, d'avoir très humainement ménagé la sensibilité nerveuse du visiteur en ne lui permettant de pénétrer dans la salle Terminus, où sont accrochés les stupéfiants portraits de M. Rousseau et les toiles « théoriques » et exaspérantes des pointillistes, qu'après avoir traversé une série de salons, où, peu à peu, l'œil se familiarise avec les fantaisies les plus abracadabrantes du pinceau.

Dans cette cacophonie de couleurs, dans cette cohue hurlante de pochades, on finit cependant par découvrir quelques œuvres intéressantes ou curieuses signées Anquetin (artiste troublé et troublant, d'une rare acuité d'observation), de Toulouse-Lautrec (un Degas sans dessin, un Forain sans esprit, mais un coloriste d'une incontestable originalité) ; Charles Guilloux (un paysagiste d'un art étonnant, subtil et distingué) ; Pierre Bonnard, très spirituel dans ses chaudes notations décoratives. [...]

Sans doute quelques autres œuvres intéressantes ont échappé à notre premier examen. Que leurs auteurs acceptent toutes nos excuses ! C'est chose pénible de rechercher une perle dans un fumier.

Armand DAYOT, *Le Figaro illustré,* avril 1892.

INDÉTERMINISME PHYSIQUE

• Une théorie de la science bourgeoise :

M. Francis Perrin, professeur au Collège de France, donna en mai une conférence devant la Société française de philosophie sur « l'abandon du déterminisme scientifique fondamental ». Il n'est guère d'oreilles tant soit peu instruites que n'ait aujourd'hui touchées le tintamarre publicitaire fait, depuis 1927, autour de ce soi-disant indéterminisme atomique par le ban et l'arrière-ban de l'idéologie réactionnaire ou petite-bourgeoise, des théologiens aux triforcistes, avec le concours actif de quelques grands physiciens, de nombreux fifres et sous-fifres de la Physique théologique. M. Francis Perrin ne versa certes aucun élément nouveau au débat, si ce n'est une grossière calomnie philosophique et politique qui consista à déclarer que la dialectique matérialiste voulait « imposer du dehors » à la science le « déterminisme mécaniste laplacien ». [...]

Si grosse fut la contre-vérité philosophique qu'elle put tourner, séance tenante, à la confusion de son auteur. Mais elle eut cet avantage de nous révéler d'emblée la véritable signification de « l'indéterminisme » physique : une arme idéologique contre la montée de la classe ouvrière.

G. VASSAILS, *La Nouvelle Critique*, janvier 1950.

INDEX

• Et pour cause :

Notre livre a été mis à l'index par la sacrée consulte du Vatican.

Les Mystères du confessionnal, par le curé X, 1871.

INDIENS AMAZONIENS

• Un ministre d'aujourd'hui parle :

Une économie comme celle du Brésil ne peut être dirigée par des impulsions romantiques. [...] La culture des Indiens est de très bas niveau (*baixissima*) et n'est en aucune façon respectable.

Général Léonidas PIRES GONCALVES, ministre brésilien des Armées, déclarations reproduites par le quotidien *Folha* de S. Paulo, 20 avril 1989.

• Un homme d'Église écrivait hier, à propos des épouvantables conditions du travail forcé dans les mines :

Nous ne nions pas que les mines consomment un nombre considérable d'Indiens, mais cela ne provient pas du travail qu'ils effectuent dans les mines d'argent et de mercure, mais du libertinage dans lequel ils vivent.

Cité *in* Eduardo Galeano, *Las venas abiertas de America latina*, Montevideo, 1976.

INDIENS D'AMÉRIQUE

• Quelques descriptions et jugements du temps de la conquête :

Ils mangent de la chair humaine dans la terre ferme. Ils sont sodomites plus que n'importe quelle nation. Il n'y a pas de justice chez eux. Ils sont tout nus. Ils ne respectent ni l'amour ni la virginité. Ils sont stupides et étourdis. Ils ne respectent pas la vérité sauf quand elle leur profite. Ils sont inconstants. Ils ne se doutent pas de ce que c'est que la prévoyance. Ils sont très ingrats et amis des nouveautés. [...]

Chez eux, aucune obéissance, aucune complaisance des jeunes pour les vieux, des fils pour les pères. Ils sont incapables de recevoir des leçons. Les châtiments ne leur servent à rien. [...]

Ils ne pratiquent aucun des arts, aucune des industries humaines. Quand on leur apprend les mystères de la religion, ils disent que ces choses conviennent aux Castillans, mais qu'elles ne valent rien pour eux et qu'ils ne veulent pas changer leurs coutumes. [...]

Plus ils avancent en âge, moins ils s'améliorent. Vers l'âge de dix ou douze ans, on croit qu'ils auront quelque civilité, quelque vertu, mais plus tard ils deviennent des vraies bêtes brutes. Aussi puis-je affirmer que Dieu n'a jamais créé de race plus remplie de vices et de bestialité, sans aucun mélange de bonté et de culture. [...] Les Indiens sont plus bêtes que des ânes, et ne veulent en quoi que ce soit prendre de la peine.

Tomas ORTIZ, dominicain, rapporté par Pierre Martyr Anghiera, *De orbe novo*, 1530, traduction française, Paris, 1907.

Lorsqu'on fait la guerre contre eux et qu'on en vient au combat face à face, il faut être très prudent pour ne pas les frapper sur la tête avec l'épée, car j'ai vu bien des épées cassées de cette manière. Leurs crânes sont non seulement épais, mais très forts. [...]

Satan est maintenant expulsé de cette île [Hispaniola]. Toute son influence a disparu maintenant que la majorité des Indiens sont morts. [...]

Qui niera qu'user de la poudre contre les païens, c'est offrir de l'encens à Notre-Seigneur ?

G. Fernandez de OVIEDO Y VALDÉS, *Historia general y natural de las Indias, islas y Tierra firme del Mar Oceano*, Madrid, 1535.

• Justification de la guerre contre eux :

Les plus grands philosophes déclarent que de telles guerres peuvent être entreprises par une nation très civilisée contre des gens non civilisés qui sont plus barbares qu'on ne peut l'imaginer, car ils manquent absolument de toute connaissance des lettres, ignorent l'usage de l'argent, vont en général nus, même les femmes, et portent des fardeaux sur leurs épaules et leur dos, comme des bêtes, pendant de longs parcours.

J. GINES DE SEPULVEDA, *Del Reino y los Deberes del rey*, vers 1555.

• Sous la plume de Las Casas, souvent favorable aux Indiens, le récit d'une conversion :

C'est alors, le jeune Indien étant descendu, qu'un Espagnol qui se trouvait là tire un alfange ou épée courte et lui en donne, comme pour s'amuser, un coup au flanc qui met à nu ses entrailles. Le malheureux Indien prend ses intestins dans la main et s'enfuit de la maison en courant. Il rencontre l'abbé qui, l'ayant reconnu, lui parle sur-le-champ des choses de la foi, autant que l'angoissante circonstance le permettait, lui faisant comprendre que, s'il voulait être baptisé, il irait au ciel vivre avec Dieu. Le malheureux, pleurant et criant sa douleur comme s'il se consumait dans les flammes, répond qu'il voulait bien ; l'abbé, alors, le baptisa, et l'Indien tomba mort aussitôt sur le sol.

B. DE LAS CASAS, *Historia de las Indias*, 1552, cité *in* Tzvetan Todorov, *La Conquête de l'Amérique*, Seuil, 1982.

• Aux yeux de l'homme moderne :

Il faut prendre l'Indien pour ce qu'il est, un débris de la nature.

Hepworth DIXON, *La Conquête blanche*, 1877.

INDIVIDUALISME

• Cause de tous les maux :

L'individualisme est la plus effroyable plaie des sociétés modernes et le principe de leur décomposition.

Marcel BARRIÈRE, *Le Nouveau Don Juan*, 1900.

Cette doctrine de néant a pour corollaire pratique l'anarchie même. La déclaration des Droits de l'homme en est la charte. La bande à Bonnot en relève comme le bolchevisme ; la pornographie vulgaire comme la simonie élégante ou grave ; l'escroquerie financière comme le sabotage ouvrier ; le vandalisme et la férocité boches comme le pacifisme de félonie, imbécile ou vénal.

Georges DEHERME, *Le Positivisme dans l'action*, 1923.

INDUCTION

• Un bel exemple :

Lorsqu'on a éprouvé sur beaucoup de mers que l'eau en est salée, et sur beaucoup de rivières que l'eau en est douce, on peut en *induire* cette conclusion générale *que l'eau de mer est salée et que celle des rivières est douce.*

J.-F. PERRARD, *Logique classique*, 1860.

INDULGENCE

• Une fine et franche analyse :

Si l'homme s'est montré ainsi plein d'indulgence vis-à-vis de la femme, il ne faudrait pas inscrire son procédé à l'actif de sa bonté : la loi de l'homme a tenu, sous le rapport des mœurs, la femme sous une moindre rigueur, tout simplement parce que la femme corrompue est beaucoup plus amusante que la femme vertueuse : aux époques de décadence comme la nôtre, Messaline est infiniment plus appréciée que Lucrèce ou Pénélope qui, l'une tissant la laine et l'autre refaisant continuellement sa tapisserie, devaient être des dames fort ennuyeuses. L'indulgence de l'homme vis-à-vis de la femme actuelle n'est donc pas autre chose qu'une manifestation décadente. Elle a fort peu de rapports avec l'élévation des sentiments.

Maurice DE GASTÉ, *La Bêtise humaine et la Science de la vie*, Paris, 1922.

INDULGENCES

• Une voix d'outre-tombe :

On raconte qu'un religieux qui avait mené une vie tout à fait ordinaire, et dont la sainteté fort commune ne s'était jamais fait remarquer, apparut, tout glorieux, quelques jours après sa mort, à un de ses frères et lui fit connaître qu'il était en possession du bonheur éternel ; celui-ci, fort étonné, lui adresse ces paroles : « Comment se peut-il que vous soyez déjà dans le ciel ? Il ne me semblait pas que la ferveur de votre vie dût vous en ouvrir les portes aussitôt. — C'est vrai, répondit le défunt, je ne me suis pas distingué par une grande vertu, mais j'ai eu très grand soin de gagner toutes les indulgences qu'il m'a été possible, de sorte que, lorsque vint le moment de la mort, mes dettes à la justice divine étant à peu près toutes payées, j'ai été introduit presque immédiatement dans le paradis. » Cet exemple montrera beaucoup mieux que ne pourraient le faire de longs discours combien est précieux le trésor des indulgences que vous offre l'Église.

C.-J. C., *Le Moyen d'aller droit au ciel*, 1870.

INÉGALITÉ

• Elle est inévitable :

Il y aura toujours, dans chaque peuple, une grande portion de citoyens que la société condamnera au travail et aux privations, tandis qu'elle prodiguera aux autres les loisirs et les jouissances. Inégalité physique, inégalité morale, inégalité sociale : telle est la loi de l'univers.

COTTU, *Guide politique de la jeunesse*, 1838.

• Tout est bien ainsi :

Pourquoi tous les hommes ne sont-ils pas également riches ? Ils ne le sont pas par une raison très simple, c'est qu'ils ne sont pas également intelligents, actifs et laborieux pour acquérir, sobres et prévoyants pour conserver. C'est d'ailleurs un point mathématiquement démontré, que la fortune également répartie donnerait à chacun une part minime et insuffisante. [...]

Chacun doit la posséder, pour s'essayer à s'en servir et prouver l'usage qu'il en sait faire ; mais comme il y a impossibilité matérielle à ce que tous l'aient en même temps ; que d'ailleurs, si tout le monde la possédait, personne ne travaillerait, et l'amélioration du globe en souffrirait, chacun la possède à son tour : tel qui ne l'a pas aujourd'hui l'a déjà eue ou l'aura dans une autre existence, et tel qui l'a maintenant pourra ne plus l'avoir demain. Il y a des riches et des pauvres parce que Dieu étant juste, chacun doit travailler à son tour. La pauvreté est pour les uns l'épreuve de la patience et de la résignation ; la richesse est pour les autres l'épreuve de la charité et de l'abnégation.

Allan KARDEC, *L'Évangile selon le spiritisme*, 1887.

INFIDÈLE

• Ne couchez qu'avec des catholiques :

La fornication avec un infidèle ou un hérétique constitue un péché bien plus grave à cause de l'outrage fait ainsi à la véritable religion.

Mgr J.-B. BOUVIER (1783-1854), *Dissertation sur le sixième commandement*, 1, 2.

INFINI

• La question :

Qui sait si l'infini réel est aussi vaste qu'on le suppose ?

Ernest RENAN, « L'avenir de la métaphysique » in *La Revue des Deux Mondes*, 15 janvier 1860.

• L'argument de la canne :

Rien n'est plus facile à admettre, sinon à embrasser que l'infini, car il est une conséquence immédiate du fini qui est à notre portée. Considérez la canne sur laquelle vous vous appuyez en vous promenant : il est évident que rien ne s'oppose à ce que, par la pensée, vous l'ajoutiez à elle-même autant de fois qu'il vous plaira, et cela dans un sens comme dans l'autre.

Charles RICHARD, *Origine et Fin des mondes*, 1863.

INGÉNIEUX

• L'œuvre d'une vie :

Après le dîner, le père de Barrière nous lisait des choses étranges. Il avait eu l'ingénieuse idée de mettre en vers les comédies en prose de Molière, et de mettre en prose ses comédies en vers ; c'est ainsi qu'il nous donna lecture du *Misanthrope* en prose, et du *Bourgeois gentilhomme* en vers.

Gustave CLAUDIN, *Mes souvenirs, 1840-1871*, 1884.

INGRES (Dominique)

• Il a eu de la chance :

Tu n'as pas vu la France expirante, avilie...
Quand déjà la Commune horrible [triomphait,
Heureux, trois fois heureux, toi que le [marbre couvre,
Tu n'as pas vu brûler Paris, brûler ton [Louvre.
Maître, parfois la mort fait bien ce qu'elle [fait !

Jules LACROIX, *L'Année infâme*, juin 1871.

• Un détail physique :

Le portrait, qui prétendait représenter Ingres « dans sa jeunesse », est celui d'un homme dans toute la force de l'âge : il n'a de commun avec Ingres que l'absence de système épilatoire.

Renaissance, 25 juillet 1914.

INITIATIVE

• Une définition :

Avoir de l'initiative, c'est exercer librement son activité dans le cadre de l'ordre reçu.

Manuel du gradé d'artillerie lourde, édition de 1937.

INNOCENTS

• Tant pis pour eux :

Qu'un innocent périsse, c'est un malheur comme un autre, c'est-à-dire commun à tous les hommes. [...] Il est possible qu'un homme envoyé au supplice pour un crime qu'il n'a pas commis l'ait réellement mérité pour un autre crime absolument inconnu.

Joseph DE MAISTRE, *Les Soirées de Saint-Pétersbourg*, 1821.

INONDATIONS

• L'eau du ciel :

Les inondations de la Loire sont dues aux excès de la presse et à l'innovation du dimanche.

Mandement de l'évêque de Metz, 1846.

INQUISITION

• L'appréciation de Lacordaire :

Un tribunal de juste milieu, un tribunal qui pût pardonner, modifier la peine même prononcée, engendrer le remords dans le criminel, et faire suivre pas à pas le remords par la bonté ; un tribunal qui changeât le supplice en pénitence, l'échafaud en éducation, et n'abandonnât ses justiciables au bras fatal de la justice humaine qu'à la dernière extrémité, ce tribunal exécrable c'est l'Inquisition. Non pas l'Inquisition espagnole corrompue par le despotisme des rois d'Espagne et le caractère particulier de cette nation, mais l'Inquisition telle que les papes l'avaient conçue, telle qu'après beaucoup d'essais et d'efforts, ils l'ont enfin réalisée en 1542 dans la Congrégation du Saint-Office : le tribunal le plus doux qu'il y ait au monde.

LACORDAIRE, *Mémoire pour le rétablissement en France des frères prêcheurs*, 1839.

INSECTES

• Encore une preuve de l'existence de Dieu :

Les dommages que causent les insectes sont autant de marques de la toute-puissance, de la justice, de la sagesse et même de la bonté de Dieu.

Friedrich Christian LESSER, *Théologie des insectes, ou Démonstration des perfections de Dieu dans tout ce qui concerne les insectes. Traduit de l'allemand...*, Paris, 1745.

INSTANTANÉ

• Ça prend du temps :

Hier matin, un cavalier du 11e Régiment de cuirassiers à Saint-Germain, Gabriel Charpentier, âgé de vingt et un ans, est descendu au lavabo du quartier et s'est tiré plusieurs coups de carabine dans la tête. La mort a été instantanée.

L'Action, 20 mars 1908.

INSTITUTEURS

• Le mal qu'ils ont fait :

Le goût de l'emphase est malheureusement de plus en plus répandu. C'est l'un des effets les plus fâcheux de l'instruction obligatoire. Les instituteurs, qui sont le plus souvent des pédants, ont, en matière de langage, des préjugés bien ridicules en ce sens que ce sont des préjugés de petits-bourgeois, alors que la plupart de ces *brevetés supérieurs* sont pour le moins socialistes. Il est vrai que le socialisme n'est rien d'autre ni rien de plus qu'un système petit-bourgeois. Bref, l'épicerie est devenue l'alimentation générale, le perruquier dénomme sa boutique *lavatory*, l'ouvrier se prétend artisan, le boutiquier se voit négociant, le petit fabricant est un industriel, etc. Tous ces gens-là désirent et obtiennent la Légion d'honneur.

Les Nouvelles économiques et financières, 16 juin 1933.

INSTITUTRICES

• L'Écriture n'en veut pas :

On prouve par l'Écriture que les femmes, qui n'ont que le silence en partage, ne doivent pas se mêler d'enseigner.

BOSSUET, *Histoire des variations*, 1688.

• Des vérifications inadmissibles :

Ainsi il faudra que de jeunes personnes, surmontant cette pudeur timide, leur première vertu et celle qui conserve toutes les autres, comparaissent devant des examinateurs chargés de vérifier si elles possèdent les qualités nécessaires pour enseigner les enfants de leur sexe. Je doute qu'on ait jamais imaginé rien de plus absurde et de plus indécent.

LAMENNAIS, *Le Conservateur*, octobre 1819.

• **Le trottoir et la morgue :**
On a tellement multiplié les brevets d'institutrice, qu'il n'y a pas de places pour toutes les jeunes filles qui en sont pourvues. Que deviennent celles qui n'ont pas de place ? Elles tombent dans la galanterie vénale ou dans une affreuse misère, qui les conduit au suicide.

Louis PROAL, *La Revue des Deux Mondes*, 1er mai 1898.

INSTRUCTION

• **Renan la condamne :**
L'instruction primaire est autant dire un mal. Qu'est-ce qu'un homme qui sait lire et écrire, j'entends un homme qui ne sait rien de plus ? Un animal stupide et présomptueux.

Ernest RENAN, *Documents inédits*, cités par Louis Vié, *Renan, la guerre de 70 et la « réforme » de la France*, 1949.

L'essentiel est moins de produire des masses éclairées que de produire de grands génies et un public capable de les comprendre : si l'ignorance des masses est une condition nécessaire pour cela, tant pis !

Ernest RENAN, *Dialogues philosophiques*, 1876.

• **Thiers la condamne :**
N'est-ce pas les ouvriers les plus instruits et qui gagnent le plus qui sont tout à la fois et les plus déréglés dans leurs mœurs et les plus dangereux pour la paix publique ? Je n'en voudrais citer d'autre preuve que Limoges, où la masse de la population est excellente et où il suffit de mille ouvriers porcelainiers ou dessinateurs sur porcelaine pour mettre ce pays sens dessus dessous. Assurément, je ne peux pas faire pour cela de l'obscurantisme : il ne faut pas sans doute couper l'arbre de la science du bien et du mal. Mais je dis qu'il faut bien regarder avant d'étendre démesurément, partout, l'instruction primaire, et surtout avant de lui donner une extension plus grande qui n'est pas sans graves dangers... Lire, écrire, compter, voilà ce qu'il faut apprendre ; quant au reste, cela est superflu.

Je demande formellement autre chose que ces instituteurs laïques dont un grand nombre sont détestables ; je veux des Frères, bien qu'autrefois j'aie pu être en défiance contre eux ; je veux encore là rendre toute-puissante l'influence du clergé ; je demande que l'action du curé soit forte, beaucoup plus forte qu'elle ne l'est, parce que je compte beaucoup sur lui pour propager cette bonne philosophie qui apprend à l'homme qu'il est ici pour souffrir. [...]

[...] Je dis et je soutiens que l'enseignement primaire ne doit pas être forcément et nécessairement à la portée de tous, j'irai même jusqu'à dire que l'instruction est, suivant moi, un commencement d'aisance et que l'aisance n'est pas réservée à tous.

Adolphe THIERS, *Discours*, 1850.

• **Flaubert la condamne :**
Quant au bon peuple, l'instruction gratuite et obligatoire l'achèvera.

Gustave FLAUBERT, *Lettre à George Sand*, 8 septembre 1871.

• **Elle est funeste aux ouvriers :**
En général, et à moins que votre fils ne se signale par des dispositions extraordinaires, je vous engage à l'élever pour une profession analogue à la vôtre, en consultant son inclination ; c'est-à-dire à en faire un ouvrier.

C'est un travers aujourd'hui trop répandu que de faire quitter à un enfant la charrue, l'établi, la forge, pour le préparer par une éducation coûteuse à une profession libérale.

Th.-H. BARRAU, *Conseils aux ouvriers sur les moyens qu'ils ont d'être heureux*, 1850.

L'instruction rend l'ouvrier orgueilleux ; elle lui permet de fausser ses idées dans des livres pervers, et de dépraver son cœur dans la lecture des romans ; elle le dégoûte du métier ; elle lui inspire la haine des supériorités, et le pousse dans toutes les aventures. C'est un fait de statistique que la population des villes est, en France, la moins morale, et celle qui donne les plus grandes craintes pour l'ordre social. Cependant elle sait lire, écrire et compter.

R. P. AT, *Saint Joseph ou la Question ouvrière d'après l'Évangile*, 1876.

J'appelle l'attention des souverains de l'Europe. J'enseigne que la généralisation de l'instruction est une grande cause de paupérisme. J'enseigne que la trop grande propagation de l'instruction menace l'Europe des plus grandes calamités parce qu'elle détourne les hommes de toutes les professions manuelles.

A. FRANCON, *Causes de la grandeur et de la décadence des Romains*, 1867.

• Contre l'instruction gratuite :
Aussi l'instruction absolument gratuite, c'est-à-dire payée par tout le monde, telle que projettent de l'établir les mameluks de la République, est-elle destructive de l'autorité de la famille, ne répond-elle plus à un vœu populaire et est inutile au vrai progrès de l'enseignement. [...]

Aux yeux de beaucoup de gens, les choses ne valent que ce qu'elles coûtent, et ont-ils toujours tort ? Ils tiendront peu à un enseignement qui ne coûte rien. Et l'enfant, de son côté, profitera de l'école, ou n'en profitera pas. S'il n'en profite pas, ses parents s'en inquiéteront peu, cela ne coûte rien. S'il en profite, s'il acquiert des connaissances qui l'élèvent, je suppose, au-dessus de sa condition, à qui sera-t-il reconnaissant ? A ses parents ? Assurément non. A l'instituteur ? Mais il sait que l'instituteur est payé par tout le monde et qu'il fait un métier. A l'État ? Ce serait nouveau. [...] Donc l'enfant au fond ne sera reconnaissant à personne de l'instruction qui lui a été donnée, et à sa famille moins qu'à tout autre.

L'égoïsme prendra la place de la reconnaissance.

L'Univers, 28 mai 1880.

• Contre l'instruction obligatoire :
L'État imposant l'instruction obligatoire, et se chargeant de la distribuer, c'est l'État prenant les âmes. Qui les lui a confiées ? Mais si l'État a charge d'âmes, à plus forte raison a-t-il charge des corps. S'il a le droit et le devoir d'imposer l'instruction et de la donner à tous, il a encore plus l'obligation de fournir du pain à tous. L'instruction obligatoire, c'est le pain obligatoire, ce sont les sabots obligatoires, les vêtements obligatoires, etc. Ce serait faire disparaître l'individualité humaine, ce serait noyer la nature humaine dans la marmite du communisme.

L'Univers, 25 mai 1880.

INSURRECTION

• Tout s'explique :
Parbleu ! L'insurrection est, pour les médiocres, le grand moyen d'arriver.

Edmond BRELAND, *La France livrée à l'étranger*, 1909.

INTELLECTUELS

• Quelques circonstances atténuantes :
Ce sont les intellectuels qui, pour la plupart, déforment les consciences sur la moralité du théâtre et des livres. [...]

Ils ne sont pas absolument sans excuses. Ayant reçu une éducation païenne, ils exercent leur profession en païens, sans jamais recevoir de qui que ce soit, hormis de la *Revue des lectures* et de quelques obscurs, la moindre leçon ou la moindre semonce. Bien plus, ils occupent parfois des postes enviés dans les œuvres catholiques.

Dans ces conditions, « que voulez-vous que devienne la France ? », demande Mme Charasson. On ne voit que trop ce qu'elle devient, depuis que tant d'intellectuels y remplissent impunément leur triste besogne. Elle deviendra pire encore, si on continue à les prendre pour maîtres, au lieu de les traiter en malfaiteurs.

Jean DE LARDÉLEC, *Revue des lectures*, 15 août 1939.

• Tels qu'ils devraient être :
On saura gré à un intellectuel de présenter un aspect sain, gaillard, de cacher l'âme la plus fine sous une enveloppe bien charnelle ; on se réjouira de la netteté d'un extérieur, on se plaira à constater un parfait équilibre entre l'âme et le corps de ces penseurs qui, après tout, sont d'abord des hommes.

Pierre DUNOYER DE SEGONZAC, *Jeunesse France*, 8 mars 1941.

INTERNATIONALE

• Qui est derrière ?

Ce qu'il y a de certain, c'est que, comme l'ancienne, la nouvelle *internationale* est née de l'inspiration juive, qu'elle est dirigée par les Juifs, qu'elle est l'agent d'exécution des plans de la Juiverie Universelle.

A. DE BOISANDRÉ, *Socialistes et Juifs*, 1903.

L'internationale socialiste n'est que l'extension absurde, tératologique de l'étatisme prussien, une sorte de pangermanisme qui s'ignore ou qui se masque.

Georges DEHERME, *Le Positivisme en action*, 1923.

INTERPRÈTE

• Un cas de survie :

Le bey capitule alors, malgré la fureur de ses janissaires, dont les cris effrayent tellement l'interprète chargé d'apporter la capitulation qu'il en meurt quelques jours plus tard ; puis il quitte la ville.

Victor TAPIÉ, *Manuel d'histoire*, classe de première, 1948.

INTERROGATION

• D'où vient le point d'interrogation :

Nous défions sans peine toutes les académies de l'Europe de pouvoir rendre par des symboles clairs l'idée de l'interrogation. [...]

L'écriture conservée en Chine, mais qui n'y a pas été créée, est pleine d'art, et ses caractères anciens paraissent être les résultats des profondes méditations des peuples de l'Asie occidentale. Dans cette écriture, le signe interrogatif est *Hou*. Le *Tchouen-tseu-goey* donne les formes antiques du *Hou*. Dans l'une, on voit un vase, une sorte de pot à eau, qui est muni d'une anse.

Sur ce vase, qui est supposé fermé, on remarque un petit marteau, que porte le vigneron. Quand celui-ci va examiner ses tonneaux, à la cave, pour reconnaître s'ils sont pleins, demi-pleins ou vides, il frappe leur ventre avec ce marteau ; il apprécie de la sorte leur intérieur ; il les ausculte ; il les *interroge*. C'est ainsi que l'Antiquité a exprimé l'idée de l'interrogation.

Chevalier DE PARAVEY, du corps du génie, *Du signe interrogatif des divers peuples et des fausses idées de l'Europe sur les hiéroglyphes*, 1865.

INTERVERSION

• Un classique :

L'assassin, son coup fait, tira un rasoir de sa gorge et s'ouvrit la poche. Il est mort à Mons.

Le Phare de Calais, 18 septembre 1933.

INTESTIN

• Les obsessions de Bérillon :

Au point de vue anatomique, la mesure de l'intestin révèle chez les Allemands une augmentation de longueur d'environ trois mètres. Cet accroissement porte particulièrement sur le gros intestin dont la capacité est développée dans les mêmes proportions.

L'ampoule rectale des Allemands atteint des dimensions considérables, en rapport avec le surmenage fonctionnel dont elle est l'objet (*la quantité de matières fécales produite par un Allemand est plus du double de celle d'un Français*). Leur sphincter, comme cela a été fréquemment constaté au cours de l'anesthésie chirurgicale, n'offre qu'une résistance extrêmement faible.

Dr BÉRILLON, *La Polychésie de la race allemande*, Paris, 1915.

INTESTINAL

• Une bévue classique :

Il faut, en tout cas, laisser notre armée en dehors et au-dessus de nos discussions intestinales.

Lyon républicain, 25 juin 1982.

INVALIDES

• Une bonne nouvelle, et bien dite :

Les Invalides se repeuplent.

Camille LE SENNE, *Action*, 11 avril 1915.

• Alors, faisons le nécessaire :

M. Frédéric-Dupont, député du VIIe arrondissement de Paris, vient, dans une lettre adressée au président du Conseil, d'attirer l'attention du gouvernement sur l'état actuel du dôme des Invalides, qui abrite non seulement le tombeau de l'Empereur mais aussi, depuis quelques jours, celui du maréchal Foch, et qui sera certainement visité lors de l'Exposition par de nombreux touristes français et étranger. « Il faut assurer, n'est-il pas vrai, écrit-il, un sanctuaire digne à tant de gloire. Or, depuis plusieurs mois, la coupole des Invalides est un vaste échafaudage ; on y voit sans doute un ouvrier qui y travaille parfois, mais je crains qu'il ne puisse avant longtemps avoir terminé sa tâche. Ayant l'honneur d'avoir le dôme des Invalides sur ma circonscription, je viens donc vous demander de donner des instructions nécessaires pour qu'un dôme dédoré et recouvert de planches n'apparaisse pas à l'étranger comme le symbole d'une France oublieuse de son histoire et ingrate à l'égard des grands soldats qui l'ont sauvée. »

L'Ordre, 10 avril 1937.

INVARIABLEMENT

• Un compte d'auteur :

Onzième édition, corrigée et augmentée. Prix invariablement fixé : cartonné 1 franc 30 centimes, broché 1 franc. [...]

NOTA. Lors de la première édition, cet ouvrage avait 55 pages ; l'auteur en a fixé le prix à 60 c.

Cette première édition épuisée, une deuxième a paru avec augmentation d'une page ; le prix est resté le même : 60 c.

Une troisième édition a été nécessaire, et l'ouvrage a été augmenté de 20 pages ; le prix est également resté à 60 c.

La troisième édition épuisée, l'auteur a publié la quatrième, avec une augmentation considérable, l'ouvrage avait 130 pages.

L'auteur a regretté vivement que le prix de 60 c soit devenu insuffisant, et c'est avec un déplaisir extrême qu'il s'est vu contraint de le porter à 75 c.

Enfin, la quatrième et la cinquième édition étant épuisées, l'auteur a publié la sixième, avec une augmentation de 26 pages ; il s'est vu contraint, de nouveau, afin de couvrir les frais d'impression, d'élever le prix de l'ouvrage, et de le porter à 1 fr.

Depuis, cinq nouvelles éditions ont été nécessaires, le prix est resté le même.

J.-A. GRÉGOIRE, *Les Quatre Vérités ou le Système de la vertu*, 1842.

INVENTIONS

• Tout dépend de l'ordre :

Pour voir les choses sous un meilleur jour, il suffit d'imaginer que la succession des inventions ait été renversée. Supposez que tout ce qu'ont fait le moteur à combustion interne pour les voitures, les dirigeables et les avions, et les ondes sans fil pour la télégraphie et la téléphonie, ait précédé, au lieu de les suivre, les changements dus à la vapeur et à l'électricité. Admettez que les chemins de fer et la navigation à vapeur aient paru avec leur perfection actuelle au commencement de ce siècle, au lieu d'être venus au monde dans le deuxième quart du siècle précédent. La révolution qui en serait résultée pour notre époque aurait-elle été beaucoup moins grande qu'elle ne le fut lorsqu'ils naquirent ?

A. H. P., préface au livre de Néon, *Une illusion, la conquête de l'air*, traduction Thomazi, 1927.

ISLAM

• Il n'ira pas loin :

Il est visible que le mahométisme s'écroule de toutes parts.

T. RUYNEAU DE SAINT-GEORGE, *Essai philosophique et historique sur le christianisme au XIXe siècle*, 1851.

• Plus proche qu'on ne dit :

Le pont le plus solide entre l'Islam et la France, il faut le reconnaître, c'est le christianisme : c'est le Christ, reconnu par le Koran comme juge suprême du dernier jour, et cette religion dont le chef Pie XI rappelait récemment que « nous sommes spirituellement des sémites ».

Candide, 4 janvier 1939.

ISME

• C'est la fin de tout :

L'œuvre de démolition commencée par le protestantisme sera continuée par le philosophisme, l'athéisme, le démocratisme, le civisme, le socialisme, le nationalisme et le capitalisme.

Emmanuel MALYNSKI, *La Grande Conspiration mondiale*, 1928.

Le prétendu art moderne ou contemporain dans notre cher et moderne pays contient tous les *ismes* de la dépravation, de la décadence et de la destruction. Le Cubisme veut détruire par un désordre organisé. Le Futurisme veut détruire par un mythe machiniste. Le Dadaïsme veut détruire par le ridicule. L'Expressionnisme veut détruire en singeant le primitif et le dément. Klee, un de ses trois fondateurs, est allé dans des asiles de fous pour son inspiration. L'Abstractionnisme veut détruire par la création d'idées insensées. Le Surréalisme veut détruire par le refus de la raison. Salvador Dali, surréaliste espagnol, est maintenant aux États-Unis. On dit qu'il porte toujours sur lui une photo de Lénine. L'Abstractionnisme ou la non-objectivité dans le prétendu art moderne s'est multiplié comme un pur produit russe et communiste. [...] Qui a jeté sur nous cette malédiction ; qui a laissé entrer dans notre patrie cette horde de vermine, cet art porteur de germes (*horde of germ-carrying art vermin*) ?

George A. DONDERO, représentant du Michigan au Congrès, 19 août 1949.

ITALIENNES

• Un connaisseur :

Il est une caractéristique qui distingue les Italiennes [...] de toutes les autres femmes. Chez elles, le pli sous-fessier de la jambe qui porte le poids du corps, au lieu d'être droit, est comme incurvé au-dessus du plan horizontal ; on pourra le constater chez la Piémontaise, la Napolitaine et la Florentine, tandis que dans les autres races il est droit et même inversement cintré.

A. VIGNOLA, *Toutes les femmes*, 1874.

IVRESSE

• Pourquoi la femme y résiste :

La naturelle température des femmes est fort humide ; ce qui leur rend la charnure ainsi molle, lissée et luisante, avec leurs purgations menstruelles. Quand donc le vin vient à tomber en une si grande humidité, alors, se trouvant vaincu, il perd sa couleur et sa force, et devient décoloré et éveux.

PLUTARQUE (vers 45-125), *Propos de table*, traduction Amyot.

• A quoi elle conduit :

S'il y a une faute qui porte avec soi un caractère de réprobation, on peut dire que c'est l'intempérance, qui conduit insensiblement à l'athéisme.

L'Ouvrier, ses vrais intérêts, par une Association de jeunes gens, 1877.

• Un remède souverain :

Faire vomir en titillant le fond de la bouche avec une barbe de plume ou en faisant boire des infusions de thé ou de camomille... si l'intoxication paraît grave, lavements salés ou savonneux. Enfin le moyen radical du paysan, qui consiste à enterrer l'ivrogne dans le fumier.

A. BITARD, *Le Livre de la maison*, 1878.

IVROGNE

• Tel père, tel fils :

L'ivrognerie est héréditaire. Dans une famille où l'un des procréateurs se livre aux boissons alcooliques, un ou plusieurs enfants seront ivrognes.

A. DEBAY, *La Vénus féconde et callipédique*, 1884.

• Le commencement de la fin :

L'ivrogne est toujours un ancien buveur d'eau, dût-on remonter pour cela à l'époque de son sevrage.

Dr J. GÉRARD, *La Grande Névrose*, 1889.

J

JACOB (Max)

• Une analyse de son art :

Les mots chez Max Jacob sont des clowns qui, dans un masque de plâtre, ouvrent une bouche shakespearienne pour répondre à Paul de Kock. Les mots crépitent comme l'électricité ou crépitent comme Crepitus.

Gabriel BONOURE, *La Nouvelle Revue française*, 1er juillet 1934.

JACOBINS

• Envoyés de la Providence :

Les esprits superficiels ne comprendront pas, au premier abord, que le jacobinisme ait eu une mission providentielle à remplir.

De tels scélérats devenir des instruments entre les mains de Dieu, qui voudrait le croire ? Rien n'est plus vrai cependant. [...]

Si vous voulez vous donner la peine de réfléchir quelques instants, que remarquez-vous ?

Ces monstres d'impiété et de barbarie, poussés par l'esprit révolutionnaire, se proposent d'abord d'anéantir la foi séculaire de la France et puis d'accumuler les ruines et les massacres pour dresser un piédestal à leur égoïsme et à leur suprême autorité. [...] Quoi de plus facile d'abord que de reconnaître en ces nouveaux Attila des fléaux dont Dieu se sert pour châtier de grands criminels ?

Mais ce qu'il y a de plus admirable, c'est l'action de la Providence pour conserver ses frontières à la France, fille aînée de l'Église. Sans la sauvagerie des Jacobins, il est bien à craindre que notre pays n'eût été morcelé par l'étranger. [...] On ne vit jamais mieux que « l'homme s'agite et Dieu le mène ».

Chanoine TOUZERY, *Histoire de la révolution française*, 1901.

JANVIER

• Finit en février :

Le 1er février 1875, par un bel après-midi de janvier, un homme s'approchait de la tribune.

Camille PELLETAN, *Le Rappel*, 4 février 1875.

JAPONAIS

• Simple impression de Jules Lemaitre :

Ne vous fiez pas à la gentillesse simiesque de ces magots sensuels. C'est justement parce que, sous les menues élégances de leur civilisation stationnaire, ils restent des enfants, de vieux enfants, c'est pour cela qu'ils sont tour à tour des créatures futiles et des créatures féroces. Moi, brave Arya, très préoccupé de progrès, de justice, de charité, formé par la discipline et tout imprégné d'idées générales, ces homuncules aux cerveaux étroits m'apparaissent, malgré leur immobile culture superficielle, comme tout proches encore de l'humanité primitive, comme de jolies bêtes qui ne sont pas mes parentes. Je me figure qu'ils en resteront toujours où ils en sont ; que, si quelque œuvre mystérieuse et divine s'élabore ici-bas, ce ne sera jamais par eux ; que cette race n'aura été sur notre planète qu'une floraison superflue ; et qu'enfin, s'il y a un plan et un dessein de l'Univers, le Japon n'aura servi qu'à rajeunir et varier chez nous l'art de l'ameublement, et que là est sa seule raison d'être... Je ne vous livre, bien entendu, qu'une impression ; mais que puis-je faire autre chose ?

Jules LEMAITRE, *Impressions de théâtre*, 30 avril 1888.

• Les femmes :

Bien laides, ces pauvres petites Japonaises.

Pierre LOTI, *Fantômes d'Orient*, 1892.

Si la Japonaise est la négation la plus absolue de la femme, elle est aussi la négation la plus absolue de la beauté grecque.

Louis MARTIN, *L'Anglais est-il un Juif ?*, 1895.

• Les évidences d'un général américain pendant la guerre :

Un Jap est un Jap. C'est un élément dangereux, qu'il soit loyal ou non.

Général J.L. DE WITT, 13 avril 1943, cité *in* Cerf et Navasky, *Paroles d'experts*, Acropole, 1989.

JARICOT (Mlle)

• C'est la gloire :

Mlle Jaricot, en créant l'Œuvre de la propagation de la foi, a préparé l'avenir qui lui devra peut-être autant de gloire qu'à la mère de Constantin ou à l'épouse de Clovis.

Abbé BOLO, *La Femme et le Clergé*, vers 1895.

JARRY (Alfred)

• Une idée générale :

S'il avait vécu, et s'était débarrassé de certaines manies, il aurait eu du talent.

Paul SOUDAY, *Le Temps*, 5 janvier 1922.

• L'homme :

Son ironie est effroyablement lourde, sa langue amorphe, sans pureté et sans grâce. Pas d'esprit, pas de gaieté.

Adolphe BRISSON, *Le Temps*, 24 février 1908.

On a prononcé à propos d'Alfred Jarry le mot de « *génie* ». Alors, vers l'an 1890, il suffisait donc de cette logorrhée malodorante pour ravir les lettres et conquérir les cénacles !

Paul ABRAM, *Comœdia*, 1er novembre 1921.

A regarder les divers portraits de Jarry, sans même être grand clerc en physiognomonique, on se convainc vite que ce visage ne peut être celui d'un déséquilibré supérieur, ni même celui d'un homme intelligent. La physionomie de Jarry est tout à fait moyenne, avec une pointe de niaiserie. Mais il paraîtrait qu'*Ubu roi* serait plutôt l'œuvre d'un officier de cavalerie (*sic*). A la bonne heure, j'aime ça. Qu'un capitaine de cuirassiers ou de dragons soit l'inventeur de « Merdre » satisfait pleinement mon sens de l'ordre et des classifications tant professionnelles que généalogiques.

Il n'y a de bon dans *Ubu roi* que quelques noms propres : celui d'Ubu, ceux de Palotin ou Salopins, etc. C'est toujours en effet le propre génie collectif des classes ou des chambrées que de composer de jolis surnoms.

Jean EPSTEIN, *L'Esprit nouveau*, 1922.

• A propos d'*Ubu roi* :

Ubu roi : La journée d'enthousiasme finit dans le grotesque. Dès le milieu du premier acte, on sent que ça va devenir sinistre. Au cri de « merdre », quelqu'un répond : « Mangre ! » Et tout sombre. Si Jarry n'écrit pas demain qu'il s'est moqué de nous, il ne s'en relèvera pas.

Jules RENARD, *Journal*, 10 février 1896.

Ubu roi est une fumisterie ordurière qui ne mérite que le silence du mépris.

Francisque SARCEY, *Le Temps*, 14 décembre 1896.

J'ai sifflé de toutes mes forces, d'abord parce que c'était à L'Œuvre et que je sifflais systématiquement toutes les pièces qu'on y représentait. J'ai sifflé ensuite parce que j'étais certainement un des rares spectateurs qui avaient trouvé la pièce complètement idiote.

ANTOINE, *Le Gaulois*, 4 janvier 1922.

Ubu roi n'est qu'un tissu de pauvretés.

Paul SOUDAY, *Le Temps*, 5 janvier 1922.

JAURÈS (Jean)

• Un portrait :

Collez-lui une peau de buffle, un ceinturon de cuir, un verre dans la main, et vous avez un Roybet, caricature de Franz Hals, un de ces guerriers qui ne se battent pas et qui attendent le Grand Soir dans la cuisine, les bottes au feu, le ventre à table. Ces héros du cassoulet et de la poule farcie lutinent en général une maritorne blonde. Jaurès, lui, lutine la Sociale.

Léon DAUDET, *L'Action française*, 16 juin 1909.

• La même équipe :

Entre M. Jaurès et Bazaine, il n'y a pas de nuance.

Juliette ADAM, *Parole française à l'étranger*, 21 septembre 1903.

• Ce qu'il mérite :

S'il y a un chef en France à ce moment-là qui soit un homme, M. Jaurès sera « collé au mur » en même temps que les affiches de mobilisation.

Urbain GOHIER, *La Sociale*, 1913.

Mais alors, dites-moi, à la veille d'une guerre, le général qui commanderait à quatre hommes et un caporal de coller au mur le citoyen Jaurès, et de lui mettre à bout portant le plomb qui lui manque dans la cervelle, pensez-vous que ce général n'aurait pas fait son plus élémentaire devoir ? Si ! et je l'y aiderais !

Maurice DE WALEFFE, *Paris-Midi*, 17 juillet 1914.

• Un duc connaît l'arme du crime :

Jaurès mettait son prestige sur les masses au service de la France, quand il tomba sous le couteau d'un fanatique.

Duc DE LÉVIS-MIREPOIX, « Le cinquantenaire de la mort de Jaurès », *L'Écho-Liberté*, 21 juillet 1964.

• Il a survécu un certain temps :

Jaurès fut tué à coups de revolver, à dix heures du soir, dans un café de la rue Montmartre, et expira une demi-heure après.

Revue de Paris, 1er décembre 1937.

JAZZ

• Simiesque :

Le jazz est cyniquement l'orchestre des brutes au pouce non opposable et aux pieds encore préhensifs, dans la forêt de Vaudou. Il est tout excès, et par là plus que monotone : le singe est livré à lui-même, sans mœurs, sans discipline, tombé dans tous les taillis de l'instinct, montrant sa viande à nu, dans tous ses bonds, et son cœur, qui est une viande plus obscène encore. Ces esclaves doivent être soumis, ou il n'est plus de maître.

Revue musicale, Paris, 1920.

• Et vraiment dur à passer :

Selon le docteur J.T. Stevens, le goitre serait une des maladies que notre âge de la radio semblerait développer particulièrement. Les glandes endocrines fonctionnent en effet en collaboration étroite avec le système nerveux, et les épreuves que nous faisons subir à celui-ci affectent nos sécrétions internes et, par là, tout l'équilibre de notre organisme. Le Dr Stevens va jusqu'à affirmer que, si la durée moyenne de la vie humaine est si basse, la faute en est surtout à l'hyperthyroïdie qui détermine toutes sortes de maladies du cœur. Le jazz aurait produit une génération de goitreux qui s'ignorent (*Deutsche Wochenschrift*).

Les Primaires, janvier à juin 1937, p. 322.

• Il n'en restera rien :

Crépuscule du jazz. Astre insolite surgi de l'occident avec la précision d'un magistral coup d'envoi, il a éclairé la mêlée d'après-guerre de sa flamme dure et clignotante... Les années ont passé et l'on s'aperçoit aujourd'hui que l'incursion du jazz dans le domaine de l'art n'y a pas laissé de traces bien profondes.

Albert GRAVIER, *Les Primaires*, mai 1931.

JEANNE D'ARC

• Aucun doute :

Nous ne voyons pas quel tort Jeanne d'Arc a pu faire aux Juifs.

Louis MARTIN, *L'Anglais est-il un Juif ?*, 1895.

• Des ancêtres inattendus :

Les Français qui évoquent le souvenir de leur héroïne nationale ne se doutent guère que Jeanne d'Arc, tout comme Garibaldi d'ailleurs, était sortie, non pas de sang lorrain, mais de bon sang allemand. La démonstration en est facile. Des chercheurs italiens ont établi que les aïeux de Jeanne avaient émigré de l'Italie du Nord et s'appelaient originairement Guislieri. Ils prirent plus tard le nom d'Arc, que portaient leurs armoiries. Or « Ghislieri » n'est autre que le vieux nom germanique « Ghisler », et les Ghisler, aujourd'hui Gieseler, ont pour armes un fouet avec une corde. On voit combien il est incontestable que les Ghisler sont devenus les Ghislieri, le fouet un arc, et les Ghislieri les « d'Arc ».

Berliner Tageblatt, mars 1915.

JÉSUITES

• Comment les reconnaître :

De toutes les physionomies religieuses, il n'en est peut-être pas de plus reconnaissables, de plus frappantes, que celles des Jésuites. [...] Le front sera presque toujours élevé en voûte et d'une grande capacité, sans être ni compact ni vigoureusement prononcé. La plupart du temps le nez est grand, courbé et très cartilagineux vers l'extrémité. Le menton est large, pas trop gras, mais relevé en bosse. Ajoutez à cela des yeux qui s'affaissent et des lèvres bien marquées. C'est une chose singulière que parmi tant de savants distingués qu'a produits l'ordre des Jésuites il se trouve à peine une seule tête vraiment philosophique. [...]

J'observerai encore que le véritable enthousiasme religieux (bien différent de cet enthousiasme factice qui n'est qu'une affectation) habite rarement, ou, pour mieux dire, n'habite jamais les corps osseux à l'excès.

Gaspard LAVATER, *L'Art de connaître les hommes par la physionomie*, édition de 1807, tome VI.

• L'avis de Renan :

Le catholicisme n'a pas d'efficacité morale. Il exerce des effets funestes sur le développement du cerveau. Un élève des Jésuites ne sera jamais un officier susceptible d'être opposé à un officier prussien.

Ernest RENAN, *La Réforme intellectuelle et morale*, 1871.

• Tous dans le même sac :

Enfin, les choses sont arrivées à ce point qu'en morale, *jésuitique* est devenu synonyme de *judaïque.*

Auguste CHIRAC, *Les Rois de la République*, 1883.

Rien de moins étonnant que les collusions de la Compagnie de Jésus et de la Franc-Maçonnerie. La Maçonnerie se vante d'être une sur-religion humanitaire, « la seule sur laquelle tous les hommes puissent tomber d'accord » : du jour où les Jésuites, pour flatter les nouveaux maîtres de l'heure, ont consenti à chanter la ritournelle démocratique, ils ont du même coup adopté et légitimé cet idéal bâtard d'un humanitarisme soi-disant évangélique, à la mode du Sillon condamné par Pie X.

LUC-VÉRUS, *Ce que c'est qu'un Jésuite*, 1930.

JÉSUS-CHRIST

• Il était bien né :

Non seulement Jésus-Christ était fils de Dieu, mais encore il était d'excellente famille du côté de sa mère.

Attribué à Mgr DE QUÉLEN, archevêque de Paris (1778-1839).

• Un peu plus, il était français :

Chose remarquable que de voir Jésus naissant dans la nation juive ! Pourquoi donc ne s'incarna-t-il point chez les peuples de race celtique, dont le premier de tous devait être le fils aîné de son Église ?

C'est qu'il fallait que Jésus fût sacrifié. [...]

Non seulement Jésus n'a pu être juif, mais il est moralement comme homme, le Celte type.

Dr Maurice ADAM, *La Tradition celtique et ses adversaires*, Paris, 1901.

• Mais en y réfléchissant :

Dans le Christ, tout est allemand, jusqu'à la moelle.

Arthur BRAUSEWETTER, in *Der Tag*, Berlin, 7 avril 1916.

• Sur la Passion, des détails d'une précision accablante :

Ils lui donnèrent (à la première station) 100 gifles et 120 coups de poing sur le visage, avec tant de force que toutes ses dents bougèrent et ils lui infligèrent beaucoup d'autres outrages infâmants. [...]

Selon les révélations de sainte Brigitte, de sainte Élisabeth la Veuve et de la bienheureuse Métilde, ils lui donnèrent (ensuite) 140 bourrades, 72 coups de pied, 32 coups sur les bras et autant sur les jambes, 80 sur les épaules. Ils lui tirèrent 70 fois les cheveux et la barbe, ils lui donnèrent 122 gifles, 30 coups de poing dans la poitrine et sur la bouche, ils lui tirèrent 20 fois le nez et 30 fois les oreilles. Il supporta toutes ces peines et ces supplices avec une infinie patience, sans jamais se plaindre. [...]

Parce que sa main gauche n'arrivait pas au trou fait dans la croix, à l'endroit où elle devait être clouée, afin qu'elle y arrive, ils lui tirèrent le bras avec une corde, au point de lui ouvrir les veines, de lui allonger les nerfs et de déchirer sa poitrine, en lui découvrant les côtes. La même chose se produisit quand on lui cloua les pieds : ses nerfs s'étaient contractés et ceux-ci ne pouvaient pas arriver au trou fait dans la croix.

Pour lui clouer les mains, ils firent en sorte que les pointes de clous soient tordues et traversent, jusqu'à la jointure de la main, là où se trouve une plus grande quantité de muscles, de nerfs et de petits os afin de le faire souffrir davantage. Ils firent de même en lui clouant les pieds avec deux autres clous. Les bourreaux étaient au nombre de quatre. [...]

Pour lui clouer les pieds, ils se servirent d'un clou sans pointe et, pour les lui clouer tous les deux, ils donnèrent 36 coups de marteau ; pour lui clouer les mains, ils lui en donnèrent 26.

Antono MASINI (1599-1691), *Ristretto della Passione di NS Giesu Christo*, Venise, Andrea Baroni, 1706.

• Il n'avait pas le temps :
Jésus-Christ notre modèle a été, selon le Prophète, dans les travaux dès sa jeunesse, et ils n'ont fini qu'avec sa vie mortelle. [...] Il se levait de fort grand matin. Il se retirait dans les lieux déserts pour prier et il passait souvent les nuits entières dans ce saint exercice. Le soir on lui amenait tous les malades et les possédés : il guérissait les uns et chassait les démons des corps des autres. Toute sa vie n'était qu'un tissu de travaux et d'occupations : souvent même il n'avait pas le temps de satisfaire aux besoins de la nature.

Histoires choisies, ou Livre d'exemples tirés de l'Écriture, 1735.

• Une santé de fer :
Jésus ne fut pas élevé délicatement, comme on le voit par la distance de Nazareth à Jérusalem qu'il franchit à l'âge de douze ans. A sa naissance déjà, il ne fut pas traité avec mollesse, car nous le voyons naître dans une étable et dormir dans une crèche. Il ne paraît pas, toutefois, que cette rude éducation ait nui à sa santé ou abrégé sa vie.

Jean-Frédéric FLATTICH, *Conseils pédagogiques d'après certains passages de l'Écriture sainte*, 1768, traduction française de 1862.

• Le citoyen Jésus :
Jésus-Christ n'est que la divinité concitoyenne du genre humain.

FOUCHET, *Second Discours sur la liberté française*, juillet 1789.

Et toi, qui es assis à la droite de ton papa Dieu, bon bougre qui voulus naître bâtard à Bethléem pour nous apprendre à nous foutre de la naissance...

Le Nouveau Te Deum, in *Le Père Duchesne*, mars 1791.

Le citoyen Jésus-Christ a été le premier sans-culotte du monde.

Le capucin CHABOT, *Discours*, 7 septembre 1793.

• L'hommage d'un disciple :
Comment Jésus-Christ serait-il outragé par ma théorie du quadruple produit, découverte qu'il a provoquée, et qui remplit toutes ses vues ?

Charles FOURIER, *La Fausse Industrie*, 1836.

• Un réquisitoire :
Des Scribes et des Pharisiens, personnages éminemment honorables, déposent unanimement que cet homme fréquentait la plus mauvaise société. [...]

Un homme qui n'a pas le sou et qui se livre à des prodigalités ruineuses, comme de se faire répandre de l'huile odoriférante sur les pieds !

Ô temps ! Ô mœurs !

Mais que dis-je ! Savez-vous par qui lui était versée cette huile odoriférante qui avait été apportée dans un vase d'albâtre ! — Par — une — FEMME — de la ville qui — AVAIT — ÉTÉ — DE — MAUVAISE VIE (Luc VII. 37). Elle lui arrosait les pieds de ses larmes — et les essuyait avec ses cheveux. — Elle lui baisait les pieds ! ! ! ! *Proh Pudor* ! ! ! ! et elle les oignait avec cette huile.

Vous voyez que cette fâcheuse prodigalité était la moindre des choses qu'on eût à lui reprocher — *Pudet dicere* !

Il a tenu ce que son enfance avait promis.

Un jour que sa mère et le mari de celle-ci se rendaient à une fête, l'enfant s'esquive ; les parents reviennent en toute hâte au logis : pas plus d'enfant que sur la main ! Ils furent trois jours à le trouver. Et quand la pauvre mère lui dit avec une douceur hors de propos : Mon enfant, pourquoi as-tu agi ainsi envers nous ? — POURQUOI ME CHERCHIEZ-VOUS ? répond le charmant sujet (Luc II, 41 à 49).

Il tient dans l'Église des propos sacrilèges. Transportés d'une sainte colère, les honnêtes gens le mènent hors de la ville jusque sur le sommet d'une montagne pour le précipiter, dit la chronique : mais pst ! « il passa par le milieu d'eux et s'en alla », commençant ainsi cette vie de vagabondage qui devait se dénouer sur la croix. On le perd de vue pendant de longues années. Le citoyen voyage ! Et avec quoi ? Mon Dieu ! il avait un genre de vie des plus économiques. On nous raconte comme une chose des plus naturelles que, passant par des blés avec ses disciples, ceux-ci « arrachaient des épis, et, les froissant entre leurs mains, ILS LES MANGEAIENT ». Or, cette belle action ayant lieu le jour du Sabbat, voici qu'ils discutent à perte de vue sur la question de savoir s'il était permis de travailler en un tel jour. Mais s'il est permis de voler en campagne ! [...] Citoyens, vous savez qu'il est mort entre deux voleurs, vous conviendrez qu'il ne l'avait pas volé. [...]

C'est toujours du communisme en action.

J'oubliais de vous dire qu'il a réclamé, au mépris de la loi, l'impunité pour une femme adultère, et tout homme vertueux jugera qu'il n'en faut pas davantage pour motiver une accusation d'excitation à la débauche. Il avait de bonnes raisons, sans doute, pour réclamer l'indulgence en faveur de cet horrible délit.

Victor MEUNIER, *Jésus-Christ devant les conseils de guerre*, 1849.

• **Petit portrait :**
Sous les cieux paisibles et resplendissants d'un printemps de Galilée, sur les bords riants et délicieux du lac de Tibériade, le jeune et ravissant prophète [...].

Athanase COQUEREL fils, *Quelle était la religion de Jésus ?*, brochure, 1872.

• **Quelques remarques :**
Se croire Dieu ou quelque autre être extraordinaire est un cas de folie très commun. Jésus était sans doute un fou de cette espèce. [...]

Où Jésus se montre impitoyable, c'est envers ceux qui ne veulent pas croire en lui. Il faut toujours lui chanter comme au Postillon de Longjumeau : Oh !

Jules GAY, *Mélanges satiriques et amusants*, 1877.

• **Jésus et le fisc :**
Les Romains, d'ailleurs, ne voyaient pas Jésus d'un mauvais œil, car, avec ses théories de seconde vie et de résignation, il ne pouvait que faciliter la rentrée des impôts.

Aussi voyons-nous Pilate fort peu soucieux de contribuer à son supplice.

De son côté, Jésus prenait garde de se mettre mal avec le fisc ; il n'en voulait qu'au clergé juif et toute la préoccupation de ce dernier a consisté à le considérer comme un séditieux, voulant être roi des Juifs, malgré la domination romaine.

Au fond, les théories financières de Jésus sont disposées de façon à donner une forme nouvelle au parasitisme institué par Moïse.

Le principe fondamental qu'il enseigne aux Apôtres consiste à vivre aux dépens d'autrui. [...]

Or, ces doctrines ont fait vivre le Christ dans un bien-être matériel sans interruption. Sa vie fut une succession de noces et de festins chez tous les riches qu'il rencontra, au milieu des plus belles courtisanes, sous un ciel étincelant et parmi la plus luxuriante nature.

Auguste CHIRAC, *Les Rois de la République*, 1883.

• Observations cliniques :
Depuis 1 900 ans, l'humanité occidentale vit sur une erreur de diagnostic. [...] Sans tenir compte des préjugés, j'ai essayé d'appliquer à Jeschoubar-Iossef (Jésus) la méthode des sciences naturelles, d'établir en partie son observation clinique. [...]

Né entre la Méditerranée et le lac de Tibérias, au fond d'une province montagneuse, boisée, peu fréquentée, sauvage, dans un pays de bon vin, à une époque où l'alcoolisme sévissait sur la peuplade juive, dans un bourg perdu dont les naturels étaient la risée des citadins ; fils d'un pieux charpentier et d'une dévote, frère d'un ascète rabougri et crasseux qui, suggestionné par lui, devint à son tour chef de secte et paya son fanatisme de sa vie, oncle d'un chef de secte qui eut le même sort, grand-oncle de rustres dont la naïveté et l'impuissance excitèrent la pitié des Romains, comptant dans sa famille sept mystiques sur treize membres ; petit de taille et de poids, délicat de constitution, ayant présenté une anorexie de longue durée et une crise d'hématidrose, mort prématurément sur la croix d'une syncope de déglutition facilitée par l'existence d'un épanchement pleurétique vraisemblablement de nature tuberculeuse et siégeant à gauche ; ayant des idées d'eunuchisme, d'œdipisme et d'amputation manuelle, révélateur de désirs sexuels ardents, sinon de perversion sexuelle ; au demeurant, impuissant et stérile, Jeschoubar-Iossef nous apparaît comme un dégénéré physique et mental.

Dr BINET-SANGLÉ, professeur à l'École de psychologie, *La Folie de Jésus, son hérédité, sa constitution, sa physiologie*, 1908.

• Jésus et les femmes :
Pour qui a un peu étudié la vie de Jésus, il semble bien que, dès qu'il a pu quitter l'atelier de son pauvre bonhomme de père, il l'a fait, de sorte qu'on est assez en droit de se demander si l'envie de « tirer sa flemme », comme on dit en style familier, n'a pas été la cause déterminante de sa prétendue vocation. Ce qui incite à le penser, c'est qu'on le voit par la suite entouré de jeunes et jolies femmes qui semblent avoir été de mœurs plutôt faciles, Marie de Magdala, Jeanne, femme de Khousa, l'un des intendants d'Antipas, Suzanne, d'autres encore qui subvenaient à ses besoins, et lui permettaient ainsi de fainéantiser tout le long du jour sans faire œuvre de ses dix doigts [...] si bien qu'à y regarder de près, ce Jésus qui, de nos jours, n'échapperait pas à la correctionnelle, paraît moins qualifié pour être le patron d'honnêtes charpentiers que celui des petits messieurs pour la profession desquels on a imaginé le vocable pudique de « vagabondage spécial ».

Le Cri populaire, 1928.

• Un antisémite conclut :
Quiconque maintient que le Christ était juif est ou ignorant ou malhonnête.

Houston Stewart CHAMBERLAIN.

JEÛNE

• Les théologiens ont pensé à tout :
Quand en se lavant la bouche on a avalé quelques gouttes d'eau, ou, en marchant, un flocon de neige ou un moucheron, on peut communier, parce qu'on avale cela en forme de salive. Ainsi le jeûne naturel n'est pas rompu.

Quant au tabac qu'on prend par la bouche en machicatoire ou en fumée, nous croyons avec Paul Zacchias, savant médecin de Rome, avec Sylvius et plusieurs auteurs cités par Diana, que, quand on en avale quelque peu du suc ou de la fumée, le jeûne naturel est rompu.

BABIN, *Conférences ecclésiastiques du diocèse d'Angers*, 1716.

JEUNESSE

• De quoi l'amuser :
Fusils, canons de campagne et canons de siège, artillerie légère et artillerie lourde, mitrailleuses, mortiers, crapouillots, munitions : obus, schrapnells, grenades, etc. ; fortifications et places fortes ; tranchées, procédés du génie moderne et du génie

ancien ; dreadnoughts, croiseurs, submersibles, aéroplanes, captifs et dirigeables, le présent ouvrage étudie tous les éléments que la guerre met en jeu.

Abondamment documenté, d'un intérêt soutenu, illustré de nombreuses gravures qui ajoutent à la clarté de ses explications, ce livre est le livre, par excellence, du jeune Français.

Publicité parue dans *Lectures pour tous* du 15 octobre 1916, à propos de *La Guerre moderne et ses nouveaux procédés*, de Daniel Bellet et Wili Darvillé.

JOB

• Victime de la calomnie :

C'est une imprudence scandaleuse que de dire que la maladie de Job était la grosse vérole. J'avoue que, dans l'Église romaine, il est patron des vérolés ; mais cela ne conclut rien pour l'autre supposition. Il était vénéré dans cette Église avant que la vérole fût connue en Europe.

P. BAYLE, *Dictionnaire historique et critique*, 1697.

JOCONDE

• Il reste un doute :

Peintre et graveur, M. Coppier a souvent gravé ses propres compositions : il a apporté, dans l'interprétation de la Joconde, un des chefs-d'œuvre de Rembrandt, une pénétration extrême.

Léon ROSENTHAL, *Le Petit Journal*, 12 juillet 1916.

JOHNSON (Lyndon B.)

• De Gaulle, qui n'a jamais pu le supporter, le décrit :

[...] un M. Queuille qui aurait eu en main deux revolvers chargés.

Général Charles DE GAULLE, propos à Jacques Chaban-Delmas, cité *in* Jean Lacouture, *De Gaulle*, III, p. 348.

JOUES

• Un raisonnement lumineux :

Les joues rondes sont naturellement un témoignage d'envie ; car de la même façon que la terre, qui est sphérique, contient en soi toutes les autres figures, et semble avoir un certain désir naturel d'attirer à soi tout le monde (si la chose se pouvait ainsi), d'autant que toutes les choses sublunaires, et même les influences célestes, tendent incessamment à elle : ainsi ceux qui ont les joues rondes souhaiteraient de posséder toutes les perfections et toutes les richesses d'autrui ; et partant telle sorte de joues est une marque d'envie, qui n'est rien d'autre que ce désir de posséder, soit les qualités soit les biens que possèdent les autres.

C. D. DE LA BELLIÈRE, *La Physionomie raisonnée*, 1664.

JOURNAL

• Un peu d'histoire :

Le journal date de l'invention de l'imprimerie ; il apparaît dès le début du dix-septième siècle et, immédiatement, il remplace la nouvelle manuscrite, la longue relation que l'on se passait de main en main, et souvent sous le manteau.

Le Quotidien, 27 novembre 1934.

JOURNAL OFFICIEL

• Entre confrères :

Cette misérable feuille de papier, cette enseigne à mensonges, ce réceptacle de toutes les gueuseries de tous les gouvernements.

Le Figaro, 6 février 1871.

JUGEMENT DERNIER

• On y paiera des amendes :

Il est à présumer qu'il y aura au jugement dernier des punitions pécuniaires aussi bien que des capitales, ainsi qu'il se pratique dans les tribunaux humains.

R. P. Hyacinthe LE FÈBVRE, *Traité du jugement dernier*, 1669.

JUIFS

• Une vieille histoire :

Ceux d'Israël [...] duquel peuple je ne lis jamais l'histoire que je n'en aie trop grand dépit, quasi jusques à devenir inhumain, pour me réjouir de tant de maux qui leur advinrent.

Étienne DE LA BOÉTIE, *Discours de la servitude volontaire, ou Contr'un*, 1576.

On aurait dû raser leurs synagogues, détruire leurs maisons, leur ôter leurs livres de prières, le Talmud et jusqu'aux livres de l'Ancien Testament, défendre aux rabbins d'enseigner, les obliger de gagner leur vie au moyen de travaux manuels pénibles.

Martin LUTHER, cité *in* Seckendorff, *Commentarius historicus et apologeticus de lutheranismo*, Leipzig, 1692.

Satan anime les Juifs et je les vois avancer par son instinct.

BOSSUET, *Méditations du 99e jour*, 1696.

• Ils ont bien voulu ce qui leur arrive :
Ce n'est point le fatalisme qui les a jetés à cheval dans les plaines arides de l'Asie occidentale, de l'Arabie et d'une partie de l'Afrique. Ils avaient le libre arbitre. Par un esprit d'indépendance sauvage et de haine de toute discipline, ils ont choisi le mal, le laid, le hideux, par goût ; comme la variété noble du Caucase, sa sœur, choisit le bon et le beau, également dans son libre arbitre.

D. RAMÉE, architecte, *Théologie cosmogonique ou Reconstitution de l'ancienne et primitive loi*, Paris, 1853.

• Un conservateur :
Il n'y a pas de grand mouvement intellectuel en Europe auquel les Juifs ne prennent pas une grande part. Les premiers Jésuites furent des Juifs ; la mystérieuse diplomatie russe qui trouble tellement l'Europe occidentale est principalement conduite par des Juifs ; cette révolution puissante qui se prépare en ce moment en Allemagne et qui, si peu connue en Angleterre, deviendra une seconde et plus vaste Réforme, se développe en son entier sous les auspices des Juifs, qui monopolisent presque les chaires professorales d'Allemagne.

Benjamin DISRAELI, *Coningsby*, 1844.

• Trois socialistes :
La nation juive n'est même pas civilisée. [...] Les Juifs, avec leurs mœurs mercantiles, ne sont-ils pas la lèpre et la peste du corps social ?

Charles FOURIER, *Théorie de l'unité universelle*, 1841.

Ce peuple mercantile apporte, dans l'art de rançonner le genre humain, la ferveur de son fanatisme religieux. C'est pourquoi je comprends les persécutions que les Romains, les Chrétiens et les Mahométans ont fait subir aux Juifs.

Alphonse TOUSSENEL, *Les Juifs, rois de l'époque*, 1844.

Il faut renvoyer cette race en Asie, ou l'exterminer.

P.-J. PROUDHON, *Carnets*, 24 décembre 1847.

• Un axiome :
On pourrait, sans craindre de se tromper, formuler cet axiome : « Plus les hommes par leur religion se rapprochent du Judaïsme, plus ils sont sales ; plus ils s'en éloignent, plus ils sont propres. »

Maxime DU CAMP, *La Revue des Deux Mondes*, 1er avril 1861.

• Quelques extraits d'un livre célèbre :
La race aryenne ou indo-européenne possède seule la notion de la justice, le sentiment de la liberté, la conception du beau. [...]

Le Sémite n'a aucune faculté créatrice ; au contraire l'Aryen invente. Pas la moindre invention n'a été faite par un Sémite. [...]

Le Juif est insolent, jamais fier ; il ne dépasse jamais ce premier degré auquel, d'ailleurs, il atteint très facilement. Les Rothschild, malgré leurs milliards, ont l'air de revendeurs d'habit. Leurs femmes, avec tous les diamants de Golconde, ressembleront toujours à des marchandes à la toilette, non point endimanchées, mais *ensabbatées* [...]

Les Juifs — Jules Simon en tête — sont les plus déterminés adversaires de la peine de mort, non point pour la peine elle-même, puisqu'on l'appliquait fréquemment dans le royaume d'Israël, mais parce que les formalités religieuses nécessaires pour l'exécution d'un Juif seraient très difficiles à observer à notre époque.

Édouard DRUMONT, *La France juive*, 1886.

• Comment les reconnaître :
Les Hébreux de tous temps furent en butte aux mauvais traitements des peuples qui les ont approchés. La haine et la répugnance qu'ils inspiraient à leurs voisins étaient si grandes qu'ils étaient continuellement en lutte avec eux, ce qui n'a pas varié de nos jours.

Le peuple hébreu, essentiellement improductif, a toujours vécu en parasite sur la terre. C'est le *pou du genre humain*, pou vivace, pou qui se multiplie, insecte que l'on cherche à écraser partout où il ronge.

Pour plaire à ses ennemis, il fallait sourire ; pour les exploiter, il fallait sourire ; être invariablement content, serviable et plat.

Le Juif est toujours souriant.

Il sourit sous les injures, sous les coups ; il sourit surtout lorsqu'il fait des dupes.

Ce sourire éternel est devenu grimace ; sourire ou grimace, les rides des yeux se sont transmises d'âge en âge chez le peuple hébreu, devenant un trait distinctif de la race. [...]

Les oreilles juives sont assez souvent pointues, comme les oreilles des satyres. [...]

Lorsqu'un individu plus ou moins louche, que vous avez vu une fois, que l'on vous a présenté vaguement dans une réunion quelconque, ou même que vous n'avez jamais vu, se précipite à votre rencontre et vous tend la main en souriant, dites à priori : c'est un Juif.

Dr CELTICUS, *Les Dix-Neuf Tares corporelles visibles pour reconnaître un Juif*, Librairie antisémite, 1903.

• **Le point de vue médical :**
Une de leurs victimes, de race française, a prétendu que dans les accouchements laborieux, le tintement d'une pièce d'argent près de la patiente suffisait pour faire apparaître le moutard juif les mains tendues.

Fernand GRÉGOIRE, *La Juiverie algérienne*, 1888.

Le Juif comme foyer et agent de contagion du choléra : Le juif polonais — à proprement parler, nous n'avons pas de juif russe — est l'être le plus malpropre que l'on puisse imaginer. C'est à la fois un bouillon de culture et un agent de transmission du bacille cholérique.

L'Autorité, 1er août 1893.

• **Autour de l'affaire Dreyfus, la grande attaque :**

Il n'est pas un crime, pas un délit, pas une fraude dans laquelle on ne trouve un juif.

A. DUDOUYT, *La France*, 14 février 1895.

Je n'avais pas huit ans lorsque je vis un juif
Traversant mon village en petite voiture
Cingler d'un coup de fouet à travers la figure
Un pauvre balayeur qu'il trouvait agressif.

Poème paru dans *L'Impartial de Saint-Dié* le 23 février 1895.

Le juif porte malheur.

L'Est républicain, 31 juillet 1895.

Je suis d'une vieille famille française, dont la pauvreté, comme celle de beaucoup d'autres, est due aux Juifs qui se sont abattus sur la France et qui la ruinent.

Jean BIDEGAIN, *Le Grand Orient de France*, 1905.

Il n'y a pas à se le dissimuler, la franc-maçonnerie est essentiellement antipatriotique ; et il ne peut en être autrement, puisque la franc-maçonnerie et la juiverie ne font qu'un, et que les Juifs n'ont pas de patrie.

Jean DE DOMPIERRE, *Tas de cochons ! Odyssée du fameux marin breton Biennick*, 1905.

Il est donc vrai. La croyance que les Juifs tuent les petits enfants chrétiens, recueillent avec soin leur sang précieux, en font un horrible breuvage, en fabriquent des remèdes monstrueux, cette croyance n'est pas une « billevesée ridicule du Moyen Âge » ; c'est maintenant la voix sévère et grandiose de l'histoire qui s'élève pour clamer aux quatre vents les crimes inqualifiables nés de ces coutumes révoltantes.

Henri DESPORTES, cité *in* Albert Monniot, *Le Crime rituel chez les Juifs*, 1914.

• **L'entre-deux-guerres :**
Du président Woodrow Wilson et de M. Lloyd George, les Juifs sont parvenus à faire leurs agents les plus dociles et les plus dévoués.

Roger LAMBELIN, *Le Règne d'Israël chez les Anglo-Saxons*, 1921.

Gare aux gaz et aux canons monopolisés sur toute la surface du globe, entre les mains des Juifs, par les Juifs, et pour les Juifs.

Emmanuel MALYNSKI, *La Grande Conspiration mondiale*, 1928.

• **La thèse nazie du microbe :**
Le Juif [...] ne satisfait pas à la condition préalable la plus essentielle pour un

peuple civilisateur : il n'a pas d'idéalisme. [...] Il est et demeure le parasite type, l'écornifleur qui, tel un bacille nuisible, s'étend toujours plus loin, sitôt qu'un sol favorable l'y invite. Là où il se fixe, le peuple qui l'accueille s'éteint au bout de plus ou moins longtemps. [...] Il empoisonne le sang des autres, mais préserve le sien de toute altération. [...] Pour dissimuler ses menées et endormir ses victimes, il ne cesse de parler d'égalité de tous les hommes, sans considération de race et de couleur. Il a, en apparence, pour but d'améliorer la condition des travailleurs ; en réalité, sa raison d'être est de réduire à l'esclavage et, par là, il anéantit tous les peuples non juifs.

Adolf HITLER, *Mein Kampf*, traduction française, Nouvelles Éditions latines, 1938.

• Un texte de Charles Maurras :

Toutes les fortes crises modernes ont un caractère oriental ; bibliques par leur esprit ou juives par leur personnel au XVIe siècle, la Réforme allemande, la Réforme anglaise, la Réforme française, puis, aux XVIIIe et XIXe siècles, les trois révolutions de la France, entre la Terreur et la Commune, enfin, au XXe, les convulsions de Moscou, de Buda, de Madrid et de Barcelone, montrent ce même trait, plus ou moins vif, mais foncier. Elles expriment, soit un hébraïsme intellectuel, soit les actes d'Hébreux de chair et d'os. Cela n'est douteux ni pour Luther, ni pour Knox, ni pour Calvin, ni pour Jean-Jacques, ni pour Marx, ni pour Trotsky, ni pour leurs disciples russes, hongrois ou ibériens.. Un spectateur désintéressé, M. Henri Béraud, écrit à un ami juif : « Peut-on se rappeler sans frémir que le premier chambardeur de la Russie s'appelle Kerensky ; que la chambardeuse de l'Allemagne s'appelle Rosa Luxembourg ; que le chambardeur de la Bavière s'appelle Kurt Eisner ; que le chambardeur de l'Autriche s'appelle Otto Bauer ; que le chambardeur de la Hongrie s'appelle Bela Kun ; que le chambardeur de l'Italie s'appelle Claudio Trèves et que le chambardeur de la Catalogne s'appelle Moïse Rosemberg » et que tous « ont un maître unique, Marx ? » Agitateurs ou idéologues, ou les uns et les autres, attestent la même pression violente de l'Orient sémite sur un Occident qu'elle dénationalise avant de le démoraliser. Ce messianisme de Juifs charnels, porté au paroxysme par sa démence égalitaire et qui prescrit de véritables sacrifices humains, a tout osé pour imposer une foi absurde et, quand vient l'heure du désespoir inéluctable, l'énergumène juif casse tout.

Charles MAURRAS, *Mes idées politiques*, 1937.

• Parmi tant d'autres, des textes de la Deuxième Guerre mondiale :

Composé de scènes prises sur le vif ou extraites des bandes réalisées par des Juifs eux-mêmes, ce film met en relief les caractéristiques de la race et du tempérament sémitiques.

Il nous conduit à travers les taudis juifs, dans ces lieux repoussant de saleté que l'on nomme les « ghettos ». [...] Un parallèle est tracé entre les rats qui sont les porteurs de parasites et les porteurs de germes parmi les animaux, et les Juifs qui jouent le même rôle auprès des humains.

Le Juif a toujours su adapter son physique à celui des peuples qui l'hébergent. Des comparaisons entre les mêmes types de Juifs, d'abord du Juif galicien revêtu du cafetan, barbu et coiffé du « peis », puis du Juif de l'Europe occidentale, entièrement rasé, montrent efficacement par quel moyen le Juif a trompé les peuples parmi lesquels il a vécu. Sous ce masque, il a pu gagner de l'influence et atteindre des situations de plus en plus élevées. Mais il n'a pu transformer son caractère.

Après que le bannissement des Juifs en Europe eut été rapporté au début du XIXe siècle, ceux-ci ont réussi, au cours de quelques dizaines d'années, à prendre tous les leviers de commande, sans que les peuples chez qui ils s'étaient établis s'en soient aperçus et bien qu'ils représentent à peine un pour mille de la population mondiale.

[...] Des chiffres indiquent clairement comment les Juifs ont escroqué les États de sommes fantastiques. Non contents d'être une puissance d'argent, ils ont pris pied dans la vie culturelle. Les images du prétendu art juif dévoilent toute sa décadence. [...] En opposition, des vues d'ensemble de paysans et d'ouvriers au travail montrent, à la fin du film, la promesse d'une ère nouvelle de confiance et d'espoir.

Compte rendu du documentaire *Le Péril juif*, in *Cinémondial*, n° 7, 19 septembre 1941, cité par Claude-Jean Philippe, *Le Roman du cinéma*, II, 1986.

Donc tous les Juifs adultes, sans exception, sans passe-droit, sans protection possible, derrière des barbelés et gardés militairement. Il ne s'agit pas, je le répète, d'être cruel ou de se venger aveuglément. Il s'agit d'une mesure de justice et de légitime défense. [...]

Évidemment, si l'on réalisait ce projet dont je n'hésite pas à dire qu'il est plein de modération et d'humanité, la Conscience Universelle, si indifférente aux malheurs des Aryens, pousserait des hurlements horrifiés.

Est-il besoin de dire que nous nous fichons éperdument de la Conscience Universelle ?

P.A. COUSTEAU, *Je suis partout*, 23 mai 1942.

• Le mot d'un chevalier chrétien :

En me défendant contre le Juif, je combats pour défendre l'œuvre du Seigneur.

Adolf HITLER, *Mein Kampf*, première partie, chapitre 2, traduction française, Nouvelles Éditions latines, 1938.

• Et ça continue :

Le christianisme, c'est la multiplication des pains ; le génocide, celle des youpins.

Olivier MATHIEU, *Révision*, revue, septembre 1989.

JURO

• Comment on le prononce :

L'homme auquel on fit jurer d'épouser une jeune fille peut prêter serment en sous-entendant « si j'y suis forcé » ou « si plus tard elle me plaît » ; ce qui ne l'oblige à rien. [...] Pour jurer sans s'obliger, il suffit (aussi) d'estropier les mots. Dites *uro*, en supprimant le *j*. C'est comme si vous disiez *je brûle*, au lieu de *juro* qui signifie *je jure*. Ce n'est plus alors qu'un petit mensonge véniel et facile à pardonner.

Thomas SANCHEZ, jésuite espagnol, *Œuvres complètes*, Venise, 1740.

K

K

• Une lettre à bannir :

J'ai l'honneur, à la fois comme homme de lettres et comme mobilisé sur le front, d'émettre devant l'Académie française, le plus sincèrement du monde, le vœu suivant, que je prie l'honorable assemblée de prendre en considération : la lettre K, reconnue au total à peu près inutile dans son rôle grammatical français et ayant l'incontestable démérite d'être dans son application un produit surtout germanique, est rayée désormais de l'alphabet français et remplacée, suivant le cas, par la lettre C ou la lettre QU.

Henry DE FORGE, lettre à l'Académie, cité *in* Remy de Gourmont, *Les Idées du jour*, 1918.

KAFKA (Franz)

• Un jugement clairvoyant :

Kafka, que les jeunes doivent absolument lire par snobisme, sera pris dans trente ans pour une boisson rapide à base de café.

Hervé LAUWICK, préface à *Sacha Guitry et les femmes*, Plon, 1965.

KAHAL

• En plein mystère :

Oui, il existe un sur-État occulte : le *Kahal*.

Jean MAXE, *Les Cahiers de l'anti-France*, novembre 1924.

KAISER

• Portrait de Guillaume II :

Il a fallu toute une lignée de hobereaux carnassiers, dégénérés dans le despotisme sans frein, endurcis dans l'impunité absolue, pour arriver à donner, comme suprême aboutissement, cet être de fourberie, d'impudence et de crime, qui déconcerte nos psychologies. [...]

Pour nous, qui sommes des êtres humains, quelle énigme que les pensées d'un Kaiser, dans le silence de ses nuits !

Pierre LOTI, *L'Horreur allemande*, 1918.

• Un peu d'humour :

Toi qui trembles devant nos pantalons
[garance,
Ne fais pas dans le tien, jette... ton arrogance
Dans ton casque pointu !

Victor LECA, *A bas les Boches !* 1914.

• Une apostrophe en vers :

Toi, Wilhelm, qui n'as plus que le Turc
[pour ami,
Tu prétends dénoncer le tzar « asiatique » ?
Ah ! si l'Asie, un jour, à notre œil endormi
Donne le cauchemar que t'offre la Baltique,
Le péril n'est plus là, vil césar de fer-blanc
Peint en bronze et casqué de carton peint
[en cuivre.
Qui voudra dire : faux, devra dire
[« Allemand ».
Nous dirons « Allemand » pour dire :
[fureur ivre.
Et nous dirons encore ou « Wilhelm » ou
[« Germains »
Lorsque nous voudrons dire : inventeurs
[de supplices,
Incendiaires, éventreurs, coupeurs de mains.
L'Asie ? Elle a dressé ses clans et ses milices ;
A ce mot, qu'elle entend : Civilisation !
Des glaces de l'Oural aux marais de la jungle
Les hommes ont compris la sainte mission

Contre le fourbe qui de sa parole jongle.
Et, des monts du Thibet jusques au Canada,
Les peuples révoltés de ta folle insolence
Ont aux Noirs africains crié : « Sursum
[corda ! »

Antony PUYRENIER, *Poèmes citoyens*, 1915.

KANT

• Il y a mieux :

Kant est bien peu de chose à côté d'un Lacuria, d'un Eliphas Lévi, d'un Saint-Yves.

Joseph PÉLADAN, réponse à une *Enquête sur l'influence allemande*, 1903.

KERILLIS (Henri de)

• Le vrai responsable de la Deuxième Guerre mondiale :

Si nous avons la guerre, c'est parce que M. de Kérillis, le chien basset de Paul Reynaud, le grand juif Léon Blum et le pâtissier Jacques Duclos font la même politique extérieure. Ils ont la même haine d'Hitler, la même admiration pour Staline, diplomate. M. de Kérillis se dresse contre Hitler. Ah ! mais ! oui, madame. M. de Kérillis contre Hitler ! On aura tout vu ! De la part de Blum et des autres, cela peut se comprendre. Mais par quelle aberration, M. de Kérillis est-il avec eux ? Si nous avons la guerre que sa politique précipite, il encourra devant le pays et devant l'histoire une bien lourde responsabilité.

Comte A. DE PUYSEGUR, *La Trahison des chefs nationaux*, 1938.

KERMESSE

• Revigore le corps et l'esprit :

Tous, après une nuit d'orgie, de brutalité, d'ivresse, après une kermesse, vous vous sentez soulagés, rassasiés, purgés, brillants !

Filadelf GORILLA, *L'Homme, singe dégénéré, notes et impressions d'un singe*, 1893.

KHONDS

• On les a vus :

Ma dernière expédition chez les Khonds date du mois de novembre 1853.

John CAMPBELL, *A Personal Narrative of Thirteen Years Service amongst the Wild Tribes of Khondistan for the Suppression of Human Sacrifices*, 1864.

KIPLING (Rudyard)

• Écarte-toi de lui, mon fils :

Bien qu'aux yeux de plusieurs, Kipling passe pour un des écrivains les plus remarquables de notre temps, nous croyons que ses fantaisies et ses prétentions sont peu en rapport avec le goût français. Rappelons aussi que ce « Tyrtée saxon », ce « La Fontaine anglais » a plusieurs fois insulté la France à l'occasion de l'affaire Dreyfus, et qu'il a commis des pages très sensuelles.

Abbé Louis BETHLÉEM, *Romans à lire et romans à proscrire*, Cambrai, 1905.

KLEPTOMANIE

• Une légende :

La Kleptomanie, maladie à la mode, théorie médicale séduisante, connue des médecins, des avocats, des magistrats, du grand public et même des Parisiennes du Tout-Paris, du monde et du demi-monde, est définie exactement d'après les auteurs classiques : « une impulsion obsédante à s'emparer d'un objet qu'on a sous les yeux... » Eh bien, cette maladie a vécu : elle est entrée dans le domaine de la légende, de l'histoire anecdotique de la médecine.

Dr ANTHEAUME, *La Kleptomanie est une affection mentale fictive*, 1926.

KÖNIGSBERG

• De bonnes pensées :

Nous demandons à nos amis les Russes, quand ils auront conquis Königsberg, de raser le château royal et l'église, où dorment les souvenirs les plus sacrés des Hohenzollern.

Le Journal, 23 septembre 1914.

KHROUCHTCHEV (Rapport)

• Toute l'histoire :

Le Parti fasciste qui avait son siège à Londres, ayant eu un échec en 1877, aux élections législatives de Mac-Mahon, supprima l'histoire concernant le social en l'inversant. Cette falsification lui permit de tromper tous les peuples terrestres sur ses activités depuis cette époque. En voici quelques faits sur des milliers d'autres : en 1937-1938, en falsifiant les procès de Moscou contre ses agents qui s'étaient infiltrés dans les organes du gouvernement soviétique pour le renverser, accusés de crimes, de sabotages et de subversion. Il élabora de Londres un dossier contre Staline l'accusant des crimes que ses agents avaient avoués et condamnés à mort.

Ce dossier fut diffusé par ses soins dans toute la presse, dans tous les pays.

Ce dossier silencieux ne reparut qu'au XXe Congrès de l'Union soviétique de 1956 par Khrouchtchev, que le fascisme avait pris dans ses filets. Ils avaient à cette occasion envoyé dans les pays voisins de la Russie des troupes pour provoquer des troubles.

Mais avant cette ignoble calomnie, ces fascistes avaient assassiné Staline trois ans avant, en 1953, afin que ces faits soient oubliés par les curieux. Ils attendirent encore deux ans avant de pousser au pouvoir Khrouchtchev, auquel on avait promis cette récompense. Ils ne purent pas entraîner la forteresse de l'Union soviétique que Lénine et Staline avaient bâtie.

L'imbroglio est toujours d'actualité en 1978, programmé par les fascistes de la Central Intelligence Agency (CIA), rien n'est changé. En 1918-1920, ils envoyaient 14 puissances pour combattre la révolution. De nos jours ces puissances fascistes envoient leurs troupes pour empêcher toute évolution des esclaves qu'ils exploitent.

Les Russes de l'Union soviétique respectent intégralement les droits de l'Homme et de toutes les races sans discrimination. Les fascistes par leurs falsifications font accréditer à tous les peuples le contraire car eux ne les respectent pas, ils ne respectent rien.

Ernesto RUSER, *Réhabilitation de Staline*, Édition de l'homme et de la vie, Imprimerie coopérative, Agen, 1979.

KU-KLUX-KLAN

• Signes distinctifs :

La meilleure façon de découvrir un membre du Ku-Klux-Klan, c'est de regarder un homme probe, propre, quĩ n'habite pas avec la femme d'un autre.

J. H. HAWKINS, pasteur à Ocean Side (Long Island), sermon cité in *Le Grand Guignol*, décembre 1926.

KULTUR

• Quelques vers de Botrel :

Et ça veut imposer au Monde
Sa « Kultur », avec un grand K.
D'y songer la nausée abonde
Et le monde a crié : « Raca !
« Mais regarde-toi donc, Trop-Moche !
« Ton culot est déconcertant ! »
Oh ! Méfions-nous du gâs Boche
Car c'est un gâs asphyxiant.

Théodore BOTREL, *Le Rire rouge*, 18 septembre 1915.

• Et la thèse de l'abbé Moreux :

Plus une nation se rapproche de l'animalité, et moins elle est en état de réagir sur les phénomènes de l'instinct et de l'inconscient. Étudiez l'histoire contemporaine et vous verrez que, les deux fois où, en l'espace d'un demi-siècle, les Allemands ont mis le feu à l'Europe, il y eut avec les grandes crises solaires des coïncidences remarquables. La guerre de 1870 est arrivée peu après le grand maximum d'activité solaire, commencée en 1867 ; celle de 1914 n'a pas suivi de très loin les convulsions électriques du soleil des dernières années. Longtemps avant 1913, après Agadir et le Maroc, les esprits avertis sentaient qu'une guerre était dans l'air.

Si ma thèse est exacte, la science aura démontré une fois de plus à quel niveau d'abaissement moral conduit la *Kultur* allemande.

Abbé Th. MOREUX, *Lectures pour tous*, 1er novembre 1917.

L

LA BARRE (Chevalier de)

• Ce qu'il a mérité :

Ce matin, descendant au funiculaire, j'ai vu l'emplacement de la statue de ce petit salaud de chevalier de La Barre dont le nom souille notre rue nommée autrefois, si gracieusement, rue de la Fontenelle. L'ignoble monument sera installé devant la Basilique, juste dans l'axe du portique, de façon que les pèlerins puissent lire quelques blasphèmes sur le socle, avant d'entrer. J'espère que la piété de certains arrosera l'effigie.

Léon BLOY, *Journal*, 31 août 1905.

LABICHE (Eugène)

• Il n'a pas le sens des convenances :

On a dit qu'« on pouvait mettre Labiche en bouteilles et en apporter aux malades et aux mélancoliques ». Grâce à Dieu, il n'y a pas sur terre que des malades et des mélancoliques. Il y a des gens bien portants, bien sains, qui se respectent et veulent être respectés. Ceux-ci ne rient pas toujours de bon cœur des plaisanteries de Labiche ; elles les agacent ; elles les irritent même à la longue, et il leur arrive de dire : le rire n'est vraiment et tout à fait hygiénique qu'à la condition d'être toujours convenable.

En résumé, Labiche rit là où le chrétien s'attriste ; c'est le défaut de son œuvre.

Abbé Louis BETHLÉEM, *Les Pièces de théâtre*, 1910.

LA BRUYÈRE (Jean de)

• Un de ses méfaits :

Ce livre admirable, *Les Liaisons dangereuses*, condamné à l'oubli par La Bruyère, M. Doumic, etc.

La Phalange, revue, 15 mars 1908.

LA FAYETTE (Mme de)

• Ravages causés par la lecture de *La Princesse de Clèves* :

Dans les nouveaux principes d'éducation, une mère croit faire des merveilles, en permettant à sa fille de lire ce qu'on appelle des romans moraux, comme par exemple *La Princesse de Clèves*, où l'on trouve, dit-on, de si beaux exemples de vertu, où l'héroïne résiste avec tant de force et de courage à la plus violente passion. En voyant l'excès du sentiment qui la domine, et les combats affreux que le devoir excite en elle, si l'on peut croire que c'est là une peinture fidèle du cœur, il faut croire aussi que l'amour est indépendant de notre volonté, qu'il est inutile de s'opposer à ses progrès, et qu'alors la vertu n'est qu'un tourment de plus. Voilà ùn but moral bien satisfaisant. Une jeune personne, nourrie d'une telle lecture, se marie sans goût pour celui qu'on lui donne ; elle sait cependant qu'elle doit avoir un jour une grande passion, elle attend l'instant fatal avec inquiétude : il arrive bientôt ; le premier qui lui parle d'amour est précisément celui que le ciel a fait naître pour lui inspirer UN SENTIMENT QUI DOIT

FAIRE LE TOURMENT DE SA VIE : plus de repos, de sommeil, LA DOUCE LIBERTÉ est perdue sans retour ; UNE SOMBRE MÉLANCOLIE succède à la gaieté : enfin, c'est la princesse de Clèves elle-même ; et puis l'on vient à penser que l'on aime encore mieux que la princesse, ou que l'auteur a peut-être exagéré sa résistance ; on s'en était toujours un peu douté. [...] Un amant tendre et pressant arrache enfin l'aveu qu'il sollicite ; on n'est pas sans remords dans les premiers instants d'une faiblesse nouvelle ; on s'en afflige, on en gémit ; et l'on s'en prend à la destinée, mais bientôt le voile tombe ; les idées romanesques s'affaiblissent ; l'héroïne s'aperçoit avec surprise qu'elle n'aime plus, ou, pour mieux dire, qu'elle n'a jamais aimé ; elle voit qu'elle s'est trompée, et qu'elle n'a point trouvé cet objet chimérique qui devait la rendre sensible ; d'abord elle l'avait attendu, cette fois-ci, elle le cherche sans être plus heureuse ; mais elle ne se rebute point, et, d'erreur en erreur, les beaux jours de la jeunesse s'évanouissent comme un songe fatigant qui ne laisse après lui que des idées confuses et un souvenir vague de mille folies aussi étranges qu'absurdes. Alors elle fait d'amères réflexions, le passé l'humilie, l'avenir l'épouvante, l'illusion est détruite : abandonnée de cette cour flatteuse qui l'environnait, elle se trouve étrangère, isolée au milieu de la famille et de ses enfants ; elle lit sur leurs fronts l'arrêt affreux qui la condamne, le mépris la poursuit, le regret et l'ennui la consument et, pour comble de maux, elle n'est encore qu'à la moitié de sa carrière.

Mme DE GENLIS, *Adèle et Théodore*, 1784.

LA FONTAINE (Jean de)

• Un auteur du XVIe siècle :

Je sais pour ma part un gré infini à Montaigne d'avoir si bien vu le paysage toscan. La Fontaine et Rabelais seuls avant lui avaient regardé autour d'eux.

Dr HELME, *Les Jardins de la médecine* (vers 1920).

• Une erreur de Jules Janin :

Jean de La Fontaine naquit à Château-Thierry, le 8 juillet 1621, à l'instant même où Mazarin, assez raisonnablement chargé de la haine publique, selon la piquante expression du cardinal de Retz, descendait au tombeau.

Jules JANIN, *Essai sur la vie et les ouvrages de La Fontaine*, 1829. (Mazarin est mort en 1661.)

• Deux appréciations :

La Fontaine ne cède à Phèdre le premier rang que par la bêtise.

L. DE ROCHEFORT, *Souvenirs et Mélanges*, 1825.

Flâneur et distrait, n'aimant guère travailler, assez dépourvu de sens moral...

Lieutenant PIFFRE, *Manuel d'histoire de la littérature à l'usage des sous-officiers*, 1911.

LAITUE

• Dangereux légume :

Au monastère de l'abbé Equitius, il est arrivé qu'une religieuse, entrant un jour dans le jardin, vit une laitue qui excita son appétit. Elle la prit, et, oubliant de faire le signe de croix, elle en mangea avec avidité. A l'instant même elle fut possédée du démon, renversée par terre et en proie à d'affreuses convulsions.

Le vénérable abbé accourt et se met en prière, demandant le soulagement de cette malheureuse. Bientôt le démon, tourmenté à son tour, se met à crier : « Qu'ai-je fait ? qu'ai-je fait ? J'étais sur cette laitue ; elle ne m'en a pas éloigné et elle en a mangé. » Au nom de Jésus-Christ, le saint abbé lui ordonna de sortir du corps de cette servante de Dieu et de ne plus oser jamais la molester. Le démon obéit et la religieuse fut pleinement guérie.

Mgr GAUME, *Le Signe de la croix au XIXe siècle*, 1864.

LAMARTINE (Alphonse de)

• Trois opinions célèbres :

Lamartine n'a pas le droit de se plaindre. Il a semé la paresse, il recueille le dédain.

Gustave PLANCHE, in *La Revue des Deux Mondes*, juillet 1838.

Aussi, M. de Lamartine, malgré ses brillantes qualités d'écrivain, n'est-il pas un artiste.

Charles LECONTE DE LISLE, *Les Poètes contemporains*, in *Le Nain jaune*, 1864.

Je ne m'étendrai pas longuement sur l'écrivain : d'avance nous l'avons jugé. Si le moral de la Révolution commence à baisser en Rousseau ; s'il est plus bas encore en Béranger, il tombe tout à fait en Lamartine. Or, sans cet élément moral qui fait l'âme de toute littérature, le poète, l'écrivain, quel qu'il soit, est comme un banquier sans argent ; son papier est de nulle valeur, et toute sa circulation aboutit à la banqueroute.

P.-J. PROUDHON, *Les Femmelins*, édition de 1912.

• **Un portrait définitif :**

Je ne l'ai vu chez lui qu'une fois. [...] Je le trouvai dans son cabinet, entre la cheminée sur le manteau de laquelle ses pieds reposaient à l'américaine, et un guéridon où restait toujours ouvert le registre d'abonnement à son *Cours*. Quand il vit que je ne demandais pas à y être inscrit, et qu'il eut donné à ses deux lévriers les quatre francs de beefsteaks qui formaient leur déjeuner quotidien, il se leva pour me reconduire, car il ne connaissait plus au monde que deux classes d'hommes, les abonnés et les non-abonnés.

F. T. PERRENS, *Histoire de la littérature au XIXe siècle*, 1898.

LAMENNAIS

• **La condamnation pontificale :**

Il est déplorable de voir jusqu'à quel excès se précipitent les délires de la raison humaine, quand quelqu'un se jette dans les nouveautés ; quand il veut, contre l'avis de l'Apôtre, être plus sage qu'il ne faut l'être, et prétend, par une extrême présomption, chercher la vérité hors de l'Église catholique dans laquelle elle se trouve sans le plus léger mélange d'erreur, et qui pour cela est appelée la colonne et le fondement de la vérité. Vous comprenez bien, vénérables frères, qu'ici nous parlons de ce système trompeur de philosophie introduit récemment et tout à fait blâmable, dans lequel, par un désir effréné de nouveautés, on ne cherche pas la vérité là où elle se trouve certainement, et, négligeant les traditions saines et apostoliques, on admet d'autres doctrines vaines, futiles, incertaines et non approuvées par l'Église, doctrines que les hommes légers croient faussement propres à soutenir et à appuyer la vérité.

GRÉGOIRE XVI, Encyclique Singulari, condamnant l'*Essai sur l'indifférence en matière de religion* de Lamennais, 25 juin 1834.

• **Une voix de femme :**

Il n'y a qu'un ange ou qu'un prêtre qui puisse tomber si bas.

Mme SWETCHINE, *Pensées*, 1858 (à propos de *Paroles d'un croyant*).

LAMNÉSI

• **Un drôle de coco :**

Pressé de questions par le président, l'accusé met sur le compte de Lamnési la contradiction de ses réponses.

Ouest-Éclair, 27 août 1919.

LANCELOT

• **C'est tout Hercule :**

A vous dire vrai, je ne vois pas grande différence entre l'errant Hercule et l'errant Lancelot ; et qui voudra faire droit à tout le monde trouvera que Lancelot et ses semblables n'étaient autre chose que des Hercules, et qu'Hercule et ses semblables n'étaient autre chose que des Lancelots.

Jean CHAPELAIN, *De la lecture des vieux romans*, 1646.

LANGUE

• **Un principe de base :**

S'il y a une maxime élémentaire qui n'ait pas besoin de démonstration, c'est qu'il ne saurait avoir existé nulle part une langue sans un peuple pour la parler.

A. GRANIER DE CASSAGNAC, député au Corps législatif, *Antiquité des patois, Antériorité de la langue française sur le latin*, 1859.

• **Les meilleures et les pires :**

Parmi les nombreuses langues qui existent sur la terre, les plus importantes sont l'hébreu, le grec et le latin, parce qu'elles ont été sanctifiées et bénies sur la Croix de Jésus.

Jean-Frédéric FLATTICH, *Conseils pédagogiques d'après certains passages de l'Écriture sainte*, 1768, traduction française de 1862.

L'espagnol et l'italien ne servent guère qu'à lire des ouvrages dangereux et capables d'augmenter les défauts des femmes ; il y a beaucoup plus à perdre qu'à gagner dans cette étude.

FÉNELON, *De l'éducation des filles*, 1687.

• Il faut châtier les abus :
Un prince chrétien a pouvoir sur la langue aussi bien que sur les mains, et il n'est pas moins en droit de châtier un hérétique qui dogmatise contre la religion reçue dans l'État, qu'il l'est de châtier un homme qui dérobe et qui tue.
La langue est donc du nombre de ces membres sur lesquels le pouvoir des hommes s'étend ; et l'on ne voit pas pourquoi un prince aura droit de réprimer les mains, et qu'il ne l'aura pas de réprimer la langue. Quel privilège peut avoir cette partie de notre corps plutôt que les autres ?

Abbé MARSOLLIER, *Histoire des inquisitions*, 1759.

• A quoi tient la diversité des langues :
La configuration du visage est aussi différente que les langues et que les dialectes des langues. Comme cette différence du langage provient des organes de la parole, il résulte que les nerfs de la langue doivent être plus engourdis dans les régions froides que dans les pays chauds. Si donc les Chinois, les Japonais, les Groenlandais et diverses nations de l'Amérique manquent de lettres, c'est dans le même principe qu'il faut en chercher la cause.

Jean WINCKELMANN, *Histoire de l'art chez les anciens*, 1764.

La hiérarchie des langues correspond rigoureusement à la hiérarchie des races.

Comte DE GOBINEAU, *Essai sur l'inégalité des races humaines*, 1853.

• Le strict nécessaire :
Tous les hommes existants, ils sont maintenant au nombre d'un milliard, réuniraient vainement leurs efforts pour construire une langue sans substantifs, ou sans adjectifs, ou sans verbes, ou seulement sans possessifs et sans comparatifs.

H. LAMARCHE, *La Politique et les Religions*, 1859.

• Du danger d'apprendre :
Tout individu risque d'oublier sa propre langue en voulant en apprendre d'autres.

Régis MESSAC, *A bas le latin !*, Issy-les-Moulineaux (vers 1930).

LANGUE ALLEMANDE

• Un patriote :
L'idiome allemand, même avec ses plus puissants poètes, ses plus vigoureux prosateurs, s'avance en spirale comme Thésée dans le labyrinthe ; la langue française, comme la Camille de Virgile, court sur la cime des blés sans courber les épis !

Emmanuel DES ESSARTS, *Du patriotisme littéraire*, 1876.

• Des connaissances à revoir :
— Auf wie dersehen ! dit Frank en lui serrant la main. C'était l'un des cinq mots allemands qu'il connaissait.

Le Journal, 10 novembre 1935.

LANGUE ANGLAISE

• L'opinion de Voltaire :
C'est un galli-mathias de plusieurs autres.

VOLTAIRE, cité *in* Pierre Larousse, *Grand Dictionnaire universel du XIXᵉ siècle* (article Galimatias), 1874.

• Pour avoir un bon accent : Flirtation :
On prononce *fleutéchione*. Cela ne doit pas vous étonner, pour peu que vous ayez la moindre notion de la langue anglaise. Cet idiome, dont le but final paraît être le contresens, ne comporte qu'une énonciation vocale diamétralement opposée à la valeur des lettres dont se composent les mots ; si vous voulez prononcer juste, dites le contraire de ce que vous voyez écrit.

Alfred D'ALMBERT, *Flânerie parisienne aux États-Unis*, 1856.

LANGUE BRETONNE

• Rien n'y jure :
Le breton est une langue immaculée qui n'a jamais proféré ni doutes ni blasphèmes.

BAUDRILLART, *Les Populations agricoles de la France*, « Normandie et Bretagne », Paris, Alcan, 1885.

LANGUE CELTIQUE

• Une hypothèse :
A cette question : qu'est-ce que la langue celtique ? il n'y a évidemment d'autre réponse raisonnable à faire que celle-ci : la langue celtique est celle que parlaient les Celtes.

M. A. GRANIER DE CASSAGNAC, député au Corps législatif, *Antiquité des patois, Antériorité de la langue française sur le latin*, 1859.

LANGUE FRANÇAISE

• Une langue ancienne :

C'est bien dommage que l'aventure de la tour de Babel ait produit la confusion des langues, sans cela tout le monde aurait parlé français.

Bévue d'une dame de la cour, rapportée par Voltaire, *Dictionnaire philosophique*, 1764.

• D'un excès dans l'autre :

La langue française est, dit-on, la plus chaste des langues ; je la crois, moi, la plus obscène.

Jean-Jacques ROUSSEAU, *Émile ou De l'éducation*, 1762.

• La décadence :

C'est évident que, si elle ne retourne pas à son ancien état, la langue française fera rire, et une langue qui fait rire devient impropre au barreau, au cothurne, à l'épopée, au Sénat, aux oraisons funèbres, à la haute poésie et à la gravité de l'histoire. La langue française deviendra un patois que les bons écrivains n'emploieront jamais. Elle deviendra la langue du peuple.

CASANOVA, *Lettre à Léonard Snetlage*, 1797.

Il faut se garder de croire que quelqu'un ait écrit en français depuis le règne de Louis XIV.

Paul-Louis COURIER, *Lettre à M. Boissonnade*, 23 mars 1812.

Pour parler français, il faut avoir dans l'âme un fond de noblesse et de sincérité. Vous objectez Voltaire. Voltaire, qui d'ailleurs n'était pas un sot, n'a parlé qu'une langue desséchée et déjà notablement avilie. Le beau français, le grand français n'est à la main que des honnêtes gens.

Louis VEUILLOT, *Les Odeurs de Paris*, 1867.

• Universalité de la langue française :

Les menus, presque universellement, sont écrits en français dans le monde civilisé. [...] Un cotillon ne peut être conduit qu'avec des mots français. Il n'y a pas en russe d'expression pour dire : « Balancez vos dames ! »

J. NOVICOW, *L'Expansion de la nationalité française, coup d'œil sur l'avenir*, 1903.

LANGUE LATINE

• Première leçon :

Et nous autres sportifs, nous pourrons prendre cette devise : « *Ludus pro pax* » (la paix par le sport).

Paris-Soir, 4 janvier 1926.

• Deuxième leçon :

En un mot comme en cent : *primus vivere !*

Revue de France, 1er septembre 1926.

• Troisième leçon :

Il y a trois déclinaisons : l'actif, le passif, le déponent.

La Dépêche, Toulouse, 24 août 1937.

• Indispensable :

Qu'on peut être savant sans avoir la connaissance de la langue latine, bon Dieu ! C'est un blasphème exécrable.

La Véritable Orthographe, vers 1668.

• Éphémère :

Le latin fut lent à se former ; il se modifia constamment, et il était à peine fixé, lorsqu'il disparut.

A. GRANIER DE CASSAGNAC, député au Corps législatif, *Antiquité des patois, Antériorité de la langue française sur le latin*, 1859.

• Facile :

Elle ne savait pas le latin, mais le comprenait très bien.

Victor HUGO, *Les Misérables*, 1862.

• Rebutante :

C'est à Paris, spécialement dans les grands magasins, dans les splendides restaurants, qu'on éprouve ces enveloppantes et magnétiques câlineries de la langue française. [...]

Croyez-vous que ces marchands de Paris gagneraient dix sous par jour s'ils parlaient, par exemple, en *latin* ? Dès le premier mot, soyez-en sûrs, on leur montrerait les talons.

Filadelf GORILLA, *L'Homme, singe dégénéré, notes et impressions d'un singe*, 1893.

• Un fait vécu :

Comme Mme Foujita ne parle pas français, sa marraine, Mme Georges Prades, avait fait enregistrer le *Pater*, le *Credo*, et l'*Ave Maria* sur magnétophone, afin de lui faciliter les répétitions.

Paris-Presse, 15 octobre 1958.

LAOS

• Justice locale :

On n'a pas au Laos des idées trop exagérées sur la dignité humaine, quelques coups de bambou ou de rotin ne font rien perdre dans la considération publique... L'endroit frappé est le haut des reins ; en Cochinchine et au Cambodge, on frappe au contraire sur la partie charnue qui les termine. Le sang jaillit dès les premiers coups et il arrive quelquefois que le coupable succombe à ce supplice... Le supplice capital est fort rare.

Francis GARNIER, *Voyage d'exploration en Indo-Chine*, 1870.

LAPIN

• Conseils aux éleveurs :

On doit mettre le plus grand soin dans le choix des mâles et des femelles destinés à la reproduction. [...] Il faut qu'ils soient vifs, gais, et que lorsqu'on veut les prendre, ils se débattent vigoureusement. Le mâle doit avoir le regard effronté.

Mme MILLET-ROBINET, *Maison rustique des dames*, 1859.

LAPLACE (Pierre-Simon)

• On devrait brûler ses œuvres :

Il y a près de neuf ans qu'une loi fut proposée pour la réimpression de la mécanique céleste de Laplace, œuvre qui ne méritait que les honneurs du bûcher et dont je m'étais appliqué depuis plusieurs années à démontrer l'absurdité dans plusieurs écrits.

Le système de Laplace repose sur trois termes. Une négation, *le vide* ; une abstraction, *l'attraction* ; une hypothèse géométrique, *la dynamique*. Les anciens principes de physique générale et tout ce qui indique une science exacte s'en trouvent inclus.

Mémoire au Corps législatif aux fins de la suppression de l'Académie des sciences morales et politiques, 1866.

LAPONS

• Définition :

Comme les Scythes, leurs ancêtres probables, les Lapons n'ont aucune notion d'agriculture ; ce sont des Cosaques à pied.

Léonie D'AUNET, *Voyage d'une femme au Spitzberg*, 1875.

LARMES

• Bonnes pour la soif :

Deux grosses larmes éclairées par un rayon de lune sortirent de ses yeux. [...] Je tendis la main assez à temps pour les recevoir et les bus avec une avidité pieuse.

H. DE BALZAC, *Le Lys dans la vallée*, 1835.

LA ROCHEFOUCAULD (François de)

• Les premiers sentiments de Mme de La Fayette :

Nous avons lu les *Maximes* de M. de La Rochefoucauld. Ha ! madame, quelle corruption il faut avoir dans l'esprit et dans le cœur pour être capable d'imaginer tout cela !

Mme DE LA FAYETTE, *Lettre à Mme de Sablé*, 1663.

LATINS (Peuples)

• Peu intelligents :

Un philosophe tant soit peu averti s'aperçoit immédiatement que la mentalité des Latins est, à son éclosion même, enveloppée d'une atmosphère d'erreur qui l'empoisonne pernicieusement. Leur mentalité, entièrement empreinte d'Absolutisme, semble en effet ignorer le Particulier et le Relatif dans lesquels elle vit ; elle se transmet ainsi viciée au jeune enfant : la Bêtise humaine ne respecte même pas les berceaux !

Les phénomènes qui se présentent à la mentalité des Latins semblent conserver l'imprécision et le vague du lointain ; il y a chez les Latins une véritable absence de mise au point intellectuelle. Mais le flou dans lequel se perd leur vision n'est pas du tout la conséquence d'une généralisation : elle provient uniquement d'une infériorité intellectuelle, car, si les Latins généralisent vraiment, ce ne serait qu'après avoir eu la perception du Particulier et du Relatif. Or l'expérience nous démontre que cette perception est rarement leur fait.

Maurice DE GASTÉ, *La Bêtise humaine et la Science de la vie*, Paris 1922.

LASSO

• N'est pas une arme d'avenir :

On a essayé de se servir du lasso comme arme de guerre. Les gauchos l'employèrent en Amérique pendant la guerre de l'Indépendance. Les bandes barbares incorporées dans l'armée russe, durant la campagne de Crimée, tentèrent aussi l'application du lasso contre l'armée française. Ces essais n'ont donné, au demeurant, que des résultats à peu près nuls, et le lasso ne remplacera jamais le fusil à tir rapide, le sabre, ou même la modeste lance, que l'on veut actuellement redonner à quelques-uns de nos régiments de cavalerie.

P. MARTEFANI, *Le Journal de la jeunesse*, février 1889.

LAVOISIER (Antoine-Laurent de)

• Jugé par Marat :

Il fallait placer en tête Lavoisier, le père putatif de toutes les découvertes qui font du bruit. Comme il n'a point d'idées en propre, il s'arrange de celles des autres : mais, ne sachant presque jamais les apprécier, il les abandonne avec autant de légèreté qu'il les a prises, et il change de systèmes comme de souliers. [...] Voilà ses titres à l'immortalité.

MARAT, *Les Charlatans modernes*, septembre 1791.

• Une phrase célèbre :

La République n'a pas besoin de chimistes

Attribué à Dumas, à Fouquier-Tinville ou à Offinhal, vice-président du tribunal révolutionnaire, à l'occasion de la condamnation à mort de Lavoisier, le 19 floréal an II.

• Ils nous l'ont volé :

Les Allemands ont employé à l'invasion de la France la chimie dont Lavoisier fut le créateur !

W. DE FONVIELLE, *Les Merveilles du monde invisible*, 1874.

LAZARE

• Un ami d'Harpagon :

« Lazare » de Molière a été joué ce soir au Théâtre national de Budapest.

Agence Havas, 6 mars 1932.

LECONTE DE LISLE (Charles)

• Où est la vérité :

Leconte de Lisle éleva le niveau de l'intelligence artistique.

Maurice BARRÈS, *Mes cahiers, septième cahier*, 1901-1902.

Ce frigide crétin.

Léon DAUDET, *Le Stupide XIXᵉ Siècle*, 1922.

LECTURE

• A toujours été suspecte :

Parmi les périls menaçant les âmes de notre époque, il en est peu d'aussi redoutables que le péril des lectures mauvaises.

Mgr TURINAS, évêque de la Tarentaise, *Les Mauvaises Lectures, la Presse et la Littérature corruptrices*, 1881.

• Cause de grands crimes :

On ne compte plus les victimes des romans immoraux, des livres ravisseurs de la foi et destructeurs de la saine raison. [...] Si la moralité de la jeunesse baisse dans des proportions effrayantes, si la criminalité augmente, la licence des lectures en est une des causes principales.

Lettre pastorale de l'évêque d'Autun, *Contre les mauvaises lectures*, 1912.

• Ouvrages spécialement condamnés dans l'Index de 1938 :

BALZAC, Honoré de. *Omnes fabulae amatoriae*. Décr. 16 sept. 1841 ; 31 jan. 1842 ; 5 apr. 1842 ; 20 juin 1864.

HUGO, Victor. *Notre-Dame de Paris*, Décr. 20 juil. 1834. *Les Misérables*, décr. 20 juin 1864.

STENDHAL, Henri Beyle de. *Omnes fabulae amatoriae*. Décr. 4 mart. 1828 ; 20 juin 1864.

Index librorum prohibitorum, anno 1938, Vatican.

• Comment on fait :

Victorine continua sa lecture en fermant les yeux.

Edmond ABOUT, *Les Mariages de Paris*, 1856.

LÉGION D'HONNEUR

• Restons entre nous :

Je trouve vraiment excessif d'aller jusqu'à la *cravate* pour les femmes, même jusqu'à *officier*. Qu'on les fasse *chevalier*, bon. Mais cela devrait suffire. Il y a encore là un exemple de la dégringolade de tout à notre époque.

Paul LÉAUTAUD, *Journal littéraire*, 24 octobre 1935.

• Exemple de cas méritants :

Institution d'un contingent de croix de la Légion d'honneur en faveur des fonctionnaires atteint prématurément par la limite d'âge et mis à la retraite d'office.

Rapport de M. LEVY-ALPHANDERY, *Journal officiel*, 18 avril 1938.

LE LOYER (Pierre)

• Une curiosité littéraire :

Pierre Le Loyer a publié un ouvrage intitulé *Edom ou les Colonies iduméennes*, Paris, 1620, in-8°. Il prétend y prouver que les Angevins tirent leur origine d'Esaü ; que non seulement les noms des villes de France, mais encore ceux des villages d'Anjou, des hameaux, des maisons, des pièces de terre de la paroisse d'Huillé, lieu de sa naissance, viennent de la langue hébraïque et chaldaïque. Il trouve dans cette paroisse les noms d'une infinité d'Hébreux qu'il regardait comme les ancêtres des habitants du pays. Il met aussi à contribution Homère, qui, tout occupé sans doute de M. Le Loyer, a renfermé dans un seul vers ses noms de baptême et de famille, ceux du village où il est né, du royaume et de la province où il a vu le jour. Cet heureux vers est le 183e de l'*Odyssée*. En intervertissant l'ordre des lettres et des mots, on y trouve Petros Loerios, etc., c'est-à-dire *Pierre Le Loyer, Angevin, Gaulois d'Huillé*. Et comme il y a trois lettres qui restent de tout ce vers, notre habile auteur les prend pour numérales, et y trouve 1620, date de l'année de sa brillante découverte.

G. P. PHILOMNESTE, *Amusements philologiques*, 1842.

LEMAITRE (Jules)

• Un homme écartelé aux trois horizons :

Pendant des années, ce lettré paisible et discret (Jules Lemaitre), par amour de la France, se résigna à haranguer les foules du Nord au Midi, de l'Ouest à l'Occident, à recevoir des pierres et des quolibets.

Marie SCHEIKÉVITCH, *Souvenirs d'un temps disparu*, Paris 1935.

LÉMAN (Lac)

• On ne parlerait pas français sur ses bords :

J'ai passé quelques jours en Suisse allemande : Lausanne, Genève, Neuchâtel...

Nino FRANK, interview de Pierre Bost, *Les Nouvelles littéraires*, 2 juin 1928.

LÉNINE

• Une révélation :

Lénine, Steklof et Zinovief : [...] sous leurs pseudonymes russes se cachent trois Allemands.

PERTINAX, *L'Écho de Paris*, 22 juillet 1917.

• Vision d'histoire :

S'il nous est permis d'employer une image géographique pour rendre plus plastique notre idée, l'offensive du prétendu progrès se poursuit du pôle Nord au pôle Sud qui ne sont que des points tous les deux et elle ne fait que traverser le plan équatorial qui est celui des couches les plus profondes du peuple proprement dit. Puis les plans se rétrécissent, au fur et à mesure que le « progrès » continue, entre l'équateur et le pôle Sud dans la mesure où ils s'élargissent entre le pôle Nord et l'équateur. Avant le règne « du, par et pour le peuple », qui n'est qu'une minute dans l'évolution du « progrès » a été celui de ce qu'il y a de meilleur dans le peuple. Après viendra celui de ce qu'il y a de pire dans le peuple ; puis ce sera le règne « de la canaille, par la canaille et pour la canaille », avec le Juif comme maire du palais. Finalement ce sera le règne du Juif.

C'est ce que Lénine lui-même laisse entendre dans ses ouvrages en employant d'autres termes et, évidemment, sans prononcer le mot « Juif ».

Emmanuel MALYNSKI, *La Grande Conspiration mondiale*, 1928.

• Son côté bon enfant :

On est en pleine guerre civile ; les armées blanches de Denikine marchent sur Moscou et Kolchak occupe la Sibérie. Les paysans acculés au désespoir par les exactions, les réquisitions, les dragonnades des bolcheviks se révoltent un peu partout. Dans les villes, il n'y a plus de pain ; des milliers d'êtres faméliques se pressent aux portes des boulangeries de l'État, des hordes d'enfants affamés, déguenillés, rôdent dans les rues, dans les faubourgs, et attaquent les passants comme des loqueteux affamés.

Autour de la table du Conseil, les visages des Commissaires sont graves. Subitement, un rire étouffé se fait entendre ; c'est Lénine, son visage est rouge, il essaye de se retenir, mais finit par pouffer et son rire monte, monte, remplit la salle de ses éclats. Tout le corps en est secoué, des larmes coulent de ses yeux, la main bat l'air dans un mouvement spasmodique. Puis le rire décroît, se calme peu à peu et s'éteint au milieu d'un silence consterné. [...] Robespierre, Fouquier-Tinville, Marat, faisaient couper des têtes, mais ils ne riaient pas.

Jean JACOB, *Lénine*, Flammarion, 1933.

• Ils furent les premiers à l'annoncer :
Un télégramme de Petrograd annonce que Lénine a succombé à ses blessures.

Le Petit Journal, 2 septembre 1918.

LÉOPARD

• De vieilles histoires :
Le léopard est si friand de l'excrément humain, que si on le pend en un pot plus haut qu'il ne pourrait atteindre, il se tuera à force de sauter après : ainsi quelques-uns se délectent aux choses les plus viles et ordures de ce monde.

G. GAUSSART, *Six Livres de similitudes tirées de toutes sortes d'animaux*, 1577.

La lionne qui a été accostée du léopard va vitement se laver pour ôter la puanteur que cette accointance lui a laissée, afin que le lion n'en soit point offensé et irrité.

Saint FRANÇOIS DE SALES, *Introduction à la vie dévote*, 1609.

LÈPRE

• Attention aux matières grasses :
La graisse, le beurre et l'huile sont les vraies causes de la lèpre, parce que ces trois substances résistent à l'action des sucs gastriques et font un mauvais sang.

A. FRANCON, *Causes de la dégénération de l'homme civilisé*, 1859.

LETTRES

• Ont peut-être une origine végétale :
C'est à la forme des racines des plantes qu'il faut attribuer, à mon avis, ces grands traits déliés, roulés et enchevêtrés qu'on trouve dans l'écriture chinoise et dans celle des autres peuples de l'Orient, qui adoptèrent sans doute les mêmes modèles. Nous pourrions peut-être retrouver ces caractères radicaux dans nos lettres romaines ; car les trois jambes de l'M, les deux perpendiculaires de l'N, les deux inclinées de l'A, les deux renversées du V, de l'X, le Z, etc., ressemblent aux racines végétales de l'alphabet chinois. Les lettres E, F, I, L, Y, représentent peut-être des tiges d'arbres, les unes toutes nues, les autres avec des branches, d'autres avec des racines, d'autres avec des branches et des racines.

BERNARDIN DE SAINT-PIERRE, *Harmonies de la nature*, 1796.

LEVIER

• Éléments de physique :
Archimède ne demandait qu'un levier et un point d'appui pour soulever le monde ; mais, de son temps, le levier et le point d'appui n'étaient point connus ; ils le sont maintenant : le levier, c'est la foi ; le point d'appui, c'est la poitrine du Seigneur Jésus.

LACORDAIRE, *Conférences de Notre-Dame*, 1835-1851.

LÉVRIER

• Un chien qui se tient à sa place :
Au moral autant qu'au physique, le lévrier a le sentiment très précis des distances.

Henri LAVEDAN, *Bon an mal an*, 23 décembre 1911.

LIAISONS

• Dangereuses en campagne :
Je me bornerai à dire que la morale gagnera beaucoup à ce que les hommes ne s'isolent pas par deux. Les chefs doivent y veiller. Il y a intérêt aussi à ce que les femmes soient exclues de l'intérieur des postes. Elles sont trop souvent un sujet de désaccord et de querelles entre les militaires. Mais comme des hommes jeunes, vigoureux, travaillant peu, ne peuvent être astreints à une continence absolue, pour le bien-être même de la moralité et de la santé des hommes composant la garnison, il peut être utile de créer, dans les dépendances et sous la protection des feux du poste, une maison de tolérance que le commandant d'armes fera surveiller de près. On évitera ainsi, dans une certaine mesure, de voir se créer entre soldats français des liaisons d'une regrettable intimité.

Capitaine MARSY, *Moyens à employer pour maintenir et relever le moral du soldat en campagne*, 1900.

LIBERTÉ

• Réservée à une élite :

Les hommes, en général, ne sont pas plus faits pour la liberté que pour la vérité, quoiqu'ils aient ces deux mots sans cesse dans la bouche. L'un et l'autre de ces biens inestimables appartiennent à l'élite du genre humain, sous la condition expresse d'en jouir s'en trop s'en vanter. Le reste est né pour la servitude et pour l'erreur : son génie l'y porte et l'y tient invinciblement enchaîné.

Baron GRIMM, *Correspondance*, édition de 1813.

• Ne pousse pas n'importe où :

Il est vrai que le climat a de l'importance, en ce sens que ni la zone chaude ni la zone froide ne sont favorables à la liberté de l'homme et à l'apparition des peuples historiques.

Friedrich HEGEL, *Le Fondement géographique de l'histoire universelle*, 1830.

• N'est pas un droit :

Cette prétendue liberté n'est jamais sortie que du cerveau des poètes et des philosophes. Dans l'ordre de la nature (puisque c'est dans cet ordre que l'on s'obstine toujours à chercher la raison des choses), l'homme n'a pas plus de droit à être libre que la mouche à être garantie des atteintes de l'araignée.

COTTU, *Guide politique de la jeunesse*, 1838.

• Une grande pensée politique :

A ceux qui regretteraient qu'une part plus large n'ait pas été faite à la liberté, je répondrais : la liberté n'a jamais aidé à fonder d'édifice politique durable ; elle le couronne quand le temps l'a consolidé.

NAPOLÉON III, *Discours au Corps législatif*, 14 février 1853.

• La mise en garde de Pie IX :

En effet, il vous est parfaitement connu, vénérables frères, qu'aujourd'hui il ne manque pas d'hommes qui... n'hésitent pas à favoriser cette opinion erronée, on ne peut plus fatale à l'Église catholique et au salut des âmes, et que Notre prédécesseur d'heureuse mémoire, Grégoire XVI, appelait un *délire (deliramentum)*, savoir que « la liberté de conscience et des cultes est un droit propre à chaque homme, qui doit être proclamé et assuré dans tout État bien constitué ; et que les citoyens ont droit à manifester hautement et publiquement leurs opinions, quelles qu'elles soient, par la parole, par l'impression ou autrement, sans que l'autorité ecclésiastique ou civile puisse la limiter. »

PIE IX, Encyclique *Quanta cura*, décembre 1864.

• Les sentiments d'une fidèle :

Bien différente est la liberté chrétienne, exprimée si hautement et si simplement dans le *Fiat voluntas tua* !

Louise ANZOLETTI, *La Croyance au surnaturel et son influence sur le progrès social*, 1896.

• Un promeneur catégorique :

La liberté est sacrée. Mais quand je constate, chaque dimanche d'été, que les promeneurs mettent le feu dans nos forêts avec leurs cigarettes, j'aimerais bien qu'on interdît de fumer dans les bois, en dépit de 1789. Périssent cent mille kilomètres de liberté plutôt qu'un centimètre de beauté.

Marcel BOULENGER, *Les Nouvelles littéraires*, 16 décembre 1922.

LIBRE-PENSÉE

• L'opinion d'un capitaine :

C'est un manteau qui couvre tout que celui de la libre-pensée. Il couvre toutes les erreurs et toutes les immoralités. Il permet de *libre-penser* toutes les ordures et tous les crimes ; de *libre-penser* tous les romans dégoûtants et tous les actes contre nature ; de *libre-penser* que deux et deux font trois ; de *libre-penser* qu'on ne doit rien à personne, ni à Dieu, ni à son père, ni à son boulanger ; de *libre-penser* qu'on fait le bien en volant les autres ; de *libre-penser* qu'on fait des œuvres morales en corrompant la jeunesse ; de *libre-penser* qu'on fait briller la vérité en disant des mensonges ; de *libre-penser* et de *libre-agir*, surtout lorsque les passions honteuses sont en jeu, et de se glorifier, de se vanter... *de tout*.

C'est une tromperie, c'est une volerie que votre libre-pensée, car on n'est pas libre de penser tout cela !

Allons, ne prenez pas un air choqué, pudibond, parce que je mets au grand jour le fin fond de votre pensée ; c'est ça, au fond, votre libre-pensée ; j'appelle un chat un chat, voilà tout. Or, qui se dit libre-penseur dit tout cela permis, toléré, sous-entendu, et, si pas mis en acte par chacun, du moins pouvant être accompli sans remords et sans reproche par chacun. C'est du propre, la soi-disant libre-pensée ! C'est une révolte contre Dieu d'abord, et contre toute morale ensuite ; si pas chez vous et toute en chacun, du moins par partie en chacun et complète dans l'ensemble.

Il est bien sale, bien dégoûtant, le manteau de la libre-pensée. Tous les voleurs et les assassins de profession sont aussi libres-penseurs ; demandez-le-leur.

Répliques du bon sens aux attaques et objections modernes contre la religion, par l'ex-capitaine MAGNIEZ, librairie Saint-Charles, Lille, édition spéciale mise à jour après les événements de 1908.

• Un adversaire :

On me dit qu'il y a à Agen une rue de la Libre-Pensée ! Ce doit être la rue des bordels.

Léon BLOY, *Journal*, 15 octobre 1910.

LIÈGE

• Théâtre d'un débordement allemand :

A Liège, après un séjour de 180 Allemands pendant six jours dans l'immeuble n° 112 boulevard de la Sauvenière, les water-closets débordants ont nécessité une démolition complète pour les évacuer.

La maison tout entière était encombrée de matières fécales. Les lits en étaient remplis. Des ordures avaient été déposées dans les tapis. [...] Six personnes furent occupées pendant une semaine à cet épouvantable nettoyage. La ville tout entière fut submergée, selon l'expression d'un témoin, sous une marée d'excréments.

Dr BÉRILLON, *La Psychologie de la race allemande*, Paris, 1917.

LIÈVRE

• Caractère :

Comme le lièvre est le plus mélancolique des animaux, il est aussi le plus lascif.

Nicolas VENETTE, *La Génération de l'homme*, édition de 1690.

• Apparence :

Le lièvre est couleur des plaines de France, il est couleur des steppes en Russie ; la nature a soif d'abord d'uniformité harmonique avant que d'affectionner les contrastes.

Émile BAYARD, *Le Bon Goût*, 1919.

LIGNE

• Un modèle :

La ligne, la ligne ? La fameuse ligne qu'on nous invite à admirer et qui change avec la saison ? Dieux de l'Olympe ! Que de bêtes, auxquelles le langage des hommes prête des qualités de femme, offrent des lignes étonnantes, la pintade, tenez ! et combien d'autres !

André FOUCAULT, *Lisbeth, ou la perversion intellectuelle*, 1926.

LIGNE DROITE

• L'histoire au cordeau :

La ligne droite est la plus courte. La civilisation n'a pas suivi un autre chemin. Elle ne s'est égarée ni à Berlin, ni à Pétersbourg, ni même dans la luxueuse Byzance. Athènes, Rome, Paris sont sur une ligne droite.

Filadelf GORILLA, *L'Homme, singe dégénéré, notes et impressions d'un singe*, 1893.

LINGAM

• Une confusion à éviter :

Chez les Indiens, l'emblème vénéré dans les temples, dans des bosquets consacrés et des lieux solitaires de toute sorte, c'est le *lingam*. Le lingam n'est autre chose que le phallus, ou plus exactement nous dirons que le phallus est le lingam, car ce dernier est certainement l'ancêtre de l'autre.

Th.-F. DEBRAY, *Histoire de la prostitution et de la débauche*, 1880.

LION

• Comment il dort :

Le lion dort les yeux ouverts ; il démène sa queue en dormant, ayant comme honte qu'on pense qu'il dorme, comme s'il savait ce mot d'un grand capitaine de chez Homère : « Il n'est pas séant qu'un homme de commandement dorme toute la nuit. »

R. P. André VALLADIER, *La Métanéalogie sacrée*, 1628.

LION-PEUGEOT

• Une sacrée publicité :

Si le petit Jésus avait mis son sabot dans l'âtre, il eût désiré une Lion-Peugeot.

Annonce parue dans *L'Autoroute*, 31 décembre 1907.

LISBONNE

• Capitale de l'Espagne :

Invité par le gouvernement espagnol, Paul Colin va exposer à Lisbonne. Peintre parisien, Paul Colin est beaucoup plus que cela. Le gouvernement espagnol l'a bien compris et, dans quelques jours, le Tout-Lisbonne se pressera au vernissage.

Roger FERAL, *Paris-Soir*, 9 juin 1934.

LISZT (Franz)

• Méprisé dans les grandes capitales :

Examinez n'importe quelle composition qui porte le nom de Liszt — si vous êtes assez malchanceux pour avoir une telle chose sur votre piano — et dites franchement s'il s'y trouve une seule portée de vraie musique !

Musical World, Londres, 30 juin 1855.

• Méprisé dans les provinces :

Très remarquable comme pianiste et comme improvisateur, il fut moins heureux comme compositeur : ses ouvrages présentent pour la plupart le défaut d'être presque inexécutables.

Gustave NAVARRE, *La Musique à Angoulême*, 1899.

LITTÉRATURE

• Un principe général :

Toute littérature vraiment digne de ce nom repose sur les deux principes qui conservent les États, c'est-à-dire sur la morale et la religion.

D. SAUCIÉ, *Histoire de la littérature française*, 1863.

• Ceux qui la font :

Les livres sont faits aujourd'hui, pour la plupart, par des gens qui sont la honte et l'opprobre de leur temps.

Marie-François LHOMME, *La Comédie d'aujourd'hui*, 1898.

• Le rôle qu'elle joue :

A l'exception d'un petit nombre d'ouvrages religieux tels que la Bible et le Coran, les livres exercèrent toujours une faible action. S'il leur arrive accidentellement de posséder une certaine influence, c'est que les gouvernants aiment à trouver dans les écrits des philosophes une thèse capable de justifier leurs actes. On a souvent rappelé que Robespierre et les hommes de la Révolution s'inspiraient des œuvres de Rousseau. Il semble fort probable que cet écrivain leur fournit simplement, grâce à sa théorie erronée de l'égalité naturelle des hommes détruite par les iniquités sociales, une justification de tous les décrets révolutionnaires.

Gustave LE BON, *Premières Conséquences de la guerre*, 1916.

• Comment la moraliser :

Serait-il vraiment très difficile de poser le principe que tout auteur, tout écrivain dont l'œuvre se plaît à la description minutieuse des raffinements de luxure, dont les ouvrages avilissent la jeunesse, souillent le cœur, est un écrivain déshonoré, un homme disqualifié, à qui on ne serre plus la main, qu'on n'invite plus à sa table, un mauvais Français, actif collaborateur des convoitises germaniques ?

Paul BUREAU, *L'Indiscipline des mœurs*, 1922.

LITTÉRATURE ALLEMANDE

• Un musicien la juge :

Goethe et Schiller sont de grands poètes, mais combien surfaits !

Camille SAINT-SAËNS, *L'Écho de Paris*, 19 septembre 1914.

LITTÉRATURE AMÉRICAINE

• Ce qui demeure :

Reconnaissons que la littérature américaine n'est pas tout à fait inexistante. Elle a donné le jour au moins à un type sympathique, le bon « Bas-de-Cuir », fils de James Fenimore Cooper.

J. LAGARIGUE, *Le Cri du peuple*, 4 septembre 1942.

LITTÉRATURE ANGLAISE

• C'est peu de chose :

La littérature anglaise [...] ne vaut pas un coup d'œil.

Antoine DE RIVAROL, *De l'universalité de la langue française*, 1784.

LITTÉRATURE FRANÇAISE

• Deux condamnations du passé :
Puis me laisse toutes ces vieilles poésies françaises aux Jeux floraux de Toulouse et au Puy de Rouen : comme rondeaux, ballades, virelais, chants royaux, chansons et autres telles épiceries qui corrompent le goût de notre langue, et ne servent sinon à porter témoignage de notre ignorance.

Joachim DU BELLAY, *Défense et illustration de la langue française*, 1549.

Il est bien étrange que depuis que les Français s'avisèrent d'écrire, ils n'eurent aucun livre écrit d'un bon style, jusqu'à l'année 1656, où les *Lettres provinciales* parurent.

VOLTAIRE, *Dictionnaire philosophique* (article Style), 1764.

• Le Siècle des lumières :
Nous ne connaissons presque pas de livres écrits sous Louis XV qu'on puisse mettre sans inconvénient entre les mains d'une jeune fille.

Edouard MENNECHET, *Cours complet de littérature moderne*, 1862.

• Une grande époque :
Pendant ces années (1800-1832) de triomphe merveilleux, Ducis, Bernardin de Saint-Pierre et l'abbé Delille ont publié quelques-unes de leurs productions les plus admirées ; la scène française s'est ranimée ; Chénier, écrivain de premier ordre, a composé son *Tibère*, M. Lemercier son *Pinto*, M. Raynouard ses *Templiers*, M. Arnaud ses *Vénitiens*. M. Étienne ses *Deux Gendres* ; MM. Andrieux, gracieux et aimable conteur, Collin d'Harleville, Duval et Picard ont obtenu de nombreux et durables succès. C'est à la même époque que M. Parseval Grandmaison terminait son épopée de *Philippe-Auguste*.

Antoine JAY, *Discours de réception à l'Académie française*, 1832.

• En 1833, c'est la fin du roman :
Le roman épuisé, haletant, aux abois [...] Qui est-ce qui ne voit qu'il est à bout de ressources, qu'il se meurt de banalité, qu'il tire la langue, comme dit énergiquement le peuple, qu'il n'a plus assez des mystères de la chambre, et qu'on ne peut prolonger sa vie qu'en lui livrant ceux du lit ?

Désiré NISARD, « D'un commencement de réaction contre la littérature facile », dans *La Revue de Paris*, décembre 1833.

• Influences étrangères :
Balzac, pour ne parler que des morts de notre littérature, était un Anglais, lui qui a introduit en France le roman domestique, qui se complait dans les détails matériels, analyse minutieusement les intrigues et les passions, montre de l'homme l'extérieur, son costume, sa maison, ses meubles, et dont la fable est toujours fondée sur l'argent.

Nos Allemands ont commencé avec le XVIIIe siècle, avec la décadence : Fénelon, qui s'éprit du quiétisme, et rêva Salente ; Jean-Jacques Rousseau qui croyait à l'excellence de l'état sauvage ; Saint-Martin le théosophe, étaient des Allemands. Qui fut plus allemand que l'auteur d'*Obermann*, Sénancourt ?

Eugène LOUDUN, *Les Trois Races*, 1862.

• Conseil aux poètes épiques :
Français, chantez Laïus, Dardanus, Labdacus !

Henri DE LATOUCHE, *Les Classiques vengés*, 1825.

• Trois pessimistes :
Notre littérature décline à grands pas.

L. DE ROCHEFORT, *Souvenirs et Mélanges*, 1825.

La poésie a disparu des lettres françaises.

La Revue des Deux Mondes, 15 avril 1866.

Que sont nos poètes auprès de Valmiki, de Kalidasa, d'Homère et de Pindare ?

Comte DE GOBINEAU, *Essai sur l'inégalité des races humaines*, 1853-55.

• C'est la faute aux bourgeois :
Notre littérature s'est engagée dans une dégradation sans fin... Dans cette abdication des gens de lettres, ce qui est plus singulier encore, c'est la complicité de la bourgeoisie. Voyez un peu. Thiers écrit sous le titre d'*Histoire de la Révolution*, un roman factieux : la bourgeoisie acclame le roman et prépare la révolution de 1830. Sous les titres d'*Histoire de dix ans* et d'*Histoire des Girondins*, Louis Blanc et

Lamartine écrivent d'autres romans de rébellion : la bourgeoisie les pousse et tombe dans le traquenard de la république. Eugène Sue écrit avec un balai trempé dans l'ordure *Les Mystères de Paris* et *Le Juif errant* : la bourgeoisie se rue sur cette littérature de prostitution. Le dernier goût est de se pâmer d'admiration devant cette crapule : et nous tombons dans l'orgie. En ce moment, Victor Hugo publie en dix tomes ses malheureux *Misérables* : les bourgeois payent soixante-dix francs l'exemplaire, un livre fait tout exprès pour les précipiter dans la baignoire du socialisme.

Mgr Justin FÈVRE, *La Mission de la bourgeoisie*, 1864.

• Le meilleur et le pire :

Prenez les œuvres de Mérimée, remontez jusqu'à son maître Stendhal, puis descendez aux imitateurs, à ceux qui ont délayé son élixir dans des flots d'absinthe et inauguré les saturnales du réalisme ; parcourez en idée ces œuvres étranges, morbides, désolantes, excessives, venimeuses, cyniques, brutales, véreuses, faisandées, qui eurent la vogue et que favorisa le second Empire ; après ce pénible inventaire, revenez aux inspirations de la littérature spiritualiste et chrétienne ; à Lacordaire, à Montalembert, à Tocqueville, à Ozanam, à Gerbet, à Mme Swetchine, à Eugénie de Guérin, aux *Récits d'une sœur*, à d'autres encore que je pourrais nommer, et dites-moi où est le souffle, où est la lumière, où est le charme, où est la consolation, où est l'espérance, où est la force, où est le rayonnement, où est la vie ?

A. DE PONTMARTIN, cité *in* Abbé Baraud, *Artistes, Littérateurs et Savants au* XIX*e siècle*, 1893.

• L'explication médicale :

Les générations de 1870 à 1875 environ sont nées fatiguées, ce qui explique leur état psychique particulier, leur appétence pour les excito-moteurs et pour une littérature érotique ou décadente.

Dr P. TISSIÉ, *Revue encyclopédique*, 2 septembre 1899.

LITTÉRATURE LATINE

• Très surfaite :

Les écrivains latins ne sont pas plus primitifs, plus originaux que leurs émules des temps modernes ; ils sont sujets à bien des défauts ; on trouve chez plusieurs d'entre eux de la prolixité, de la recherche, de l'exagération, de la rhétorique. Cicéron sommeille au moins autant qu'Homère, et parfois se perd en un verbiage fatigant ; César se montre si grand et si infaillible dans l'apparente simplicité de son récit, que sa véracité devient fort suspecte. Salluste sent l'huile, et ses archaïsmes trahissent un excès d'application littéraire. Tite-Live est bien long pour qui entreprend de le lire de suite, et dans ce qui nous reste de son immense édifice, on trouve des parties ou l'intérêt languit. D'ailleurs il ne distingue guère les époques, et transporte dans les temps les plus barbares la politesse de son siècle. Tacite n'évite pas l'hyperbole et la subtilité. Sénèque manque souvent de la mesure qui dénote la sincérité. Quinte-Curce n'est qu'un historien de pacotille ; quoiqu'on le lise en classe, il n'a rien de classique. Horace a besoin d'être expurgé. Lucrèce nous laisse parfois regretter qu'il n'ait pas écrit en prose. Perse n'est lisible que pour les amateurs de rébus... Juvénal choque le goût jusqu'à la nausée. Lucain sert de plastron aux critiques dignes d'aimer Virgile. Qui sait ce que perdrait Térence, si l'on retrouvait Ménandre ? Plaute est le prince des poètes de la populace ; on ne le met guère plus que Rabelais entre les mains des écoliers.

Raoul FRARY, *La Question du latin*, 1885.

LITTÉRATURE RUSSE

• Un avis autorisé :

En général, la Russie n'a jamais produit de ces stupides romantiques à l'allemande et surtout à la française, gens éthérés que rien ne saurait émouvoir, dût la terre trembler sous leurs pas... En pays russe, il n'y a pas d'imbéciles ; c'est ce qui nous distingue des autres pays.

Fédor DOSTOÏEVSKI, *Mémoires écrits dans un souterrain*, 1864.

LITTRÉ (Émile)

• Ce qui fera sa gloire :

Le nom de M. Littré est tellement inféodé aujourd'hui à celui de Darwin et à son système qu'il semble qu'on ne puisse le prononcer sans voir miroiter aussitôt comme la silhouette d'un singe [...] C'est probablement à cette parenté plus ou moins avouée avec le singe que M. Littré devra que son nom reste populaire.

Constantin JAMES, *Du darwinisme, ou l'Homme-Singe*, 1877.

LIVRES

• Un ennemi inattendu :

Je hais les livres ; ils n'apprennent qu'à parler de ce qu'on ne sait pas.

Jean-Jacques ROUSSEAU, *Émile*, livre troisième, 1761.

L'abus des livres tue la science. Croyant savoir ce qu'on a lu, on se croit dispensé de l'apprendre. Trop de lecture ne sert qu'à faire de présomptueux ignorants. De tous les siècles de littérature, il n'y en a point où l'on lût tant que dans celui-ci, et point où l'on fût moins savant.

Jean-Jacques ROUSSEAU, *Émile*, livre cinquième, 1761.

• Libraires, ceci est pour vous :

1. Ceux qui composent des livres gravement obscènes pèchent mortellement ; car ils sont une occasion de ruine spirituelle pour un grand nombre de personnes, et ils ne peuvent invoquer aucun motif d'excuse légitime.

2. Il est également impossible de trouver une raison suffisante pour excuser ceux qui font profession de vendre de tels livres : pèchent donc mortellement les libraires qui les tiennent dans leur magasin, les y étalent et les vendent au public.

Mgr J.-B. BOUVIER, *Dissertation sur le sixième commandement*, 3, 3.

• Une prédiction :

Dans cinquante ans, le livre aura tué le théâtre.

Edmond DE GONCOURT, préface à *Henriette Maréchal*, 11 mai 1879.

• Un auteur satisfait :

Je suis fier de mon livre et je ne voudrais pas le changer contre toutes les œuvres de Victor Hugo.

Guide pour les égarés ou le Livre du prince Korab, cinquième édition, Paris, 1909.

LOI PHYSIQUE

• La presse au service de la science :

C'est une loi physique que, lorsque deux pôles contraires se rencontrent, ils se repoussent.

Le Petit Parisien, 30 octobre 1926.

LLOYD GEORGE

• Un vendu :

Lloyd George était un mannequin agité dont la puissance juive tirait les ficelles.

Jean MAXE, *Les Cahiers de l'anti-France*, novembre 1924.

LOCOMOTION

• L'intelligence, c'est la locomotion :

Le minéral, qui est complètement privé du privilège de la locomotion, reste au bas de l'échelle. Le Végétal, qui peut progresser par ses racines et par ses branches, qui peut faire monter les sucs de la terre vers le haut, qui peut s'incorporer les fluides de l'air, occupe un degré de l'échelle plus élevé que celui du minéral. Enfin, dans le règne animal, la supériorité grandit, depuis l'huître incrustée sur place jusqu'à l'homme qui peut se transporter où il lui convient, et communiquer sa pensée à qui il veut. De sorte qu'en suivant cette analogie qui, remarquez-le, est celle de la nature même, nous pouvons affirmer que plus l'humanité aura, par ses efforts, développé ses puissances de locomotion pour les personnes, plus en même temps elle aura étendu ses facilités de transmission et d'échanges pour les pensées, et plus elle représentera un contingent d'intelligence amplifié.

Cela est tellement vrai que, lorsque nous nous trouvons en présence d'une personne qui ne donne que de rares et faibles signes d'intelligence, nous sommes assez portés à dire de cette personne qu'elle n'est pas sortie de son pays.

François VALLÈS, *Le Surnaturel*, 1881.

LOIRE

• En pleine Bourgogne :

A la suite de pluies abondantes, la Loire et ses affluents subissent actuellement une forte crue à Dijon.

L'Écho de Paris, 24 décembre 1918.

LOISIRS

• Bienheureux ceux qui n'en ont pas :
Combien d'hommes, accablés du fardeau de leur oisiveté, ou blasés par une succession continuelle de plaisirs factices, ne s'amusent de rien, se fatiguent de tout, et disputent péniblement à l'ennui des heures dont la durée leur semble éternelle !

Il n'en est pas ainsi de l'ouvrier. Jamais il n'est embarrassé de ses rares et courts loisirs.

Th.-H. BARRAU, *Conseils aux ouvriers sur les moyens qu'ils ont d'être heureux*, 1850.

LONGÉVITÉ

• Deux bons moyens pour vivre vieux :
Avant comme après le repas, l'absinthe stimule utilement l'organisme, et contribue à en entretenir le jeu régulier.

On m'a montré dans un faubourg de Paris, trois hommes à la constitution robuste, à la taille herculéenne, au teint frais et fleuri. L'un était un distillateur d'absinthe, qui comptait trente ans d'exercice. Les deux autres étaient ses employés, saturés depuis dix ans des exhalaisons de l'absinthe, et habitués à en boire régulièrement un verre par jour.

Ils vivront un siècle.

Henri LIERRE, *La Question de l'absinthe*, 1867.

Le coït fait durer la vie. On a depuis longtemps remarqué la longévité des flamangels et de l'âne étalon. Les vieilles filles ne fournissent pas de centenaires.

Dr BINET-SANGLÉ, *Le Haras humain*, 1921.

LOTI (Pierre)

• Il a fait beaucoup de mal :
« Je viens de relire les six volumes de Pierre Loti, dit Jules Lemaitre, et je me sens parfaitement ivre. » La plupart de ses œuvres ont, en effet, comme premier trait caractéristique, d'amollir et d'alanguir par l'érotisme du style et des peintures.

Aussi la lecture de ces livres contribue-t-elle à déprimer les âmes.

Abbé Louis BETHLÉEM, *Romans à lire et romans à proscrire*, Cambrai, 1905.

LOUIS II DE BAVIÈRE

• Les mœurs d'Alceste :
Cet énigmatique Louis II de Bavière, en qui reparaissait beaucoup des traits de son grand-père Louis Ier, le goût des constructions, le goût des arts, mais non pas le goût des femmes, car Louis II fut toujours un misanthrope.

Léonce BEAUJEU, *L'Action française*, 14 mars 1911.

LOUIS XIII

• A propos d'un tremblement de terre qui précéda de quelques heures sa naissance :
Lors de la conception de ce roi juste, le monde, se sentant coupable, ne devait-il pas trembler ? A moins que ce tremblement de terre ne provînt de la révérence qu'avait l'Europe pour Louis. C'était peu que de le craindre lorsqu'il eut les armes à la main, il la fit trembler avant que de naître.

Louis JUGLARIS (1607-1653), jésuite italien, cité in *Le Père Bouhours, Pensées ingénieuses des anciens et des modernes*, édition de 1734.

LOUIS XIV

• Avant lui le néant :
Ne dissimulons point ; nous n'existons que depuis environ vingt-six ans : lois, police, discipline militaire, commerce, marine, beaux-arts, magnificence, esprit, goût, tout commence à Louis XIV.

VOLTAIRE, *Le Siècle de Louis XIV*, 1751.

• Un portrait à peine flatté :
Louis XIV est grand et bien pris dans sa taille ; il a les cheveux châtain brun et naturellement enflés ; il a les yeux grands et doux, le nez et la bouche bien faite. Enfin il est beau. [...]

Il a l'air d'un héros et quand on ne traiterait pas sa dignité royale de Majesté, on en devrait traiter sa personne. Il a je ne sais quel charme dans la voix qui lui achève de gagner les cœurs, que sa présence avait déjà touchés ; il danse avec une grâce et une justesse admirables ; jamais homme ne s'est mieux servi d'un cheval que lui. Enfin, il fait tous les exercices du corps avec une adresse extraordinaire. Pour l'esprit, il l'a infiniment juste. [...]

Roger DE BUSSY-RABUTIN, *Mémoires*, 1696.

• A sa décharge :
Bien entendu, Louis XIV ne pouvait pas savoir que le tourisme ajouterait une nouvelle mamelle à celles qui assuraient,

selon son ministre Colbert, la prospérité de la France.

Pierre MAZARS, *Le Figaro*, 12 janvier 1974.

LOUIS XVI

• Tout est sa faute :

Pour ne prendre qu'un exemple célèbre dans l'histoire, la monarchie française ne s'est peut-être effondrée que parce que Louis XVI fut paresseux.

Abbé Henri BOLO, *Le Fruit défendu*, 1894.

LOUIS-PHILIPPE

• Un credo politique :

Je crois en Philippe Ier, tout-puissant et protecteur de la Charte et des lois. Je crois à la naissance légitime de ses enfants, plus qu'à celle du duc de Bordeaux. Je crois qu'à Jemmapes il a souffert pour notre liberté ; qu'il serait mort de douleur pendant notre heureuse révolution ; que le troisième jour il est sorti glorieux, et est monté sur le trône d'où il saura juger les bons et les méchants.

Je crois à la Charte, au bon esprit des chambres, au bon accord de tous les partis, à la résurrection de la liberté, qui sera pour nous la vie éternelle. Ainsi soit-il.

Prière des Français, brochure anonyme, 1830.

LOURDES

• Vingt-deux miracles :

Un très grand nombre de jeunes gens attribuent à la protection de Notre-Dame de Lourdes leurs succès, quelquefois inespérés, dans des examens. Les élèves d'un grand collège catholique étaient venus s'y recommander d'une manière toute spéciale ; ils avaient même trempé leur plume dans la fontaine miraculeuse. Les premiers vingt-deux qui se sont présentés ont été tous reçus et plusieurs avec mention honorable.

Annales de Notre-Dame de Lourdes, publiées par les RR. PP. missionnaires de l'Immaculée Conception, 9e année, 1868-1876.

LOYAUME

• Un grammairien propose :

Nous nommons *royaume* un pays régi souverainement par un roi ; le pays où la loi seule commande, je le nommerai *loyaume*.

Urbain DOMERGUE, *Le Journal de la langue française*, cité *in* Camille Desmoulins, *Les Révolutions de France et de Brabant*, 1793, n° XC.

LOVECRAFT (Howard Philips)

• Les limites du précurseur de la science-fiction :

La seule véritable horreur dans ses histoires, c'est leur mauvais goût.

Edmund WILSON, 1945.

Un malade ! Et un fort mauvais écrivain.

Colin WILSON, 1962.

Il était aussi timbré qu'une enveloppe premier jour.

Avram DAVIDSON, 1963. L'opinion de ces trois critiques américains est citée dans Maurice LÉVY, *Lovecraft ou le Fantastique*, Paris, 1985.)

LUNDI

• Le repos du lundi est la source de tous les maux :

Autant la fériation du dimanche repose et rafraîchit les sens, autant la fériation du lundi les agite et les trouble. [...]

Je dirai plus : le corps ne profite pas beaucoup du repos du lundi. Ce n'est pas un véritable repos, c'est une fatigue d'une autre nature, qui ne délasse pas de la fatigue du travail, quoi qu'on en dise, et qui, au contraire, use davantage. Oui, presque toujours le dimanche répare les forces, le lundi les énerve.

Que dirai-je de ceux qui cumulent lundi et dimanche ? [...] Qu'on opte donc entre ces deux jours ; ou, si on les prend tous les deux, qu'on avoue que c'est par amour de la fainéantise et du désordre. Ce n'est pas un dimanche suivi d'un lundi, ce sont deux lundis qui se suivent.

Th.-H. BARRAU, *Conseils aux ouvriers sur les moyens qu'ils ont d'être heureux*, 1850.

En effet, au cabaret l'ouvrier perd son temps ; il le perd le dimanche en ne rendant pas à Dieu les hommages qui lui sont dus : mais il le perd surtout le lundi ; ce jour-là il déserte l'atelier qui est son champ d'honneur. [...]

L'homme, se reposant le dimanche, a repris les forces nécessaires pour recommencer sa semaine, tandis que, dans l'ivresse du lundi, l'homme, au lieu de se délasser, se fatigue, ruine sa santé et n'est plus prêt à recommencer sa semaine le lendemain. Le repos du dimanche constitue et prépare l'ordre, les débauches du lundi constituent et préparent le désordre.

Le repos du dimanche est bon et prépare l'économie, le repos du lundi est mauvais et prépare la ruine. Le repos du dimanche enfante la paix de la famille. Le repos du lundi enfante la discorde dans la famille, la querelle et la fureur, les batailles dans les rues. Le repos du dimanche laisse une traînée lumineuse qui éclaire le travail de six jours. Le lundi assombrit la semaine. Le repos du dimanche établit entre l'ouvrier et le patron une relation de paix. Le repos du lundi produit, au contraire, la haine et alimente la paresse. Le repos du dimanche est à la base de tous les grands monuments ; le repos du lundi est le laboratoire où se préparent les grandes catastrophes.

L'Ouvrier, ses vrais intérêts, par une Association de jeunes gens, 1877.

LUNE

• **Ce qu'elle écrit dans le ciel :**

La lune elle-même semble donner, de l'existence du Créateur, sa preuve écrite. [...] Dans son cycle quasi mensuel, la Lune commence à croître et prend, à son passage au méridien, la forme d'un D. Continuant à recevoir plus de rayons solaires sur la partie de son hémisphère tournée vers nous, elle prend la forme d'un O. Elle décrit ensuite, et devient pareille à un C.

Ayant ainsi tracé ces trois lettres, elle se cache, comme si elle n'osait poursuivre sa révélation. Puis, comme si elle avait obtenu l'autorisation de poursuivre son inscription céleste, elle reparaît, traçant à nouveau les lettres D.O.C.

Elle écrit ainsi les initiales D.O.C. — D.O.C., — D.O.C. éternellement.

Si la Lune voulait donner aux hommes une leçon de théodicée, elle n'emploierait pas une langue vivante spéciale à un peuple. Elle emploierait la langue universelle : le latin.

Or les seuls mots pouvant compléter les initiales formées par le satellite de la Terre, de façon à former une phrase lapidaire, digne d'être attribuée à un astre et d'être écrite dans le ciel, sont les suivants :

Deus Orbem Creavit, Delebit Orbem Creator (Dieu créa le monde, le Créateur détruira le monde).

S.I.R.M., *Les Anges neutres*, 1926.

• **Heureusement, elle est là :**

Dans l'état de veille et hors de nos maisons, la nuit a une influence sur la génération par la présence de la lune : sa douce lumière, le silence de la nuit invitent à de doux sentiments, provoquent de tendres épanchements, qui s'effraieraient de la clarté du jour. Cet effet, surtout marqué chez les habitants des villes, est souvent dû à la lecture des romans ; l'impression de ce spectacle est d'autant plus vive sur eux, qu'ils en jouissent plus rarement. Tel a dû à un beau clair de lune les faveurs de son amie, qu'il aurait vainement espérées sans cette bienheureuse occasion.

Julien-Élysée REYDELLET, ancien élève de l'École polytechnique, *Essai sur la nuit*, 1819.

• **Une âme simple la regarde :**

Quelle belle nuit ! Et dire que c'est la même lune qui m'éclaire, moi, bien tranquille dans ma chambre, et qui éclaire les endroits où l'on se bat, où l'on souffre. Mon Dieu ! comme tout cela est mystérieux et difficile à comprendre !

ANNETTE, *Paris-Midi*, 29 septembre 1939.

LUTHER (Martin)

• **Démoniaque :**

Voyez-vous comme Satan s'efforce d'entrer en possession de cet homme ?

Ulric ZWINGLE, *Réponse à la confession de Luther*, vers 1525.

Il a écrit tous ses livres par l'impulsion et sous la dictée du démon, avec lequel il eut affaire, et qui, dans la lutte, paraît l'avoir terrassé par des arguments victorieux.

Contre la confession de Luther, vers 1530, cité *in* Abbé Migne, *Nouvelle Encyclopédie théologique*, 1851.

• **Éphémère :**

La théologie de Luther était trop ridicule, trop contraire à la raison, trop démentie par la nature, pour tenir bien longtemps.

Abbé BESSON, *Les Mystères de la vie future*, 1874.

• Scatologique :

Le grand inspirateur de la morale allemande, Luther, n'a jamais manqué aucune occasion de marquer l'importance qu'il accorde à tout ce qui-se-rattache à l'acte, ainsi qu'aux produits de la défécation.

Dr BÉRILLON, *La Polychésie de la race allemande*, 1915.

LUTTE

• Œuvre de Satan :

La lutte, elle aussi, est une invention du démon : c'est le diable qui a jeté bas les premiers êtres humains. Les attitudes de la lutte ont d'ailleurs quelque chose qui rappelle celles du serpent, tenace quand il saisit son adversaire, tortueux quand il le lie et d'une fluide souplesse quand il se dégage.

TERTULLIEN (vers 160-225), *De spectaculis*, traduction Labriolla, 1946.

• Ce qu'elle apporte à l'homme :

La lutte durait depuis vingt minutes. Tout à coup, il y eut quelques coups portés si vivement, qu'avant que les lutteurs eussent eu le temps de s'en rendre compte, Abdulla avait passé à son adversaire une *ceinture de derrière*, avec tant de force, qu'il l'envoya rouler sur le tapis, les reins cassés. On le transporta à l'hôpital, où il mourut en arrivant.

Trois mois plus tard, on trouvait un soir, à huit heures, sur la voie du chemin de fer de ceinture, à la hauteur de l'avenue de Villiers, le cadavre d'Abdulla, le front fendu, et le bras droit coupé à l'épaule par les roues d'un train. [...]

Pourquoi ne ferait-on pas revenir à la mode tous ces jeux athlétiques ? C'est dans la lutte qu'il faut chercher un moyen de régénération de notre race anémiée.

Léon VILLE, *La Lutte et les Lutteurs*, 1891.

LUTTE DES CLASSES

• La forme qu'elle prend dans les campagnes :

Si le prolétariat des cités prend peu à peu conscience de ses forces, ne craint pas de formuler ses désirs, il faut bien reconnaître que les travailleurs des champs osent rarement articuler une plainte. [...]

Pourtant, depuis quelques années, il n'est pas rare de voir des laboureurs en service s'arrêter au bout du champ qu'ils retournent au profit d'un autre et tendre un poing menaçant au cabriolet du maître-parasite qui file vers la ville. Il y a dans ce geste une affirmation, bien timide encore, de la lutte des classes. Cette ébauche de révolte, tout intuitive et platonique, procède d'une lueur de raison trop faible encore pour éclairer la nuit profonde de ces cerveaux primaires.

La Guerre sociale, 2 janvier 1907.

• L'instigateur :

Les conflits terribles qui se sont déroulés ces dernières années entre la classe possédante et celle des travailleurs sont certainement des démonstrations visibles de la puissance de l'esprit diabolique.

La Nouvelle Terre, le message à l'humanité, 1927.

LUXE

• La femme est responsable, et le patron victime :

Le luxe est la conséquence naturelle de la mentalité féminine, toute faite du désir de paraître pour plaire et séduire. [...]

Il n'est pas de servante de ferme qui ne porte aux assemblées, aux fêtes et aux foires des souliers vernis, des bas à jours et un chapeau à aigrette. Tout cela se paie, et celui qui paie, c'est le patron, déjà écrasé de frais de toutes sortes, ou l'amant, et souvent les deux.

Maurice DE GASTÉ, *La Bêtise humaine et la Science de la vie*, Paris 1922.

LUXURE

• Fort en théologie, peut-être, mais guère en étymologie :

La luxure, qui tire son nom du mot *luxer*, est ainsi appelé parce que le propre de ce vice est de relâcher, de détruire les forces de l'âme et du corps.

(*Luxure vient en fait du latin « luxuria », qui signifie « surabondance ».*)

Mgr J.-B. BOUVIER (1783-1854), *Dissertation sur le sixième commandement*, 1, 1.

• **Des détails :**
On compte six espèces de luxure : la fornication, le stupre, le rapt, l'adultère, l'inceste et le sacrilège. Les causes principales et les plus fréquentes des péchés de luxure sont les suivantes :

1. L'intempérance dans le manger et surtout dans le boire : « Le vin pousse la luxure et l'ivrognerie est turbulente : celui qui y prend plaisir ne conservera pas la sagesse » (Prov. 20,1).

2. L'oisiveté qui enseigne la malice (Eccl. 33.29), un sommeil prolongé, la mollesse ou la chaleur du lit, les jeux, les agréments et les délices de la vie.

3. La familiarité entre personnes de différents sexes, même sous le prétexte de mariage, les regards, les attouchements, les embrassements, les entretiens voluptueux, suivant ces paroles de l'Ecclésiaste, 9,11 : « Beaucoup sont réprouvés pour s'être épris de la beauté de la femme d'autrui, car sa parole est brûlante comme le feu. »

4. Les bals, les comédies et autres spectacles profanes, la lecture des livres obscènes et des romans, les discours déshonnêtes, les chansons amoureuses, les vêtements immodestes ou superflus, la fréquentation des cabarets, toutes ces choses, dit Tertullien, indiquent la perte de la chasteté.

Mgr J.-B. BOUVIER (1783-1854), *Dissertation sur le sixième commandement*, 1,1 et 4.

• **C'est très surfait :**
Du reste, la luxure n'est pas chose si délicieuse, comme la passion et le démon voudraient le faire accroire à ceux qui s'y livrent, car, après un moment de jouissance qui passe avec la rapidité de l'éclair, on ressent une grande tristesse, ainsi que l'affirment les philosophes : *Omne animal post coitum tristatur*. Tout animal est triste après le coït.

Mgr Antonio Maria CLARET, confesseur de S.M. Isabelle II, *La Clef d'or* (vers 1860).

• **Des lapsus peut-être révélateurs :**
Il raconte que les méthodes habituelles employées par les agents de la G.P.U. à l'égard des prisonniers récalcitrants sont la luxure des bras et des coups de bâton de caoutchouc.

La Vague rouge, 1er mars 1927.

Deux dames causaient dans l'ombre d'une avant-scène. L'une était Jeanne Granier qui, bien que toujours souffrante de sa luxure à l'épaule, avait tenu à venir.

Comœdia, 14 janvier 1934.

LYNCH

• **Une parfaite impartialité :**
J'ajoute que je désapprouve tout criminel, qu'il soit un lynché nègre ou un lyncheur blanc. J'ai voulu, en toute impartialité, rétablir la vérité complète. Et voilà tout.

Warrington DAWSON, *Le Nègre aux États-Unis*, 1912.

LYONNAISE

• **Chacun voit midi à sa porte :**
L'Italienne aime par tempérament ; l'Espagnole, par plaisir ; l'Allemande, par sensualisme ; la Russe, par corruption ; l'Orientale, par habitude ; l'Autrichienne, par virtuosité ; la Polonaise, par essence ; la Flamande, par devoir ; l'Anglaise, par hygiène ; la Créole, par instinct ; l'Américaine, par calcul ; la Provinciale (Française) par ennui ; la Parisienne, par curiosité ; et enfin la Lyonnaise par sentiment.

Le Carillon lyonnais, 6 octobre 1907.

M

MACHINISME

• Deux grands adversaires :

Ces machines, dont l'objet est d'abréger l'art, ne sont pas toujours utiles. Si un ouvrage est à un prix médiocre, et qui convienne également à celui qui l'achète et à l'ouvrier qui l'a fait, les machines qui en simplifieraient la manufacture, c'est-à-dire qui diminueraient le nombre des ouvriers, seraient pernicieuses.

MONTESQUIEU, *L'Esprit des lois*, 1748.

Dans cette détresse universelle, quand partout le travailleur est repoussé et que la nation anglaise a cédé sa place à la machine à vapeur, qui fait tout l'ouvrage que faisaient autrefois les hommes, des récompenses sont encore offertes à l'inventeur de nouvelles machines qui rendraient inutiles les ouvriers qui trouvent encore un gagne-pain ! Certes, il semble qu'au milieu de tant de souffrances on pourrait se dispenser d'encourager ceux qui, dans ce moment du moins, ne pourraient faire que l'augmenter encore.

Léonard SISMONDI, *Nouveaux Principes d'économie politique*, 1827.

• Une curieuse image de la France :

Le machiniste est aussi soumis à la force de la vapeur et *précisément à cause de cela* il peut donner à sa machine un mouvement rapide ou lent, ou même rétrograde. Il en est de même pour les nations à certaines époques de leur vie ; la *France contemporaine* nous en donne un témoignage éclatant. Elle peut prendre un mouvement rétrograde ou lancer, en cas de besoin, des jets de vapeur sous la forme d'expédition du Mexique et autres.

Général DRAGOMIROF, *Étude du roman « La Guerre et la Paix » au point de vue militaire*, Kiev, 1895.

MAC-MAHON (maréchal)

• Un supporter :

Saint-Christophe, le gagnant du prix de Paris, a henni en passant devant la loge du maréchal Mac-Mahon, et on aurait pu en conclure qu'il adhérait à l'acte du 16 mai.

Le Petit Moniteur, 11 juin 1877.

MACPHERSON (James)

• De quoi s'agit-il ?

La beauté d'une œuvre ne doit jamais être envisagée abstraitement et indépendamment du milieu où elle est née. Si les chants ossianiques de Macpherson étaient authentiques, il faudrait les placer à côté d'Homère. Du moment qu'il est constaté qu'ils sont d'un poète du XVIIIe siècle, ils n'ont plus qu'une valeur très médiocre.

Ernest RENAN, *L'Avenir de la science*, 1890.

MADELEINE (Église de la)

• Des goûts et des couleurs :

L'église de la Madeleine est sans contredit le plus beau monument qui ait été construit dans la capitale depuis Louis XIV.

Le Journal des femmes, septembre 1842.

MAGELLAN (Fernand de)

• **Les révélations d'une revue spécialisée :**
Il y a quatre siècles et demi que Magellan découvrit la route des Indes par le cap de Bonne-Espérance.

Mer et Outre-Mer, avril 1936.

MAGISTRAT

• **Doit savoir danser :**
La danse est nécessaire dans tous les états de vie, depuis le prince jusqu'au dernier des citoyens : un de ses principaux avantages est de répandre de la noblesse dans toutes les actions... Elle apprend au magistrat à se présenter au tribunal de la justice et à un particulier à s'introduire dans le grand monde.

Jean LECOINTE, *Apologie de la danse*, 1752.

MAHLER (Gustav)

• **Hélas !**
La simplicité drôle et émasculée de Gustav Mahler ! Il n'est pas convenable, à l'égard des lecteurs du *Musical Courier*, de leur prendre leur temps avec une description détaillée de cette monstruosité musicale, qui se dissimule (*which masquerades*) sous le titre de *Quatrième Symphonie* de Gustav Mahler. Il n'y a rien dans la forme, le contenu, ou l'exécution de l'œuvre pour impressionner le musicien, excepté son grotesque.

Musical Courier, New York, 9 novembre 1904.

Aux Concerts Lamoureux, la *Cinquième Symphonie* de M. Gustav Mahler, qui dure une heure et quart sans interruption. A la troisième minute, on regarde sa montre et l'on se dit : « Encore cent douze minutes ! »

L'Écho de Paris, 23 janvier 1911.

MAHOMET

• **Un imposteur :**
Le mahométisme ne me présente rien que de méprisable dans son auteur, dans son code et dans sa fin.

Mahomet, son fondateur, commence comme un imposteur, continue comme un tyran, finit comme un scélérat. D'abord ce fourbe, ne pouvant prouver sa mission de prophète par les miracles, persuade à sa femme et, par elle, à beaucoup d'autres, que les accès d'épilepsie auxquels il était sujet, n'étaient que des extases causées par son commerce extraordinaire avec l'ange Gabriel. Son autorité ainsi accréditée, il s'érige en homme inspiré, étend sa religion par les voies les plus violentes. Ses apôtres sont, non des martyrs, mais des soldats qui annoncent ses extravagances le sabre à la main. Enfin il meurt, non par sa doctrine, mais empoisonné par une femme qu'il avait séduite, et qui voulait savoir par là s'il était effectivement un imposteur ou un prophète. [...]

Toute sa religion consiste à prier le visage tourné du côté de La Mecque, à sacrifier la femelle du chameau sur ses pieds, à tuer les infidèles, à avoir autant de femmes qu'on peut en nourrir, à se laver souvent, à s'abstenir de quelques animaux, et à croire Mahomet le grand prophète. [...]

Non, une religion si grossière ne peut être la véritable.

Père JANIN, bénédictin, *Pensées théologiques relatives aux erreurs du temps*, 1769.

• **Une anecdote peu connue :**
Tout le monde sait que les Turcs ont coutume de porter de l'eau, quand ils vont à la garde-robe, et qu'ils se lavent avec leurs doigts. Il y a des commodités dans les parvis des mosquées, où les musulmans vont pour les besoins de la nature ; et après s'être bien lavés, ils entrent dans la mosquée, pour faire la prière. Mahomet, voulant faire ses prières, alla aux commodités, et se lava bien ; car, quoique législateur, il avait la conscience trop délicate pour s'exempter de la loi.

Par malheur pour lui, une petite démangeaison l'obligea de porter la main à son visage, et de toucher à sa moustache. Un moment après, il sentit la mauvaise odeur que ses doigts y avaient laissée. Que faire ? Il était fort embarrassé. Il se lava avec de l'eau froide, qui ne fit rien. Il employa l'eau tiède qui lui parut n'avoir pas opéré davantage. Il en mit de la chaude et presque bouillante, qui fut encore inutile. Il était désolé, car le temps de la prière pressait. Un des anges gardiens de sa barbe lui inspira d'y faire passer le rasoir. Il le fit sur-le-champ, avec tant de dévotion et si peu d'adresse, qu'il s'enleva la peau du visage ; après quoi, la mauvaise odeur était dissipée, il prit une forte ablution, et fit sa prière ; après laquelle, il passa la main sur la longue barbe qui lui restait, afin de lui communiquer quelqu'une des grâces qu'il venait de recevoir, et dont il chargea ses anges gardiens d'avoir soin. C'est donc à son exemple que les mahométans rasent leurs moustaches.

J.A. DULAURE, *Pogonologie, histoire philosophique de la barbe*, 1786.

• Un auteur bien renseigné :
Mahomet, le plus vaste génie que l'Orient ait eu, était un enfant de l'amour.

Essai sur les moyens de procréer des enfants d'esprit, 1810.

MAIN

• Aurait pu être un pied :
On croirait volontiers qu'il n'y a eu qu'un premier animal prototype de tous les animaux, dont la nature n'a fait qu'allonger, raccourcir, transformer, multiplier, oblitérer certains organes. Imaginez les doigts de la main réunis, et la matière des ongles si abondante que, venant à s'étendre et à se gonfler, elle enveloppe et couvre le tout ; au lieu de la main d'un homme, vous aurez le pied d'un cheval.

Pensée sur l'interprétation de la nature, 1743.

MAIRIE

• Pour le bétail :
L'immense majorité des Français est catholique. On compte les rares dissidents qui ne font pas baptiser leurs enfants, qui ne se marient que dans les haras officiels intitulés mairies, et qui se font enfouir comme des débris puants qui empestent la voie publique.

Paul DE CASSAGNAC, *L'Autorité*, 16 avril 1886.

MAISTRE (Joseph de)

• Le plus grand :
Un seul moderne a remonté plus que Chateaubriand : c'est Joseph de Maistre, qu'aucun autre ne dépasse, ni peut-être n'atteindra.

Louis VEUILLOT, *Derniers Mélanges*, 16 septembre 1875.

MAKALÉ

• Quelque chose de fantomatique :
La ville de Makalé est déserte et les Italiens distribuent des vivres aux habitants.

La Dépêche, Toulouse, 12 novembre 1936.

MALADIES

• Ni l'été ni l'hiver :
Au reste, quelles que soient les causes des maladies, c'est pendant les nuits du printemps, et surtout de l'automne, qu'on les contracte le plus fréquemment.

Julien-Élysée REYDELLET, ancien élève de l'École polytechnique, *Essai sur la nuit*, 1819.

• Une seule cause :
Les miasmes délétères qui tuent les corps sont le produit de la corruption des âmes. Le mal physique est né du mal moral.

Mgr GAUME, *L'Eau bénite au XIXe siècle*, 1866.

MAL DE MER

• L'étonnant récit d'un inventeur :
La pensée qui m'avait frappé en allant prendre des bains de mer, avant mon mariage, sur la possibilité d'établir un appareil préservant du mal de mer, revint à mon esprit. Je résistai pendant une année à cette pensée, mais sa persistance m'imposa l'obligation de travailler à l'invention de cet appareil. Je profitai du temps qui s'écoula entre le sevrage de notre premier enfant et la naissance de la seconde pour faire seul un premier appareil, que je terminai la nuit de Noël de 1864. Mon premier essai en mer m'ayant convaincu de la bonté du moyen, je fis opérer un premier perfectionnement par un ouvrier. [...] L'escalier de descente de l'étage de la maison où est la chambre que nous occupions, commence avant que l'extrémité du corridor ait atteint le mur. En face de ce corridor, se trouve une petite fenêtre vitrée, dont l'appui est au niveau de la première marche de cet escalier et à une distance un peu moindre de la longueur d'un homme ordinaire. Le soir du jour que nous manquâmes le bateau, je suivais ce corridor dans l'obscurité, un parapluie sous le bras, ne pensant pas l'escalier si rapproché de moi. Arrivé à la première marche, je tombai sans lâcher mon parapluie et

sans avoir pu appuyer mes mains. L'un de mes pieds resta sur la première marche, ma tête passa au travers d'un carreau de la fenêtre et mon visage frappa fortement le châssis où des débris de verre étaient restés. Le milieu de mon corps se trouva, ainsi, dans le vide. Je me relevai le visage défiguré et ensanglanté, mais sans avoir éprouvé aucune souffrance. Notre hôtesse et ma femme n'eurent qu'à me laver avec un peu d'eau pure. Dieu daigna me témoigner ainsi qu'il bénissait mon œuvre industrielle.

Léonard PRÉVOT, *La Vie d'un vrai chrétien, écrite par lui-même*, 1870.

MALHEUR

• Une pensée :

Au fond, à bien y réfléchir, mieux vaut un grand malheur qu'un petit, car le petit passe inaperçu tandis que le grand est profitable par l'évocation qu'il comporte, d'un plus grand, d'un bien pis encore, qui eût pu sévir à sa place.

Georges COURTELINE, *La Philosophie de Courteline*, 1922.

MALLARMÉ (Stéphane)

• Trois journalistes :

Je demande à souffler un peu et non pas artificiellement ! Je vous demande aussi si vous comprenez. J'ai bien peur que non. Le titre peut-il vous aider ? Le voici. Cela s'appelle l'*Après-Midi du Faune* et l'auteur se nomme Stéphane Mallarmé. Vous me direz que c'est une raison ; moi je vous réponds que ce n'est pas une excuse. Où irions-nous, grand Dieu ! s'il suffisait de s'appeler Stéphane pour abuser ainsi de la patience de ses contemporains ? « Mallarmé » lui-même ne désarme pas. C'est que j'ai tout lu ; mais soyez tranquille, je ne vous ferai pas tout lire.

Baron SCHOP, *Le National*, 5 mai 1876.

Tant que M. Stéphane Mallarmé restera le plus haut représentant de la poésie nouvelle, vous pouvez dormir tranquille sur votre Littré, elle ne sera jamais contagieuse.

Paul BOURDE, *Le Temps*, 6 août 1885.

La vie est triste, hélas ! et j'ai lu tous les livres, disait au moins Mallarmé, qui a supporté une carrière pénible, et qui du reste exagérait : on n'a jamais tout lu.

Paul SOUDAY, *Le Temps*, 19 août 1926.

• Deux écrivains :

Mallarmé, intraduisible, même en français.

Jules RENARD, *Journal*, 1er mars 1898.

Pour mon compte, je tiens que les anthologies recueilleront certains fragments de sa poésie : d'abord une douzaine de vers isolés et frappants, une ou deux de ses plus curieuses excentricités (il faut bien que la postérité connaisse nos monstres), enfin quelques tirades comme la jolie échappée de *l'Après-midi*.

Charles MAURRAS, *La Revue encyclopédique*, 5 novembre 1898.

• En 1874, Mallarmé a remis à l'éditeur des symbolistes, A. Lemerre, le manuscrit de *L'Après-Midi d'un faune*, illustré d'un frontispice et de trois vignettes d'Édouard Manet. Plusieurs mois après, le peintre, n'entendant plus parler de rien, écrit à l'éditeur et reçoit cette réponse :

Monsieur,

Votre lettre ne saurait me concerner, puisque je n'ai voulu traiter aucune affaire avec vous, mais bien avec Mallarmé.

Or le poème de M. Mallarmé, qui ne m'avait pas été communiqué lorsque l'auteur me conduisit chez vous, offre de telles insanités qu'il est impossible à une maison sérieuse de le publier.

Veuillez donc vous en prendre à votre collaborateur si vos images suivent le sort de l'œuvre principale à laquelle elles sont attachées.

Agréez mes salutations.

Lettre d'Alphonse LEMERRE à Édouard Manet, 15 mars 1875.

MALOT (Hector)

• On ne le croyait pas en si bonne (ou si mauvaise) compagnie :

Ses œuvres, lancées par M. Taine, ne sont guère plus morales que celles de Balzac, auxquelles elles ressemblent par la langue, la variété des situations et les habiles intrigues.

Abbé Louis BETHLÉEM, *Romans à lire et romans à proscrire*, Cambrai, 1905.

MALTHUSIANISME

• Définition :

Le malthusianisme n'est qu'une masturbation à deux.

J. DU VALDOR, *Les Signes de la fin d'un monde*, 1893.

MAMMIFÈRES

• Comprennent les oiseaux :

L'on observe chez les mammifères, avec l'instinct du devoir et de l'obligation morale, toutes les nuances les plus délicates et les plus touchantes du remords, par exemple chez les oiseaux.

Jules SOURY, *L'Écho de Paris*, 15 janvier 1895.

MANET (Édouard)

• Le Salon de 1863 :

M. Manet est entré avec sa vaillance instinctive dans le domaine de l'impossible. Nous refuserons absolument de l'y suivre. Toute forme se perd dans ses grands portraits de femme et notamment dans celui de *La Chanteuse*, où, par une singularité qui nous trouble profondément, les sourcils renoncent à leur position horizontale pour venir se placer verticalement le long du nez comme deux virgules d'ombre. Il n'y a plus là que la lutte criarde de tons plâtreux avec des tons noirs. L'effet est blafard, dur, sinistre. D'autres fois, quand M. Manet est de joyeuse humeur, il peint *La Musique aux Tuileries, Le Ballet espagnol* ou *Lola de Valence*, c'est-à-dire des tableaux qui révèlent en lui une sève abondante, mais qui, dans leur bariolage rouge, bleu, jaune et noir sont la caricature de la couleur, et non la couleur elle-même. En définitive, cet art-là peut être fort royal mais il n'est pas sain.

Paul MANTZ, *Gazette des Beaux-Arts*, 1er avril 1863.

Imaginez Goya passé au Mexique, devenu sauvage au milieu des pampas et barbouillant des toiles avec de la cochenille, vous aurez M. Manet, le réaliste de la dernière heure. Ses tableaux de l'Exposition ou du boulevard des Italiens sont des charivaris de palette. Jamais on n'a fait plus effroyablement grimacer les lignes et hurler les tons. Ses *toreros* feraient peur aux vaches espagnoles : ses *Contrebandiers* n'auraient qu'à se montrer pour mettre en fuite les douaniers les plus intrépides. Son *Concert aux Tuileries* écorche les yeux, comme la musique des foires fait saigner l'oreille. Il y a pourtant un certain talent dans ces pochades indigestes ; mais nous doutons que M. Manet s'applique jamais à le dégrossir.

Paul DE SAINT-VICTOR, *La Presse*, 27 avril 1863.

• Le grand scandale de 1865 :

Olympia est couchée sur son lit, n'ayant emprunté à l'art d'autre ornement qu'une rose dont elle a paré la filasse de ses cheveux. Cette brune rousse est d'une laideur accomplie, sa face est stupide, sa peau cadavérique. M. Manet l'a tellement estropiée qu'il lui serait impossible de remuer ni bras ni jambes. A côté d'elle on voit une négresse qui apporte un bouquet, et à ses pieds un chat qui s'éveille et s'étire, un chat ébouriffé qui semble venir du sabbat de Callot. Le blanc, le noir, le rouge, le vert, font un vacarme affreux sur cette toile ; la femme, la négresse, le bouquet, le chat, tout ce tohu-bohu de couleurs disparates, de formes impossibles, nous saisit le regard et nous stupéfie.

Félix DERIÈGE, *Le Siècle*, 2 juin 1865.

Olympia ne s'explique d'aucun point de vue, même en la prenant pour ce qu'elle est, un chétif modèle étendu sur un drap. Le ton des chairs est sale, le modèle nul. Les ombres s'indiquent par des rais de cirage plus ou moins larges. Que dire de la négresse qui apporte un bouquet dans un papier, et du chat noir qui laisse l'empreinte de ses pattes crottées sur le lit ? Nous excuserions encore la laideur, mais vraie, étudiée, relevée par quelque splendide effet de couleur. La femme la moins jolie a des os, des muscles, une peau et un coloris quelconque. Ici il n'y a rien, nous sommes fâchés de le dire, que la volonté d'attirer les regards à tout prix.

Théophile GAUTIER, *Le Moniteur universel*, 24 juin 1865.

Qu'est-ce que cette odalisque au ventre jaune, ignoble, modèle ramassé je ne sais où, et qui a la prétention de représenter *Olympia* ? Olympia ? Quelle Olympia ?

Une courtisane sans doute. Ce n'est pas à M. Manet qu'on reprochera d'idéaliser les vierges folles, lui qui en fait des vierges sales.

Jules CLARETIE, *L'Artiste*, juin 1865.

M. Manet ne nous en voudra pas, si nous avons ri comme des bossus devant son *Olympia.*

André BERTHET, *Le Tintamarre*, 7 mai 1865.

Quant aux deux toiles qu'a envoyées M. Manet (*Jésus insulté par les soldats, Olympia*), elles sont inqualifiables. Il aurait été fâcheux qu'on les refusât. Un exemple était nécessaire. Le jury les a admises. C'est bien fait.

Charles CLÉMENT, *Les Débats*, 21 mai 1865.

• A propos du *Balcon* :

Je n'ai pas l'honneur de connaître M. Manet, il paraît que c'est un homme charmant, et, qui plus est, un homme d'esprit ; ajoutez à ce don de la nature un incontestable tempérament de peintre et demandez-vous ensuite comment, avec tout cela, un artiste aboutit à cet art grossier où, comme dans les persiennes vertes du *Balcon*, *il s'abaisse jusqu'à faire concurrence aux peintres en bâtiment. C'est vraiment exaspérant !*

Albert WOLFF, *Le Figaro*, 20 mai 1869.

• La clé de l'œuvre :

Et Manet aussi, malgré toute sa virtuosité, était lourdaud, au fond.

François LEHEL, *Notre art dément*, 1926.

MANIFESTATIONS DE MASSE

• L'avis d'un isolé :

Ces manifestations de masse, dont les socialistes et les communistes se servent si bien, il est tout de même idiot de leur en laisser le monopole !

Comte A. DE PUYSEGUR, *La Trahison des chefs nationaux*, 1938.

MANŒUVRES

• Rapport sur une opération cycliste :

Le bataillon cycliste ne fut en réalité employé qu'une seule fois, le 10, à une mission répondant à son véritable rôle. [...]

Au début de la journée, le bataillon couvrit le rassemblement de la 6e division de cavalerie, il lui assura ensuite le passage de l'Aube et ne cessa d'assurer sa sûreté pendant tout le cours de la marche d'approche. On arriva enfin en vue de la cavalerie ennemie ; le bataillon cycliste allait certainement faire sentir durement son intervention à cette dernière ; malheureusement, on sonna la fin de la manœuvre.

Commandant MORDACQ, *Les Cyclistes combattants*, 1910.

• Un seul regret :

Ah ! les manœuvres, dira-t-on, est-ce là l'image de la guerre ? Je n'en sais rien, n'ayant encore jamais eu la chance de faire cette dernière.

Capitaine LEDENT, *A la baïonnette ! Chargez !*, 1912.

MANUEL

• Avertissement au lecteur :

Pour obtenir un volume moins encombrant et en faire bénéficier un plus grand nombre de régiments, nous avons décidé de scinder ce manuel en deux.

Manuel du gradé d'artillerie lourde, introduction à l'édition de 1937.

MAOÏSME

• Les réflexions d'une convaincue :

Dans une société absolument égalitaire comme nous apparaît d'emblée la société chinoise, il n'y a aucune sorte de « galons » ; et les grades ont été supprimés aussi bien dans l'armée que dans les universités, les hôpitaux, les usines et les bureaux. [...]

Cet ensemble de phénomènes : diffusion de l'idéologie, intervention des masses dans le domaine idéologique, libération de toute crainte vis-à-vis des appareils dirigeants, éveil d'une véritable démocratie prolétarienne, cet ensemble de phénomènes n'a strictement rien à voir avec le stalinisme. [...] Il y a entre Staline et Mao une *différence radicale.* Staline personnifiait le dogmatisme, l'autoritarisme (« les cadres décident de tout »), l'appareil de l'État, le culte de la technique (« la technique décide de tout »). C'était l'homme de l'appareil élevé au-dessus des masses. L'appareil qu'il dirigeait n'hésitait pas à utiliser la répression contre les ouvriers et les paysans et bénéficiait d'énormes avantages. Mao est essentiellement antidogmatique et anti-autoritaire.

Maria-Antonietta MACCIOCCHI, *De la Chine*, 1971.

MAO TSÉ-TOUNG

• Quelques contradictions chez les observateurs :

Je n'étais jamais sûr de comprendre ce qu'il voulait dire.

Nikita KHROUCHTCHEV, cité in *Le Monde*, 10 septembre 1975.

Il est le plus droit de nous tous.

André MALRAUX, relatant sa visite chez Mao, *Anti-Mémoires*, 1967.

[...] légèrement voûté [...].

Egard SNOW, *Red Star over China*, New York, 1968.

Sa stature est puissante, son allure vigoureuse.

Edgar FAURE, *Le Serpent et la Tortue*, 1957.

Il me tend une main presque féminine.

André MALRAUX, *Anti-Mémoires*, 1967.

Il y a quelque chose d'efféminé chez lui.

Robert PAYNE, *Journal de Chine*, Stock, 1950.

Je l'observai pendant plus de trois heures. Il ne m'impressionnait pas à première vue. Nul éclair d'énergie électrique n'émanait de sa personne.

Robert PAYNE, *Journal de Chine*, Stock, 1950.

On sent ce qu'il y a d'extraordinaire chez cet homme.

Edgard SNOW, *Red Star over China*, New York, 1968.

• Trois jugements d'ensemble :

Un grand prince poète.

ÉTIEMBLE, *Le Monde*, 10 septembre 1975.

Avec le président Mao Tsé-Toung s'éteint un phare de la pensée mondiale.

Valéry GISCARD D'ESTAING, *Le Monde*, 10 septembre 1989.

La mort de Mao Tsé-Toung est la fin du dirigeant le plus despotique des communistes chinois et du plus grand criminel de l'histoire de la Chine.

Radio-Taiwan, à l'annonce de la mort du président Mao, cité in *Le Monde*, 10 septembre 1975.

MAPPEMONDE

• C'est une carte, et pourtant elle tourne :

Le président se lève alors et va vers une grande mappemonde, près de la fenêtre ensoleillée qui donne sur le jardin. Du doigt, il fait tourner la mappemonde.

Le Temps, 20 mars 1908.

MARAT (Jean-Paul)

• Un homme politique discuté :

O cor Jésus, ô cor Marat, cœur de Jésus, cœur de Marat, vous avez les mêmes droits à nos hommages. La compagne de Marat est parfaitement semblable à Marie ; celle-ci a sauvé l'enfant-Jésus en Égypte, l'autre a soustrait Marat au glaive de La Fayette qui, comme Hérode, l'aurait égorgé.

Discours prononcé lors des funérailles de Marat, et rapporté *in* Dr Cabanès, *Marat inconnu*, 1904.

Rien qu'à voir Marat crasseux et débraillé, avec son visage de crapaud livide, avec ses yeux ronds, luisants et fixes, avec son aplomb d'illuminé et la fureur monotone de son paroxysme continu, le sens commun se révolte ; on ne prend pas pour guide un maniaque homicide.

Hippolyte TAINE, *Origines de la France contemporaine, la Révolution*, 1877.

• Mais des origines très claires :

S'il est une gageure, c'est bien celle de vouloir présenter comme un fanatique du patriotisme un homme dont on peut dire, sans pour l'instant tenir compte de son judaïsme avéré, qu'il fut l'apatride type et le métèque intégral. [...]

Il convient maintenant que nous administrions la preuve que ce métèque était tout bonnement un Juif. [...] Nous tiendrons compte de facteurs :

1. *Généalogiques*. Par l'étude non seulement du tableau de filiation de l'intéressé mais aussi des tables de consanguinité, c'est-à-dire de cousinage. La généalogie de Marat met en lumière ce nomadisme et ce besoin de noms de rechange qui sont particuliers aux Juifs.

2. *Onomastiques*. C'est-à-dire par la recherche philologique de l'origine et de la signification des noms. Or le nom de Marat et tous les autres noms portés dans sa famille sont spécifiquement juifs.

3. *Ethno-raciologiques.* Par le dépistage du type ethno-racial de l'intéressé et de ses proches. Toute l'iconographie de Marat fait ressortir son type judéo-levantin.

4. *Noologiques.* Par l'étude de la mentalité de l'individu. L'orgueil maladif de Marat et son acharnement à faire couler le sang aryen sont éminemment juifs.

5. *Ergologiques.* Par la connaissance des aptitudes professionnelles de l'intéressé et de son milieu familial. Le père de Marat, professeur de langues, est polyglotte comme le sera son fils. Et celui-ci exerce la médecine successivement dans plusieurs pays.

6. *Ethno-pathologiques.* Marat était atteint d'une de ces maladies de peau auxquelles les Juifs sont particulièrement sujets.

On peut dire que si, comme pour un simulacre de concours, un coefficient était affecté à chacun de ces facteurs, Marat serait reçu à son examen de judaïsme avec une note record.

Professeur Armand BERNARDINI, *Le Juif Marat*, Éditions Études et documents, Paris, 1944.

• **Révélations sur les assassins :**
Les assassins de Staline ? Les fascistes. Un autre géant de la trempe de Staline, Jean-Paul Marat, subit le même sort que Staline. Il fut assassiné par Charlotte Corday, exécutant les ordres fascistes. Comme Staline, il fut porté au Panthéon par le peuple. Quand les fascistes reprirent le pouvoir, ils retirèrent Marat du Panthéon pour le mettre dans la fosse commune. Comme je l'ai dit souvent, les fascistes sont aujourd'hui ce qu'ils étaient à leurs origines, des parasites, des barbares, des assassins, des croyants. Les croyants et les fascistes ne font qu'un peuple ignorant. Quand les fascistes seront mis hors de combat, les croyants disparaîtront, et réciproquement. Car les fascistes qui vivent aujourd'hui ont pour soutien toutes les croyances. Le jour que la raison l'emportera sur les croyances, le fascisme disparaîtra. Mais, pour durer, les fascistes après avoir conquis les régions ont laissé des pays pauvres en réserve sous leur domination, auxquels ils fournissent des réserves d'armes en cas où ils devraient battre en retraite. Staline est mort, vive Staline.

Ernesto RUSER, *Réhabilitation de Staline*, Édition de l'homme et de la vie, Imprimerie coopérative, Agen, 1979.

MARATHON

• **Deux batailles au même endroit :**
Marathon est célèbre par son coureur qui vint annoncer à ses concitoyens la victoire des Thermopyles et tomba mort après son effort surhumain.

L'Eau, 15 décembre 1929.

MARCHE

• **Une précaution :**
Le pied qui est en arrière ne doit abandonner le contact avec le sol que lorsque celui qui est devant y a déjà pris appui.

Bulletin des Armées, « La Marche sportive », 7 mars 1917.

MARIAGE

• **S'il n'existait pas :**
Sans les embarras du mariage, l'amateur de botanique se plairait à visiter les forêts les plus éloignées. Le minéralogue parcourrait avidement les pays étrangers, pour y sonder les entrailles de la terre, et le physicien volerait sur-le-champ pour voir l'éruption d'un volcan nouveau. Combien de navigateurs entreprendraient le tour du monde, sans être intimidés par le sort de l'infortuné La Pérouse ! Combien de voyageurs, semblables à Bruce, chercheraient la gloire en pénétrant, malgré les dangers, au milieu des nations les plus barbares ! A quel degré de perfection seraient portés les arts et les sciences ! Quelles lumières se répandraient sur les sujets spéculatifs les plus abstraits ! Quelle vigueur dans le gouvernement ! Quel courage héroïque dans la profession des armes ! Quel empressement à marcher à l'ennemi ! Un peuple de célibataires serait bientôt le maître du monde.

Chevalier DE LAURENCE, *Plus de maris ! Plus de pères ! Le Paradis des Enfants de Dieu*, 1838.

• **Ce que toute jeune fille doit savoir :**
Et nous dirons à tous ceux qui songent à revêtir la robe nuptiale : Ne demeurez pas

dans une complète ignorance des fonctions et des maladies des organes génito-urinaires ! Votre avenir, votre bonheur, votre salut sont à ce prix. Ne vous jetez pas tête baissée, à l'appel des passions désordonnées de votre cœur, dans l'inconnu ! Il y a des écueils et des tourmentes, il y a des abîmes périlleux dans les eaux enchanteresses mais perfides de l'hymen ! Vous n'échapperez pas, sans boussole, aux naufrages !

E. JOZAN, *Traité pratique des maladies des voies urinaires et des organes générateurs*, 1855.

• C'est la fin des gens mariés :
Le commerce sexuel est beaucoup trop grand chez les gens mariés, l'acte est pratiqué trop souvent dans le lit conjugal, d'où épuisement de l'homme, impuissance, maladies mentales et mort prématurée.

BILZ, *L'État social de l'avenir*, Paris, Quillet (vers 1904).

• Description de la cérémonie :
Voici enfin le *ut* final, à côté duquel tous les cris déjà jaillis semblaient des vocalises préparatoires.

— Vive la mariée !

Car elle est là, comme une comète tombée de la Voix (*sic*) lactée, et traînant derrière elle son sillage d'écume. [...] Toute blanche, fine, irréelle. [...]

On constate alors que les quatre femmes « venues pour la traîne » n'avaient pas menti : et, tout en dardant sur les agents des regards triomphants, elles étalent avec des gestes amoureux le voile spumescent dont se saisiront ensuite six angelots.

Geneviève MURRIAUX, *Le Parisien libéré*, 26 mai 1954.

MARIE-ANTOINETTE

• Jugée par les révolutionnaires :
Cette affreuse Messaline, fruit d'un des plus licencieux concubinages, est composée de matière hétérogène, fabriquée de plusieurs races... Elle porte la redoutable chevelure du treizième apôtre, du même caractère que Judas. Comme lui, elle mit les mains dans le plat pour voler et dissiper les trésors de la France. Ses yeux, durs, traîtres, enflammés, ne respirent que feux et carnage pour combler ses injustes vengeances ; son nez et ses joues sont bourgeonnés et pourprés par un sang corrompu, qui se distille entre sa chair et son cuir déjà plombé ; sa bouche fétide et infecte recèle une langue cruelle qui se dit pour jamais altérée de sang français.

Pamphlet anonyme, 1792.

J'ai vu tomber dans le sac la tête de Veto femelle. Je voudrais, f..., pouvoir vous exprimer la satisfaction des sans-culottes. [...] La g..., au surplus, a été audacieuse et insolente jusqu'au bout.

Jacques HÉBERT, *Le Père Duchesne*, n° 299, 1793.

Elle monta sur l'échafaud assez effrontément.

TISSET, *Compte rendu aux sans-culottes de la République française, par très haute, très puissante et très expéditive* DAME GUILLOTINE, 1794.

MARINS

• Il fallait le dire :
Les marins sont des hommes utiles et nécessaires, sans lesquels la marine n'existerait pas.

CAZAUVIEILH père, député, *L'Indépendance de l'Est*, 21 février 1900.

MARIVAUX (Pierre de)

• Ce qui lui a manqué :
Ses comédies sont gâtées, pour la plupart, par l'affectation, ou pour mieux dire, par la singularité de sa manière de rendre les choses. Nous croyons que la subtilité de ses idées vient de ce que son esprit n'était pas assez vigoureux pour penser solidement.

Antoine SABATIER, *Les Trois Siècles de notre littérature*, 1772.

MARMOTTE

• Par où ça passe :
La marmotte ne dépense d'ailleurs que peu de calories durant sa léthargie hivernale, ses seules activités consistant alors à ouvrir l'œil de temps à autre pour éliminer ses urines et expulser ses excréments.

La Vie catholique, 5 janvier 1966.

MARSEILLAISE

• C'est une honte :
N'est-ce pas une honte, par exemple, qu'à propos du 14 Juillet, anniversaire d'un

crime déshonoré par la forfaiture et la sédition, on invite un peuple honnête et généreux à se réjouir de la prise d'une prison ? Il n'y a pas là de quoi chanter *La Marseillaise*, amplification de rhétorique, emphase et lieu commun, d'ailleurs, chant guerrier, sans rapport avec la situation de la France.

Mgr Justin FÈVRE, *Le Pèlerinage de Blécourt*, 1880.

Un cuistre du nom de Lestang, exerçant aux Sables-d'Olonne la profession d'inspecteur primaire, vient d'adresser à ses subordonnés les instituteurs une circulaire étonnante. Il s'agit de *La Marseillaise*, ce cantique rouge aimé des ivrognes. Le cuistre Lestang estime que la chanson de Rouget doit être enseignée à tous les élèves, et il se plaint qu'il y ait trop de citoyens dans les régions qu'il inspecte qui n'en connaissent que les premières strophes et le refrain.

L'Autorité, 28 février 1886.

• Des révélations sur le compositeur :
LA MARSELLESA *: este es el título de una opereta que han adquirido los estudios de Universal, a fin de firmarla con actor John Boles en el rol principal, caractèrizándo al celebre Rouget de l'Isle-Adam.*

ABC, Madrid, 4 septembre 1929.

MARSEILLE

• Trop, c'est trop :
A ses métèques, ses sous-Blancs, ses barbeaux, ses drogués, ses petits voyous et ses grands bandits, Marseille a vu, depuis un an, s'ajouter le Juif. Il ne manquait plus que lui dans le tableau.

Lucien REBATET, « Marseille la Juive », *Je suis partout*, 30 août 1941.

MARTEAU (Lancement du)

• Sous le titre Méditation sur le marteau :
Parmi les infériorités navrantes qui accablent notre race dans l'ensemble des manifestations d'activité, je n'en connais pas de plus saisissante que celle où nous met le lancement du marteau. Il faut avoir le courage de constater, telles qu'elles sont, nos défaillances nationales : nous ne brillons pas plus en cet exercice qu'en l'élevage des zèbres ou la culture du bambou. [...]

Des esprits critiques se sont demandé pourquoi les Français ignoraient jusqu'ici ce bel art. La meilleure réponse qu'ils se soient donnée est que la place nous manque pour le faire. Un bon lanceur de marteau comme Mac Cracken atteint une cinquantaine de mètres. Il est certain que nos spectateurs seraient mal à l'aise en voyant un des ses émules projeter dans leur direction le petit boulet de 7 kilos.

Fernand BIDAULT, *La Vie au grand air*, 15 septembre 1906.

MARTINET

• A beaucoup fait penser :
La raison pour laquelle un martinet qu'on a pris et posé à terre ne s'envole pas doit sans doute être cherchée dans l'état de l'animal, qui peut être blessé ou fatigué par un jeûne plus ou moins prolongé. En outre, ses ailes peuvent être endommagées par une cause quelconque. Or, il résulte d'expériences faites par les deux auteurs cités (Gal et Mingaud) que, la surface de l'aile d'un martinet étant de 60 centimètres carrés environ, si on en rogne 10 à 20 centimètres, le martinet est incapable de s'envoler ; si on le lance en l'air, il ne peut se soutenir et retombe à terre. De même un martinet auquel on impose une charge de 12 à 15 grammes ne peut plus s'élever.

En résumé, les martinets adultes, sans blessures, parviennent toujours à s'envoler après avoir atterri.

Léon PERVINQUIÈRE, *La Revue hebdomadaire*, février 1903.

Quant aux martinets, ce sont des aéroplanes toujours sous pression et dont l'hélice tourne sans jamais donner un signe de défaillance.

CUNISSET-CARNOT, *La Vie à la campagne*, 1914.

MASSE

• La voix de Renan :
Le gouvernement des choses a été transporté à la masse. Or, la masse est lourde, grossière, dominée par la vue la plus superficielle de l'intérêt. Ses deux pôles sont l'ouvrier et le paysan. Au paysan, à l'ouvrier de l'Internationale, parlez de la

France, de son passé, de son génie, il ne comprendra pas ce langage.

Ernest RENAN, *La Réforme intellectuelle et morale*, 1871.

MASSENET (Jules)

• En bonne compagnie :

Augusta Holmès, Massenet, pour citer les deux dépravés de la mélodie...

E. DE SOLENIÈRE, *Notules et impressions musicales*, 1902.

• Un jugement :

Quelle épithète accolera-t-on à son nom ? Et que restera-t-il de lui ? On a dit qu'il était, en son temps, le musicien le plus populaire de France. Peut-être.

Ce fut en tout cas une popularité malsaine, qui lui vint surtout des femmes, et quelles femmes ! C'est une musique de « petites femmes ».

Abbé Louis BETHLÉEM, *Les Opéras, les Opéras-Comiques et les Opérettes*, Paris, 1926.

MASSILLON (Jean-Baptiste)

• Des idées avancées :

Un prédicateur qui répéterait Massillon passerait pour un socialiste.

Charles DE RÉMUSAT, cité *in* Pierre Larousse, *Grand Dictionnaire du XIXe siècle* (article Prédicateur), 1874.

MASTIC

• Un exemple :

Un joli *mastic* que nous trouvons dans un journal américain.

Le metteur en pages, en rassemblant deux faits divers, et composés séparément, a évidemment oublié sur le marbre les dernières lignes du premier et les premières du second, et voici ce qui est résulté de cet *imbrogliamini* : « Le révérend James Thompson, recteur de l'église Saint-André, a prêché son sermon d'adieu dimanche dernier. Il a annoncé, d'une voix émue, à ses ouailles, que son médecin lui avait ordonné d'aller rétablir, sous le ciel de la France, sa santé compromise par les labeurs de son ministère. Après une exhortation des plus chaleureuses, il est parti au galop, longeant Benefistreeet, où de jeunes vauriens l'ont arrêté et lui ont attaché une casserole fêlée à la queue. Orné de cet appendice, il reprit une course de plus en plus désordonnée, jusqu'à ce qu'un policeman, le croyant enragé, l'abattît d'un coup de revolver. »

Le Petit Parisien, 11 juin 1877.

MASTURBATION

• Utile dans l'armée :

Le marquis de Santa-Cruz commence son livre de l'Art de la guerre par dire que *la première qualité indispensable à un grand général, c'est de savoir se branler le vit*, parce que cela épargne dans une armée, et surtout dans une ville de guerre, tous les caquetages et les indiscrétions de femmes qui finissent toujours par tout perdre.

Dr CAUFEYNON, *La Masturbation et la Sodomie féminines*, 1903.

• Des conséquences épouvantables :

L'incontinence d'urine est souvent la suite de la masturbation, les engorgements du col de la matrice et une foule d'autres maladies tiennent à la même cause. Enfin la stérilité est assez ordinaire chez les femmes se livrant à la masturbation ; quant aux enfants à caractères névropathiques, tels que les chétifs, ils sont prédisposés à la scrofule et aux affections nerveuses.

La catalepsie, l'extase et autres affections à caractères névropathiques, tels que les tremblements partiels ou généraux, des paralysies de courte durée, des douleurs vagues générales, des vertiges, de l'insomnie, des troubles de la vue et de l'ouïe, etc. sont des maladies ayant pour cause la masturbation.

Quant aux facultés intellectuelles, on comprend facilement qu'elles se ressentent singulièrement des manœuvres de cette sorte. Les personnes qui s'y livrent deviennent lâches et pusillanimes, elles perdent tous bons sentiments, elles sont distraites et souvent incapables d'un travail sérieux.

Quelques-unes deviennent, par suite de perte de mémoire, hébétées et comme stupides.

Dr CAUFEYNON, *La Masturbation et la Sodomie féminines*, 1903.

• N'est pas un sport :

Nous avons connu des garçons qui pensaient développer leur membre sexuel par la masturbation. C'est non seulement commettre un grand péché, mais une grave erreur.

Sylvanus STALL, *Ce que tout jeune garçon devrait savoir*, 1933.

• Une magnifique « exhortation aux libertins qui se livrent à la masturbation » :

Ah ! mon frère, je suis certain que vous ne vous doutez pas de la gravité de ce péché, et je suis persuadé que, si vous l'aviez connue, vous n'auriez pas commis de si vilaines actions.

Une comparaison pour faire ressortir la chose : supposez qu'un individu ait à sa disposition un sac de très bonne farine et une barrique de vin de qualité supérieure qu'il ne devait consommer qu'en temps opportun. Mais, par caprice, cet individu a jeté à terre et répandu toute la fleur de sa farine et il ne lui est resté que les résidus au fond du sac. Quel mauvais pain il obtiendra de ces résidus ! Il a, de même, laissé couler et gâter le vin généreux, et il ne lui est resté que la lie. Quelle mauvaise boisson il aura pour sa consommation ! Faisons actuellement l'application de l'argument. Vous êtes cet individu auquel le Créateur a donné ce vin généreux de l'amour pour le boire, quand vous serez marié, en compagnie de votre bien-aimée femme ; mais comme vous avez dépensé vos forces dans les plaisirs déshonnêtes et les folies, vous resterez avec la lie. On vous avait également donné une provision de belle et bonne farine pour faire de sains et robustes pains — des enfants — mais vos vices ont altéré et gâté cette fleur précieuse, il ne vous reste plus que les résidus, c'est-à-dire une santé délabrée. Dites-moi, quels enfants pourrez-vous procréer ? Malheur ! Si vous engendrez, vos enfants naîtront chétifs, malingres ou difformes. C'est une vérité que tout le monde connaît, car on dit vulgairement que « pour les péchés des pères, les enfants vont courbés ». Hélas ! combien ne voit-on pas de pauvres enfants victimes des excès de leurs pères ! Combien des enfants blancs naissent-ils de pères blancs ; et si les pères sont nègres, pourquoi sont-ils noirs ? D'après la même loi, les enfants de pères vicieux naissent vicieux, comme le constatent les observations des médecins.

Mgr Antonio Maria CLARET, confesseur de S.M. Isabelle II, *La Clef d'or* (vers 1860).

• Pour la masturbation féminine, un archevêque est très au courant :

Première espèce, le clitorisme. C'est la plus ordinaire : elle consiste dans les attouchements au clitoris qui est le siège ou le principal organe de jouissances vénériennes, suivant les physiologistes.

Deuxième espèce, elle se pratique par l'introduction dans le vagin des doigts ou d'un instrument approprié à la fonction.

Troisième espèce, nommée l'utérine. Elle se pratique au moyen d'un frottement exercé sur le col de l'utérus ; cette dernière forme de la masturbation est plus funeste pour la santé que les deux précédentes. Elle rend les femmes stériles, elle amène des maladies de toute sorte et conduit au tombeau. Les maux qui résultent pour les femmes de ces abominables habitudes sont particulièrement : des ulcères ou plaies, des tumeurs, des cancers au col de l'utérus qui les font périr. Elles en éprouvent encore des écoulements qu'on nomme « pertes blanches ». Enfin, le caractère moral s'altère : elles deviennent dures et ingrates envers tout le monde.

Mgr Antonio Maria CLARET, confesseur de S.M. Isabelle II, *La Clef d'or* (vers 1860).

• Mais tous ces malheurs ne sont rien à côté de ceux des confesseurs :

L'exécrable habitude de la masturbation, quand elle est invétérée, jette les confesseurs dans une espèce de désespoir.

Mgr J.-B. BOUVIER (1783-1854), *Dissertation sur le sixième commandement*, 3, 4.

MATÉRIALISME

• Une folie tenace :

Le matérialisme est une doctrine abjecte, qu'on a professée dans certaines écoles, et qui a trouvé quelques adeptes, principalement parmi les médecins. Les matérialistes sont des espèces de crétins qui ne croient ni à l'esprit de Dieu, ni à l'esprit de l'homme. Est-il possible qu'il y ait eu des matérialistes, des hommes atteints de cette manie ? Oui, il y en a eu, et peut-être qu'il y en a encore.

R. P. AT. LEFÈBVRE, de la Compagnie de Jésus, *De la folie en matière de religion*, Paris, 1866.

MATERNEL (Amour)

• Réservé aux femmes :

Les hommes connaissent peu les envolées sublimes de l'amour conjugal et maternel.

Abbé Louis MUZAT, *Les Vieilles Filles*, 1909.

MATHÉMATICIENS

• Des pantins :

Au nombre des meilleurs sont Laplace, Monge et Cousin : espèces d'automates, habitués à suivre certaines formules, et à les appliquer à l'aveugle, comme un cheval de moulin à faire certains nombres de tours avant de s'arrêter.

Jean-Paul MARAT, *Les Charlatans modernes*, septembre 1791.

MATHÉMATIQUES

• Dangereuses pour la santé :

Il est très nuisible de s'efforcer à un certain âge d'acquérir de nouvelles connaissances, surtout lorsqu'elles demandent beaucoup d'attention. J'ai vu périr plusieurs personnes par des maladies, qui avaient porté assez subitement à la tête, pour avoir voulu apprendre des sciences de calcul à l'âge de quarante ans, et s'être livrées à cette étude avec trop d'acharnement.

M. BATIGNE, *Essai sur la digestion*, Berlin, 1768.

L'étude, en dérangeant les nerfs, produit une infinité de maux. Un célèbre mathématicien dont la conduite avait toujours été irréprochable, et qui était sujet à une goutte héréditaire, en hâta l'accès en s'appliquant trop à la solution d'un problème difficile.

TISSOT, *De la santé des gens de lettres*, édition de 1775.

L'étude des mathématiques, en comprimant la sensibilité et l'imagination, rend quelquefois l'explosion des passions terrible.

Mgr DUPANLOUP, *De la haute éducation intellectuelle*, 1855.

MATIÈRES FÉCALES

• Un exploit mémorable :

La proportion des matières fécales des Allemands s'élève à plus du double de celle des Français. Dans les usines des papeteries de Chenevières, en Meurthe-et-Moselle, cinq cents cavaliers allemands ont résidé pendant trois semaines. Ils y ont absorbé des quantités énormes de victuailles de toutes sortes. La conséquence en a été qu'ils ont encombré de leurs déjections toutes les salles de l'usine. Une équipe d'ouvriers à mis une semaine pour retirer de l'usine trente mille kilos de matières fécales. Les dépenses de cet enlèvement se sont élevées à un prix très élevé. L'amas de ces déjections a été photographié, il s'élève à une hauteur à peine croyable.

Dr BÉRILLON, *La Polychésie de la race allemande*, 1915.

MATIN

• Se prolonge parfois :

Le vendredi matin, 23 mai, à 1 h 27 de l'après-midi, Victor Hugo cessa de vivre.

Gaston DESCHAMPS, *Histoire de la littérature française*, 1911.

MATISSE (Henri)

• Deux adversaires parmi beaucoup d'autres :

Les déformations inutiles, inexpressives et laides de M. Henri Matisse trahissent ce déni de sincère effort qui est une injure grave à l'art et au bon sens.

Charles MORICE, « Le 19e Salon des Indépendants » in *Le Mercure de France*, mai 1903.

Le célèbre Matisse — qui d'ailleurs dessinait très bien quand il était, aux Beaux-Arts, élève de Gustave Moreau — gagne ce qu'il veut à peindre en quelques minutes ses toiles inouïes de proportion et incompréhensibles de sujet.

Un marchand de Munich et un autre de Paris qui opèrent pour New York lui achètent tout ce qu'il fait.

Et les salons modern style des bons Bavarois et des bons Yankees s'ornent de ces croûtes, hélas ! françaises.

Fantasio, 15 juillet 1914.

• **Ne durera pas :**
Matisseur est un parfait raseur. [...] A coup sûr, la vogue de ces figures humaines, tordues et contorsionnées, sera aussi courte qu'elle est artificielle.

Harriet MONROE, *Chicago Tribune*, 23 février 1913.

MAUPASSANT (Guy de)

• **Un grand médiocre :**
M. Guy de Maupassant est le coléoptère étincelant comme une pierre fine et qui n'en vit pas moins de cadavres, la mouche d'or venimeuse qui se plaît aux purulences et dont la piqûre imperceptible laisse dans l'organisme un trouble rongeur, parfois mortel. [...]

Sa manière sobre, vive et rapide dans sa précision réaliste est bien inférieure à celle des maîtres qu'il imite, de La Bruyère, de Xavier de Maistre, de Lesage, ou tout simplement d'Ourliac, de Mérimée et de Sandeau.

R. P. Étienne CORNUT, s. j., *Les Malfaiteurs littéraires*, 1892.

Le malheureux garçon, rapidement enlevé par une paralysie générale, mérite une mention, non pour son talent assez court et d'une immédiate brutalité, mais en raison de la vogue extraordinaire que lui valut son exacte adaptation à la médiocrité du goût public.

Léon DAUDET, *Le Stupide XIXe Siècle*, 1922.

• **Une fâcheuse lacune :**
C'est une suite de tableaux dont quelques-uns, le *Boule-de-Suif* de Maupassant, entre autres, sont enlevés de main de maître, mais tous respirent l'horreur des conditions de la guerre et une totale incompréhension de sa grandeur.

Paul BOURGET, *Nouvelles Pages de critique et de doctrine*, 1922, à propos des *Soirées de Médan*.

MAYERLING

• **Un mystère dévoilé :**
M. Adolphe Aderer prétend nous donner une version véridique du drame de Mayerling : l'archiduc Rodolphe aurait été tué d'un coup de bouteille de champagne, en une désordonnée fin de souper, par le fiancé de son ex-maîtresse, présent là par mégarde, et devant lequel il voulait, pris de vin, violenter la jeune fille.

Edmond BARTHÉLEMY, *Le Mercure de France*, octobre 1903, à propos de l'ouvrage d'Adolphe Aderer, *Chez les rois*.

MÉCANISME

• **Tout un programme :**
Il faut que l'homme, au lieu de courber sa tête vers la terre, au lieu d'appliquer ses bras aux métiers, soit entouré d'agents mécaniques qui, sur un signe de sa main, enfantent des prodiges... Il faut que tous les ouvriers soient remplacés par des chiens savants, chargés de surveiller les usines.

MURÉ, candidat aux élections, 1848.

MÉDAILLE

• **Effets sur un cheminot :**
En 1864, à N... (Oise), un employé du chemin de fer porteur d'une dépêche télégraphique se présente dans une maison. Il souffrait d'un mal de dents des plus violents. La personne à laquelle il s'adressait, émue de compassion pour son état de souffrance, lui donne une médaille de saint Benoît ; il fait avec elle un signe de croix sur la joue, un autre sur la dent malade, et met ensuite la médaille dans la doublure de sa casquette. Les douleurs cessent immédiatement.

Abbé DE SAINT-PAUL, *Origine et Effets admirables de la croix ou médaille de saint Benoît*, 1870.

MÉDECIN

• **La scène touchante du serment :**
Le 4 mars, devant cette même faculté, Mathieu Roland prononçait aussi le serment de Socrate et obtenait sa thèse de médecine.

L'Espoir, Le Puy-en-Velay, 14 juillet 1977.

MÉDECINE

• **Une charge méconnue :**
Un corps débile affaiblit l'âme. De là, l'empire de la médecine, art plus pernicieux aux hommes que tous les maux qu'il prétend guérir. Je ne sais, pour moi, de quelle maladie nous guérissent les médecins, mais je sais qu'ils nous en donnent de bien funestes : la lâcheté, la pusillanimité, la crédulité, la terreur de la mort : s'ils guérissent le corps, ils tuent le

courage. Que nous importe qu'ils fassent marcher des cadavres ? Ce sont des hommes qu'il nous faut, et l'on n'en voit point sortir de leurs mains.

Jean-Jacques ROUSSEAU, *Émile*, livre premier, 1761.

MÉDITERRANÉE

• Elle remonte très haut :

La Méditerranée subit, en ce moment, une vague de froid sans précédent, notamment à Paris, où la température est descendue à moins sept degrés.

El Moudjahid, 18 décembre 1968.

MEISSONIER (Ernest)

• A l'époque, un jugement presque unanime :

Un génial artiste... un des sommets de l'art universel.

Alphonse MOUTTE, *Étude sur Meissonier*, 1894.

MELON

• Un texte indispensable :

Il n'y a pas moins de convenance dans les formes et les grosseurs des fruits. Il y en a beaucoup qui sont taillés pour la bouche de l'homme, comme les cerises et les prunes ; d'autres pour sa main, comme les poires et les pommes ; d'autres beaucoup plus gros, comme les melons, sont divisés par côtes, et semblent destinés à être mangés en famille.

BERNARDIN DE SAINT-PIERRE, *Études de la nature*, 1784.

MELUN

• Quelque chose d'un satellite :

La gare de Melun poursuit avec régularité sa trajectoire, placée qu'elle est sur l'orbite d'une région en plein essor.

La République de Seine-et-Marne, 4 janvier 1971.

MENDÈS FRANCE (Pierre)

• Remis à sa place :

Les voyous aux blousons noirs sont, en quelque sorte, des disciples de M. Mendès France : ils pratiquent, eux aussi, le système de l'abandon des principes et du reniement des règles. Comme ils ne peuvent pas aller à Genève ou à Tunis pour gaspiller des territoires, ils se contentent de saccager des automobiles et de molester des passants. Mais, au fond, tout cela procède du même esprit négateur et anarchiste.

André FIGUERAS, *La Liberté du Morbihan*, 15 août 1958.

MENDIANT

• Un sort enviable :

Le mendiant se lève le matin pour aller mendier comme un ouvrier va travailler. Il faut qu'il y ait dans ce pays un fonds bien grand de fierté pour qu'il n'y ait pas plus de mendiants encore qu'il y en a. En effet, il n'y a guère de profession manuelle qui fasse gagner autant à celui qui l'exerce que la mendicité. Les maladies, les infirmités, n'amènent pas de chômage pour le mendiant ; loin de là, elles augmentent ses ressources et ses bénéfices.

Alphonse KARR, *Une poignée de vérités*, 1858.

MENU

• La carte des chiens :

Pour votre toutou...
Madame...

Menu

Le plat de Médor
(Consommé de Bœuf — Toasts — Légumes)
Beef Consomme — Toasts — Vegetables
Le Régal de Sweckey
(Carottes — Viande Hachée — Épinards — Toasts)
Carrots — Chopped Meat — Spinach — Toasts
La Gâterie « Normandie »
(Haricots Verts — Poulet Haché — Riz Nature)
(Arrosé de jus de Viande et de Biscottes en Poudre)
Green Beans, Chopped chicken, Boiled rice accompanied by broth and dog biscuits
Danish Dog's Delight
(Os de Côte de Bœuf, de Jambon et de Veau)
Bones of ribs of beef, ham and veal
Le Régime Végétarien des Dogues
(Tous les légumes et toutes les pâtes alimentaires)
All fresh vegetables and noodle pastes.

Menu pour chiens, affiché en français et en anglais, à bord du *Normandie*, sur la ligne New York-Le Havre, 1936, cité in *Commune*, août 1936.

MER

• Une impression :

La mer est une fort triste chose. [...]

Nous ne contestons pas à la mer un certain aspect pittoresque ; mais il se produit seulement lorsqu'on la regarde de la terre ferme. Les côtes sont indispensables au point de vue.

Alfred D'ALMBERT, *Flânerie parisienne aux États-Unis*, 1856.

MERCURE

• Infecte les épouses :

J'ai un dernier avis à donner aux parents qui recherchent dans leur gendre futur beaucoup plus les avantages de la fortune que ceux de la bonne santé : il leur arrive, sans le savoir sans doute, de transformer pour leur fille l'autel de l'hyménée en celui du sacrifice, et de vouer leurs petits-enfants à une vie d'humiliation et de souffrances ; car la matrice est une éponge pour les remèdes mercuriels, et le produit de la conception en est le récipient. Qu'une jeune, belle et forte fille vienne par malheur, par le plus grand des malheurs, à épouser un jeune homme qui aura passé par les mains d'un médecin à mercure ; le mariage sera fatal à la mariée ; l'époux recouvrera de jour en jour la santé, pendant qu'on verra la jeune fille dépérir, se faner et s'éteindre, sans que nul se doute de la cause intime de ce meurtre quotidien ; l'époux se sera purifié à force d'infecter l'épouse.

F.-V. RASPAIL, *Histoire naturelle de la santé et de la maladie*, 1860.

• Décime les militaires :

Les soldats, les officiers, les généraux périssent en grand nombre, au détriment de la France, victimes, tantôt du mal vénérien, tantôt du mercure.

A. FRANCON, *Causes de la dégénération de l'homme civilisé*, 1859.

MÉRITE

• C'est bien vrai :

Le mérite, quand il est trop modeste, est souvent méconnu.

Colonel THOMAS, *Au cours de la vie*, 1899.

MÉRITE AGRICOLE

• Nos félicitations :

L'ordre du Mérite agricole a été décerné à Mme Menier, la femme du célèbre chocolatier.

F. BONNAL, *Apothéose de la femme*, 1897.

MERLES

• Où sont les blancs :

Les merles naissent blancs aux environs de Cyllène en Arcadie, et nulle part ailleurs.

PLINE, *Histoire naturelle*, 78 apr. J.-C.

MESSE

• Conseils aux acolytes :

C'est encore mal agir, quand on sert la sainte messe, que d'avoir les mains dans les poches, de compter de l'argent, de se gratter la tête, de se nettoyer les oreilles ou les ongles, ou de ronger ces derniers avec les dents ; de chasser les mouches et de cracher sur la prédelle où le prêtre fait la génuflexion, parce qu'il salira son surplis ; et si le prêtre y a craché, il doit poser dessus son pied sans bruit ; comme il doit le faire également autour de l'autel, ni cracher sur les marches, ni tousser avec bruit ou bâiller bruyamment. Il doit se vider le nez avec un mouchoir, jamais avec les doigts. Il ne doit pas jouer de la trompette, ce qui dérange, ni crier fort contre les pauvres, ni chasser les chiens avec bruit, ni faire des discours en aparté parce que tous ces actes sont inconvenants et peu civils.

B. PIGNATTARI, *Manuale de'sagri riti diviso in due parti. Nella prima si contiene il modo di ben servire alla Santa Messa etc.*, Bologne, 1714.

• Comment un révolutionnaire la voyait :

Quel mal fais-je quand je ne crois pas faire une bonne œuvre en allant tous les huit jours entendre parler latin à un homme qui gesticule devant une table carrée, y boit un coup, se retourne pour me parler latin, me salue et s'en va ?

CHANTREAU, *Documents*, 1792, cité *in* Alphonse Aulard, *Le Culte de la raison et de l'être suprême*, 1892.

MÉTHODE

• Consiste à simplifier :

Beaucoup de noms arabes commençant par la lettre **G**, se chercheront ou sous **G** ou bien sous **DG**. On pourra encore les chercher sous **J** et réciproquement. Ainsi, par exemple, *Djizé, Gidda* se chercheront comme s'il y avait *Gizé, Jida*, etc. — Comme les Allemands donnent le son dur au **G** devant **E** et **I**, on cherchera par **GHE** et **GUE**, les mots qui ne se trouveraient pas par **GE** ; et par **GHI** ou **GUI**, ceux qui manqueraient sous **GI**.

Tout mot commençant par **La, LE, LES**, qui manquerait sous **L**, se cherchera comme si cette syllabe initiale n'y était pas.

— Ceux qui commencent par **MON** ou **MONT** se chercheront indifféremment de l'une et de l'autre manière. — Ceux précédés des mots *NIDER* et *OBER* (lesquels signifient *bas et haut*, se chercheront comme si ces dissyllabes n'y étaient pas.

Avertissement précédant *Le Nouveau Dictionnaire universel de géographie*, Lyon, 1804.

• Et à distinguer :
Il y a ici des étudiants d'agrégation, des étudiants de licence et des étudiants libres. Il y a des étudiants hommes et des étudiants femmes. Il y a des étudiants français et des étudiants étrangers. Je parlerai d'abord des étudiants d'agrégation, puis des étudiants de licence, puis des étudiants libres. Dans chacune de ces catégories, je commencerai par les hommes et je finirai par les femmes. Et enfin, parmi les hommes, je m'adresserai d'abord aux Français, puis aux étrangers, et je suivrai pour les femmes une méthode identique.

E. THOMAS, *Le Censeur*, 27 juillet 1907, rapportant comment le professeur A. Gazier commençait chaque année sa conférence inaugurale à la Sorbonne.

MÉTROPOLITAIN

• Contre un premier projet :
Il nous semble que notre Paris, ce Paris dont on aime le mouvement, l'animation et le bruit, perdrait beaucoup de son charme, si les 50 000 voitures qui, tous les jours, circulent à sa surface, n'en sillonnaient plus les rues, et se trouvaient en grande partie remplacées par des convois s'engouffrant dans les entrailles de la terre...

Dans le réseau de chemins de fer souterrains proposé par M. Le Hir, nous croyons qu'il y a d'admirables détails, dont on peut s'inspirer dans la pratique ; mais ce système ne saurait être entrepris dans son ensemble sans faire craindre pour la solidité des constructions parisiennes. Ce travail de taupe ne s'accomplirait point sans de graves inquiétudes pour les 40 000 maisons et le million d'habitants dont se compose Paris. Ce Paris, renouvelé, transformé depuis quelques années, et dont les vieux quartiers et les édifices vermoulus vont subir une métamorphose complète, changeons-le à la surface, inondons-le d'air et de soleil, mais ne touchons pas à sa base, de peur de nuire à la sécurité de ses habitants.

L'Année scientifique et industrielle, 1857.

• Contre la construction définitive :
Le Métropolitain deviendra le Nécropolitain.

HEUZÉ, 1882, cité *in* R. Guerrand, *Mémoires du métro*, 1960.

Le Métro est antinational, antimunicipal, antipatriotique et attentatoire à la gloire de Paris.

MADIER DE MONTJAU, *Intervention à la Chambre des députés*, 1900.

• Deux enthousiastes :
Gare aux fluxions de poitrine ! Par ces temps de chaleur caniculaires que nous traversons, il y a quinze et dix-huit degrés de différence entre la température de la surface et celle du souterrain ; aussi nous ne saurions trop recommander à ceux qui liront ces lignes d'éviter une entrée trop brusque dans les stations ; il est certain qu'une personne pressée de prendre son train, qui arrive en courant et qui se précipite en nage dans cette atmosphère refroidie, s'expose aux plus graves dangers. En hiver, ce sera le contraire, le Métro sera d'un séjour tempéré des plus exemplaires.

La Nature, août 1900.

L'absence de poussière est à peu près complète dans le souterrain... L'air du Métro est incomparablement moins chargé de bactéries, le matin, à la prise de service, que celui de la plupart des places et voies publiques.

André BERTHELOT, cité *in* R. Guerrand, *Mémoires du métro*, 1960.

MEXIQUE

• Un mot sur l'art précolombien :
Ce n'est pas l'œuvre d'un peuple artiste, ni même d'une nation grandement utilitaire que l'on peut reconnaître dans les restes de Mitla, d'Izalanca, de Palenque, les ruines de la vallée d'Oaxaca.

Les sculptures tracées sur les murailles sont grossières, aucune idée d'art élevé n'y respire. [...] Il y a donc du nègre dans la création des monuments du Yucatan.

Comte DE GOBINEAU, *Essai sur l'inégalité des races humaines*, 1853-55.

• Tout y est vraiment sens dessus sens dessous :

Tout, au Mexique, est à la révolution nommément. L'histoire récente du noble pays des Incas a comporté des révolutions effectives, et non pas une seule.

La Revue des Deux Mondes, « Circuit américain », 15 septembre 1934.

MEYERBEER (Giacomo)

• Omnibus :

La musique de Meyerbeer est internationale comme la cuisine des wagons-lits.

Pierre LALO, *Le Temps*, 6 juillet 1915.

MICROSCOPE

• Bien de chez nous :

L'arme de la raison et du bon sens est devenue celle de l'erreur, du mensonge et de l'orgueil. Des sciences prétentieuses et vaines d'origine étrangère ont envahi nos écoles nationales et préparé tous nos malheurs.

Il est temps de faire cesser cette invasion de barbares de l'intelligence, et de revenir aux saines traditions qui ont fait la France si glorieuse.

Le microscope lui-même peut aider à guérir les blessures intellectuelles et morales qu'il a servi à faire. Il sera une des armes les plus précieuses de la réorganisation scientifique de la France, car nulle ne convient mieux à notre nature gauloise, vive, impressionnable, artistique, si merveilleusement douée, par conséquent, pour reconnaître les traces du passage de l'auteur de la nature.

W. DE FONVIELLE, *Les Merveilles du monde invisible*, 1873.

MIEL

• Tombé du ciel :

Le miel vient de l'air, généralement au lever des astres, et principalement sous la constellation de Sirius, jamais avant le lever des Pléiades, vers l'aube du jour ; aussi, à la naissance de l'aurore, les feuilles des arbres sont-elles alors humectées de miel ; et ceux qui se trouvent le matin dans les champs sentent leurs habits et leurs cheveux enduits d'une liqueur onctueuse. Au surplus, que le miel soit une transpiration du ciel, une rosée des astres, un suc de l'air qui s'épure, plût aux dieux qu'ils nous parvînt sans mélange, liquide, naturel, tel qu'il a coulé d'abord ! Aujourd'hui même, qu'il tombe d'une si grande hauteur, souillé mille fois sur sa route, infecté par les exhalaisons terrestres qu'il rencontre ; ensuite recueilli sur les feuilles et les herbes, entassé dans l'estomac des abeilles, car elles le dégorgent par leur trompe ; en outre, corrompu par le suc des fleurs, macéré dans les ruches ; enfin, tant de fois changé, il conserve cependant un goût délicieux qui décèle encore une nature céleste.

PLINE, *Histoire naturelle*, 78 apr. J.-C.

MIL

• Une surprise quand il pousse :

Le petit livre de M. Romier est comme un grain de mil qui contient la promesse d'un arbre.

Bernard FAY, « L'homme et la masse », *Revue européenne*, février 1927.

MILITAIRE

• Son état :

Un militaire a son existence assurée pour le reste de ses jours, du moment qu'il fait partie de l'armée ; il sait que ceux qui sont à sa tête n'estiment et ne récompensent que les talents militaires. Il est véritablement indépendant.

Le Chevalier français, 1819.

• Sa tenue :

Depuis quelques années les officiers font preuve de tendances regrettables en ce qui concerne la part de la tenue militaire. Ils portent des vêtements dont les manches sont d'une longueur démesurée ; mêmes observations pour les manches de chemises. Les pantalons sont étroits par le haut, ridiculement larges par le bas. Les bottes affectent la forme des chaussures du temps de Henri III.

Les cheveux sont taillés de manière à permettre une raie au milieu de la tête et, sur le devant du front, certaines formes rappellent les coiffures de femmes. Les tendances que signale le chef du 12e corps sont d'autant plus fâcheuses que la mode en est empruntée dans le public à la catégorie des jeunes hommes qui ne se signalent pas plus par l'intelligence que par les goûts virils.

Général DE GALLIFFET, Note du 13 juillet 1882.

• Sa qualité première :

Le militaire est imaginatif.

Général xxx, *Plutarque n'a pas menti*, 1924.

• Un cas douteux :

On a retiré d'un puits, sur la route d'Arcueil, le corps d'un soldat appartenant au 84e de ligne ; on présume que c'est un militaire.

Le Constitutionnel, 11 mars 1897.

MILO (Vénus de)

• Une distraction :

Elle leva son bras blanc étincelant comme du carrare et modelé comme celui de la Vénus de Milo.

Jules DE GASTINE, *La Presse*, 7 octobre 1888.

• Une plaisanterie :

Devrons-nous rappeler qu'il s'est trouvé un mauvais plaisant pour prétendre que la Vénus de Milo — qui manque de bras — était la statue de l'Agriculture ?

Roger ALEXANDRE, *Le Musée de la conversation*, 1892.

• Un mot sur l'artiste :

La vraie merveille, c'était elle-même, avec... son cou ferme et solide, sa superbe poitrine, ses hanches fortes et sa prestance, avec laquelle Milo, l'artiste dont la renommée a traversé des siècles, aurait donné un pendant à son immortelle statue.

Charles MÉROUVEL, *Le Petit Parisien*, 1er février 1911.

• Un détail de posture :

Retenons simplement à ce propos qu'autrefois, suivant Platon, les amantes déclaraient leur passion à l'élu de leur cœur en lui jetant une pomme ; que la Vénus Uranie et la Vénus de Milo sont représentées avec une pomme en main.

Jardinage, revue, novembre 1932.

MIMOSA

• A le vin triste :

La plante la moins organisée ne se distingue pas essentiellement d'un animal. Une série de recherches dues au professeur Jagadis Chunder Bose, de Calcutta, a abouti sur ce sujet à des révélations d'une importance scientifique considérable. [...]

Quand le professeur Bose soumet un mimosa à l'influence de l'alcool, il ne lui administre pas le liquide, mais l'expose à l'action de la vapeur. Enfermé dans sa petite chambre, le mimosa en absorbe les fumées. L'effet est presque visible. La plante est évidemment ivre. Elle ne peut pas tituber ou zigzaguer, mais elle peut indiquer et elle indique une intoxication au moyen de l'enregistreur, dans une courbe d'ivresse. Un mimosa ivre se comporte d'une façon qui ne diffère pas essentiellement de celle d'un homme ivre. La courbe fait voir des alternances d'exaltation et d'une larmoyante dépression qui semble presque repentante.

Lectures pour tous, 15 février 1917.

MINEUR

• Son drame :

Les charbonnages d'Angleterre ayant fait une enquête sur les causes des conflits sociaux entre les mineurs et la direction, un psychanalyste, expert du gouvernement, donna l'explication : « Le mineur travaille avec un pic qui est un symbole phallique. Or, contre qui emploie-t-il ce symbole ? Contre la terre qui est sa mère. Ceci déclenche en lui des pulsions qui l'empêchent de travailler. »

H.-J. EYSENCK, *Uses and Abuses of Psychology*, citation due à l'obligeance de Jacques Bergier.

MIRACLE

• Un illuminé :

Ainsi que je l'indique en tête de mon journal, *L'Uniteur*, qui aura tous les écrivains du monde comme rédacteurs, l'Esprit divin, qui daigne m'inspirer, m'attire avec force vers les objets sacrés, vers les pauvres et les petits enfants... L'Esprit divin me permet de reconnaître la moralité et la vérité de tout. Si j'allais dans des séances publiques, je me mettrais à genoux, je ferais une courte prière, je dirais : « Mon Dieu, que votre volonté soit faite », et l'on verrait les miracles les plus étonnants... l'Esprit divin me permet de guérir et de convertir les incrédules, les malades, les fous possédés et Satan, faussement traités comme hallucinés, etc. ; c'est ainsi que Dieu a guéri par mes prières, sans lesquelles je ne puis rien, Alexandre Dumas père, qui avait un affreux mal de jambes satanique. [...]

Un magnétiseur a voulu me magnétiser ; il s'endormait lui-même et me réveillait ! [...]

A l'Académie des sciences, j'ai éprouvé toutes les commotions électriques lorsque M. Leverrier a fait un rapport sur les aurores boréales, causes de perturbations télégraphiques, etc.

L'Esprit divin me dit que si j'étais un enfant, un Juif ou un homme complètement illettré, les miracles qu'il m'a fait faire seraient déjà hautement proclamés par tout le monde !

M. GAGNE, *L'Histoire des miracles*, 1860.

• **Deux cas douteux :**
Il y a déjà quelques mois que Rome s'occupe d'un miracle. Un pèlerin s'étant présenté un vendredi dans une auberge, on lui servit un chapon rôti. Il se mit en oraison, fit un signe de croix, et le chapon se changea en carpe. Sa Sainteté, touchée de cette intervention de la divinité, mit au rang des saints le pèlerin qui avait mangé la carpe.

Lettres normandes, cité *in* Collin de Plancy, *Anecdotes du XIXe siècle*, 1821.

Un autre fait extrêmement curieux s'est passé il y a quelques années, dans un village du Vicariat apostolique du Tanganyika. Un enfant mourant a été baptisé. Bientôt on vit un groupe de personnes célestes entrer dans la hutte où se trouvait le petit mort, puis se retirer sans rien dire. Le même phénomène se reproduisit deux ou trois fois ; tout le village put en être témoin. Quelle révélation pour ces pauvres nègres, de l'excellence du rite baptismal et des perspectives infinies qu'il évoque !

Un Père de l'Église explique pourquoi, dans les premiers temps, Dieu faisait plus de miracles qu'aujourd'hui en faveur de la religion chrétienne et pour l'accréditer. Mais en ces régions l'arbre de la foi vient d'être planté, et il s'agit de lui faire prendre racine.

Paul GONTIER, *Les Aqueducs spirituels*, 1930.

• **Et des faits incontestables :**
Je ne saurais trop vous remercier (écrit un prêtre) non seulement d'avoir répondu à mon désir, mais encore d'avoir eu la délicate attention de me faire remettre l'eau miraculeuse le jour même de l'Immaculée Conception. Un de mes malades en a profité aussitôt et à son insu. Je lui en ai fait boire sans qu'il s'en doutât pendant neuf jours, et lui qui, pendant quatre ans, était resté entre la vie et la mort, lui qui, pendant quatre ans aussi, m'avait résisté avec une opiniâtreté désespérante et des blasphèmes qui font frémir, expira doucement après sa neuvaine, dans les sentiments d'une piété d'autant plus consolante qu'elle était moins attendue.

Annales de Notre-Dame de Lourdes, publiées par les RR. P.P. missionnaires de l'Immaculée Conception, 9e année (1868-1876).

Après la victoire de la Marne, la preuve était faite que Dieu nous voulait sauver. Il nous a continué sa protection surnaturelle jusqu'à la fin des journées d'angoisse d'Ypres. La période miraculeuse prit fin avec les dernières semaines de l'année 1914.

L'année 1915 a été la période uniquement humaine.

Général CHERFILS, *Le Gaulois*, août 1916.

Au cours du mois passé, le 22 décembre 1955, M. Paul Koudimba, catéchiste à Dembo, s'était rendu en brousse à la recherche de noix de palme. Apercevant un régime mûr, il se mit à grimper le long du palmier à l'aide d'une corde.

Arrivé tout en haut et voulant s'agripper à une branche morte, la corde glissa et notre homme commença à tomber la tête en bas et les pieds en haut. Il cria trois fois « Ave Maria ! Ave Maria ! Ave Maria ! ». Notre héros se sentit brusquement arrêté dans sa course par la fameuse corde, qui l'aida à atterrir un peu plus doucement. Dites « Ave Maria » et Marie vous protégera.

La Semaine de l'Afrique-Équatoriale française, 1er janvier 1956.

Si une personne atteinte d'une maladie, même d'un cancer par exemple, se trouvant dans une situation presque désespérée, se met avec ardeur à observer les instructions divines, le régime spirituel, alors les contractions nerveuses diminuent. Alors, bientôt, il n'y a plus trace du cancer.

Le Règne de justice et de vérité, 12 août 1956.

MIREILLE

• Elle parlait au cœur :

Mireille interpréta plusieurs de ses fameuses chansons. Elle les chante exactement comme il faut, avec une voix fort menue, mais qu'une bonne diction rend intelligible pour toutes les bourses.

La Gazette de Biarritz, 3 septembre 1937.

MITCHOURINISME

• Résumé de la doctrine :

La doctrine mitchourinienne rejette comme mal fondée la théorie chromosomique des weimanistes-morganistes avec ses gènes mystiques.

La doctrine mitchourinienne a donc surmonté l'étroitesse de la théorie darwiniste, qui niait les bonds dans la nature.

L'importance de la doctrine de Mitchourine est reconnue par les biologistes du monde entier.

M. ROSENTHAL et P. IOUDINE, *Petit Dictionnaire philosophique*, Moscou, 1955.

• Lyssenko fait applaudir les vrais pères de la théorie :

C'est aux génies de l'humanité, Lénine et Staline, que la science biologique progressiste doit que les enseignements de I.V. Mitchourine ont été ajoutés au trésor de nos connaissances. Vive le parti de Lénine et de Staline, qui a découvert Mitchourine pour le monde (*applaudissements*) et a créé dans notre pays les conditions du progrès de la biologie matérialiste. Gloire au grand ami et protagoniste de la science, notre leader et professeur, le camarade Staline (*toute la salle est debout, applaudissements prolongés*).

Discours de LYSSENKO, à la fin de la session de l'Académie des sciences agronomiques, Moscou, 1948, cité *in* J. Huxley, *Soviets Genetics*.

• La théorie de Lyssenko-Mitchourine (dont l'application doit donner deux récoltes chaque année) entraîne l'enthousiasme français :

Le peuple soviétique tout entier a applaudi à Lyssenko parce qu'il se refuse à abdiquer devant la nature, parce qu'il croit à la science, parce qu'il a confiance dans l'homme.

Jean TRIOMPHE, *Les Lettres françaises*, 7 octobre 1948.

• La conclusion s'impose :

Les communistes feront le paradis sur terre.

F. COHEN, « Mendel, Lyssenko et le rôle de la science », *La Nouvelle Critique*, novembre 1949.

MITES

• C'est normal :

Les mites n'aiment pas les odeurs qui les étourdissent ou qui les tuent.

Système D, 9 janvier 1927.

MITRAILLEUSE

• L'invention de la mitrailleuse-chameau :

Il est question d'organiser aux Indes un service de mitrailleuses qui, pour épargner la perte de temps qu'entraîne la mise en position des pièces, se déchargeront de dessus le dos même des chameaux employés au transport. Une batterie légère sera subitement installée sur la bosse de l'animal, la gueule du côté de la queue. Au commandement de : « Chargez ! » l'animal s'agenouillera et le canonnier chargera. Au commandement de : « Pointez ! » le chameau se relèvera et tournera la portion prussienne de son corps du côté de l'ennemi, faisant ainsi précéder la mitraille par l'insulte. Enfin, au commandement de : « Tirez ! » le canonnier allumera la mèche et plongera dans le fossé le plus voisin, en prévision du cas où le chameau, éprouvant une démangeaison subite, viendrait à opérer un changement de base dangereux pour son maître.

Une expérience analogue a déjà été faite à Londres, mais avec peu de succès, devant un comité du bureau de la guerre. Comme il n'y a pas de chameaux en Angleterre, c'est sur le dos d'un âne que la pièce de campagne avait été assujettie. Mais à peine le feu avait-il été mis à la mèche que l'âne, saisi de frayeur, se mit à exécuter une série de sauts de mouton entremêlés de ruades. Et les membres du comité auraient voulu être dans leur bureau, car l'âne récalcitrant montrait successivement aux quatre points cardinaux la partie de son individu qui aurait dû être immuable comme le destin dans la direction de l'ennemi supposé, et l'explosion, attendue d'une seconde à l'autre, pouvait occire les uns ou les autres des honorables délégués du bureau de la guerre. Ils eurent heureusement la présence d'esprit de se jeter à plat ventre, ce qui fit que la mitraille passa au-dessus d'eux sans les atteindre. Mais leur rapport fut unanimement défavorable à la continuation des expériences.

Le Corsaire, 9 mai 1871.

MOELLE

• Emploi poétique du mot :

Le sol boit, au hasard, la moelle de nos yeux.

Alphonse DE LAMARTINE, *Jocelyn*, 1836.

MOITIÉ

• C'est le tiers :

Moitié plâtre, moitié briques, moitié bois, ces maisons servaient d'habitations à des rentiers d'Aix-la-Chapelle.

François DE NION, *Le Journal*, 17 mai 1915.

• Et c'est pris à un tiers :

Moitié plâtre, moitié briques, moitié bois, ces maisons laissent voir le mystère de leurs simples constructions.

Alexandre DUMAS fils, *Le Régent Mustel*, 1856.

MOLIÈRE (Jean-Baptiste Poquelin, dit)

• La sentence de Bossuet :

Il faudra donc que nous passions pour honnêtes les impiétés et les infamies dont sont pleines les comédies de Molière, ou qu'on ne veuille pas ranger parmi les pièces d'aujourd'hui celles d'un auteur qui a expiré pour ainsi dire à nos pieds, et qui remplit encore à présent tous les théâtres des équivoques les plus grossières dont on ait jamais infecté les oreilles d'un chrétien. [...]

La postérité saura peut-être la fin de ce poète-comédien, qui en jouant son malade imaginaire ou son médecin par force, reçut la dernière atteinte de la maladie dont il mourut peu d'heures après, et passa des plaisanteries du théâtre parmi lesquelles il rendit presque le dernier soupir, au tribunal de celui qui dit : « *Malheur à vous qui riez, car vous pleurerez.* »

BOSSUET, *Maximes et Réflexions sur la comédie*, 1694.

• Les reproches de Rousseau :

Voyez comment, pour multiplier ses plaisanteries, il trouble tout l'ordre de la société ; avec quel scandale il renverse tous les rapports les plus sacrés sur lesquels elle est fondée, comment il tourne en dérision les respectables droits des pères sur leurs enfants, des maris sur leurs femmes, des maîtres sur leurs serviteurs !

Jean-Jacques ROUSSEAU, *Lettre à d'Alembert sur les spectacles*, 1758.

• Des généralités :

Molière appartient au XVIIe par la pensée philosophique : nous reconnaissons, à l'enthousiasme qu'il soulève dans la portion antireligieuse de la littérature, combien, quoi qu'on en dise, il contribua de l'autorité de son exemple et de son talent à battre en brèche ces principes éternels sur lesquels sont assises la société, la vertu, la famille, et la foi conjugale. [...]

Molière, peu soucieux des intérêts de la foi, oublia volontairement qu'il est de ces maux que la pudeur force de cacher, et sa comédie (*Tartufe*) fut une action mauvaise.

Amédée GABOURG, *Histoire de Louis XIV*, 1861.

Est-ce ma faute, à moi, si j'aime mieux relire un chapitre de M. Renan qu'un sermon de Bossuet, *Le Nabab* que *La Princesse de Clèves*, et telle comédie de Meilhac et Halévy qu'une comédie même de Molière ?

Jules LEMAITRE, *Les Contemporains*, 1890.

• Pourquoi il a raté son œuvre :

Ô Molière, au lieu de vivre agité et souffrant sous le régime du gallicanisme royal, entre le prince qui ne te protégeait qu'à la condition d'être bassement flatté, et les prêtres de son choix qui te refusaient l'absolution, que n'as-tu connu la paix de cette Rome qui étendait sur ton lit de mort les ailes de ses anges de charité ? Tu aurais trouvé à l'ombre de Saint-Pierre ta comédie triomphante, moins ses quelques excès, moins ses timidités, ayant de plus au front, avec plus de poésie, le rayon de la sainteté !

Désiré LAVERDANT, *Théocratie et Diabolocraties, appel aux libres-penseurs*, 1864.

• **Réserves sur l'écrivain :**

Il n'a manqué à Molière que d'éviter le jargon et le barbarisme, et d'écrire purement.

Jean DE LA BRUYÈRE, *Des ouvrages de l'esprit*, 1689.

En pensant bien, il parle souvent mal ; il se sert des phrases les plus forcées et les moins naturelles. Térence dit en quatre mots, avec la plus grande simplicité, ce que celui-ci ne dit qu'avec une multitude de métaphores qui approchent du galimatias.

FÉNELON, *Lettres sur les occupations de l'Académie*, 1714.

Comme tapissier, le Poquelin avait peut-être quelque mérite mais, comme poète, c'est un pleutre que nous aurions sifflé s'il eût apparu en 1870.

Théophile GAUTIER, *Le National*, 9 janvier 1887.

• **Un petit anachronisme :**

Je ne crois pas que dans Molière on puisse trouver l'histoire de notre pays. La comédie de Molière ou de ses contemporains nous instruit-elle des grands événements du siècle de Louis XIV ? Nous dit-elle un mot des erreurs, des faiblesses ou des fautes de ce grand roi ? Nous parle-t-elle de la révocation de l'édit de Nantes ?

Eugène SCRIBE, *Discours de réception à l'Académie française*, 1834. (L'édit de Nantes a été révoqué en 1685, douze ans après la mort de Molière.)

• **Après *Les Précieuses ridicules*, Molière est traité de plagiaire :**

Depuis que la modestie et l'insolence sont deux contraires, on ne les a jamais vues mieux unies qu'a fait dans sa préface l'auteur prétendu des *Précieuses ridicules*. Car, si nous examinons ses paroles, il semble qu'il soit assez modeste pour craindre de faire mettre son nom sous la presse. Cependant, il cache sous cette fausse vertu tout ce que l'insolence a de plus effronté ; et c'est sur le théâtre une satire qui, quoique sous des images grotesques, ne laisse pas de blesser tous ceux qu'il a voulu accuser ; il fait de plus le critique, il s'érige en juge, et condamne à la berne les singes, sans voir qu'il prononce un arrêt contre lui en le prononçant contre eux ; puisqu'il est certain qu'il est *singe* en tout ce qu'il fait, et que non seulement il a copié les *Précieuses* de M. l'abbé de Pure, jouées par les Italiens, mais encore qu'il a imité, par une singerie dont il est seul capable, *Le Médecin volant* et plusieurs autres pièces des mêmes Italiens, qu'il n'imite pas seulement en ce qu'ils ont joué sur leur théâtre, mais encore en faisant leurs postures, contrefait sans cesse sur le sien et Trivelin et Scaramouche. Mais qu'attendre de cet homme qui tire toute sa gloire des Mémoires de Gilles Gurgeo, qu'il a achetés de sa veuve, et dont il adopte les ouvrages ?

Antoine BAUDEAU, *Les Véritables Précieuses*, préface, 1660.

• **A propos de *L'École des femmes* :**

On est désabusé de sa façon d'écrire !

MONTFLEURY fils, *L'Impromptu de l'hôtel de Condé*, 1662.

Arnolphe vient des champs et désire savoir
Si, depuis son absence, Agnès s'est bien [portée.
« Hors les puces, la nuit, qui m'ont inquié- [tée »,
Répond Agnès. Voyez quelle adresse a [l'auteur,
Comme il sait finalement réveiller l'audi- [teur !
De peur que son sommeil ne s'en rendît le [maître,
Jamais plus à propos vit-on puces paraître ?

Edmé BOURSAULT, *La Critique de « L'École des femmes »*, 1662.

Il n'est rien de plus scandaleux que la cinquième scène du deuxième acte de *L'École des femmes.*

Armand DE BOURBON, prince DE CONTI, *Traité de la comédie et des spectacles, selon la tradition de l'Église tirée des conciles et des saints pères*, 1666.

• **A propos de *Don Juan* :**

Qui peut supporter la hardiesse d'un farceur qui fait plaisanterie de la religion, qui tient école du libertinage, et qui rend la majesté de Dieu le jouet d'un maître et d'un valet de théâtre, d'un athée qui s'en rit, et d'un valet, plus impie que son maître, qui en fait rire les autres ?

B.A. DE ROCHEMONT, *Observations sur une comédie de Molière intitulée « Le Festin de pierre »*, 1665.

Il serait difficile d'ajouter quelque chose à tant de crimes dont sa pièce est remplie. [...]

Y a-t-il une école d'athéisme plus ouverte que *Le Festin de pierre*, où, après avoir fait dire toutes les impiétés les plus horribles à un athée qui a beaucoup d'esprit, l'auteur confie la cause de Dieu à un valet, à qui il fait dire, pour la soutenir, toutes les impertinences du monde ?

Armand DE BOURBON, prince DE CONTI, *Traité de la comédie et des spectacles selon la tradition de l'Église tirée des conciles et des saints pères*, 1666.

• **A propos de *Tartuffe* :**

Un homme ou plutôt un démon vêtu de chair et habillé en homme, et le plus signalé impie et libertin qui fut jamais dans les siècles passés, avait eu assez d'impiété et d'abomination pour faire sortir de son esprit diabolique une pièce toute prête d'être rendue publique en la faisant monter sur le théâtre, à la dérision de toute l'Église, et au mépris du caractère le plus sacré et de la fonction la plus divine, et au mépris de ce qu'il y a de plus saint dans l'Église, à l'intention d'en rendre l'usage ridicule, contemptible, odieux. Il méritait, par cet attentat sacrilège et impie, un dernier supplice exemplaire et public et le feu même, avant-coureur de celui de l'enfer, pour expier un crime si grief de lèse-majesté divine, qui va à ruiner la religion catholique, en blâmant et jouant sa plus religieuse et sainte pratique, qui est la conduite et la direction des âmes et des familles par de sages guides et conducteurs pieux.

Pierre ROULLES, *Le Roi glorieux au monde, ou Louis XIV le plus glorieux de tous les rois du monde*, 1665, à l'occasion du premier *Tartuffe*.

Une comédie très dangereuse, et qui est d'autant plus capable de nuire à la religion que, sous prétexte de condamner l'hypocrisie ou la fausse dévotion, elle donne lieu d'en accuser indifféremment tous ceux qui font profession de la plus solide piété, et les expose par ce moyen aux railleries et aux calomnies continuelles des libertins.

HARDOUIN DE PÉRÉFIXE, archevêque de Paris, *Ordonnance du 11 août 1667*.

Damnables inventions pour humilier les gens de bien, pour les rendre tous suspects, pour leur ôter la liberté de se déclarer en faveur de la vertu.

Louis BOURDALOUE, *Sermon sur l'hypocrisie*, édition de 1707-1724.

On voit bien, par la manière dont il a confondu les choses, qu'il était franc novice dans la dévotion, dont il ne connaissait peut-être que le nom, et qu'il avait entrepris au-dessus de ses forces.

Adrien BAILLET, *Jugements des savants*, édition de 1725.

C'est là une œuvre misérable, un crime.

Louis VEUILLOT, *L'Univers*, 20 mai 1840.

• **Le mot de la fin :**

Mon opinion sur Molière et *Le Misanthrope ?* Eh bien, ça me semble infect. Je vous parle très franchement : c'est écrit comme un c...

Théophile GAUTIER, cité *in* Goncourt, *Journal*, année 1857.

• **Une invitation à la modernité :**

On ne joue pas Molière aujourd'hui comme il y a six siècles.

Centre-Dimanche (Saint-Étienne), 18 janvier 1970.

MONARCHISTES

• **Cela va de soi :**

Les vrais croyants et les vrais scientifiques purs ne peuvent être que monarchistes.

Pierre FÉLIX, *L'Équivoque démocratique*, 1906.

MONDES

• **Un survol historique ou la revue des deux :**

D'un côté, un monde monolithisme fasciste monolithe, primitif, barbare et parasite, qui a vécu des millénaires dans les régions volcaniques chaudes parmi les animaux. Il y a pris les habitudes de vie héréditaires des animaux et il les a conservées :

la ruse, la barbarie, le mimétisme, la méfiance, il se cache comme les termites pour surprendre ses ennemis, il est paresseux et il vit en exploitant les peuples. Il a formé un premier faisceau après avoir quitté les régions chaudes, il y a environ 5 000 ans, pour envahir la terre au début de notre ère, et le faisceau cité ci-dessus vers 535 et 714. Il a dominé tous les peuples jusqu'à 1917.

De l'autre côté, un monde antifasciste uni, intelligent, organisé scientifiquement, techniquement, capable de progresser. Son système est rationnel et équilibré. Ses plans quinquennaux lui permettent d'éviter des crises économiques et ses conséquences, le chômage, la misère, la souffrance du peuple. Ce monde se trouve en Russie. Son peuple en moins de 50 ans a dépassé le monde fasciste de plus de deux mille ans, alors que les fascistes ont mis cinq mille ans sans obtenir la moindre évolution. Ils n'ont rien fait de leurs mains et sont restés ce qu'ils étaient à l'origine.

Ernesto RUSER, *Réhabilitation de Staline*, Édition de l'homme et la vie, Agen, 1979.

MONOGRAMME

• Dans le style communiste :

Il s'agit de la Russie des Soviets, dont le monogramme de la faucille et du marteau est une nouvelle constellation dans le ciel de nos espérances sociales.

L'Humanité, 16 novembre 1925

MONOSYLLABES

• Plus ou moins longues :

M. P. Morgan, à mes questions, ne répondait que par monosyllabes :

— Oui, non, certainement...

Le Matin, 1er avril 1913.

MONTAGNES

• Un partisan farouche :

On aime les montagnes aujourd'hui, et il y a lieu d'en être fier pour notre siècle ; car cette affection part des côtés les plus sains et les plus nobles de l'esprit humain. C'est une réaction contre la platitude et la mollesse qui envahissaient l'éducation, un triomphe de la vraie poésie, qu'on dit morte, sur l'affreux positivisme. [...]

La montagne est saine pour le corps, saine pour l'esprit, saine pour le cœur. Le corps y prend l'habitude de la lutte, condition de la santé ; l'esprit y voit et y conçoit la vraie grandeur ; le cœur y sent indispensables la charité et l'esprit de famille. Il comprend comment les peuples peuvent rester honnêtes et libres.

A la montagne, il n'y a pas d'enfants gâtés.

Albert DUPAIGNE, *Les Montagnes*, 1874.

• Des distinctions nécessaires :

Le baron von Ompteda divise les montagnes en quatre catégories :

1. celles qui ne sont ni difficiles ni dangereuses ;
2. celles qui ne sont pas difficiles mais dangereuses ;
3. les difficiles, mais non dangereuses ;
4. les difficiles et dangereuses.

Louis DUMUR, « Les Dangers de l'alpinisme », *La Dépêche*, 3 septembre 1908.

• Une théorie audacieuse en plein XXe siècle :

Je prétends, et crois ne pas être démenti par les géologues, que les chaînes de montagnes sont la résultante des étoiles tombées du ciel sur la terre.

Jean-Marie LACOMBE, *Victoire chronologique sur la fusion des dates des textes sacrés avec les dates des textes profanes...*, Paris, Librairie montmartroise, 1936.

MONTAIGNE (Michel Eyquem de)

• On ne le savait pas :

Il était fils d'une Juive neuro-arthritique et avait donc des dispositions héréditaires à la névrose.

Félicien PASCAL, *La Revue hebdomadaire*, février 1903.

MONTALEMBERT

• Une tache indélébile :

Montalembert ne se lavera pas d'avoir mis sa main dans celle du Deux-Décembre.

Eugène PELLETAN, *discours prononcé à la Ligue française de l'enseignement*, 1910.

MONTÉE

• N'essouffle pas sans raison :

Nous avons longtemps partagé l'opinion générale qui attribuait l'essoufflement de la montée à la raréfaction de l'air, raréfaction qui dans l'hypothèse croîtrait avec la hauteur. Cette opinion cependant devait présenter, même au premier coup d'œil, une contradiction formelle ; car une fois qu'on est parvenu sur la hauteur, on sent peu à peu que l'on y respire mieux que dans la vallée, qu'on s'y porte mieux, ce que confirme la longévité des habitants.

Aussi avons-nous rencontré une explication plus rationnelle de l'essoufflement progressif qu'occasionne la montée dans le mécanisme forcé que la pente impose à la locomotion.

Dans la station debout, la ligne de notre corps se trouve dans le prolongement du rayon de la terre, nous pouvons nous fatiguer, mais nous ne nous essoufflons pas.

Il n'en est plus de même dès que le plan cesse d'être concentrique et se confond avec la tangente au rayon, ou avec une ligne qui fasse avec le rayon un angle obtus. [...]

Donc plus nous avancerons sur ce plan tangentiel, et plus à chaque pas la cuisse fera avec la ligne de notre corps un angle aigu. D'où il arrivera que les muscles fléchisseurs de la cuisse presseront davantage à chaque pas sur l'abdomen, que l'un d'eux, le *psoas*, rentrera davantage à chaque pas dans la cavité abdominale, et que par conséquent les viscères abdominaux, ainsi refoulés, refouleront de plus en plus le diaphragme ; ce qui rétrécira d'autant la capacité thoracique.

F.-V. RASPAIL, *Histoire naturelle de la santé et de la maladie*, 1860.

MONTÉLIMAR

• Il y manque une plaque :

C'est à Montélimar, la patrie du nougat, que j'ai repris et terminé mon grand poème, intitulé *L'Unitéide*, qui a pour but de tout conduire à l'unité du peuple, du monarque et de la divinité.

M. GAGNE, *L'Histoire des miracles*, 1860.

MONTLUÇON

• Une vieille coutume :

Chaque fille publique qui se livre à quelque homme que ce soit, lorsqu'elle entre pour la première fois dans la ville de Montluçon, doit payer, sur le pont de cette ville, quatre deniers ou y faire un pet.

Registre de la Chambre des comptes (liasse 21 des Aveux du Boubonnais, aveu de la terre de Breuil, rendu par Marguerite de Montluçon, le 27 septembre 1398).

MONTPARNASSE

• Une description :

L'esprit, si l'on peut dire, qui animait cette foule d'immigrés, était celui d'un internationalisme présageant le bolchevisme avant la lettre. C'est d'un de ces cafés trop fameux que partirent, durant la guerre, au passage des régiments allant au front, des huées et des sifflets ignobles, qu'on ne réprimera pas, jusqu'à ce que Clemenceau se montrât peu tendre pour « la canaille du *Bonnet rouge* », dont on retrouve aujourd'hui une partie du personnel dans la publicité des beaux-arts. Dès ce moment ces cafés, dont le plus somptueux, véritable usine à cocktails, a été édifié avec des millions exclusivement allemands, ces cafés, dis-je, étaient des rendez-vous d'espions et de chambardeurs. Lénine et Trotsky y fraternisaient avec les cubistes, avant de tenter leur grand coup. La foule de Montparno réunit dans le culte de l'alcool, de la coco et de l'art vivant des Allemands, Polaques, Petits-Russiens, Yankees, Japonais ; il y a même des nègres et des Peaux-Rouges, et tout cela constitue « l'École de Paris ».

Camille MAUCLAIR, *Les Métèques contre l'art français*, 1930.

MORALE

• Elle fout le camp :

Nous n'avons eu cette année que dix-sept traités de morale.

Un journal de 1830, cité *in* Charles Fourier, *Le Nouveau Monde industriel et sociétaire*, 1829-1845.

• L'essentiel :

Une civilisation peut être lascive, lubrique, orgiaque même ; il ne doit pas y avoir de filles-mères, même parmi les filles professionnelles.

Voilà la vraie morale.

Joseph PÉLADAN, *La Science de l'amour*, 1911.

MORÉAS (Jean)

• Le jour de sa mort, résumé d'une vie :

C'était un poète qui trahit sa patrie, fit quelques beaux vers, et me traita d'imbécile.

Jules RENARD, *Journal*, 31 mars 1910.

MOREAU (Gustave)

• Deux ennemis :

Les personnages sont insignifiants et mesquins. Les accessoires sont peints avec un soin extrême, quelquefois heureux, bien qu'il y ait dans ces détails un peu de puérilité et beaucoup de calligraphie.

Paul MANTZ, 1865.

Ce triste peintre que fut Gustave Moreau n'a fait que du coloriage. [...] Quand il dessine, c'est une calligraphie niaise et sans vie. [...] Gustave Moreau ne confectionna que des picturales ordures, en détroussant tous nos musées. Il fut, pour tout résumer, le fournisseur patenté des Juives millionnaires et de la Haute Banque.

Gustave COQUIOT, *Des gloires déboulonnées*, 1924.

MORTEFONTAINE (Général de)

• N'est pas manchot :

Le vieux général de Mortefontaine, qui avait conservé les habitudes militaires, se promenait dans les grandes allées, les mains derrière le dos, la tête nue. Il avait un journal à la main et lisait.

PONSON DU TERRAIL, *La Patrie*, 25 avril 1860.

MORRIS (Frank)

• Inoubliable :

La voix magnétique de Frank Morris a été étranglée par la mort. Quoique orphelin, sa chanson *La culotte que mon père portait*, que nous entendîmes si souvent, montrait combien il avait le cœur tendre. Nous ne l'oublierons jamais.

The Chicago American, décembre 1925.

MORT

• Des révélations d'outre-tombe :

L'entrée dans une autre vie amène des impressions aussi variées que la situation morale des esprits. [...] En général, le dégagement de l'âme est moins pénible à la suite d'une longue maladie, celle-ci ayant pour effet de dénouer petit à petit les liens charnels. Les morts soudaines, violentes survenant lorsque la vie organique est dans sa plénitude, produisent sur l'âme un déchirement douloureux, la jettent dans un trouble prolongé. Les suicidés sont en proie à des sensations horribles. Ils éprouvent, pendant des années, les angoisses de la dernière heure et reconnaissent avec effroi qu'ils n'ont changé leurs souffrances terrestres que pour d'autres plus vives encore.

Léon DENIS, *Après la mort*, 1891.

• Tout s'arrange :

Rien n'est irréparable, même la mort.

René PUJOL, *Le Mystère de la flèche d'argent*, feuilleton de *La Petite Gironde*, 10 février 1931.

• A moins que cela ne s'aggrave :

Ne jamais approcher du feu un homme mort de froid, ce serait le tuer promptement.

H. PHILIPPE, *Premiers soins et secours d'urgence*, Maloine 1908.

MORTS

• Une licence poétique :

Mais tous, même les morts, ont fui jusqu'au dernier.

SULLY-PRUDHOMME, *Stances et Poèmes*, 1865.

• Un écrivain les entend crier :

Ce qui m'a manqué dans cette amitié, c'est de n'avoir jamais grimpé avec peine, à côté de Leipziger, le long du parapet [...] parmi les gargouillis d'intestins des balles, les déchargements de fardiers des obus, les plaintes stridentes des femmes et les bêlements épouvantables des hommes qui venaient d'être tués.

H. DE MONTHERLANT, *Mors et Vita*, p. 145, 1933.

• D'ailleurs, il n'est pas le seul :

Le pire, c'est qu'il y avait des hommes de tués qui râlaient.

Marianne, « Remarques », 14 août 1935.

• Tout s'explique :

Deux blessures mortelles l'atteignirent ; elles ne le tuèrent pas.

Pierre D'HUGUES, « La Tête », *Le Journal des débats*, 3 novembre 1926.

Frappé d'une balle, qui, pénétrant dans la poitrine, traversait le poumon et sortait par le dos, cet officier a survécu à cette mortelle blessure.

Général TROCHU (1815-1896), *Mémoires*.

MOSAÏQUE

• L'art du bagne :

Les Romains, après la voûte, inventèrent encore une chose : c'est la mosaïque, un art de prisonniers qui sculptent des noix de coco et fabriquent, avec ce qu'ils ont sous la main, des fantaisies de forçats, des rêveries d'esclaves et des ornementations d'affranchis.

Imiter la nature avec des carrés de pierre disposés régulièrement les uns auprès des autres !

Vous a-t-il été donné de dessiner sérieusement des mosaïques romaines ? Au bout d'une heure de travail, vous avez la tête horriblement fatiguée par cet enchevêtrement incroyable, se répétant à satiété. [...]

Et voilà le plus bel épanouissement de ce que l'on appelle *l'art romain !*

Quand les archéologues ont prononcé le mot *mosaïque romaine*, ils se campent, le poing sur la hanche, et vous regardent avec tout le dédain qui caractérise leur caste. Voulez-vous comprendre le génie de ceux qui fabriquèrent cette décoration fastidieuse ? Copiez-en servilement pendant un mois. Si vous n'en avez pas des nausées, Dieu vous bénisse !

Et dire qu'il s'est trouvé des hommes qui ont parlé, dernièrement encore, d'établir en France une école de mosaïstes. Que l'on utilise des condamnés à mort à cette besogne, passe ; mais des hommes libres ! Voyons, songez-y sérieusement, et laissez aux admirateurs des Césars ce qui leur revient de droit. Foulez aux pieds ces soi-disant merveilles ; du reste, elles n'ont jamais eu, dans l'esprit même de leurs auteurs, d'autres destinations possibles. Mais laissez-nous tranquilles avec cette industrie de déportés fainéants.

Henri DE CLEUZIOU, 1982.

MOUCHE

• Le rôle de la Providence :

Fixons nos regards sur une de ces mouches communes qui se complaisent dans nos demeures. Je m'aperçois qu'elle a six pattes, tandis que beaucoup d'autres n'en ont que quatre. Pourquoi ? [...] Elle est fort occupée à brosser sa tête et ses ailes avec ses deux pattes de devant et avec celles de derrière. Je la regarde au microscope, et je vois que son corps est couvert de petits grains de poussière. Le frottement alternatif de ses deux pattes de devant et de derrière, garnies de brosses qu'elle fait mouvoir avec rapidité, l'en débarrasse promptement.

Je devine que la Providence lui a donné six pattes pour qu'il lui en reste toujours quatre disponibles afin de se maintenir en sûreté partout où elle se fixe, pendant le temps qui lui est nécessaire pour brosser ou sécher ses ailes.

M. DE PLASMAN, ancien vice-président du tribunal de première instance d'Orléans, *Dieu et l'ouvrier*, 1872.

• Un observateur malveillant :

La mouche, toute domestique qu'elle soit, reste un animal ingrat qui manque de physionomie et d'expression. [...] Ce qui aussi rend malaisé l'amour des mouches, c'est leur prodigieuse quantité. [...] La mouche est absurde. Elle donne l'impression de ne penser à rien, d'être vide, de voler sans raison.

Henri LAVEDAN, *Bon an mal an*, 17 septembre 1910.

• Une note de service :

Il faut lutter par tous les moyens possibles contre les mouches, surtout dans les services destinés à l'alimentation tels que cuisines, mess, réfectoires et coopératives. Des pièges seront disposés à cet effet et entretenus soigneusement dans les locaux ainsi que dans tous les bureaux. On ne peut espérer faire disparaître les mouches, mais on peut et on doit en tuer le plus possible. Même pour se distraire, les hommes doivent attraper les mouches.

Commandant MANGIN, *Note au 3e Groupe d'aviation*, 1919.

MOULINS

• Essai de classification :

En 1895, on comptait en Hongrie vingt mille moulins, dont dix-huit mille à vapeur et deux mille de dimensions colossales.

FALLEX et MAIREY, *Les Principales Puissances du monde*, Paris, vers 1910.

MOURIR

• C'est le sort le plus beau :

Mourir pour le pays n'est pas un triste sort,
C'est s'immortaliser par une belle mort.

Pierre CORNEILLE, *Le Cid*, 1636.

Qui pourrait douter que la mort trouvée dans les combats n'ait de grands privilèges ?

Joseph DE MAISTRE, *Les Soirées de Saint-Pétersbourg*, 1821.

La mort à la guerre, c'est la mort la plus poétique, la plus belle, la plus souhaitée. Là, en pleine nature, dans l'air frais, grisés par l'enthousiasme, par les sons des marches et par les clairons, enivrés jusqu'au profond de l'être par l'ardeur de la poudre et de la fumée, pleins d'orgueil et d'amour-propre, fiers de tomber sous les plis du drapeau de la patrie, de cette grande Patrie, qui renferme tout ce qu'il y a pour nous de plus cher au monde, vous recevez en pleine poitrine une balle et sans même un râle vous expirez contents d'avoir servi votre pays, la terre de vos aïeux.

Filadelf GORILLA, *L'Homme, singe dégénéré, notes et impressions d'un singe*, 1893.

Ah ! que la mort du brave est belle ! [Qu'elle est belle
La mort du combattant qui meurt sans [avoir fui !
Vainqueur, la gloire vient l'emporter sur [son aile,
Et, si c'est la défaite absurde ou criminelle,
La honte des vaincus ne s'abat pas sur lui !

Paul DÉROULÈDE, *Poésies militaires*, 1896.

Oui, bienheureux qui sert la France,
Bienheureux ceux qui vont courir
Au danger comme à la souffrance :
C'est une fière préférence
Que d'être choisi pour mourir !

Paul DÉROULÈDE, *Poésies militaires*, 1896.

Heureux ceux qui sont morts dans une [juste guerre !
Heureux les épis mûrs et les blés moisson- [nés !

Charles PÉGUY, *Ève*, 1913.

Savions-nous qu'il fût si noble, le cœur de la France ? [...] Nous avons vu notre jeunesse partir. Le sourire était sur les lèvres, en effet, même quand ils disaient : « Si je reviens... Si je ne reviens pas... » L'idée même de la mort souriait.

Ernest LAVISSE, *Le Temps*, 24 août 1914.

Salut, ô premiers morts de nos premiers [combats,
Ô vous, tombés au seuil de la grande es- [pérance
Dont palpite le cœur ébloui de la France,
Héros, je vous salue et ne vous pleure pas !

Henri DE RÉGNIER, *Le Gaulois*, 1914.

Mourir en héros pour une noble cause, alors qu'on se croyait voué à une existence monotone et vide, est une destinée enviable.

Gustave LE BON, *Enseignements psychologiques de la guerre européenne*, 1916.

• En cas de malheur :

La guerre au front, c'est l'action utile, c'est la vie, au pis-aller c'est l'immortalité.

Gaston DE PAWLOWSKI, *La Baïonnette*, 4 mai 1916.

MOUSSORGSKI (Modest)

• Un piètre musicien :

Boris Godounov pourrait être intitulé « Cacophonie en cinq actes et sept scènes ».

Nicolas SOLOVIEV, *Birzhevye Vedomoski*, Saint-Pétersbourg, 11 février 1874.

Cette crudité est la preuve parfaite de l'ignorance du compositeur de l'art musical.

Alexandre FAMINTZIN, *Musikalnyi Listok*, Saint-Pétersbourg, 15 février 1875.

Une nuit sur le mont Chauve de Moussorgski est la chose la plus atroce que nous ayons jamais entendue [...], une orgie de laideur et une abomination. Puissions-nous ne jamais l'entendre à nouveau !

Musical Times, Londres, mars 1898.

MOUSTACHES

• De la difficulté de se faire une opinion :

Je n'aime pas qu'un homme d'État ait des moustaches, ni surtout qu'il les porte longues. [...] Les hommes de génie n'ont pas de moustaches. Il est vrai que beaucoup d'imbéciles n'en ont pas non plus.

Louis ULBACH, *Napoléon III*, 1869.

MOYEN ÂGE

• L'âge d'or :

On peut l'affirmer, la société n'a fait que

déchoir depuis les quatre siècles qui nous séparent du Moyen Âge.

J.-K. HUYSMANS, *Là-bas*, 1891.

MOZART (Wolfgang Amadeus)

• Ses limites :

Je crois vous avoir écrit que ce petit Mozart est ici, et qu'il est moins miracle, quoiqu'il soit toujours le même miracle, mais il ne sera jamais qu'un miracle. Et c'est tout.

Abbé GALLIÉNI, *Lettre à Madame D'Épinay*, 7 juillet 1770.

MUET

• A haute voix :

Muet, les bras croisés, Tartarin regarde, juge des coups, critique tout haut.

Alphonse DAUDET, *Tartarin sur les Alpes*, 1885.

MULET

• Les raisons de sa stérilité sont lumineuses :

Un mulet qu'on dit avoir été fécond au temps d'Aristote, et un autre, en 1703, ne peuvent faire exception à une stérilité générale ; ces deux faits sont d'ailleurs peu constatés et plus qu'incertains. Il est vrai que la physique n'a point encore donné de raison plausible à cette stérilité ; mais on ne peut douter que le Créateur n'ait voulu maintenir les espèces primitives, en empêchant des animaux étrangers d'en prendre la place, et de défigurer son plan, en usurpant une fécondité à laquelle ils n'ont pu participer, lorsqu'elle fut partagée entre les premiers êtres, puisqu'ils n'existaient pas.

Abbé FLEXIER DE RÉVAL, *Catéchisme philosophique, ou Recueil d'observations propres à défendre la religion chrétienne contre ses ennemis*, 1773.

MUNICH (Accords de)

• Le lâche soulagement :

Notre continent échappe à la plus terrible des guerres. [...] C'est en présence de cette situation critique que M. Neville Chamberlain se résolut à prendre, d'accord avec le gouvernement, de nouvelles initiatives en faveur d'un règlement amiable. Le Premier ministre anglais s'était rendu en avion à Berchtesgaden pour y rencontrer le chancelier Hitler. [...] Dès lors, l'affreuse menace d'une guerre européenne était virtuellement écartée et un règlement pacifique était assuré.

Roland DE MARES, *Le Mercure de France*, 15 octobre 1938.

• Un poème de remerciement :

Battez, battez, tambours,
Battez l'alerte, battez baguettes
De village en village et de place en faubourg ;
D'un vallon à l'autre le bruit sourd se [répète :
Battez tambours.

Et cependant avec son parapluie
Un vieil homme est allé vers le chef étranger ;
Dieu ! qu'il avait donc le cœur chargé
De mélancolie !

Il a plaidé pour ceux de Londres,
pour ceux de Prague et de Paris ;
Pour éviter au moindre prix
Si effroyable coup de dés
Il a plaidé ;
Et tous les régiments du monde
Attendaient arrêtés.

Par deux fois seigneur ! il s'est entendu [répondre
« Non ! »
Mais si honnêtement pour sauver tant de vies
Il a sans se lasser poursuivi
Que le chef étranger a masqué ses canons.

Ah ! camarade prêt hier au sacrifice
De tout l'espoir dont ton être était plein,
Rappelle chaque jour à ton fils
Quel est celui qui l'empêche d'être orphelin
Quel est celui qui délivra la troupe humaine
De si pesante peine,
Et que par la chanson, le livre et l'écriture
Il s'en aille à jamais de mémoire en mémoire,
Et de bourgade en ville,
Le nom de messire Neville
Chamberlain.

Tristan KLINGSOR, *Pour messire Neville Chamberlain*, novembre 1938.

• Les certitudes de Giono :

Nous avons la paix.

Et brusquement nous voyons que c'est facile d'aimer les Allemands et d'aimer les Italiens. Sous quels prétextes va-t-on continuer à pousser aux armements. Nous ne voulons pas nous en servir. Nous construisons la paix sans nous en servir.

La suite logique de l'aventure de septembre 1938, c'est le désarmement universel.

Jean GIONO, *Précisions*, 1939.

MUR DE BERLIN

• Une touchante anecdote :

Dasso, ce chien policier ci-contre, qui était lui aussi chargé de garder la frontière, n'a pas hésité à passer dans le camp occidental, en se jetant à l'eau dans le canal qui, en certains points de Berlin, remplace le « mur de la honte ». On dit même qu'il frétillait de la queue en retrouvant de nouveaux maîtres.

Le Pèlerin, 20 septembre 1964.

MUSICIENS

• Tout s'explique :

Dagonet, dans son traité des maladies mentales, cite plusieurs idiots et idiotes doués d'une aptitude musicale remarquable. Ils étaient, du reste, des enfants de musiciens.

Dr Serge VORONOFF, *Du crétin au génie*, 1946.

MUSIQUE

• La vie privée d'un mélomane :

1

En musiqu' je suis épatant,
Car j'naquis au milieu des CHAMPS.
Toutes les femmes m'appell'nt OCTAVE,
Ce n'est pas un surnom d'bett'rave,
Et dans n'importe quell' saison,
Je prends des bains de SON.

2

Grâce à mon art, j'ai d'bons moments,
Ainsi, tenez, rien qu'en m'mouchant,
J'imit' d'une manièr' parfaite
Le son guerrier de la TROMPETTE*;*
Et quand j'mang' des haricots blancs,
J'fais L'INSTRUMENT A VENT...

3

J'peux vous chanter en TON MAJEUR,
Aussi facil'ment qu'en MINEUR.
Quand il faut chanter un'scie,
Je prends toujours le TON *de* SI...
Mais quand je CHANT'*, dans un dîner,*
J'prends le TON MARINÉ...

4

Chaqu'fois que j'vais au restaurant,
J'profite encor de mon talent...
Comm' je raffol' de l'opérette
J'demand' un morceau de PLANQUETTE.
*Comm' l'*OPÉRA*, c'est mon bonheur,*
On m'donn' du MEILLEUR BEURR' *(Meyer-[beer).*

5

Lorsque j'me trouv' dans un salon,
Je fais des SOLOS DE VIOLON,
Ou des SOLOS DE CLARINETTE,
Accompagnés de CASTAGNETTES.
Mais si j'veux un succès certain,
J'fais es SOLOS GRATIN...

6

J' détest' LOHENGRIN, TANNHAUSER,
Et tout's les œuvres de WAGNER.
Mon opinion n'est pas pareille,
Quand jez parl' de FAUST *ou d'*MIREILLE,
Car, si j' tenais le même propos,
J'repouss'rais du GOUNOD.

7

Enfin chez nous, tout l' monde est fort,
Ma femm' jou' parfait'ment du COR,
Et j'possèd' un' petit' cousine,
Merveilleus' sur la MANDOLINE,
Bien qu'ell' réserv' son meilleur jeu...
Pour le PIANO A QUEUE.

D. PINEL et DEROYRE, *Considérations musicales*, chansonnette monologue autour de 1900.

MUSIQUE ALLEMANDE

• Les débuts de la décadence :

[...] les derniers quatuors de Beethoven, source troublée d'où sont sortis les mauvais musiciens de l'Allemagne moderne, les Liszt, les Wagner, les Schumann, sans omettre Mendelssohn.

Scudo, *La Revue des Deux Mondes*, 1862.

MUSSET (Alfred de)

• Ce qui restera de lui :

Le ridicule, une fois imprimé sur un front ou sur un nom d'écrivain, y reste souvent comme une de ces taches qui ne s'effacent plus, même à grand renfort de savon et de brosse.

Le Figaro, 4 février 1830.

• Ses faiblesses :

Le capricieux et souvent grotesque Alfred de Musset...

D. SAUCIÉ, *Histoire de la littérature française*, 1863.

Ce qui manque à l'artiste est ce qui manque à l'homme : la virilité.

Auguste VACQUERIE, *Profils et Grimaces*, 1866.

Hélas ! son pied honteux suivit jusqu'au bout le sentier du vice !

P. M., *Manuel littéraire, pour la préparation au brevet supérieur*, 1892.

Il a noyé sa raison et son cœur dans l'eau-de-vie et l'absinthe, et n'a cessé de convier la jeunesse aux plus immondes orgies. Son existence et son talent furent des fléaux.

R. P. Étienne CORNUT, s. j., *Les Malfaiteurs littéraires*, 1892.

• **Il n'est pas de chez nous :**

M. de Musset n'a pas su entrer dans les cœurs français ; c'est un muscadin qui n'est pas patriote, qui boit du vin d'Espagne et qui fait des vers brisés. La rue Saint-Denis et la province ne l'adopteront jamais. On dit « notre Béranger », on ne dira pas « notre Musset ».

Louis VEUILLOT, *Mélanges*, 1re série, VI, p. 538.

• **Sa faute :**

Il a vécu dans la volupté et il a chanté sa vie. Aussi est-il particulièrement pernicieux. [...] *La Confession d'un enfant du siècle*, espèce de roman en prose, où il déplore cyniquement de ne plus goûter les joies d'un amour pur, est toujours malsain et souvent insipide.

Abbé Louis BETHLEEM, *Romans à lire et romans à proscrire*, Cambrai, 1905.

• **A propos de *Fantasio* :**

C'est une rêverie, mais de la pire espèce ; une rêverie préparée, combinée, machinée, fardée et fatiguée.

Louis VEUILLOT, *Les Odeurs de Paris*.

MUSSOLINI (Benito)

• **Des copains observent les relations franco-italiennes :**

Je suis lié à Mussolini par la plus solide amitié personnelle et je sais qu'il ne souhaite pas la guerre. Mais si, un jour, certaines frontières étaient violées, je sais bien qu'il me dirait : « Mon vieux, que veux-tu que j'y fasse ? » et il mobiliserait ses troupes. Et moi, je ne pourrais que lui répondre : « Mon vieux, je te comprends très bien, mais tout de même, c'est bien em...bêtant ! »

Claude FARRÈRE, interview dans *La Dépêche de Brest et de l'Ouest*, 3-4 décembre 1934.

Pardon ! En Italie, c'est une dictature bienfaisante. J'y ai été dernièrement pour un congrès de théâtre. Mussolini est un très grand homme. Nous avons été reçus avec magnificence. Ainsi, un jour, on nous a servi un vin qui m'a plu beaucoup. J'ai exprimé mon plaisir. Quand je suis rentré à mon hôtel, j'en ai trouvé 24 bouteilles dans ma chambre. N'est-ce pas charmant ?

Maurice MAETERLINCK, *Les Nouvelles littéraires*, 16 février 1935.

MYSTÈRE

• **Lumineux :**

Nous admettons fermement que la liberté humaine agit avec une indépendance pleine et entière, et concourt néanmoins, à son insu, à établir cette sublime et consolante vérité que « Dieu nous mène » : merveilleux mystère que nous ne pouvons comprendre, et qui nous éblouit de ses clartés.

Amédée GABOURG, préface à *L'Histoire de Louis XIV*, Bibliothèque de la jeunesse chrétienne, 1861.

• **Un exemple plus moderne, mais tout aussi frappant :**

Comment un cargo de chez nous, sans machine, sans voile, sans gouvernail, put rentrer en France. [...] Le capitaine ne s'affola nullement. Il jeta l'ancre et se laissa dériver au gré des flots.

Gaston BÉNAC, *Paris-Soir*, 12 décembre 1939.

N

NADAL (Auguste)

• Réunit et publia une série de certificats sur lui-même :

PROTECTION DE LA CLASSE OUVRIÈRE

Certificat délivré par les plus anciens ouvriers des communes du Peyrat, de la Bastide-sur-l'Hers et de Villac-Aiguillanes (Ariège) :

Les soussignés déclarent que M. Auguste Nadal, fabricant de peignes, a été de tout temps le protecteur de la classe ouvrière et un second père.

En foi de quoi nous lui délivrons le présent certificat.

La Bastide-sur-l'Hers, le 20 avril 1866. Suivent les signatures.

DÉVOUEMENT

Je soussigné, Amédée Depouzier, maître d'hôtel, rue Vacon, à Marseille, certifie que M. Auguste Nadal, négociant, demeurant à Campredon, département de l'Ariège, s'est trouvé pendant deux circonstances différentes logé dans mon hôtel où j'ai eu trois voyageurs malades, dont deux atteints du choléra, et le troisième, capitaine au long cours, atteint de la fièvre jaune. M. Nadal a demandé à être introduit dans les chambres de ces Messieurs, leur a prodigué tous ses soins et ne les a quittés qu'après leur entière convalescence.

En foi de quoi je lui ai délivré le présent certificat pour leur servir et valoir en cas de besoin.

Marseille, le 5 août 1866.

Signé : Depouzier.

SECOURS PORTÉ A HUIT SOLDATS

Un jour passant devant les Messageries impériales sur la Canebière, lors de la rentrée des troupes d'Italie, sept militaires étaient là assis et allongés sur le trottoir attendant un de leurs camarades qui était allé chez M. l'intendant pour toucher quelques fonds. Celui-ci étant revenu en disant que le bureau était fermé, ces militaires se trouvaient absolument sans ressources. M. Nadal se fit accompagner par les huit hommes dans une auberge, leur fit servir à manger et paya.

En foi de quoi, nous lui délivrons le présent certificat.

Signé : P. Vidal et J. Catalin.

DÉVOUEMENT A L'HUMANITÉ

Je soussigné Ané, maire de la commune d'Aulnes, canton de Saint-Girons (Ariège) certifie que M. Auguste Nadal, négociant et maire de la commune de Villac et Aiguillanes, a fait plusieurs actes de dévouement et humanité pendant son court séjour à Aulus, où il se trouvait comme baigneur :

1. Un jeune homme âgé de 15 à 16 ans fut frappé d'un coup de pied de mulet sur le côté droit qui le renversa à terre, privé de sentiment. Grâce aux soins empressés que lui prodigua M. Nadal, en le frictionnant avec du vinaigre et de l'eau-de-vie camphrée, il fut bientôt rendu à la vie.

2. Le sieur Nadal, ayant vu par lui-même que ce garçon appartenait à une famille très pauvre, crut devoir faire une

quête qui lui donna un total d'environ cinquante francs.

3. Le lendemain, M. Nadal organisa une loterie au bénéfice des pauvres. Il se donna lui-même la peine du placement des billets et réalisa ainsi une somme de 54 f. 50 c. ce qui me fut immédiatement remise pour être distribuée à d'autres pauvres qui se trouvaient dans une grande nécessité.

En présence d'un pareil dévouement, j'ai cru de mon devoir d'offrir le présent certificat à mon honorable collègue, pour lui servir et valoir.

Aulus, le 5 septembre 1866.

Le maire, signé : Ané.

CERTIFICAT DE M. ADOUE

Je soussigné, Paul Adoue, percepteur à Puivert, certifie que M. Auguste Nadal, négociant à Campredon, commune de Villac-Aiguillanes, a été par son dévouement et son intelligence la cause que j'ai retrouvé un portefeuille contenant une somme de quatre mille cinquante-cinq francs, composée de billets de banque et d'or.

En foi de quoi je lui ai délivré le présent certificat.

Puivert, le 1er mai 1866.

Signé : Adoue.

Actes de dévouement et d'humanité accomplis par M. Auguste Nadal, honoré d'une médaille d'argent de 2e classe, Foix, 1869.

NAISSANCE

• Le droit :

La naissance entraîne d'ordinaire des avantages d'éducation et quelquefois une certaine supériorité de race.

Ernest RENAN, *La Réforme intellectuelle et morale de la France*, 1871.

• Et le fait :

On peut supprimer l'élément passif de la vie ; elle a son côté nécessaire et fatal. Comment, en effet, Rossini serait-il né chez les Lapons ? Comment Shakespeare serait-il né à Byzance ?

Philarète CHASLES, *Questions du temps*, 1868.

NAPOLÉON Ier

• Les incertitudes de sa généalogie :

Napoléon gardait, dans son cabinet, un buste de Jules César, parce qu'il assimilait son génie à celui du grand Romain. Sans le savoir, peut-être avait-il réellement hérité de lui ses qualités, toujours présentes dans les cellules germinales des descendants mâles et femelles de César, dispersés à travers le monde, à travers les siècles. Le père et la mère de Napoléon pouvaient être les détenteurs chacun de 24 chromosomes de César, lesquels, réunis après deux mille ans de migration, auraient formé un germe de 48 chromosomes géniaux pouvant donner naissance à César-Napoléon.

Dr Serge VORONOFF, *Du crétin au génie*, 1946.

J'ai connu Bonaparte, simple lieutenant d'artillerie à Valence, en Dauphiné. Il était fort modeste ; mais, après sa conquête d'Italie, il recula sa noblesse du quinzième au cinquième siècle ; il se donna pour premier aïeul connu Totila, roi des Ostrogoths, à Trévise.

Mémoires curieux, 1821.

Dans les premières années du douzième siècle, le comte Ugo, d'origine lombarde, et, selon toute probabilité, de la famille des comtes de Pistoïa, qui remontent au dixième siècle, épouse Berthe, fille du comte d'Orgnano, de la Marche de Trévise, où il vient s'établir lui-même. Les Orgnano étaient une branche des Collalto, aussi d'origine lombarde, souverains de Trévise au Moyen Age, et dont les descendants portent aujourd'hui encore le titre de princes du Saint Empire. Notons aussi que c'est de cette maison des Collalto que des généalogistes d'une grande autorité font descendre les Hohenzollern (colline élevée, *colle alto*), placés en ce moment sur le trône de Prusse. Du comte Ugo et de Berthe naquit Jean, surnommé Malaparte, qui, selon le chroniqueur Mauro, fut père de Jean Ier Bonaparte.

A. SILVY, *Des origines de la famille Bonaparte*, 1858.

Du XIIe au XVe siècle, des personnages d'une haute distinction issus de la famille Buonaparte, ont figuré dans plusieurs histoires d'Italie. Un arbre généalogique trouvé à Gênes dans les archives, et qui est sous nos yeux, fait remonter la branche corse de la famille Buonaparte à Emmanuel II, huitième empereur des Paléologues, né le 15 novembre 1348.

Amédée GABOURD, *Histoire de Napoléon Ier*, 1862.

Nabulione Buonaparte, physiquement et moralement, est un pur sémite.

Eugène GELLION-DANGLAR, *Les Sémites et le Sémitisme*, 1882.

Tedix de Cadolingi, comte de Pistoie, le premier ancêtre connu des Bonaparte, était père de Turinod, deuxième prince de Pistoie, qui vivait en 922. Au XIIe siècle un membre de cette famille, qui vivait d'abord fixée en Toscane, vint s'établir à San Miniato, près Florence, puis à Sarzana, près de La Spezia. C'est de là que cette branche projette un rameau en Corse, où François Bonaparte fonda la maison d'où sortit Napoléon.

Annuaire général héraldique universel, 1901.

Les aïeux de Bonaparte sont d'origine germanique. [...] Leur lignée, authentiquement établie, commence avec Conrad et sa femme Ermengarde, mentionnés pour la première fois en 923.

WENCKER WILDBERG, *Commentaires sur les Mémoires de Napoléon*, vers 1900.

Napoléon était grec... Bonaparte s'appelait Calomeros, dont Bonaparte est la traduction fidèle.

Princesse Lucien MURAT, *Les Errants de la gloire*, 1933.

• En réalité, il descendait de Louis XIII, par le Masque de fer :

La conversation a conduit aujourd'hui à traiter le Masque de fer. On a passé en revue ce qui avait été dit par Voltaire, Dutens, etc., et ce que l'on trouve dans les Mémoires de Richelieu. Ceux-ci le font, comme l'on sait, frère jumeau de Louis XIV, et son aîné. Or quelqu'un a ajouté que, travaillant à des cartes généalogiques, on était venu lui démontrer sérieusement que lui, Napoléon, était descendant linéal de ce Masque de fer, et par conséquent l'héritier légitime de Louis XIII et de Henri IV, de préférence à Louis XIV, et à tout ce qui en était sorti. [...]

On est passé alors à développer les bases et la marche de cette fable. Le gouverneur des îles Sainte-Marguerite, disait-on, auquel la garde du Masque de fer était alors confiée, se nommait M. de Bonpart, circonstance, au fait, déjà fort singulière. Celui-ci, assurait-on, ne demeura pas étranger aux destinées de son prisonnier. Il avait une fille, les jeunes gens se virent, ils s'aimèrent. Le gouverneur en donna connaissance à la cour ; on y décida qu'il n'y avait pas grand inconvénient à laisser cet infortuné chercher dans l'amour un adoucissement à ses malheurs ; et M. de Bonpart les maria.

Celui qui parlait en ce moment disait que, quand on lui raconta la chose, qui l'avait fort amusé, il lui était arrivé de dire qu'il la trouvait très ingénieuse, sur quoi le narrateur s'était fâché tout rouge, prétendant que ce mariage pouvait se vérifier aisément sur les registres d'une des paroisses de Marseille, qu'il cita, et qui en attestaient, disait-il, toutes les traces. Il ajoutait que les enfants qui naquirent de ce mariage furent clandestinement ou sans bruit écoulés vers la Corse, où la différence de langage, le hasard ou l'intention avaient transformé leur nom de Bonpart en Bonaparte et Buonaparte, ce qui, au fond, présente le même sens.

LAS CASES, *Mémorial de Sainte-Hélène*, 1822-1829.

• Il n'était pas de très bonne famille :

De quelle souche est sorti Buonaparte ? D'un bandit italien condamné à Livourne pour mauvaises affaires, et qui s'est sauvé, la nuit, du bagne où la police l'avait enfermé. Que connaît-on au sujet de sa mère ? C'était une gardeuse de chèvres.

Pamphlet de 1813, cité *in* Jean Tulard, *L'Anti-Napoléon*, 1965.

Nicolas Buonaparte, dit Napoléon, n'est pas d'une illustre origine : on peut consulter sur ce fait l'Almanach de la Corse pour les années 1789 et antérieures, et l'on verra ses parents y figurer comme huissiers.

Bonaparte démasqué, 1814.

Napoléon, semblable à beaucoup de héros de la fable et de l'histoire, ne passait pas communément pour être le fils de son père.

CASSÉ DE SAINT-PROSPER, *Oraison funèbre de Napoléon Bonaparte*, 1821.

La mère de Napoléon Ier et dernier empereur des Français avait tenu un mauvais lieu à Marseille et prostitué ses propres filles, la princesse Pauline, actuellement la princesse Borghèse, et la princesse Élise, aujourd'hui grande-duchesse de Toscane; la princesse Caroline, maintenant reine de Naples, qui n'avait alors que treize ans, remplissait auprès de ses sœurs l'honorable emploi de Mercure.

Lewis GOLDSMITH, *The Secret History of the Cabinet of Bonaparte*, 1810.

• **Saint Jean l'avait prédit :**
« Et elles avaient pour roi l'ange de l'abîme, appelé en hébreu Abaddon et en grec Apollyon, et en latin Exterminatus. »...

Quel est cet ange de l'abîme appelé Abaddon, Apollyon, Exterminateur ? Ne reconnaissez-vous pas Napoléon ? N'est-il pas ici désigné presque par son propre nom ?

WURTZ, *L'Apollyon de l'Apocalypse ou la Révolution française prédite par saint Jean*, 1816.

• **Son prénom annonçait son destin :**
Un tireur d'horoscopes a fait le calcul suivant sur le mot NAPOLÉON. Ce nom propre est composé de deux mots grecs qui signifient « Lion du désert ». Ce même mot, ingénieusement combiné, présente une phrase qui offre une singulière analogie avec le caractère de cet homme extraordinaire :

1 .... NAPOLÉON
6 .... APOLÉON
7 .... POLÉON
3 .... OLÉON
4 .... LÉON
5 .... ÉON
2 .... ON

En enlevant successivement la première lettre de ce mot et ensuite celle de chaque mot restant, on forme six mots grecs dont la traduction littérale, dans l'ordre des numéros désignés, est :

Napoléon, ôn oleôn leôn eon, apoleôn poleon, ce qui signifie : Napoléon, étant le lion des peuples, allait détruisant les cités.

DE ROQUEFORT, *Dictionnaire étymologique de la langue française*, Paris, 1829.

• **Mais s'appelait-il Napoléon ?**
Bonaparte ne s'est jamais appelé Napoléon. Son vrai nom était Nicolas. Mais cet homme voulait que tout ce qui touchait à sa personne fût extraordinaire.

Le Journal des débats, décembre 1814.

• **Sa naissance fut providentielle :**
Vierge sainte ! protectrice généreuse, ce n'était point, dirai-je, sans un conseil particulier de la divine Providence ; ou plutôt, non, ce ne fut pas sans un témoignage spécial de votre influence toute-puissante auprès de votre fils qu'à la première de vos solennités, le jour de l'Assomption, quinze août, devait être attachée la naissance du grand Napoléon. Vous avez demandé à Dieu grâce pour cet empire, et Dieu a voulu que votre glorieux sépulcre enfantât pour la France le héros destiné à la régénérer.

R.P. GUILLON, chanoine honoraire de Notre-Dame de Paris, discours pour la fête de l'Assomption de la Sainte Vierge et de la naissance de SM l'Empereur et Roi des Français, 1806.

Dieu, qui protège la France, cette nation élue entre toutes pour porter et glorifier la croix, avait permis qu'un formidable orage révolutionnaire ravageât notre pays. Le jour vint où sa miséricorde se reposa de nouveau sur nous, et alors elle suscita de l'Égypte l'homme qui devait terminer l'anarchie et relever les autels en ruine. Ce fut vraiment alors Cyrus, prédit par les prophètes et réservé pour mettre fin à la servitude du peuple de Dieu. Cette mission était celle de Napoléon.

Amédée GABOURG, *Histoire de Napoléon Ier*, 1862.

• **Tout jeune, il promettait beaucoup :**
M. de Buonaparte (Napoléon), né le 15 août 1769, taille de 4 pieds 10 pouces 10 lignes, a fait sa quatrième ; de bonne constitution, santé excellente, caractère soumis, honnête, reconnaissant, conduite très régulière ; s'est toujours distingué par son application aux mathématiques. Il sait très

passablement son histoire et sa géographie. Il est assez faible pour les exercices d'agrément et pour le latin, où il n'a fait que sa quatrième. Ce sera un excellent marin.

DE KÉRALIO, inspecteur des Écoles militaires, rapport de 1784.

• Et il a tenu ses promesses :

Qui n'a jamais fermé tant de plaies, séché tant de larmes, terminé tant de calamités et fait tant d'heureux ?

Mgr PANCEMONT, archevêque de Vannes, in *Le Moniteur*, 11 messidor an XII.

• Pourtant, il était diminué physiquement :

Que Napoléon Ier ait été un épileptique, il n'y a pas lieu de s'en étonner. Son père était un buveur et manquait de sens moral. Ses sœurs, surtout Pauline, étaient sans pudeur ; Pauline était hystérique. Lucien était avare, égoïste et sensuel. Luimême a la taille et les proportions d'un dégénéré.

César LOMBROSO, *Deutsche Revue*, janvier 1898.

• Et intellectuellement :

Napoléon Ier ou, si vous préférez, Bonaparte, est la combinaison, à parties égales, d'un soldat de génie, d'un aberrant et d'un disciple éperdu de Rousseau, c'est-à-dire d'un imbécile (*imbecillis*, faible d'esprit).

Léon DAUDET, *Le Stupide XIXe Siècle*, 1922.

• Comme une anecdote le démontre :

Dans l'une des séances du Conseil d'État, on s'occupait de la rédaction du code civil, titre *Du mariage*. On en était arrivé à la question de savoir comment une femme qui aurait abandonné le domicile conjugal pourrait être contrainte d'y rentrer. Le grave et savant Merlin était le premier à donner son avis.

— D'abord, dit-il, on la sommera.

— Comment ! reprit le premier consul, mais nous ne plaisantons pas, ici ! Nous discutons sérieusement !

— Je ne plaisante en aucune manière.

— Vous ne plaisantez pas ! Et quand on l'aura assommée, on sera bien avancé !

Comte RÉAL, *Souvenirs anecdotiques et politiques*, 1835.

• On a aussi contesté ses qualités de soldat :

Absurde en administration, criminel en politique, qu'avait-il donc pour séduire les Français, cet étranger ? Sa gloire militaire ? Eh bien, il en est dépouillé. [...]

C'est, en effet, un grand gagneur de batailles, mais hors de là le moindre général est plus habile que lui. [...] On a cru qu'il avait perfectionné l'art de la guerre et il est certain qu'il l'a fait rétrograder vers l'enfance de l'art.

François-René DE CHATEAUBRIAND, *De Bonaparte et des Bourbons*, 1814.

Si l'on juge Buonaparte par ses succès, c'est un grand homme. Si l'on dépouille de ses succès ce qui appartient à la fortune, c'est un aventurier heureux, dont toute la conduite militaire est désordonnée, excentrique, dont les combinaisons fausses et imprudentes auraient dû, dès ses premières entreprises, produire des résultats funestes.

Général DUMOURIEZ, pamphlet paru à Londres en 1807, cité *in* Jean Tulard, *L'Anti-Napoléon*, 1965.

L'habitude du commandement a dû nécessairement lui donner quelques connaissances dans l'art de la guerre, mais soit que l'occasion lui ait manqué par l'ignorance de ses adversaires, ou que par sa souplesse ordinaire il ait évité les expéditions difficiles, on peut sans partialité conclure qu'il n'a jamais fait preuve de grands talents.

CHS, officier d'état-major moscovite, *Essai sur le système militaire de Bonaparte*, 1810.

C'est encore à son défaut de talents militaires qu'il faut attribuer les défaites de ses généraux. Il leur donnait des plans de campagne absurdes et ils n'osaient s'en écarter.

Non seulement Buonaparte n'avait pas les qualités d'un bon général, mais il n'avait même pas celles d'un bon soldat.

Buonaparte démasqué, 1814.

Sa tactique n'avait rien de français : ce n'est point ainsi que gagnaient les batailles les Turenne et les Condé. Cette horrible tactique devait sortir armée de pied en cap de la tête du Jupiter corse ; elle eût suffi à elle seule pour rejeter l'Europe dans la barbarie des Huns et des Vandales.

THOMASSY, *De la sensation qu'a faite en France la mort de Buonaparte*, 1821.

• **On a mis en doute ses qualités d'administrateur :**

J'entends vanter l'administration de Bonaparte. C'est une erreur ; on doit dire l'administration sous Bonaparte. [...] Je vais plus loin, j'ajoute que tout ce qu'il y a eu de mal dans l'administration doit lui être attribué, et que tout ce qu'il y a eu de bien doit être attribué à l'administration.

HUBERT, *Napoléon était-il administrateur ?*, publié sans date.

• **On lui a prêté des partisans sataniques :**

Le lendemain du 20 mars, l'usurpateur se présente aux portes de la capitale. Ce fut alors que l'on entendit avec horreur, mêlé au cri de *Vive l'empereur*, un autre cri qui semblait ne devoir sortir que de la bouche des démons, le cri de *Vive l'enfer ! A bas le paradis !* Tel était l'aspect des partisans de Bonaparte. Tels étaient les témoignages de leur allégresse.

R. P. LORIQUET, *Histoire de France pour l'éducation des enfants*, 1833, à propos du retour de l'île d'Elbe.

• **Et on a mis l'enfer de son côté :**

On doit à l'Empereur l'amour, les impôts, le service militaire, sous peine de damnation éternelle.

Catéchisme à l'usage de toutes les Églises de l'Empire français, 1806.

• **Voici son signalement :**

De petite taille, replet et gros os, le visage rond dont tous les traits sont absolument dépourvus de justice, de sympathie et de pitié. Par contre, l'œil sombre, avide de sang, petit, noir et brillant ; nez bossué, lèvres ironiquement relevées, gros menton, cheveux noirs. Le teint du visage est pâle, brun-verdâtre. On peut également le reconnaître à son inquiète complexion ; car tour à tour, il est furieux, il est fou et il enrage, ou bien encore il est momentanément calme.

Mandat d'amener pris contre Niklas Bonaparte, dit aussi Napoléon, 1815.

• **Des détails sur sa vie privée :**

Il a deux goûts qui se trouvent rarement réunis dans le même homme : il est dissolu avec les femmes et il s'est montré adonné au vice dont on a faussement accusé Socrate. Son archi-chancelier Cambacérès le seconde merveilleusement dans ce penchant honteux. Je ne serais pas étonné que, pour imiter Néron en tout, il n'épousât un jour un de ses pages et un de ses mameluks.

Lewis GOLDSMITH, *The Secret History of the Cabinet of Bonaparte*, 1810.

Dans ses moments lucides, sans être de mauvaise humeur, et pour s'amuser, il pinçait Joséphine, au point que l'impression de ses doigts restait pendant plusieurs jours.

Les Crimes de Napoléon, 1814.

• **Une prophétie :**

Je remarquerai en passant que les Bonaparte, par leurs alliances nouvelles avec tous les rois de l'Europe, succéderont un jour à la couronne d'Angleterre. L'époque même en est marquée par des auteurs anglais.

Mémoires curieux, 1821.

• **On s'est interrogé sur sa religion :**

Les bords du Nil ont vu ce crocodile
Pour l'Alcoran renier l'Évangile.

Abbé DAVID, *Seconde Épître à M. l'abbé Sicard*, 1817.

• **Et même sur son existence :**

Napoléon Bonaparte, dont on a dit et écrit tant de choses, n'a pas même existé. Ce n'est qu'un personnage allégorique. C'est le soleil personnifié.

Jean-Baptiste PÉRÈS, *Comme quoi Napoléon n'a jamais existé au grand erratum, source d'un nombre infini d'errata à noter sous l'histoire du XIXe siècle*, 1827.

• **En tout cas, il est bien tombé :**

Né trente ans plus tôt ou plus tard, qu'était Napoléon ?

Urbain GOHIER, *Pour êtres sages*, 1914.

NAPOLÉON III

• **Comment il a sauvé l'Europe :**

Le socialisme est une plaie qu'il faut cautériser à tout prix. En France, la liberté n'est que le droit acquis aux pervers de détruire l'état social. Nous avons besoin de désapprendre la fausse liberté.

Louis-Napoléon a accompli courageusement et habilement le plus grand acte politique des temps modernes, il est important qu'il conserve le calme et la fermeté nécessaire au rôle de sauveur de l'Europe que l'histoire lui décernera.

La clémence et la pitié sont deux vertus des époques de calme et de paix, qu'il faut voiler. La société tout entière est en état de siège, elle a besoin de *réapprendre* le respect de la famille, des lois, de l'autorité ; la justice elle-même doit se raffermir. En un mot, Louis-Napoléon doit traverser son siècle comme un homme de bronze, inflexible et juste, sans pitié dangereuse, le glaive de la répression à la main. Le salut de la société est à ce prix.

Horace DE VIEL-CASTEL, *Mémoires*, 14 décembre 1852.

• Le fond de sa pensée :
Si le titre modeste de Président pouvait faciliter la mission qui m'a été confiée, ce n'est pas moi qui, par intérêt personnel, désirerais changer ce titre contre celui d'Empereur.

Louis-Napoléon BONAPARTE, *Discours à Lyon*, 19 septembre 1852.

• Les variations de Renan :
Pauvre sire... ridicule soupirant à l'Empire.

Ernest RENAN, *Correspondance*, 17 avril 1850.

Cet homme extraordinaire.

Ernest RENAN, *Lettre à la princesse Julie*, 10 février 1873.

• La profession de foi d'un opportuniste :
Personne en France n'est plus orléaniste que moi. Eh ! bien, je servirai très fidèlement notre nouvel empereur. Il n'est pas légitimé à mes yeux par les 8 millions de suffrages, mais bien par son énergie à détruire les socialistes.

Amiral JAURÈS, *Lettre à Charles Bocher*, 15 mars 1857.

• Un très beau portrait :
Cet homme est mal bâti et laid au physique. Très court de jambes, placé de travers et tortiulent comme dit Rabelais, la face ignoble, les parties doubles inégales entre elles et mal équilibrées, un œil plus haut que l'autre, le front sans majesté ni intelligence et l'œil mort. En le voyant pour la première fois en 1848, j'ai éprouvé le sentiment confus que j'avais devant moi un homme en qui la pudeur était morte, ou plutôt n'avait jamais existé, comme cette prostituée de Martial qui ne se souvenait pas d'avoir jamais été pucelle. Cette révélation confuse de l'instinct s'est traduite dans le pamphlet que j'écrivis en 1848, fin novembre, et où je le peins comme un monstre d'impudicité qui un jour ferait saisir la République par quatre bandits et la violerait entre leurs mains. [...] On affirme que Louis-Napoléon est tellement épuisé d'excès de femmes et de toute nature, qu'il est dans un état de relâchement perpétuel, son haut-de-chausse toujours infecté de m... et dans ses orgies érotiques la plus infâme ordure sert de parfum à ses voluptés.

P.-J. PROUDHON, *Carnets*, 1852.

• Une précision utile :
Le prince Louis-Napoléon fut, comme on sait, un songe-creux, enclin à la superstition, croyant à la transmutation des métaux, et se faisant exploiter par les alchimistes qui lui promettaient de l'or.

Gustave CLAUDIN, *Mes Souvenirs*, 1840-1871, 1884.

• Son destin :
On perçoit difficilement en quoi cette nouvelle malpropreté pourrait salir le parti des décembrailleurs, le parti de l'homme qui a commencé à Boulogne avec du lard dans son chapeau pour finir dans la plaine de Sedan avec un mouchoir blanc attaché au coin de sa voiture.

Le Bien public, 31 décembre 1877.

NAPOLÉON IV

• C'est pour bientôt :
Napoléon IV arrivera donc au pouvoir, mais par les voies légales et régulières. Dieu et Jeanne me l'ont positivement révélé aux pieds des saints autels et dans la ferveur de la prière.

Fortuné ROUSTAN, libraire-bouquiniste et marchand de papier, *Dieu, Jeanne Darc et Napoléon IV*, vision prophétique de l'avenir.

NARINE

• Un bienfaiteur des artistes lyriques :

Quant au soutien-narine, au sujet duquel je suis dès à présent en mesure de produire une quantité d'attestations élogieuses, il est, je le rappelle, destiné à vaincre les difficultés de respiration nasale : beaucoup de personnes lorsqu'elles respirent tant soit peu fortement par les narines, sentent celles-ci se fermer au lieu de s'ouvrir : c'est un véritable supplice surtout pour les artistes lyriques à qui cette infirmité ôte tous leurs moyens. A force de recherches, je suis parvenu à construire une sorte de spéculum nasal en fil d'argent ou d'or. On peut tordre ce petit bijou et lui donner toutes les formes que l'on désire afin de l'ajuster à toutes les narines quelque biscornues qu'elles soient et obtenir le maximum de dilatation. Il ne gêne pas, il ne bouge pas, aussi bien lorsque l'on éternue que lorsque l'on se mouche et il est absolument invisible même si l'on regarde à l'intérieur de la narine. Je suis tellement heureux d'avoir trouvé le remède à cette infirmité si pénible que j'offre à titre absolument gracieux ce petit appareil à tous artistes lyriques qui en auraient personnellement besoin.

Jacques DE FÉLICIS, *Genèse de ma méthode de chant*, 1919.

NATURALISME

• Une doctrine bête et méchante :

J'ai montré la niaiserie d'une formule littéraire empruntée à une phrase de Claude Bernard, et qui, étendue aux beaux-arts, produirait des ignominies. Doctrinalement, le naturalisme n'a jamais existé : ses hommes, sans exception, présentent unies l'ignorance de l'histoire littéraire à l'inconscience en matière d'abstrait. [...] Ce sont des sans-culottes, c'est-à-dire des incultivés réduits à leur propre tempérament.

Joseph PÉLADAN, réponse à Jules Huret, in *Enquête sur l'évolution littéraire*, 1891.

La vogue du naturalisme est le symptôme de la putréfaction latine.

R. P. Étienne CORNUT s. j., *Les Malfaiteurs littéraires*, 1892.

Nous avons eu, il y a vingt ans, une littérature qu'on pourra plus tard définir par l'inintelligence de ses auteurs, par l'étroitesse de leur esprit et par la bassesse des sentiments qu'ils ont prêtés à l'humanité. Cette littérature, c'est la littérature des écrivains naturalistes.

René DOUMIC, *Le Rôle social de l'écrivain*, 1896.

• Et pourtant :

La République sera naturaliste ou ne sera pas.

Émile ZOLA, *Le Roman expérimental*, 1880.

NATURALISTES

• Sans vergogne :

Rien n'est moins poétique que ces malheureux naturalistes, qui vivent au milieu des fleurs sans se douter qu'elles ont un parfum, un langage, une âme à leur manière ; qui vous disent effrontément qu'une fleur double est un monstre, et qui, sur un simple rapport d'étamines, de feuilles ou de racines, vous font sans rougir, de l'ail vulgaire, de l'oignon et autres, les frères du Lys royal et immaculé.

Marie MAUGERET, *La Science à travers champs*, 1875.

NATURE

• Résumé de l'évolution :

Ne perdons pas de vue le but de l'évolution dans la nature. La monade après s'être détachée de Nirguna plonge en Sagurna jusque dans la matière la plus grossière, où elle s'enterre vivante afin d'y subir un processus, qui n'est autre que celui de sa rénovation.

Dr AUVARD, *Passionnalité*, 1919.

NAZARETH

• Note d'un voyageur :

Il ne semble pas, au moins en apparence, que les mœurs soient à Nazareth plus perverties qu'ailleurs.

A. VIGNOLA, *Toutes les femmes*, 1874.

NÉANDERTHAL (Homme de)

• Sa psychologie :

Bordier, ayant étudié une belle série de crânes de criminels qui se trouvait à l'Exposition des sciences anthropologiques de 1878, a reconnu sur eux d'une manière presque constante des caractères néanderthaloïdes. Les arcades sourcilières étaient assez généralement très développées, tout au moins plus que d'habitude. C'était surtout la partie postérieure du crâne qui prenait chez ces criminels un développement considérable et plus ou moins néanderthaloïde. Ne pouvons-nous en conclure que l'homme de la race de Néanderthal devait être violent, colère et bataillard ?

G. et A. DE MORTILLET, *Préhistorique*, 1900.

NÈGRE

• Une expérience préliminaire :

Si on lance une pierre sur le crâne d'un nègre et qu'elle touche, c'est la pierre qui se casse.

G.-J. NATHAN et H.-L. MENCKEN, *The American Credo*, 1921.

• Description physique :

Un nez plat, dominant sur des lèvres énor-
[mes,
Des cheveux hérissés et des tailles diffor-
[mes,
Un teint noir, que l'Enfer donne à ses
[habitants,
Fait voir vers le midi des monstres révoltants.

Abbé Claude QUILLET, *La Callipédie, ou la Manière d'avoir de beaux enfants*, poème en vers latins, 1655, traduction de 1774.

[...] le profil hideux d'une tête de nègre.

Gaspard LAVATER, *L'Art de connaître les hommes par la physionomie*, édition de 1806, tome IV.

La face du nègre est fuyante ; ses mâchoires sont énormes, et montrent une certaine bestialité. Cela n'est pas dû à une moindre origine que le Blanc, qui a le front développé, tandis que ses mâchoires le sont beaucoup moins. Ces déformations sont dues uniquement à l'habitude de se servir plus ou moins de certains organes qui se développent ou s'atrophient.

La Nouvelle Terre, le message à l'humanité, 1927.

• État mental :

Quoique les nègres aient peu d'esprit, ils ne laissent pas d'avoir beaucoup de sentiment.

BUFFON, *Histoire de l'homme*, 1749-1767.

C'est un animal qui mange le plus possible et travaille le moins possible.

Benjamin FRANKLIN, cité *in* Gobineau, *Essai sur l'inégalité des races humaines*, 1853-55.

On a dit avec grande raison : « Les nègres sont de grands enfants qui auraient des passions d'hommes » ; mot profond, d'une grande exactitude, qui précise admirablement l'âme noire.

Capitaine MARCEAU, *Le Travailleur soudanais*, 1911.

• A sa place :

On ne saurait affirmer que les nègres soient radicalement inaptes à la civilisation puisqu'on peut apprendre à des singes à manger, à boire, à se reposer et à se vêtir comme des hommes. Mais, parmi toutes les espèces d'êtres humains découvertes jusqu'à ce jour, ils sont, semble-t-il, les plus incapables, vu la bassesse naturelle de leur esprit d'arriver (sauf intervention miraculeuse de la Divine Providence) à penser et à agir en hommes. Je ne pense pas qu'il serait déshonorant pour une femme hottentote d'avoir un orang-outang pour mari.

M. LONG, *Histoire de la Jamaïque*, 1774.

• Sa vie artistique :

Oui, encore, le nègre est la créature humaine la plus énergiquement saisie par l'émotion artistique, mais à cette condition indispensable que son intelligence en aura pénétré le sens et compris la portée. Que si vous lui montrez la Junon de Polyclète, il est douteux qu'il l'admire. Il ne sait ce que c'est que Junon, et cette représentation de marbre destinée à rendre certaines idées transcendantales du beau qui lui sont bien plus inconnues encore, le laissera aussi froid que l'exposition d'un problème d'algèbre. De même, qu'on lui traduise les vers de l'*Odyssée*, et notamment la rencontre d'Ulysse avec Nausicaa, le sublime de l'inspiration réfléchie : il dormira. Il faut chez tous les êtres, pour que la sympathie éclate, qu'au préalable l'intelligence ait compris, et là est le difficile avec le nègre, dont l'esprit est obtus, incapable de s'élever au-dessus du plus humble niveau, du moment qu'il faut réfléchir, apprendre, comparer, tirer des conséquences. La sensivité artistique de cet être, en elle-même puissante au-delà de toute expression, restera donc nécessairement bornée aux plus misérables emplois. Elle s'enflammera et elle se passionnera, mais pour quoi ? Pour des images ridicules ridiculement coloriées. Elle frémira d'admiration devant un tronc de bois hideux, plus émue d'ailleurs, plus possédée mille fois, par ce spectacle dégradant, que l'âme choisie de Périclès ne le fut jamais aux pieds de Jupiter olympien. C'est que le nègre peut relever sa pensée jusqu'à l'image ridicule, jusqu'au morceau de bois hideux, et qu'en face du vrai beau cette pensée est sourde, muette et aveugle de naissance.

Comte DE GOBINEAU, *Essai sur l'inégalité des races humaines*, 1853-55.

• **Larges extraits d'un ouvrage américain :** Le nègre du Texas a tous les instincts sauvages du Chéroki sans posséder une seule de ses vertus. Non rompu encore au joug de la civilisation, c'est à peine s'il comprend la signification du code moral, contrat social ou loi de famille. Pour lui, l'industrie domestique est une fiction, la famille une hyperbole. Moralement, il s'élève à peine au niveau du Kichapou, qui le dépasse de beaucoup en intelligence... Les annales du crime sont effrayantes au Texas ; mais la part la plus large et la plus sombre en appartient aux Noirs.

L'intelligence de l'Africain est des plus étroites.

On m'a affirmé qu'actuellement l'infanticide est aussi commun dans les marécages nègres que dans une rue chinoise ou une steppe tartare.

Voilà la véritable question nègre.

Ceux qui, pénétrés d'un zèle pieux, ont donné aux nègres la liberté, n'ont-ils, dans leur ignorance des lois de la nature, fait que décréter leur lente mais infaillible extermination ?

La nature a donné au Blanc plus d'intelligence et de force, plus de génie inventif, de courage et de persévérance qu'au nègre. [...]

Tout est relatif dans l'univers, et pendant vingt siècles, l'Europe a été la pépinière féconde de toutes les forces vitales. Elle alimente les autres continents de plantes et d'animaux aussi bien que d'hommes appartenant aux races les plus élevées. Un sapin apporté d'Europe en Amérique se multiplie de manière à former une forêt et tue tous les arbres indigènes qui se trouvent dans le voisinage. On importe un cheval et un taureau ; ils chassent le buffle et l'élan. Toujours les espèces inférieures font place aux espèces supérieures. Même avec le soutien temporaire des troupes fédérales, l'ascendant nègre s'évanouira devant la science blanche, comme une forêt de plantes disparaît devant un sapin anglais et un troupeau de fauves devant un cheval anglais. Le nègre est un microcosme de caprice et de fantaisie, de démence et de superstition.

Règle générale, le nègre travaille à la terre et s'en trouve satisfait.

Il n'a ni aspirations élevées, ni besoins stimulants. Domestique ou laboureur, voilà ses deux principales vocations.

Dans l'un et l'autre cas, son travail est équivalent à la cinquième partie de celui d'un Blanc. Sa nourriture, qui se compose de courges et de blé vert, ne lui coûtant presque rien, il vit facilement avec le produit de son ingrat métier.

Hepworth DIXON, *La Conquête blanche*, 1877.

• **Trois études de mœurs :** Provisoirement, c'est une brute, pas méchante, c'est vrai, douce même, mais pourrie de vices. Quand il a travaillé une semaine, il se repose la semaine suivante ; il ment pour le plaisir de mentir ; il ignore les lois de la dignité humaine. Il ne se marie pas, ou guère, il change de femme comme un animal. [...]

La salacité du nègre est sans limites. A certaines époques, il devient la proie sans défense de ses instincts. Et alors, la vue d'une femme blanche le rend complètement fou. Il sait qu'il sera lynché, pendu, brûlé une heure après ; cela lui est égal. Rien ne l'arrête. C'est le gorille déchaîné !

Jules HURET, *De New York à La Nouvelle-Orléans*, rapportant les déclarations du gouverneur de la Louisiane, 1904.

Les Noirs n'ont pas le caractère pacifique qu'on leur accorde généralement, excepté dans les États où ils sont en infime minorité ; sans éducation, ils vivent comme des bêtes et ont leurs instincts ; non seulement ils assassinent mais ils commettent sur les femmes blanches d'atroces attentats, sans épargner les fillettes. [...] Les nègres, dans les États où ils sont dix pour deux Blancs, sont abominables ; ils violent les petites filles, les femmes ; ils sont absolument sauvages, bien entendu *sur cette question-là seulement*... Le nègre du Sud a ordinairement les instincts d'un animal, comme d'ailleurs toutes les races incomplètement civilisées.

Raymond GROS et François BOURNAND, *L'Oncle Sam chez lui*, 1907.

Ces dix millions de nègres affranchis sur le sol de l'Union, forment un peuple amoral, fantasque, épris d'indolence et d'alcoolisme, dépourvu de persévérance, et tout à fait inattentif à la saleté venimeuse de ses taudis.

Paul ADAM, préface à W. Dawson, *Le Nègre aux États-Unis*, 1912.

• Le point de vue scientifique :
Le nègre est une monstruosité intellectuelle, en prenant ici le mot dans son acception scientifique. Pour le produire, la nature a employé les mêmes moyens que lorsqu'elle enfante ces monstruosités physiques dont nos cabinets offrent de nombreux exemples. [...] De là, ces fœtus sans tête ou sans membres, ces enfants qui réalisent la fable du cyclope. [...] Eh bien ! le nègre est un Blanc dont le corps acquiert la forme définie de l'espèce, mais dont l'intelligence tout entière s'arrête en chemin.

A. DE QUATREFAGES, « La Floride », *Revue des Deux Mondes*, mars 1843.

• L'avis de deux hommes politiques de premier plan :

On peut rarement trouver un Noir capable de suivre et comprendre les travaux d'Euclide.

Thomas JEFFERSON, *Notes on Virginia*, 1787.

L'égalité des nègres ! Sornette ! Combien de temps encore [verra-t-on] des fripons vendre et des imbéciles vanter un tel vulgaire morceau de démagogie.

Abraham LINCOLN, représentant de l'Illinois au Congrès, 1859.

• Et d'un grand philosophe :
Les nègres d'Afrique n'ont reçu de la nature que le goût des sornettes. M. Hume défie qui que ce soit de lui citer l'exemple d'un nègre qui ait montré des talents, et il affirme que, parmi les centaines de mille de Noirs transportés loin de leur pays, et dont un grand nombre cependant ont été mis en liberté, il ne s'en est jamais trouvé un seul pour produire quelque chose de grand dans les arts, dans les sciences ou dans quelque autre discipline, tandis qu'il n'est pas rare de voir des Blancs issus de la plèbe susciter l'admiration du monde par l'excellence de leurs dons. Ces deux races d'hommes paraissent aussi différentes de sensibilité que de couleur.

Emmanuel KANT, *Observations sur le sentiment du beau et du sublime*, 1764.

• Pourquoi l'incompréhension est définitive :

Le nègre n'a pas la même érection sexuelle que le Blanc. Il demeure une nuit entière là où le Blanc ne peut demeurer que des instants mesurés. Jamais, sauf dans certains cas qu'expliquent les difformités physiques, un Blanc n'a fait éprouver à une négresse le moindre spasme voluptueux.

Dans ces conditions, il est aisé de parler de conquête pacifique, mais de compréhension ? Point.

Charles REGISMANSET, *Questions coloniales*, Paris, 1912.

• La justice des hommes :
Deux hommes ont été condamnés à la prison pour trente jours et un nègre pour six mois.

Evening Sun, Baltimore, septembre 1925.

NÉGRILLON

• Sous le titre : La chasse au crocodile à Ceylan :
Les crocodiles sont innombrables à Ceylan, mais ils se laissent difficilement approcher, et le colon anglais est friand de cette chasse. Dans l'eau, l'animal, retors, ne se montre pas. C'est donc sur le rivage qu'il faut l'attirer. Le chasseur a relevé à terre la trace d'un colossal saurien ; pour le faire venir, on agira de ruse. Un indigène est là, précisément, qui vient offrir au sportsman de lui louer comme appât un de ses enfants. Marché conclu ! Le

négrillon est amené. On l'attache, vers le soir, à une sorte de pieu en bambou. Il a peur, il pleure. Le crocodile, affriandé par cette voix qui lui assure une proie facile, se hisse sans méfiance sur la berge. Le chasseur, caché dans un fourré, l'ajuste, le tue, ou le rate. Auquel cas, le pauvre petit risque fort de servir de souper au vorace animal. Ses parents, accoutumés à ces mœurs barbares, s'en consolent, une bonne prime aidant, en songeant qu'ils ont beaucoup d'enfants.

Le Journal des voyages, 1901.

NEIGE

• Du danger de la faire fondre :

Quelques mots sur un dernier scandale hygiénique dans la rue : à savoir, la fonte artificielle de la neige.

On sait qu'à Paris, tout au moins, où sans doute il serait trop coûteux de requérir des équipes de balayeurs suffisamment nombreuses pour débarrasser les rues de la neige, on fait fondre cette neige en la saupoudrant de sel marin ; ce qui permet de l'envoyer facilement à l'égout. Sans doute la fonte de la neige est assez bien obtenue de cette façon, mais on ne tient pas compte de l'abaissement considérable de température résultant de cette façon de procéder.

L'addition de sel marin à la neige réalise un excellent mélange réfrigérant, très employé d'ailleurs dans l'industrie ; et les malheureux piétons qui pataugent dans ce magma, luttent difficilement contre le froid aux pieds qui, on l'ignore trop, est une cause déterminante de nombre d'inflammations et d'infections abdominales et pulmonaires. Notamment, les chirurgiens lui font jouer un rôle prépondérant dans l'attaque d'appendicite.

Nous ne ferons que mentionner d'autres désagréments de la fonte artificielle de la neige, moins graves sans doute, mais tout de même indignes d'une société bien policée, telles que la détérioration des chaussures, et l'intoxication des arbres des promenades publiques.

Dr J. Héricourt, *L'Hygiène moderne*, 1907.

• Et son côté sombre :

Pas très loin de Q.Q.P. en France, sur un plateau à tous les vents exposé, se dressent, groupés autour de leur clocher, plusieurs petits villages sympathiques, qui forment avec les vallonnements boisés un site très pittoresque. Un seul point noir dans le tableau : la neige.

Le Petit Courrier, Angers, 4 février 1940.

• Difficile de savoir quand elle se produit :

Il pleuvait à torrents et le thermomètre était en dessous de zéro.

Le Journal, 13 octobre 1911.

NEURASTHÉNIQUE

• Un remède :

Les dames russes prétendent que le caviar réussit très bien aux neurasthéniques.

Comtesse de Gence, *Le Cabinet de toilette d'une honnête femme*, 1908.

NEUTRES

• Un cri d'indignation :

Des neutres, mon Dieu, dire qu'il y a encore des neutres !

Pierre Loti, *L'Horreur allemande*, 1918.

NEWTON

• Avait de qui tenir :

Newton dut descendre d'une famille kelte ou gauloise. Il en avait les principales croyances. Sa foi aux traditions religieuses, ses études des philosophes grecs le soutinrent dans son étude du monde. C'est un fait dont les témoignages sont restés.

Mémoire au Corps législatif aux fins de la suppression de l'Académie des sciences morales et politiques, 1866.

• N'a rien découvert :

Une découverte qui mérite assurément l'attention de tous les siècles, c'est la découverte de l'*attraction*, découverte, ou pour accuser vrai, rêverie connue depuis plusieurs siècles.

Jean Banières, *Examen et réfutation des Éléments de la philosophie de Newton par M. de Voltaire*, 1739.

• Un argument spécieux :

Newton, ce célèbre géomètre, est devenu redoutable. On ne pénètre qu'avec peine dans les secrets de la géométrie dont il a eu soin d'orner sa physique.

Quelques illustres modernes ont osé attaquer plusieurs de ses principes. Mais ces principes tiennent à une espèce de métaphysique toujours susceptible de détours et de faux-fuyants.

Journal des savants, octobre 1740.

NEW YORK

• Un prophète :

Carthage a jeté un éclat qui sera difficilement égalé par New York.

Comte DE GOBINEAU, *Essai sur l'inégalité des races humaines*, 1853-55.

NEY (Michel)

• Vu par un pamphlétaire anglais :

C'est un atroce brigand de premier ordre. [...] La Révolution le sauva, comme tant d'autres, des galères et de la potence.

Lewis GOLDSMITH, *The Secret History of the Cabinet of Bonaparte*, 1810.

NEZ

• A quoi il sert :

Mais quel spectacle digne d'admiration trouverons-nous en la fabrique du nez ? N'est-ce pas un petit mur élevé pour la défense des yeux ? Et, combien qu'il soit petit, l'homme lui a établi trois offices : l'un de pousser et retirer son vent et haleine ; l'autre, d'odorer et de sentir ; le troisième, afin que par les trous et cavernes d'icelui, les superfluités du cerveau fussent purgées et évacuées et découlassent comme d'un canal ou gouttière.

Pierre BOAISTUAN, *Bref Discours sur l'excellence et la dignité de l'homme*, 1558.

Je crois avoir dit ailleurs que je regarde cette partie comme la *retombée* du cerveau. Ceux qui connaissent un peu la théorie de l'architecture gothique saisiront aisément ma comparaison.

Gaspard LAVATER, *L'Art de connaître les hommes par la physionomie*, édition de 1806, Tome II.

Le nez peut sembler implanté simplement au milieu de la figure pour en faire le plus bel ornement ou le déparer, selon qu'il est beau ou laid ; ceci serait une erreur profonde, car le nez a de multiples raisons d'être : quand ce ne serait que pour servir à se moucher.

Comtesse DE TRAMAR, *Le Bréviaire de la femme*, 1903.

• Les grands nez :

Un grand nez est toujours une preuve de sagesse, et celui d'Homère, qui avait sept pouces, en est une preuve.

Nugae Venales, auteur anonyme, 1663.

Balzac, posant devant le grand statuaire David (d'Angers), lui disait, avec cette infatuation phénoménale qui lui était propre, avec cette ivresse du *Moi*, qui dans sa bouche avait plusieurs syllabes : « Surtout, étudie mon nez ; mon nez, c'est tout un monde ! » Étonnante illusion ! Son nez était fort laid, plus que vulgaire, carré du bout, un peu renflé du milieu et partagé en deux lobes soufflés et bossués, un vrai nez de fantoche et de grotesque.

Pierre LAROUSSE, *Grand Dictionnaire universel du XIXe siècle*, (article Balzac), 1874.

• Les soins qu'il requiert :

Le nez et les oreilles sont les parties les plus intelligentes de la tête humaine. Il faut que les autres soient assez attachantes pour faire oublier l'ingratitude de l'appendice nasal. La Française a peu le souci de son nez. [...]

Une femme élégante doit surtout se préoccuper de rectifier la position de son nez lorsqu'elle est défectueuse, et de ne pas la rendre défectueuse quand elle est normale.

Or, on peut déranger la position du nez et l'incliner à droite ou à gauche selon que l'on a l'habitude de se moucher d'un côté plutôt que de l'autre. Si donc votre nez penche à gauche, habituez-vous à vous moucher à droite et réciproquement.

Comtesse DE GENCE, *Le Cabinet de toilette d'une honnête femme*, 1908.

NIETZSCHE (Frédéric)

• Les deux griefs principaux :

Quelle autorité reconnaître à ce loufetingue allemand assez germanophage pour lire Schopenhauer avec plus de plaisir dans la traduction Burdeau que dans le texte original, assez wagnerophobe pour exalter *Carmen* aux dépens du *Ring*. [...] Si Mme Foerster l'avait prolongé de quelques mois encore, jusqu'à quelles bamboulas d'Ouolofs, Nietzsche aurait-il dégringolé !

Henry GAUTHIER-VILLARS (WILLY), réponse à Jules Huret, in *Enquête sur l'influence allemande*, 1903.

Qui dira le nombre des imbéciles que Nietzsche avait conquis chez nous à son fuligineux fatras ? L'engouement dont il fut l'objet est le plus extraordinaire phénomène de niaiserie qui se soit jamais vu. O misère ! Ce bateleur d'apparence philosophique a fait des prosélytes. Oui, nous avons eu nos nietzschéens et même nos nietzschéennes ! Je voudrais que les malheureux ou les malheureuses fussent condamnés pour leurs péchés à lire l'étude vengeresse que M. Louis Bertrand vient de consacrer à cet olibrius dans la *Revue des Deux Mondes.* Ils y apprendraient ce qu'ils ne purent discerner tout seuls, à savoir que Nietzsche fut l'annonciateur et le précurseur des plus sinistres héros de la guerre allemande. [...]

La doctrine de Nietzsche pourrait se résumer ainsi : il faut avant tout que l'homme soit fort et, pour être fort, il faut qu'il soit méchant.

Jules DELAFOSSE, député du Calvados, *L'Écho de Paris*, 4 janvier 1915.

• Un nom illisible :
Nietzsche. Ce que j'en pense ? C'est qu'il y a bien des lettres inutiles dans son nom.

Jules RENARD, *Journal*, 7 juillet 1906.

• Une œuvre illisible :
J'ai essayé plusieurs fois de le lire et le livre m'est toujours tombé des mains, parce que cela me choquait, non seulement dans mes idées chrétiennes, mais dans mes idées que j'appellerai philosophiques. J'ai toujours eu le dégoût des fous et des passionnés, des excités. Alors ce bonhomme qui, certainement, n'était pas en possession de ses idées ou de son jugement, me remplissait de dégoût. J'ai toujours laissé tomber ce livre, il était illisible pour moi.

Paul CLAUDEL, *Mémoires improvisés*, 1954.

NOAILLES (Anna de)

• Pourquoi sa poésie ne vaut rien :
On m'a parlé de Mme de Noailles. Ce que j'en ai lu, eh bien ! vraiment, c'est rien du tout. D'ailleurs, il y a une loi pour moi : tout livre où il n'est pas parlé du pauvre, où on ne tient pas compte du pauvre, est un livre à cracher dessus.

Léon BLOY, *Journal*, 2 janvier 1906.

NOBLESSE

• Un ennemi déclaré :
Il existe encore à notre époque des individus assez puérils pour se réclamer d'ancêtres incertains, qui puaient des pieds et exhalaient un parfum de cuir surchauffé, aux environs de l'an mille.

La Guerre sociale, 9 janvier 1907.

NŒUD

• Une expression toute faite :
Jamais les larmes de mon amie n'arroseront le nœud qui doit nous unir.

Jean-Jacques ROUSSEAU, *La Nouvelle Héloïse*, 1761.

L'honnête homme jamais ne peut trouver [de charmes
A des nœuds qu'une femme arrose de ses lar- [mes.

Charles-Georges RENOUILLOT DE FALBAIRE, *L'Honnête Criminel*, 1767.

• Ici, c'est ficelle :
Cette fois Mrs. Simpson est bel et bien divorcée. Il y a donc chance pour que l'idylle se dénoue par des nœuds définitifs.

Le Front, 25 mars 1937.

NOIR

• C'est ainsi :
Un cheval est *noir* lorsqu'il a tous les poils et tous les crins noirs.

Manuel du gradé d'artillerie lourde, édition de 1937.

NOMBRIL

• Une séquelle de la fameuse querelle :
Les premiers hommes naissent adultes, les premières femmes nubiles. Les peintres qui représentent Adam et Ève avec des corps tout à fait semblables aux nôtres et ornés de la cavités ombilicale font un anachronisme et une faute d'orthographe.

Alphonse TOUSSENEL, *L'Esprit des bêtes, zoologie passionnelle*, 1847.

NOMS PROPRES

• Une confusion à éviter :
Deux candidats du même nom se portant, l'un sur la liste réactionnaire, l'autre sur la liste républicaine, nous invitons instamment les électeurs à orthographier très exactement le nom de notre ami COQU et

de le faire suivre de sa profession : voyageur de commerce.

Le Républicain de l'Oise, 5 mai 1912.

NORD

• Comment le trouver :

Je suis un arbre, j'ai de la mousse sur le ventre, où est le nord ?

Question posée, au cours d'un exercice, par un capitaine instructeur à ses recrues, cité *in* Charles Chassé, *Styles et Physiologie*, 1928.

NORVÈGE

• Une Française en voyage :

La question gastronomique est d'une assez affligeante simplicité en Norvège ; on y mange aussi peu et aussi mal que possible ; passé Christiana, on ne trouve nulle part ni pain ni vin, ces deux bases de tout repas français.

Léonie D'AUNET, *Voyage d'une femme au Spitzberg*, 1875.

NOTRE-DAME DE PARIS

• Les déprédations de la cathédrale pendant la révolution de 1789 :

Le Conseil, considérant qu'il est de son devoir de faire disparaître tous les monuments qui alimenteraient les préjugés religieux et ceux qui rappellent la mémoire exécrable des rois, arrête que, dans les huit jours, les gothiques simulacres des rois de France, qui sont placés en haut du portail de l'Église Notre-Dame, seront renversés et détruits.

Arrêté de la Commune de Paris, 2 Brumaire an II.

Nous avons renversé ces usurpateurs. Ils gisent étendus sur la terre qu'ils ont souillée de leurs crimes, objets de la risée du peuple. Que les débris tronqués de leurs statues forment un monument durable à la gloire du peuple !

Louis DAVID, *Au comité d'Instruction publique*, 7 novembre 1793.

NOUVELLE REVUE FRANÇAISE (NRF)

• C'est les bains-douches :

Mallet n'était pas arrivé quand je suis arrivé à la NRF pour le voir. Resté une heure et quart à l'attendre dans le vestibule du rez-de-chaussée. Quelle collection d'individus j'ai vu passer : Américains, juifs, fantoches de Saint-Germain-des-Prés, débraillés au possible, sans chapeaux, sans vestons, sans cols, tels qu'ils doivent être à leur lever. Cela me donne plus que jamais une antipathie pour ce milieu NRF, antipathie qui déborde quand il m'est arrivé d'aller à un cocktail l'année dernière, pour n'y jamais retourner. Et toutes les péronnelles employées ! Quel changement avec la NRF d'avant la guerre ! Un hammam bien plutôt qu'une maison d'édition.

Paul LÉAUTAUD, *Journal littéraire*, 21 mai 1951.

NOVATEURS

• Une réputation imméritée :

En quoi Henri Matisse, Vlaminck, Dufy, Van Dongen, Lhote, Friesz, Picasso, Utrillo, Rouault, Derain, Mme Laurencin, méritent-ils le nom de novateurs ? Quelle formule nouvelle ont-ils apportée ? Je l'ai vainement cherchée dans les centaines d'œuvres que j'ai vues de ces peintres, qui se répètent beaucoup.

Camille MAUCLAIR, *Les Métèques contre l'art français*, 1930.

NOYAUX

• Mieux que l'eau :

Les noyaux de cerise, enfermés dans un sac de toile et chauffés au four, peuvent, en hiver, remplacer très avantageusement les boules d'eau chaude, soit pour les malades, soit pour les personnes frileuses.

La Mode pratique, 1er juin 1895.

NU

• Un peu de casuistique :

Un homme et une femme qui se mettent tout nus pour s'embrasser font une chose indifférente et non un péché véritable.

Vincent FILLIUCIUS, jésuite italien, *Questions morales*, 1433.

• Un peu d'esthétique :

Dès lors le nu devient l'une des conditions fondamentales de la beauté sculptée. Dans un corps sans voile, tout parle, tout signifie, tout est éloquent, excepté certains détails que l'artiste néglige ou dissimule.

Charles LÉVÊQUE, *La Science du beau*, 1862.

NUDISME

• Les réserves d'un colonel :

Paris, le 2 mars 1931

Monsieur le Directeur (du *Mercure de France*)

Voulez-vous permettre à un fidèle lecteur du *Mercure* de vous adresser une simple réflexion à propos des études sur le nudisme que vous avez publiées ?

J'ai appartenu très longtemps à l'armée d'Afrique : zouaves, tirailleurs, dont les uniformes, et particulièrement les larges culottes, étaient et sont encore légendaires.

A cette époque, la médisance prêtait aux femmes d'Algérie le propos suivant : « C'est agaçant ! avec ces pantalons, impossible de savoir ce qu'ils pensent ! »

Or, ne croyez-vous pas que, quelle que soit la chasteté des nudistes, ils doivent bien tout de même... *penser* de temps en temps ? Alors, il arrivera fatalement que le hasard des rencontres réunira quelques jolies femmes et quelques jeunes hommes. Et si ces derniers se mettent à... *penser* tous en même temps, ce sera un bien curieux spectacle !

Veuillez agréer, etc.

Colonel D'ARTIGNY.

Lettre de lecteur, publiée dans le *Mercure de France*, avril 1931.

NUIT

• Un bon sujet d'étude :

Le docteur Robert M. Wood, professeur de physique expérimentale, a étudié, pendant les vingt dernières années, avec un succès marqué, la nature fondamentale de la nuit.

The Evening Sun Paper, Maryland, janvier 1926.

NYMPHOMANIE

• Cela se soigne :

Traitement, donner le « Sédatif Tiber » comme calmant, faire des lotions. Prendre des bains de siège froids, contracter le mariage.

Dr A. NARODETZKI, *La Médecine végétale*, 1910.

O

OBÉSITÉ

• Elle incline à l'intelligence :

Le juge d'instruction ne manquait pas de finesse. Cela n'est point rare chez les gens très gras, le tissu adipeux étant le plus fin de tous les tissus de l'économie animale, d'après l'opinion des physiologistes.

A. MATTHEY, *Le Billet de mille*, 1888.

OBJECTEURS DE CONSCIENCE

• La classification belge :

Il y aura trois catégories d'objecteurs de conscience (12, 18 et 24 mois).

Le Peuple, Bruxelles, 21 juin 1975.

• Il faut les traiter à la douzaine :

Le remède à l'objection de conscience : en temps de paix, douze coups de pied dans le derrière ; en temps de guerre, douze balles dans la peau.

Jean FERRANDI, séance du conseil municipal de Paris du 15 décembre 1933, cité in *Les Primaires*, janvier 1934.

OBSERVATIONS

• Dommage :

J'avais recueilli près de 2 000 observations portant sur les deux cas si différents d'exiguïté ou de grosseur de l'organe génital, avec mesures et croquis. Malheureusement j'ai perdu les carnets de ces observations dans une caisse de livres qui m'a été volée dans un déménagement.

Dr JACOBUS X, *De l'amour*, 1901.

OBSERVER

• Des explications bien utiles :

Comment observer à petite distance de l'ennemi :

S'il n'est pas possible d'observer longuement : jeter un rapide coup d'œil.

1er mouvement : passer brusquement la tête hors de l'abri.

2e mouvement : observer pendant deux secondes au plus.

3e mouvement : rentrer aussitôt la tête derrière l'abri.

Pour que l'observation soit fructueuse :

1. Diriger le regard droit vers le point voulu : faute de quoi, on écarquille les yeux au hasard et l'on ne verra que brume.

2. Photographier du regard le point à observer et graver les détails du terrain dans sa mémoire.

Général A. LAFFARGUE et capitaine F. LAFFARGUE, *Les Leçons du fantassin*, Paris, 1952.

OCTOGÉNAIRE

• Ils ne sont pas tous entiers :

Disparition d'un demi-octogénaire. Depuis le 25 juin dernier, à cinq heures et demie du matin, M. Joseph Poncelet, 42 ans, chiffonnier à Loivre, est disparu de son domicile.

Courrier de la Champagne, 1er juillet 1911.

ODEUR

• Celle des Anglais :

Les excréments des animaux ne sentent en général pas très mauvais, ne sont pas répugnants. L'odeur d'écurie n'est même pas désagréable ; l'odeur d'étable à vache sent le musc et n'est pas malsaine. Ceux des chats, par contre, produisent un insurmontable dégoût : aussi leur instinct les pousse-t-il à enterrer, à dissimuler autant que possible leurs déjections.

C'est un phénomène du même genre que l'on observe chez le Juif et l'Anglais.

Louis MARTIN, *L'Anglais est-il un Juif?*, 1895.

• Celle des Allemands :

Le coefficient urotoxique est chez les Allemands au moins d'un quart plus élevé que chez les Français. Cela veut dire que, s'il faut 45 centimètres cubes d'urine française pour tuer un kilogramme de cobaye, il ne faudra que 30 centimètres cubes d'urine allemande, plus toxique, pour obtenir le même résultat... La principale particularité organique de l'Allemand actuel c'est qu'il est impuissant à éliminer par sa fonction rénale surmenée tous les éléments uriques ; il doit donc y ajouter la sudation plantaire : cette conception peut s'exprimer en disant que l'Allemand urine par les pieds.

Dr BÉRILLON, *Comment pourrait-on, un jour, s'entendre avec un peuple qui sent mauvais?* Conférence à la Société de médecine, 23 avril 1915.

Les Allemands dégagent une odeur fétide, ce n'est pas douteux ; il suffit d'avoir été dans l'obligation d'héberger l'un deux pour être à tout jamais fixé là-dessus. Quant à la nature de cette senteur spéciale, on s'accorde moins. Beaucoup la comparent à celle de la graisse rancie ; d'autres assurent qu'elle ressemble aux émanations d'une ménagerie foraine ; certains lui découvrent une similitude avec l'odeur fade d'un clapier à lapins, ou de la bière aigre, ou du lait tourné, ou d'un poulailler mal tenu, ou d'un vieux baril de salaisons. [...] Pour certains nerveux, doués d'une perception olfactive très délicate, elle peut être pernicieuse, parfois mortelle. Aucun système de désinfection ne parvient à la neutraliser. [...] Plusieurs aviateurs affirment que, lorsqu'ils arrivent au-dessus d'une agglomération allemande, ils en sont avertis par une odeur dont leurs narines sont affectées, même s'ils survolent à une très grande hauteur.

G. LENOTRE, *Prussiens d'hier et de toujours*, 1915.

ŒIL

• A le bras long :

L'œil est en réalité la main qui permet au néant intelligent qui se traîne à la surface de la terre, de fraterniser avec les Soleils situés dans les profondeurs des cieux.

W. DE FONVIELLE, *Les Merveilles du monde invisible*, 1874.

ŒUF

• Un problème qui a fait beaucoup penser :

Il n'est pas possible de découvrir qui, du poulet ou de l'œuf, a été créé le premier, puisqu'un œuf ne peut pas être produit sans poule, ni une poule sans œuf.

CENSORINUS (IIIe siècle), *De die natali*, traduction Maugeard, 1843.

Lequel est le plus conforme au bon sens, au sens commun, de dire qu'il n'y a eu, par exemple, ni premier œuf ni première poule, par conséquent ni second œuf ni seconde poule, ni troisième œuf ni troisième poule, etc. ; ou bien qu'il y a un premier œuf ou une première poule, créés par une cause première ?

R. P. LORIQUET, *Mes doutes*, 1838.

• Tout dépend de qui l'a pondu :

Avez-vous observé l'éclosion d'un poussin dans une couveuse artificielle ? Il n'est pas de spectacle plus curieux. Si vous aviez cassé l'œuf il y a trois semaines, vous y auriez trouvé, comme dans tous les œufs, du blanc et du jaune, substances amorphes dans lesquelles vous n'auriez pu déceler la présence d'aucun organe, d'aucun caractère complexe de structure. Et voilà qu'aujourd'hui sort de la coque de cet œuf un jeune poussin, alerte et éveillé, doué non seulement d'une anatomie étonnamment embrouillée, mais encore, ce qui est bien plus frappant, d'une coordination merveilleuse. [...]

Et cependant, cette métamorphose admirable, vous pouvez la reproduire aussi souvent que vous voudrez ; si vous choisissez bien les œufs de poule fécondés et pondus dans de bonnes conditions, vous serez assurés de n'avoir aucun échec ; chaque œuf vous donnera au bout de trois semaines un poussin bien constitué, vivant et ne demandant qu'à continuer à vivre. Donc, de même que pour une expérience physique ou chimique très simple et dont vous connaissez les conditions, *vous pouvez prévoir*, sans erreur possible, ce qui résultera du fait d'avoir placé un œuf de poule dans une couveuse artificielle. Vous pouvez donc affirmer que, dans les conditions de la couveuse (température, aération), *l'œuf détermine le poussin, le poussin est déterminé dans l'œuf.*

Si, au lieu d'un œuf de poule, vous aviez pris un œuf de cane, vous n'auriez pas constaté de grandes différences dans sa structure initiale et cependant, placé dans la couveuse, cet œuf eût donné un caneton et non un poussin. Le caneton diffère du poussin par un très grand nombre de caractères importants, et l'on peut s'étonner que des êtres si peu semblables proviennent, dans des conditions identiques, de deux œufs si analogues ; mais le caneton est par lui-même aussi curieux que le poussin, il est aussi compliqué et aussi merveilleusement coordonné.

L'œuf de cane détermine le caneton comme l'œuf de poule détermine le poussin ; les différences qui séparent le caneton du poussin tiennent donc uniquement aux différences si peu apparentes qui existent entre l'œuf de cane et l'œuf de poule. Que de sujets d'étonnement dans l'étude de ces faits de connaissance courante !

F. LE DANTEC, *Revue encyclopédique*, 1899.

• Une expérience instructive :

Sait-on quelle est la résistance d'une coquille d'œuf ? Je crois que la question embarrasserait bien des gens, comme elle m'eût embarrassé moi-même. Heureusement, M. Guy a fait des essais qui vont nous renseigner immédiatement. Dans ses expériences, l'œuf était vidé par un trou, au moyen du procédé bien connu, et soumis à une série de pressions. Quelques essais comparatifs permirent tout d'abord de s'assurer qu'un œuf ainsi vidé présente sensiblement la même résistance à l'écrasement qu'un œuf plein. Par suite, le petit trou n'a pas d'influence sur le résultat.

Léon PERVINQUIÈRE, *La Revue hebdomadaire*, 1903.

ŒUVRE

• Ce sera long :

L'œuvre mettra des années à trouver ses lecteurs.

Marcel BARRIÈRE, préface à son roman, *Le Nouveau Don Juan*, 1900.

OFFENBACH (Jacques)

• Fugace :

Il n'a rien écrit qui vivra, rien qui ait rendu le monde meilleur. Son nom comme sa musique seront vite oubliés.

Chicago Tribune, 7 octobre 1880.

OFFENSIVE

• Le secret de la victoire :

A la guerre, un puissant esprit d'offensive est indispensable du premier au dernier des exécutants. [...] A quelque degré qu'on la pratique, la défensive se révèle sans issue.

Le plan XVII, in *La Revue de Paris*, 15 février 1920.

OIES

• Un volatile rusé :

Quand les oies veulent passer de la Cilicie par-dessus le mont de Taurus, qui est plein d'aigles, elles prennent en leur bec une grosse pierre, pour s'empêcher de crier, afin qu'en passant pendant la nuit elles ne soient vues ni entendues des aigles.

PLUTARQUE (vers 70-120), cité *in* abbé Bordelon, *Diversités curieuses*, VIII, 1720.

• Et de bon rapport :

Nous convenons sans peine qu'il est plus avantageux d'élever des oies que des cygnes.

Mme MILLET-ROBINET, *Maison rustique des dames*, 1859.

OISEAUX

• Une belle légende les fait naître du bois :

Ainsi le vieil fragment d'une barque se
[change
En des canards volants, ô changement
[étrange !
Même corps fut jadis arbre vert, puis vais-
[seau,

Naguère champignon, et maintenant oiseau.

Guillaume DU BARTAS, *La Semaine*, sixième jour, 1578.

Si vous jetez dans la mer un morceau de bois, vous y verrez bientôt apparaître des vers. Peu à peu, ces vers montrent une tête, des pieds, des ailes, des plumes ; ils acquièrent enfin la taille d'une oie et se mettent à voler.

H. BOETHIUS (Hector Boeis), *Scotiae descriptio*, édition de 1627.

J'ai vu une grosse et longue pièce de bois qui avait longtemps demeuré au fond de la mer, et qui depuis fut poussée à bord par la tourmente, en laquelle paraissaient plusieurs petites figures, comme vrais embryons, représentant des oiseaux si bien formés que vous eussiez dit qu'ils étaient enfermés dans la matrice de leur mère. Et y en avait aucuns si bien façonnés qu'il ne leur manquait que de sortir et de s'envoler.

Jean DE RENDU, *Œuvres pharmaceutiques*, traduites en français par Louis de Serres, 1637.

• **Ce que raconte un voyageur :**
Du côté de Goa, en Afrique, il se trouve un oiseau gros comme une linotte qui ne quitte jamais la mer. Lorsque la femelle veut pondre ses œufs, elle monte fort haut, jusqu'à ce qu'on ne la puisse voir, et pond ainsi ses œufs, un à chaque fois qu'elle monte, puis cet œuf vient en bas ballottant par l'air qui est fort chaud en ce pays-là, et avant qu'il soit tombé en la mer, il est éclos, ensuite la mer le nourrit.

Jean MOCQUET, *Voyages en Afrique, Asie, Indes orientales et occidentales*, 1617.

• **Pourquoi les canards n'ont pas peur de l'eau :**

Je suis très étonné de ce que ces oiseaux (palmipèdes) sont sûrs qu'ils ne risquent rien en se jetant à l'eau, au lieu que les autres, à qui Dieu n'a pas donné des plumes ni des pieds semblables, n'ont jamais la témérité de s'y exposer. Qui a dit aux premiers qu'ils ne courent aucun danger ? Et qui retient les autres, afin qu'ils n'imitent pas leur exemple ?

On fait quelquefois couver des œufs de cane à une poule, qui est ensuite trompée par son affection, et qui prend pour sa famille naturelle des enfants étrangers, qui courent à l'eau au sortir de la coque, sans que leur prétendue mère puisse les en empêcher par ses avis. Elle demeure sur le bord très étonnée de leur témérité, et plus encore de ce qu'elle leur réussit. Elle se sent violemment tentée de les suivre, elle en témoigne sa vive impatience : mais rien n'est capable de la porter à une indiscrétion que Dieu lui a défendue.

M. ROLLIN, *Traité des études*, 1740.

• **Place des oiseaux dans la nature :**
Les oiseaux servent à réjouir l'homme par leurs chants.

BERNARDIN DE SAINT-PIERRE, *Harmonies de la nature*, 1796.

• **Un précédent :**
Il est des oiseaux chastes qui se reproduisent sans s'unir : de là la virginité de Marie.

Saint BASILE, cité *in* F.-R. de Chateaubriand, *Études ou discours historiques*, 1831.

• **Le racisme en ornithologie :**
D'une manière générale, la race nordique seule peut émettre des sons d'une pureté sans mélange, tandis que parmi les individus et les races non nordiques la prononciation est trouble, chaque son est confondu avec les sons voisins et ressemble aux bruits produits par les animaux : aboiements, ronflements, reniflements, piaulements.

Le fait que les oiseaux apprennent plus facilement à parler que les autres animaux, s'explique par ceci que la structure de leur appareil buccal est d'allure nordique, c'est-à-dire haute et étroite, avec un appendice lingual bref. La forme des gencives nordiques donne à la langue un jeu supérieur.

Hermann GAUCH, *Neue Grundlagen der Rassenforschung*, 1934.

OPPOSITION

• **Le pays qui a éliminé toutes les oppositions :**

La victoire du socialisme en URSS a eu pour conséquence la suppression de l'opposition entre la ville et la campagne.

M. ROSENTHAL et P. IOUDINE, *Petit Dictionnaire philosophique*, Moscou, 1955.

L'opposition entre le travail intellectuel et le travail manuel a déjà disparu en Union soviétique.

Georges COGNIOT, *Petit Guide sincère de l'Union soviétique*, 1954.

OR

• Des mécanismes financiers complexes :
L'or a perdu sa puissance d'achat ; par conséquent il faut, en 1927, produire un effort plus grand pour obtenir le même poids d'or qu'en 1914.

Revue franco-belge, janvier 1927.

ORAGE

• Comment s'en préserver :
Les cloches dissipent les tempêtes et écartent les démons qui se mêlent dans ces météores et impressions aériennes pour nuire aux humains. L'expérience fait voir que le diable est ennemi des bonnes odeurs, tout vilain qu'il est, ne se plaisant que dans les puanteurs et voiries ; il hait aussi l'harmonie, la musique et tout son qui est bon et agréable. Le son des cloches parfumées est donc naturellement utile contre les démons et les orages.

Mgr CAMUS, évêque de Belley (1582-1653), *Sermons*.

Tels sont les orages, les tempêtes, les épidémies des hommes, des animaux et des plantes. Nous savons de science certaine, que l'eau bénite est un préservatif excellent contre ces différents phénomènes dont la nature mystérieuse et le caractère particulièrement malfaisant indiquent assez qu'ils sont trop souvent l'œuvre du démon.

Mgr GAUME, *L'Eau bénite au XIXe siècle*, 1866.

ORANG-OUTANG

• Une bonne moyenne :
On n'admet la supériorité intellectuelle de l'homme sur l'animal que parce que l'on compare les extrêmes ; mais en se tenant dans la moyenne, on arrive à une conclusion toute différente. Ainsi, un orang-outang est plus intelligent qu'un naturel de la terre de Van Diemen.

La Gazette du Midi, cité *in* Mgr DUPANLOUP, *Avertissement à la jeunesse et aux pères de famille*, 1863.

ORDRE

• Une impossibilité :
Aucun ordre d'aucun chef ne peut obliger des soldats à marcher sur la mer. Pourquoi ? Parce qu'ils ne le peuvent pas.

Paul BOURGET, *Le Sens de la mort*, 1915.

OREILLES

• Une analogie de Fourier :
Pourquoi le lion a-t-il les oreilles coupées comme si le ciseau les avait rognées ? C'est que le lion représente le roi. On ne fait pas entendre la vérité aux rois ; les courtisans ne la laissent pas approcher, les souverains sont donc *moralement* privés de l'usage de leurs oreilles... Pour nous dépeindre cette surdité morale dont les neuf dixièmes des rois sont affectés, la nature a coupé en rond les oreilles du lion.

Charles FOURIER, *De l'analogie*, édition de 1850.

ORGANE

• Surprise :
Elle avait de grandes mains, de grands pieds, un long nez, une bouche microscopique et un organe masculin qui, sortant de cette minuscule personne, provoquait un véritable ahurissement.

H.-A. DOURLIAC, *Le Page de Charles Édouard*, 1913.

ORIENTAL

• Un casse-tête :
L'Oriental manque de moralité, d'honnêteté, de franchise, de caractère ; il est mythomane, intrigant, menteur, voleur, trompeur, hypocrite, rapace, paresseux, superficiel, antiscientifique. Et pourtant, c'est d'Orient qu'est venue la civilisation.

Élie DE TCHIOKARDECK, *Amour, femme, jeune fille, mariage*, 1928.

OSSEMENTS

• Debout, les morts :
Mieux que la crypte abbatiale de Saint-Denis, mieux que les caveaux laïques du Panthéon, mieux que la coupole dorée des Invalides, le verbe souverain des poètes saura préserver de toute profanation le linceul de pourpre où dorment les dieux morts et où reposent, pour se réveiller peut-être un jour des grandes angoisses

de la patrie, les ossements des héros disparus.

Phrase de Gaston DESCHAMPS, rapportée *in* Charles Chassé, *Styles et Physiologie*, 1928.

OTTOMANS

• Causes d'une décadence :

Les babouches et la pipe sont les signes extérieurs de la décadence ottomane. Comment imaginer des hommes actifs chaussés de pantoufles qui ne tiennent pas dans des pieds, et avec lesquelles on ne peut marcher qu'à pas comptés.

Albert DUMONT, *Le Balkan et l'Adriatique*, 1869.

OUEST

• Rien de nouveau :

L'Ouest fut toujours le centre du monde.

Comte DE GOBINEAU, *Essai sur l'inégalité des races humaines*, 1853-55.

• Pour certains, il a sa particularité :

Mais tout de même, en France surtout, bien des villes anciennes se sont étendues et agrandies dans la direction de l'ouest, l'ouest qui est pour nous, gens de l'est, la direction du soleil couchant.

L'Immeubie et la construction dans l'Est, 22 mai 1928.

• Pour d'autres, il est un peu partout :

Les grandes villes marchent vers l'ouest, dans le sens des aiguilles d'une montre.

Le Cri de Paris, 6 avril 1930.

OURS

• Un magnifique exemple :

De quelque genre que soient les bêtes carnassières ou venimeuses, elles forment, à tout âge et partout où elles sont, des oppositions dures et heurtées. L'ours blanc du Nord s'annonce, sur les neiges, par des gémissements sourds, par la noirceur de son museau et de ses griffes, et par une gueule et des yeux couleur sang.

BERNARDIN DE SAINT-PIERRE, *Études de la nature*, 1784.

• Un indice formidable :

La nourriture de l'ours est très variée, ce qui peut faire supposer chez lui une prédisposition naturelle à la civilisation.

Le Magasin pittoresque, 1833.

• Un doute sur la couleur :

Cet ours, d'une taille supérieure à celle de tous les autres plantigrades, possède un poil merveilleux d'un blanc immaculé tacheté de noir.

Le Journal, 23 novembre 1936.

OUTRE-MER

• Ce qu'il faut pour y aller :

Les signes d'hermaphrodisme, l'absence ou la perte du pénis rendent inapte à tout emploi outre-mer. [...] La perte, l'absence ou l'atrophie prononcée des deux testicules rendent inapte à tout emploi outre-mer ; la perte, l'absence ou l'atrophie d'un testicule, l'autre apparaissant normal, est compatible avec les emplois de cadres actifs et sédentaires.

Le Journal officiel, Arrêté n° 85 du 13 juillet 1951.

OUTRE-TOMBE

• Des voix :

Écoutez la voix d'outre-tombe des soldats qui s'agacent, cantonnés pour toujours sous la craie, la boue ou les gazons, et qui réclame éperdument : « Des nouveau-nés ! des munitions humaines pour demain ! Vous qui n'êtes pas morts, n'oubliez pas la vie ! Des vivants ! des vivants ! Plus que ça ! Jamais assez ! C'est au tour des petits enfants de faire la relève ! »

Henri LAVEDAN, *La Famille française*, 1917.

OUVRIERS

• Des privilégiés :

De toutes les conditions de la vie humaine, celle de l'ouvrier est la plus sûre.

Th. H. BARREAU, *Conseils aux ouvriers sur les moyens qu'ils ont d'être heureux*, 1850.

Les estomacs faibles, les digestions incomplètes, les gastralgies, sont rares dans la classe ouvrière. L'estomac de l'ouvrier se rit des aliments les plus grossiers, les plus rebelles à l'action de tout l'appareil digestif ; il se rit même des vins les plus frelatés, les plus falsifiés et les moins fortifiants.

Dr Louis-Désiré VÉRON, *Mémoires d'un bourgeois de Paris*, 1866.

L'ouvrier manuel, l'électricien, le typo, le tailleur de bois, voilà le coq en pâte de notre civilisation : et on peut faire des enfants s'ils doivent être des ouvriers.

Joseph PÉLADAN, *La Science de l'amour*, 1911.

P

PACIFISME

• **Définition :**

Le « pacifisme », en un seul mot, ce n'est qu'un barbarisme, mais en deux mots, c'est l'amour de la paix, ou si l'on veut, et plus franchement, c'est la peur de la guerre.

Ferdinand BRUNETIÈRE, *Le Mensonge du pacifisme*, 1905.

PAILLARDISE

• **Toute la vérité :**

En France, on compte 40 000 prêtres et 10 000 congréganistes, jésuites, carmes, dominicains, etc. En totalité, 50 000 confesseurs.

Sur ce nombre, un pour cent demeure fidèle au vœu de célibat, quatre-vingt-dix-neuf sur cent se livrent à la paillardise ; c'est le pape lui-même qui a fixé la proportion des chastes et des impurs.

Donc, 49 500 confesseurs vivent dans l'incontinence. Chacun d'eux connaît charnellement une femme par mois, douze pour l'année ; nous parlons de la première année d'exercice du sacerdoce, quand le jeune prêtre jette sa gourme ; nous admettons pour chacune des années suivantes une seule odalisque à ajouter à la liste de ses amours, pendant une période de dix ans. Nous comptons en moyenne, pour chaque curé, dans le cours de sa vie entière, vingt à vingt-deux maîtresses en titre ou de passage, femmes mariées ou filles. Le clergé français apporte le déshonneur dans un million de familles ! Cocuage des maris et défloration des vierges. Avis aux pères et aux époux. Sentinelles, prenez garde à vous !

Les Mystères du confessionnal, par le curé X, 1871.

PAIN

• **Conseils à une maîtresse de maison :**

C'est une erreur de croire qu'il y a économie à faire manger aux domestiques du mauvais pain fait avec de la farine non blutée ; loin de là, c'est une cause de perte, car le son ne nourrit presque point l'homme, tandis qu'il peut être employé avec avantage à la nourriture du bétail. D'un autre côté, il y a inconvénient à donner tout de suite de trop beau pain à des gens habitués dès leur enfance à manger du pain très grossier, car la consommation devient énorme. Cela est facile à expliquer par l'excitation que donne à l'appétit un bon aliment nouveau, et parce que, outre les principes nutritifs que l'estomac a besoin de trouver dans la nourriture qu'il reçoit, il faut aussi que pendant longtemps il soit *lesté* comme il a été accoutumé à l'être. En d'autres termes, pendant longtemps l'estomac absorbe en pain riche en principes nutritifs le poids qu'il absorbait en pain grossier d'un prix bien inférieur ; mais peu à peu la consommation diminue. Il convient donc, dans les pays où le pain est mauvais, de donner d'abord aux domestiques du pain modérément grossier, qu'on améliorera de plus en plus.

Mme MILLET-ROBINET, *Maison rustique des dames*, 1859.

PAIRE

• Un impair :

L'administration pénitentiaire dispose, avec ses quinze mille forçats, de trente mille paires de bras.

Pierre MILLE, *L'Œuvre coloniale*, 21 septembre 1923.

PAIX

• Une nouvelle manie :

Je ne puis m'empêcher de m'étonner de l'enthousiasme que les jeunes ont aujourd'hui pour la paix ! J'aime la paix, et je comprends qu'on l'aime, mais d'une façon pacifique : aujourd'hui, ceux qui la vantent, le font avec une telle fougue, une telle véhémence, que leurs déclarations de paix ressemblent à des déclarations de guerre ; et quant à ceux qui les applaudissent, c'est avec une telle explosion de bravos qu'on croit entendre des coups de canon ! Il y a aujourd'hui en France une passion bien nouvelle, c'est le chauvinisme de la paix.

Ernest LEGOUVÉ, *Les Fils d'aujourd'hui*, 1869.

• Ainsi parlait Nietzsche :

Vous devez aimer la paix comme un moyen de guerres nouvelles, et la courte paix plus que la longue.

Frédéric NIETZSCHE, *Ainsi parlait Zarathoustra*, 1882.

• Des faiblesses dans la voix et les pieds :

La voix de la paix s'est fait entendre déjà avec force, mais au ras du sol, où elle se traînait, elle se heurtait à trop de bornes, à trop de frontières, à trop de souvenirs respectables, et ses pieds ont trébuché sur ces chemins difficiles.

Le Journal, 31 août 1910.

• Les leçons de l'histoire :

L'histoire moderne nous enseigne ce fait qui a toute l'autorité d'une loi naturelle, à savoir que la paix n'a jamais duré en Europe après une victoire de la France ; l'Europe n'a connu de périodes de paix d'une certaine durée qu'après les défaites françaises.

HOETSCH, *La Gazette de la croix*, 25 juin 1919.

• Une chose est sûre :

La volonté de paix dont Hitler est pénétré est indéniable.

Hermann RAUSCHNING, *Die Revolution des Nihilismus*, 1939.

PALMYRE

• Une affirmation belle comme l'antique :

Et là où fut Palmyre ne vit plus un être vivant.

J. BRUNHES, *La Géographie humaine*, 1913.

PANGERMANISME

• Il y a un précédent :

Les armées allemandes marchent sur Paris. La ruine de la richesse nationale de tous les États du monde rendra, sous peu, la paix nécessaire, et la prépondérance des éléments germains sur les éléments latins doit alors se manifester avec une entière évidence. C'est ce qui a déjà eu lieu il y a dix ans sur le terrain colonial du nord de l'Amérique ; le Sud, catholique et romain pur sang, ne put résister au Nord protestant et germanique ; force lui fut de plier sous lui.

Ainsi, dorénavant, sur le Continent européen, le protestant germain doit être le premier, et le catholique romain, le second.

Kirchen-Zeitung, septembre 1870.

• Deux déclarations exemplaires :

Comme nous sommes le peuple suprême, notre devoir est désormais de conduire la marche de l'humanité. C'est un péché contre notre mission que de ménager les peuples qui nous sont inférieurs.

Gazette de Vos, 20 août 1915.

Nous sommes le peuple missionnaire : la mission sainte de l'Allemagne est de crucifier l'humanité pour assurer sa rédemption. L'humanité doit être sauvée par le sang, par le fer et par le feu germaniques ; le devoir des soldats allemands est de frapper impitoyablement. Ils doivent tuer, ils doivent brûler, ils doivent détruire. Toute demi-mesure serait impie.

Sermon du pasteur Franz PHILIPPI, de Berlin, rapporté *in* Lyonnet, *Une nouvelle manifestation des intellectuels allemands*, 1917.

PANTHÉISTES

• Inutile de s'attarder :

Je ne parle pas tout de suite de ces grands fous qu'on appelle panthéistes. Ils sont là en effet, à l'entrée de la cour, et ils parlent tous ensemble à la fois, ils crient, ils font de grands gestes circulaires. On entend toujours ces mots incohérents qu'ils répètent sans cesse du *fini* et de l'*infini*, du *grand tout*, du *Tout-Dieu*, et encore le *moi* et le *non-moi*, au milieu de quelques phrases allemandes. [...] Cette classe est généralement regardée comme incurable.

R.P. Al. LEFÈBVRE, de la Compagnie de Jésus. *De la folie en matière de religion*, Paris, 1866.

PAPE

• En confidence :

Le pape n'est qu'un vieux sacripant.

Émile VERRON, *Nouvel Évangile du peuple*, 1887.

PAPOUS

• Ce que Renan disait :

Je ne vois pas de raison pour qu'un Papou soit immortel.

Ernest RENAN, « L'Avenir de la métaphysique », in *Revue des Deux Mondes*, 15 janvier 1860.

PARADIS

• Deux descriptions :

Il y aura un souverain plaisir à embrasser les corps des Bienheureux. Ils se baigneront à la vue les uns des autres. Il y aura à cet effet des bains très agréables où ils nageront comme des poissons. Ils chanteront aussi agréablement que les calandres et les rossignols. Les anges s'habilleront en femmes et ils apparaîtront aux Saints en beaux vêtements, les cheveux frisés, les jupes en vertugadins et du linge le plus fin. Les hommes et les femmes se réjouiront avec des mascarades, des festins et des ballets. Les femmes chanteront plus agréablement que les hommes afin que le plaisir soit plus grand. Elles se pareront avec des rubans et des coiffures, comme en cette vie, ainsi que leurs petits mignons d'enfants.

R. P. HENRIQUEZ, *Traité des occupations des saints dans le ciel*, 1631.

— Que verrons-nous dans le paradis ?

Réponse : Nous verrons la très sacrée humanité de Jésus-Christ, le corps adorable de la vierge Marie et ceux des autres saints, sans parler de mille et mille autres beautés.

— Nos autres sens jouiront-ils du plaisir qui leur est propre ?

Réponse : Oui ; et, ce qui est admirable, ils en jouiront éternellement et sans aucun ennui.

— Quoi ! L'ouïe, l'odorat, le goût, l'attouchement auront tout le plaisir qu'ils peuvent recevoir ?

Réponse : Oui, sans doute, l'ouïe sera charmée de la douceur du son et de l'harmonie ; l'odorat reçoit le plaisir des odeurs et parfums ; le goût, celui des saveurs ; enfin, rien ne manquera de tout de ce qui est capable de délecter l'attouchement.

— Si l'on parle en paradis, je voudrais bien savoir en quelle langue ?

Réponse : Il est vraisemblable que c'est en langue hébraïque, qui est celle que Dieu a enseignée au premier homme, et que Jésus-Christ a parlée.

G. POMEY, *Catéchisme théologique*, Lyon, 1675.

PARADIS TERRESTRE

• On ne s'y enrhumait pas :

Au *matériel*, le bonheur des Édéniens reposait sur l'équilibre parfait de la température, sur l'abondance de tous les fruits de la terre et sur l'absence de capital. L'équilibre de température fut cause que, pendant toute la durée de cette période, le rhume de cerveau et le catarrhe, sources originelles de toutes les maladies humaines, furent totalement inconnus ; d'où ces exemples fréquents de longévités fabuleuses qui nous étonnent dans l'histoire de nos premiers parents.

Alphonse TOUSSENEL, *L'Esprit des bêtes, zoologie passionnelle*, 1847.

PARAPLUIE

• Des débuts difficiles :

Quelques dames commencent à dire ce mot, mais il n'est pas établi et tout au plus on ne le peut dire qu'en riant, et c'est ce qu'on appelle un parasol.

César-Pierre RICHELET, *Dictionnaire français*, édition de 1718.

PARATONNERRE

• Une méditation :

La terre a-t-elle un tonnerre à opposer à celui du Ciel ? non. La terre peut-elle empêcher la foudre de tomber du Ciel ? non. La foudre, c'est l'image du courroux céleste. Quand le Ciel voudra, la terre n'existera plus. [...]

On pourrait alléguer que les humains peuvent, jusqu'à un certain point, se préserver du feu du Ciel, de la foudre, par les paratonnerres : c'est vrai. Mais qui a donné l'intelligence aux mortels, n'est-ce pas Dieu ? et pourquoi l'Éternel leur aurait-il fait connaître les moyens de détourner le tonnerre ? C'est afin de leur faire comprendre qu'ils pouvaient également préserver leurs âmes du châtiment céleste, en pratiquant la vertu sur la terre.

La vertu est donc le paratonnerre des âmes, pour les préserver du feu des enfers.

Joseph-Aimable GRÉGOIRE, *Les Quatre Vérités, ou le Système de la vertu applicable à toutes les nations*, 1842.

PARENTS

• Règle générale :

Pour l'ordinaire, on ne choisit pas son père et sa mère.

Saint FRANÇOIS DE SALES, *Introduction à la vie dévote*, 1609.

PARESSE

• Le comble :

Burton débarqua à Mourivoumbo, endroit où les montagnes, les crocodiles, les indigènes et la malaria sont également redoutés. Ces malheureux, trop indolents pour tirer parti du sol le plus fertile du monde, sont anthropophages, se nourrissent de charognes et poussent la paresse jusqu'à manger l'homme cru ; au moins les Ouadré, leurs confrères de la côte, les rôtissent.

Charles GRAD, *Voyage de Burton et Specke*, 1862.

PARI

• Tenu :

Je suis prêt à faire un petit pari que la seconde incarnation de Jésus-Christ arrivera dans les cinq ans.

Norman TULLY, pasteur de Young's Town (Ohio), *sermon*, 1924.

PARIS

• Un peu de toponymie :

Les étymologistes se sont épuisés en conjectures sur l'origine de ce mot. A en croire certains Bretons, plus passionnés peut-être pour leur pays que pour la vérité, il y avait jadis en Bretagne une ville magnifique nommée Isis, qui était l'objet d'une telle admiration que l'on ne trouva pas de plus beau nom à donner à la capitale actuelle de la France, que de dire, hyperboliquement sans doute, qu'elle était l'égale d'Isis, *par Isis.*

Curiosités philologiques, géographiques et ethnologiques, par une Société de gens de lettres et d'érudits, 1855.

• Deux imprécations :

O race de Paris, race au cœur dépravé,
Race ardente à mouvoir du fer ou du pavé !

A. BARBIER, *Iambes*, 1831.

La ville des bords de la Seine a renouvelé dans ses murs l'histoire de Sodome et de Gomorrhe, et il importe peu que les instruments de la justice de Dieu soient du feu ou du soufre tombés du ciel, ou des bombes et des obus envoyés par les bouches à feu des armées prussiennes ; dans les deux cas, les effets sont les mêmes.

Prédication de l'évêque de Manchester, citée in *Schäwbischer Mercur*, Berne, 14 septembre 1870.

PARIS-ROUEN

• Cent trente kilomètres à pied dans la journée :

Quarante kilomètres à parcourir entre le déjeuner et le dîner effaroucheraient un piéton de notre génération.

Autrefois, on n'y regardait pas de si près.

On ne tremblait pas pour aller de Paris à Rouen dans la journée sur ses deux jambes.

Charles DE MÉROUVEL, *Chaste et flétrie*, 1888.

PARLEMENT

• De dangereux ferments :

Dans l'ordre moral et dans l'ordre physique, les lois de la fermentation sont les mêmes. Elle naît du contact, et se proportionne aux masses fermentantes. Rassemblez les hommes rendus spiritueux par une passion quelconque, vous ne tarderez pas de voir la chaleur, puis l'exaltation, et bientôt le délire ; précisément comme, dans le cercle matériel, la fermentation *turbulente* mène rapidement à l'acide, et celle-ci à la *putride*.

Joseph DE MAISTRE, *Du pape*, 1820.

• Il mène au bagne :

Si vous jetez les yeux sur l'histoire des assemblées parlementaires depuis un siècle, vous les trouverez partout nulles, parfois prises d'accès de fièvre révolutionnaire, et, dans le gouvernement, plutôt un obstacle... Ces assemblées soi-disant choisies ne présentent, sauf exception, qu'un chaos de sectaires impolitiques et impies ; c'est un amalgame de protestants, de juifs, de francs-maçons, d'apostats, d'imbéciles. On y trouve même des malfaiteurs, dont la provenance est peu connue, mais dont le casier n'est pas sans tache. Vous y trouverez peut-être la représentation des journaux, des cafés, des cabarets, des clubs, des loges, peut-être aussi les idées du bagne ; mais pas la représentation du pays... Terrible phénomène de décrépitude ! des chambres qui peuvent se déverser dans des maisons centrales ; les Luxembourg et le Palais-Bourbon devenus le vestibule de la Nouvelle-Calédonie !

Mgr FÈVRE, *L'Organisation du quatrième état*, 1893.

PARTHÉNON

• On le voit de loin :

Et celui qui travaille toute sa vie pour découvrir et arracher au sol les mystères des Anciens est mort à Rome en contemplant le Parthénon.

Paris-Midi, 8 décembre 1911.

PARTICIPE

• La grammaire rimée :

Je tiens, le *participe*, et voici bien le hic.
Difficile à saisir autant qu'un porc-épic.

H. MONTET DE LAROCHE, *Nouvelle Grammaire française*, 1855.

PAS

• En décomposant :

La longueur du pas ordinaire direct sera de soixante-quinze centimètres (deux pieds) à compter d'un talon à l'autre, et sa vitesse de soixante-seize par minute.

L'instructeur, voyant l'homme de recrue affermi dans la position, lui expliquera le principe et le mécanisme du pas, en se plaçant à sept ou huit pas du soldat, et lui faisant face ; il exécutera lui-même lentement le pas, afin de joindre ainsi l'exemple en même temps qu'il expliquera le principe. Il commandera ensuite :

1. En avant.
2. Marche.

Au premier commandement, le soldat portera le poids du corps sur la jambe droite.

Au deuxième commandement, il portera vivement, mais sans secousses, le pied gauche en avant à soixante-quinze centimètres (deux pieds) du droit, le jarret tendu, la pointe du pied un peu baissée et légèrement tournée en dehors, ainsi que le genou ; il portera en même temps le poids du corps en avant, et posera, sans frapper, le pied gauche à plat, précisément à la distance où il se trouve du droit, tout le poids du corps se portant sur le pied qui pose à terre. Le soldat passera ensuite vivement, mais sans secousses, la jambe droite en avant, le pied passant près de terre, le posera à la même distance et de la même manière qu'il vient d'être expliqué pour le pied gauche, et continuera de marcher ainsi, sans que les jambes se croisent.

Ordonnance sur l'exercice et les manœuvres de l'infanterie, 4 mars 1831.

PASCAL (Blaise)

• Une figure légendaire :

Le fameux Pascal inventa sa machine à faire toute espèce de calculs sans aucune notion d'arithmétique.

M. de MARLES, *Les Cent Merveilles des sciences et des arts*, 1847.

Pendant que la régente Anne d'Autriche assiégeait Paris pour imposer Mazarin, on aurait pu sans inconvénient frapper le portrait de Pascal, qui inventa la brouette avant d'écrire les *Provinciales*.

Alphonse KARR, *Le Siècle*, 28 septembre 1853.

• Son grand défaut :
Croyez-vous, madame, en bonne foi, que ce dévot Pascal qui, se faisant un crime de sa tendresse, pour sa sœur, la brusquait souvent par piété, fût un homme bien sociable et bien gai ?

Nicolas FRÉRET, *Lettres à Eugénie*, 1768.

• Les causes de sa maladie :
Pascal résout à douze ans le problème de la roulette : il passe sa vie à juger le genre humain, à rejeter les services de sa propre sœur, et il meurt épuisé à quarante ans, croyant toujours voir un abîme à ses côtés. La géométrie transcendante et la métaphysique affaissèrent les ressorts de son jugement dans l'âge viril, pour les avoir trop étendus dans l'enfance.

Bernardin DE SAINT-PIERRE, *Harmonies de la nature*, 1796.

• Il faut le replacer dans son siècle :
Nul plus que moi n'admire les *Pensées* de Pascal, les *Sermons* de Bossuet ; mais je les admire comme œuvres du XVIIe siècle. Si ces œuvres paraissaient de nos jours, elles mériteraient à peine d'être remarquées.

Ernest RENAN, *L'Avenir de la science*, 1890.

• Mais quel siècle :
La grande figure de Pascal illumine tout le XVIIIe siècle.

L'Auvergnat, 21 novembre 1867.

• Le souvenir qu'il a laissé :
Pascal, à ce même âge, résolut les trente-deux positions d'Euclide et composa un *Traité des sons*. Il écrivit à seize ans un essai sur les comiques.

Le Chasseur français, janvier 1978.

PASSION

• Tous les chiffres :
Notre sauveur et rédempteur Jésus-Christ, ayant écouté les prières de ces saintes âmes, il leur apparut et leur dit : Considérez, mes sœurs, que j'ai versé pour vous 62 000 larmes, et des gouttes de sang dans le jardin des olives, 97 307. J'ai reçu sur mon sacré corps 1 667 coups. Des soufflets sur mes délicates joues, 110. Des coups au cou, 120. Sur le dos, 380. Sur ma poitrine, 43. Sur la tête, 85. Aux flancs, 38. Sur les épaules, 62. Sur les bras, 40. Aux cuisses et aux jambes, 32. Ils m'ont frappé à la bouche, 30 fois. On m'a jeté sur ma précieuse face de vilains et infâmes crachats, 32 fois. On m'a traité à coups de pied comme un séditieux, 370 fois. On m'a poussé et renversé par terre, 13 fois. On m'a tiré par les cheveux, 30 fois. On m'a attaché et traîné par la barbe, 38 fois. Au couronnement d'épines, on m'a fait à la tête 303 trous. J'ai gémi et soupiré pour votre salut et conversion, 900 fois. Des tourments capables de me faire mourir, j'en ai souffert, 162 fois. D'extrêmes agonies, comme si j'eusse été mort, 19 fois. Du prétoire jusqu'au calvaire, portant ma croix, j'ai fait trois cent vingt-un pas.

La Clé du paradis et le Chemin du ciel, édition populaire, 1816.

PAS-DE-CALAIS

• Une bonne nouvelle :
Le Pas-de-Calais est une région dont l'avenir est devant elle.

Jacques CHIRAC, Premier ministre, France-Inter 26 avril 1975.

PASTEUR (Louis)

• Le raisonnement d'un contradicteur :
La théorie des germes est une invention ridicule. Si c'était vrai, ils seraient assez nombreux pour former un épais brouillard, aussi dense que le fer.

Pierre POCHET, professeur de physiologie à Toulouse, *L'Univers, l'infiniment grand et l'infiniment petit*, 1872.

• Son influence sur la peinture :
D'abord tenté par les formules du néo-impressionnisme, ce peintre, cherchant à décomposer la lumière par l'égrenage des tons en vibrations multiples et multicolores, abandonne très vite le procédé compliqué, presque mathématique, mis à la mode par les travaux de Pasteur.

Le Gaulois artistique, 8 février 1928.

PATIENCE

• Une réussite :
Le canon antichar doit flamber son adversaire en une minute, ou bien il est condamné à mort. [...]

Pour frapper à coup sûr :

1° Être patient.

Lt-colonel ROCOLLE, *Manuel du sous-officier d'infanterie*, édition de 1923.

PATRIE

• Il n'y en a qu'une :

Nous avons en français un mot qui manque et devait manquer à la langue anglaise : c'est le mot « PATRIE ».

Louis ROUSSEAU, *La Clé de la science, études sociales*, 1848.

• La flamme d'un prélat :

Dites-moi qu'au milieu de la mitraille, le général, conservant son sang-froid, a conduit ses hommes à l'assaut, avec ce coup d'œil sûr et pénétrant qui fait vaincre dans les batailles, et déployé toutes les ressources de l'esprit le plus libre et du caractère le plus intrépide, face à face avec la mort ! Dites-moi que les armées ne pillent plus, ne répandent plus la haine et la vengeance, qu'elles respectent l'ennemi, le blessé, la terre étrangère. Dites-moi que cette guerre ne met pas aux prises des nations chrétiennes, mais qu'elle étend au loin la civilisation et fait reculer la barbarie. Oh ! alors, j'invoque avec confiance le Dieu des armées ! Allez, allez, bataillons français, planter la Croix à Hippone, chanter le *Te Deum* à Pékin, délivrer la Syrie et rendre enfin Constantinople à Jésus-Christ ! Mon patriotisme enthousiaste salue ce paysan obscur, ce général habile, cette guerre juste, cette armée moderne, parce que j'aime le sacrifice, le génie, le progrès et la France !

Mgr DUPANLOUP, *Oraison funèbre de Lamoricière*, 1865.

• Le lyrisme d'un chansonnier :

Près de la nouvelle frontière
Un officier s'est arrêté,
A la porte d'une chaumière
Il frappe avec anxiété.
Une femme, dont la mamelle
Allaite un gentil chérubin,
Ouvre en demandant : « Qui m'appelle ? »
Et voit l'uniforme prussien.

Femme, dit l'officier, écoute ma prière.
Pour lui donner ton lait, je t'apporte un [enfant.
Dis-moi si tu consens à lui servir de mère,
Moi, je suis un soldat du pays allemand.

Ce fils, sur la terre lorraine,
M'est né d'hier, et sans compter
Je paierai tes soins et ta peine,
Car je suis tout seul à l'aimer.
Vois, sa figure est rose et blonde,
Tu peux le sauver du trépas ;
Sa mère, en le mettant au monde,
Vient de mourir entre mes bras.

J'avais un fils, dit la Lorraine,
Blond chérubin comme le tien,
Mon homme et moi tenions la plaine,
Devant un régiment prussien ;
Quand tes soldats, saouls de carnage,
Mirent le feu à mon hameau,
Et sans pitié pour son jeune âge
Tuèrent l'enfant au berceau.

Refrain :
Va, passe ton chemin, ma mamelle est [française,
N'entre pas sous mon toit, emporte ton [enfant,
Mes garçons chanteront plus tard [la Marseillaise,
Je ne vends pas mon lait au fils d'un [Allemand !

Le Fils de l'Allemand, paroles de Villemer et Delormel, musique de Paul Blétry, 1882.

PATRON

• De saines réflexions :

En droit, le patron a existé, il existe, et il existera. Il y a deux manières de le devenir : la conquête et l'hérédité. L'une et l'autre ont pour base le travail... Le devoir de l'ouvrier est d'accepter, en principe, le patron, qu'il soit un parvenu ou un riche héritier.

R.P. AT, *Saint Joseph ou la Question ouvrière d'après l'Évangile*, 1876.

PATROUILLE

• L'enfance d'un chef :

Le Chef organise la réunion de patrouille pour que chaque garçon en retire le maximum d'utilité pour le maximum de joie. [...] Réception de novices, cérémonies diverses, chant, danses, etc.

Brusquement et sans nulle préparation, le Chef donne un ordre différent à chacun de ses garçons. « 3ᵉ Loup, où est le nord ? 4ᵉ Loup, un S en morse ? 5ᵉ Loup, un V en sémaphore ? 6ᵉ et 7ᵉ, deux exercices de gymnastique ? » Et les Éclaireurs de se débrouiller pour y parvenir le plus vite possible. [...]

Autre exercice où se manifeste la valeur de la Patrouille, non plus de chaque individu. Tout à coup, le Chef s'écroule en criant : « J'ai un bras cassé et une jambe brûlée ! » Vous vous écriez : « Pauvre garçon ! » Aux Éclaireurs de ne rien dire, mais d'appliquer leur science d'ambulanciers.

P. BREITTMAYER, *Sois un chef*, 1920.

PAUPÉRISME

• **Les trois solutions** :

La charité chrétienne seule peut donc résoudre la question du paupérisme.

Sermon de l'évêque de Troyes, juillet 1849.

Étant donnée la question de l'extinction du Paupérisme, nous articulons nettement que le seul et vrai moyen de le détruire chez nous, c'est d'attaquer vigoureusement le monstre et l'intempérance, en d'autres termes l'abus du cabaret qui ruine les familles et les conduit promptement à la misère en arrêtant le travail indispensable à la nourriture quotidienne, puisque tout homme qui s'enivre fuit obstinément le travail auquel il lui serait d'ailleurs impossible de se livrer. Détruisez donc la cause, et l'effet disparaîtra.

DU SAUSSOIS DU JONC, *De l'extinction du paupérisme par une instruction morale*, 1877.

Le remède pour l'extinction du paupérisme sera trouvé lorsque la femme aura acquis la véritable place qu'elle doit occuper dans une société bien organisée.

Émile SAINT-HILAIRE, *Homme, qu'as-tu fait de la femme*? 1889.

PAUVRES

• **Ce qui définit les pauvres** :

Beaucoup d'entre eux passent inaperçus ; c'est même un des traits caractéristiques de la pauvreté que cette ombre dont elle est enveloppée ; un je ne sais quoi de terne la dérobe aux regards et fait que, généralement parlant, le pauvre ne compte pas dans le monde. [...]

Les plus évidents des besoins du pauvre, ceux qu'on ne peut contester, ceux sans lesquels il ne serait plus lui-même, ce sont ses besoins matériels.

S. DE GALARD BÉARN, *Le Pauvre*, 1920.

• **Il faut qu'il y ait des pauvres** :

La pauvreté est, à quelques égards, une condition de l'existence de l'humanité. Ne dites pas au pauvre qu'il est pauvre par sa faute ; ne l'engagez pas à se délivrer de la pauvreté comme d'une honte ; faites-lui aimer la pauvreté, montrez-lui-en la noblesse, le charme, la beauté, la douceur.

Ernest RENAN, *La Vie de Jésus*, édition populaire, 1870.

La perpétuité du paupérisme et de la misère est la douloureuse mais inéluctable conclusion à laquelle conduit l'observation attentive des faits économiques, et la science, comme l'histoire, confirme cette parole de l'Évangile : Vous aurez toujours des pauvres avec vous.

Comte D'HAUSSONVILLE, *Socialisme et Charité*, 1895.

• **Il y en a de bons** :

De même qu'on trouve des riches et des gens instruits vicieux et même criminels, on trouve parmi les pauvres et les ignorants des types d'honnêteté et des modèles admirables de vertu.

Alfred NETTEMENT, *La Semaine des familles*, 26 juillet 1862.

• **De quoi se plaignent-ils ?**

Mais vous dites : Pourquoi n'est-ce pas moi qui suis le riche ? Mon Dieu, c'est un malheur sans doute. Un malheur, — ou un bonheur peut-être. Riche ou pauvre, dîne-t-on plus d'une fois par jour ? Et ce dîner, qu'il coûte 20 sous ou 20 francs, lequel des deux le prend d'un appétit meilleur ? Lequel dort d'un sommeil plus profond ? Lequel a plus de soucis ? Lequel, plus de gaîté ? Si on leur dévoilait une à une toutes les misères de la richesse, qui sait si les pauvres ne demanderaient pas à rester pauvres ?

Amédée GRATIOT, directeur de la Papeterie d'Essonnes, *Messieurs les socialistes, une solution s'il vous plaît, deuxième lettre aux ouvriers*, 1848.

• **La tradition avait du bon** :

Il a été un temps où les petits, les pauvres, les ouvriers, avaient leur part ici-bas : cette part, c'était l'espérance de l'autre vie.

Abbé BESSON, *Les Mystères de la vie future*, 1874.

A Dieu ne plaise que je veuille fermer les oreilles à la voix du nécessiteux. Je sais m'attendrir sur les malheurs des autres ; mais, dans ce siècle de philanthropie, nous avons trop déclamé contre la fortune. Les pauvres, dans les États, sont infiniment plus dangereux que les riches, et souvent ils valent moins qu'eux.

François-René DE CHATEAUBRIAND, *Essai historique sur les révolutions*, 1797.

• La pire des solutions :
Qu'il nous soit permis de crier ici de toutes nos forces : A bas les révolutions ! Ce cri a sa lamentable sanction dans le chiffre comparatif des indigents entre 1789 et 1848. A cette première époque, la proportion des indigents était de 1 sur 60 habitants ; elle s'est successivement élevée de 1 à 10, ou de 6 à 60. Il n'est que trop à craindre que, dans un temps très rapproché, elle ne finisse par atteindre le chiffre de 1 indigent sur 6 habitants.

Jamais les émeutes ni les révolutions n'ont amélioré le sort du pauvre ; au contraire, elles ont toujours eu pour résultat d'augmenter la misère et le nombre des pauvres.

Histoire de 60 ans de folies révolutionnaires et sociales, 1849.

• En tout cas, ils sont détestables :
Je hais les pauvres. Ils représentent ce que je hais le plus au monde, parce que, au départ, ils n'ont pas eu l'idée et la volonté de faire fortune. Je hais les pauvres parce que ce sont des « loosers ». Aux États-Unis, tout le monde peut gagner. Il suffit de ne désirer que cela, et de tout mettre en œuvre pour y arriver. Je déteste les pauvres.

Henri J. LEVIN, vice-président de la chaîne Hilton, *Lui*, 1987, cité *in* Cerf et Navasky, *Paroles d'experts*, 1989.

PAYSAGES

• Ils inspirent les bons sentiments :
Un paysage normal est un sympathique conseiller, l'inspirateur de disciplines profitables. Belle image de l'ordre, qu'une route défendue par de fiers peupliers !

Gilbert MAIRE, *Revue critique des idées*, 10 août 1914.

PAYSANS

• Us et coutumes :
Interrogez une femme de la campagne, vous lui trouverez peu d'idées abstraites et métaphysiques.

M. DE BEAUCHÊNE, *De l'influence des affections de l'âme dans les maladies nerveuses des femmes*, 1781.

Les paysans sont à la fois très semblables à nous et très différents de nous ; ils ont tous nos sentiments, mais à l'état rudimentaire, élémentaire. J'ai assisté à la campagne à beaucoup d'enterrements ; j'ai vu des paysans tristes, je n'en ai jamais vu de désespérés. J'ai vu beaucoup de mariages à la campagne, je n'y ai jamais vu ce que nous appelons l'amour. En effet, l'amour est un luxe, le luxe du cœur ; les paysans aiment et regrettent comme des gens qui ne vivent que de pommes de terre et qui travaillent quinze heures par jour. Leur cœur ressemble à leur intelligence, il ne va pas au-delà de l'enseignement primaire.

Ernest LEGOUVÉ, *Les Fils d'aujourd'hui*, 1869.

Le paysan parle peu, va lentement, et son existence s'écoule dans la monotonie d'une vie sans but, sans besoin, sans ambition, sans espérances. Il se lève, va, vient son petit bonhomme de chemin, ne parle que par interjections, mange et dort comme un coquillage, entrouvrant au matin ses valves pour les refermer le soir.

Dr J. GÉRARD, *La Grande Névrose*, 1889.

Je ne crois pas que, hors des villes, il y ait des âmes sensibles.

Joseph PÉLADAN, *La Science de l'amour*, 1911.

PEAU

• Une découverte :
Si nous avons le droit d'être fiers de notre peau, c'est qu'elle semble presque raisonnable, et l'on dirait que notre corps est *enrobé* d'intelligence.

W. DE FONVIELLE, *Les Merveilles du monde invisible*, 1874.

PEAU (Maladies de la)

• Sur leur répartition :
Il est patent que les Juifs souffrent de maladies de peau de toute sorte, dans une

proportion infiniment plus forte que les Aryens.

Professeur Armand BERNARDINI, *Le Juif Marat*, Éditions études et documents, Paris, 1944.

PÉCHÉ

• Une parole rassurante :

Il n'y a pas de péché dans les baisers que donnent, aux enfants qui leur sont confiés, les mères, les nourrices, etc.

Mgr BOUVIER, *Manuel des confesseurs*, 1871.

• Un anathème pour Malthus :

Devant Dieu et aussi devant les hommes au jour du jugement dernier, la femme est beaucoup plus déshonorée pour avoir subi un seul péché malthusien que pour avoir été violée des milliers de fois et avoir donné le jour à une foule d'enfants illégitimes.

J. DU VALDOR, *Les Signes de la fin d'un monde*, 1893.

PÉCHÉ ORIGINEL

• Le vrai responsable :

Du reste, est-il juste, est-il vrai d'assumer sur le féminin toute la responsabilité de la déchéance humaine ?

D'où vient la rébellion, d'où vient la transgression à la loi ? D'un esprit masculin, d'un mâle séraphique, d'un ange. Otez la faute masculine, et du même coup celle d'Ève disparaît.

Maria DERAISMES, *Ève contre monsieur Dumas fils*, 1872.

PÊCHE À LA LIGNE

• Condamnée :

La pêche à la ligne est un plaisir perfide ; il encourage les plus mauvais penchants de l'homme, la cruauté et la trahison.

La Lanterne magique, 1835.

PÉDÉRASTIE

• Quelques précisions utiles :

La pédérastie active laisse aussi des signes d'un autre genre, qui consistent dans la conformation de la verge. Les dimensions de cet organe, dit M. Tardieu, chez les individus qui se livrent activement à la sodomie, sont ou très-grêles ou très-volumineuses ; la gracilité est la règle très générale, la grosseur la très rare exception, mais, dans tous les cas, les dimensions en sont excessives. La forme, quand la verge est petite, rappelle absolument celle du même organe chez le chien. Elle est large à la base et va en s'amincissant jusqu'à l'extrémité, où elle est très effilée. Lorsque le pénis est très volumineux, il ne diminue point graduellement de la base au sommet ; c'est l'extrémité du gland qui est effilée, allongée, démesurément, et, en outre, la verge est tordue sur elle-même dans le sens de la longueur, de sorte que le méat urinaire, au lieu de se trouver dans le sens vertical, se dirige obliquement à droite ou à gauche. Ces déformations proviennent évidemment, dans le premier cas, de la forme infundibulliforme de l'anus, sur lequel la verge se moule en quelque sorte, et, dans le second cas, la torsion est produite par la résistance du sphincter anal, que la verge, trop volumineuse, ne peut traverser que par un mouvement de vis ou de tire-bouchon.

Pierre LAROUSSE, *Grand Dictionnaire universel du XIXe siècle*, (art. Pédérastie), 1874.

PÉDICURES

• Les artisans de la victoire :

Il appartient à cette France prodigieuse de ressources d'improviser à mesure que le besoin s'en fait sentir les éléments de résistance et les moyens de victoire. Elle a improvisé des canons, des soldats, des équipements, des ambulances, une stratégie. Il faut s'improviser pédicure : ça va !

A Ulm, les soldats disaient que l'empereur gagnerait les batailles avec leurs jambes. Faisons de bons pieds aux soldats du général Joffre, pour le jour où il leur commandera de sortir des tranchées et de foncer sur l'ennemi. Ce jour-là, les pédicures toucheront leur cachet.

Frédéric MASSON, de l'Académie française, *L'Écho de Paris*, 24 janvier 1915.

PÉGUY (Charles)

• Un jugement dans une jolie formule :

Quant à Péguy, c'est l'âne à répétition. Il fait pitié par ses enfantillages.

Paul LÉAUTAUD, *Journal littéraire*, 11 juillet 1932.

• C'était vraiment le fils à papa :
Charles Péguy (1873-1914) eut pour père un menuisier qui mourut quelques mois après l'avoir mis au monde.
La Dissertation française, 1972, p. 104.

PEINE DE MORT
• Que les assassins commencent :
Quand les voleurs de grands chemins et autres malfaiteurs auront proclamé entre eux une loi qui leur défend de tuer et d'assassiner et qu'ils y seront inviolablement fidèles, nos législateurs pourront, sans inconvénient, abolir la peine de mort.
CLÉMENT, *Petit Dictionnaire de la cour et de la ville*, 1788.

PEINTURE
• L'échelle des valeurs :
Celui qui fait parfaitement des paysages est au-dessus d'un autre qui ne fait que des fruits, des fleurs ou des coquilles. Celui qui peint des animaux vivants est plus estimable que ceux qui ne représentent que des choses mortes et sans mouvement. Et comme la figure de l'homme est le plus parfait ouvrage de Dieu sur terre, il est certain aussi que celui qui se rend l'imitateur de Dieu en peignant des figures humaines est beaucoup plus excellent que tous les autres.
Charles LE BRUN, conférence de 1667, cité *in* Henry Jouin, *Conférences de l'Académie royale de peinture et de sculpture, recueillies, annotées d'une étude*, 1883.

PEINTURE FLAMANDE
• L'avis du plus intelligent des experts :
La peinture flamande ne brille que par des qualités distinctes des qualités intellectuelles.

Pas d'esprit, mais quelquefois une riche couleur, et presque toujours une étonnante habileté de main. Pas de composition, ou composition ridicule. Sujets ignobles, pisseurs, chieurs et vomisseurs. Plaisanteries dégoûtantes et monotones qui sont tout l'esprit de la race. Types de laideur affreuse. Ces pauvres gens ont mis beaucoup de talent à copier leur difformité.

Dans cette race, Rubens représente l'emphase, laquelle n'exclut pas la bêtise. Rubens est un goujat habillé de satin.
Charles BAUDELAIRE, *Pauvre Belgique*, vers 1864-1866.

PEINTURE FRANÇAISE
• Toute récente :
Toute la peinture française, avant Matisse et Picasso, est à rejeter.
Le peintre Jean DUBUFFET, cité par Paul Léautaud, *Journal littéraire*, 10 septembre 1949.

PELÉE (Montagne)
• Le 8 mai 1902, à la Martinique, l'éruption de la montagne Pelée faisait 30 000 morts. Un écrivain catholique fait de l'esprit :
On parle d'une nouvelle frasque du volcan. Question : l'usage du four crématoire était-il en vigueur à la Martinique ? Les éruptions équivaudraient à ceci : vous voulez qu'on vous incinère ? Voilà.
Léon BLOY, *Journal*, 22 mai 1902.

PELLICULE
• De quoi faire rêver les photographes :
La pellicule « Hyperchromatique » 30° Bauchet a un sex-appeal irrésistible par sa présentation en étui métallique.
Publicité parue dans *Le Journal*, 10 juillet 1937.

PENSÉE
• Rapports avec l'objet :
Toute pensée a nécessairement un objet. Par la pensée, l'esprit prononce sur les propriétés de cet objet, sur la convenance ou l'opposition qu'il a avec d'autres objets. Quand je dis *le soleil est rond*, mon esprit prononce sur la convenance qu'a l'idée de *soleil* avec l'idée de *rondeur*, et ma pensée est vraie, parce qu'en effet le soleil est rond.
Abbé T., *Le Guide des humanistes, ou Premiers Principes du goût*, 1780.

PÉNURIE
• En régime communiste (ici, à propos de la viande qui manque à Moscou), elle annonce des jours meilleurs :
La situation prévalant à l'heure actuelle en URSS n'a rien à voir avec une politique délibérée de limitation de la consommation des catégories sociales les plus

défavorisées comme c'est le cas en France. Il s'agit même d'un phénomène inverse. Les pénuries en viande sont la conséquence directe de la volonté de l'État d'élever le niveau de vie de la population.

L'Humanité, 1975, cité in *L'Événement du jeudi*, 1er février 1990.

PERDRIX

• Un animal très moral :

La perdrix, qui se marie et qui fait honte au faisan et au coq domestique par la pureté de ses mœurs, est l'homologue du chevreuil, qui se marie aussi et ne scandalise pas la forêt, comme le cerf, du spectacle et du bruit de ses débordements.

Alphonse TOUSSENEL, *Tristia*, 1863.

PÉRIPHRASES

• Une définition et un exemple :

La périphrase ou circonlocution tourne autour d'un objet pour le mieux considérer, ou le présenter sous des aspects favorables.

Exemple : « L'animal qui se nourrit de glands » (Delille), pour désigner un animal dont le nom pourrait choquer certaines oreilles.

Abbé DE MONTVERT, *Préceptes élémentaires de littérature*, 1883.

• Comment on dit « la poudre » :

Du salpêtre en fureur l'air s'échauffe et s'anime.

BOILEAU, *Épître sur le passage du Rhin*, 1672.

• « Une lettre anonyme » :

Un billet dont mes yeux méconnaissaient le seing.

BACULARD D'ARNAUD, *Mérinval*, 1774.

• « Un cerf volant » :

Là, j'élevais jusqu'à la nue
Le long fantôme ailé qu'un fil dirige encor,
A travers la route inconnue
Qu'Éole ouvre à son vague essor.

LEBRUN-PINDARE, *Odes*, in *Œuvres*, édition de 1811.

• « Minuit » :

De son char silencieux, l'épouse de l'Érèbe étendait un voile épais sur la voûte étoilée. La douzième heure de la nuit avait sonné.

Victor D'ARLINCOURT, *Le Solitaire*, 1816.

• « Un bain de pieds » :

Mais viens, une fougère à nos champs [arrachée,
Que deux étés brûlants sur la plaine ont [séchée,
S'allumera dans l'âtre, et l'onde, à flots [tiédis,
Coulera sur tes pieds défaillants et roidis.

Alexandre SOUMET, *La Muse française*, avril 1824.

• « Le baromètre » :

[...] l'échelle où se mesure
L'audace du voyage au déclin du mercure.

SULLY-PRUDHOMME, *Le Zénith*.

• Le plus célèbre auteur de périphrases reste l'abbé Jacques Delille (1738-1813). Voici d'abord comment il désigne l'araignée :

Un insecte aux longs bras, de qui les doigts [agiles
Tapissaient ces vieux murs de leurs toiles [fragiles.

• Les baleines :

Ces monstres qui, de loin, semblent un [vaste écueil.

• La cigogne :

L'ennemi des serpents vient, après les frimas
Retrouver les beaux jours dans nos riants [climats.

• Le taon :

... insecte affreux, que Junon autrefois,
Pour tourmenter Io, déchaîna dans les bois.

• Le chat :

L'animal traître et doux, des souris destruc-[teur.

• L'oie :

L'aquatique animal, sauveur du Capitole.

• La poule :

Cet oiseau diligent dont le cri entendu
Annonce au laboureur le fruit qu'il a pondu.

• On lui doit enfin ces vers fameux où il parle, entre autres, du chocolat, du cidre, de la vigne et du thé :

Le moelleux cacao s'embaume de vanille ;
Du pommier neustrien ainsi le jus brillant
Prodigue au moissonneur son nectar pé-[tillant ;
Le houblon, froid rival de l'arbuste bachique
Entretient des cafés le babil politique.
Le feuillage chinois, par un plus doux succès,
De nos dîners tardifs corrige les excès,

Et, faisant chaque soir sa ronde accou-
[tumée,
D'une chair indigeste apaise la fumée.

Abbé DELILLE, *Les Trois Règnes*, chant VI, 1807.

PÉRITONITE

• C'est une membrane :

Comment Jacques n'ayant pu digérer l'épingle du papillon fut atteint d'une perforation de la péritonite.

Alexandre DUMAS père, *Le Capitaine Pamphile*, sommaire du chapitre XIV, 1839.

PERMIS DE CONDUIRE

• Un monument à sa gloire :

Distinction honorifique : Mlle Amélie Pujarniscle, fille de notre compatriote le colonel en retraite Pujarniscle, et de Madame, née de la Parraguère, vient d'obtenir brillamment son permis de conduire. A la toute gracieuse Mademoiselle Amélie, au colonel Pujarniscle et à Madame, née de la Parraguère, nous adressons nos compliments charmés et ravis.

Le Coq catalan, Perpignan, 29 novembre 1930.

PERRAULT (Charles)

• L'écrivain :

Il est vrai qu'il a fait quelques contes, dont les enfants s'amusent, et qu'on peut lire encore dans un âge avancé, pour affaiblir un moment d'ennui ; mais un homme qui fait tomber une *aulne de boudin* par la cheminée, et qui occupe le grand Jupiter à attacher ce boudin au nez d'une héroïne, n'a pas prétendu travailler pour les gens de goût... Qu'a-t-il donc fait de bien ? Une épitaphe du maréchal de Turenne, et quelques autres petites poésies, assez agréables ; après cela, on ne trouve plus chez lui qu'une prose diffuse, traînante, monotone, incorrecte, dépourvue de tours et de pensées.

Antoine SABATIER, *Les Trois Siècles de notre littérature*, 1772.

• A propos de *Peau d'Âne* :

Perrault nous a donné Peau d'Âne.
Qu'on me loue ou qu'on me condamne,
Ma foi, je dis, comme Boileau :
Perrault nous a donné sa peau.

Épigramme anonyme, vers 1694.

PERRUQUE

• C'est un péché :

Or, dites-moi, je vous prie, y a-t-il au monde chose plus sale et qui ressente moins sa femme chrétienne, comme remarque fort bien Tertullien, que d'orner sa tête de cheveux étrangers, quelquefois d'un trépassé, possible teigneux ou teigneuse, quelquefois pourrait être ladre ou ladresse, vilain ou vilaine, luxurieux ou luxurieuse, damné ou damnée ?

Frère Antoine ESTIENNE mineur, *Remontrance charitable aux dames et damoyselles de France sur leurs ornements dissolus*, Paris, 1570.

PERSIL

• Un peu de psychologie :

Le persil a certainement une âme gaie, alerte et fine.

Louis ESTÈVE, *De Nietzsche à Bouhélier*, 1912.

PERTES

• A la guerre, elles ne cessent de diminuer :

L'invention des armes à feu a diminué les pertes des vaincus dans les combats ; leur perfectionnement les a diminuées et les diminue chaque jour. Ceci ressemble à un paradoxe, mais les chiffres sont là.

Colonel ARDANT DU PICQ, *Études sur le combat*, 1909.

Et puis, les batailles de l'avenir seront-elles aussi meurtrières qu'on veut bien se les représenter ? Là encore, nous n'avons qu'à examiner les « résultats » des batailles des diverses époques pour nous rendre compte que, relativement au nombre des combattants mis en ligne de part et d'autre, la proportion, le « pour cent » des blessés et des tués diminue au lieu d'augmenter. [...]

La guerre elle-même a répondu à ces sophismes et a cloué le bec aux ultra-pacifistes et aux arbitreux à outrance.

Capitaine LEDENT, *A la baïonnette ! Chargez !* 1912.

• Un article de circonstance :

Au moment où va débuter une tragédie dont nous ne sommes pas les auteurs, il est bon de prévenir certaines impressions d'imagination décourageantes ou des allusions aux pertes que causent la grande portée et les effets réputés meurtriers des armes modernes. On croit généralement qu'il en résultera ce qu'on a coutume d'appeler des « pertes effroyables » en hommes. Aussi faut-il redresser les idées à ce sujet à l'aide de statistiques établies après les dernières grandes guerres. Elles démontrent, en deux mots, que plus les armes se perfectionnent, plus le nombre des morts et des blessés diminue.

Le Temps, 4 août 1914.

• **Barrès hésitait :**

En moyenne, les pertes de l'armée allemande dépassent toujours les nôtres.

Maurice BARRÈS, *L'Écho de Paris*, 7 octobre 1915.

C'est un fait que l'usure des Austro-Allemands et l'usure des Alliés vont de même train.

Maurice BARRÈS, *L'Écho de Paris*, 20 octobre 1915.

• **Mais, en général, la chanson est la même :**

Par contre, nos pertes sont peu élevées.

Le Petit Parisien, 1er septembre 1914.

Nos pertes ont été relativement minimes.

Marcel HUTIN, *L'Écho de Paris*, 25 février 1916.

Nos pertes continuent à ne pas être élevées.

Marcel HUTIN, *L'Écho de Paris*, 4 juillet 1916.

PERVERSION MORALE

• **Ce qui en préserve l'ouvrier :**

Or, ces causes de perversion morale n'existent presque jamais pour le jeune ouvrier, de même qu'elles n'existent ordinairement pas pour le jeune artiste. [...] Mais l'artiste est plus exposé à tomber dans des excès, parce qu'il peut arriver que quelques facultés de l'intelligence, développées en lui outre mesure, prennent une tendance maladive qui réagit sur sa raison.

L'ouvrier n'a pas à craindre ces écarts de l'imagination surexcitée. Une heureuse nécessité l'oblige au travail manuel, l'emploi utile de ses moments le met à l'abri de la plupart des séductions ; et la folie des passions ne peut guère trouver de place entre la fatigue du jour et le repos de la nuit.

Th.-H. BARRAU, *Conseils aux ouvriers sur les moyens qu'ils ont d'être heureux*, 1850.

PERVERTISSEURS

• **Des noms :**

Je considère Hugo et Michelet comme deux pervertisseurs d'intelligences, d'une nocivité presque égale à celle de Rousseau.

Léon DAUDET, *Le Stupide XIXe Siècle*, 1822.

PESANTEUR

• **Une application intime :**

Je connais quelques femmes qui ont toujours accoutumé de se coucher sur le côté droit lorsqu'elles dorment avec leurs maris ; et c'est aussi dans cette posture qu'elles sont caressées, et qu'elles conçoivent presque toujours des garçons. On ne saurait donner d'autre raison de ce qui arrive de la sorte, que celle qui favorise mon sentiment. Car la semence de l'homme étant reçue dans la matrice de la femme, située dans la posture que nous avons marquée, ne peut tomber par son propre poids que dans sa corne droite, où les garçons sont le plus souvent formés.

Nicolas VENETTE, *La Génération de l'homme*, édition de 1690.

PESTE

• **Une maladie moderne :**

La légende de Montaigne fuyant la peste ne trouve plus crédit auprès des esprits cultivés, pour la bonne raison que la peste n'apparut que trois cents ans après la mort de l'auteur des *Essais*.

Le Petit Journal, 30 janvier 1937.

PETIT (Le plus)

• **Une interprétation difficile :**

Il se trouva, après l'antichambre franchie en deux pas, dans une petite salle à manger où jouaient les enfants du reporter. Le plus petit, âgé d'environ dix-huit mois, se roulait aux pieds des deux autres, qui en avaient trois ou quatre.

Jules CLARETIE, *Le Prince Zilah*, 1884.

PETIT DES ADIEUX (Colonel)

• **Une anecdote :**

Le colonel Petit était le fils du général de la Garde impériale, à qui l'Empereur, en

1814, au moment de partir pour l'île d'Elbe, adressa dans la cour du Cheval-Blanc, à Fontainebleau, des adieux historiques. Nous l'appelions « Petit des Adieux ». Tout le monde a vu le tableau célèbre qui représente Napoléon serrant sur son cœur l'aigle des grenadiers et embrassant le général Petit. La lithographie, la gravure et l'imagerie d'Épinal l'ont popularisé. Or, à Mexico, un adjudant-major du régiment trouva une reproduction de ce tableau et en fit l'acquisition...

A chaque étape, l'adjudant-major, après avoir désigné la chambre réservée au colonel Petit, suspendait religieusement à un de ses murs le tableau des *Adieux*. Dans la moindre petite ville, dans la plus obscure hacienda du Mexique, le colonel retrouvait invariablement *Les Adieux de Fontainebleau*. Jamais il ne reconnut la supercherie. Toujours il s'imagina que c'était un nouveau tableau, et que, dans l'antique empire de Montezuma, son père jouissait d'une popularité sans égale. Et tous les soirs, quand il montait se coucher, on l'entendait murmurer, en proie à l'émotion filiale : « Oh ! encore papa ! papa ! papa ! »

Général DU BARAIL, *Mes souvenirs*, 1913.

PÉTRARQUE

• La place que lui assigne Voltaire :

De ses petits ouvrages, qui roulent presque tous sur l'amour, il n'y en a pas un qui approche des beautés de sentiment qu'on trouve répandues avec tant de profusion dans Racine et dans Quinault. [...] Pétrarque, après tout, n'a peut-être d'autre mérite que d'avoir écrit élégamment des bagatelles, sans génie, dans un temps où ces amusements étaient très estimés, parce qu'ils étaient très rares.

VOLTAIRE, *Gazette littéraire*, 6 juin 1764.

PEUGEOT

• Un constructeur cultivé :

Tel le front des géants cyclopes, l'avant des automobiles s'orne souvent de trois yeux.

Peugeot-revue, janvier-février 1933.

PEUPLE

• Les idées de Voltaire :

Le peuple ressemble à des bœufs, à qui il faut un aiguillon, un joug, et du foin.

VOLTAIRE, *Correspondance*, 17 avril 1765.

Il est à propos que le peuple soit guidé et non pas instruit ; il n'est pas digne de l'être.

VOLTAIRE, *Correspondance*, 19 mars 1766.

• Et celles de Huysmans :

Quant au peuple, on lui a enlevé l'indispensable crainte du vieil enfer et, du même coup, on lui a notifié qu'il ne devait plus, après sa mort, espérer une compensation quelconque à ses souffrances et à ses maux. Alors il bousille un travail mal payé et il boit. De temps en temps, lorsqu'il s'est ingurgité des liquides trop véhéments, il se soulève et alors on l'assomme, car, une fois lâché, il se révèle comme une stupide et cruelle brute !

J. K. HUYSMANS, *Là-bas*, 1891.

• Le grand défaut :

Malheureusement, le peuple, lui aussi, prétend à « monter ». Quand il ne va pas au cabaret ou aux courses, c'est pour étudier la cote de la Bourse. Il thésaurise avec acharnement.

Georges DEHERME, *Le Positivisme en action*, 1923.

• Une condamnation complète :

Le peuple est bête, pue et crache partout.

Jules RENARD, *Journal*, 27 mars 1908.

PHALLUS

• Réponse à une insinuation :

Ceux qui connaissent parfaitement la forme du Phallus ne pourront se persuader qu'une croix est son image.

Jacques-Antoine DULAURE, *Des divinités génératrices*, édition de 1885.

PHÉNOMÉNOLOGIE

• Un coup des services secrets américains :

Le but principal de cette philosophie décadente est d'embrouiller la raison humaine, de la détourner des problèmes brûlants de la vie et de la science, des méthodes judicieuses et fécondes de la pensée théorique. La phénoménologie de Husserl a servi de base philosophique à l'*existentialisme* (voir ce mot). Le siège de la « Société phénoménologique internationale » se trouve à New York. Il organise les adeptes de cette théorie pour la lutte contre l'influence grandissante des idées avancées du matérialisme philosophique marxiste.

M. ROSENTHAL et P. IOUDINE, *Petit Dictionnaire philosophique*, Moscou, 1955.

PHILIPPE LE BEL

• Un adjectif pour lui :

Philippe le Bel est, si vous voulez, un roi fasciste.

Alain LAUBREAUX, « Philippe le Bel, le roi fasciste », *Je suis partout*, 13 décembre 1941.

PHILOSOPHIE

• Un poison :

L'enseignement philosophique fait boire à la jeunesse du fiel de dragon dans le calice de Babylone.

PIE IX, *Manifeste*, 1847.

• La condamnation d'un chrétien :

Il n'y a pas au monde un homme qui déteste et méprise plus que moi la philosophie. C'est une fille assez laide, que j'ai cru aimer autrefois, de vingt à trente. J'ai fait des folies pour elle jusqu'à lui donner, de mon précieux temps, un grand nombre d'heures dont chacune valait certainement plus de cinq cents milliards chez n'importe quel banquier de l'Éternité. La gueuse m'a tellement trompé et avec de tels cuistres que je ne peux plus en entendre parler sans des convulsions d'horreur. Eh ! quoi, c'est donc pour cette chienne avorteuse d'elle-même qu'ayant très ignoblement, quoique provisoirement, renié mon Dieu, j'ai pu, au préjudice effroyable de mon âme, donner l'unique trésor que je possédasse pour acheter la Vie divine, encore une fois mon temps, mon irréparable temps !

Léon BLOY, *Journal*, 15 avril 1910.

PHOTOGRAPHIE

• Sans avenir :

Qui s'intéressera jamais à l'invention de M. Niepce ? Cette « photographie », car c'est son nom, sera bientôt étouffée par l'évidente supériorité de la peinture.

Le Journal des savants, 1829.

• En aucun cas, un art :

Comme l'industrie photographique était le refuge de tous les peintres manqués, trop mal doués ou trop paresseux pour achever leurs études, cet universel engouement portait non seulement le caractère de l'aveuglement et de l'imbécillité, mais avait aussi la couleur d'une vengeance. Qu'une si stupide conspiration, dans laquelle on trouve, comme dans toutes les autres, les méchants et les dupes, puisse réussir d'une manière absolue, je ne le crois pas, ou du moins je ne veux pas le croire ; mais je suis convaincu que les progrès mal appliqués de la photographie ont beaucoup contribué, comme d'ailleurs tous les progrès purement matériels, à l'appauvrissement du génie artistique français, déjà si rare. [...] S'il est permis à la photographie de suppléer l'art dans quelques-unes de ses fonctions, elle l'aura bientôt supplanté ou corrompu tout à fait, grâce à l'alliance naturelle qu'elle trouvera dans la sottise de la multitude. Il faut donc qu'elle rentre dans son véritable devoir, qui est d'être la servante des sciences et des arts, mais la très humble servante, comme l'imprimerie et la sténographie, qui n'ont ni créé ni suppléé la littérature. Qu'elle enrichisse rapidement l'album du voyageur et rende à ses yeux la précision qui manquerait à sa mémoire, qu'elle orne la bibliothèque du naturaliste, exagère les animaux microscopiques, fortifie même de quelques renseignements les hypothèses de l'astronome ; qu'elle soit enfin le secrétaire et le garde-notes de quiconque a besoin dans sa profession d'une absolue exactitude matérielle, jusque-là, rien de mieux. Qu'elle sauve de l'oubli les ruines pendantes, les livres, les estampes et les manuscrits que le temps dévore, les choses précieuses dont la forme va disparaître et qui demandent une place dans les archives de notre mémoire, elle sera remerciée et applaudie. Mais s'il lui est permis d'empiéter sur le domaine de l'impalpable et de l'imaginaire, sur tout ce qui ne vaut que parce que l'homme y ajoute de son âme, alors malheur à nous !

Charles BAUDELAIRE, Salon de 1859, II. *Le Public moderne et la Photographie.*

• **Et peut-être un danger :**
Je ne critique pas l'art du photographe. Dans ces dernières années, la photographie a fait de vrais progrès. Elle s'est parée des plus grandes séductions. Elle transpose, transforme, déforme et souvent embellit le réel. La photographie est une précieuse conquête de la science. Mais si la photographie rend l'homme paresseux, je dis que la photographie est funeste et qu'il faut la tenir en bride.

Georges DUHAMEL, « Décadence de l'attention intellectuelle », *Mercure de France*, 1er mai 1936.

• **Comment procéder avec un vélo :**
Pour faire une photographie posée, on cale son vélo le long d'un trottoir, d'un arbre, dans une ornière et l'on visse sur le porte-bagages son appareil, qu'on met au point au moyen du viseur, on ouvre l'obturateur et l'on met le bouchon. On tire le volet du châssis et on enlève le bouchon de l'objectif pendant le temps voulu. J'affirme que la bicyclette ne remue pas quand elle est bien calée, quel que soit le temps de pose. Il est évident que si des artilleurs avec caissons et canons ou de lourdes voitures viennent ébranler le sol près de vous, votre appareil remuera. Sur pied il remuerait bien tout autant et peut-être plus.

Par ce procédé, on a l'avantage de ne pas avoir à emporter un pied qui est toujours lourd, embarrassant et fait sur la machine un bruit infernal. [...]

Derniers conseils au photo-bicycliste : le photo-bicycliste qui me lit et sait faire un cliché, soit en instantané, soit en pose, est quelquefois embarrassé lorsqu'il ne peut emporter son vélocipède pour lui servir de pied. Cet embarras est très grand quand il s'agit de faire un intérieur d'église tout particulièrement. Il y a pourtant une excellente méthode : on prend deux chaises (ce n'est pas rare dans une église) et on les pose l'une sur l'autre, la première reposant sur ses pieds et la seconde étant appuyée sur la première et ayant les pieds en l'air. De cette façon, on a, à environ un mètre de hauteur, un barreau sur lequel on peut visser son porte-bagage, comme on le fait sur le guidon. Pour le surplus, on agit comme pour monter l'appareil sur la bicyclette.

L. TRANCHANT, *Le Vade-Mecum du cycliste amateur-photographe*, 1896.

PHRASE

• **Entre deux points, plusieurs siècles d'histoire :**
A peine eut-elle débouché des gorges de Saint-Yrieix sur le plateau marneux qui les surplombe et d'où l'on découvre, à travers l'immense plaine s'étendant du dernier chaînon des Cévennes aux assises des Pyrénées, ces montagnes dont la beauté grandiose arracha jadis des cris d'enthousiasme au peu sensible Béarnais, déjà roi de Navarre, et faillit le rendre aussi troubadour que bien longtemps avant lui l'avait été Richard Cœur de Lion, alors simple duc du Pays des Eaux, où l'on trouve encore quelques vestiges des monuments érigés en l'honneur de ce descendant de Geoffroy, comte d'Anjou, lequel seigneur, aucun historien n'a su pourquoi ni comment, ornait en temps de paix sa toque, en temps de guerre son haubert d'une branche de genêt, habitude qui lui valut le surnom de Plantagenêt, porté plus tard par toute la famille française à laquelle le trône anglo-saxon, après la mort d'Étienne de Blois, le dernier héritier de Guillaume de Normandie, avait été dévolu, ma monture prit peur et manqua de me désarçonner.

Léon CLADEL, *Don Peyré*, in *Urbains et Ruraux*, 1884.

PHTISIE

• **Effets sur la barbe :**
La phtisie est si contagieuse qu'un mari ayant embrassé sa femme qui se mourait de cette maladie, perdit tout le poil de son menton sur lequel la malade avait appliqué ses lèvres, quoique la barbe continuât de croître en abondance autour de l'objet dépilé.

C. V. DAREMBERG, *Histoire des doctrines médicales*, 1865.

PHYLLOXÉRA

• Une solution :

Il nous reste maintenant à signaler les procédés mis en pratique pour détruire le phylloxéra. [...]

La submersion consiste à inonder la vigne d'une énorme quantité d'eau qu'on y laisse séjourner au moins pendant quarante jours ; cette opération doit être faite en hiver et doit être répétée sinon tous les ans, au moins tous les deux ans. Ce procédé est évidemment un des meilleurs. [...]

Malheureusement presque toutes les vignes sont plantées sur des coteaux secs, toujours situés loin de tout cours d'eau et pour lesquels la submersion est impossible.

Même dans les vignes situées à proximité d'une rivière, ce procédé est peu pratique, car il nécessite toujours une énorme dépense, de sorte que d'un côté le cultivateur obtient une récolte, mais d'un autre côté il est obligé de la payer fort cher, ce qui revient absolument au même que s'il n'avait rien récolté.

La Science populaire, 16 septembre 1880.

PHYSIOGNOMONIE

• Les grands auteurs :

Ceux qui ont les mâchoires petites sont traîtres et cruels. Les serpents, qui les ont petites, ont tous les vices.

ADAMANTIOS, *Physiognomonie*, 1540.

Ceux qui ont les lèvres déliées, dures et enflées près des dents canines, comme les porcs, méprisent l'honneur et ont l'âme basse.

Giambattista DELLA PORTA, *Physiognomonie humaine*, 1586.

Ceux qui jadis étaient marqués de quelques défauts corporels, les aveugles, les boiteux, ceux qui avaient le nez écrasé ou la taille contrefaite, n'osaient point approcher de l'Autel du Seigneur. De même l'entrée du Sanctuaire de la physiognomonie doit être fermée à tous ceux qui s'y présentent avec un cœur pervers, des yeux louches, un front mal conformé, une bouche de travers.

Gaspard LAVATER, *L'Art de connaître les hommes par la physiognomonie*, édition de 1806, tome I.

• Un exemple troublant :

Deux hommes, très diversement célèbres, qui tous deux ont vécu dans notre région, Voltaire et le curé d'Ars, avaient les traits physiques presque semblables. Et pourtant où trouver deux physionomies plus opposées ?

Au premier, il ne resta guère, vers la fin de ses jours, que le rictus hideux dont parle Joseph de Maistre, témoignage et flétrissure de ses haines basses et de sa vie honteuse. On ne pouvait regarder le second sans être ému jusqu'au fond de l'âme : cette figure émaciée par la pénitence ; ces yeux profonds et doux, familiarisés avec le ciel, le tabernacle et les larmes ; ces lèvres d'où ne montait que la prière et d'où ne descendait que le pardon ; toute cette physionomie célèbre et transparente, telle que Cabuchet nous l'a rendue dans une œuvre immortelle.

Joseph SERRE, *La Lumière du cœur*, 1909.

PIANO

• Bien laid :

Un piano, quels que soient sa marque et son luxe d'ornement, est laid de forme ; malgré l'imagination des artistes, cette forme est demeurée hideuse... En revanche, citons la beauté esthétique de l'orgue à tuyaux.

Émile BAYARD, *Le Bon Goût*, 1919.

PICABIA

• Un bon conseil :

Puisque M. Picabia est riche, je me permets de lui indiquer une belle œuvre d'art à faire : une maison à reconstruire à Reims ou ailleurs, car les ruines ne manquent pas. Cela durera beaucoup plus que ses toiles et, au fond, l'Espagne nous doit bien ça.

André DAHL, *Le Merle blanc*, 29 janvier 1921.

PICASSO (Pablo)

• Quelques jugements :

C'est intéressant, mon garçon. Vous devriez vous consacrer à la caricature.

Félix FÉNÉON, 1908, s'adressant à Picasso devant les *Demoiselles d'Avignon*.

A l'origine de la matière gigantesque de Picasso, on peut trouver le bébé Cadum.

Henri MATISSE, propos cité par P. Cabanne, *Le Siècle de Picasso*, tome I, p. 367.

. Expression typique de la schizophrénie.

Le psychanalyste K. G. JUNG, visitant une exposition Picasso à Zurich (vers 1930).

M. Picasso est illustre pour avoir inventé le tableau qui n'a ni endroit ni envers.

Camille MAUCLAIR, critique d'art, *Le Figaro*, 1930.

Picasso dépose son bilan. Gageons que sauf MM. Zervos et Raynal, les syndics de la critique prononceront la faillite. Picasso appartient au passé.

Germain BAZIN, *L'Amour de l'art*, juillet 1932.

Le prestige de Picasso pâlit rapidement et les gardiens de sa renommée — comme ses tableaux — mènent un combat perdu pour le placer parmi les immortels.

Thomas CRAVEN, *Art Digest*, 15 novembre 1934.

Picasso, non seulement dessine de façon sommaire et maladroite, mais encore il peint mal, délibérément.

Gérard MESSADIÉ, *La Messe de saint Picasso*, Laffont, 1989.

PICKPOCKET

• Un exemple d'anglophobie :

Le pickpocket de nationalité anglaise est le plus connu. On le rencontre partout. Mais ce n'est point le plus habile. On lui a fait une réputation qu'il ne mérite pas.

Il est raide, compassé dans ses mouvements, et, tout en possédant une grande dextérité de mains, il se ressent du flegme national.

G. MACÉ, ancien chef du service de la Sûreté, *Un joli monde*, 1887.

PIED

• A une place dans la littérature :

Alors elle aperçut un pied qui riait dans un rayon de soleil.

Émile ZOLA, *Contes à Ninon, Carnet de danse*, 1864.

Je les réchauffais, ces pieds glacés pour moi qui, peut-être, ramassaient pour moi, en sortant d'un lit chaud, quelque horrible maladie de poitrine.

Jules BARBEY D'AUREVILLY, *Les Diaboliques, Le Rideau cramoisi*, 1874.

Il sentait sous ses doigts les contours fondants du pied de Marthe.

André THEURIET, *Péché mortel*, 1885.

Tes deux pieds, nuit et jour, sont posés sur mon cœur.

Comtesse DE NOAILLES, *Les Vivants et les Morts. Je ne puis comprendre*, (1913-1923).

• Et dans la politique :

Il y eut des hommes d'État qui, dans le désarroi, la défaite et le malheur, n'ayant pour combattre pied à pied que de la salive et de l'encre, ont su faire merveille.

Le Gaulois, 28 octobre 1902.

PIGEON

• Une réputation inexplicable :

Les pigeons sont loin d'avoir les mœurs douces et pures qu'on leur attribue... Leur réputation de fidélité n'est pas mieux méritée ; peut-être cette fidélité, d'un an tout au plus, existe-t-elle chez le pigeon sauvage ; à l'état de domesticité, il en est tout autrement. Je ne sais si c'est à leur état de civilisation qu'ils doivent cette dépravation, mais l'on voit sans cesse des mâles caresser des femelles qui ne sont pas celles avec lesquelles ils couvent ou couveront, et les femelles recevoir leurs caresses de très bonne grâce, ce qui est très vilain. C'est sans doute pour cela qu'on mange les pigeons.

Mme MILLET-ROBINET, *Maison rustique des dames*, 1859.

PILFÉRER

• La plus belle affiche :

Le sieur *Pilférer*, natif de la Bohême, docteur en pyrotechnie, professeur de chiromancie, connu dans les colonies anglaises sous le nom de *Croock-Fingerd-Jack*, venu dans ce pays, à la prière de plusieurs personnes du premier rang, donne avis au public qu'après avoir visité toutes les académies de l'Europe pour se perfectionner dans les sciences vulgaires, qui sont l'algèbre, la minéralogie, la trigonométrie, l'hydrodynamique et l'astronomie, il a voyagé dans tout le monde savant, et même chez les peuples demi-sauvages, pour se faire initier dans les sciences occultes, mystiques et transcendantes, telles que la cabalistique, l'alchymie, la nécromancie, l'astrologie judiciaire, la divination, la superstition, l'interprétation des songes et le magnétisme animal.

C'était peu pour lui d'avoir étudié dans trente-deux universités, et d'avoir voyagé dans soixante-quinze royaumes, où il a consulté les sorciers du Mogol et les magiciens samoyèdes. Il a fait d'autres voyages autour du monde pour feuilleter le grand livre de la nature, depuis les glaces du Nord et du pôle austral jusqu'aux déserts brûlants de la zone torride. Il a parcouru les deux hémisphères et a séjourné dix ans en Asie avec des saltimbanques indiens, qui lui ont appris l'art d'apaiser la tempête et de se sauver après un naufrage en glissant sur la surface de la mer avec des sabots élastiques.

Il apporte, du Tonkin et de la Cochinchine, des talismans et des miroirs constellés, pour reconnaître les voleurs et prévoir l'avenir. Il peut endormir les loups-garous, commander aux lutins, arrêter les farfadets et conjurer tous les spectres nocturnes. Il a appris, chez les Tartares du Thibet, le secret du grand Dalaï-Lama, qui s'est rendu immortel, non comme Voltaire et Montgolfier, par les productions du génie, mais en achetant, en Suède, l'élixir de longue vie, à Strasbourg la poudre de Cagliostro, à Hambourg l'or potable du grand Adelphe Saint-Germain ; et à Stuttgart la béquille du P. Barnaba et le bâton du Juif errant, lorsqu'on vit passer ces deux vieillards dans la capitale du Wurtemberg, le 11 mai 1684.

En faisant usage de l'onguent qu'employait la magicienne Canidiâ pour aller au sabbat, il prouve, par des expériences multipliées, qu'un homme peut entrer dans le goulot d'une bouteille, si elle est assez grande.

Il avertit, au reste, qu'il continue de guérir le mal de dents, non comme les empiriques, en arrachant la mâchoire, mais par un moyen aussi certain qu'il est inouï, qui consiste à couper la tête ; et pour prouver que cette opération n'est point dangereuse, et qu'on peut la faire selon les règles de l'art, *cito, tuto* et *jucunde*, il décapitera plusieurs animaux, qu'il ressuscitera un instant après, selon les principes du P. Kir-Ker, par la palingénésie.

Il est si persuadé de l'efficacité de ses remèdes sur l'odontalgie, et sur toutes les maladies curables, qu'il ne craint point de promettre une somme extraordinaire à tous les malades qui, trois mois après le traitement, seront en état de se plaindre.

Affiche lue au Cap par Decramps et cité *in* Collin de Plancy, *Dictionnaire infernal*, 1818.

PILOTE

• Vu par un grand reporter :

Le pilote n'échappa à la dernière rafale meurtrière que par une glissade qui rompit son avion. Il avait reçu deux balles dans une jambe, des deux côtés du genou. Le tir était si dru qu'elles sortirent par le même orifice.

Joseph KESSEL, *Paris-Soir*, 28 octobre 1939.

PIMENT

• Pourquoi il est rouge :

Le Créateur a revêtu les piments du vermillon qu'on voit aux étiquettes apposées sur les médicaments dangereux pour rappeler aux humains les inconvénients des condiments endiablés.

Dr Henri LECLERC, *Les Épices*, vers 1915.

PINARD

• A leur santé :

Sur la voie sacrée, douloureuse et sublime, où nos poilus auront bu le pinard, où tant d'entre eux auront répandu leur sang, et perdu la vie, la douce vie, en laissant derrière leur mort tant de veuves et d'orphelins, sur ce chemin du calvaire viendront en pèlerinage des pèlerins du monde entier, qu'aura délivrés la France.

Eh bien ! s'ils veulent être dignes de le faire, cet auguste pèlerinage, qu'ils ne le fassent pas en touristes curieux, mais en dévots humbles et fervents. Dans des verres de paysans, ainsi que dans des calices touchés d'une main tremblante, qu'ils y boivent à leurs repas le pinard des poilus, versé par nos cantinières silencieuses, et payé le plus cher possible au bénéfice des veuves et des orphelins de France.

Jean RICHEPIN, de l'Académie française, in *La Baïonnette*, 14 décembre 1916.

PISCINE

• Inadmissible :

Je suis contre les liqueurs comme je suis contre les piscines, et je ferai tout ce qui est en mon pouvoir pour supprimer ces deux inventions du diable. Je ne puis pas comprendre comment un homme permet à sa femme d'aller se baigner avec d'autres hommes, et supporter de vivre encore avec elle.

Moutain LYONS LOAN, candidat à la députation dans le Greenville County (South Carolina), discours, 1925.

PISSARRO

• Il ne comprendra jamais :

Il y a des gens qui pouffent de rire devant ces choses, moi, j'en ai le cœur serré. Ces soi-disant artistes s'intitulent les intransigeants, les impressionnistes ; ils prennent des toiles, de la couleur et des brosses, jettent au hasard quelques tons et risquent le tout. C'est ainsi qu'à la Ville-Evrard les esprits égarés ramassent les cailloux sur le chemin et se figurent qu'ils ont trouvé des diamants. Effroyable spectacle de la vanité humaine s'égarant jusqu'à la démence. Faites donc comprendre à M. Pissarro que les arbres ne sont pas violets, que le ciel n'est pas d'un ton beurre frais, que dans aucun pays on ne voit les choses qu'il peint et qu'aucune intelligence ne peut adopter de pareils égarements. Autant perdre son temps à vouloir faire comprendre à un pensionnaire du Dr Blanche, se croyant le pape, qu'il habite les Batignolles et non le Vatican.

Albert WOLFF, *Le Figaro*, 3 avril 1875.

• Et nous ne comprendrons jamais :

Aucune intelligence ne peut accepter de telles aberrations.

Albert WOLFF, en sortant de la galerie Durand-Ruel, 1876.

PLAGES

• Une phrase à méditer :

On me citait récemment un mot, qui m'a transporté, d'un paysan vendéen propriétaire d'une belle ferme. Il avait accoutumé d'envoyer ses filles, quinze jours pendant l'été, aux Sables-d'Olonne. Mais, quand il s'aperçut que nos plages n'étaient plus qu'exhibitions, il les retint à la maison. « Mes filles ne vont plus aux Sables-d'Olonne, dit-il à quelqu'un qui s'en étonnait, depuis que les femmes ont perdu leur noblesse. »

Méditez ce mot. Il est plus beau que les plus somptueux des couchers de soleil sur les moissons dorées.

Gaëtan BERNOVILLE, « La J C S et la Terre », *Mon carnet de vacances J C S*, Paris, 1939.

PLAIES SOCIALES

• On ne pense pas toujours à celles-ci :

Trois plaies sociales.

Il est certaines fautes nationales qui sont des crimes parce qu'elles atteignent la Patrie dans ses sources vives. Notons-en trois :

1. L'école laïque. Elle est un crime parce que neutre. Une nation pétrie du Christianisme, édifiée par l'Église n'a pas le droit de ne pas se préoccuper de religion, surtout de bannir le nom de Dieu de ses lèvres et de son enseignement. L'homme a besoin de Dieu et la France appartient au Christ. Donc, la neutralité est un crime.

2. Le dimanche païen. Le dimanche redevient peu à peu un jour de repos. Mais de tous les côtés surgissent des concours et des fêtes qui ont pour but plus ou moins avoué l'oubli du devoir chrétien. Des jeux partout, des jeux toujours, et le devoir du dimanche chrétien est méconnu.

Français, faites du dimanche autant un jour religieux qu'un jour de repos.

3. Le journal impie. Il vient tous les matins servir un mélange empoisonné de faussetés très soignées, d'erreurs doctrinales, de calomnies malhonnêtes, de laideurs morales. Et bientôt les fidèles lecteurs, ne croyant plus à Dieu, à l'Église, au prêtre, croient à l'infaillibilité de leur journal et à la certitude de ses mensonges lucratifs.

De l'école laïque, du dimanche païen, du journal impie, libérez-vous, Français.

OUTIS, *Almanach du Syndicat central des agriculteurs du Sud-Ouest pour 1914*, Toulouse, 1914.

PLAINE

• Vaut bien la mer :

La mer est admirable à voir de ses rives, comme une chaîne de montagnes est splendide à voir de ses lisières. Que dire de la réunion des deux beautés, la largeur et l'altitude, l'extrême aplanissement devant le colossal exhaussement, la mer au pied des montagnes !

Toutefois la mer n'est pas nécessaire à la sublimité de l'aspect des montagnes. Les grandes plaines qui s'étendent au pied des chaînes peuvent produire le même effet de contraste. Les plaines ressemblent un peu à la mer, pour cette bonne raison d'abord que ce sont d'anciens fonds de mer. Les ondulations des moissons valent bien celles des vagues, et l'animation qu'apporte la vie sur la terre ferme ne le cède pas à celle qu'elle apporte au fond des eaux. La plaine offre le même genre d'intérêt pour l'habitant des montagnes, que les montagnes pour l'habitant des plaines : ce sont, pour ainsi dire, les deux faces d'une même question.

Albert DUPAIGNE, *Les Montagnes*, 1874.

PLANÈTES

• Elles obéissent de bon cœur :

De même que Dieu a dit à la mer : « Tu n'iras pas plus loin, voilà les bornes que je fixe à ton empire » ; de même qu'il a dit aux planètes : « Vous ne vous écarterez pas de cette route » ; et les planètes ont obéi comme l'océan et obéissent depuis des milliers d'années. Ici toute révolte est impossible ; les sujets ne peuvent pas renverser leur roi, et ils n'en ont pas envie, je vous assure.

M. DE PLASMAN, ancien vice-président du tribunal de première instance d'Orléans, *Dieu et l'Ouvrier*, 1872.

PLAN QUINQUENNAL

• Sa mise en place :

Un plan quinquennal est mis sur pied à la force du poignet.

Le Monde, 13 avril 1949.

PLUIE

• L'invocation du patriote :

Ô pluie, amie, amie pénétrante et froide, précède-nous à l'attaque de l'ennemi ; harcèle-le continuellement, surprends-le sur les routes, dans les campagnes sans abri ; fais grossir les rivières sur sa route, fouette-lui le visage, transperce ses habits, pénètre-le jusqu'aux os, détrempe profondément le sol sur lequel sa tête va se reposer, mouille sa poudre en retardant sa marche, embourbe ses canons et ses caissons, épuise-le et alors, ô pluie pénétrante et froide, tu auras autant mérité de la patrie que nos vaillants soldats !

Le Charivari, 11 septembre 1870.

• Quand on ne peut pas l'obtenir par des prières, on peut essayer les blasphèmes :

Le roi Ferdinand, qui assiégeait un bourg situé au pied du mont de Mondragore, le réduisit à une telle difficulté par manque d'eau que celui-ci crut un moment être obligé de se rendre. Des prêtres, pour remédier à une telle éventualité, utilisèrent des artifices diaboliques et profanes pour provoquer la pluie afin de secourir les soldats et les habitants. Ils placèrent donc un âne au-dessus de la porte d'un temple, comme s'il était moribond, et ils chantèrent sur lui des hymnes et des poèmes funèbres. Ensuite, dans la bouche (ô horreur), ils lui mirent la divine eucharistie, et ils l'enterrèrent vivant.

Ceci à peine fait, on vit le ciel s'obscurcir de nuages, fulgurer d'éclairs et gronder de coups de tonnerre, et l'air agité par les vents avec tant d'impétuosité et de bruit, qu'en plus des arbres qui volaient et des pierres brisées par les éclairs, la pluie tomba d'une manière si exorbitante qu'elle fit déborder des citernes et les lits des torrents, et que les cataractes célestes semblaient s'ouvrir pour absorber de nouveau le monde. Quand le roi vit un tel prodige, il ne voulut plus poursuivre son entreprise et il s'en alla ailleurs avec son armée.

Giovanni IMPERIALE, de Vicence, *Le notti beriche*, Venise, 1663.

PLURIEL

• La subtilité des grammairiens :

Le pluriel des noms propres offre matière à distinctions subtiles. Il faut écrire, disent les grammaires : « Les Boileau (sans s) et les Gilbert (sans s) furent les Juvénals (avec un s) de leur siècle », parce qu'ici les « Boileau » signifie Boileau lui-même, tandis que les « Juvénals » signifie « les poètes semblables à Juvénal. »

CLÉDAT, *Grammaire raisonnée*, Paris, 1894.

POÈTES

• Une apostrophe célèbre :

Chenilles de la République...

Stephen GOSSON, *The School of Abuse*, 1579.

• De leur conformation :

Je crois pouvoir hardiment demander à mes lecteurs s'ils connaissent un seul poète qui ait les yeux enfoncés et fortement dessinés, les sourcils épais, serrés et raccourcis, ou rabattus sur les yeux en ligne horizontale, une lèvre supérieure arquée depuis le nez jusqu'à la bouche, le bord des lèvres rogné, une peau rembrunie, sèche et coriace, fortement tendue et difficile à mouvoir, le sommet du crâne aplati, l'occiput perpendiculaire.

Gaspard LAVATER, *L'Art de connaître les hommes par la physionomie*, édition de 1807, tome VI.

• Réflexion sur la poésie :

Les mots ont une vie à eux, une petite vie qui leur est propre, qu'ils ont puisée, où ? On ne sait pas ! [...] dans les lointains des balbutiements et des siècles ! Je sais, et vous aussi, une vieille chanson d'où sont absents le sujet, le complément et le verbe, et qui n'en est pas moins charmante, pleine d'évocation et de rêve :

Orléans, Beaugency,
Notre-Dame de Cléry,
Vendôme.

Ici les mots parlent, sont poètes. Mettez-en d'autres à la place ; ceux-ci, par exemple :

Gien, Gannat, Montdidier,
Privat, Guéret, Pithiviers,
Roanne.

et cela ne veut rien dire ; c'est devenu idiot.

Georges COURTELINE, *La Philosophie de Courteline*, 1922.

• En tout cas, pas d'illusions :

L'influence du poète ressemble souvent à celle de Chantecler dont le chant fait lever le soleil, à condition d'être chanté juste avant l'aurore.

Albert GUÉRARD, in *Les Primaires*, juillet à décembre 1937, p. 605.

• Un cas de conscience :

Toutes mes idées sur la poésie sont en émoi. J'ai vu, ce soir, dans le chemin des dunes, un papillon lavande sur une crotte de chien.

Louis VALLET, « Cartes postales », *Les Primaires*, 1er septembre 1932.

POIGNARD

• Comment on l'utilise en littérature et en philosophie :

Le voilà ce poignard qui du sang de son [maître
S'est souillé lâchement ; il en rougit, le [traître !

Théophile DE VIAU, *Pyrame et Thisbé*, 1623.

D'un seul bond [le capitaine] sauta sur le timonier et l'atteignit si furieusement de son poignard qu'il le marqua, mais il le précipita dans la mer.

Honoré DE BALZAC, *La Femme de trente ans*, 1831.

Nous pouvons dire, avec une vérité frappante, que tout poignard qui tue est presque invariablement emmanché dans l'idée qu'il n'y a pas de Dieu, pas d'autre vie, et par conséquent impunité absolue pour le malfaiteur qui saura échapper à la justice humaine.

DU SAUSSOIS DU JONC, *De l'extinction du paupérisme par l'instruction morale*, 1877.

POIL

• Morale du poil :

La Nature est admirable dans tous ses effets et ne produit jamais rien sans dessein. Le poil commence à poindre à douze ou quinze ans lorsque, selon la pensée de Théodoret, l'âme peut distinguer le vice de la vertu. C'est alors que la Nature met un voile sur les parties naturelles de l'un et de l'autre sexe, pour leur marquer que l'honnêteté et la pudeur y doivent établir leur principal domicile.

Nicolas VENETTE, *La Génération de l'homme*, édition de 1690.

• Mécanique du poil :

Il n'est pas besoin d'être anatomiste pour remarquer que les poils sont susceptibles d'opérer quelques petits mouvements et pour en conclure que chacun doit être armé d'un muscle, analogue à ceux qui mettent en mouvement les pièces importantes de notre squelette.

Savez-vous cependant où cela nous mène d'admettre que chaque poil est pourvu de son muscle ? A concéder qu'il peut exister dans l'épaisseur de la peau, jusqu'à dix mille muscles par centimètre carré ; car tel est le nombre de poils qui chez un homme ordinaire, je ne parle pas de l'homme-chien, garnissent cette surface.

Comprenez-vous ce qu'il en coûte à la nature pour que nos cheveux puissent se dresser sur notre tête et que nous puissions avoir la chair de poule ?

W. de Fonvielle, *Les Merveilles du monde invisible*, 1874.

POILUS

• Les plus heureux des hommes :
Je reviens du front, je Les ai vus, et j'en tremble encore. [...] Ce que je vous rapporte, c'est le culte de l'homme ayant touché du doigt le summum des beautés morales auxquelles une race peut atteindre. Je rentre du monde idéal et j'ai vu l'âge d'or. [...] Quand je suis monté vers eux, je Les plaignais. Quand j'en reviens, je Les envie.

Le Journal, 7 novembre 1915.

POINCARÉ (Raymond)

• L'avis de Lénine :
La carrière prodigieuse de Poincaré est une carrière typique d'un homme d'affaires bourgeois qui se vend tour à tour à tous les partis sur le plan politique et à tous les riches « en dehors » de la politique. A vingt-six ans il était chef de cabinet, et à trente-trois ans ministre. Les richards et les manitous de la finance de tous les pays tiennent en haute estime les liaisons politiques d'arrivistes aussi adroits.

Lénine, *Œuvres complètes*, Éditions sociales, XVIII, p. 507.

POISSONS

• S'ils sont, oui ou non, rusés :
Qui n'aperçoit au premier coup d'œil qu'ils manquent d'intelligence, qu'ils sont incapables de réflexion et de ruse ?

Gaspard Lavater, *L'Art de reconnaître les hommes par la physionomie*, édition de 1807, tome IX.

En la rivière qui passe à Cochin il se trouve des poissons de forme si humaine, qu'étant pris, on y remarque jusqu'à la différence du sexe pareille à la nôtre. Ils ont l'industrie, sortant de l'eau la nuit, de tirer du feu les cailloux qu'ils trouvent et d'en allumer du bois, à la lueur ils prennent les autres poissons qui y accourent.

Nicolas Conti, voyageur italien (XVe siècle) cité *in* Ramusio, *Navigations et Voyages*, Venise, 1550-1559.

• Une question qui reste mystérieuse :
Comment arrive-t-il qu'au milieu des eaux, si chargées de sel que je ne puis en souffrir une goutte dans la bouche, les poissons y vivent, et y jouissent d'une vigueur et d'une santé parfaites ? Et comment au milieu du sel conservent-ils une chair qui n'en a point le goût ?

M. Rollin, *Traité des études*, 1740.

Je remarque sur les poissons que c'est une merveille qu'ils puissent naître et vivre dans l'eau de mer, qui est salée, et que leur race ne soit pas anéantie depuis longtemps.

Mgr Gaume, *Catéchisme et Persévérance*, 1872.

• Ils n'inspirent pas les poètes :
Rien n'est insignifiant comme un poisson hors de l'eau, ses couleurs se ternissent, ses yeux se vitrent ; mort ou mourant il répand une odeur infecte ; enfin rien en lui n'excite l'intérêt ni la compassion. Un pauvre oiseau blessé nous inspire un vif sentiment de pitié ; on voudrait rendre à ce joli petit être la vie qui, pour lui, semble avoir tant d'attraits ; mais pour le poisson c'est tout différent. De tout temps les poètes ont pleuré la mort d'un oiseau, celle d'une simple fleur ; je ne sache pas qu'il s'en soit jamais trouvé d'assez désœuvrés pour écrire une élégie sur l'agonie d'un poisson.

Marie Maugeret, *La Science à travers champs*, 1875.

• Mais ils font rêver les journalistes :
Passé ce temps, le petit animal fait son entrée dans le monde des poissons ; mais il devra y chercher sa nourriture à la sueur de son front.

L'Événement, novembre 1866.

POLISSER

• Un joli verbe :
La réforme fiscale est un de ces ouvrages dont on peut dire qu'il faut le remettre

le signal d'un mouvement civilisateur stupéfiant, séparant pour ainsi dire le monde ancien du nouveau ? Depuis lors les guerres sont devenues certainement plus meurtrières que du temps où les héros se contentaient de lutter à l'arme blanche, mais en même temps elles sont devenues incomparablement plus rares, de sorte que tous les vrais philosophes se sont réjouis de l'économie de sang qui en est résultée.

Wilfrid DE FONVIELLE, *Notre flotte aérienne*, 1908.

POULAIN

• Les conséquences d'un inceste :

Un roi des Scythes, ayant une jument qui faisait les plus beaux poulains du monde, voulut la faire couvrir par un de ses propres poulains, et pour surmonter l'horreur que cet animal avait pour l'inceste, on déguisa la mère. Mais après l'accouplement, ayant reconnu la tromperie qui lui avait été faite, plein de tristesse et de désespoir, il s'alla précipiter du haut d'un rocher.

ARISTOTE, *Histoire des animaux*, traduction Bordelon, 1720.

POUMERLÉ

• Le tonnerre de Dieu :

Quand Sodome et Gomorrhe furent englouties en un clin d'œil, tous les habitants de ces villes, hommes, femmes et enfants, tombèrent morts et roulèrent dans les abîmes de l'enfer. Alors on n'eut pas le temps de compter son argent, ni d'aller courir la prétentaine avec la p..., mais, en un instant, tout ce qui vivait tomba mort. Ce fut la timbale et la trompette du bon Dieu, c'est ainsi qu'il fit son : *poumerlé poump ! poumerlée Poump ! pliz ! pluz ! schmi, schmir !* Ce fut le coup de timbale du Seigneur ou, comme dit saint Paul, la voix de l'archange et la trompette de Dieu. Car, lorsque Dieu tonne, cela fait presque comme un coup de timbale : *poumerlé poump !* Ce sera le cri de guerre et le tarantantara du bon Dieu. Alors tout le ciel retentira de ce bruit : *Kir ! Kir ! Poumerlé poump !*

Martin LUTHER, cité in *Curiosités théologiques par un bibliophile*, 1908.

POUPOULE

• Une bonne raison :

Qui ne se souvient de « Viens, poupoule ! » et de sa vogue imbécile ? C'était une chanson berlinoise. [...]

Camille SAINT-SAËNS, *L'Écho de Paris*, 16 octobre 1914.

POUVOIR

• A qui il doit appartenir :

Puisque le droit de propriété ne peut être établi que par les principes de l'équité naturelle, et que l'intelligence du vulgaire ne peut s'étendre jusqu'aux malheurs qu'entraînerait pour la société l'abolition du droit de propriété, le peuple doit être placé, sous le rapport de son aptitude au gouvernement, dans un état de minorité perpétuelle, et par conséquent le pouvoir doit appartenir aux riches, et aux plus riches d'entre les riches comme ayant un intérêt plus particulier au maintien de la propriété.

COTTU, *Guide politique de la jeunesse*, 1838.

POUX

• Un bon remède :

Ceux qui n'ont pas de répugnance à avaler des poux, peuvent s'en servir comme spécifique contre la jaunisse et l'ictère. Ils en prendront souvent neuf à la fois. [...] Ce qui est bien sûr, c'est que ces insectes sucent les mauvaises humeurs du corps des enfants.

LESSER, *Théologie des insectes*, 1742.

PRÉCÉDÉ

• Devant ou derrière :

Précédé du geôlier qui tenait les clefs et de ses deux garçons qui me suivaient pour m'empêcher de rebrousser chemin, j'arrivai par un étroit escalier au deuxième étage.

F. R. DE CHATEAUBRIAND, *Mémoires d'outre-tombe*, édition Biré-Moreau, t. V, p. 324.

PRÉDICATEURS

• Quelques excès :

Il y a aussi un moyen de faire effet dont les prédicateurs ordinaires se servent assez souvent, c'est le bonnet carré qu'ils portent sur la tête ; ils l'ôtent et le remettent avec une rapidité inconcevable. L'un d'eux s'en prenait à Voltaire, et surtout à Rousseau, de l'irréligion du siècle. Il jetait son bonnet au milieu de la chaire (qui est une longue tribune), le chargeait de représenter Jean-Jacques : et, en cette qualité, il le haranguait et lui disait : « Eh bien, philosophe genevois, qu'avez-vous à objecter à mes arguments ? » Il se taisait alors quelques moments, comme pour attendre la réponse ; et, le bonnet ne répondant rien, il le remettait sur sa tête, et terminait l'entretien par ces mots : « A présent que vous êtes convaincu, n'en parlons plus. »

Mme DE STAËL, *Corinne*, 1807.

Des écrivains du XVIe siècle rapportent les traits singuliers de l'ignorance et de la naïveté de certains prédicateurs de l'époque. Peut-être y a-t-il dans ces récits quelque exagération ; toutefois on ne saurait contester qu'il ne se dît alors en chaire de bien étranges choses. Quoi qu'il en soit, on prétend qu'un curé de la Savoie, exhortant ses paroissiens à payer les dîmes, leur citait l'exemple d'Abel, qui ne manquait jamais de les acquitter très régulièrement et qui entendait la messe chaque jour, tandis que Caïn ne voulait ni aller à l'Église, ni payer les redevances du clergé. Un autre prédicateur citait l'exemple d'Abraham, d'Isaac, de Jacob, et autres patriarches qui n'allaient jamais se coucher sans faire le signe de la croix et dire leur *Pater* et leur *Ave*. Un prédicateur flamand décrivait la robe que portait Jésus-Christ avec autant d'exactitude que s'il l'avait vue : « Elle estoit de couleur de cendres, ronde tant par haut que par bas, ayant aussi des manches faictes en rond, et des bordures par bas, à la façon des Juifs ; ceste robbe estoit faicte à l'aiguille, de la main de la bienheureuse vierge Marie, et, à mesure que Jésus-Christ croissait, sa robe croissait aussi, et ne s'usoit point. Un an avant sa Passion, il avoit accoutumé de porter une autre petite robbe sous ceste-ci. »

Curiosités théologiques par un bibliophile, 1908.

PRÉFET

• Un signe des temps :

Par le temps qui court, un préfet de la Seine est à la disposition de conseillers municipaux de Paris, plus encore qu'un garçon de café à la disposition des consommateurs — et avec le pourboire en moins.

Paul DE CASSAGNAC, *L'Autorité*, 21 mars 1886.

PRÉHISTOIRE

• On s'en lassera vite :

Il faut savoir respecter les congrès préhistoriques et leurs amusements. Le goût en passera quand de pareils excès auront été poussés encore un peu plus loin, et que les esprits rebutés réduiront simplement à rien toutes ces folies.

Comte DE GOBINEAU, *Essai sur l'inégalité des races humaines*, 1853-55.

PRÉMATURÉS

• Attention à la lune :

Ce n'est que lorsqu'ils ont été conçus la veille ou le lendemain de la pleine lune, ou pendant l'interlune que les enfants naissent avant le septième mois.

PLINE, *Histoire naturelle*, 78 ap. J.-C.

PRÉSIDENCE DE LA RÉPUBLIQUE

• Une fonction qui transforme un homme :

Le maréchal de Mac-Mahon arriva à l'Élysée honnête homme. Il en partit menteur fieffé, n'ayant réussi à rien d'autre qu'à ridiculiser les militaires.

Comte A. DE PUYSÉGUR, *La Trahison des chefs nationaux*, 1938.

• Un truc mnémotechnique très simple :

Peut-on garder rancune aux Français moyens d'ignorer la mythologie, alors que pas un électeur sur dix n'est capable de citer dans l'ordre les présidents successifs de notre immuable République ? Aidons leur mémoire et leur patriotisme :

Avant Gaston Doumergue et son ventre [en amphore,
Thiers, Mac-Mahon, Grévy, Carnot, Pe- [rier et Faure,
Loubet, Fallières, Paul Deschanel, Millerand
Ont, de la République, atteint le premier [rang.

La Croix, 8 décembre 1926.

PRESSE

• Un partisan :

La folie sera bien près de disparaître de toutes les populations, lorsque celles-ci compteront un journal pour vingt mille habitants.

PIERQUIN DE GEMBLOUX, *L'Arithmétique politique de la folie*, 1831.

• **Deux adversaires :**
Quand tout le monde pourra lire *Le Petit Journal* et *Le Figaro*, on ne lira pas autre chose, puisque le bourgeois, le monsieur riche ne lit rien de plus. La presse est une école d'abrutissement, parce qu'elle dispense de penser.

Gustave FLAUBERT, *Lettre à George Sand*, 8 septembre 1871.

Dans la presse et dans l'armée, c'est un ramassis d'internationaux, de rastaquouères et de traîtres, mâtinés de Cosaques et bâtards de Uhlans.

Urbain GOHIER, *L'Armée contre la nation*, 1899.

• **A propos de la liberté de la presse :**
On tuera la presse comme on tue un peuple, en lui donnant la liberté.

Honoré DE BALZAC, *Monographie de la presse parisienne*, 1842.

On peut concevoir la liberté de la presse dans certains États particuliers, qui, n'ayant ni grandes armées à entretenir, ni influence extérieure à conserver, ni dette publique à servir, ni vastes fortunes à protéger, peuvent se livrer, sans danger, à toutes les expériences politiques ; mais dans les grands États, où la population plus pressée, les rapports plus étendus et le sol moins également partagé, exigent l'action forte et rapide d'un *gouvernement spécial et regardé comme définitif, du moins dans ses institutions principales* : dans ces États, dis-je (et ils embrassent la presque totalité de l'Europe), la liberté de la presse est *une absurdité*.

COTTU, *Guide politique de la jeunesse*, 1838.

• **Exemples du mal que font les journaux :**
Nous croyons qu'être abonné à *Candide*, à *Gringoire* et autres de même genre ou les lire habituellement, est matière suffisante à péché mortel, que les lire de temps en temps est matière à péché véniel, ne serait-ce qu'à cause du péril de rencontrer des articles immoraux ou obscènes, et que le faire en public pourrait entraîner un grave scandale.

R.P. René BROUILLARD, s.j., *Petite Revue du clergé français*, avril 1938.

Toutes ces circonstances [...] font qu'une conscience chrétienne est en droit de considérer *Paris-Soir* comme un journal qui corrompt les âmes et ruine les foyers, et de le dénoncer, comme on dénonce le pétroleur, l'incendiaire, l'empoisonneur.

Les expressions « sale canard » et « pourrissoir » sont injurieuses. La jurisprudence veut que celui qui polémique s'abstienne d'injures et condamne en tout état leur emploi.

Mais il faut distinguer entre l'injure pure et simple et celle qui comporte un jugement de valeur, une appréciation d'ordre moral, comme aussi l'imputation d'un fait précis ou d'un vice déterminé.

Dans ce dernier cas, l'injure ne doit pas être considérée comme telle ; c'est l'appréciation ou l'imputation qu'elle implique et qui importe, et son auteur reste au bénéfice de l'*exceptio veritatis*. [...]

Au vu de ce qui a été exposé ci-dessus, il est licite aux défenseurs, de leur point de vue catholique, de qualifier *Paris-Soir* de « pourrissoir » et de « sale canard ».

Attendus d'un jugement prononcé le 6 juillet 1939 par le tribunal de première instance de Genève, déboutant *Paris-Soir* de sa plainte, cité in *Revue des lectures*, 15 août 1939.

• **Un connaisseur compare l'Est et l'Ouest :**
La presse polonaise, hongroise et soviétique est plus démocratique que la presse française, américaine ou allemande.

Georges MARCHAIS, secrétaire général du Parti communiste français, *L'Espoir au présent*, 1980.

PRÊTRE

• **Son pouvoir :**
Le pouvoir du prêtre dépasse celui de Dieu, car le prêtre à la messe fait Dieu tous les jours, tandis que Dieu a mis huit jours à créer le monde.

Alain DE LA ROCHE, *De dignitate et excellentia Sacerdotum*, XVe siècle.

• **Un cas particulier :**

Question : un homme châtré, peut-il être ordonné prêtre ?

Réponse : non, à moins qu'il ne porte sur lui les parties qui lui défaillent.

Pierre DU MOULIN, *Anatomie de la messe*, 1624.

• **Le supplice qu'il endure :**
Le prêtre est le paria de la société ; c'est Priape remplissant les fonctions de l'eunuque dans le harem du sultan et gardant les odalisques avec lesquelles il ne peut forniquer. Le rôle de l'eunuque est de vivre au milieu des femmes du harem ; il peut les contempler nues, frémissantes dans les bras du maître, ou se livrant entre elles à des jeux lascifs ou échangeant des caresses passionnées ; l'eunuque est privé des attributs de la virilité, et son impuissance rend le supplice qu'il endure à peu près supportable ; mais, supposez à sa place le dieu Priape avec son phallus, en état d'érection perpétuelle, comme le représente la mythologie, et vous comprendrez la violence des tortures qui lui seraient infligées. Le martyre du prêtre catholique, du confesseur, est absolument du même genre ; une existence plantureuse et oisive le prédispose aux actes vénériens, aux doux combats de l'amour, et il doit s'en abstenir.

Les Mystères du confessionnal, par le curé X, 1871

• **En fait, les prêtres sont des démons :**
Les prêtres et les prêtresses, papes et papesses, abbés et abbesses, moines et moinesses, religieux et religieuses de toutes les catégories sont des démons incarnés en des hommes. Ils se reconnaissent à cela que les mâles ne fréquentent pas publiquement les femelles. [...] Une autre marque diabolique des démons, c'est que, comme les grenouilles, ils ne peuvent tourner la tête sur leurs épaules. Tout le corps doit se tourner en même temps, comme le fait le prêtre à l'autel. Satan leur donne des vêtements qui les empêchent de tourner le cou. Par contre, leurs yeux sont très mobiles et ils ont presque la faculté de voir, même en arrière.

Jean-Pierre BRISSET, *Le mystère de Dieu est accompli*, 1890, cité in *Bizarre*, avril 1956.

PREUVE

• **Deux raisonnements :**
Les funérailles et le respect qu'on a pour les tombeaux sont des preuves de l'immortalité de l'âme.

COLLIN DE PLANCY, *Dictionnaire infernal*, 1818.

La France, en cet instant, est un pays unique au monde, unique par son irréligion officielle et systématique, unique aussi par la décroissance de sa dépopulation. Preuve évidente que toute question morale se résout en une question de vie ou de mort pour une nation.

Mgr GIBIER, *La Revue hebdomadaire*, 15 mai 1909.

PREUVE PAR 9

• **Expliquée aux enfants de sixième :**
Pour faire la preuve par 9 d'une division, on calcule : le reste de la division par 9 du diviseur et du quotient, le reste de la division par 9 du produit de ces deux restes, augmenté du reste de la division par 9 du reste de la division, le reste de la division par 9 du dividende, les deux derniers restes doivent être égaux.

BOUTIN-NOVELLI, *Mathématiques, classe de sixième*, Éditions de l'école, 1977.

PRÉVOST (L'abbé)

• **Un esprit pernicieux :**
Nous voulons parler de la fameuse *Histoire du Chevalier des Grieux et de Manon Lescaut*. Tout lecteur honnête et judicieux ne peut qu'être affligé de voir prodiguer tant de richesses, pour donner au vice des couleurs capables de l'excuser, et de forcer à le plaindre, malgré les réclamations de la vertu. [...] N'eût-il pas mieux valu que cet écrivain eût exercé sa plume sur des matières plus utiles ?

Antoine SABATIER, *Les Trois Siècles de notre littérature*, 1772.

PRIÈRES

• **Une force décisive :**
Les nègres de la côte de Guinée levèrent une armée de 1 200 000 hommes ; les Portugais n'estoient que 150 hommes. Le père Barreira, de la Compagnie de Jésus, appuyé de la puissance de Dieu et de la bonté de sa cause, anime les Portugais au

combat et les remplit de confiance en Dieu, auquel il importe peu, pour donner la victoire, si le nombre des ennemis est grand ou petit. Cependant il s'écarte et se met en prière, laquelle eut tant de force qu'à mesure qu'elle était plus ou moins fervente, la victoire s'avançoit ou reculoit. Enfin cette poignée de gens défit et mit en déroute toute cette canaille.

Père T. LE BLANC, s. j., *Le Soldat généreux*, 1655.

On me demandera peut-être comment je puis prouver que mes prières soient entendues et surtout exaucées ? Je répondrai avec Socrate : « Gardez-vous de mépriser les choses invisibles et de les méconnaître. » Comment le fil électrique conduit-il notre pensée en quelques secondes à des distances presque incalculables ? le sais-tu, ô homme présomptueux ? Non... Eh bien ! la prière est à l'homme ce que le fil électrique est maintenant à la pensée.

M. DE PLASMAN, ancien vice-président du tribunal de première instance d'Orléans, *Dieu et l'Ouvrier*, 1872.

• **Elles font la pluie et le beau temps :** Mgr Roland-Gosselin, évêque de Versailles, demande à ses diocésains, « en raison de la persistance d'une sécheresse dommageable pour les récoltes », de s'unir à lui pour obtenir la pluie. Ces prières dureront huit jours.

Le Monde, 3 juillet 1949.

PRIÈRES CONSTITUTIONNELLES

• **Un fidèle sujet salue Louis-Philippe et la monarchie de Juillet :**

Au nom de la Charte, de la Liberté et de la Valeur parisienne. Ainsi soit-il.

L'oraison dominicale, ou *le Pater national*

Notre Père qui êtes au Palais-Royal, que votre nom soit béni de tout bon Français ; que votre règne de bonheur commence ; que votre volonté soit faite en province comme à Paris ; accordez-nous notre liberté quotidienne ; pardonnez-nous l'émeute que nous avons faite pour conquérir notre Constitution, comme nous le pardonnons à ces forcenés qui ont fait tirer sur leurs parents et leurs amis ; ne nous laissez pas succomber aux trames des jésuites, mais délivrez-nous de leur présence. Ainsi soit-il !

L'Ave Maria, ou *la Salutation constitutionnelle*

Je vous salue, ô Constitution, pleine de force ! Un Roi-Citoyen est avec nous ; soyez bénie parmi toutes les Constitutions du monde, et que la paix et l'abondance nous soient rendues.

O belle Charte ! mère du bonheur, protégez-nous, pauvres secoueurs du joug jésuitique, maintenant et à l'heure de notre mort. Ainsi soit-il.

Le symbole patriotique, ou *Profession de foi d'un bon Français*

Nous croyons en la puissance de Paris, destructeur des Suisses et des gardes royaux ; et en La Fayette, notre digne général, qui déjà avait conquis la liberté américaine ; qui est venu en 1830 reconquérir celle de son pays ; qui est né dans la Basse-Auvergne ; qui a souffert sous Louis XVIII, sous Charles X ; qui a été sur la liste de proscription ; qui a été à la veille d'être mort et d'être enseveli ; qui a détruit les fatales ordonnances ; qui a combattu au milieu de nos rangs pendant nos trois glorieuses journées ; qui est ressuscité triomphant à l'Hôtel de Ville ; qui est assis à la droite de Philippe Ier, le roi citoyen et tout-puissant, d'où il va récompenser les veuves et les orphelins des braves morts pour la liberté, et juger les jésuites, et ennemis du bon ordre. Ainsi soit-il.

E. J. DE SAINT-FLOUR, typographe, *Prières constitutionnelles, que tout bon Français doit faire réciter au moins une fois par jour à ses enfants, pour en faire de bons patriotes*, 1830.

PROCÈS

• **Les grands procès de l'histoire :**
Il fut un temps en Europe où les tribunaux prononçaient des condamnations contre les animaux prévenus de certains délits, et où l'autorité ecclésiastique lançait les foudres de l'excommunication contre des insectes nuisibles. L'extrait suivant donne, avec l'indication des écrivains qui sont nos autorités, l'époque de ces procès, les motifs qui les font comparaître en justice, ainsi que la date de plusieurs anathèmes ecclésiastiques. [...]

1120. Mulots et chenilles excommuniés par l'évêque de Laon (Sainte-Foix).

1314. Les juges du comité de Valois firent le procès à un taureau qui avait tué un homme d'un coup de cornes, et le condamnèrent, sur la déposition des témoins, à être pendu ; la sentence fut confirmée par arrêt du Parlement, le 7 février 1314.

1394. Porc pendu pour avoir meurtri et tué un enfant, en la province de Roumaigne, vicomté de Mortain (Mss).

1451. Sangsues excommuniées par l'évêque de Lausanne, parce qu'elles détruisaient les poissons (Malléolus).

1474. Coq condamné à être brûlé, par sentence du magistrat de Bâle, pour avoir pondu un œuf (*Cons. suisse*, t. IV).

1488. Becmares (charançons) : les grands vicaires d'Autun mandent aux curés de paroisses environnantes de leur enjoindre, pendant les offices et processions, de cesser leurs ravages, et de les excommunier (Chassaneux).

1497. Truie condamnée à être assommée pour avoir mangé le menton d'un enfant du village de Charonne. La sentence ordonna en outre que les chairs seraient coupées et jetées aux chiens ; que le propriétaire et sa femme feraient un pèlerinage à Notre-Dame de Pontoise, où, étant le jour de la Pentecôte, ils crieraient : *Merci !* de quoi rapportèrent certificat (Carlier).

1499. Taureau condamné à la potence par jugement du baillage de Beauprès (Beauvais), pour avoir, en fureur, occis un jeune homme (P.P. Durand et Martenne).

15.. Commencement du seizième siècle : sentence de l'official contre les becmares et les sauterelles qui désolaient le territoire de Millièze, Cotentin (Th. Regnaud).

1585. Le grand vicaire de Valence fait citer les chenilles devant lui, leur donne un procureur pour les défendre, et finalement les condamne à quitter le diocèse (Chorier).

1590. En Auvergne, le juge d'un canton nomme aux chenilles un curateur ; la cause est contradictoirement plaidée ; il leur est enjoint de se retirer dans un petit terrain pour y finir leur misérable vie (*Description de la France*).[...]

Procès fait aux cloches : En 1498, pendant l'assaut livré au couvent de Saint-Marc pour en arracher Jean Savonarole, la cloche du prieuré avait sonné l'alarme et appelé au secours des assiégés. Par une sentence des magistrats, cette cloche séditieuse fut condamnée à être promenée sur un âne par toute la ville, en signe d'ignominie.

C. B. WARÉE, *Curiosités judiciaires*, 1858.

PRODIGIEUX

• En effet :

Il y a des nations qui ont les parties secrètes fort grosses. Les Éthiopiens, dit Barry, ne les ont pas petites. Un homme, dans Martial, les avait d'une grandeur si prodigieuse que, dans l'érection, la verge pouvait s'élever jusqu'à la moustache.

Nicolas VENETTE, *La Génération de l'homme*, édition de 1690.

PROFESSION

• Il ne faut pas en usurper l'uniforme, y compris la pilosité naturelle :

Il est de mauvais goût à un homme d'afficher sur sa personne ou dans ses allures des choses appartenant à une autre profession que la sienne, ainsi porter les moustaches comme les militaires quand on ne l'est pas rend ridicule, ou encore garder la barbe affectée par les hommes de lettres et les artistes est le travers d'un sot chez un homme en dehors de ces deux professions, et ainsi du reste.

Comtesse DE BASSANVILLE, *La Science du monde. Politesse, usages, bien-être*, Paris, J. Lecoffre, 1859.

PROGRAMME POLITIQUE

• Une déclaration de principes :

Un membre du gouvernement provisoire écrivait le 24 février de la révolution de 1848 : « *Il fallait sauver le berceau de Moïse, et par conséquent conquérir la sympathie de la fille même des Pharaons.* » Cette pensée, profondément politique, dictera la ligne de conduite de notre journal. Elle s'accorde d'ailleurs avec nos convictions.

L'Ère nouvelle de Vitré, journal républicain hebdomadaire, prospectus avant publication du nº 1, mai 1881.

PROGRÈS

• Il y a des limites :

Malgré les progrès de la science, et même avec l'insémination artificielle, il faut toujours une génisse pour faire une vache et une vache pour faire un veau, qui deviendra bœuf à son tour.

Gilbert MARTIN, *Journal officiel*, 21 février 1957.

PROHIBITION

• Un bon moyen :

La solution la meilleure pour résoudre le problème de la prohibition est de ne plus boire du tout.

The South Bund Tribune, Indiana, juin 1926.

• Les certitudes d'une société qui voulut abolir l'alcool :

Cette loi sera obéie dans les villes, petites ou grandes, et si elle n'est pas obéie, elle sera imposée. La loi dit que les liqueurs destinées à la boisson ne doivent pas être fabriquées. Nous voyons qu'elles ne sont pas fabriquées. Ni vendues, ni données.

Joseph F. KRAMER, commissaire à la prohibition, in *New York Sun*, 4 janvier 1920.

En une génération, ceux qui sont maintenant des enfants auront perdu le goût de l'alcool.

J.F.C. FULLER, *Atlantis: America and the Future*, 1925.

L'abolition du commerce des liqueurs dans ce pays est aussi définitive que l'abolition de l'esclavage.

Henry FORD, *My Philosophy of Industry*, 1929.

PROLÉTAIRES

• Comme des nègres :

Il apparaît bien que, fait d'inconstance à l'atelier, de libre ivrognerie, de paresse fréquente, de colères spontanées, de priapisme constant, d'envie aveugle et furibonde, l'idéal nègre s'apparente étroitement avec celui de nos énergumènes les plus naïfs mais les plus influents qui conseillent les foules des cités industrielles. Le refus de travailler aux pièces, la brimade par ses pairs du bon ouvrier qui les surpasse en adresse ou en production, le minimum de labeur ordonné par les incapables à leurs compagnons actifs, le sabotage, l'absurde hostilité du syndicat contre tout effort commun pouvant accroître la prospérité de l'entreprise, prospérité qui dès lors justifierait la réclamation de salaires meilleurs ou d'avantages analogues, ce désintéressement incompréhensible des ouvriers à l'égard de l'usine et de sa fortune, qui doit fatalement, demain ou bientôt, devenir, en partie, celle du prolétariat lui-même, enfin cette tendance universelle des électeurs à ne porter vers le pouvoir que des médiocres et des fous, à en écarter tous les hommes illustres pour leur savoir : ce sont là des sentiments très pareils à ceux des nègres, véritablement.

Paul ADAM, préface à W. Dawson, *Le Nègre aux États-Unis*, 1912.

• En pleine confusion :

Les prolétaires, de retour de la guerre, pouvaient être comparés à l'Hercule de la mythologie qui avait toute sa force dans ses cheveux ; dès qu'on les lui coupait, il devenait impuissant.

L'Humanité, 24 avril 1914.

PRONONCIATION

• Elle est toujours discutable :

Madame Denis, la nièce de Voltaire, prenant une leçon d'anglais, disait à son maître, fatiguée qu'elle était de la prononciation de cette rude langue : « Vous écrivez *bread* ; pourquoi prononcer bred ? Ne serait-il pas plus simple de dire tout bonnement *du pain* ? »

E. GUÉRARD, *Dictionnaire d'anecdotes*, 1919.

Il est inadmissible qu'on me demande de prononcer *prouffe* un mot écrit *proof*.

Remy DE GOURMONT, *Esthétique de la langue française*, 1899.

PROPRETÉ

• Utile aux chefs-d'œuvre :

Des enfants malpropres peuvent être beaux, je le sais : mais cela prouve uniquement le caractère inaltérable de la nature humaine, et ce n'est pas un argument qui doive prévaloir contre le conseil d'augmenter l'activité de la peau et, par suite, la beauté du corps, grâce à des soins minutieux de propreté.

Qui sait combien les petits Bohémiens de Murillo seraient plus beaux, s'ils s'étaient lavés régulièrement ?

Dr C.-H. STRATZ, *La Beauté de la femme*, traduit de l'allemand par Robert Waltz, 1910.

PROPRIÉTAIRES

• Un raisonnement impeccable :

La société ayant pour fondement l'inégalité des fortunes, il en résulte que les propriétaires sont les seuls citoyens qui aient le droit de la gouverner, puisque, si ce droit appartenait aux pauvres, le premier usage qu'ils en feraient serait de renverser le droit de propriété, et, par conséquent, la société, qui repose tout entière sur ce droit.

COTTU, *Guide politique de la jeunesse*, 1838.

• Une image réconfortante :

Au milieu de tant d'institutions qui tombent de vieillesse, la propriété reste debout, assise sur la justice et forte par le droit.

R. T. TROPLONG, cité *in* E. Drumont, *La Fin d'un monde*, 1888.

PROSÉLYTISME

• Pas ça, ou pas nous :

Notre Mission ne s'occupe pas de prosélytisme, son seul but étant d'amener les gens à la connaissance de Notre Seigneur Jésus-Christ comme leur seul Sauveur ; ensuite de leur faire réaliser la nécessité de vivre pour sa Gloire et de prendre, dans ce but, la Bible comme guide de leur vie.

Le Christianisme au XXe siècle (63e année), 28 juin 1934.

PROSTATE

• Une quasi-certitude :

Il y a beaucoup de chances pour que dans quelques années l'hypertrophie prostatique soit une maladie pratiquement disparue.

Docteur RIVOIRE, *La Science des hormones*, 1938.

PROSTITUÉES

• Une apologie :

En vous voyant persécuter et honnir les filles de joie, ne devait-on pas craindre ce qui est arrivé ; savoir, que le démon de la luxure, n'ayant plus ses anciens amusements, d'un coup de sa queue ne renversât le vaisseau de la modestie féminine, vaisseau toujours plein de fentes, et dont le gouvernail est dans une agitation continuelle ?

Vénus la Populaire, apologie des maisons de joie, 1727.

• Leur rôle politique et social :

La prostituée, d'ailleurs, sert Israël à sa façon ; elle accomplit une sorte de mission en ruinant, en poussant au déshonneur les fils de notre aristocratie ; elle est un merveilleux instrument d'information pour la politique juive.

Edouard DRUMONT, *La France juive*, 1886.

Dans le duel qu'est la rencontre sexuelle, la prostituée venge le peuple de la bourgeoisie.

Camille MAUCLAIR, *De l'amour physique*, 1912.

Je suis d'accord avec Camille Mauclair sur le fait que le mariage et l'union libre sont d'insuffisantes réponses au problème sexuel ; je suis d'accord avec lui sur l'opportunité de fonder immédiatement un syndicat de prostituées, mais seulement à titre provisoire et transitoire ; car je ne reconnaîtrai jamais la prostitution comme un mode nécessaire, alors que la polygamie suffit à la supprimer.

GEORGES-ANQUETIL, *La Maîtresse légitime*, 1922.

• Elles sont rarement vierges :

Toutes les filles qui se livrent à la prostitution publique ont déjà vécu dans le désordre pendant un temps plus ou moins long. Dans l'espace de dix ans, à peine a-t-on rencontré au dispensaire trois ou quatre filles qui sont venues se faire inscrire n'ayant pas encore été déflorées. La prostitution peut donc être considérée, pour un certain genre de filles, comme la suite et la conséquence presque inévitable d'un premier oubli du plus important des devoirs.

A. B. J. PARENT-DUCHATELET, *De la prostitution dans la ville de Paris*, 1837.

• Une observation médicale :

Parent-Duchâtelet, dans son intéressant ouvrage sur *la Prostitution*, affirme que, pendant sa longue pratique, il n'a jamais trouvé de notables différences entre les parties génitales des femmes mariées et celles des prostituées. Il cite l'observation

d'une femme de 51 ans qui, depuis sa quinzième année, se livrait à la prostitution, et dont les organes sexuels avaient conservé leur fraîcheur. On peut conclure de cette affirmation : 1) Que les femmes galantes et les prostituées de Paris donnent des soins particuliers à ces organes ; 2) que chez les femmes qui n'ont pas eu d'enfants, la dimension de l'ouverture vulvaire et du canal vaginal est congénitale, c'est-à-dire vient de naissance ; et qu'on ne doit pas plus s'étonner de la largeur ou de l'étroitesse de ces parties que des dimensions et directions si variables des autres parties du corps.

A. DEBAY, *La Vénus féconde et callipédique*, 1884.

• Les distinctions d'un jésuite :
Une fille de joie peut légitimement se faire payer pourvu qu'elle ne se mette pas à un prix trop haut. Il en est de même de toute jeune fille et de toute prostituée qui fait le métier en secret ; mais une femme mariée n'a pas autant de droits de se faire payer, parce que les profits de la prostitution ne sont pas stipulés dans le contrat de mariage.

James GORDON, jésuite écossais, *Théologia moralis universa*, 1634.

• Un jugement définitif :
Les courtisanes sont une grande cause du paupérisme en France et en Europe. Le quart des partisans de Catilina avait été ruiné par les courtisanes ; le quart des quarante mille insurgés tués par Cavaignac, à Paris, avait été ruiné par les courtisanes ; les courtisanes, dans les colonies de l'Europe, sont un grand obstacle à la population ; les courtisanes ne sont jamais étrangères à la mort des nations.

Je conclus, contre les sophistes de la France, qu'une fille publique est homicide... Je conclus que les filles publiques sont les mères des révolutionnaires.

A. FRANCON, *Histoire des colonies*, 1863.

PROTECTION

• Un calcul qui peut être utile :
Pour protéger un chemin de fer en pays ennemi, il faut compter de 12 à 30 hommes par kilomètre de voie ferrée.

Guide pour les égarés ou le Livre du prince Korab, cinquième édition, Paris, 1909.

PROTESTANTS

• Ce qu'ils sont :
Les hérétiques théodobesziens sont tant cauteleux, ingénieux et malicieux, que ne saurions mieux les comparer qu'aux singes, marmots et guenons.

Arthur DÉSIRÉ, *Les Singeries des huguenots*, 1574.

Tout protestant est à moitié juif.

Edouard DRUMONT, *La France juive*, 1886.

Le protestantisme n'est qu'une série et une collection de formes religieuses de la libre-pensée.

Gabriel MONOD, *La Revue historique*, mai 1892.

Le huguenot et le vrai maçon sont des passionnés, des amoureux de l'Inverse, des haineux de la France, de véritables manichéens... Le huguenot a le côté froidement patient de l'esprit du mal.

Louis MARTIN, *L'Anglais est-il juif*? 1895.

• Des origines de leur religion :
Cette réforme n'a jamais eu d'autre visée, ni d'autre but que le libertinage.

César DE ROCHEFORT, *Dictionnaire général et curieux*, (article Réforme), 1685.

Le protestantisme a été établi par la lie du clergé régulier et séculier, et combattu par les écrivains et les missionnaires de cette époque les plus grands en doctrine et en vertu, par Eckius, Gropper, Cochlée, Polus, Sanderus, etc.

R.P. LORIQUET, *Mes doutes*, 1838.

Et qu'y a-t-il chez nos protestants qui puisse leur concilier les bonnes grâces du ciel ? Leur religion est de provenance lubrique, ils ne peuvent le nier. Née dans les franges du vice, elle s'est propagée par le vice dans ses formes les plus abjectes, les plus viles et les plus iniques... Un culte qui repose sur le rationalisme n'a pas d'ailes pour s'élever jusqu'à Dieu. Aussi ses cantiques, ses prières, sa cène, ses prêches, empreints de ce rationalisme piétiste, honorent Dieu tout autant que si vous chantiez *Malb'rough* sur l'air de *Femme sensible*.

Louis DE SAINT-VINCENT, *Les Protestants et la guerre de 1870*, 1907.

• Ce sont des ennemis de la France :
On a constaté que des pasteurs protestants, auxquels on adressait ce salut sur leur

passage : Vive la France ! A bas la Prusse ! osaient invoquer la protection des autorités locales pour se mettre à l'abri de ce qu'ils considéraient comme une insulte.

Le Figaro, 27 août 1870.

Le patriotisme des protestants est des plus douteux. Remontez un instant le cours de l'histoire et vous verrez les protestants tels qu'ils ont toujours été, tels qu'ils sont encore de nos jours : des révoltés et des antipatriotes.

[...] Le clergé protestant et les peuples de cette religion croupissent dans l'immoralité la plus chronique et la plus invétérée.

[...] Les protestants répondent toujours présent chaque fois qu'il y a une mauvaise action à accomplir, un acte d'arbitraire à commettre, une vengeance à exercer.

Ernest RENAULD, *Le Péril protestant*, 1899.

Il faut avouer, l'histoire le démontre bien, que le protestantisme n'a jamais soutenu la France que comme la corde soutient le pendu. [...] Les talents du dernier des Apaches sont dépassés de beaucoup.

Louis DE SAINT-VINCENT, *Les Protestants et la guerre de 1870*, 1907.

• Bons pour l'asile :

Commençons par les protestants. Le symptôme le plus frappant de cette classe de malades est la mobilité singulière, l'instabilité de leurs pensées, et les variations incessantes de leurs idées en matière de religion. Ils ne peuvent se fixer à rien. Il y a tant de traits singuliers dans cette folie qu'il est impossible de les signaler tous. Un des plus étranges, c'est la manie qu'ils ont de lire toujours un livre, un beau livre, certes, la Bible ! Mais ils le lisent sans le comprendre, et la preuve, c'est qu'ils le comprennent tous de différente manière. Il est évident qu'il faudrait quelqu'un pour leur expliquer. [...]

Ils sont malades, ils sont fous. [...] Ils le sont tous... Nous avons conseillé à quelques malades la lecture du livre de Bossuet (*Variations des églises protestantes*). Il y en a qui ont été guéris. Mais en général ils n'aiment pas cet ouvrage. Il faut les forcer, ne pas leur en donner d'autres pendant quelque temps. Ils finissent par en lire quelques pages, et souvent c'est assez pour amener une grande amélioration dans l'état de leur esprit.

R. P. AL. LEFÈBVRE, de la Compagnie de Jésus, *De la folie en matière de religion*, Paris, 1866.

• Tout s'explique :

Les vertus qu'a conservées le protestantisme lui viennent du catholicisme.

Répliques du bon sens aux attaques et objections modernes contre la religion, par l'ex-capitaine MAGNIEZ, Lille, 1908.

• Pour Maurras, tout n'est pas perdu :

Il y a chez les protestants un ferment de sang de France. [...] Comment rendre à cet élément sa suprématie profonde ? Et comment le faire prédominer sur les éléments qui lui sont venus du dehors ? Il me semble que ce doit être en extirpant, non pas les protestants, qui sont nos frères, mais l'esprit protestant, qui est notre ennemi et le leur.

Charles MAURRAS, cité par Victor Nguyen, « l'Action française devant la Réforme » in *Historiographie de la Réforme*, Paris-Neuchâtel, 1977.

• Au XXe siècle, état de l'information en province :

Une institutrice protestante nous a raconté qu'encore à la veille de 1914, étant nommée dans un village des monts de Lacaune, elle y était attendue avec effroi par les habitants qui croyaient que les protestants n'avaient qu'un œil.

Jean FAURY, *Cléricalisme et Anticléricalisme dans le Tarn* (1848-1900), Toulouse, 1980.

Il y a quelques années un habitant du petit village de Salvas (Ardèche) se vit demander par des touristes *français* — ils confondaient les protestants et les musulmans — s'il était nécessaire de retirer ses chaussures avant d'entrer dans le temple du village.

André ENCREVÉ, *Les Protestants en France de 1800 à nos jours*, Paris, 1985.

PROUDHON (Pierre-Joseph)

• Vu par ses adversaires :

Un ouvrier paresseux.

Jean-Pons VIENNET, *Journal*, 1848.

Il y a certainement à Charenton ou à Bicêtre des malheureux revêtus de la camisole de force dont la folie est moins triste

et moins furieuse. On peut même dire qu'il est à Brest ou à Toulon des réprouvés qui ont moins fait contre la société.

Léon PILLET, *Les Rouges jugés par eux-mêmes*, 1849.

PROUST (Marcel)

• A propos de *Du côté de chez Swann* :
Je ne puis comprendre qu'un monsieur puisse employer trente pages à décrire comment il se tourne et se retourne dans son lit avant de trouver le sommeil.

Lettre de refus du directeur littéraire des éditions Ollendorff, 1912.

Quel est donc ce vaste et grave sujet qui entraîne de pareils développements ? M. Marcel Proust embrasse-t-il dans son grand ouvrage l'histoire de l'humanité ou du moins celle d'un siècle ? Non point. Il nous conte ses souvenirs d'enfance. Son enfance a donc été remplie par une foule d'événements extraordinaires ? En aucune façon : il ne lui est rien arrivé de particulier. Des promenades de vacances, des jeux aux Champs-Élysées constituent le fond du récit. On dira que peu importe la matière et que tout l'intérêt d'un livre réside dans l'art de l'écrivain. C'est entendu. Cependant Horace a parlé sévèrement de certains cas où *materiam superabat opus* : et il y a lieu de craindre que le mot ne convienne aux cinq cent vingt premières pages de M. Marcel Proust, de qui l'on se demande combien il entasserait d'in-folio et remplirait de bibliothèques s'il venait à raconter toute sa vie. [...]

Ajoutez que les incorrections pullulent, que les participes de M. Proust ont, comme disait un personnage de Labiche, un fichu caractère, en d'autres termes qu'ils s'accordent mal ; que ses subjonctifs ne sont pas plus conciliants ni plus disciplinés, et ne savent même pas se défendre contre les audacieux empiétements de l'indicatif.

Paul SOUDAY, *Le Temps*, 10 décembre 1913.

• La critique littéraire sous l'occupation allemande :

Proust est juif, son art est essentiellement talmudique et porte les marques de la décadence et de la déliquescence de la race élue. [...]

Ces savants papillotages et subtils effluves littéraires sont bien faits pour faire pâmer les snobs, représentants d'une bourgeoisie avilie et délabrée qui se complaît dans la « voyance totale », mais ils ne sont pas la pâture, ils ne peuvent l'être, d'esprits sains, forts et purs. Ce n'est pas avec des stupéfiants que l'on forge une race.

Au pilori, 11 mars 1943.

PROVENÇAUX

• Un adversaire décidé :
La Provence, dont les habitants au sang mélangé dès l'aurore des âges au sang sémite, subit ensuite de nouveaux apports d'une façon presque continuelle, jusqu'à présenter à l'historien, à l'ethnographe, au psychologue, au pathologiste même, l'exemple d'une population de métis, à l'âme pervertie, toujours prête à introduire dans la mère-patrie des éléments de corruption, de discorde et de trahison.

Dr Maurice ADAM, *La Tradition celtique et ses adversaires*, Paris, 1901.

PROVERBES

• C'est encore plus beau comme cela :
Tout le monde n'est pas prophète en son pays, quoi qu'en dise la sagesse des nations.

Le Journal, 17 septembre 1926.

PROVIDENCE

• Elle fait bien les choses :
Le chameau a quatre genoux. Pour cette cause il fléchit les cuisses de derrière, comme les jambes de devant, et partant il demeure à genoux tant qu'il soit chargé. Telle chose a été faite par une grande providence de nature, pour satisfaire à la commodité de sa hauteur ; car autrement il eût fallu des échelles ou escabelles à l'homme pour le charger.

Ambroise PARÉ (vers 1510-1590), *Traité des animaux*, XVIII.

Jamais une tige n'a donné une fleur pour une autre ; par exemple, jamais un rosier n'a produit une tulipe, ni une pensée des violettes, tant la Providence est uniforme et attentive !

Les Fondements de la morale, 1797.

C'est en vue de l'homme que Dieu a tout fait, que Dieu a tout créé. [...]

La Providence se plaît à combler tous nos désirs comme tous nos besoins ; la laine pouvait ne pas convenir à toutes les saisons ; elle va y suppléer par une toison plus fine. Des vers industrieux fileront pour nous la soie dont nous composerons les étoffes les plus brillantes et en même temps les plus légères. Le don que ces insectes font à l'homme va, il est vrai, leur coûter la vie ; philosophes sans passion, ils préparent sans regret leur tombeau et s'y enferment eux-mêmes ; mais la Providence leur réserve une vie nouvelle. N'y aurait-il pas pour nous, dans cette transformation, l'espérance d'un monde meilleur et comme une sorte d'image de notre avenir ?

M. DE PLASMAN, *Dieu et l'Ouvrier*, 1872.

La Providence a fait pousser le rotin à côté de l'Annamite.

Mgr PUGINIER, cité in *L'Européen*, mai 1903.

On dit aussi avoir trouvé, dans les contrées les plus reculées de l'Afrique et de l'Australie, des peuplades ayant presque toutes les caractéristiques physiques et intellectuelles du singe. Il s'agirait là aussi de savoir si ces sociétés rudimentaires ne sont pas des restes de sociétés dégénérées ; et ne sont pas une preuve de plus de la sagesse de la Providence, qui fait porter aux hommes le poids de leurs erreurs.

S.I.R.M., *Les Anges neutres*, 1926.

• On ne saurait la mettre en doute :
Tout homme qui se flatte de remplacer la Providence est un pauvre d'esprit, sans étendue, sans critique.

Sâr PÉLADAN, *De l'antiquité de la réforme protestante*, 1908.

• L'exemple de sainte Angarême :
Vierge et patronne de Beauvais, célèbre par les grâces signalées que son intercession a procurées aux habitants de cette ville, Angarême (ou Angadrême) vécut dans ce siècle fertile en saints.

Contemporaine de sainte Bathilde, et fille de Robert, grand référendaire de Clotaire III, son amour pour la pureté lui inspira le désir de ne jamais connaître d'époux que le divin Sauveur des âmes.

Cependant ses parents l'avaient destinée à Ansberg, seigneur dont la fortune et la naissance faisaient un parti honorable. Ils ne savaient pas qu'Ansberg était comme Angarême déterminé à vivre uniquement pour Dieu. L'estime réciproque des deux fiancés les portait à se confier au désir mutuel qu'ils avaient d'arriver à la perfection religieuse, non la pensée d'une union conjugale. Tous les deux flottaient encore sur le parti auquel ils devaient s'arrêter, lorsque la Providence leur rendit la liberté à l'un et à l'autre. A la suite d'une maladie grave, Angarême demeura presque défigurée, et elle engagea ses parents à ne plus songer pour elle à aucun établissement.

Adélaïde CELLIEZ, *Les Saintes de France*, 1853.

• Une voix discordante :
La Providence en a dans le cul !

DU PAN, *Correspondance*, décembre 1755.

PROVINCE

• Un symptôme :
Il n'est personne, qui ne remarque en ce moment l'espèce de discrédit sourd où commence à tomber la littérature facile. [...]

Il y a un symptôme très significatif de ce commencement de réaction, c'est que les plus beaux noms de la littérature facile commencent à être admirés en province. [...]

Être très connu en province, c'est le coup de grâce d'un auteur.

Désiré NISARD, « D'un commencement de réaction contre la littérature facile », in *La Revue de Paris*, décembre 1833.

PRUDHOMME (Sully)

• En bonne compagnie :
Mes philosophes préférés furent toujours Spinoza, Pascal, Montesquieu, et Sully Prudhomme.

Ernest BOVE, professeur à l'université de Zurich, *Lyrisme, épopée, drame*, 1911.

PRUSSE

• On n'en parlera plus :
Rien ne peut rétablir la puissance de la Prusse. Cet édifice fameux, construit avec

du sang, de la boue, de la fausse monnaie et des feuilles de brochure, a croulé en un clin d'œil, et c'en est fait pour toujours.

Joseph DE MAISTRE, *Lettres et Opuscules*, 1807.

• La Prusse est un péché :
La Prusse est le péché de l'Europe. Depuis la trahison d'Albert de Brandebourg, jusqu'à la bataille de Sadowa, la Prusse s'est enflée des méfaits, des fourberies, des machinations, des crimes et des aberrations du machiavélisme anticatholique. Création de l'apostasie, fidèle à son but, admirablement fidèle aussi aux vengeances de Dieu, la Prusse est devenue le sabre et le fouet de la Providence contre tout ce qui l'a aidée à grandir.

Louis VEUILLOT, *L'Univers*, 4 mai 1867.

La Prusse a été, dès l'origine, le péché des nations latines.

Mgr PIE, évêque de Poitiers, *Homélie*, 25 novembre 1870.

• Les Prussiens :
Un pamphlétaire scatologique aurait à fabriquer une spirituelle et féroce brochure sous ce titre : « la M... et les Prussiens ». Ces dégoûtants vainqueurs ont « embrené » la France, avec tant de recherches, d'inventions, d'imaginations, dans ce genre, qu'elles méritent vraiment une étude psychologique sur le goût de ces peuples pour la chose excrémentielle. N'ont-ils pas, chez un de mes amis, décroché le portrait de son père, ne lui ont-ils pas fait un trou à la place de la bouche ? Vous devinez le reste.

GONCOURT, *Journal*, 10 mars 1871.

Il est impossible de ne pas reconnaître en eux le type de cette bête dont parle l'Apocalypse, et qui, douée de toute la puissance du dragon pour ravager le monde, réunit, dans son étrange constitution, « la forme et la peau du léopard, les pieds de l'ours et la gueule du lion : *et bestia quam vidi, similis erat pardo, et pedes ejus sicut pedes ursi, et os ejus, sicut os leonis*.

Mgr PLANTIER, *Correspondance*, 14 octobre 1871.

PUBLIC

• Un choix nécessaire :
Il n'est pas d'époque plus difficile pour l'artiste. Au temps du grand siècle, nos maîtres écrivaient pour des publics divers, et leurs drames ou leurs comédies avaient un autre ton, quand ils devaient être représentés devant les pupilles de Madame de Maintenon ou devant les délicats de la cour. Aujourd'hui, mes confrères, nous avons le choix entre deux publics : les grossiers métèques dont il faut chatouiller la sensualité fatiguée, et le peuple de France où quinze cent mille familles sont en deuil et pensent à celui qui est mort au champ d'honneur. Il faut choisir...

La plupart d'entre vous, les meilleurs d'entre vous, n'écrivent pas pour gagner de l'argent. Ils écrivent pour avoir du succès. Eh ! il faut choisir ; succès parmi la population faisandée des métèques, succès sonore et malodorant ; succès parmi les hommes et les femmes de France, succès de bon aloi.

BINET-VALMER, *Comœdia*, 27 mars 1921.

PUCCINI (Giacomo)

• Restez chez vous :
Puccini représente un art funeste, à savoir la musique italienne, et son succès aurait signifié l'influence prépondérante de cet art funeste en Angleterre. [...] Puccini, puissiez-vous prospérer, mais sous d'autres cieux ! Continuez à ébaucher des musiques décousues pour des pièces bien connues. Mais épargnez l'Angleterre.

J.F. RUNCIMAN, *The Saturday Review*, Londres, 21 juillet 1900.

PUCES

• Un instinct bien pratique :
Les puces se jettent, partout où elles sont, sur les couleurs blanches. [...] Sans l'instinct de ces petits insectes, noirs, légers, et nocturnes, pour la couleur blanche, il serait impossible de les apercevoir et de les attraper.

BERNARDIN DE SAINT-PIERRE, *Études de la nature*, 1784.

PUNITION

• Un partisan de la « gégène » a proposé des châtiments et des peines scientifiques :

Il y a deux manières de punir par la souffrance physique : un effort musculaire pénible, tels que les travaux forcés, la manivelle, le *tread-wheel* — ou la peine du fouet.

La première méthode agit sur les nerfs par l'intermédiaire du tissu musculaire ; la seconde, par l'intermédiaire de la peau. Le but n'est pas de détériorer les muscles eux-mêmes ou la peau ; on cherche seulement à déterminer un état de souffrance pour les nerfs. Cependant, comme il est presque impossible, avec une punition rigoureuse, de ne pas produire des lésions sérieuses du tissu intermédiaire, muscles ou peau, on pourrait peut-être trouver moyen d'agir sur les nerfs seuls. Pour cela, on pourrait avoir recours à l'électricité.

Par des chocs et des courants électriques, et surtout à l'aide de la machine magnéto-électrique de Faraday, qui interrompt et renouvelle sans cesse les courants, on pourrait infliger des souffrances aussi vives que l'on voudrait, en les graduant avec une précision scientifique.

Il reste à déterminer jusqu'à quel point l'emploi de courants électriques violents pourrait faire aux nerfs un mal durable ; il est probable que le dommage ne serait pas plus grand qu'avec le même degré de souffrance infligé par l'intermédiaire des muscles ou de la peau, tandis qu'au moins ce dommage se bornerait au tissu nerveux.

Le châtiment serait moins révoltant que le supplice du fouet pour les spectateurs et pour le public en général ; il resterait aussi terrible pour le criminel lui-même ; ce qu'il aurait de mystérieux frapperait l'imagination, et aucune attitude imaginable ne pourrait en atténuer les souffrances.

Le pouvoir effrayant que l'opérateur exercerait par le plus léger mouvement du doigt rendrait encore plus sensible la prostration humiliante du patient.

Alexander BAIN, psychologue et pédagogue écossais, *L'Esprit et le Corps*, traduction, Paris, Germer Baillière, 1873.

PUNITION DU CIEL

• Un exemple frappant :

Je vais vous raconter un autre fait qui eut lieu dans un village de la Catalogne, et dont je puis vous garantir l'authenticité : Un homme et une femme qui voulaient forniquer en secret s'étaient donné rendez-vous dans la maison d'une maquerelle où ils avaient pris une chambre dans laquelle ils s'étaient enfermés. Comme ils y étaient depuis une heure et plus, la maquerelle alla frapper à la porte et leur cria du dehors qu'il était temps de partir. Ne recevant pas de réponse elle se retira, mais elle revint à la charge une deuxième fois, puis une troisième sans plus de succès ; elle commença alors de craindre qu'un malheur fût arrivé et alla prévenir l'alcade du village pour lui dire qu'un homme et une femme s'étaient présentés dans sa maison pour lui demander une chambre, ayant à traiter d'une affaire très importante, qu'ils s'étaient renfermés dans la pièce qu'elle avait mise à leur disposition, et qu'après un assez long espace de temps, ne les voyant pas sortir, elle les avait appelés et que n'ayant pas reçu de réponse ni entendu aucun bruit de l'intérieur de la chambre, elle avait craint qu'il ne leur fût arrivé quelque malheur et qu'elle s'était empressée de venir l'instruire de ce qui s'était passé chez elle. A l'instant l'alcade se rendit à la maison de la maquerelle, et, ayant été conduit jusqu'à la porte de la chambre, il appela à haute voix en ordonnant qu'on ouvrît ; ne recevant pas réponse, il commanda qu'on forçât la serrure. La porte étant ouverte, on se précipita dans la pièce et voilà le spectacle qui s'offrit aux yeux des assistants : Dieu tout-puissant ! les deux infortunés entièrement nus, noirs comme les démons, à l'état de cadavres, étaient étendus sur le lit, dans la posture où ils se trouvaient au moment où ils avaient forniqué ! [...] Leurs âmes étaient déjà aux enfers ! Vous voyez par là, mon frère, comment Dieu punit les fornicateurs ! Ah ! si semblable chose vous fût arrivée, où seriez-vous actuellement ? Dans les enfers, pour y brûler pendant toute l'éternité ! Ô folie ! Pour un si

court moment de plaisir, une éternité de peines !

Mgr Antonio Maria CLARET, confesseur de SM Isabelle II, *La Clef d'or*, 4, (vers 1860).

PUY-DE-DÔME

• Des révélations saisissantes :

Nul pays, peut-être en France, n'est plus curieux à étudier au point de vue anthropologique que son plateau central. [...]

Çà et là, en effet, au milieu de populations supérieures qui ont pénétré plus tard, nous y rencontrons, *sporadiquement*, des types humains d'une extrême infériorité et remontant vraisemblablement à une très haute antiquité.

Il y a plus : on rencontre parfois dans le département du Puy-de-Dôme des particularités anatomiques de la plus extrême rareté.

Un médecin très distingué de Clermont-Ferrand, M. le docteur Grand-Clément a fait une observation importante. Il a trouvé DEUX FOIS, ici *les os marsupiaux chez des femmes*, particularité qu'il n'est jamais arrivé à la plupart des anatomistes de rencontrer une seule fois dans leur vie dans d'autres pays ! M. le docteur Grand-Clément a même présenté au *Congrès pour l'avancement des Sciences* tenu à Clermont *un bassin humain muni des os en question*, et cette découverte y a produit une profonde sensation.

On ne connaissait, jusque-là, en anatomie humaine, *qu'un seul exemple* de ce genre. Depuis lors, ce savant distingué a trouvé un nouveau bassin présentant cette singulière anomalie.

Lorsque je pèse bien toutes ces choses, j'en viens à me demander si d'autres particularités *animales* ne se montreraient pas de temps à autre dans cette région, et plus souvent que dans le reste de la France. J'en arrive à supposer que des recherches approfondies feraient observer ici, rarement sans doute, mais plus souvent que dans une foule d'autres régions : *double matrice chez la femme; chez l'homme le gland bilobé et l'organe viril plus gros et plus long que chez les Nègres et les Éthiopiens.*

La Science populaire, 13 juillet 1882.

PYJAMA

• Historiquement, il n'a pas fait ses preuves :

L'écrivain new-yorkais Earl Chapin May affirme qu'après de laborieuses recherches, il a acquis la certitude que Néron et Napoléon portaient des chemises de nuit, et que les pyjamas et autres vêtements du même ordre ont toujours été caractéristiques des périodes de décadence.

Le Petit Parisien, 1er juillet 1936.

PYRAMIDES

• A faire sauter :

Ces masses prodigieuses de terre et de pierre, dont l'usage paraît si frivole. [...] L'usage de la poudre rendrait aujourd'hui facile le bouleversement total d'une de ces pyramides ; et le Grand Seigneur les abandonnerait sans peine à la moindre curiosité d'un roi de France.

Pierre DE MAUPERTUIS, *Lettres*, 1753.

• Chronologie :

Il est invinciblement prouvé aujourd'hui qu'aucun fait certain ne peut être reporté à une date antérieure aux époques de la genèse. [...] Les pyramides n'existaient pas au temps de Moïse, 1600 ans avant Jésus-Christ, puisque ce grand législateur, en parlant des travaux pénibles auxquels étaient assujettis les Hébreux, raconte qu'ils étaient employés à fabriquer des briques pour les bâtiments égyptiens, et garde le silence sur les pierres ou le granit, dont la coupe et le transport auraient entraîné de bien plus grandes fatigues.

Elles n'existaient pas non plus au temps d'Homère. [...]

Ces monuments d'ailleurs ne montrent point leur antiquité. Ils portent au contraire l'empreinte de l'enfance de l'art.

T. RUYNEAU DE SAINT-GEORGE, *Essai philosophique et historique sur le christianisme au XIXe siècle*, 1851.

• Le vrai secret des constructeurs :

On demeure béant en face de l'énorme masse des pyramides, devant ce paroxysme architectural.

Reliques d'une imagination désordonnée, elles ont vraiment l'aspect formidable, et une pareille débauche de pierres produit un sentiment pénible, plus encore qu'elle n'excite l'admiration.

Les Égyptiens voyaient-ils plus grand que nous ? Était-ce la concavité de leur lentille oculaire ou les réfractions spéciales aux atmosphères surchauffées ? Les dimensions naturelles des objets leur paraissaient-elles décuplées ? Leur manifestation artistique est-elle une question de cristallin ou d'optique aérienne ?

Quelle est la déformation primitive des images qui détermine chez eux le « genre colossal ? »

Jean REVEL, *Chez nos ancêtres*, 1888.

Q

QUADRUMANE

• Pourquoi il a du succès :

On objectera peut-être que le singe est plus intelligent que le chien : ceci est une autre histoire. Pourtant, dans notre conviction, la plus grande différence qui existe entre le singe et le chien est toute physique : un quadrumane exécutera, en effet, une foule de *singeries* que le chien ne saurait même pas rêver, si ambitieux qu'il puisse être, et l'emportera toujours ainsi, et à peu de frais, devant un aréopage de badauds.

La Science populaire, 23 septembre 1880.

QUADRUPÈDES

• Un oubli regrettable :

Il est regrettable que Buffon (dans son *Histoire des quadrupèdes*) ait oublié le chien de l'aveugle, et avec lui l'image chrétienne du malheur et de la charité.

A. F. VILLEMAIN, *Tableau de la littérature française*, 1828.

QUALITÉS MILITAIRES

• Les principales :

Enfin, remontant toujours le Niger, nous rencontrons une race d'où nous viennent actuellement plus des deux tiers de nos tirailleurs : les Bambaras, de la grande famille Malinké, à laquelle se rattachent les populations de l'Afrique occidentale. Beau type de Noir très foncé, trapu, fortement musclé et charpenté, le nez court et largement épaté, les maxillaires puissants, les lèvres très grosses, l'encolure épaisse et fortement attachée, c'est un rude gaillard [...] mais que n'éclaire malheureusement pas une très vive intelligence, limitée à la compréhension d'idées simples et concrètes. [...]

Cette race possède donc les plus belles qualités guerrières.

Capitaine MARCEAU, *Le Tirailleur soudanais*, 1911.

QUA-QUA

• Une mauvaise odeur :

Pour nous, il n'est sur la terre de musique plus douce, plus enivrante, que le frou-frou de la robe de la femme aimée. Qui n'a senti son cœur battre plus vite au délicat friselis d'un jupon de soie ? La même émotion enflamme le jeune amant hottentot lorsque, par les soirs silencieux, il entend, d'abord indistinct, puis plus net, enfin reconnaissable, le bruissement des peaux rudes et sèches qui lui décèlent la chère présence.

Tout autant que l'ouïe, l'odorat pourrait l'en instruire. Hélas ! ce n'est ni l'azuréa ni l'iris qu'exhalent même les plus élégantes ! La toilette d'une dame qua-qua ne comporte point l'emploi de l'eau : le verbe *se laver* ne doit point avoir d'équivalent dans leur idiome.

A. VIGNOLA, *Toutes les femmes*, 1874.

QUARANTE SOUS

• Les comptes de Flaubert :

Le père Rouault vint apporter à Charles le paiement de sa jambe remise, soixante-quinze francs en pièces de quarante sous.

Gustave FLAUBERT, *Madame Bovary*, 1857.

QUARTE (Fièvre)

• **Guérit d'autre chose :**

Maître Pierre, mon ami, je vous prie tant comme je puis que vous priez incessamment Dieu et Notre-Dame de Salles pour moi, à ce que leur plaisir soit m'envoyer la fièvre quarte, car j'ai une maladie dont les physiciens disent que je ne puis être guéri sans l'avoir ; et, quand je l'aurai, je vous le ferai savoir incontinent.

Louis XI, *Lettre au prieur de Notre-Dame de Salles, à Bourges, 1481.*

QUATORZE

• **Les comptes de Maupassant :**

On avait marché onze heures, ce qui, avec les deux heures de repos laissées en quatre fois aux chevaux pour manger l'avoine, faisait quatorze.

Guy de Maupassant, *Boule-de-Suif*, 1880.

QUATORZE JUILLET

Il ne nous déplaît pas, mais pas du tout, que le 14 juillet ait été choisi par la propagande anglaise ou gaulliste comme un jour de fête dans l'histoire de la guerre des démocraties. Il n'y a rien là que de très logique. Que fête-t-on en France, le 14 juillet ? La prise de la Bastille ? Plaisanterie ! On fête la mainmise de l'Angleterre et de la Maçonnerie sur la France.

Dorsay, « Le 14 juillet, fête de la république maçonnique et juive », *Je suis partout*, 9 juillet 1943.

QUATRE

• **Le chiffre-clé de l'univers :**

L'air est composé de 20 parties d'oxygène, gaz vital par excellence, et de 80 parties d'azote, gaz éminemment mortel. Si le quantum d'oxygène était augmenté, notre vie serait plus agréable, mais nos combustions seraient trop rapides et nous serions *cuits* à bref délai. Si, au contraire, la proportion d'azote était plus grande, les manifestations vitales, diamétralement opposées, aboutiraient au même résultat. Nous serions rapidement intoxiqués.

L'oxygène est le symbole du bien, l'azote le symbole du mal. Il y a eu de tout temps, il y a actuellement, il y aura toujours quatre fois plus de méchants que de bons. Si le coefficient des bons augmente, c'est l'allégresse générale, on est trop heureux. Si les méchants prennent le dessus, les catastrophes surviennent.

Nous payons un jour de bonheur relatif par quatre jours d'angoisses et de soucis de toutes sortes.

Il y a quatre fois plus de pauvres que de riches, c'est-à-dire qu'il faut les souffrances physiques et morales de quatre déshérités pour compenser la joie d'un repu. [...] L'oxygène et l'azote, le bien et le mal impossibles à dissocier ! Que de mystères, que d'enseignements au fond d'une éprouvette !

« Lettre d'un chimiste », rapportée par Léon Bloy, *Journal*, 26 février 1911.

QUESTION SOCIALE

• **Deux solutions pratiques :**

En soulageant l'industrie des ouvriers qu'elle ne peut occuper, en les reportant vers l'agriculture et la colonisation, on aurait certainement résolu la question sociale. Augmenter la production agricole, diminuer celle de l'industrie, c'est ce qu'il faut faire à tout prix.

M.-A. Guynemer, *Dictionnaire du bon républicain*, mai 1849.

Que chacun fasse son devoir, la question sociale est résolue.

Car enfin « si tout marchait bien, il n'y aurait plus rien à réformer, et tout marcherait bien, si tout le monde était à sa place » (Abbé Naudet).

Léon Rimbault, missionnaire, *Les Vaillantes du devoir*, 1907.

QUÊTE

• **Soyez généreux :**

Que penser des honoraires de la messe ? Ces honoraires sont dus au prêtre qui a le droit de vivre de l'autel ; et les fidèles doivent se montrer plus généreux que jamais, étant donnée la spoliation des biens du clergé.

La valeur des honoraires influe-t-elle sur les fruits de la messe ? Certainement ; et l'on peut affirmer que Notre-Seigneur répandra sur les âmes des grâces d'autant plus abondantes qu'elles se seront montrées plus charitables à l'égard des prêtres.

R. P. Édouard, *Cathéchisme eucharistique*, 1910.

QUEUE

• Superflue :

Dans la constitution des êtres vivants, la nature est peu prodigue : tous les organes qu'elle crée ont, en général, une utilité bien évidente. Ses principes d'économie se manifestent nettement lorsque les nécessités ambiantes l'obligent à fabriquer un appareil nouveau ; on la voit alors transformer de préférence un organe déjà existant et d'importance secondaire, plutôt que d'en créer un de toutes pièces. De temps à autre cependant, on voit cette même nature se livrer à des ébauches d'organes inutiles ou, tout au moins, à ce qu'il nous semble, d'une utilité bien restreinte ; c'est ce qui arrive pour la queue dont tant de mammifères sont pourvus et qui, dans les neuf dixième des cas, ne sert à rien. A moins qu'elle n'ait des vertus cachées que nous ne lui connaissons pas, on ne la voit jamais pour ainsi dire rendre des services importants à la bête. Dans un assez grand nombre de cas, toutefois, elle est très mobile et sert de « plumeau » pour chasser les mouches qui agacent les flancs de l'animal : le fait est bien connu chez les bœufs, les chevaux, les ânes, mais il est bien probable que ce n'est pas dans ce but un peu frivole que la queue, organe en somme très volumineux, a été créée.

Henri COUPIN, *Les Animaux excentriques*, 1904.

QUEUES DE CERISES

• Un bon mot :

Les cerises n'auront plus de queues lorsque les peuples cesseront de s'entretuer pour des queues de cerises.

Mot du magnétiseur DONATO, cité *in* Édouard Cavailhon, *La Fascination magnétique*, 1882.

QUI ET QUE

• Les conseils d'un grand-père :

Comme grand-père, je vais terminer, mes chers petits-enfants, en vous conseillant : de ne pas accorder toute votre confiance aux personnes n'aimant ni les enfants, ni la musique, ni les animaux, ni les fleurs ; de ne pas abuser des *qui* et des *que* ; mais d'en user discrètement, car il m'a été très difficile de me jouer de ces deux mots pour vous écrire ce petit livre sans leur recours.

Pierre-Ernest BOUÉ, *Flûte et Fusil, Souvenirs écrits sans qui ni que*, 1894.

QUOIQUE

• Curieux emploi du mot :

Quoique libertin, François Ier n'éprouvait aucune tendance à la vie dévote.

H. LAMARCHE, *La Politique et les Religions*, 1859.

QUOTIDIEN

• Plus ou moins long :

Un voyage de deux jours était pour eux un événement banal, presque quotidien.

Lectures pour tous, 1er février 1912.

Les toutons dévoyés, c'est-à-dire la gorge flétrie ; les barres froissées, c'est-à-dire l'os pubis, ou bertrand ; le lippion recoquillé, c'est-à-dire le poil ; l'entrepet ridé, c'est-à-dire le périnée ; le pouvant debisé, c'est-à-dire la nature de la femme, qui peut tout ; les balunaus pendants, c'est-à-dire les lèvres ; le lippendis pelé, c'est-à-dire le bord des lèvres ; les baboles abattues, c'est-à-dire les nymphes ; les halerons démis, c'est-à-dire les caroncules ; l'entechenat retourné et la corde rompue, c'est-à-dire les membranes qui lient les caroncules les unes aux autres ; le bardibau écorché, c'est-à-dire le clitoris ; le bilboquet fendu, c'est-à-dire le col de la matrice ; le guillenard élargi, c'est-à-dire le conduit de la pudeur ; la dame du milieu retirée, c'est-à-dire l'hymen ; l'arrière-fosse ouverte, c'est-à-dire l'orifice interne de la matrice.

Le tout vu et visité feuillet par feuillet, nous avons trouvé qu'il y avait trace de..., et ainsi nous, dites matrones, certifions être vrai à vous, monsieur le Prévôt, au serment qu'avons fait en ladite ville. Fait à Paris le 25 octobre 1672.

Cité *in* Nicolas Venette, *La Génération de l'homme*, 1690.

RASER

• Faites-le vous-même :

Ce qu'il y a de certain, c'est que les hommes qui se rasent eux-mêmes ont le visage uni et plus ragoûtant que ceux qui se font raser par des mains étrangères.

J.-J. PERRET, *La Pogonotomie, ou l'Art d'apprendre à se raser soi-même*, 1769.

RATS

• Une guerre avec des canards :

Une chatte couva des œufs de canard et eut tous les soins d'une mère pour les petits canards qui en sortirent, auxquels elle communiqua son inclination pour faire la guerre aux rats.

Georges-Everard RUMFF (1626-1693), *Cabinet des raretés d'Amboine*, Amsterdam, 1705.

• Un peu d'exactitude :

Les rats sont des rongeurs, et non pas des mammifères.

L'Est républicain, 27 septembre 1962.

RÉACTION

• Un acquittement scandaleux :

Un particulier, ivre sans doute, s'est avisé dernièrement de pousser le cri de « Vive l'Empereur ! »

Cri bien âcre, non moins que séditieux.

Le délit a été constaté par procès-verbal authentique, et le hurleur traduit devant le tribunal.

On se demande par quelle singulière entente de leurs devoirs envers la République, les magistrats ont acquitté ce personnage.

Ce fait qui nous révolte n'a rien d'étonnant, paraît-il, dans ce doux pays où s'épanouissent, à côté des truffes, les champignons de la réaction.

La Justice, 17 janvier 1880.

RÉALISME

• Des appréciations sur la littérature réaliste :

Si le réalisme, qui domine aujourd'hui dans la poésie, obtenait gain de cause, le lendemain du jour où son triomphe serait bien et dûment avéré, il faudrait ne plus croire à Dieu ni à l'âme ; car le monde que cette poésie déroule devant nos yeux est un monde sans providence et sans liberté ; c'est une nation sans nom, sans autel et sans loi, qui n'obéit qu'à l'épée, et qui ne croit qu'au bonheur de la force.

Gustave PLANCHE, *Portraits littéraires*, 1848.

Les réalistes ont chassé l'âme et Dieu de l'univers. Ils ne voient dans ce bas monde que de la matière. On comprend de prime abord que les gens de cette sorte n'ont pas grand-chose à démêler avec la littérature proprement dite. Leurs œuvres sont littéraires comme le serait un combat de chiens.

Abbé SAGNIER, *Les Variations du goût littéraire au dix-neuvième siècle*, 1862.

Les classiques ayant épuisé le beau, les romantiques ont peint tour à tour le beau et le laid ; les réalistes peignent le laid seul.

Paul DESCHANEL, député, *Figures littéraires*, 1889.

RECHERCHE SCIENTIFIQUE

• Le point sur les travaux :

Depuis la date de sa création, le Conseil supérieur a eu une activité particulièrement féconde. Il s'est notamment divisé en six sections, qui se sont elles-mêmes subdivisées en 55 commissions, dont les travaux se poursuivent activement.

« Brève note sur le Conseil supérieur de la Recherche scientifique et du Progrès technique », distribuée par le secrétariat d'État à la recherche scientifique, 15 mars 1955.

RECOMMANDATION

• Peut fournir une rime en a :

Ô Alexandre ! Adieu, quelque part que tu sois,
Ma mère et mes enfants aie en recommanda...
Il ne put achever, car la mort l'en garda.

Jacques DE LA TAILLE DE BONDAROY, *Daire*, tragédie, 1562.

RÉFÉRENCES

• Trop, c'est trop :

On songe, hélas ! en lisant ces phrases trop bien faites, à Claudien versifiant pour glorifier Stilicon, la guerre de Gildon et la guerre Gétique. On songe aussi à Jean géomètre, évêque de Mélitène en Cappadoce, exhortant au combat l'empereur byzantin Nicéphore Phocas.

Gaston DESCHAMPS, à propos de *L'Appel aux Français* de Victor Hugo (1870), cité *in* C. Chassé, *Styles et Physiologie*, 1928.

RÉFORME

• L'enthousiasme de Michelet :

Les vieux livres de théologie sont la fin d'un monde, pâle reflet d'un soleil couchant. Ceux de Luther, c'est l'aube, c'est un réveil de mai à quatre heures du matin. Une cloche argentine et perçante, sous un puissant battant d'acier, éveille le monde en sursaut. L'Allemagne, la Reine au bois dormant, se met sur son séant, en se frottant les yeux : « Oh ! dit-elle, que j'ai dormi tard ! mais je le vois bien, c'est l'aurore ! »

Jules MICHELET, *Histoire de France*, XV, 1869.

• La condamnation de Péladan :

La tradition est le nom ancien et sacré de l'expérience : voilà pourquoi le Protestantisme, si important comme fait, n'appartient pas à l'histoire des idées. La prétendue Réforme protestante ne tient aucune place dans l'évolution de l'esprit occidental. En la supprimant, on ne ferait aucun vide sur le plan spirituel : elle était donc inutile.

Sâr PÉLADAN, « De l'inutilité de la réforme protestante », *Mercure de France*, 1er septembre 1908.

RÉFORME FISCALE

• Ce sera long :

La réforme fiscale est un de ces ouvrages dont on peut dire qu'il faut les remettre vingt fois sur le métier, les « polisser sans cesse et les repolisser ».

L'Information, 1er mars 1914.

RÉFRACTION

• Un mot difficile :

Il arrive bien souvent [à l'Académie] que les choses se discutent d'une manière bien ridicule, comme il arriva au mot de *réfraction*, qui est à la vérité un terme d'optique, que les bourgeois et faiseurs de bouts rimés ne sont pas obligés de savoir. Quand j'en eus donné la définition ordinaire, qui est l'action d'un rayon de lumière rompu et brisé quand il passe par des milieux de différente densité, comme sont l'air, les verres des lunettes, etc., tous les autres confrères qui ne savaient ce que c'est, me la contestèrent pendant plusieurs séances. L'un dit que la réfraction était un synonyme de *réflection*, parce qu'il fallait que les rayons de lumière fussent rompus pour se réfléchir ; d'autres dirent que c'était un terme d'arithmétique où l'on parlait souvent de fraction, que c'en était une subdivision, ou une fraction de fraction ; un autre ajouta qu'on le pouvait dire de toutes les secondes ruptures, et que c'était l'état d'une chose brisée par deux fois, un autre dit que ce mot pouvait venir de *réfractaire*, et que l'action d'un corps opaque qui réfléchissait la lumière, était en quelque façon rebelle et contraire à son action naturelle, mais il fut sifflé avant que de pouvoir soutenir son opinion.

Antoine FURETIÈRE, *Recueil de factums*, édition de 1859.

REFUS DU DEVOIR

• Quelques beaux exemples de casuistique :

C'est un péché mortel de refuser, même une fois, sans motif légitime, de rendre le devoir à l'époux qui le demande avec raison et insistance : mais si celui qui le demande acceptait facilement les motifs de refus et qu'il n'en résultât point de danger d'incontinence, il n'y aurait nul péché, ou, du moins, le péché ne serait pas mortel à refuser une fois et même deux fois de se prêter aux désirs de son conjoint. De même qu'un motif légitime dispense quelquefois de la restitution, une raison légitime dispense aussi de rendre le devoir conjugal. On compte plusieurs de ces raisons, savoir :

I. Si l'époux qui demande le devoir n'est pas en possession de lui-même, si, par exemple, il est dans la démence, ou s'il est ivre, il n'y a pas d'obligation pour le conjoint de lui rendre le devoir, car ce serait céder à la demande d'une brute. Cependant si l'homme qui demande, étant dans cet état, est capable de consommer l'acte conjugal, la femme doit se rendre à ses désirs ; bien plus, elle est tenue de le faire si elle a des raisons de craindre qu'ayant repoussé son mari celui-ci ne tombe dans l'incontinence, ne se livre à d'autres femmes, ou ne profère des blasphèmes ou des paroles déshonnêtes.

II. Celui qui ne peut rendre le devoir sans grave danger pour sa santé en est dispensé : car il est préférable d'exister et d'être bien portant que de rendre le devoir. Par conséquent, il n'y a pas d'obligation de rendre le devoir à un mari atteint d'une maladie contagieuse comme une maladie vénérienne, la peste, la lèpre etc. Cependant, Alexandre III dit qu'il faut rendre le devoir à un lépreux, mais Sanchez, 1.9, disp. 24, n° 17, St Liguori, 1.6, n° 930, et beaucoup d'autres qu'ils citent enseignent que cela s'entend ainsi pour le cas où, en rendant le devoir, on ne se mettrait pas dans le danger.

III. L'époux n'est pas tenu de rendre le devoir à celui qui a perdu le droit de le demander en commettant un adultère ; car on ne doit plus fidélité à celui qui a violé ses promesses ; mais s'il était lui-même coupable d'adultère, il ne pourrait pas refuser le devoir, car les injures se trouveraient compensées.

IV. On n'est pas tenu de rendre le devoir à celui qui le demande trop fréquemment, plusieurs fois dans la même nuit, par exemple, car c'est contraire à la raison et cela pourrait devenir très dangereux. La femme doit cependant, autant que la chose est en son pouvoir, dit Sanchez, 1.9. disp. 2, n° 12, se prêter aux besoins libidineux de son mari lorsqu'il éprouve de violents aiguillons de la chair : la charité l'oblige en effet à éloigner de lui autant que possible le danger d'incontinence.

Mgr J.-B. Bouvier, (1753-1854), *Supplément au traité du mariage*, 1.

RÉGÉNÉRATION

• Merci, monsieur Bismarck :

Les Prussiens auront régénéré la France : aujourd'hui, nous sommes des Français ; il y a deux mois, nous étions des Petits Crevés.

J. Rousset, *Le National*, 4 octobre 1870.

RÈGLES

• Les grandes légendes :

Qu'une femme en cet état s'approche, les vins nouveaux s'aigrissent, les grains qu'elle touche deviennent stériles, les jeunes greffes périssent, les plantes du jardin se dessèchent, et les fruits de l'arbre sous lequel elle s'est assise, tombent. Son seul regard ternit l'éclat des miroirs, émousse le tranchant du fer, efface le brillant de l'ivoire ; les essaims meurent ; l'airain même et le fer deviennent la proie de la rouille et contractent une odeur repoussante. Les chiens qui en ont goûté deviennent enragés, et le venin de leur morsure est sans remède.

Pline, *Histoire naturelle*, 78 ap. J.-C.

Le flux menstruel est sujet à de nombreuses irrégularités, toujours nuisibles à la santé et à la fécondation. On a vu des règles déviées sortir par le nez, la bouche, les points lacrymaux, le mamelon d'un sein ou des deux seins à la fois, par le bout du doigt, l'anus, et autres parties du corps.

A. DEBAY, *Hygiène et physiologie du mariage*, 1879.

REIMS

• Vue d'en haut :

La cathédrale est rangée au nombre des monuments historiques de première classe, et l'on dépense de temps en temps quelques millions pour terminer l'œuvre restée inachevée. Les journaux bien-pensants du pays ont failli ameuter contre nous une portion de la population rémoise, parce que nous avions parlé avec irrévérence de ce monument sacré. Nous avions écrit dans *L'Indépendant rémois*, que, de la hauteur où nous nous trouvions, dans une ascension exécutée à Reims, ce monument nous avait paru ressembler à une tabatière, mais que nous doutions que dans cette tabatière il se trouvât beaucoup de bon tabac.

Wilfrid DE FONVIELLE, *La Physique des miracles*, 1872.

RELIGION

• Une attaque en règle :

Louis XV, le plus crapuleux de tous les rois, était naturellement religieux et entendait fort exactement la messe. Louis XI commettait tous les crimes sous la protection d'une petite image de la Vierge. Les chrétiens d'Arménie mettent toute leur religion dans le jeûne. Nos paysans s'enivrent en sortant de la messe, et le dimanche ne se soutient que par son immoralité et par les réunions de débauche et de plaisirs.

Antoine ROCHER, *La Friponnerie des évêques et des prêtres*, par un apostat, vers 1875.

RELIQUES

• Une anecdote :

On a vu la duchesse d'Albe faire prendre à son fils, malade à Paris, en potions et en lavements, des reliques pulvérisées. L'enfant n'en mourut pas moins, au grand étonnement de la mère.

DE LA PLACE, *Pièces intéressantes*, 1790.

RENAISSANCE

• Son origine :

Le premier acte de la Révolution dite française, c'est la Renaissance. C'est déjà une œuvre jacobine, derrière laquelle on reconnaît le Saxon et le Sémite.

Dr Maurice ADAM, *La Tradition celtique et ses adversaires*, Paris, 1901.

RENARD (Jules)

• De l'humour peut être, mais peu de modestie :

Chaque fois que le mot « Jules » n'est pas suivi du mot « Renard », j'ai du chagrin. [...]

... Mon intelligence coule claire comme un ruisseau qui ne s'arrêtera plus.

Jules RENARD, *Journal*, 29 mai 1903 et 10 mai 1904.

• D'ailleurs, il y a autre chose :

Ses romans et nouvelles, même ceux où il dépeint avec une grande finesse et une vraie saveur les paysans et les enfants, sont généralement obscènes.

Abbé Louis BETHLÉEM, *Romans à lire et romans à proscrire*, Cambrai, 1905.

RENOIR (Auguste)

• Un rigolo :

Sur l'œuvre de M. Auguste Renoir, il est difficile de parler avec gravité. Un coup d'œil sur quelques-unes des toiles qui portent son nom expliquera mieux que toutes mes paroles la difficulté que l'on pourrait avoir à prendre une telle œuvre au sérieux.

Philip BURNE-JONES, *The Nineteenth Century*, mars 1905.

RENOIR (Jean)

• Pan sur le bec :

Depuis, M. Jean Renoir, fils d'Auguste Renoir, a renoncé à la nationalité française.

Il est devenu citoyen américain.

Par amour dollar.

On disait Renoir, Manet, Degas, Monet, Cézanne.

On dira demain Renoir, Zanuck, Metro-Goldwyn-Meyer, Cecil B. De Mille, Paramount. [...]

Jean, ou le seul faux Renoir qu'ait jamais commis Auguste.

Jérôme CANARD, *Le Canard enchaîné*, 15 janvier 1958.

REPOS

• C'est l'un ou l'autre :

Quand les troupes marchent de nuit, le commandement les fait reposer pendant le jour.

Manuel du gradé d'artillerie lourde, édition de 1937.

REPRÉSENTANT DE COMMERCE

• Les risques du métier :

Par décision du 20 mars 1951, la Commission de première instance de Grenoble a jugé qu'un accident survenu à un représentant, alors qu'il se lavait les pieds dans le lavabo de sa chambre d'hôtel, ne devait pas être considéré comme un accident du travail parce que, d'une part, cet appareil est indiscutablement destiné aux soins de la figure et des mains et que l'intéressé a eu tort de s'en servir pour un autre usage, et que, d'autre part, le même accident aurait pu lui arriver chez lui.

L'Usine nouvelle, 23 août 1951.

REPRODUCTION

• La raison fondamentale :

Pourquoi les riches sont-ils revêches à la reproduction ? Précisément parce que les pauvres sont prolifiques.

Charles VINCENT, *La Faim*, 1891.

RÉPUBLICAINS

• Toute une série de définitions :

Certes, je ne prétends pas que tous les républicains sont des voleurs, mais, ce que je garantis, c'est que tous les voleurs sont républicains.

Marquis DE LAROCHEJAQUELEIN, cité in *La Constitution*, 31 mai 1871.

Qu'est-ce qu'un républicain ? Une bête féroce.[...]

Le Figaro, mai 1871.

Les républicains sont et ne seront jamais que des blagueurs. Je sais que je les contrarie beaucoup en les flagellant de ce qualificatif fameux ; mais, vraiment, ils ne méritent pas d'injure plus épique.

M. Gambetta et ses amis sont des blagueurs : rien de plus, rien de moins.

Le Mont-Cenis, 16 juin 1878.

Du temps de la première République, les républicains étaient des tigres. Il y avait une certaine grandeur dans leur férocité.

Du temps de la deuxième République, l'espèce s'étant abâtardie, ce ne sont plus que des hyènes sournoises et puantes, grinçant des dents aux cadavres.

L'Autorité, 15 avril 1886.

Sur cent députés républicains, qui votent les mesures les plus iniques, les plus monstrueuses, qui férocement applaudissent Paul Bert le coupeur de chiens, Ferry le menteur ou Goblet l'avorton, il y en a quatre-vingts qui s'agenouilleront dévotement avant d'aller voir, comme le dernier condamné à mort qu'on vient d'exécuter, s'il y a un Dieu de l'autre côté.

Paul DE CASSAGNAC, *L'Autorité*, 16 avril 1886.

Par républicains, nous désignons ces hommes qui font de la politique un métier et qui, depuis 80 ans, n'ont cessé de troubler la marche de l'État. Ils ont été l'âme de toutes les agitations, de tous les complots, de toutes les émeutes, et le noyau de toutes les coalitions éhontées où s'effondrent les caractères et les convictions.

Lieutenant-colonel VILLOT, retraité, *Les Républicains de métier et le suffrage universel*, 1889.

• Sont-ils, oui ou non, vendus à l'étranger ?

Qu'est-ce que le parti républicain français sans l'Allemagne ?

Bien peu de chose, n'est-ce pas ?

Supposez que nous n'ayons pas eu la guerre fatale, ou que la guerre ait été fatale aux ennemis de la France, les républicains végéteraient encore dans les bottes percées qui faisaient, avant 1870, toute leur gloire et tous leurs mérites.

Le Mont-Cenis, 16 juin 1878.

Je suis républicain, aussi je dis : les Français d'abord, les étrangers ensuite.

Jules MÉNARD, *Le Cultivateur ruiné par la juiverie internationale*, 1887.

• Tous les mêmes :

Avec ses divisions apparentes, la gauche est au fond peu variée, elle forme un magma putride, une large mare fétide où pousse toute la flore pestilentielle spéciale au Palais-Bourbon : la corruption, le vol, la prévarication, la trahison.[...]

Personne, en effet, ne conteste que les hommes d'État républicains ne soient, pour la plupart, d'abominables drôles et de fieffés coquins.

Édouard DRUMONT, *La Fin du monde*, Paris, 1889.

RÉPUBLIQUE

• Un souvenir de l'antiquité :

Il est de la nature d'une république qu'elle n'ait qu'un petit territoire ; sans cela elle ne peut guère subsister.

L'Encyclopédie, 1751-1772, (article République).

• C'est le règne des brutes :

La république populaire ne constitue pas, à proprement parler, un mode de gouvernement ; c'est la force brutale érigée en loi et livrée à toute sa fureur.

COTTU, *Guide politique de la jeunesse*, 1838.

Nos républiques finissent dans le sang ou l'imbécillité.

Le Constitutionnel, 2 décembre 1875.

• C'est la gabegie :

La république a-t-elle enrichi le pays ?

Il n'y paraît pas.

En 16 années, elle a gaspillé un milliard et demi qu'elle est obligée d'emprunter.

Cela fait cent millions par an.

Comme liste civile, c'est assez joli, sans parler de l'allocation attribuée au cagnottier de l'Élysée.

L'Autorité, 17 mars 1886.

• Une vraie cochonnerie :

En théorie, la République est le gouvernement de tous par tous, la liberté pour tous, l'égalité pour tous, c'est aussi la fraternité, etc., etc., mais, en pratique et en réalité, la République est tout l'opposé ; l'histoire de tous les temps et de tous les peuples, sauf pour ceux dont la République est traditionnelle, le démontre péremptoirement. Trouvez une cochonnerie que les républicains français n'aient pas faite ; et, de suite, je donne ma démission. Nous autres, républicains, nous mentons comme des cochons, nous trompons et nous volons comme des cochons ; mais, par contre, nous nous engraissons comme des cochons ; et c'est précisément cela qui nous fait passer sur tout le reste : s'engraisser ! tout est là, croyez-moi. Mais, pour n'avoir pas à rougir de notre dégradation, nous entendons que nos concitoyens deviennent des républicains, c'est-à-dire des cochons comme nous.

Jean DE DOMPIERRE, *Tas de cochons ! Odyssée du fameux marin breton Biennick*, 1905.

• Une diatribe célèbre :

En finira-t-on avec les relents de pourriture parfumée qu'exhale encore la vieille putain agonisante, la garce vérolée fleurant le patchouli et la perte blanche, la République toujours debout sur son trottoir. Elle est toujours là, la mal blanchie, la craquelée, la lézardée, sur le pas de sa porte, entourée de ses michés et de ses petits jeunots aussi acharnés que les vieux. Elle les a tant servis, elle leur a tant rapporté de billets dans ses jarretelles : comment auraient-ils le cœur de l'abandonner, malgré les blennorragies et les chancres ? Ils en sont pourris jusqu'à l'os.

Robert BRASILLACH, *Je suis partout*, 7 février 1942.

RÉPULSION UNIVERSELLE

• Un système original :

Nous voyons alors que, puisque la pesanteur agit sur toute la surface de la sphère terrestre, elle ne fait pas descendre les corps dans des directions parallèles entre elles, mais qu'elle les entraîne de toutes parts dans la direction du centre terrestre, de sorte que, si deux pommes se détachaient de deux arbres qui seraient aux antipodes l'un de l'autre, ces deux pommes tomberaient en sens contraire et se rapprocheraient de manière à se rencontrer, si la terre ne les séparait pas...

Dans toutes les occasions, l'hypothèse des forces attractives de la matière n'explique rien... Le but que je me propose est de démontrer qu'il serait possible d'expliquer tous les mouvements de la nature par l'existence d'une seule force : une faculté d'expansion que posséderaient tous les corps et toutes les parties des corps, faculté à laquelle me semble convenir le nom de Répulsion universelle...

J'ai appelé cette force unique la Répulsion universelle, quoique ce nom ne lui pendant la Révolution française sont dues à la puissance diabolique.

La Nouvelle Terre, le message à l'humanité, 1927.

• **L'œuvre de la Providence :**
Que dans le cœur de l'hiver un homme commande à un arbre, devant mille témoins, de se couvrir subitement de feuilles et de fruits, et que l'arbre obéisse, tout le monde criera au miracle, et s'inclinera devant le thaumaturge. Mais la Révolution française, et tout ce qui se passe en Europe dans ce moment, est tout aussi merveilleux dans son genre que la fructification instantanée d'un arbre au mois de janvier. [...]

On ne saurait trop le répéter, ce ne sont point les hommes qui mènent la Révoluesiastique.

H. LAMARCHE, *La Politique et les Religions*, 1859.

A l'encontre des politiciens d'un autre ordre, nous pensons que la Révolution de 1789 est la conséquence directe du christianisme.

Lieutenant-colonel VILLOT, retraité, *Les Républicains de métier et le Suffrage universel*, 1889.

La Révolution française, elle aussi, est donc, au fond, comme la Réforme une révoluesiastique.

H. LAMARCHE, *La Politique et les Religions*, 1859.

A l'encontre des politiciens d'un autre ordre, nous pensons que la Révolution de 1789 est la conséquence directe du christianisme.

Lieutenant-colonel VILLOT, retraité, *Les Républicains de métier et le Suffrage universel*, 1889.

La Révolution française, elle aussi, est donc, au fond, comme la Réforme une révolution *essentiellement religieuse*.

Jean IZOULET, professeur au Collège de France, *La Rentrée de Dieu dans l'Église*, 1924.

• **Un coup monté par l'étranger :**
Sous prétexte de « régénérer » le pays, les fauteurs des bouleversements et désastres, qui empêchèrent la révolution pacifique et féconde des réformes projetées par Louis XVI, ont donc fait un pacte avec des nations rivales de la nôtre pour travailler, au profit de celles-ci, moyennant qu'ils seraient stipendiés et mis à même de perpétrer une suite de violences, d'accumuler des ruines.

Edmond BRÉLAND, *La France livrée à l'Étranger*, 1909.

• **Et par les Juifs :**
Tous les héros de la Révolution française étaient aussi de sang sémite, Robespierre ayant été un Juif alsacien, appelé Ruben, qui fonda l'Alliance israélite ; Danton, un Juif polonais, appelé Daniel ; Marat, le fils d'un fabricant de baignoires, appelé Mosessohn !

Pall Mall Gazette, 3 avril 1894.

• **Les acteurs :**
Ceux qui fondèrent la République française ne savaient pas ce qu'ils fondaient. C'étaient, pour la plupart, des hommes perdus de crimes qui avaient ouï dire que, dans les républiques, les plus factieux étaient le plus en crédit.

Des causes de la révolution et de ses résultats, brochure anonyme, 1797.

Pour faire la Révolution française, il a fallu renverser la religion, outrager la morale, violer toutes les propriétés et commettre tous les crimes : pour cette œuvre diabolique, il a fallu employer un tel nombre d'hommes vicieux, que jamais peut-être autant de vices n'ont agi ensemble pour opérer un mal quelconque.

Joseph DE MAISTRE, *Considérations sur la France*, 1797.

• **L'avis du roi :**
Le terme de la révolution est arrivé. Que la nation reprenne son heureux caractère.

LOUIS XVI, 30 septembre 1791.

• **Une opinion de Taine :**
Sous le règne nominal d'une théorie humanitaire, la Révolution couvre la dictature effective des passions méchantes et basses.

Hippolyte TAINE, *Origine de la France contemporaine, la Révolution*, 1877.

• **En pleine barbarie :**
Alors les massacreurs, accablés de fatigue et ne pouvant plus lever les bras, quoiqu'ils ne cessassent de boire de l'eau-de-vie, dans laquelle Manuel avait fait mettre de la poudre à canon pour entretenir leur fureur,

s'assirent en rond sur les cadavres et reprirent haleine. Une femme, portant un panier rempli de petits pains, vint à passer ; ils les lui prirent et les mangèrent, en trempant chaque morceau dans les plaies de leurs victimes palpitantes. Ici la plume tombe des mains.

M. DE LA VARENNE, *Histoire des événements qui ont eu lieu en France pendant les mois de juin, juillet, août et septembre*, 1792.

Dans la révolution, il y a eu un projet de décret pour la mort de toutes les femmes qui avaient passé l'âge de la fécondité, et de tous les hommes qui comptaient au-delà de soixante ans. [...] Démentez-moi, prétendus républicains, démons incarnés qui vivez encor qu'il fût mêlé du sang de l'innocent.

Maurice RUBICHON, *De l'Angleterre*, 1819.

• Ceux qui en ont le plus souffert : La victime principale de la législation révolutionnaire, très insuffisamment atténuée par le Code civil, ce n'est pas le noble ou le bourgeois, c'est l'ouvrier qui, ayant des enfants, a dû cesser d'être propriétaire, c'est le paysan qui, pour rester propriétaire, a dû cesser d'avoir des enfants.

qu'il fût mêlé du sang de l'innocent.

Maurice RUBICHON, *De l'Angleterre*, 1819.

• Ceux qui en ont le plus souffert : La victime principale de la législation révolutionnaire, très insuffisamment atténuée par le Code civil, ce n'est pas le noble ou le bourgeois, c'est l'ouvrier qui, ayant des enfants, a dû cesser d'être propriétaire, c'est le paysan qui, pour rester propriétaire, a dû cesser d'avoir des enfants.

H. ROULLEAUX-DUGAGE, *Natalité et Législation*, 1917.

• L'affaire des noms et des prénoms : Tout homme portant un nom emprunté aux tyrans et à la féodalité, tel que *Roi, Lempereur, Lecomte, Baron, Chevalier*, ou même un nom modéré, tel que *Bon, Ledoux, Gentil*, doit le quitter immédiatement, s'il ne veut pas passer pour suspect.

Arrêté municipal (1793) cité *in* Monteil, *Histoire des Français des divers états*, 1844.

On avait traduit devant le tribunal révolutionnaire M. de Saint-Cyr. Le président lui demande ses noms et prénoms :

— Je me nomme *de Saint-Cyr*, répond l'accusé.

— Il n'y a plus de noblesse, réplique le président.

— Je m'appelle alors *Saint-Cyr*.

— Le règne de la superstition et celui des saints est passé.

— Je m'appelle donc *Cyr*.

— La royauté a été pour toujours abolie.

— Puisque je n'ai pas de nom, s'écrie alors le prévenu, j'échappe à la loi, car je ne suis qu'une abstraction, et vous ne trouverez aucune loi condamnant une abstraction ; je dois donc être acquitté.

Le tribunal, en effet, acquitta le prévenu, non sans cet avis :

— Citoyen *Abstraction*, tu es invité à faire choix, pour l'avenir, d'un nom républicain, si tu ne veux passer pour suspect.

Rapporté *in* baron DE COSTON, *Origine, étymologie et signification des noms propres*, 1867.

Citoyens, je m'appelais ci-devant Pierre-Gaspard, parce que mon parrain croyait aux saints du paradis ; mais moi, qui ne crois qu'à la Révolution, qui est l'enfer des tyrans et des esclaves, j'ai pris le nom d'un saint qui a été pendu pour ses principes républicains : je m'appelle *Anaxagoras*.

Discours de CHAUMET, procureur de la Commune de Paris en 1792, cité *in* Cabanès et Nass, *La Névrose révolutionnaire*, 1906.

La municipalité d'Hérépian, département de l'Hérault, a signifié à M. François, son pasteur, qu'elle entendait à l'avenir avoir un curé qui ne fût pas célibataire. Le curé François a répondu d'une manière qui a surpassé les espérances de ses paroissiens. Il entend, lui, avoir cinq enfants ; le premier s'appellera *J.-J. Rousseau* ; le second, *Mirabeau* ; le troisième, *Pétion* ; le quatrième, *Brissot* ; le cinquième, *Club-des-jacobins*. Le bon curé léguera son patriotisme à ses enfants, et

• Une biographie :

Jean-Nicolas-Arthur RIMBAUD est né à Charleville, le 20 octobre 1854, et, dès l'âge le plus tendre, il se manifesta tel que le plus insupportable voyou. Son bref séjour à Paris fut en 1870-71. Il suivit Verlaine en Angleterre, puis en Belgique. Après le petit malentendu qui les sépara, Rimbaud courut le monde, fit les métiers les plus divers, soldat dans l'armée hollandaise, contrôleur à Stockholm du cirque Loisset, entrepreneur dans l'île de Chypre, etc. Il serait actuellement à Harar, cap de Guardafui, en Afrique, où un ami de M. Vittorio PICA l'aurait vu, se livrant au commerce des peaux. — Il est probable que, méprisant tout ce qui n'est pas la jouissance brutale, l'aventure sauvage, la vie violente, ce poète, singulier entre tous, a renoncé à la poésie. Aucune des pièces authentiques du présent volume (*Reliquaire*) ne semble plus récente que 1873. Les vers de son extrême jeunesse sont faibles, mais dès l'âge de 17 ans RIMBAUD avait conquis l'originalité, et son œuvre demeura, tout au moins à titre de phénomène. Sa parenté d'esprit avec Corbière et Laforgue est évidente, et la priorité du vers nouveau, libre et désarticulé à l'excès, lui appartient. Il est souvent obscur et plus que bizarre. De sincérité nulle, caractère de femme, de fille, nativement méchant et même féroce, Rimbaud a cette sorte de talent qui intéresse sans plaire. Il y a dans ce volume plusieurs pièces qui donnent un peu l'impression de beauté que l'on pourrait ressentir devant un crapaud congrûment pustuleux, une belle syphilis ou le Château-Rouge à onze heures du soir.

R. G., *Le Mercure de France*, décembre 1891.

• Une de ses erreurs :

Si l'on vous disait que ce misérable Arthur Rimbaud a cru, par la plus lourde des erreurs, que la voyelle U était verte, vous n'auriez peut-être pas le courage de vous indigner : car il paraît également possible qu'elle soit verte, bleue, blanche, violette et même couleur de hanneton, de cuisse de nymphe émue ou de fraise écrasée.

Jules LEMAÎTRE, *Nos contemporains*, 1886-1924.

• La clé du mystère :

L'évidente vérité que nous avons découverte (découvrir l'évidence, toute la critique est là !) va nous introduire au cœur de notre problème. Pourquoi, à dix-huit ans, Rimbaud abandonne-t-il sans regret et sans retour la poésie ? — Réponse : parce que la poésie n'a jamais été pour lui un principal, mais un accessoire ; une fin, mais un moyen.

A partir de ce moment, il n'y a plus de discussion proprement dite et la solution commence.

Marcel COULON, *Mercure de France*, 1er mars 1914.

• En résumé :

[...] un monstre, un raté, aussi peu sympathique que possible, et la grande fumisterie du siècle.

René JOHANNET, « Vie littéraire », *Les lettres*, septembre 1926.

RIO DE JANEIRO

• On y parle une jolie langue :

Vingt jours en plein océan, et puis Rio de Janeiro. [...] Il descendit à terre le soir. Les accents vifs et mélodieux de la langue espagnole résonnaient dans les rues.

Pierre KRASSNOF, *Comprendre, c'est pardonner*, Payot, 1922.

RIRE

• A mourir de rire :

Le soldat français rit partout. Il a commencé à rire le jour de la mobilisation. Le rire des tranchées, c'est un rire exceptionnel, merveilleux. Il apaise la faim, il trompe la soif, il rassasie et désaltère, quand on n'a rien du boche à se mettre sous la dent et au creux de l'estomac. Qui rit dîne et le tour est joué ! D'ailleurs le soldat français ne pourrait pas se passer de rire, car toute épreuve n'est pour lui qu'une récréation. Au combat comme à la fête, il faut qu'il y aille à gorge déployée.

Allez-y, les joyeux, les pinsons, les bons enfants, les types, les lascars ! Soyez gais ! Amusez-vous ! Dansez ! Riez ! Chantez !

Henri LAVEDAN, *L'Intransigeant*, 31 octobre 1914.

ROBESPIERRE (Maximilien de)

• De lourdes présomptions sur son origine ethnique :

Nous estimons avoir irréfutablement démontré le judaïsme de Marat. Mais Robespierre, sur lequel nous préparons un identique travail ?

Ici la science généalogique semblerait plaider en faveur du non-judaïsme de notre suspect ; puisque les travaux de M.E. Lesueur sur la famille de Robespierre, fondés sur le dépouillement des archives du comté de Harnes et de la seigneurie de Beaulaincourt, font remonter sa filiation jusqu'au milieu du XVe siècle. Par contre, les tests de l'ergologie, de l'onomastique et de l'héraldique nous donnent matière à d'étranges constatations. Nous nous apercevons en effet que :

1. C'est à tort qu'on tient les Robespierre comme de petite noblesse de robe. Ils étaient de père en fils soit intendants (les « notaires seigneuriaux » n'étaient rien d'autre), c'est-à-dire collecteurs de fermages et gardiens de droits féodaux, soit aubergistes de village. Chacun de ces métiers compte au nombre de ceux qui ont été choisis le plus volontiers par les Juifs, et leur cumul dans une même lignée est très significative.

2. Ce nom de Robespierre, qui ne correspond à aucun toponyme connu (bien qu'il ait été de tout temps précédé de la particule, ce qui permet de présumer qu'il s'agit d'un nom terrien) est assez déconcertant. A ce point qu'au début de la Révolution, alors que le futur dictateur n'était encore qu'un quelconque constituant, *Le Moniteur* n'écrivait son nom que Robert-Pierre ou Robertspierre. Or, si l'on veut bien considérer que le nom alsacien de Rapolstein a été de tout temps traduit en français par Ribeaupierre, on est amené à constater que les mêmes lois linguistiques font de Robespierre l'équivalent de Rubinstein.

3. François de Robespierre, père de l'Incorruptible, dut, en qualité d'avocat au Conseil d'Artois, adopter des armes. Il choisit deux bâtons noueux posés en sautoir. Or, cet emblème rarissime en héraldique est par contre fréquent dans les blasons juifs parce qu'évocateur des pérégrinations du Peuple Élu.

Professeur Armand BERNARDINI, *Le Juif Marat*, Éditions Études et documents, Paris, 1944.

ROCHERS

• Ils croissent et multiplient :

Chacun sait bien qu'il y a des rochers qui croissent naturellement, tandis qu'ils ne sont point séparés de leur racine. [...] J'ai déjà dit ailleurs que les rochers se nourrissent journellement d'un suc lapidique, qui non seulement les entretient, mais qui les fait croître imperceptiblement et insensiblement comme les arbres. Quand ce suc leur manque, ce qui arrive infailliblement au bout d'un certain temps, ils vieillissent et tombent en défaillance, ni plus ni moins que les arbres. On peut aisément observer cela dans tous les rochers du monde, quoique moins sensiblement dans les uns que dans les autres ; cela dépend ordinairement de la consistance, les pierres molles et les sablonneuses croissant et grossissant beaucoup plus que les autres. [...]

Un médecin de mes amis me disait aussi il n'y a pas longtemps, en discourant sur cette matière, pour me prouver que les pierres non seulement croissaient, mais se formaient aussi journellement dans tous les lieux du monde, qu'il en avait fait l'expérience dans un petit carré de son jardin, dont il avait pris la peine de passer la terre dans un tamis très fin, et de la couvrir ensuite d'une manière à ne pas devoir craindre qu'on y jetât des pierres étrangères. Cependant, il y en trouva l'année suivante en très grande quantité ; et quatre ans après, il y en avait plusieurs qui étaient parvenues à la grosseur d'un pouce. Il me dit encore qu'un ministre réformé, dont je tairai le nom, avait eu la curiosité de garder depuis vingt ou trente ans une pierre qui au commencement n'était pas plus grosse qu'une noisette, mais qui dans la suite était devenue comme une orange, et cela sans autre mystère que de la tenir souvent sous l'égout d'un toit ou d'une gouttière.

Voyages de M. Du Mont, 1691.

• Et pourtant ils ignorent l'appel du sexe :

Ma crique est un cromlech de monolithes [bleus,
Blancs ou rouges, si durs que nulle dynamite
N'en effleure les blocs au grain préadamite
Et qu'à leur prix l'airain est poreux et [cribleux.
Œdipe de ces sphinx battus du flot sableux,
Quand l'énigme du mal me propose son [mythe :
« Homme, qui sur la terre est heureux sans [limite ? »
Je les montre et réponds par le mot ter-[rible : « Eux. »
Oh ! leur paix dans l'horreur de l'humaine [géhenne !
Être, ni vif, ni mort, sauf d'amour et de [haine,
Et la stagnation sainte de l'état brut !...
Quittes de l'organisme aux mystères com-[plexes,
Les rocs passent la loi lâche et virile du [rut
Et de l'épouvantable attraction des sexes.

Émile BERGERAT, *Ballades et Sonnets*, 1910.

ROCK AND ROLL

• Une pierre qui roule :

Il aura disparu avant juin.

Variety, magazine, 1955, cité *in* Cerf et Navasky, *Paroles d'experts*, 1989.

RODIN (Auguste)

• A propos du *Penseur* :

Rodin baptisa *Penseur* un ouvrier métallurgiste assis dont les orteils crispés l'auraient empêché de penser, si la stupidité épaisse n'avait déjà assombri ses yeux.

François LEHEL, *Notre art dément*, 1926.

• Une exécution :

[...] il y a une exposition Rodin. Je n'ai pas caché mon opinion sur les maçonneries de ce grand imbécile — tout comme son émule Bourdelle —, exposées là, ces nus de femme où rien ne vit de la femme, alors que les femmes de Courbet, on les voit nues en les regardant. [...]

J'ai émis cet aphorisme : *Décidément, quand on y réfléchit, qu'on a acquis quelque expérience, on est forcé de constater que les « grands hommes » ont été presque tous des imbéciles.* Rien de moins intelligent que les « gloires nationales ». [...] Tout comme en littérature : le *second rayon* est presque toujours supérieur au *premier*. Je ne cache pas que j'ai de la haine (ce mot me satisfait ici) pour des gens comme Rodin, Bourdelle, haine aussi du pathos prétentieux auquel ils se sont livrés. Par-dessus le marché, les gens à grande barbe, comme Rodin, me dégoûtent profondément.

Paul LÉAUTAUD, *Journal littéraire*, 27 octobre 1940.

ROMAINS

• De leurs vices :

Le peuple romain fut toujours un peuple horrible : on ne tombe point dans les vices qu'il fit éclater sous ses maîtres, sans une certaine perversité naturelle et quelque défaut de naissance dans le cœur. [...] Quand Rome eut des vertus, ce furent des vertus contre nature.

François René DE CHATEAUBRIAND, *Génie du christianisme*, 1802.

• De leur art :

Le goût de la convenance et de la proportion manque totalement aux Romains. Voyez leurs amphores ; rien n'est disgracieux comme ces grandes machines impossibles à transporter, qu'on est obligé d'enfoncer dans des trépieds, qu'on ne peut pas pencher naturellement, qui n'ont rien enfin d'élégant ni de commode. Leurs moindres cruches ont l'air de ne pas pouvoir se tenir debout. Elles sont couvertes d'anses inutiles ou décorées de chasses extravagantes : toujours l'art des cavernes. [...]

Pour les grands travaux avec d'autres moyens, il est vrai, mais sans forfanterie fatigante, nous en avons fait bien d'autres nous-mêmes, depuis un siècle. Mais parler de tunnels, de viaducs, de chemins de fer ou de percement d'isthmes à des archéologues, c'est prêcher en hébreu à des Allemands antisémites. Rome règne toujours.

Pour en finir avec cette prétention, il suffit pourtant d'ouvrir une bonne fois les yeux et de comparer mathématiquement les choses.

Voilà le pont du Gard, par exemple ; certes, avec Jean-Jacques, nous l'admirerions de grand cœur. Planté gracieusement dans cette admirable petite vallée du Gardon, flanqué de rochers gris d'une teinte merveilleuse, doré par la patine des siècles, il se présente là dans sa solitude sauvage, avec une allure véritablement belle dans la plus grande acception du mot. Mais, à quelques lieues de ce fameux pont, arrêtez-vous donc, si vous le pouvez, dans une autre vallée non moins pittoresque, celle de la petite rivière d'Arc, et contemplez l'aqueduc de Roquefavour, qui jette la Durance en plein Marseille. Si vous n'êtes pas trop latinisé par votre éducation scolaire, si vous osez laisser pour un instant de côté tout parti pris, le *travail de Romain* vous semblera bien mesquin devant cette œuvre, conception splendide d'un simple citoyen français, qui n'a aucun nom en *us*, et s'appelle tout bonnement M. de Mont-Richer.

Henri DU CLEUZIOU, *L'Art national*, 1882.

ROMANOV

• **Leur destin par une grande voyante :**
La maison des Romanoff n'a rien à attendre que de grand dans l'avenir.

Mme DE THÈBES, *Le Petit Parisien*, 16 décembre 1914.

ROMANS

• **Une confidence de Veuillot :**
Nous avons autrefois perdu beaucoup de temps à lire de ces sortes d'ouvrages.

Louis VEUILLOT, *L'Univers*, 6 mai 1840.

• **Nuisent à la santé physique :**
Peut-être que de toutes les causes qui ont nui à la santé des femmes, la principale a été la multiplication infinie des romans depuis cent ans.

Dr POMME, *Traité des affections vaporeuses des deux sexes*, 1767.

Rester assise, tard dans la nuit, à lire des romans, voilà ce qui creuse autour des yeux ces terribles petits sillons entrecroisés, qui défigurent le plus joli visage.

Baronne STAFFE, *Le Cabinet de toilette*, 1900.

• **Et à la santé morale :**
Si les jeunes personnes de notre époque, habituées à s'inspirer dans les romans, savaient, comme les dames romaines des premiers siècles du christianisme, apprécier et goûter les sublimes beautés de nos Livres saints, leurs idées, leurs sentiments et leurs actes, au lieu de la légèreté qui les caractérise, acquerraient cette grandeur, cette noblesse qui a fait les Paule, les Eustochie, les Mélanie et tant d'autres chrétiennes illustres, la gloire de l'Église et de leur sexe.

Précis d'un cours de littérature, dédié aux élèves des écoles chrétiennes, Nancy, 1858.

La bibliothèque du Patronage et les bonnes petites feuilles qu'on y reçoit développeront peu à peu, et sans labeur, votre intelligence ; et ces bonnes lectures, aussi intéressantes qu'utiles, vous dégoûteront pour toujours des journaux et de la politique, ainsi que de la lecture si dangereuse des romans.

Abbé F. BARBIER, *L'Ami de l'ouvrier*, 1893.

De la ville, le livre se répand jusque dans la campagne, et l'on rencontre dans la lande la gardeuse de brebis qui a glissé sous son capulet le mauvais roman passé de main en main, et qu'elle a encore la pudeur de vouloir cacher.

Fernand LAUDET, *La Libre Parole*, 25 octobre 1922.

• **Un mot sur ceux qui les font :**
Un faiseur de romans et un poète de théâtre est un empoisonneur public.

Pierre NICOLE, *Visionnaires*, 1666.

• **Et sur ceux qui les lisent :**
Ce sont surtout les dames légères qui font la plus grande consommation de romans.

Gustave CLAUDIN, *Mes souvenirs, 1840-1871*, 1884.

• **Ils se passent tous dans des bordels :**
Si cela continue, il ne paraîtra bientôt plus un seul roman qui n'ait son chapitre — plus ou moins discret — consacré aux accueillantes maisons à la lanterne rouge qui hospitalisaient *La Fille Élisa* de Goncourt, la *Marthe* de Huysmans, *La Prostituée* de Victor Marguerite, la *Bengali* de Georges Duhamel (*Les Hommes abandonnés*) ou Cécile Rambaud (Marcelle Vioux, *Une enlisée*), ces maisons que fréquentaient si volontiers les bons cavaliers Croquebol et La Guillaumette du *Train de 8 h 47*.

Jacques LYNN, *L'Ordre*, 31 octobre 1938.

ROMAN-FEUILLETON

• Il nous mène à la ruine :

Si nous laissions aller le roman-feuilleton, il perdrait la France morale et littéraire aux yeux de l'Europe.

La Revue de Paris, octobre 1844.

ROMANS POLICIERS

• Très lus en Allemagne :

Jules Verne et Wells ont été furieusement lus par les officiers allemands (de même les romans policiers ont surexcité leurs ignobles dispositions nationales à l'espionnage).

Maurice BARRÈS, *L'Âme française et la guerre*, 1916.

ROMANTISME

• Premières définitions :

La littérature romantique, c'est celle qui a secoué toute espèce de frein, où le génie s'abandonne au hasard à tous ses caprices, où quelques éclairs brillent à travers un fatras obscur, où les perles sont ensevelies sous le fumier.

Vicomte DE SAINT-CHAMANS, *L'Anti-Romantique*, 1816.

Le néologisme romantique n'est pas de la poésie.

E. DUPATY, *La Minerve littéraire*, 1821.

Un nouveau schisme littéraire se manifeste aujourd'hui.

Beaucoup d'hommes élevés dans un respect religieux pour d'anciennes doctrines s'effrayent des progrès de la secte naissante et semblent demander qu'on les rassure. L'Académie française restera-t-elle indifférente à leurs alarmes, et le premier corps littéraire de France appréhendera-t-il de se compromettre en intervenant dans une dispute qui intéresse toute la littérature française ? Le danger n'est peut-être pas grand encore ; et l'on pourrait craindre de l'augmenter en y ajoutant de l'importance. Mais faut-il donc attendre que la secte du Romantisme (car c'est ainsi qu'on l'appelle) entraînée elle-même au-delà du but où elle tend, si toutefois elle se propose un but, en vienne jusque-là qu'elle mette en problème toutes nos règles, insulte à nos chefs-d'œuvre et pervertisse par d'illégitimes succès cette masse flottante d'opinions dont toujours la fortune dispose ? [...]

Le romantisme n'est rien, comme système de compositions littéraires. C'est un fantôme qui s'évanouit du moment qu'on en approche et qu'on essaie de le toucher. [...] Des vapeurs ont formé ce météore, qui semble grandir et s'avancer vers nous. Ces vapeurs sont le délire de quelques orgueils adolescents, le vertige de quelques coteries enthousiastes, les sophismes de quelques esprits faux, et peut-être aussi les alarmes de quelques esprits timides, trop peu confiants dans la raison et le goût de notre nation.

Louis AUGER, discours prononcé à l'Institut royal de France, le 24 avril 1824.

Oui, malheur à l'écrivain, parmi nous, qui, dédaignant notre grand siècle littéraire, tâcherait d'avoir plus de grâce que Fénelon, plus de noblesse que Racine, plus de naïveté que La Fontaine, plus d'originalité que La Bruyère, plus de vigueur que Pascal, plus d'élévation que Bossuet.

Mgr D'HERMOPOLIS, discours prononcé lors de la distribution des prix du Concours général, 16 août 1824.

Le romantisme n'est pas un ridicule, c'est une maladie, comme le somnambulisme et l'épilepsie. Un romantique est un homme dont l'esprit commence à s'aliéner. Il faut le plaindre, lui parler raison, le ramener peu à peu ; mais on ne peut en faire le sujet d'une comédie ; c'est tout au plus celui d'une thèse de médecine.

DUVERGIER DE HAURANNE, *Le Journal du commerce*, 1826.

Ce n'est pas à Apollon, c'est à Vulcain que le romantisme va demander ses inspirations. Ce n'est pas à Delphes, c'est à Lemnos que ces cyclopes littéraires forment des vers si durs, et, de leurs lourds marteaux, martèlent le bon sens. Ne vous étonnez donc pas si leur marche est en général boiteuse, comme le dieu qui les dirige, et si parfois Apollon indigné les perce de ses flèches divines, et laisse ainsi s'éteindre le feu qu'ils soufflent avec effort dans leurs forges ténébreuses. Leur présence au

Parnasse, comme celle de Vulcain, excitera toujours un rire inextinguible.

CHÉTELAT, *Les Occidentales, ou Lettres critiques sur les Orientales*, 1829.

• **Au cœur de la mêlée :**
Prenez les vers les plus bizarres, les plus comiques, les plus contraires à la situation. Voyez ceux où le langage, sous prétexte de naturel, descend à la naïveté la plus bouffonne ou à la trivialité la plus repoussante ; s'il y a, de plus, quelques solécismes pour donner à l'ensemble une couleur parfaite d'étrangeté, prononcez hardiment : Voilà le romantique.

Armand MARRAST, *Le Journal de la langue française*, mars 1830.

[...] Ces exhibitions grotesques et immorales qui sont la honte de notre époque alarment la pudeur publique et portent une atteinte mortelle à la société. Il n'y a plus de frein à la dépravation de la scène, à l'oubli de toute morale et de toute bienséance : le viol, l'adultère, l'inceste, le crime, enfin, dans ses formes les plus dégoûtantes, voilà les éléments de la poétique de cette misérable école dramatique qui, digne de tous les mépris, s'avise de mépriser les maîtres de l'art, prend un infernal plaisir à flétrir tous les sentiments généreux, à répandre la corruption dans le peuple et à nous exposer aux dédains de l'étranger.

Antoine JAY, *Le Constitutionnel*, 28 avril 1834.

Le temps de la poésie est fini en France.

Désiré NISARD, *Études de mœurs et de critique sur les poètes latins de la décadence*, 1834.

• **Une oraison funèbre :**
Le romantisme fut le chant de l'eunuque.

Mgr Justin FÈVRE, *La Mission de la bourgeoisie*, 1864.

• **Beaucoup plus tard, les irréductibles :**
Au début du vingtième siècle, certains auteurs refusaient encore d'admettre le romantisme :

C'est mon opinion très arrêtée que notre révolution littéraire de dix-huit cent trente, dont on souffre à voir que nos maîtres de rhétorique enseignent encore le culte aux écoliers, fut un mouvement rigoureusement et exclusivement destructeur. Je tiens pour vérifiée la parole de Veuillot : « Le romantisme a emporté la place, il n'y demeura pas, il n'y laissera rien. » Du moins si après lui quelque chose demeure, et si nous n'allons pas tout nus, cela n'est-il dû qu'à quelques débris d'ancienne culture, pièces épargnées d'un si noble édifice, dont quelques amis du genre humain ont rebâti en hâte quelques cabanes, et nous ont reformé une figure de cité intellectuelle.

Louis DIMIER, réponse à une *Enquête sur l'influence allemande*, 1903.

Le romantisme n'est pas seulement un art démodé, c'est vraiment un art inférieur.

Jacques RIVIÈRE, NRF, juin 1913.

En littérature, l'hérédo type se caractérise par une prédominance manifeste de la facilité verbale sur la force de la pensée. Trop de mots pour peu d'idées, telle est sa formule. Il en résulte une surabondance légèrement hagarde, qui ne permet pas la moindre hésitation au critique une fois prévenu. Pour prendre un exemple concret, l'école romantique de 1830 ; avec son boursouflement, son tourbillon d'images et ses égarements philosophiques, est un rassemblement d'hérédos de choix. Ils s'étaient attirés les uns les autres, par cette propension naturelle qu'ont les anormaux à se rejoindre. Je prie qu'on ne voie là aucun blasphème, ni aucune raillerie de mauvais goût. Nous sommes dans le domaine de la froide constatation, rien de plus.

Léon DAUDET, *Devant la douleur*, 1915.

Cette charrette d'enfants, hurleurs et échevelés, qui parcourt les avenues du romantisme français, en ameutant et terrifiant les badauds, à l'aide de phrases sonores et de rimes alternées, est quelque chose de dégoûtant et qui rend honteux.

Léon DAUDET, *Le Stupide XIXe Siècle*, 1922.

RONSARD (Pierre de)

• **Le mépris du dix-septième siècle :**
Ce n'est qu'un maçon de poésie et il n'en fut jamais architecte, n'en ayant jamais connu les vrais principes ni les

solides fondements sur lesquels on bâtit en sûreté.

Jean CHAPELAIN, *Lettre à Guez de Balzac*, 27 mai 1640.

Ce poète si célèbre a ses défauts et ceux de son temps. Ce n'est pas un poète bien entier, c'est le commencement et la matière d'un poète... C'est une grande source, il le faut avouer ; mais c'est une source trouble et boueuse ; une source où, non seulement il y a moins d'eau que de limon, mais où l'ordure empêche de couler l'eau.

GUEZ DE BALZAC, *Entretiens, comparaison de Ronsard et de Malherbe*, entretien XXXI, édition de 1657.

Ronsard, qui le suivit, par une autre méthode,
Réglant tout, brouilla tout, fit un art à sa mode,
Et toutefois longtemps eut un heureux destin.
Mais sa muse, en français parlant grec et latin,
Vit dans l'âge suivant, par un retour grotesque,
Tomber de ses grands mots le faste pédantesque.
Ce poète orgueilleux, trébuché de si haut,
Rendit plus retenus Desportes et Bertaut.

BOILEAU, *L'Art poétique*, 1674.

• Le curieux jugement de Verlaine :
Ronsard ! Pffif ! Encore un qui a traduit le français en moldo-valaque !

Paul VERLAINE, réponse à Jules Huret, in *Enquête sur l'évolution littéraire*, 1891.

ROSTAND (Edmond)

• A propos de *Cyrano de Bergerac* :
Dès le lendemain de la première (décembre 1897), le nom de l'auteur et le mot « panache » rimaient sur toutes les lèvres.

Carrefour, 29 août 1950.

ROUFIGNAC

• Un grand inventeur :
Un mécanicien, nommé Roufignac, vient d'inventer une machine propre à accélérer la marche des piétons : c'est une espèce de ressort qui s'adapte à la chaussure, et qui a la propriété de faire lever les jambes plus facilement.

La Lanterne magique, 1833.

ROUGIER (Elzéard)

• Nous a, en tout cas, laissé ces deux vers :
Un aspic... Et voilà mon armée en bas- [cule !
Un soldat de César, jamais ça ne recule.

Elzéard ROUGIER, *Antoine et Cléopâtre*, tragédie d'après Shakespeare, jouée à Orange en 1909.

ROUILLE

• Montre la volonté divine :
Les vers et la rouille sont les moyens qu'emploie la nature — moyens voulus de Dieu — pour désintégrer et disperser les réserves qui ont été amassées et ne servent à rien, les rendant ainsi à la collectivité sous des formes nouvelles.

R.-W. TRINE, *A l'unisson de l'infini*, 1918.

ROUSSEAU (Henri, dit le Douanier)

• Est-ce drôle, oui ou non ?
M. Henri Rousseau ne déride plus avec ses facéties imbéciles et innocentes.

FONTAINAS, *Le Mercure de France*, mai 1898.

On a rigolé, révérence parler, jusqu'à l'esclaffement.

Camille LE SENNE, *L'Événement*, 1er avril 1902, à propos du Salon des indépendants.

• En tout cas, c'est horrible :
Un salon sans jury, où toutes les toiles présentées sont accueillies, recèle toujours de véritables horreurs. Cette fois, nous rencontrons les effrayants spécimens de l'art primitif du Douanier Rousseau. [...] Mais ces horreurs sont aussi la gaieté de cette exposition. [...]

Le Petit Parisien, 20 mars 1903.

Les œuvres d'art qu'on subit en silence. [...] Les effrayantes compositions de M. Henri Rousseau — oh ! *les Éclaireurs arabes attaqués par un tigre ! ! !*

Le Petit Parisien, 21 février 1904.

Une intelligence embryonnaire [...]

Francis LEPESEUR, *La Rénovation esthétique*, 26 février 1904.

• Aux yeux de la loi :
Cet individu est représenté rue Vercingétorix, 3, comme ayant une conduite irrégulière et étant en réalité sans moyens d'existence avouables.

Il se livrait quelque peu à des travaux de peinture à l'huile mais ses œuvres seraient sans valeur.

Ses mœurs et sa probité étaient des plus douteuses mais on ne lui connaissait pas de fréquentation du sexe masculin, il recevait seulement assez souvent la visite de diverses femmes en compagnie desquelles il faisait la noce chez lui. [...]

Rapport de police, décembre 1907.

• **Pour son entrée au Louvre :**

Les temps prévus par le prophète-douanier sont arrivés et, malgré l'indignation de beaucoup d'artistes, une grande peinture, enfantine et grossière, représente au Louvre l'illustre barbouilleur. Démonstration évidemment démocratique, qui a fait murmurer à tous les « bistrots » et les marchands de frites : « *Anche io son pittore* ! », et moi aussi je suis peintre ! Par quels mystères impénétrables notre grand musée a-t-il l'honneur d'être le propagateur d'une telle gloire ? Car il ne faut pas se dissimuler que cet exemple sera suivi et que tous les musées de l'étranger se pourvoiront au plus vite d'un modèle du *génie instinctif* (le seul qui compte en art aujourd'hui) du Grand Rousseau. Reste à savoir si cette gloire sera donnée au peintre ou au douanier, au barbouilleur du dimanche ou au fidèle employé de la RF.

Émile BERNARD, peintre, *Boccace*, février 1939.

ROUSSEAU (Jean-Jacques)

• **Sur sa naissance :**

Rousseau, qui n'a pu de sa vie pardonner à Dieu de ne pas l'avoir fait naître duc et pair [...]

Joseph DE MAISTRE, *Étude sur la souveraineté*, 1796.

Les parents de Rousseau étaient peuple, au sens le plus fâcheux du mot.

Ferdinand BRUNETIÈRE, *Études critiques*, 1894.

• **Sur son état mental :**

C'est un pauvre fou, qui n'est pas si méchant qu'on le croit.

Jean-Philippe RAMEAU, cité *in* Voltaire, *Lettres sur La Nouvelle Héloïse*, 1761.

Existe-t-il dans le monde un aussi triste fou que ce Jean-Jacques ?

Mme DU DEFFAND, *Lettre à Voltaire*, 18 septembre 1766.

Ce prétendu révélateur de la justice sociale, comme disent nos politiciens, fut un déséquilibré de la plus classique espèce. [...] L'auteur des *Confessions* fut un malade mental, et il le fut toute sa vie.

Comme tous les dégénérés de son espèce, Rousseau est à la fois un égoïste et un émotif. [...]

En célébrant Jean-Jacques Rousseau, les partisans qui se posent comme les derniers tenants du jacobinisme se croient habiles. Ils sentent la religion de ces faux dogmes de 89 s'en aller de toutes parts. Ils s'efforcent d'en restaurer la liturgie. Ils viennent, je le répète, de définir cette affreuse période de notre histoire, en lui reconnaissant, comme patron, un malheureux, atteint — c'est le diagnostic de la science actuelle — de « neurasthénie spasmodique obsédante » (conclusion du professeur Régis à la fin de sa brochure *Le Testament de J.-J. Rousseau*).

Paul BOURGET, *Nouvelles Pages de critique et de doctrine*, 1922.

L'autre fou, Jean-Jacques Rousseau, a par ses écrits allumé mille fois plus d'incendies que Néron.

FAGUS, *Les Marges*, 15 février 1923.

• **Il était fou, et pourtant :**

Jean-Jacques Rousseau, pauvre tête qui a fini par se perdre dans ses vaines pensées, car il est constaté que, dans un accès de noire mélancolie, ce malheureux, s'imaginant que tout le monde en voulait à sa vie, se tua lui-même, pour tromper ses prétendus ennemis, et mourut sur le coup. C'était certainement un des plus fous parmi les déistes, mais enfin, tout insensé qu'il était, il avait pourtant, comme beaucoup d'autres déistes, des moments lucides. Ainsi il a écrit une belle page sur le duel, et que tout le monde connaît.

R.P. Al. LEFEBVRE, de la Compagnie de Jésus, *De la folie en matière de religion*, Paris, 1866.

• **Une lecture pernicieuse et méprisable :**

On vient de me donner le recueil de ses ouvrages en huit volumes ; je ne ferai point cette emplette ; il applique sans instruire, et l'utilité de tout ce qu'il dit est zéro.

Mme DU DEFFAND, *Lettre à Voltaire*, 17 juin 1764.

Le moment d'arrêt de la littérature française commence à Rousseau. Il est le premier de ces *femmelins* de l'intelligence, en qui, l'idée se troublant, et qui, malgré des qualités éminentes, viriles même, font incliner la littérature et la société vers leur déclin. [...]

La Révolution, la République et le peuple n'eurent jamais de plus grand ennemi que Jean-Jacques.

P.-J. PROUDHON, *Les Femmelins*, édition de 1912.

Le méprisable Rousseau [...] vint, comme ces énergumènes qui, vomis du désert, affublés d'un vieux sac, ceints de poils de chameau et la tête souillée de cendres, promenaient leurs mélancoliques hurlements à travers les rues de Sion, et, mêlant leur pain à l'ordure, salissaient chaque passant de leur haine et de leur mépris.

Charles MAURRAS, *L'Action française*, 1906.

Il a occupé le monde de ses paradoxes ; les grands sont fiers de l'héberger ; M. le Maréchal de Luxembourg lui offre un appartement dans son château ; sa vanité est satisfaite ; cette vanité de laquais, il l'étale partout, et c'est pour la contenter jusque dans ses désirs les plus honteux qu'il n'a pas fait grâce à la postérité du plus bas de ses vices ni de la plus médiocre de ses divagations. Le mal qu'il a causé ne se peut mesurer ; s'il a enrichi notre phrase de sons nouveaux, il nous l'a fait payer bien cher : il a corrompu les mots les plus sacrés de notre langue ; la sincérité, il l'a confondue avec le cynisme ; la conscience, il l'a habituée à se glorifier des pires souillures ; à la vertu il a donné le masque le plus hypocrite et le plus odieux qui fut jamais ; de l'amour enfin il a fait le synonyme du désordre des sens, mêlant de la plus scandaleuse façon le nom de Dieu aux sollicitations les plus viles de la passion ; c'est lui qui a créé cette religion de l'amour libre qui devait empoisonner tout le romantisme et qui n'a pas fini d'exercer ses ravages. Dans la cité, dans la famille, dans le cœur humain, dans tout ce qu'il a touché, son œuvre n'a produit que des fruits de mort.

Robert VALLERY-RADOT, *La Croix*, 13 juin 1912.

Le premier prédicateur systématique du « défaitisme », c'est Rousseau.

Jean MAXE, *Les Cahiers de l'anti-France*, novembre 1924.

• Un petit portrait d'époque :

Mon Dieu, que ce Rousseau me fâche,
Qui veut qu'on trouve son poil beau !
Pour trouver beau le poil de vache,
Il faut avoir des yeux de veau.

Épigramme anonyme, XVIIIe siècle.

• Les insultes de Voltaire :

Il faut pardonner à un pauvre homme qui a le cerveau blessé. Il s'est mis dans un tonneau, qu'il a cru être celui de Diogène, et pense de là être en droit de faire le cynique ; il crie de son tonneau aux passants : « Admirez mes haillons. » La seule manière de le punir est de ne regarder ni sa personne ni son tonneau ; il vaut mieux l'ignorer que de le battre.

VOLTAIRE, *Lettre à Damilaville*, 25 juin 1762.

Je crois que la chienne d'Érostate, ayant rencontré le chien de Diogène, fit des petits, dont Jean-Jacques est descendu en droite ligne.

VOLTAIRE, *Lettre à Cideville*, 21 juillet 1762.

Le malheureux Rousseau était assurément l'homme le plus capable de rendre de grands services ; mais Dieu l'a abandonné.

VOLTAIRE, *Lettre à Damilaville*, 6 juillet 1764.

Il est semblable à cette hyène qui court dans les contrées méridionales de la France.

VOLTAIRE, *Le Préservatif*, 1765, faisant allusion à la bête de Gévaudan.

• Voltaire demande la mort :

On a pitié d'un fou ; mais quand la démence devient furieuse, on le lie. [...] Aujourd'hui, la patience n'est-elle pas lassée quand il ose publier un nouveau libelle (*Lettres écrites de la montagne*) dans lequel il outrage avec fureur la religion chrétienne, la réformation qu'il professe, tous les ministres du saint Évangile, et tous les corps de l'État ? La démence ne peut plus servir d'excuse quand elle fait commettre des crimes. [...] Il faut lui apprendre que si l'on châtie légèrement un romancier impie, on punit capitalement un vil séditieux.

VOLTAIRE, *Le Sentiment des citoyens*, 1764.

• **A propos de *La Nouvelle Héloïse* :**
Rien n'est plus contraire aux bonnes mœurs que son Héloïse.

Mme DU DEFFAND, *Lettre à Voltaire*, 25 juin 1764.

• **A propos du *Contrat social* :**
Le Contrat social ou insocial n'est remarquable que par quelques injures dites grossièrement aux rois par le citoyen du bourg de Genève, et par quatre pages insipides contre la religion chrétienne.

VOLTAIRE, *Lettre à Damilaville*, 25 juin 1762.

C'est surtout dans *Le Contrat social* qu'il a établi des doctrines funestes, qui ont si bien servi la révolution, et, il faut le dire, dans ce qu'elle a eu de plus funeste, dans cet absurde système d'*égalité*. [...]

Abbé MORELLET, *Mémoires*, 1822.

• **A propos de *L'Émile* :**
L'auteur de ce livre n'ayant point craint de se nommer lui-même, ne saurait être trop promptement poursuivi. [...] Il est important, puisqu'il s'est fait connaître, que la justice se mette à portée de faire un exemple tant sur l'auteur que sur ceux que l'on pourra découvrir avoir concouru soit à l'impression, soit à la distribution d'un pareil ouvrage, digne comme eux de toute sa sévérité.

JOLY DE FLEURY, *Réquisitoire contre « L'Émile »*, 9 juin 1762.

On peut, je crois, assurer que tout ce qui regarde l'éducation dans son livre est faux et de nul usage.

GRIMM, *Correspondance littéraire*, 1er juillet 1762.

Du sein de l'erreur, il s'est élevé un homme plein du langage de la philosophie, sans être véritablement philosophe ; esprit doué d'une multitude de connaissances qui ne l'ont pas éclairé, et qui ont répandu des ténèbres dans les autres esprits ; caractère livré aux paradoxes d'opinions et de conduite ; alliant la simplicité des mœurs avec le faste des pensées, le zèle des maximes antiques avec la fureur d'établir des nouveautés, l'obscurité de la retraite avec le désir d'être connu de tout le monde... Il s'est fait précepteur du genre humain pour le tromper, le moniteur public pour égarer tout le monde, l'oracle du siècle pour achever de le perdre.

Christophe DE BEAUMONT, archevêque de Paris, *Mandement portant condamnation d'un livre qui a pour titre « Émile ou de l'éducation »*, 20 août 1762.

Il est affreux qu'il ait été donné à un pareil coquin de faire *Le Vicaire savoyard*. Ce malheureux fait trop de tort à la philosophie ; mais il ne ressemble aux philosophes que comme les singes ressemblent aux hommes.

VOLTAIRE, *Lettre au comte d'Argental*, 14 juillet 1766.

• **A propos des *Confessions* :**
Jetez loin de vous son infâme libelle et craignez que, séduits par une éloquence perfide, et entraînés par les exclamations aussi puériles qu'insensées de ses enthousiastes, vous ne finissiez par devenir ses complices. Détestez l'homme atroce qui ne balance pas à noircir ses anciens amis ; détestez le lâche qui laisse sur sa tombe la révélation des secrets qui lui ont été confiés ou qu'il a surpris de son vivant.

Denis DIDEROT, *Essai sur les règnes de Claude et de Néron*, édition de 1782.

Je charge, quoique avec répugnance, le baron Cederhielm, de vous porter un livre qui vient de paraître ; ce sont les infâmes Mémoires de Rousseau intitulés *Confessions*. Il me paraît que ce peut être celles d'un valet de basse-cour, au-dessous même de son état, maussade, en tout point lunatique et vicieux de la manière la plus dégoûtante. Je ne reviens pas du culte que je lui ai rendu, car c'en était un.

Mme DE BOUFFLERS, *Correspondance*, 1er mai 1782.

Rousseau est un fou qui, après avoir pendant sa vie débité mille extravagances, termine la farce en nous jetant son pot de chambre au nez.

LINGUET, *Annales politiques, civiles et littéraires*, 1777-1792.

On craint une suite aux *Confessions*.

SERVAN, *Réflexions sur les « Confessions » de Jean-Jacques Rousseau*, 1783.

• La postérité jugera :

Il restera bien peu de chose de l'enthousiasme dont nos pères s'étaient épris pour la personne même de l'écrivain genevois. Nous osons même assurer qu'il suffit d'avoir laissé passer quinze ou vingt ans sur les *Confessions* de Rousseau pour être désagréablement frappé à une nouvelle lecture.

Édouard MENNECHET, *Cours complet de littérature moderne*, 1862.

ROUSSES

• C'est tout l'un ou tout l'autre :

Les filles à cheveux excessivement rouges sont bonnes ou des plus méchantes.

Manuel du physionomiste des dames, 1843.

RUGBY

• Il a manqué aux Grecs :

Quelle source d'inspiration lyrique, en effet, pour les Grecs, s'ils avaient pu connaître ces sports d'équipe, farouches et complexes comme la bataille elle-même, et cependant réglés, divisés, minutés comme une tragédie, composés comme un développement oratoire !

Georges ROZET, *Les Fêtes du muscle*, 1914.

S

SABRE

• La plus belle des armes :

Le sabre !

L'arme française par excellence, le fils de la framée. Plus docile que l'épieu, plus maniable que la francisque, c'est l'arme blanche accomplie, l'arme type, qui pique et qui mord — pointe et tranchant — besognant d'estoc et de taille, ouvrant de belles blessures, larges et loyales.

Il a pour aïeules Joyeuse et Durandal, ces lourdes épées à deux mains et à double tranchant, qui abattaient d'un seul coup une tête humaine ; et il dédaigne Flamberge et Balisarde, et Haute Clère, des héroïnes, soit, mais incomplètes et dégénérées.

[...] Sa lame le démange ; il sent sur elle des dartres de rouille, c'est possible ; ce n'est qu'un temps d'épreuve. Il sait bien que son heure reviendra.

Commandant ANDRÉ, *Bulletin des conférences de l'École d'Instruction de la 20ᵉ Région*, 1912.

SAC

• Un mot qui en dit long :

Un savant flamand du XVIᵉ siècle, Goropius, avait constaté que le mot *sac* se retrouvait dans toutes les langues avec la même acception ou peu s'en faut : *sakkos* en grec, *saccus* en latin, *sacco* en italien, *saco* en espagnol, *sâk* en hébreu, en syriaque, en turc, *sack* en allemand, en anglais, en danois, en flamand, etc. Il en conclut qu'au fameux moment de la confusion des langues, pas un des ouvriers qui travaillaient à la tour de Babel n'oublia d'emporter son sac.

Le Petit Français illustré, 30 décembre 1899.

SADE (Marquis de)

• Son crâne :

Les phrénologistes ont étudié le crâne de ce monstre, et n'y ont rien trouvé de particulier. Mystère !

Jules LACROIX, *L'Année infâme*, 1871.

• Ses disciples :

On ne sait pas assez tout le mal produit par les œuvres monstrueuses du marquis de Sade (*Justine* et *Juliette*). Je ne parle pas seulement des tristes résultats produits par la lecture de ces ignobles romans, mais de l'influence qu'ils ont eue sur toute la littérature du XIXᵉ siècle. Hugo dans *Notre-Dame de Paris*, Jules Janin dans *L'Ane mort*, Théophile Gautier dans *Mlle de Maupin*, Mme Sand, E. Sue, de Musset, etc., Dumas dans son théâtre, tous sont parents de Sade, tous jettent un morceau de sa débauche dans leurs productions.

Horace DE VIEL-CASTEL, *Mémoires sur le règne de Napoléon III*, 1881-1884.

SAGAN (Françoise)

• Commentaires sur un accident d'automobile :

Françoise Sagan a percuté la route. Avec une voiture-bolide et une manière de se conduire assez peu originale : à fond.

Comme James Dean. Les dieux fous et les déesses folles du siècle n'ont pas de chance avec leurs « bagnoles ». James s'est cassé la figure, et c'était un type sympa. Françoise s'est retourné le portrait, mais c'est une amorale. Rien de sensas. Tous deux ont le visage de Satan. Ils sont frénétiques. Ils sont beaux, non de traits, mais de fureur de vivre. Mais c'est la beauté du diable. Herriot, le vaniteux, s'est raccroché à temps. James Dean n'a pas eu le temps. Françoise a devant elle, à nouveau, le temps.

Souhaitons que sa frénésie et sa tristesse l'aient conduite à un choc salutaire.

Sinon, Françoise Sagan conduira chez Satan, avec ses mille et mille jeunes victimes, son âme passionnelle et sa carcasse en mal de rêve.

R.P. MARTONGEL, *Journal d'Elbeuf*, 3 mai 1957.

SAHARA

• Il lui manque peu de chose :

Le Sahara, dans lequel nous étions habitués à ne voir qu'une continuelle sécheresse, avec toutes les horreurs de la faim et de la soif, se manifeste à nous maintenant sous son véritable jour.

C'est bien encore le désert de sable que nous connaissions, présentant à l'œil inquiet un horizon sans bornes ; mais ce sable n'est pas, comme on le croyait, rebelle à la culture.

Il ne lui manque que de l'eau.

Charles TELLIER, *La Conquête pacifique de l'Afrique occidentale par le soleil*, 1890.

SAILLIE

• Un seul regret :

Le directeur du Jardin zoologique de Buenos Aires est un petit homme flegmatique, de parole franco-italienne d'autant plus savoureuse que son esprit caustique et rieur se plaît aux formules d'ironie concentrée. Quel ennui que ses bêtes, dont il est le père et la mère, et le frère et la sœur, ne puissent goûter ses saillies.

Georges CLEMENCEAU, « Notes de voyage », in *L'Illustration*, 11 février 1911.

SAINT-BARTHÉLEMY

• A sauvé la France :

Le roi Charles IX, contre qui on murmura avec tant d'impudence, n'a fait que ce qu'il a dû faire. Il a sauvé l'État par le grand sacrifice qui rend la nuit de la Saint-Barthélemy à jamais remarquable. [...]

La nuit de la Saint-Barthélemy nous amènera des jours sereins. Une heureuse fécondité peuplera nos terres désertes, les beaux-arts reprendront leur splendeur ; la liberté, la franchise et la sûreté relèveront l'État.

Mon cher Elvidius, que tous ceux qui verront cet écrit apprennent à ne plus calomnier une action généreuse. [...] Ce roi, qu'on appelle le plus cruel de tous les rois, fut, pour les huguenots, le meilleur des pères. [...] Le nom de Charles IX sera sacré pour les honnêtes gens. Les princes aimeront à le prendre pour modèle et à l'imiter dans des circonstances semblables.

Guy DUFAUR DE PIBRAC, *Ornatissimi cujusdam viri, de rebus gallicis ad Stanislaum Elvidium epistola*, octobre1572.

• Une ombre au tableau :

Le glorieux pontificat de Grégoire XIII commença sous d'heureux auspices. Il y avait peu de temps qu'il était pape lorsqu'il reçut l'agréable nouvelle du massacre des huguenots. On en égorgea, à Paris seulement, plus de soixante mille. [...] Malheureusement, il en réchappa quelques-uns.

Horace TORSELLINO, *Épitome historiarum a mundo condito ad annum 1598*, traduction Lagneau, 1706.

• Des degrés dans l'horreur :

Pour l'humanité, la Saint-Barthélemy n'est pas ignominieuse comme le massacre des Armagnacs.

Comte DE GOBINEAU, *Essai sur l'inégalité des races humaines*, 1853-55.

• Un argument de poids :

La Saint-Barthélemy est un coup d'État dont l'Église n'est pas plus responsable que du 4 Septembre, du 2 Décembre, du 18 Brumaire.

Mais, pourtant, ceux qui ont fait la Saint-Barthélemy étaient catholiques ? Oui, mais Gambetta, Jules Ferry, Jules Favre, et les autres, qui ont fait le

4 Septembre, étaient aussi des catholiques. Est-ce que l'Église est responsable de ce que font les catholiques ?

Répliques du bon sens aux attaques et objections modernes contre la religion, par l'ex-capitaine MAGNIEZ, Librairie Saint-Charles, Lille, édition spéciale mise à jour après les événements de 1908, suivi de *Le Pour et le Contre.*

• **La République lui doit beaucoup :**
La Saint-Barthélemy, le 24 février de l'année 1592 (sic), fut le triomphe de la démocratie.

Lee CHILDE, « Le Journal de Prosper Mérimée », in *Revue de Paris*, 1er décembre 1928.

SAINT-CHRISTOPHE

• **Des médailles à proscrire :**
Chez un vendeur d'objets de piété : *Médailles pour automobiles*. Sur ces médailles, une image de saint Christophe avec les mots : « *Christophorum videas, postea tutus eas.* » Blasphème inouï qui ne ressemble à aucun autre et qui est un véritable défi.

Léon BLOY, *Journal*, 20 juillet 1904.

SAINT-ÉTIENNE

• **Des hauts et des bas :**
Saint-Étienne offre, pour le recueillement de l'esprit, un site admirable. Ses hautes collines (que l'on a pu comparer immodestement à celles ... de Rome) et surtout les hauteurs des Cévennes qui dominent la ville font que la pensée est obligée de se concentrer sur elle-même. Et les sommets sont voisins pour donner aux élèves de l'École des mines, occupés aux profondeurs, la sublime compensation de l'altitude.

Jean GUITTON, de l'Académie française, *Le Figaro*, 8 janvier 1961.

SAINT LOUIS

• **Un problème délicat :**
Pourquoi Blanche de Castille fut-elle, de préférence à sa sœur, la mère de Saint Louis ?

Le Rappel, 31 mai 1911.

SAINT-MICHEL (Boulevard)

• **Un quartier réservé :**
Remontez un soir cette large voie que l'Empire a percée, au travers de l'ancien quartier des Écoles, de la Seine à l'Observatoire et qui a conservé, en dépit des temps, le nom clérical de boulevard Saint-Michel. Rien de déplaisant comme l'aspect des cafés et des brasseries qui bordent ce boulevard dans presque toute sa longueur, avec leurs dorures de mauvais goût et leurs peintures criardes. Rien qui présente sous un aspect moins idéal la jeunesse des écoles que l'intérieur de ces cafés et de ces brasseries où se presse une clientèle nombreuse d'étudiants trop débraillés et de femmes trop élégantes. C'est la débauche dans toute sa vulgarité.

Comte D'HAUSSONVILE, *Socialisme et Charité*, 1895.

SAINT PIERRE

• **Avec des si :**
S'il eût dit en lui-même, dans le chemin de la montagne des Oliviers, cinquante fois, soixante fois ou même cent fois et plus si c'était nécessaire, « je garderai mes voies, afin que je ne manque pas dans ma langue », s'il eût récité un psaume de David, pendant le temps qu'il s'amusa à dormir, il n'eût pas si légèrement renié trois fois son maître.

Saint JEAN CLIMAQUE (vers 578-649), *L'Échelle du paradis*, traduction Arnauld d'Andilly, 1652.

SAINT-SAËNS (Camille)

• **De la musique haïssable et à bon marché :**

C'est un devoir de haïr avec toute la ferveur possible le vide et le laid dans l'Art. Et je hais Saint-Saëns le compositeur avec une haine qui est parfaite.

J.-F. RUNCIMAN, *Saturday Review*, Londres, 12 décembre 1896.

Saint-Saëns a, je le suppose, écrit autant de musique que n'importe quel autre compositeur. Il a certainement écrit plus de camelote que nul autre auquel je peux penser. C'est le genre le plus mauvais, le plus camelote de la camelote.

J.-F. RUNCIMAN, *Saturday Review*, Londres, 19 février 1898.

SAINT-SIMONIENS

• **Un regard sévère :**
Passons vite sur les constitutions des saint-simoniens, fouriéristes et autres prostitués.

[...] Triste illusion d'un socialisme abject ! Dernier rêve de la crapule en délire !

Léon PILLET, *Les Rouges jugés par eux-mêmes*, 1849.

SAINT THOMAS

• Un enfant prodige :

La plus tendre dévotion à Marie était pour ainsi dire innée en saint Thomas d'Aquin. Sa nourrice, ayant remarqué un jour qu'il avait entre les mains un morceau de papier, voulut le lui enlever ; mais l'enfant se révolta, se mit à pousser des cris, et fit tous ses efforts pour retenir l'objet qu'on cherchait à lui arracher. Une si singulière résistance piqua la curiosité de la comtesse Theodora, sa pieuse mère ; elle se saisit du papier, le déroula et le lut. Mais quelle ne fut pas sa surprise en trouvant qu'il contenait uniquement la salutation angélique ! Durant cette lecture, l'enfant redoubla ses cris et ses pleurs ; sa mère s'empressa de lui rendre le papier pour le calmer. Il ne le tint pas plus tôt qu'il le porta avidement à la bouche et l'avala entièrement. Cet événement pouvait faire pressentir la dévotion de saint Thomas pour la salutation angélique.

R. P. HUGUET, *Dévotion à Marie en exemples*, 1868.

SAINT-VICTOR (Paul de)

• Sa gloire est assurée :

M. Renan, comme Louis Veuillot, comme Théophile Gautier, comme Paul de Saint-Victor, comptera parmi les plus grands écrivains du siècle.

Gustave CLAUDIN, *Mes souvenirs, 1840-1871*, 1844.

SAINTS

• Jules César les invoquait :

César les invoquait en allant au combat
Et après la victoire il chantait le Stabat.

Abbé RÉVEILLON, *Valentin*, tragédie, 1804.

• Ils avaient tous les vices :

Dans la liste innombrable de ceux qui ont été *bombardés* saints, sauf quelques très rares exceptions, nous ne trouvons que des infirmes de corps et d'esprit, ou des gens qui ne sont devenus vertueux que lorsque leurs vices étaient usés. Nous ne trouvons dans cette nombreuse catégorie ni un homme recommandable par ses vertus sociales, ni un homme capable de dévouement à la chose publique, ni un homme qui se soit distingué par des découvertes utiles, ni un homme remarquable par ses qualités privées, ni un bon père, ni un bon fils, ni un bon époux, ni un ami sincère, encore moins un bon citoyen. Ce que l'Église loue dans ses saints, que nous, nous gratifions du nom de crétins et d'idiots, ce sont des pratiques superstitieuses, des abstinences, des jeûnes, des contorsions, des pèlerinages, des prédications dans le désert, un zèle effréné pour la propagation des doctrines folles et antisociales, un oubli complet du monde pour se livrer à une contemplation béate et inconsciente.

Émile VERRON, *Nouvel Évangile du peuple*, 1887.

SAINTE-BEUVE

• Un bon vivant :

Une bonne journée aujourd'hui, j'ai lu de l'Homère ce matin, et j'ai vu Mme de XXX à quatre heures.

SAINTE-BEUVE, *Journal*, édition de 1926.

SAINTE PAULE

• Un miracle :

On raconte d'une sainte Paule, vierge d'Avila en Espagne, que, voulant éviter les poursuites d'un jeune homme débauché, qui voulait lui faire violence, elle se réfugia dans une chapelle dédiée à saint Laurent, située hors de la ville, et embrassant les pieds du crucifix, elle demanda à Dieu avec ferveur de lui changer le visage. Elle fut exaucée, et la barbe lui vint en si grande quantité que le jeune homme ne put plus la reconnaître.

J. A. DULAURE, *Pogonologie, histoire philosophique de la barbe*, 1786.

SALAIRES

• Les plus bas sont les meilleurs :

On croit communément que de forts salaires sont une garantie de moralité ; cependant les ouvriers les mieux rétribués ne sont pas les plus moraux. Aussi certaines personnes ne craignent-elles pas d'affirmer que si le vice abonde dans les villes, et y tient école, table et lit ouverts, c'est en grande partie parce que le taux des salaires y est plus élevé qu'ailleurs. Et on le conçoit, car plus les ouvriers gagnent, plus ils peuvent aisément satisfaire leurs goûts de débauche.

L. R. VILLERMÉ, *Tableau de l'état physique et moral des ouvriers*, 1840.

SALETÉ

• Ça se cache :

Il était naturellement sale de sa personne, mais se lavait pour dissimuler.

Angelo DE SORR, *Le Drame des carrières d'Amérique*, roman populaire, 1868.

SALOMON

• A été confronté au nœud gordien :

Alors nouveau Salomon, mais ne pouvant trancher d'un coup de hache le nœud qu'il doit dénouer, M. Jaspar semblerait destiné à prendre pour lui-même le portefeuille actuellement sans titulaire.

L'Indépendance belge, 19 janvier 1927.

SALONS

• Quelques commentaires d'époque :

L'Exemple, c'est *Kléber à l'assaut de Saint-Jean-d'Acre*. Déjà plusieurs porteurs d'échelles avaient été tués, sans parvenir au pied de la brèche. Les autres hésitaient. Kléber leur cria : « Eh bien ! y viendrez-vous ? » Tous se précipitèrent. C'est d'un crâne ! [...] La lumière est franche, hardie. M. SERGENT est quelqu'un.

Nos yeux se ferment éblouis devant *La Récolte des dattes*, de M. BOMPARD. Nous ne voyons plus rien.

Quant à M. MORLON, ses *Malédictions de l'aïeule*, et *Au secours !* sont déchirants. Triste, triste !

Autre effroi *Alerte !* Deux locomotives marchent l'une sur l'autre. Le train va voler en éclats. Nous sommes perdus ! Les pieds sur les banquettes ! ! ! Le chauffeur aura-t-il le temps de serrer le frein ? C'est un solide gaillard qui ne manquera pas son coup. Mais quel tremblement nous a pris ! M. SALLE est le digne élève de M. Luminais.

Passons vite devant le cancan réaliste, scène de Moulin-Rouge, que M. STECK intitule pompeusement : *Danse moderne*. S'il voulait bien ouvrir un dictionnaire, il lirait : « cancan », danse indécente, et non« danse moderne ».

Nous voyons le peintre YVON peint par lui-même avant son départ. Il est triste, ses yeux sont rougis par les larmes. On sent combien il regrette de quitter la vie que lui avaient faite si douce sa gloire et une femme adorée. C'est navrant !

De M. RENOUF : *Orage en mer*, une splendeur ! Les vagues se soulèvent avec fracas, écumantes, effroyables, et retombent avec un bruit de tonnerre disant : « Quel talent a ce Renouf ! »

Superbes ces *Pâturages du Central*, par M. PEYROL ! Douze vaches en promenade, paissant une herbe fraîche et drue, dans un paysage très étudié, montrent qu'il y a des familles de peintres comme il y a des familles de guerriers, où l'on a déjà du courage avant de naître. M. Peyrol devait savoir peindre dans le sein de sa mère, Mme Peyrol-Bonheur.

Tout à côté, *La Muse verte* étreint dans ses griffes le malheureux poète qui l'a évoquée par l'absinthe. Elle ne le lâche plus. M. Maignan s'affirme dans le genre allégorique moderne.

Le Chemin de la mort n'est pas hilarant, mais du moins très bien peint par M. TRIGOULET.

M. FOUACE nous présente des *Fruits* de son jardin. Toujours très fort, M. Fouace.

Struggle for life, de M. LUYTEN, est une mêlée d'ouvriers criant, se démenant, se frappant, se tuant, montant sur les tables avec une furie vertigineuse. On lit sur un écriteau : « Nous voulons du pain ! » Cependant aucun des ouvriers, solides gaillards, n'est loqueteux et ne semble souffrir de privations.

M. RIGOLOT aime bien les choux dans son *Village franc-comtois !* Nous aussi. Avec ses beaux *Œufs mirés*, M. ATTENDU vient de vaincre une grande difficulté : « Peignez bien un œuf, et vous saurez tout faire », disait Vollon. Il nous semble que les œufs de M. Attendu ne laissent rien à désirer.

Aux péris en mer, par M.DÉMAREST, a pris le public par l'émotion : « Chaque année les familles des marins disparus se rendent processionnellement au bord de la mer, et, après les prières des morts, jettent dans les flots des couronnes et des fleurs. » Un musée ne peut manquer de s'approprier cet éloquent tableau.

M. RUDAUX fait jeter à la mer, *La Grande Tombe*, un homme mort, ligoté dans un sac. « Une, deux, trois, ça y est ! » Ça y est aussi, dans le tableau de M. Rudaux.

Gustave HALLER, *Le Salon, dix ans de peinture*, 1902.

• Où cela a mené :

Dès le XVIIe siècle, toute grande dame voulut avoir sa cour, et c'est alors que s'ouvrirent les salons qui ne sont que des cours privées. Il est bon de noter également que vers cette même époque disparut le droit légal de correction du mari sur sa femme : à Rome, la disparition de l'autorité du *pater familias* qui avait droit de vie et de mort sur les siens, avait fait progressivement évoluer la respectable matrone romaine de Lucrèce à Messaline ; en France, la même cause devait naturellement produire le même effet, et la femme, délivrée de toute crainte, affranchie de toute idée de sanction, obéit servilement à son subjectivisme entièrement fait de sentiment, d'esprit, de gaieté, de galanterie et de futilité.

C'est à ce stade de la civilisation française que semble être né l'Individualisme privé : si la femme ne l'a pas créé, elle s'en est habilement emparée, en a fait son domaine, et elle devait merveilleusement le cultiver. La Société sans morale, sans scrupule et sans retenue du XVIIIe siècle était déjà en germe, et ce germe contenait lui-même la Parisienne du XXe siècle qui, tout en portant les plus grands noms de France, devait s'abaisser jusqu'à exposer devant un public de badauds méprisants la lascivité de ses danses.

Maurice DE GASTÉ, *La Bêtise humaine et la Science de la vie*, Paris 1922.

SALUT

• Une note de service impérissable :

Le général commandant la division a constaté que, d'une façon générale, le salut était gauchement exécuté par les hommes et médiocrement rendu par les officiers. En conséquence, le salut sera exécuté à la 12e D. I. conformément aux prescriptions ci-dessous :

LE SALUT DU VRAI POILU (3 temps)

1er temps — En vrai coq gaulois, se redresser vivement sur ses ergots, rassembler vigoureusement les talons. Porter la main droite dans la position du salut réglementaire, tendre tous ses muscles, la poitrine bombée, les épaules effacées, le ventre rentré, la main gauche ouverte, le petit doigt sur la couture du pantalon. Planter carrément les yeux dans les yeux du supérieur, relever le menton et se dire intérieurement : « Je suis fier d'être un poilu. »

2e temps — Baisser imperceptiblement le menton, faire rire ses yeux et dire intérieurement à l'adresse du supérieur : « Tu en es un aussi, tu gueules quelquefois, mais ça ne fait rien, tu peux compter sur moi. »

3e temps — Relever le menton, se grandir par une extension du tronc, penser aux boches et crier intérieurement : « On les aura, les salauds. »

LE SALUT DE L'OFFICIER (2 temps)

1er temps — Envelopper le soldat d'un regard affectueux, lui rendre le salut les yeux bien dans les yeux, lui sourire discrètement et lui dire intérieurement : « Tu es sale mais tu es beau. »

2e temps — Relever le menton, penser aux boches et dire intérieurement : « Grâce à toi, on les aura, les cochons. » Ces textes devront être appris par cœur.

Gérard BRISSAUD, 12e D. I., État-Major P.C., 8 octobre 1916.

SAND (George)

• On s'interroge sur son sexe :

George Sand n'est pas un auteur comme un autre. On l'appelle George Sand tout court, parce qu'on ne peut l'appeler ni Monsieur, ni Madame ; ce n'est pas un homme, ce n'est pas une femme, ce n'est pas non plus un ange, ce n'est pas du tout un ange ; nous ne pouvons même pas nous tirer de l'embarras où nous sommes pour le définir en disant que c'est un *je ne sais quoi* ; George Sand n'est pas un je ne sais quoi, ce serait plutôt un *Je ne peux dire quoi.*

Louis VEUILLOT, *Mélanges*, 6 mai 1840.

• **Le représentant qui unit nos sympathies, c'est le type *un* et *une* :**

Être mâle par la virilité, femme par l'intention divine, la poésie.

Nous voulons *hommer* Sand.

La première femme appelée à l'Assemblée constituante devrait être acceptée par les hommes. Sand ne leur est pas semblable, mais son génie les étonne, et peut-être, magnifiques rêveurs, lui font-ils l'honneur d'appeler mâle son génie.

Elle s'est faite homme par l'esprit, elle est restée femme par le côté maternel. Sand est puissante et n'effraye personne : c'est elle qu'il faut appeler par le vœu de toutes au vote de tous.

Eugénie NIBOYET, *La Voix des femmes*, 6 avril 1848, pour lancer la candidature à l'Assemblée de George Sand, qui refusa.

La monstrueuse George Sand, papesse des gynandres. [...] type accompli de cet être hydrique et désharmonique qui est, à la fois, homme et femme, comme le centaure est homme et cheval.

Joseph PÉLADAN, *La Science de l'amour*, 1911.

• **Il y a désaccord sur son talent :**

Mme Sand, est-il besoin de le rappeler ? est un plus grand, plus sûr et plus ferme écrivain que M. de Balzac.

SAINTE-BEUVE, *Lundis*, 2 septembre 1850.

Ah ! madame, vous fûtes autrefois une bonne fille ; cessez d'écrire, et vous serez encore une bonne femme.

P.-J. PROUDHON, *De la justice dans la révolution et dans l'Église*, 1858.

• **Une déplorable moralité :**

Je m'intéresse, en général, fort peu aux femmes esprits-forts, lors même que, pour complaire à notre sexe, elles affectent des allures viriles et des costumes masculins. Ceci soit dit sans allusion, ou avec allusion, comme on voudra, à l'auteur d'*Indiana* et autres productions immorales, dont les lettres, au point de vue style, déplorent la perte récente, mais dont la société, à un autre point de vue, s'est déjà très facilement consolée.

Constantin JAMES, *Du darwinisme, ou l'Homme-singe*, 1877.

Mme Sand est un écrivain très remarquable ; elle écrit mieux que personne, mais son talent est employé à faire prévaloir les plus mauvaises causes par les raisonnements les plus absurdes. Elle se consacre à la glorification des voleurs et des vicieux ; elle adore les maçons et les menuisiers, qui l'emportent dans le cœur des duchesses sur les gens bien élevés.

Horace DE VIEL-CASTEL, *Mémoires sur le règne de Napoléon III*, 1881-1884.

Les romans de Mme Sand abondent en combinaisons et peintures dignes du célèbre M. de Sade, sauf les mots, qui, chez la première, sont à peu près toujours honnêtes.

P.-J. PROUDHON, *Les Femmelins*, édition de 1912.

• **En fait, on l'a beaucoup aidée :**

Sur les quelques bons ouvrages de George Sand, on pourrait mettre en regard de son nom, toujours, celui d'un collaborateur masculin, soit que ce dernier ait écrit le livre, soit qu'il l'ait inspiré par sa conversation. Sur *Rose et Blanche*, son œuvre de début, on place de suite comme collaborateur celui de Jules Sandeau, qui lui céda d'ailleurs la moitié de son nom de famille. [...]

Durant l'année 1833, on constata l'influence de Musset, qui « voyageait » avec elle en Italie ; en 1838, celle de Chopin, qui « l'accompagnait » à Minorque.

Sur son unique œuvre de valeur dramatique, *Le Marquis de Villemer*, on inscrit sans plus de peine le nom d'Alexandre Dumas fils. Il est bon de noter aussi que Saint-Simon, Pierre Leroux et le père Enfantin mirent en mouvement, à cette époque, un formidable courant de conjonctures et d'idées qui, reprises et travaillées par George Sand, furent attribuées à celle-ci, tout comme la Révolution française à Mme de Staël.

August STRINDBERG, « De l'infériorité de la femme », in *La Revue blanche*, 1893.

• **L'extrême sévérité de Baudelaire :**
La femme Sand est le Prudhomme de l'immoralité. Elle a toujours été moraliste.

Seulement elle faisait autrefois de la contre-morale. — Aussi elle n'a jamais été artiste.

Elle a le fameux *style coulant*, cher aux bourgeois.

Elle est bête, elle est lourde, elle est bavarde ; elle a dans les idées morales la même profondeur de jugement et la même délicatesse de sentiment que les concierges et les filles entretenues.

Ce qu'elle a dit de sa mère.

Ce qu'elle dit de la poésie.

Son amour pour les ouvriers.

Que quelques hommes aient pu s'amouracher de cette latrine, c'est bien la preuve de l'abaissement des hommes de ce siècle.

Charles BAUDELAIRE, *Mon cœur mis à nu*, vers 1859-1866.

• **Un danger public :**
Les idylles reposantes et le style admirable de George Sand ne rachètent pas l'influence pernicieuse de l'œuvre. Cette romancière extraordinaire est presque partout éminemment dangereuse.

Abbé Louis BETHLÉEM, *Romans à lire et romans à proscrire*, Cambrai 1905.

SANG

• **Multicolore :**
Les Blancs y sont systématiquement hostiles à tout individu ayant du sang noir ou jaune dans les veines.

Le Siècle, 3 décembre 1907.

SANS-CULOTTES

• **Abus du mot :**
Je suis parvenu à nourrir le sans-culotte mon père, et les sans-culottes mes sœurs.

Antoine FOURCROY, *Discours au Corps législatif*, 8 décembre 1793.

SAPHISME

• **Un abbé érudit :**
L'abbé Barthélemy, dans ses antiquités palmyréniennes, cite les habits que les tribades portaient en public : c'étaient, selon lui, l'*énomide* et la *callyptze*. L'*énomide* serrait étroitement le corps et laissait les épaules découvertes. Quant à la *callyptze*, on ne la connaît que par son nom, comme la *crocote*, la lobbe *tarentine*, l'*anobolé*, l'*encyclion*, la *cécriphale* et les tuniques teintes en couleurs ondoyantes qui désignaient assez bien cette ardeur des tribades qui appètent sans cesse, comme les flots se succèdent sans jamais se tarir.

Elles arboraient ces vêtements suivant les situations dans lesquelles elles se trouvaient. La *callyptze* était pour le public extérieur ; elles portaient l'*énomide* lorsqu'elles recevaient du monde dans leur intérieur ; la *tarentine* servait dans les voyages ; la *crocote* était pour le boudoir, lorsqu'elles étaient dans un exercice solitaire ; l'*anobolé* pour la tribaderie de tête-à-tête ; la *cécriphale* pour les rendez-vous nocturnes ; l'*encyclion* pour tenir cercle licencieux ; les tuniques teintes pour les grandes confréries, les orgies ; et la couleur de la tunique annonçait l'office dont la tribade qui la portait était chargée pour ce jour. Chaque genre de secours avait sa couleur ondoyante particulière. Je ne doute pas que quelque érudit ne me fasse pas ici plus d'une difficulté. Mais on n'aurait jamais fini s'il fallait répondre à tout.

Errotika Biblion, 1783.

• **Un peu d'indulgence :**
Les courtisanes grecques se livraient quelquefois au plaisir innocent de l'orgie entre femmes seules.

Th.-F. DEBRAY, *Histoire de la prostitution et de la débauche*, 1880.

SARAJEVO

• **En 1914, tout s'y annonçait bien :**
(Sous le titre : La mort de François-Ferdinand favorise la paix en Europe.)

Il est difficile de discuter la tragédie d'hier à Sarajevo sans s'exposer soi-même au reproche d'insensibilité. Pour l'instant il est d'abord naturel d'être frappé d'horreur devant l'assassinat brutal et choquant de l'archiduc François-Ferdinand, mais il est impossible de nier que cette disparition de la scène est de nature à diminuer la tension et à favoriser la paix à la fois à l'intérieur et à l'extérieur de l'Empire austro-hongrois. François-Ferdinand a tellement été regardé, à la fois chez lui et au-dehors, comme un facteur de troubles et le tenant d'une politique agressive de force, que l'annonce de sa mort est presque de nature à provoquer un sentiment de soulagement universel.

F. CUNLIFFE-OWEN, *New York Sun*, 29 juin 1914.

SARREGUEMINES

• Doit mieux faire :

Je ne dois pas vous dissimuler combien j'ai trouvé d'obstacles à la perfectibilité républicaine. Ballottés successivement par un prêtre ami de l'Autriche, qui s'était jeté aux rênes de l'opinion, par des émigrés rentrés sur l'air de l'indépendance et ne jouissant, au mépris des lois, de la leur que pour empoisonner la moralité publique par le fanatisme de la royauté qui avait jeté dans certains cerveaux une ivresse profonde, par les vapeurs somnifères du modérantisme et les fureurs de la superstition hideuse, il était impossible que Sarreguemines fût lancée au faîte des principes qui ont animé notre belle Révolution.

François-René MALLARMÉ, représentant du peuple, lettre de Sarreguemines, 1 prairial an II.

SARTRE (Jean-Paul)

• Pas joli, joli :

Sartre a d'abord vulgarisé, sous le nom affreux d'existentialisme, une philosophie démarquée du Danois Kierkegaard et de l'Allemand Heidegger. La portée de cette entreprise nous échappe. Les ouvrages philosophiques de Sartre, tels que *L'Être et le Néant*, sont en effet rédigés dans un jargon monstrueux qui les rend étrangers à toute littérature.

Pour cette littérature, Sartre n'a pas grande considération. Il la voit seulement comme une arme parmi d'autres dans le combat révolutionnaire qu'il a décidé d'entreprendre. On pourrait dire à peu près de lui ce que Rivarol disait d'André de Murville : roman, nouvelle, essai, théâtre, cinéma, conférences, journalisme, manifestes, direction de revue, justice, politique, rien n'est à l'abri de son activité. [...]

Son œuvre, dépourvue de tout charme, souvent naïve et scolaire, n'offre même pas les attraits d'une horreur profonde. Elle se traîne à la surface d'eaux boueuses. Son influence aura certainement contribué à enlaidir la littérature de son temps.

Kléber HAEDENS, *Une histoire de la littérature française*, Paris 1970.

• Il n'y a qu'à le regarder :

Je n'aimais pas Sartre, d'abord à cause de son physique. Je ne croyais pas, et je ne crois toujours pas, qu'un homme affligé d'un strabisme tel que le sien puisse avoir une claire vision du monde. Même en fermant les yeux. Il est réduit à s'en faire une idée, et cette idée ne peut être droite.

René BARJAVEL, article sur la mort de Sartre, *Le Journal du dimanche*, 1980.

• Une supposition :

Supposez — ce qu'à Dieu ne plaise — que Brigitte Bardot épouse Jean-Paul Sartre. Il est probable qu'au bout de quelques mois, elle ne raterait pas, cette fois, son suicide. Ce couple monstrueux serait l'analogue de celui que formèrent Marilyn et Miller.

Paris-Jour, 8 août 1962.

• Un choix :

J'ai plus de sympathie pour la hardiesse victorieuse de Johnny Hallyday que pour les ruses minables de Sartre.

Cecil SAINT-LAURENT, *Marie-Claire*, novembre 1967.

• Pauvre Desnos :

On est loin de Jean-Paul Sartre et de « sa fourmi de dix-huit mètres avec un chapeau sur la tête ».

Télérama, 21 janvier 1978.

SATAN

• Des raisons de sa laideur :

Je réponds que la laideur du diable est non pareille, et n'y a créature au monde si difforme que le plus beau diable de l'enfer. Saint Anselme en fait la preuve au livre de ses *Similitudes*, et marque que la difformité des diables ne vient que du péché, et que par conséquence nécessaire, il faut dire que les damnés et les diables sont d'autant plus laids qu'ils sont coupables de plus grandes et énormes offenses. [...] Ç'a toujours été l'opinion générale du monde que les diables sont de très laides créatures, et vouloir démentir cette créance est manquer de sens commun.

Père GARASSE, *Doctrine curieuse*, 1623.

Satan a perdu sa beauté avec sa justice. Il est la laideur morale elle-même. On conçoit que son juge et son maître, quand il l'autorise à se monter visiblement, le contraigne habituellement à revêtir une forme corporelle qui révèle sa dégradation morale. Le bouc étant, dans la grande scène du jugement dernier, le symbole des esclaves du péché, rien n'empêche d'admettre que le démon se soit quelquefois montré sous cette forme, ou sous quelque autre analogue.

R. P. DELAPORTE, *Le diable existe-t-il, que fait-il ?* 1863.

• Il est partout :

C'est sans joie mais aussi sans crainte que nous dénonçons ici comme des marques certaines de la présence de Satan parmi nous, des traits de notre « civilisation contemporaine » que personne ne peut refuser de voir :

1. La médiocrité de nos grands moyens de diffusion, cinéma, radio, télévision. [...]

2. L'érotisme ambiant, qui s'étale dans les romans, dans les pièces de théâtre, dans les chansons. [...]

3. La dégradation de l'art moderne, qui semble n'avoir plus de goût pour la beauté, mais uniquement pour la laideur et l'obscurité.

Monseigneur CHRISTIANI, prélat de Sa Sainteté, *Présence de Satan dans le monde moderne*, 1959.

SAUTERELLES

• Elles arrivent :

Le tourment mental dont souffrent tant de personnes aujourd'hui nous fait croire que le fléau des sauterelles a déjà commencé, à ceci il faut ajouter les nombreuses hallucinations de ces derniers jours.

Thomas Godfrey JACK, *Le Serpent ancien, appelé le diable et Satan, celui qui séduit toute la terre*, Londres 1893, traduction R. de Médina.

SAUVAGES

• Comme des enfants :

Pour civiliser les sauvages, il faudra toujours commencer par les maîtriser, comme il faut commencer par gouverner despotiquement les enfants.

Mme DE GENLIS, *Les Veillées au château ou Cours de morale à l'usage des enfants*, 1784.

SAVANTS

• Très décevants en société :

La plupart d'entre les savants ne triomphent que sur la chicane de l'École, et, hors cette chicane, ils ont la conversation si fade qu'il n'y a rien de plus dégoûtant.

René BARY, *L'Esprit curieux, ou les Conversations gallantes*, 1681.

SAVOIE

• Une pépinière :

Du XVIIe au XVIIIe siècle, floraison nouvelle d'esprits, d'élite : l'historien Saint-Réal, de Chambéry ; le mathématicien Daviet, de Thonon ; le philanthrope Aigle, de Lanslebourg ; le cardinal Maillart de Tournon, de Rumilly ; le cardinal Gerdil, de Samoëns, qui aurait porté la tiare sans l'opposition de l'Autriche ; le chevalier Buttet, de Bonneville, l'un des plus brillants ingénieurs de l'époque, directeur des salins de Moûtiers ; l'historien Besson, de Flumet ; le peintre Josserme, d'Annecy ; le décorateur Lassale, de Seyssel ; le général de Lallé, de Rumilly, qui se distingue dans les Indes, au service du roi des Mahrattes. [...] enfin saluons Jean-Jacques Rousseau qui, né à Genève, n'est pas moins savoyard de cœur.

A. CROYN, directeur des contributions indirectes de la Haute-Savoie, *L'Ame savoyarde*, 1907.

SAVOIR-VIVRE

• Les coutumes d'un temps :

Si une veuve se remarie avant que la durée de son deuil (deux ans) soit expirée, elle le quitte pour ce jour-là, mais doit le reprendre le lendemain, et son nouveau mari le prend avec elle, s'il sait vivre.

Comtesse DE BASSANVILLE, *Almanach du savoir-vivre*, 1877.

SAVON

• Point trop n'en faut :

L'eau sera donc tiède, et son emploi quotidien ; si pour certaines raisons, on devait espacer ces ablutions et que l'eau pure ne puisse entraîner les produits amassés, on recourrait au savon, mais peu fréquemment, à cause de son action dissolvante sur l'épiderme qu'il détache de la plante des pieds.

Comtesse DE TRAMAR, *Le Bréviaire de la femme*, 1903.

SCANDALES

• Ils peuvent avoir du bon :

Quoi donc ? Un scandale qu'une épouse battue, violentée, abandonnée, chassée pour n'avoir pas voulu se prêter au crime de Malthus ? Ah ! que je serais heureux qu'un pareil scandale se renouvelât souvent ; qu'on sût publiquement que telle femme a été battue, violentée, abandonnée, chassée, pour n'avoir pas voulu coopérer au péché malthusien ! Ce serait l'héroïsme du devoir, l'héroïsme obligatoire, sans doute, comme autrefois le martyre ! Cet héroïsme serait beaucoup plus efficace pour détruire le péché d'Onan que toutes les dissertations, même académiques. Nous reviendrions bien vite aux familles prolifiques, et l'on pourrait dire, modifiant un peu les paroles de Tertullien : L'héroïsme des femmes, semence des hommes !

J. DU VALDOR, *Les Signes de la fin d'un monde*, 1893.

SCAPHANDRIER

• Un courageux :

Malgré la pluie qui faisait rage, le scaphandrier plongeait à deux reprises dans le port.

La Vigie marocaine, 28 avril 1938.

SCAPULAIRE

• Protecteur des âmes :

Les démons ont avoué eux-mêmes que les vrais confrères du Carmel ne peuvent jamais périr, et on les a entendus s'écrier : « O Scapulaire ! Que d'âmes tu nous arraches, que d'âmes tu enlèves à l'enfer ! »

Abbé GUGLIELMI, *Recueil des scapulaires*, 1862.

• Sorte d'extincteur :

Il jette son scapulaire au plus fort de l'incendie. A l'instant même on vit un tourbillon de flammes s'élever du milieu de l'incendie à quinze pieds de haut, puis retomber sur elles-mêmes, s'amortir et s'éteindre tout à fait. Le lendemain, on trouva le scapulaire dans les débris de l'incendie, intact et sans aucune lésion, quoiqu'il sentît le brûlé.

R. P. HUGUET, *Vertu miraculeuse du scapulaire*, 1869.

• Vaut une décoration :

Aux yeux de la foi, le saint scapulaire est une des livrées les plus respectables dont un chrétien puisse se revêtir. Il est pour lui ce que le ruban de la Légion d'honneur est pour les Français qui ont bien mérité de leur souverain ou de leur patrie.

Les Principales Pratiques d'un bon chrétien, 1870.

SCHOPENHAUER (Arthur)

• Il nous doit tout :

Schopenhauer, qui eut une réelle influence sur l'esprit philosophique mondial, il y a un quart de siècle, était *essentiellement nourri de génie français*, à ce point qu'on pourrait affirmer qu'il ne fut en quelque sorte que le paraphraseur de Voltaire, de Chamfort et de Rivarol.

Octave UZANNE, réponse à une *Enquête sur l'influence allemande*, 1903.

SCHUMANN (Robert)

• Un homme sans qualités :

Une affectation d'originalité, une connaissance superficielle de l'Art, une absence d'expression vraie, un dédain malheureux de la forme ont caractérisé chacune des œuvres de Robert Schumann, introduites jusqu'à présent dans ce pays.

H. F. CHORLEY, *Musical World*, Londres, 9 avril 1853.

La musique de Schumann manque de clarté. [...] Le désordre et la confusion envahissent parfois jusqu'aux meilleures pages du musicien comme hélas ! ils ont envahi plus tard le cerveau de l'homme.

Le Ménestrel, Paris, 15 février 1863.

SCIENCE

• Une condamnation sans appel :

Si l'on n'en vient pas aux anciennes maximes, si l'éducation n'est pas rendue aux prêtres et si la science n'est pas mise partout à la seconde place, les maux qui nous attendent sont incalculables ; nous serons abrutis par la science, et c'est le dernier degré de l'abrutissement.

Joseph de Maistre, *Essai sur les principes générateurs*, 1810.

• Une subtile distinction :
La science, la science catholique délivrera le monde, poussé à sa perte par la science impie.

Louis Veuillot, *Les Odeurs de Paris*, 1867.

SCIENCE ALLEMANDE

Bluff, camelote et charabia, voilà à quoi se résume cette fameuse science d'outre-Rhin.

Émile Gautier, *Le Journal*, 27 novembre 1914.

SCIENCES NATURELLES

• Un simple divertissement :
C'est une prérogative des prélats, des nobles, des grands officiers de l'État d'être les dépositaires et les gardiens des vérités conservatrices, d'instruire les nations sur ce qui est le mal ou le bien, sur ce qui est le vrai ou le faux dans l'ordre moral et spirituel. Les autres n'ont pas le droit de raisonner sur de telles matières. Ils ont les sciences naturelles pour se divertir. De quoi pourraient-ils se plaindre ?

Joseph de Maistre, *Les Soirées de Saint-Pétersbourg*, 1821.

SCORBUT

• Pour y mettre fin :
J'exhorte le gouvernement français à se persuader que le scorbut des vaisseaux doit être attribué à l'air humide qu'on y respire, et que l'on préservera nos marins du scorbut en leur faisant respirer un air sec dans les vaisseaux. Pour moi, je procure un air sec à mes malades en faisant du feu dans leurs appartements. Il me semble que ce moyen réussirait dans les vaisseaux.

A. Francon, *Histoire des préjugés*, 1862.

SCOTT (Walter)

• Il trompe son monde :
Ses romans sont moraux dans leur but, mais ils renferment des intrigues étranges, des tableaux passionnés et des aventures très peu édifiantes. Aussi les éditions complètes ne doivent pas être confiées aux jeunes gens.

Abbé Louis Bethléem, *Romans à lire et romans à proscrire*, Cambrai 1905.

SCOUTISME

• Un paradoxe intéressant :
La jeunesse est ivre de liberté. Laissons-la s'en griser dans la discipline du scoutisme.

Vérine, *Le Sens de l'amour*, 1927.

SÉDUCTION

• Comment elle s'opère :
Les os de Satan sont des flûtes d'airain, et la puissance de ce rusé séducteur ne consiste qu'en ce qu'il charme les oreilles avec ses flûtes. [...] La femme est une vraie pierre à feu et les yeux de l'homme sont de vrais fusils. La pierre étant frappée par le fusil jette incontinent du feu.

Mathurin Le Picard, *Le Fouet des paillards*, 1623.

• Et toutes les femmes sont à vous :
Voici la manière de procéder : chaque jour, à des heures en rapport avec vos astralités et de plus sous des influences vénusiennes, il faut formuler trois fois le même désir, mieux encore, il faut inscrire ce désir très lisiblement sur une feuille de papier, pour le matérialiser plus fortement. Ensuite, pendant trois ou quatre minutes, le dos tourné au nord, fixer cette feuille de papier en se représentant exactement l'image de la personne aimée et en imaginant exactement ce que l'on désire d'elle. Enfin, agir suivant le cours de ses pensées du moment. Il faut naturellement aller du simple au compliqué et ne pas demander le premier jour à la voir tomber dans vos bras, à vaincre sans péril son triomphe sans gloire. Il faudra donc graduer vos demandes.

En présence de la personne aimée, fixez-la à la base du sternum, c'est à dire au-dessus de l'estomac et pensez une phrase de ce genre ; je vous aime beaucoup ; je vous aime ; aimez-moi comme je vous aime, vous serez heureuse, ou toute autre phrase susceptible d'exprimer les bonnes pensées pour l'être chéri.

Vos affaires avançant, car elles avanceront si les heures d'invocations sont judicieusement choisies, le temps arrivera où vous pourrez approcher plus familièrement cette femme, alors à ce moment vous pourrez prononcer à haute voix une phrase du même genre ; lorsque cela vous sera possible, vous la direz en fixant la personne sur la nuque, au-dessous du cervelet en mettant, la personne assise, par exemple votre main droite sur son omoplate droite.

Vous pourrez renforcer cette action magique par l'utilisation d'un parfum permettant qu'on se souvienne de vous.

Almanach du Chariot, « Ce que sera 1935 ».

SÉGRÉGATION

• Comment elle se justifie :

On nous reproche les règlements établissant des tramways et des wagons de chemin de fer réservés aux nègres.

Nous pourrions répondre en reprochant à l'Europe d'interdire l'accès des voitures publiques à des personnes atteintes de maladies contagieuses, ou dans un état d'ivresse ou de saleté repoussante, ou portant ostensiblement des armes prohibées.

Au fond, l'Europe a les mêmes principes que nous.

Warrington DAWSON, *Le Nègre aux États-Unis*, 1912.

SÉGUR (Comtesse de)

• Épouse d'un homme de lettres :

Son mari, le général de Ségur, pair de France, s'est fait connaître comme auteur d'un livre sur la retraite de Russie, qui eut le plus grand retentissement.

Charles BOCHER, *Mémoires*, 1907.

SEINE (Département de la)

• Le vaccin n'est pas en cause :

Des Français pensent que le vaccin est la cause de la dégénération des hommes, en introduisant un virus dans le système sanguin. Le vaccin ne peut être qu'une petite cause de la dégénération des hommes. On vaccine dans le département du Cantal et dans le département de la Seine ; les hommes du Cantal sont deux fois forts comme les hommes du département de la Seine. La dépravation des mœurs est la vraie cause de la faiblesse des habitants de la Seine.

A. FRANCON, *Causes de la dégénération de l'homme civilisé*, 1859.

SEINS

• Une invitation à déjeuner :

Pourquoi le sein est arrondi, pourquoi le bouton brille sur son éminence, pourquoi son double hémisphère a été placé près de la tête ? Un convive est attendu et la table du banquet a été dressée dans le voisinage des deux bras dont il veut la douce étreinte et d'une bouche qui doit le couvrir de baisers.

Auguste-Hilarion KÉRATRY, *Inductions morales et physiologiques*, Paris, 1817.

• Les proportions idéales : J'emprunte à un ouvrage très récent, très documenté sur les questions d'esthétiques féminines, les principes suivants qui correspondent bien, en effet, aux qualités que l'on exige d'une belle poitrine :

Les seins doivent être de grosseur moyenne et plantés de façon que l'intervalle qui les sépare corresponde exactement à l'espace qu'occuperait un troisième sein de même dimension.

L'espace compris entre les deux mamelons doit correspondre à l'intervalle qui, en ligne droite, sépare chacun d'eux de la cavité claviculaire correspondante.

Comtesse DE GENCE, *Le Cabinet de toilette d'une honnête femme*, 1908.

SEL

• Un grand méconnu de l'histoire :

J'ai ouï dire à des physiologistes consciencieux et éclairés que la génération de 92 n'avait déployé tant d'énergie physique et morale que parce que c'était la génération qui avait le plus consommé de sel. [...]

Cherchez à travers les rangs de cette génération invincible quelles sont les populations qui ont enfanté le plus grand nombre de héros, les guerriers qui ont le moins fondu au soleil de l'Égypte et le moins gelé en Russie, vous trouverez que ces populations sont celles de la Lorraine et de la Franche-Comté, pays de sel.

Quels sont les marins qui se conservent le plus longtemps sur mer ? Les Bretons des marais salants.

Alphonse TOUSSENEL, *L'Esprit des bêtes, zoologie passionnelle*, 1847.

SEMAINE ANGLAISE

• Un peu d'histoire sociale :

Il ne faut pas que les ouvriers croient que les communistes sont des innovateurs, même en ce qui concerne les congés, Aux XIIIe, XIVe et XVe siècles, la semaine anglaise était appliquée presque partout.

Comte A. DE PUYSEGUR, *La Trahison des chefs nationaux*, 1938.

SÉMINAIRE

• Il a fait beaucoup de mal :

La décadence religieuse n'a d'autre cause que le séminaire.

Joseph PÉLADAN, *La Science de l'amour*, 1911.

SÉNÉGALAIS

• Il est parfait :

Le tirailleur sénégalais est un merveilleux mercenaire puisqu'il a la vraie qualité du soldat, celle qui prime tout : l'aptitude à se faire tuer.

L'Écho d'Oran, 25 décembre 1910.

SERBIE

• Ça s'arrange :

La Bibliothèque nationale de Serbie, détruite au cours du bombardement de Belgrade en avril 1941, a été inaugurée le mois dernier.

Le Progrès de Lyon, 27 décembre 1972.

SERGENTS DE VILLE

• Un poème nostalgique :

Or je suis un peu triste aujourd'hui
car je viens d'apprendre
que leur uniforme de sergent de ville
[allait être changé.
Leur romantique pèlerine
jugée inesthétique
sera remplacée par un manteau noir de
[style raglan !
Ils n'auront plus droit
à leur célèbre bâton blanc, leur sceptre,
que les voyous appelaient : « la machine
[à bosseler ».
Plus de bâton blanc et plus de pèlerine
pour les sergents de ville
mais on me dit,
peut-être pour me consoler,
qu'ils garderont la propriété de ces objets,
témoins d'un passé dont j'ai la nostalgie.

Louise DE VILMORIN, *L'Aurore*, 21 octobre 1967.

SERPENT

• Pour ou contre la véracité de la Genèse :

Ce que l'historien sacré dit de la tentation d'Ève et de ses suites a fourni aux incrédules de quoi exercer leur malignité. Cette narration leur paraît renfermer plusieurs absurdités : que le serpent soit le plus rusé de tous les animaux ; qu'il ait une conversation avec la femme, et qu'elle se soit laissé tromper ; qu'il soit plus maudit que les autres animaux, pendant qu'il y a des peuples qui lui rendent un culte ; qu'il n'ait rampé sur son ventre que depuis ce temps-là ; qu'il mange de la terre, etc. Est-il vrai (que le récit de Moïse) renferme des absurdités ?

1. Nous ne connaissons pas assez les différentes espèces de serpents, pour savoir jusqu'à quel point ces animaux sont rusés et industrieux ; ceux qui entendent parler des œuvres des castors pour la première fois sont tentés de prendre pour des fables ce que l'on en raconte.

2. Il est constant que ce fut le démon qui emprunta l'organe du serpent pour converser avec Ève, et cette femme n'avait pas encore assez d'expérience pour savoir si un animal était capable ou incapable de parler.

3. Il n'est pas moins vrai qu'en général nous avons horreur des serpents, et qu'il n'y a qu'une longue habitude qui puisse accoutumer les peuples à demi sauvages à se familiariser avec quelques espèces de ces animaux.

4. Si l'on en croit les voyageurs et les naturalistes, il y a des serpents ailés qui s'élèvent dans les airs ; il n'est donc pas certain que toutes les espèces aient toujours rampé sur leur ventre. On dit encore qu'il y en a qui sont d'une beauté singulière, et l'on en a vu de très apprivoisés. Enfin, si les serpents ne mangent pas la terre, ils semblent du moins avaler la poussière et les ordures en cherchant les

insectes dont ils se nourrissent. Il n'y a donc rien d'absurde ni de ridicule dans la narration de Moïse.

Nicolas Sylvestre BERGIER, *Dictionnaire de théologie dogmatique*, (article Adam), 1788.

Dieu punissant le serpent de la faute qu'il a commise, lui dit (*Genèse*, ch. 3, v. 24) : « Parce que tu as fait cela, tu es maudit entre tous les animaux de la terre, et tu marcheras sur le ventre. » Et moi je demande à Dieu si le serpent marchait sur le dos avant qu'il eût fait cela.

Auguste ROUSSEL, *Gros-Jean et son curé*, 1882.

SÉVILLE

• Il s'en faut de peu :

Si l'Alhambra de Grenade n'existait pas, l'Alcazar de Séville serait certainement le plus merveilleux monument moresque de toute l'Espagne.

Ch. DAVILLIER, *Voyage en Espagne*, 1866.

SEXE

• Les limites raisonnables :

Le membre viril, pour être comme il faut, ne doit pas excéder en longueur huit travers de doigt ; quand il excède de beaucoup cette mesure, il est plus propre pour la montre que pour le service.

Nicolas VENETTE, *La Génération de l'homme*, édition de 1690.

• Où il se trouve :

Plusieurs médecins conservateurs prétendent que cette opération (l'ovariotomie), en asexuant la femme, change sa voix douce en un ton dur et masculin, fait pousser la barbe, la moustache et anéantit l'appétit sexuel... Le chirurgien ne doit être ni encouragé, ni arrêté par cet ancien dogme d'asexuer la femme, car le cerveau n'est pas plus dans l'ovaire que dans le testicule ; il est dans le cerveau.

Dr BROWN, *Dictionnaire annuel des progrès des sciences médicales*, 1887.

• Un cas exceptionnel :

Comme il abordait la plate-forme supérieure des terrasses, Charles Hériol aperçut de loin une silhouette humaine adossée au grand châtaignier. L'éloignement ne lui permettait de discerner qu'un vague ensemble et seulement le sexe de celui qui se profilait à distance.

Paul FORT, *L'Illusion sentimentale.*

SHAKESPEARE (William)

• Il a failli ne pas être Shakespeare :

Si une étourderie de Shakespeare ne l'avait pas obligé de quitter son commerce de laines et sa ville ; s'il ne s'était pas engagé dans une compagnie d'acteurs, et si, dégoûté de l'état de comédien, il ne s'était pas fait auteur, l'imprudent marchand de laines n'eût pas été le poète qui a acquis une si grande célébrité.

Curiosités de la littérature, traduites par M.T.P. Bertin, 1810.

• Sa nationalité :

On a tout aussi tort de qualifier Shakespeare d'Anglais que Jésus-Christ de Juif.

Friedrich HEBBEL, *Lettres et Journaux*, 1862.

• Quelques adversaires :

Shakespeare est inintelligible.

John DRYDEN (1631-1700), cité *in* Victor Hugo, *William Shakespeare.*

Tout l'enthousiasme de ses admirateurs n'en imposera jamais aux gens de bon sens et de goût sur ses grossièretés barbares.

Abbé GOURIO, *Galerie littéraire*, 1837.

Premier aveu : je ne comprends pas toujours Shakespeare.

Deuxième aveu : je n'aime pas toujours Shakespeare.

Troisième aveu : Shakespeare m'embête toujours.

Jules RENARD, *Journal*, 24 juillet 1896.

• Et un timide défenseur :

Shakespeare lui-même, tout grossier qu'il était, n'était pas sans lecture et sans connaissance.

Jean-François DE LA HARPE, *Introduction au cours de littérature*, 1799.

• Les opinions de Voltaire :

Ces pièces sont des monstres en tragédie. Il y en a qui durent plusieurs années ; on y baptise au premier acte un héros, qui meurt de vieillesse au cinquième ; on y voit des sorciers, des paysans, des bouffons, des fossoyeurs qui creusent une fosse, et qui chantent des airs à boire en jouant avec des têtes de mort ; enfin, imaginez ce que vous pourrez de plus monstrueux et de plus absurde, vous le trouverez dans Shakespeare.

VOLTAIRE, *Essai sur la poésie épique*, 1728.

Un saltimbanque qui a des saillies heureuses.

VOLTAIRE, *Lettre à l'Académie*, 1776.

Il y a deux tomes imprimés de Shakespeare qu'on prendrait pour des pièces de la Foire, faites il y a deux cents ans. [...] Il n'y a point en France assez de camouflets, assez de bonnets d'âne, assez de piloris pour un pareil faquin. Le sang pétille dans mes vieilles veines, en vous parlant de lui. S'il ne vous a pas mis en colère, je vous tiens pour un homme impassible. Ce qu'il y a d'affreux, c'est que le monstre a un parti en France ; et, pour comble de calamité et d'horreur, c'est moi qui autrefois parlai le premier de Shakespeare ; c'est moi qui le premier montrai aux Français quelques perles que j'avais trouvées dans son énorme fumier.

VOLTAIRE, *Lettre à d'Argental*, 19 juillet 1776.

Un grand juge d'Écosse, qui a fait imprimer des *Jugements de critique anglaise*, en trois volumes, dans lesquels on trouve des réflexions judicieuses et fines, a pourtant eu le malheur de comparer la première scène du monstre nommé *Hamlet* à la première scène du chef-d'œuvre de notre *Iphigénie*. Il affirme que ces vers d'Arcas (Acte I, scène I) :

Avez-vous dans les airs entendu quelque [bruit !
Les vents nous auraient-ils exaucés cette [nuit ?
Mais tout dort, et l'armée, et les vents, [et Neptune.

ne valent pas cette réponse vraie et convenable de la sentinelle dans *Hamlet* : Je n'ai pas entendu une souris trotter (*Not a mouse stirring*) (acte I, scène I).

Oui, monsieur, un soldat peut répondre ainsi dans un corps de garde ; mais non pas sur le théâtre, devant les premières personnes d'une nation, qui s'expriment noblement, et devant qui il faut s'exprimer de même.

Si vous demandez pourquoi ce vers,
Mais tout dort, et l'armée, et les vents, [et Neptune,
est d'une beauté admirable, et pourquoi les vers suivants sont plus beaux encore, je vous dirai que c'est parce qu'ils expriment avec harmonie de grandes vérités, qui sont le fondement de la pièce. Je vous dirai qu'il n'y a ni harmonie, ni vérité intéressante dans ce quolibet d'un soldat : *Je n'ai pas entendu une souris trotter*. Que ce soldat ait vu ou n'ait pas vu passer une souris, cet événement est très inutile à la tragédie d'*Hamlet* ; ce n'est qu'un discours de *Gilles*, un proverbe bas, qui ne peut faire aucun effet. Il y a toujours une raison pour laquelle toute beauté est beauté, et toute sottise est sottise.

VOLTAIRE, *Lettre à l'Académie française*, 1776.

• Il faut l'améliorer :

On abrège tous les jours Shakespeare, on le châtie. Le célèbre Garrick vient tout nouvellement de retrancher sur son théâtre la scène des fossoyeurs et presque tout le cinquième acte. La pièce (*Hamlet*) et l'auteur n'en ont été que plus applaudis.

Jean-François MARMONTEL, *Discours sur la tragédie*, in *Œuvres*, 1819-1820.

L'ingénieux et aventureux Odéon nous a donné jeudi *Beaucoup de bruit pour rien*, comédie de Shakespeare, revue par M. Louis Legendre.

Quand je dis « revue », c'est sans aucune ironie, croyez-le bien. Je suis charmé, étant modeste et sincère, que des esprits délicats « revoient » et corrigent Shakespeare à mon usage. Je sais bien que tout le monde n'est pas de mon avis. Beaucoup de gens, qui se croient très forts, se piquent d'aimer Shakespeare tout entier, de l'aimer tout un, tout cru et tout velu. Je n'ai point l'estomac si intrépide. J'admets très bien qu'on perfectionne Shakespeare. [...]

J'approuve que l'on « améliore » Shakespeare, c'est-à-dire que l'on élague le plus possible de ce qui nous choque en lui, et que, tout en conservant avec pitié ce qui s'y trouve d'admirable (à savoir le fond et toutes les scènes essentielles), on a accommodé le reste à notre goût, à nos besoins et à nos habitudes de logique, de clarté, de mesure et de décence. Car nous sommes des Français d'aujourd'hui, et non point des Anglo-Saxons d'il y a trois cents ans. Traiter ainsi Shakespeare, ce n'est point le déshonorer ni le mutiler, au contraire ; c'est nous aider à le mieux voir tel qu'il est ; le vrai Shakespeare, en effet, c'est celui que nous pouvons aimer, l'autre ne compte point ; l'autre, c'est William, si vous voulez, un accident, — rien.

Jules LEMAÎTRE, *Impressions de théâtre*, 12 décembre 1887.

• **A propos du *Songe d'une nuit d'été* :**
La pièce la plus insipide et la plus ridicule que j'aie vue de ma vie.

Samuel PEPYS, *Journal*, 1662.

• **A propos de *Hamlet* :**
Je suis bien loin assurément de justifier en tout la tragédie d'*Hamlet* : C'est une pièce grossière et barbare qui ne serait pas supportée par la plus vile populace de la France et de l'Italie. [...] On croirait que cet ouvrage est le fruit de l'imagination d'un sauvage ivre.

VOLTAIRE, *Dissertation sur la tragédie ancienne et moderne*, préface à *Sémiramis*, 1748.

Le monologue de Hamlet que nous avons si souvent entendu louer en termes admiratifs, est, à notre avis, un tas d'absurdités, que nous considérions la situation, les sentiments, l'argumentation ou la poésie.

GOLDSMITH, cité *in* A. Conklin, *A History of Hamlet criticism*, 1957.

Hamlet est si malheureux qu'il se tuerait s'il osait : de là le fameux monologue. On a coutume de s'extasier sur la profondeur philosophique de ce morceau ; au fond, il est assez banal et d'une philosophie rudimentaire. Il est bien d'un enfant. « Le monde est si affreux qu'on se tuerait si l'on était sûr que la mort fût suivie du néant ! » Voilà-t-il pas de quoi s'émerveiller ! Et ce fameux : « Être ou ne pas être, voilà la question », qu'est-ce que cela veut dire ? [...]

Tandis que se déroulaient lentement — oh ! lentement — ces deux actes insupportables, j'étais obsédé d'une idée. Je me demandais ce que fût devenu le même sujet entre les mains de Racine. L'hypothèse n'est pas si absurde qu'elle en a l'air. Je suppose que Racine ait vécu beaucoup plus longtemps, qu'il n'ait point renoncé au théâtre, et que, ayant épuisé à peu près tout ce qu'il pouvait imiter du théâtre grec, et s'étant mis, comme Corneille, à feuilleter au hasard les vieilles chroniques, il soit tombé un jour sur l'histoire d'Hamlet et en ait senti la beauté dramatique. Quelle tragédie en eût-il tirée ? [...] Ce qui m'irrite, c'est que je me sens presque absolument incapable de répondre.

Jules LEMAITRE, *Impressions de théâtre*, 4 octobre 1886.

• **A propos d'*Othello* :**
Primo : ceci peut être un avertissement aux demoiselles de qualité de ne pas s'enfuir avec des Mores sans le consentement de leurs parents.

Secundo : Ce peut être un avis à toutes les épouses fidèles de bien veiller sur leur linge.

Tertio : Ce peut être une leçon aux maris de se procurer des preuves mathématiques avant que leur jalousie ne devienne tragique.

Une farce sanglante, sans sel ni saveur.

Thomas RYMER, *A Short View of Tragedy*, 1693.

Dans une tragédie de Shakespeare nommée *Othello*, cet Othello, qui est un nègre, donne deux baisers à sa femme avant de l'étrangler. Cela paraît abominable aux honnêtes gens. Mais des partisans de Shakespeare disent que c'est la belle nature, surtout dans un nègre.

VOLTAIRE, *Dictionnaire philosophique*, 1769.

Voltaire nous avait donné tout ce qu'il y a d'intéressant et de raisonnable dans cette tragédie. Sa *Zaïre* n'était que l'*Othello* anglais purgé de ses niaiseries et de ses absurdités.

Jean-Pons VIENNET, *Journal*, 1829.

• **A propos de *Macbeth* :**
Macbeth n'est pas très différent de ces jeunes rôdeurs qui tuent pour être estimés des filles.

NOZIÈRE, *Le Théâtre*, septembre 1909.

• Un reproche inattendu :
Je reproche à Shakespeare de ne pas savoir le français.

Jules RENARD, *Journal*, 5 décembre 1909.

SHAW (Bernard)

• Très faible :
On parle beaucoup de l'originalité du théâtre de Shaw. Elle est plus apparente que réelle, et le peu qu'elle contient d'originalité repose sur des éléments fâcheux. Celle-ci dépend moins des idées qu'il professe que de leur expression brutale, parfois triviale, qui les fait paraître osées. [...]

Ces pièces révèlent-elles le sens de l'humour qu'on prête en France à leur auteur ? Les grosses saillies, les lourdes plaisanteries et les jeux de mots à répétition dont M. Shaw a cru bon de parsemer ses pièces n'ont rien de commun avec l'humour. Même en invoquant la plus complaisante « optique du théâtre », ses meilleurs mots ne valent pas cher.

Muriel CIOLKOWSKA, *L'Opinion*, 10 février 1912.

SHRAPNELLS

• De quoi rigoler :
Nos soldats ont pris l'habitude des balles allemandes et des shrapnells, et l'inefficacité des projectiles de nos ennemis est l'objet de toutes les conversations. Les shrapnells, en effet, éclatent mollement en l'air et tombent en pluie de fer inoffensive ou s'enfoncent dans la terre sans éclater. De plus, leur tir est mal réglé. Et nos pioupious n'en parlent qu'en riant.

L'Intransigeant, 17 août 1914.

Les obus éclatent, les shrapnells. [...] Plaisanterie que tout cela !

FRANC-NOHAIN, *L'Écho de Paris*, 11 octobre 1914.

• La langue qu'ils parlent :
« Rauch ! rauch ! rauch ! » font les marmites, qui parlent la langue du Kaiser. « Tiens ! tiens ! tiens ! » crient les 75 et les 150, qui parlent une langue aux syllabes lumineuses.

Dr Paul VOIVENEL, « Sur la bataille de Verdun », *La Dépêche du Midi*, 21 février 1956.

SIAMOIS

• Tableau de mœurs :
Les Siamois sont le peuple le plus déhonté de la terre. Ils gisent au plus bas degré de la civilisation indo-chinoise ; cependant ils savent tous lire et écrire.

RITTER, *Erkunde, Asien*, cité *in* Gobineau, *Essai sur l'inégalité des races humaines*, 1853-55.

SIDA

• L'origine en est connue :
Tout comme la syphilis a été transmise à la race blanche par des rapports entre Blancs et Indiens contaminés par des rapports zoophiles avec des lamas, le sida nous est venu d'Afrique et provient de copulations de Zaïrois avec le singe vert.

Claude CORNILLEAU, président du Parti nationaliste français et européen, cité in *Le Monde*, 26 septembre 1989.

SIÈGES

• On en voit de moins en moins :
Entrez aujourd'hui dans la chambre d'un jeune homme riche ; il n'y a pas de quoi s'y asseoir, il n'y a plus de quoi s'y coucher. Ce ne sont que fauteuils renversés, fauteuils à bascule, fauteuils à oreiller, larges divans à larges coussins, rideaux ouatés, cheminée doublée de calorifère, tapis épais comme une toison.

Ernest LEGOUVÉ, *Les Fils d'aujourd'hui*, 1869.

SILENCE

• La fameuse éloquence :
Les grands silences, ceux de la mort, de l'amour ou de la douleur, sont les grandes paroles de la vie.

Joseph SERRE, *La Lumière du cœur*, 1909.

• Exemple :
Un commissaire de police répond silencieusement : « Elle n'est point folle. »

H. DE BALZAC, *La Cousine Bette*, 1846.

SIMULATEURS

• Au rapport :
Nous n'avons jamais observé d'homme ayant simulé l'aliénation mentale. Le seul qui ait essayé de se faire passer pour aliéné était un taré, de responsabilité très largement atténuée, et par conséquent un simple exagérateur.

Dr R. JUDE, *Les Dégénérés dans les bataillons d'Afrique*, 1907.

SINE DIE

• Un classique :

La date de l'inauguration de l'exposition d'Hanoï a été reculée, *sine die*, au 16 novembre.

L'Écho de Paris, 4 novembre 1902.

SINGE

• Héros d'un roman extraordinaire :

Le docteur Théodore Halifax, en dépit de son nom d'apparence anglaise, est un médecin français habitant les Batignolles. Il n'a qu'un ami, un athlète, nommé Yvonnet. Ce docteur achète à un soldat fraîchement débarqué d'Afrique un grand singe nommé Golo et forme avec son ami le projet d'élever ce singe et d'en faire si possible un homme. [...]

Mais la compagnie d'un singe ne saurait suffire à leurs besoins intellectuels et le docteur Halifax se cherche une maîtresse tandis que Yvonnet tombe amoureux d'une jeune Anglaise qui, ne pouvant gagner de l'argent comme gouvernante, se nourrit, elle et son grand-père, du gain de la prostitution, ce qui ne la rabaisse nullement aux yeux du docteur et d'Yvonnet, au contraire.

Le docteur Halifax prend pour maîtresse une femme mariée, jolie mais volage, nommée Bertrand. Celle-ci vient chez lui et Golo, qui atteint l'âge de la puberté simiesque, tombe amoureux de cette femme.

Le docteur et Mme Bertrand remarquent tous les deux cette affection déplacée et cette dernière, le type absolu de la coquette, en est plutôt flattée. Quant à Halifax, il ressent de cela quelque gêne et est presque tenté de renvoyer sa maîtresse pour épargner à son élève les angoisses d'un amour malheureux. La jeune Anglaise, Clara Gibsenne, est tellement dépourvue de préjugés qu'elle pense certain jour à offrir à Golo ses services professionnels pour permettre au pauvre singe d'épancher son trop-plein d'affection, mais on ne peut savoir si elle réalise ses charitables intentions ; le passage du livre n'est pas clair ou peut-être a-t-il été modifié par l'auteur ou l'éditeur timide.

En tout cas, le pauvre Golo ne va pas mieux et quand Mme Bertrand, profitant de l'absence de son mari, vient passer la nuit chez son amant, le malheureux singe, dans une crise aiguë de jalousie, se suicide par pendaison. Le docteur Halifax lui fait de belles funérailles, mais ses efforts pour amener un prêtre à lire les prières des morts sur son élève et ami défunt ne sont pas couronnés de succès.

Le grand-père de Clara meurt à propos, car l'on découvre que cet avare avait amassé près de 20 000 francs, si bien que Yvonnet et Clara peuvent se marier et aller ouvrir un bazar à Tombouctou.

Mais, avant de partir, ils tiennent une séance de spiritisme dans laquelle le fantôme de Golo, évoqué, leur apparaît et, bien que ce peu intéressant quadrumane n'ait jamais pu ni parler ni écrire pendant qu'il était sur terre, il s'exprime correctement et cite même des passages d'Allan Kardec dont les écrits sont sans doute fort appréciés dans le monde des esprits. Golo informe ses amis que ses futures incarnations comprendront : un ouvrier nègre, un général chinois, un pharmacien anglais et l'un des derniers papes. Ceci, bien entendu, n'est pas tout le programme d'avenir qui lui est réservé, mais c'est tout ce qu'il peut en révéler.

Il faut espérer que si M. Armand Charpentier essaie de le suivre dans l'un quelconque de ses avatars ou dans tous, il nous donnera un livre meilleur que *Le Roman d'un singe*.

G. Dubois-Desaulle, *Étude sur la bestialité*, 1905, résumant l'ouvrage d'Armand Charpentier, *Le Roman d'un singe*, 1895.

• Victime des adversaires de Darwin :

Les singes sont certainement les animaux les plus laids, les plus sales, les plus cyniques, les plus repoussants de la Création. Ils ne méritent même pas d'être appelés la caricature de l'homme.

Dr Constantin James, *Du darwinisme ou l'Homme-singe*, Paris 1877.

SIOUX

• A qui les rattacher :

Les Sioux ont l'accent chinois, leur manière de vivre est celle des Tartares.

Abbé FLEXIER DE RÉVAL, *Catéchisme philosophique, ou Recueil d'observations propres à défendre la religion chrétienne contre ses ennemis*, 1773.

SLAVES

• Le racisme de Bismarck :

Je ne veux pas offenser les Slaves, mais il faut bien reconnaître que leur caractère tient beaucoup du caractère féminin : ils ont la grâce, l'intelligence, la ruse, l'adresse, et les Allemands paraissent souvent lourds et maladroits à côté d'eux. Mais nous l'emportons toujours, et c'est pourquoi je voudrais vous dire : quand vous avez affaire à vos rivaux slaves, même aux moments de colère les plus violents et dans les situations les plus critiques, gardez toujours la conviction profonde mais secrète, que vous êtes au fond leurs supérieurs et que vous l'êtes à jamais.

BISMARCK, discours à une députation de Styrie, 15 avril 1895.

SOCIALISME

• L'essentiel :

L'une des principales monstruosités du socialisme, c'est la solidarité entre tous les hommes. [...]

On ne discute pas du socialisme. On le supprime.

A. GRANIER DE CASSAGNAC, *Histoire de la chute du roi Louis-Philippe, de la République de 1848 et du rétablissement de l'Empire*, 1857.

SOCIÉTÉ

• Une leçon d'anatomie :

Dans le corps social, les philosophes sont des agents cervicaux. Les artistes, les romanciers, des agents cardiaques. Le monde des ports et des railways représente la circulation du sang. La masse compacte du vulgaire répond à la vie inconsciente corporelle. L'oisif seul est méprisable ; il représente les particules mortes ; il est rapidement éliminé, si le corps est sain et vigoureux.

Jean REVEL, *Chez nos ancêtres*, 1888.

• Un grand ancêtre, Catilina :

La conjuration des socialistes de nos jours est une image parfaite de celle de Catilina. Les quarante mille socialistes tués par Cavaignac étaient des hommes ruinés par le libertinage, par le jeu, par le luxe, par la paresse, par la gourmandise et par la trop grande propagation de l'instruction.

A. FRANCON, *Causes de la grandeur et de la décadence des Romains*, 1867.

• Une mode passagère :

Le socialisme, qu'on peut discuter aujourd'hui sans passion, a livré son dernier combat sous nos yeux, en juin 1848. Il est non seulement vaincu, mais désarmé par le progrès des lumières et le redressement des esprits.

Edmond ABOUT, *ABC du travailleur*, 1888.

Il est impossible d'expliquer que par la mode les progrès rapides qu'a faits le mouvement socialiste, mode littéraire, mode élégante. Quelques jeunes esprits, trouvant les temps lourds et cette fin de siècle ennuyeuse, demandent au socialisme des émotions nouvelles et une distraction pour leur moi.

Comte D'HAUSSONVILLE, *Socialisme et Charité*, 1895.

• Les positions de Renan :

L'égoïsme, source du socialisme, la jalousie, source de la démocratie, ne feront jamais qu'une société faible, incapable de résister à de puissants voisins.

Ernest RENAN, *La Monarchie constitutionnelle*, 1869.

La réponse à chaque progrès du socialisme pourra être de la sorte un progrès du germanisme et on entrevoit le jour où les pays de socialisme seront gouvernés par des Allemands.

Ernest RENAN, *La Réforme intellectuelle et morale de la France*, 1871.

• La crapule en délire :

Il a réclamé hautement l'amélioration du sort des travailleurs. Réclamation honorable, charitable désir : si le socialisme n'avait jamais fait autre chose, il n'aurait droit qu'aux bénédictions des peuples. Mais à l'expression de ses vœux, le socialisme a joint des théories. Ainsi il a proclamé, comme son principe, la virginité de la nature humaine ; il a nié la chute originelle et la rédemption. Pour l'application de ce principe décevant, il s'est porté aux plus tristes extravagances, et, comme dit un socialiste fameux, *à tous les rêves de la crapule en délire*... Utopie, ignominie, faction, extermination : voilà le propre du socialisme.

Mgr Justin FÈVRE, *La Mission de la bourgeoisie*, 1864.

Les adeptes du Socialisme se recrutent donc dans la phalange des dégénérés psychologiques et physiques, clientèle habituelle de la Bêtise humaine.

Tous ces ratés, ces gobeurs, ces miséreux ont ajouté une foi absolue à toutes les âneries que les exploiteurs des foules leur ont pompeusement débitées. Ils ont été incapables de comprendre, par exemple, que la propriété et la succession sont deux phénomènes bien simples d'amélioration sociale destinés à déterminer l'individu vers la Loi de la haute valeur de l'acte en sollicitant son intérêt de propriétaire et de père à cultiver le mieux possible. [...]

Le Socialisme peut donc être rangé parmi les illusions et les chimères que la Bêtise humaine édifie et démolit tour à tour, et toujours avec la même conviction.

Maurice DE GASTÉ, *La Bêtise humaine et la Science de la vie*, Paris, 1922.

SOL SOCIÉTÉ

• A des hauts et des bas :

Au point de vue de l'homme, il y a donc lieu de diviser le sol en deux portions : les surfaces généralement plates et les surfaces généralement hérissées d'inégalités, les *pays de plaines* et les *pays de montagnes*. Dans chacune de ces divisions, il y a des parties horizontales et des parties inclinées, mais beaucoup plus d'horizontales dans les plaines et d'inclinées dans les montagnes.

Albert DUPAIGNE, *Les Montagnes*, 1874.

• Un hymne à sa gloire :

Le sol aménagé, fécondé, humanisé, la stabilité qu'il engendre, la dignité qu'il assure, constituent, à chaque époque, à chaque anneau des générations successives, un élément politique de continuité dont le mutisme ne doit pas nous dissimuler la puissance cardinale.

Gaëtan SANVOISIN, *Le Gaulois*, 1er novembre 1926.

• Une assurance militaire :

Lorsque, sur un sol vierge et nu, l'on ne voit aucun ennemi, c'est qu'il n'y en a pas.

La Revue militaire française, 1er mai 1927.

SOLDATS DE PLOMB

• Pourquoi il faut en donner aux enfants :

Au lieu de donner à leurs enfants des automobiles mécaniques et des écuries de course en bois peint, que les mères donnent des soldats de plomb, des sabres de fer-blanc et des albums de Job et de Caran d'Ache. Ça suffira pour réveiller en eux les instincts ataviques de la race gauloise.

Henri HOUSSAYE, *La Patrie guerrière*, 1913.

SOLEIL

• Des vues originales :

Les taches du soleil, qui semblent s'étendre et s'obscurcir tous les jours, ne sont qu'un amas de vapeurs grossières qu'il attire, dont le volume croît ; ces fumées que nous croyons voir s'élever à sa surface s'y précipitent au contraire ; à la fin il absorbera une si grande quantité de matière hétérogène, qu'il n'en sera pas seulement enveloppé et incrusté, comme Descartes le prétendait, mais totalement pénétré. Alors il s'éteindra, il mourra, pour ainsi dire, en passant de l'état de lumière qui est sa vie, à celui d'opacité qu'on peut appeler une mort véritable à son égard. Ainsi la sangsue meurt en s'abreuvant de sang.

J. B. ROBINET, *De la nature*, 1766.

Comme la constitution du Soleil est identique à celle de ses planètes, il est par conséquent habité.

J. PUTHOD, *La Vérité*, 1874.

• Sur sa nocivité :

Le grand soleil est moins dangereux qu'un temps lourd, gris, où les nuages laissent passer les rayons ultra-violets.

Le Matin, 14 août 1932.

SOMMATIONS

• Les horreurs de la guerre :

Chypre. — Un communiqué officiel a annoncé qu'une vieille femme chypriote a été tuée vendredi pour ne pas avoir répondu aux sommations d'une patrouille des forces de sécurité, à Troulli, à 13 kilomètres au sud de Larnaca. Le communiqué précise que la victime était sourde. (Reuter.)

Le Monde, 20 octobre 1956.

SOMMITÉS

• Entre grands hommes :

L'empereur Guillaume II, je dois l'avouer, s'est montré pour nous d'une amabilité, d'une grâce, d'une cordialité absolument confondantes. Visiblement, il tenait à nous charmer. Or, quand il le veut, il sait incontestablement se montrer charmeur dans toute l'acception du mot. [...] J'ai remarqué également qu'il avait banni vis-à-vis de ses hôtes tout souci d'étiquette et qu'il nous interpella tout de suite en nous appelant : « Mon cher Massenet », « mon cher Saint-Saëns », comme s'il nous connaissait de longue date, tantôt nous prenant par le bras, tantôt nous tapant sur l'épaule, et nous disant sans cesse des choses flatteuses. J'ai remarqué aussi qu'il aimait la plaisanterie et qu'il était très rieur. Ainsi, quand nous lui fûmes présentés, il nous dit en nous tendant la main : « Jamais je n'avais osé espérer qu'il me serait donné un jour de recevoir de telles sommités. » Je lui répondis : « Sire, Votre Majesté est trop indulgente ; en admettant que nous soyons les Alpes, Elle est l'Himalaya ! » L'empereur daigna rire : la glace était rompue.

Camille SAINT-SAËNS, *Le Figaro*, 21 avril 1907.

SON

• Une règle générale :

Quel est le point capital en musique ? Le son, le son, le son : on ne le répétera jamais assez.

Louis LOMBARD, *Observations d'un musicien américain*, 1905.

• Une exception :

L'Arabe est incapable de jamais pénétrer les lois de l'acoustique : il ne va pas au-delà de la sensation physique du son sur les membranes de l'ouïe — phénomène purement animal.

Jean REVEL, *Chez nos ancêtres*, 1888.

SONORITÉ

• C'est toute la poésie :

On estime qu'il y a des sonorités « canailles », si je l'ose ainsi dire, et qu'il y en a de musicales, de poétiques. N'est-il pas évident que ces deux vers de Racine :

Ariane, ma sœur, de quel amour blessée,
Vous mourûtes *aux bords où vous* fûtes *[laissée,*

ne seraient pas ce qu'ils sont, si le poète avait écrit :

Ariane, ma sœur, de quel amour blessée,
Vous êtes morte aux bords où l'on vous a [laissée ?

[...] Il est encore évident que ces vers d'Hugo :

Un frais parfum sortait des touffes [d'asphodèle,
Les souffles de la nuit flottaient sur [Galgala,

ne seraient pas ce qu'ils sont, ainsi modifiés :

Un frai parfum *sortait* dès toufes [d'asfodèle
Les soufles *de la nuit* flotaient *sur Galgala.*

Ferdinand BRUNETIÈRE, *Variétés littéraires*, 1904.

SORITE

• Deux exemples de cette forme de raisonnement :

Celui qui est prudent est aussi tempérant.

Celui qui est tempérant est aussi constant.

Celui qui est constant est aussi d'humeur égale.

Celui qui est d'humeur égale ne connaît pas la tristesse.

Celui qui ne connaît pas la tristesse est heureux.

Par conséquent, le prudent est heureux, et la prudence suffit à une vie heureuse.

SÉNÈQUE, (vers 2-65 ap. J.-C.), *Lettres*, 85.

Les religieux mènent une vie sobre et exempte des préoccupations de famille. La vie sobre et exempte des préoccupations de famille rend apte aux travaux intellectuels.

L'aptitude aux travaux intellectuels rend propre à l'enseignement.

Donc, les religieux sont propres à l'enseignement.

Précis d'un cours de littérature, dédié aux élèves des écoles chrétiennes, Nancy, 1858.

SOTS

• Il y a du vrai :

Qu'il y a de sots, dans la maison la plus spirituelle du monde, et de sots qui écrivaillent !

Jean-Pons VIENNET, *Journal*, 1830.

SOUFFRIR

• C'est tout un art :

Savoir souffrir ![...] Ah ! si les malheureux savaient mieux souffrir et si les heureux savaient mieux aimer, quelle aurore de paix et de bonté se lèverait sur le monde !

François COPPÉE, *Le Journal*, 30 décembre 1897.

SOULIERS

• A propos de bottes :

Le commandant décida de faire occuper les péniches. A cet effet, les gardes mobiles enlevèrent leurs souliers et, gardant leurs bottes, chaussèrent qui des savates, qui des espadrilles.

Paris-Soir, 27 juillet 1937.

SOUMISSION

• Appel aux mères :

Il faut : Va, va, va, jeune fille, te voici mariée, te voici mère. Adieu tes aises, tes plaisirs ! Tu appartiens tout entière à ce petit. Il a le droit de tout prendre : ton sang, tes larmes, ton repos, ton amour, tes fatigues, tes sacrifices.

Et s'il meurt avant d'avoir grandi et réalisé les rêves de ton cœur : soumets-toi. Dieu a réalisé les siens. Marche, désolée, déchirée, mais vaillante dans le devoir : crois à la bonté de Dieu.

Léon RIMBAULT, missionnaire, *Les Vaillantes du devoir*, 1907.

SOUPIRS

• L'exagération du poète :

L'odeur de vos soupirs nous parfume les vents !

A. de LAMARTINE, *Recueillements*, 1839.

SOURCILS

• Ils ont un langage :

Il est incivil de froncer les sourcils, c'est une marque de fierté, et il faut toujours les avoir étendus ; les élever en haut, c'est un signe de mépris, et les abaisser sur les yeux, cela tient du mélancolique.

Saint Jean-Baptiste DE LA SALLE, *Civilité puérile et honnête*, 1695.

SOURDS-MUETS

• Une revendication :

Toutes les classes de la société doivent être représentées à la chambre nouvelle. Pourquoi la portion si intéressante des sourds-muets en serait-elle exclue ?

Ferdinand BERTHIER, déclaration au cours de sa campagne électorale, Paris, mai 1848.

• Un mystère :

Il y a contradiction flagrante avec les déclarations du sourd-muet, qui prétend avoir assommé sa belle-mère avec une barre de fer. On a des doutes aussi sur l'existence du deuxième sourd-muet dont le meurtrier a parlé.

Le Journal, 16 mars 1926.

SOUS-MARIN

• Un grand « anticipateur » n'y voit que des cercueils :

Malgré tous les stimulants, mon imagination [...] refuse de concevoir des sous-marins qui fassent autre chose qu'étouffer leur équipage ou s'échouer au fond de la mer.

H.-G. WELLS, *Anticipations*, 1902, cité *in* Bernard Cazes, *Histoire des futurs*, 1986.

• Un point incontestable :

Un sous-marin tient en effet très peu de place dans le volume d'eau considérable qu'est la mer.

Le Matin, 2 août 1911.

• Il prouve que la Bible a dit vrai :

L'histoire de Jonas et de la baleine est-elle vraie ? Le révérend D. E. Hart-Davies, curé de l'église Saint-Thomas à Édimbourg, a soulevé aujourd'hui cette question dans une conférence qu'il faisait à Londres. « Le simple bon sens, a-t-il déclaré, prouve que si l'homme est capable d'inventer une mécanique appelée sous-marin, qui peut permettre à cinquante personnes de vivre sous les flots, on ne peut évidemment éprouver aucune difficulté à croire que le Tout-Puissant pouvait, s'il lui plaisait ainsi, rendre un animal sous-marin capable d'abriter un homme.

Evening Standard, cité in *Les Primaires*, juillet 1937 (p. 387).

SOUVENIR

• Naturellement, on s'en souvient :

L'accueil que je reçus de ces Alsaciens, dont un demi-siècle de captivité n'avait pas ébranlé la combativité, m'a laissé un souvenir que je n'ai pas oublié.

Maréchal JOFFRE, *Mémoires*, 1932.

SPASME

• Mauvais pour la santé :

Je conclus qu'un homme marié cherche sa mort lorsqu'il suit la nature. Je conclus que la sortie du sperme n'est jamais utile à la santé du corps. Je conclus que le reflux de la liqueur prolifique dans les organes est toujours une source de vigueur, de prophylaxie et de longévité.

A. FRANCON, *Causes de la dégénération de l'homme civilisé*, 1859.

• En fait, il faut distinguer :

Lorsque, pressé par l'instinct génital, on suit sagement son impulsion, c'est-à-dire on use avec modération des plaisirs qu'il procure, les résultats sont favorables à la santé, parce qu'il est aussi naturel de satisfaire les besoins génitaux que les besoins de l'estomac ; mais, quand ces besoins sont créés par une imagination libertine, les résultats, loin d'être salutaires à l'économie, lui sont, au contraire, fort nuisibles, par l'énorme déperdition de fluide nerveux que le spasme vénérien occasionne.

A. DEBAY, *La Vénus féconde et callipédique*, 1884.

SPÉCIFIQUEMENT

• Tout est là :

Les choses qui découlent de natures spécifiquement différentes sont elles-mêmes différentes spécifiquement. En effet, les natures spécifiquement différentes jouissent de propriétés qui présentent la même différence. Or, les qualités spécifiques sortent de natures spécifiquement différentes, comme la chaleur de l'air et du feu. D'autre part l'air et le feu diffèrent spécifiquement. Donc, la chaleur du feu et celle de l'air présentent aussi une différence spécifique... L'humidité de l'eau éteint le feu, celle de l'air ne produit pas le même effet, donc elles ne sont pas de même espèce.

Auteurs thomistes du treizième siècle, cités *in* Frédéric MARIN, *Dictionnaire de philosophie et de théologie scolastiques*, (article Élément), 1856.

SPERME

• Tout à fait précieux :

Parce qu'il a été destiné par Dieu à la reproduction de l'homme, le semen ne doit pas être éjaculé en vain. Il ne doit pas non plus être endommagé ni gaspillé.

CLÉMENT (vers 150-211), *Pédagogue*, 2, 10, 91.

• Une magnifique comparaison :

Je vais m'expliquer à l'aide d'une comparaison. Supposez que vous êtes militaire et que votre général vous remette des cartouches et des munitions pour faire feu quand il vous en donnera l'ordre. Vous auriez soin, comme doit le faire tout bon soldat, de placer les cartouches dans votre giberne et de les tenir à l'abri de toute cause qui serait de nature à leur faire courir le risque d'explosion.

Je veux admettre que vous agissiez tout autrement, et que vous cédiez à un caprice qui vous porte à vous servir des cartouches pour votre divertissement et vos amusements. Que dirait le général d'une semblable conduite ? Serait-il satisfait de vous ? Ne vous infligerait-il pas une punition ? Ne vous condamnerait-il pas au cachot ? Je pense bien que tel serait le châtiment qu'il vous infligerait. Faites maintenant vous-même l'application de mon raisonnement pour ce qui vous concerne. Dieu, Notre Seigneur, vous a donné des goûts et des inclinations pour les choses de la luxure afin de vous porter au mariage et pour que vous en remplissiez les obligations. Mais, si vous faites servir ces inclinations à d'autres fins, pour donner carrière à vos caprices, à des jouissances déréglées, dans le but de vous procurer du plaisir, il est très certain que Dieu, Notre Seigneur, sera fort irrité que vous

l'arianisme, qui s'est transformé une vingtaine de fois sans se fixer dans une doctrine invariable. Le Stendhal n'aura pas plus d'avenir que n'en aurait eu le nouveau Beyle, malgré l'admiration de la plèbe romantique, qui est l'espèce la plus crédule et la plus bête de toutes les cliques littéraires et dramatiques. Je ne sais à quelle occasion j'en parlais un jour à M. Guizot, qui avait eu des accointances assez chaudes avec le cénacle et qui, par conséquent, devait avoir connu le faquin : « C'est un polisson », me répondit-il, et je m'en suis tenu là. Une attaque d'apoplexie nous en a délivrés le 24 mars.

Jean-Pons VIENNET, *Journal*, 28 mars 1842.

• A propos du *Rouge et le Noir* :
Il promène avec un admirable sang-froid son héros, son monstre, à travers mille turpitudes, à travers mille niaiseries pires que des turpitudes.

Jules JANIN, *Journal des débats*, 26 décembre 1830.

C'est ordinairement de l'algèbre sur le cœur humain : par exemple il prend huit ou dix personnes et les barbouille de rouge et de noir. Le lecteur, quand il y a un lecteur, s'écrie : « Voilà un personnage féroce, et son vis-à-vis un hypocrite ! » Le lecteur se trompe : le sanguinaire est doux comme un agneau ; le Tartufe a le cœur sur les lèvres, et réciproquement.

L'Artiste, 13 février 1831.

Au reste, sous tous les titres, sous toutes les couleurs, cette honteuse production ne sert qu'à constater, par une preuve ajoutée à vingt autres, qu'il est presque temps que M. de Stendhal change encore une fois de nom, et pour toujours de manière et de style.

La Gazette de France, 16 février 1831.

En résumé, *Le Rouge et le Noir* est un livre d'aristocratie dont le succès sera plus brillant que général et durable. C'est une peinture gracieuse, et quelquefois profonde de la société, telle que l'avaient faite les jésuites, les émigrés de la Restauration ; elle a eu le malheur d'arriver après l'orage populaire (la révolution de 1830) qui a renversé tout cela, et par conséquent d'être déjà un peu vieille.

Revue encyclopédique, avril 1831.

Ses personnages [...] ne sont pas des êtres vivants, mais des automates ingénieusement construits.

SAINTE-BEUVE, *Lundis*, 9 janvier 1854.

• A propos de *La Chartreuse de Parme* :
Je n'ai jamais caché mon sentiment à l'égard de Stendhal, qui est extrêmement peu sympathique. Je crois que tout le monde sait à quoi s'en tenir à ce sujet : le succès et la gloire qu'il a obtenus constituent pour moi une énigme littéraire.

J'avais lu autrefois *La Chartreuse de Parme* avec énormément d'ennui, et j'ai voulu vérifier si vraiment il méritait la gloire qu'il a obtenue, et si vraiment Stendhal était un grand homme et un grand romancier. Je me rappelle toujours, j'ai profité d'un voyage que je faisais entre Marseille et Grenoble sur une ligne où j'étais seul dans mon compartiment, dans mon wagon, et j'en ai profité pour lire d'un bout à l'autre *La Chartreuse de Parme* avec le plus grand désir d'y trouver intérêt. Je dois avouer que je n'en ai trouvé aucun. J'ai trouvé ses peintures de personnages absolument dénuées de tout espèce d'intérêt, et les différentes anecdotes absolument, à mon avis... mon Dieu ! je dirai le mot : ineptes !

Paul CLAUDEL, *Mémoires improvisés*, 1954.

Ce livre (*La Chartreuse de Parme*) exprime admirablement l'amour comme il est dans le Midi. Évidemment, le Nord n'aime pas ainsi.

H. DE BALZAC, « Études sur *La Chartreuse de Parme* de Monsieur Beyle », *Revue parisienne*, 25 septembre 1840.

• Un aveu de Flaubert :
Quant à Beyle, je n'ai jamais rien compris à l'enthousiasme de Balzac pour un semblable écrivain, après avoir lu *Rouge et Noir*.

Gustave FLAUBERT, *Lettre à Louise Colet*, 1852.

STOWE (Harriet Beecher)

• Un écrivain qui a beaucoup exagéré :
Le lecteur frémit (dans *La Case de l'oncle Tom*) au passage décrivant le marché

aux esclaves de La Nouvelle-Orléans : on arrache son bébé à une malheureuse mère qui en devient folle et meurt. Si Mrs. Stowe s'était donné la peine de se renseigner, elle aurait appris que les lois de la Louisiane *punissaient de prison toute personne vendant sans la mère un enfant âgé de moins de quatorze ans*. L'épisode tragique de Mrs. Stowe tombe donc au rang du mélodrame. [...]
[...] Bref, toute personne bien renseignée ne lit plus *La Case de l'oncle Tom* que comme œuvre d'imagination.

Warrington DAWSON, *Le Nègre aux États-Unis*, 1912.

STRATÉGIE COMMERCIALE

• En matière agricole, ce qu'il faut savoir :
Le nécessaire, pour le professionnel du machinisme agricole, passe chaque année, au mois de mars, par le méridien de Paris.

Les industriels, commerçants et techniciens des cinq continents en ont décidé ainsi. Cela ne surprend pas d'ailleurs, lorsque l'on sait que, désormais, la stratégie commerciale s'appuie sur les principes des prospectives, modulés par l'ordinateur électronique, calculateur et statisticien, et sur les théories considérant comme essentiel le phénomène expérimental, à partir duquel s'élabore la pyramide conjecturale pointée vers le futur.

Le Moniteur officiel du commerce international, 9 février 1966.

STRAVINSKI (Igor)

• A l'audace d'être original :
Jamais le système et le culte de la fausse note n'ont été pratiqués avec tant d'industrie, de zèle et d'acharnement. De la première mesure de l'œuvre à la dernière, quelle que soit la note que l'on attende, ce n'est jamais celle-là qui vient, mais c'est la note d'à côté, la note qui ne devrait pas venir.

Pierre LALO, *Le Temps*, 3 juin 1913.

• Attire la plaisanterie : On se souvient du spectacle scandaleux que fut ce *Sacre du printemps* — bien plutôt, un *Massacre du printemps*. Jamais ne se vit un tel défi aux oreilles humaines.

Le Ménestrel, 6 juin 1914.

STYLE ANARCHISTE

• Le grand espoir :
Et le jour où viendra (la Révolution), hommes de tous pays qui la servons, ramassons des feuilles de houx, des rameaux de cyprès, des ronces et des épines, il y en a assez sur le chemin de notre vie malheureuse et brûlons, brûlons les piliers du vieil édifice avant qu'il ne s'écroule sur nous ! ! ! Des marteaux, de l'acier, des torches de résine, et faisons place nette ! ! ! Alignons en barricades les pierres des palais, les créneaux des forteresses et les portes des cloîtres ! ! ! Fondons des canons de fusil avec les fers qui meurtrissent nos chairs et, si le plomb nous manque, nous les chargerons avec des fragments de couronnes !

Ernest CORDEROY, *De la révolution dans l'homme et la société*, vers 1850, cité *in* Alain Sergent et Claude Harmel, *Histoire de l'anarchie*, 1949.

STYLE DE BANQUET

• La chaleur communicative :
Nous vous recevons donc à bras ouverts, gardes nationaux mobiles, car vous êtes nos frères et c'est dans le malheur que la fraternité se trouve et se donne la main.

Benjamin CAZELLES, discours prononcé à Guelma à l'occasion de l'arrivée des gardes mobiles, novembre 1870.

STYLE CATHOLIQUE

• Des exemples :
Et puisqu'il est aujourd'hui des hommes de bonne volonté dans un gouvernement peu sûr de lui, aussi de ses lendemains, demandons-leur d'agir tout de suite. Il nous reste une âme, dernière chance de survie : qu'ils ne la laissent pas piétiner par les satrapes du stupre qui s'engraissent sous les yeux sans regard d'un Monsieur Personne présidant à l'inefficacité dans le fauteuil tournant de l'instabilité.

Paul HUTIN-DESGRÉES, directeur d'*Ouest-France*, éditorial du 24 mars 1954.

Ce microbacterium, agent actif de la lèpre, que Sœur Marie-Suzanne a réussi à isoler et à cultiver, a été solennellement baptisé cette année à Rome sous le nom de *Microbacterium Marianum*, en l'honneur de la Vierge Marie et de la Congrégation de Sœur Marie-Suzanne (premier microbe dédié à la Sainte Vierge, remarquait justement Monseigneur Maury).

Bulletin des Facultés catholiques de Lyon, n° 15, 1954.

STYLE COMMUNISTE

• Un art subtil de la répétition :

La démocratie *prolétarienne* représente une forme nouvelle, supérieure de démocratie, la démocratie véritable pour la majorité du peuple, pour les grandes masses de travailleurs. La Constitution de l'État socialiste soviétique des ouvriers et des paysans est une constitution véritablement démocratique. Tout le pouvoir d'État en URSS appartient aux travailleurs de la ville et de la campagne.

M. ROSENTHAL et P. IOUDINE, *Petit Dictionnaire philosophique*, Moscou, 1955.

Nos adversaires ont beau déplorer l'« imperfection » du socialisme, se préoccuper de son « amélioration », de son « humanisation », nous répétons avec fierté après Lénine que la démocratie prolétarienne, socialiste, est un million de fois plus démocratique que n'importe quelle démocratie bourgeoise. Notre État a toujours été et restera un État des travailleurs, un État pour les travailleurs, un État géré par les travailleurs. En suivant la voix de Lénine, le peuple soviétique a créé un mode de vie nouveau, socialiste, une civilisation nouvelle, socialiste.

Léonid BREJNEV, *L'Œuvre de Lénine vit et triomphe*, Albin Michel, 1974.

• Entre camarades :

Nous avons reçu de Carpentras le faire-part suivant de nos camarades Filloz :

« Coucou ! C'est moi, Michel Filloz ! J'arrive tout joyeux parce que je n'ai pas fait souffrir ma maman, qui a accouché sans douleur grâce à la méthode psychoprophylactique du grand savant soviétique Pavlov. Carpentras, 2 juillet 1955. »

Notre camarade Mathilde Filloz, l'heureuse maman, est membre du Bureau fédéral du Parti, qui adresse à cette occasion ses félicitations aux parents et ses meilleurs vœux au petit Michel.

L'Humanité-Dimanche, 17 juillet 1955.

STYLE ÉLECTORAL

• Le règne de l'invective :

Avant de candidater, relez l'argent ! [...] Pas plus de poule au pot que de coq en cruche ! Pas plus de bonusards que de gueusards ! [...] Des mots ou des mendiants ! Malheur ! Je vous conseille de compter sur moi ! [...] tas de Frohsdorfistes et de *puffistes !*

Thomas VIRELOQUE, *Marseillaise*, 28 mai 1877.

Naguère on conduisait ... vre jeune roi d'Espagne à la chamb... uaire de l'Escurial, dont je viens de ... le nom brutalement pittoresque. ... rs ! la France n'est pas morte ; m... s laissez plus longtemps faire s... eurs, ils la coucheraient vivante ... ourrissoir parlementaire à côt... vre et noble armée.

H. DE PÈNE, *Le Gaulois*, 11 ...

Et maintenant, héros du ... l'abnégation, martyr des ... électorales, fourmi laborie... écrasée par l'immense Migno... à vos cafés, et, comme disait l'... vous couper les plumes de p... suffrages populaires avaient ... sous votre redingote, pour r... la simplicité de votre continge... et la réalité de votre plénitude ...

G. FALAIZE, *L'Étrille*, 8 mai 1...

STYLE EXISTENTIALISTE

• Un grand texte de Sartre :

C'est pour autrui que l'anus ... comme orifice. Il ne saurait ... comme tel ; même les soins inti... la mère donne à l'enfant ne sau... découvrir sous cet aspect, puisqu... zone érogène, zone de douleur, ... pourvu de terminaisons nerveus... les. C'est au contraire, par autrui ... les mots que la mère emploie pour ... gner le corps de l'enfant — que cel... apprend que son anus est un *trou*. C... donc la nature objective du trou per... dans le monde qui va éclairer pour lui la structure objective et le sens de la zone anale, c'est elle qui va donner un *sens* transcendant aux sensations érogènes qu'il se bornait jusque là à « *exister* ». Or, en lui-même ietrou est le symbole d'un mode d'être que la psyhanalyse existentielle se doit d'éclaircir Nous ne pouvons y insister ici. On voit ut de suite cependant qu'il se présente iginellement comme un néant « à co er » avec ma propre chair : l'enfant ne se tenir de mettre son doigt ou son br tier dans le trou. Il me présente dc nage vide de moi-même : je n'ai qu de qui m'attend. L'idéal du dans c l'excavation qui se mouletrou sement sur ma chair, de marait en m'y gênant et en m'y ni étroitement, je contribuerai à er le plein d'être dans le monde. ıcher le trou, c'est originellement acrifice de mon corps pour que ude d'être existe, c'est-à-dire suıssion du Pour-soi pour façonner, e et sauver la totalité de l'En-soi. saisissons là à son origine une des ıces les plus fondamentales de la réaımaine : la tendance à *remplir*. Nous uverons cette tendance chez l'adoleset chez l'adulte ; une bonne partie de e vie se passe à boucher les trous, à ıplir les vides, à réaliser et à fonder nboliquement le plein. [...]

C'est seulement à partir de là que nous ouvons passer à la sexualité : l'obscénité u sexe féminin est celle de toute chose béante : c'est un *appel d'être*, comme d'ailleurs tous les trous ; en soi la femme appelle une chair étrangère qui doive la transformer en plénitude d'être par pénétration et dilution. Et inversement la femme sent sa condition comme un appel, précisément parce qu'elle est « trouée ».

Jean-Paul SARTRE, *L'Être et le Néant*, 1943.

STYLE DE FEUILLETONISTE

• Un genre littéraire en quelques exemples :

Le bruit de la détonation de revolver dont le fratricide venait de se servir était parvenu jusqu'aux oreilles de Claude Grivot.

Que devait-il faire ?
Qui avait tiré ?
Qui était blessé ?
Qui était mort ?

En proie à un affolement complet, il sentait ses quatre membres s'entrechoquer dans son cerveau, et il ne pouvait répondre à aucune.

Xavier DE MONTEPIN, *La Joueuse d'orgue*, feuilleton de *La Dépêche de Toulouse*, 14 avril 1928.

J'appelai le maître de l'auberge afin qu'il nous apporte une bouteille de son meilleur vin et trois verres. Je les remplis et, en prenant deux dans chaque main, j'allai à Contet.

Alexandre DUMAS, *Voyage en Suisse*, édition Calmann-Lévy, 1888.

« Je vous répète qu'il faisait très sombre et que la voiture me doubla à toute vitesse. En outre je fus, en quelque sorte, aveuglé par les phares. — Tout cela est bien étrange, murmura Maître Gilais. »

Feuilleton de *L'Ami du peuple*, 2 octobre 1932.

Quand il se releva la pendule marquait six heures trente huit, exactement, la grande aiguille recouvrant la petite comme s'il n'y en avait plus qu'une seule.

A. T'SERSTEVENS, *Gringoire*, 15 septembre 1933.

« Est-ce une fille, monsieur ? — Oui, mademoiselle. — Une fille... Une fille... Un ange ! Mais d'où vient-elle ? Comment, n'ayant pas de mari, puis-je avoir un enfant ? — Ne pensez pas à tout cela, dit le docteur, il vous faut du calme. »

Xavier DE MONTEPIN, cité in *Le Mercure de France*, 15 juin 1935.

Elle passa ses mains devant ses lèvres comme pour en éloigner cette coupe empoisonnée qu'il lui fallait boire, essuya ses yeux rougis, et descendit l'escalier du pas dont un crucifié devait monter au calvaire.

Charles MEROUVEL, *Chaste et flétrie*, I, 26 (vers 1930).

J'étais entre ces deux visages, l'un pur, l'autre affreux, l'un chéri, l'autre détesté, l'un protecteur, l'autre menaçant, l'un qui s'écriait : « Prends garde ! », l'autre qui répondait : « Trop tard ! » Lequel serait le plus fort ? Celui qui resterait. Lequel resterait ? Celui de Féline. Il fallait donc le fuir à tout prix. Ma résolution fut prise aussitôt. Je partirais. Comment ? Pour aller où ? Je ne savais pas. Mais ce dont j'étais sûre, c'est que, dès l'instant où ma tante serait sortie de la maison, je n'y rentrerais pas. Je me sentais forte et soulagée ; et déjà je cherchais. Mon cerveau travaillait. [...] Le temps ne pesait plus.

Henri LAVEDAN, *Le Chemin du salut* ; *Irène Olette*, roman, prépublication in *Revue des deux mondes*, 15 décembre 1919.

Madeleine était grande et un peu pâle. [...] On dirait une vierge pressentant les douleurs de la maternité.

PONSON DU TERRAIL, *Rocambole, L'Auberge maudite*, II, ch. 4.

Les trois hommes, dont deux femmes, parlaient dans la cour de l'hôtel.

Gustave AICARD, *Les Peaux-Rouges de Paris*, I, 4, Paris 1888.

L'employé du chemin de fer leur répondit du tact au tact.

ALLAIN et SOUVESTRE, *Fantômas*, tome XXI, 1933.

STYLE FINANCIER

• Comptablement parlant :

Chacun sait, d'ailleurs, qu'il s'agit en l'espèce d'une estimation arbitraire de nature conventionnelle, n'exprimant qu'imparfaitement la nature des « actifs propres », puisque la véracité des écritures comptables néglige les incidences de la continuité de la dégradation monétaire, ainsi que la pertinence variable d'amortissements, diversifiés sans doute, mais s'appliquant avec plus ou moins de congruité, par exemple à des outillages plus ou moins promptement obsolètes ou à des biens fonciers aux destins mercantiles ultérieurs si divers.

J. GOETSCH, *L'Écho de la finance*, 30 octobre 1970.

STYLE DE GRAMMAIRIEN

• Pour clarifier la langue :

Substantif exprime ce qui existe au-dessous ; cette définition est vraie, puisqu'il est certain que le nom *substantif* supporte une qualité quelconque ; s'il supporte une qualité quelconque, il est donc au-dessous d'une qualité.

BÉRAUD, *Grammaire française*, 1796.

Qu'on ne dise plus que dans ces phrases : *j'ai vu des hommes, je demande du pain*, c'est comme s'il y avait : *j'ai vu hommes, je demande pain*. Non, ce n'est point ainsi qu'il faut construire cette phrase ; il faut dire : *j'ai vu une quantité de les hommes*, et les Anglais ne font pas différemment : *have seen some men*.

SICARD, *Éléments de grammaire générale appliqués à la grammaire française*, 1797.

Ne nous faisant idée que par l'espace, il est très naturel que plusieurs prépositions se soient prises figurément au sens *temporatif* ; d'où la sorte *temporative* peut se trouver dans des genres divers : *antidate* est un *antéif* de la sorte *temporative* ; *conserver*, un *coïtif* de la même sorte ; *prévenir*, *promettre*, etc., l'un un *préitif*, l'autre un *proïtif*, tous deux pareillement *temporatifs*.

P.R.F. BUTET, *Abrégé d'un cours complet de lexicologie*, 1801.

STYLE DE JOURNALISTE

• Il mène à tout :

Hier, à 2 heures de l'après-midi, l'omnibus du Château-Rouge a eu le malheur d'écraser un enfant.

Le Constitutionnel, 15 juin 1859.

M. Baragnou, à qui M. de Cassagnac avait brûlé la politesse en lui prenant la parole sous le nez, ne pouvait pas rester sous ce coup. Il avait accumulé dans la poche de billard qui lui sert de lèvre inférieure une telle provision d'éloquence qu'il eût étouffé s'il avait été condamné à ne pas la dépenser.

Albert PINARD, *Le Bien public*, 23 janvier 1878.

Le cabinet ministériel devient insensiblement, sensiblement veux-je dire, un abattoir à journaux.

Le Radical, 10 mai 1878.

Depuis quelques jours une des personnalités les plus agaçantes de la république niortaise, le suffisant et tortueux Dupont (de Pamplies) se voit, par le fait de son outrecuidance et de sa rage d'écrivailler, exposé à une cataracte de plaisanteries toutes plus embêtantes les unes que les autres. On le perce et on le transperce des traits les plus acérés ; on le turlupine, on le bassine, on le boussine, bref on l'assassine.

La Sèvre, journal de Saint-Maixent, 5 juin 1878.

M. Auguste Vacquerie, rédacteur du *Rappel*, est en politique un vieux beau. Sur son crâne dénudé de pensées sérieuses, il ramène sa plume, comme d'autres ramènent une mèche de cheveux.

L'Autorité, 15 mars 1886.

Qu'on y prenne garde. La taxe du pain, c'est le thermomètre qui indique le degré de patience des pauvres.

François COPPÉE, *Le Journal*, 26 août 1897.

M. Clemenceau a été très intéressant. Son discours, mêlé de bon et de mauvais, contient un peu de tout. Il a été quelquefois long et traînant et, d'autre fois, vif et rapide.

Journal des débats, 1er novembre 1901.

Nous apprenons que notre compatriote, M. Ferdinand Macquard, vient d'être nommé officier du Mérite agricole. Cette distinction est la juste récompense des services rendus par M. Macquard à l'alimentation publique, qui est le grand arbre dont les racines sont l'agriculture.

Le Populaire de Nantes, 8 janvier 1903.

Croyant l'avoir tuée, l'homme appuya la crosse de son arme sur sa tempe droite et fit feu.

Le Petit Parisien, 1er novembre 1927.

Les *Daily News* disent qu'à la suite d'une information de source suédoise, il appert qu'un sans-filiste d'Helsingborg (Suède) a entendu mercredi, dans la journée, une voix très claire disant en norvégien : « Allô ! Allô ! Latham ! Latham ! ».

Paris-Soir, 25 août 1928.

Transporté à la ferme, l'automobiliste reçut peu après les soins du docteur X... qui constata une fracture du crâne gauche.

L'Ouest-Éclair, 12 juin 1929.

L'agent Aliouaz a arrêté hier soir le garçon de café maure Rahni Ali ben Ahmad qui, se disputant avec son jeune coreligionnaire Haddache Abderrahmane, 15 ans, avait brisé la clavicule droite de ce dernier en lui lançant un tabouret dans les jambes.

L'Écho d'Alger, 29 mai 1929.

D'autres ouvriers qui travaillaient à l'église de Saint-Blaise ont découvert de nombreux louis d'or à l'effigie de François Ier.

Le Journal, 23 novembre 1930.

L'état de M. Poincaré est toujours stationnaire. L'amélioration se poursuit lentement.

Le Temps, 27 décembre 1930.

Le cortège défilera ce matin au milieu des ovations silencieuses.

Le Journal, 7 janvier 1931.

A leur retour, vers midi, ils apercevaient, étendu sur les rochers, le cadavre d'un individu qui ne donnait plus signe de vie.

Le Havre-Éclair, 16 août 1934.

Le passage à niveau 197, particulièrement fréquenté aux heures d'entrée et de sortie des usines, était traversé chaque jour par plus de vingt mille piétons, pour la plupart à bicyclette.

Revue générale des chemins de fer, avril 1935.

Vêtu d'une jaquette grise en été, noire en hiver, coiffé d'un canotier défraîchi à la belle saison, et de bottines à élastiques en tous temps, il se rendait à pied au Luxembourg à petits pas prudents.

Marianne, 22 avril 1936.

Les tombes portent les noms de nos concitoyens morts au péril de leur vie.

L'Éclaireur de Nice, 3 novembre 1937.

Trois coups de revolver retentissent. L'homme, dans un geste instinctif de défense, porte la main à sa poche. La main se crispe sur un revolver, puis se desserre. Le revolver tombe dans le ruisseau. Et tandis qu'il s'écroule, ses bras s'accrochent au ventre. L'homme a été atteint de quatre balles de revolver.

Paris-Midi, 11 août 1937.

Le faux militaire Drouin n'était dans le civil que soldat de deuxième classe.

Le Petit Parisien, 17 février 1938.

A un moment donné, Mme Dollé fit tomber son dé, qui roula sous le buffet. Son mari ne se dérangea point pour le ramasser, bien que sa femme le lui demandât. Cette apostrophe, prétend Julien Dollé, l'exaspéra. Il bondit, s'empara de cette arme improvisée et frappa violemment sa compagne. Atteinte au cœur, elle s'écroula, mortellement touchée.

Le Petit Parisien, 13 février 1939.

Les socialistes (belges) ont des troupes, mais pas de chefs, et ceux-ci se battent entre eux.

Le Figaro, 8 avril 1939.

Hier soir, quai de la Fosse, à minuit moins le quart, un sourd-muet, Émile Rabold, 38 ans, a frappé Adrien Coutanceau, âgé de 40 ans. Ayant entendu un chien aboyer, le sourd-muet crut que Coutanceau avait brutalisé l'animal.

Le Phare de la Loire, 28 juin 1939.

Dans un souci d'intérêt général, nous avons posé à plusieurs reprises la question des médecins, dont la pénurie, à Laval, a causé le rigoureux hiver que nous venons de traverser.

L'Ouest-Éclair, 23 février 1940.

Un planeur qui volait hier au-dessus des Mureaux s'est écrasé au sol, par suite d'une perte d'altitude.

Ce soir, 6 mai 1947.

Un pneu éclate et son passager se tue contre un pylône.

Titre d'une brève, *L'Écho du soir*, Lyon, 20 octobre 1947.

Un scooteriste manchot blesse de deux balles de revolver les passagers d'une motocyclette.

Nice-Matin, 8 juillet 1957.

Le vélomoteur a été sérieusement blessé à la tête et au genou gauche.

L'Éclair des Pyrénées, 2 septembre 1957.

La répression de la rébellion kurde en Irak : 60 morts, des centaines de tués.

Le Provençal, 12 avril 1964.

Dans une crise de démence, le vieillard mitraille ses voisins, puis se donne la mort. Pas de victimes.

Le Parisien libéré, 12 décembre 1964.

Ce corps, auquel il manquait la tête, le bras droit, l'avant-bras gauche et la jambe gauche, ne portait pas de blessure apparente.

Le Havre, quotidien, 28 novembre 1966.

On approchait la bière. « J'ai soif », dit la morte en se levant.

La Dépêche du Midi, 4 février 1969.

STYLE LINGUISTIQUE

• Schématiquement, la question posée est donc celle-ci :

Si ce qu'on a appelé avec Kristeva « géno-texte », « différentielle signifiante », « paragrammatisme », etc., définit un type de fonctionnement logique irréductible à l'agencement structurel propre au phéno-texte, par quel type de modèles logiques pourra-t-on alors formaliser les opérations du géno-texte et leur inscription dans le phéno-texte ? Précisons : si, d'une part, le but recherché est bien, comme l'indiquaient les premières lignes de « Pour une sémiologie des paragrammes », de « trouver un formalisme *isomorphe* à la productivité littéraire se pensant elle-même » (nous soulignons), et si, d'autre part, la logique qui régit une pratique sémiotique comme le l.p. est irréductible à une logique de base O-I (faux-vrai), quelle sera alors la logique que pourra utiliser un discours sémanalytique qui s'efforce de penser en tant que tel le fonctionnement textuel ?

Jean-Louis HOUDEBINE, « Lecture(s) d'une refonte », in *Critique*, avril 1971.

Il est vrai qu'il restera à accorder cet objet du mathème que *La* science, la seule encore à ex-sister, *la* physique, a trouvé dans le nombre et la démonstration. Mais comment ne trouverait-il pas chaussure meilleure encore dans cet objet que j'ai dit, s'il est le produit même de ce mathème à situer de la structure, pour peu que celle-ci soit bien l'en-gage qu'apporte l'inconscient à la muette ?

Jacques LACAN, *Télévision*, Le Seuil, 1973.

STYLE DE MÉDECIN

• Une déformation :

Sous le nom d'orteil en marteau, orteil en zigzag, orteil en griffe, orteil en cou de cygne, on décrit une déviation permanente d'un orteil caractérisée par l'extension de la première phalange sur le métatarsien avec flexion de la phalagine sur la phalange.

Drs GILLART et THOINOT, *Nouveau Traité de médecine et de thérapeutique*, 1922.

STYLE DE MINISTRE

• Peu châtié :

A considérer l'état où étaient les choses pendant l'hiver dernier, ne pouvait-on pas, Messieurs, regarder le prétendu empereur comme un étron dans une lanterne, et la reine de Hongrie, sa femme, comme la biche aux abois ? Le roi d'Angleterre paraissait entre deux selles le cul à terre, ayant également à craindre pour Londres et pour le Hanovre. Nous pondions sur nos œufs et, quant au roi de Sardaigne, il était en telle presse, qu'on lui aurait bouché le derrière avec un grain de millet. Le prince Edouard faisait florès, et donnait du fil à retordre à ses ennemis. Le roi de Pologne, électeur de Saxe, avait été réduit à ne faire pendant plusieurs années que de petites crottes ; mais, tout d'un coup, la chance a tourné. Et comment cela, me direz-vous ? Le voici, Messieurs. La reine d'Espagne est un bâton merdeux qu'on ne sait par quel bout prendre. Elle a toujours eu, vous le savez, la fureur de péter plus haut que le cul. Qu'en est-il arrivé ? Le roi de Prusse nous a pété dans la main, et le roi de Sardaigne nous a chié du poivre.

René-Louis, marquis D'ARGENSON, secrétaire d'État aux Affaires étrangères, *Discours politique sur les affaires présentes*, 1746, cité *in* Ferdinand Brunot, *Histoire de la langue française*, tome VI.

STYLE NOTARIAL

• Tout devient simple quand on nous explique le cas :

La disposition testamentaire prise par un ancêtre décédé en 1808, soit peu de temps après la publication du Code civil dont il n'a sans doute pas eu connaissance, constitue une substitution fidéicommissaire, supprimée par le décret des 25-10 et 14-11-1792, prohibée ensuite par l'article 896 du Code civil. Elle établit de plus une exhérédation des successibles non mâles au premier degré de la dévolution de la succession, ce qui est licite, mais règle pour un avenir perpétuel la dévolution des successions des gratifiés, ce qui est illicite.

« Les Notaires vous répondent », in *L'Est républicain*, 7 février 1978.

STYLE PARLEMENTAIRE

• Quelques exemples :

Demain cette assemblée portera la cognée dans les broussailles budgétaires en adoptant la proposition de M. de Soubeyran, et en commençant l'élagage des dépenses abusives par l'enlèvement aux compagnies de chemin de fer de subventions parasites qui s'étaient greffées sur les subventions réelles que doit l'État.

Le National, 16 juin 1870.

Eh bien, messieurs, savez-vous comment une assemblée, une grande assemblée, s'entoure de considération dans des circonstances terribles ? C'est en sachant prendre l'attitude qui convient à un aussi grand corps politique.

Adolphe THIERS, discours cité in *La Commune*, 3 avril 1871.

Oui, Messieurs, savez-vous ce qu'on incrimine en moi, souvent avec amertume, c'est d'être, comme on me dit, de Belleville, c'est de tenir à Belleville... On me reproche de n'avoir pas voulu couper ma queue.

Léon GAMBETTA, discours, 23 avril 1875.

M. Fallières a insisté sur le cheveu coupé en quatre, au moyen duquel le centre s'efforçait de lui tendre la perche.

Cité in *La Journée*, 14 janvier 1903.

STYLE DE PLACET

• Plaidoyer pour la mélodie :

Le plus bel ornement de la paix, c'est la joie, et le signe le plus démonstratif de la joie, ce n'est pas la *poule au pot*, mais la mélodie. Plaise donc à Dieu que par un acte décisif et facile, vous arrêtiez, Messieurs les Ministres, la décadence de notre musique religieuse, et posiez d'un œil sagace et d'une main ferme, le principe efficace de sa restauration.

Mgr Justin FÈVRE, *De la restauration de la musique religieuse*, 1844.

STYLE PRÉCIEUX

• Les plus belles images :

Il prit une plume pour crayonner sur l'innocence du papier la cruauté de son âme.

Espines d'amour, 1604.

Pendant que ces airs écumaient les âmes qui flottaient sur leurs sons, celle de

Carthagène était à l'abri de ces doux pirates, encore qu'elle prêtât ses rames à cet Océan musical.

Jean D'INTRAS, *Portrait de la vraye amante*, 1604.

Ses blonds cheveux étaient les rets où toutes les plus belles libertés venaient se rendre captives.

Vivante Filonie, 1605.

Devais-je sucer le lait de votre cruauté, et porter ma bouche auprès de ces mamelles pour en tirer aliment à mes regrets ?

Bouquet de la Feintise, 1610.

Cette âme a volé entre les flammes des erreurs paganesques sans brûler les ailes des sacrés discours de la divinité.

François GUERSON, *Sermons ou Analogies divines du verbe*, 1620.

Le front de la désolée Céliante fut le cadran où il vit marquer les dernières heures de sa liberté.

Sieur DES FONTAINES, *Les Heureuses Infortunes de Céliante et Marilinde, vefves pucelles*, 1638.

Les Escopettes de votre beauté brûlent assez le pourpoint de mon Ame, sans que le Canon de votre rigueur brise les os de mes prétentions. Vous avez assez fourragé le plat Pays de mon cœur, sans que d'abondant vous y logiez le régiment du désespoir.

Le Courtisan parfait, 1640.

STYLE RÉVOLUTIONNAIRE

• Toujours de l'audace :

C'est avec la faux de l'éloquence qu'on moissonne les cœurs.

Antoine-François LEMAIRE, *Lettres bougrement patriotiques*, 1791.

Dans la route que tenait le vaisseau, il fallait encore plutôt s'approcher du rocher de l'exagération que du banc de sable du modérantisme.

Camille DESMOULINS, *Le Vieux Cordelier*, cité *in* Ferdinand BRUNOT, *Histoire de la langue française*, X, 1939.

Mesdames, citoyennes, sœurs et amies.

La reconnaissance est un devoir prépondérant pour tout cœur qui s'en est fait un besoin. Au reste, vous n'en ignorez pas et je connaissais assez la physique de la chose, pour croire que l'impulsion des accessoires vous fera toujours chérir l'humanité dans la personne de nos cœurs. Vive la République !

Général DE CANOLLE, *Réponse aux femmes de Tournai*, 1792, cité *in* général THIÉBAULT, *Mémoires*, 1893-95.

L'éponge des siècles peut effacer du livre de la loi le chapitre de la royauté ; mais le titre de la souveraineté nationale restera toujours intact.

GONCHON, *Adresse à la Convention*, 21 octobre 1792.

Ce n'est plus la hache des révolutions que vous devez avoir à la main, c'est la truelle des républiques.

MANUEL, *Discours à la Convention*, 6 décembre 1792.

Citoyens collègues, au milieu des sensations républicaines que j'éprouve, quelques grenouilles du marais coassent encore ; toutes ne sont pas écrasées, elles ont pris le manteau du patriotisme.

Joseph-Antoine BOISSET, représentant du peuple, *Lettre de Die*, 21 septembre 1793.

C'est en vain que pour l'étouffer dans son berceau (la Révolution), la faction girondine et tous les lâches émissaires des tyrans étrangers appellent de toutes parts les serpents de la calomnie, le démon de la guerre civile, l'hydre du fédéralisme, le monstre de l'aristocratie.

ROBESPIERRE, *Rapport au nom du Comité de salut public*, 17 novembre 1793.

STYLE SCOLASTIQUE

• La passion des mots :

La socratité qui constitue formellement Socrate n'est nulle part en dehors de Socrate, et de même cette essence d'homme qui contient la socratité de Socrate n'est nulle part qu'en Socrate. [...] Il y a dans Socrate une portion de la pure essence qui est appelée l'universel. L'universel est constitué dans son entier par une essence qui a des parties ; cette essence n'est pas la substance, mais la capacité des contraires l'informe, et ces deux éléments réunis constituent l'essence de la substance.

Pierre ABÉLARD (1079-1142), *Théologie chrétienne*, traduction Cousin, 1850.

Concluons qu'il faut croire en une trinité une, en une unité trine. Une et unité à cause de l'essence une, trine et trinité à cause des trois je ne sais quoi (*propter tres nescio quid*).

Saint ANSELME (1033-1109), *Monologion, édition Gerberon*, 1675.

D'ailleurs, Dieu étant son être, rien ne saurait s'ajouter à lui, comme par exemple rien ne saurait s'ajouter à ce qui est la chaleur en soi, bien que ce qui est chaud supporte l'addition de telle ou telle autre qualité, par exemple la blancheur.

Saint THOMAS (1225 ou 27-1274), *Somme de théologie*, traduction Morin, 1856.

L'essence du bien consiste en ce qu'il est appétible, et à ce titre une fin qui meut l'agent vers son action. Voilà pourquoi le bien est appelé l'être qui se donne : or cela appartient à Dieu, car il donne aux autres choses l'être, puisqu'il est l'être nécessaire.

Saint THOMAS (1225 ou 27-1274), *Somme contre les gentils*, traduction Morin, 1856.

Je crois, sans vouloir l'assurer catégoriquement, je crois, sauf meilleur avis, que cet *aliquid* en vertu duquel le suppôt est formellement incommunicable, et cet *aliquid* qui constitue l'essence comme essence, ont une certaine distinction qui précède tout acte d'intellect créé ou incréé.

DUNS SCOT (vers 1274-1308), *Commentaire sur Pierre Combard*, édition Warding, 1639.

Les prédicats quidditatifs ressemblent aux modes intrinsèques en ce que les uns et les autres sont affirmés de Dieu, *in primo modo dicendi per se* (expression intraduisible) ; ils en diffèrent en ce que les prédicats quidditatifs sont affirmés de Dieu au premier degré, tandis que les modes intrinsèques sont affirmés au second, et par là même ne sont pas purement quidditatifs. C'est ainsi que dans l'homme l'animalité est un élément purement quidditatif, tandis que la rationalité ne l'est pas puisqu'elle est un qualitatif et que la différence est affirmée à la fois essentiellement et qualitativement de son sujet.

V.P. Joanne-Gabriele BOYVIN, *Theologia Scoti*, Carduci, 1665.

STYLE SPORTIF

• Métaphysique de la course :

Le peloton se hâte en des lenteurs nerveuses, s'étire, se rompt, lent ver de terre dont les morceaux épars multiplient et perpétuent la première vie, et les temps se confondent dans ce temps qui n'en finit pas, qui marche à grands pas et n'avance pas, qui semble hésiter sur des rythmes imparfaits entre le passé du départ et le futur de l'arrivée.

Le Parisien libéré, 5 juin 1970.

Saint-Étienne avait sa victoire bien en main, et Reims devait s'incliner. La tête haute.

Le Républicain lorrain, 19 juin 1977.

SUBALTERNISATION

• Un devoir :

La colonisation de l'Océanie, la conquête et la subalternisation complète de l'Asie et de l'Afrique sont l'œuvre que le cours du temps présente à faire aux nations européennes. Leur grandeur dans l'histoire future de l'humanité sera proportionnelle à la fraction de cette tâche qu'elles auront su accomplir.

Arsène DUMONT, *Dépopulation et Civilisation*, 1890.

SUCRE

• Une énigme :

N'est-ce pas bien singulier qu'avec la betterave qui est si rouge, on obtienne du sucre qui est si blanc ?

Marie O'KENNEDY, *Inventaire de ma chambre*, 1887.

SUCRERIES

• Le monde est bien fait :

Et comme il convient que les enfants fassent moins de dépense que les pères, en nourriture et en entretien, Dieu a opéré judicieusement en leur donnant attraction pour ces sucreries et friandises, qui seront moins chères que le pain, dès que l'on sera parvenu à l'état sociétaire.

Charles FOURIER, *Le Nouveau Monde industriel et sociétaire*, 1829-1845.

SUD

• Un naufrage dans les sables :

Le vapeur grec *Michaele-Embericos* a envoyé un message sans fil disant qu'il était en train de couler à 20 milles au sud d'Oran.

Le Nouvelliste de Lyon, 23 novembre 1931.

SUD-EST ASIATIQUE

• On ne l'oublie pas :

Je vais dans le Sud-Est asiatique pour que ces pays n'aient plus l'impression d'être isolés.

Antoine PINAY, ministre, partant pour l'Extrême-Orient, *Combat*, 9 septembre 1957.

SUE (Eugène)

• L'homme :

Eugène Sue est l'homme le plus débauché de la terre. Il a conduit Mme C. Laffitte, sa maîtresse, dans les lieux les plus mal famés ; de même son neveu, le jeune Caillard, que sa sœur lui confiait et qui n'avait que quatorze ans, il l'a fait violer par des filles malgré ses répugnances et l'a traité de petit sot lorsqu'il s'est mis à pleurer... Eugène Sue, le plus débauché des hommes, est un poltron qui s'est fait socialiste par peur.

Horace DE VIEL-CASTEL, *Mémoires*, II, 1881-1884.

• Et l'œuvre :

Au lieu de chercher le bien dans l'idéal, le roman réaliste le cherche dans les brutalités, et il ose s'intituler roman de mœurs. *Les Mémoires du Diable, Les Mystères de Paris, Le Juif errant*, ignobles priapées, sont l'idéal à rebours de ce genre déplorable.

Mgr Justin FÈVRE, *Du réalisme dans la littérature*, 1865.

SUEUR

• Une expérience instructive :

Plusieurs individus ont été enfermés dans une chambre chauffée après avoir été en proie à une passion quelconque, colère ou autre. L'expérimentateur, ayant pris une goutte de transpiration de leur corps, est arrivé, par une analyse chimique minutieuse, à déterminer la passion particulière de chacun d'eux. On a même pu dévoiler l'état d'esprit d'un criminel par l'analyse de la sueur froide provoquée chez lui par la peur, et qui, mise en contact avec l'acide sélénique, produit une teinte rose caractéristique.

R. W. TRINE, *A l'unisson de l'infini*, 1918.

SUEZ (Canal de)

• Les arguments d'un adversaire tenace :

Le canal de Suez ne serait guère traversé que par les navires à vapeur et, en conséquence, par un très petit nombre de navires, parce qu'il n'y a que très peu de marchandises qui puissent supporter un fret de navire à vapeur, et qu'il y a d'ailleurs le chemin de fer de Suez à Alexandrie qui peut transporter, à très peu de chose près, au même prix que le canal.

Frédérick DE CONINCK, *Réponse au journal « L'Isthme de Suez »*, 1859.

Êtes-vous bien sûr, Monsieur, que les équipages revenant de l'Inde en traversant votre canal, *à eaux mortes*, reviendraient en aussi bonne santé que ceux qui prendraient la voie du Cap ?

Êtes-vous bien sûr que les navires à voiles, entrant dans votre canal ou en sortant, ne seraient pas exposés à faire naufrage plus fréquemment qu'au passage de l'Équateur ?

Frédérick DE CONINCK, *Seconde et dernière réponse au journal « L'Isthme de Suez »*, 1859.

Ce canal ne créerait pas une route plus économique pour le commerce entre l'Europe et l'Inde. [...] Y a-t-il une grande utilité publique à créer le canal de Suez ? Je ne le crois pas, et j'ai aujourd'hui la profonde conviction que l'énorme capital que cette entreprise absorberait, pourrait être beaucoup plus utilement employé.

Frédérick DE CONINCK, *Du percement de l'isthme de Suez*, 1859.

• La voix d'un poète :

— Au travail ! Au travail ! — Et qu'avant six années
Se rencontrent ici les deux mers étonnées !
— D'où viens-tu ? dit un flot heurtant un flot nouveau.
— Moi, je viens de Suez. — Moi, je viens de Péluse —
Et sans qu'il soit besoin de levée ou d'écluse,
Ils fraterniseront sous le même niveau !

Henri DE BORNIER, *L'Isthme de Suez*, poème, 1861.

• Rien à en tirer :

Personne ne touchera jamais un sou de droit de passage sur ce canal impossible.

The Globe, Londres, 30 novembre 1859.

SUFFRAGE UNIVERSEL

• C'est l'œuvre du démon :

Je ne connais aucune illusion libérale qui, mieux que le suffrage universel, nous remette en mémoire la prophétie de saint Paul : « Satan se transformera en ange de lumière. »

Désiré LAVERDANT, *Théocratie et Diabolocratie, appel aux libres-penseurs*, 1864.

• L'avis de Renan :

Un pays démocratique ne peut être bien gouverné, bien administré, bien commandé. [...] Le suffrage universel ne comprend pas la nécessité de la science, la supériorité du noble et du savant.

Ernest RENAN, *La Monarchie constitutionnelle*, 1869.

La France s'est trompée sur la forme que peut prendre la conscience d'un peuple. Un tas de sable n'est pas une nation. Or, le suffrage universel n'admet que le tas de sable, sans cohésion ni rapport fixe entre les atomes. [...]

Les idées de notre école radicale ont été tout à fait superficielles ; je ne nie pas ce qu'il y a de chaleur d'âme chez plusieurs des adhérents de cette école, mais plus je vais, plus je trouve l'école bornée, funeste, au fond méridionale ; car si la France était composée seulement de la France du Nord, nous n'aurions pas cette école-là, sous sa forme délétère.

Ernest RENAN, *Lettre à Berthelot*, 26 février 1871.

Un pays qui n'a d'autre organe que le suffrage universel est, dans son ensemble, quelle que soit la valeur des hommes qu'il possède, un être ignorant, sot, inhabile à trancher sagement une question quelconque. [...] La conservation de la civilisation est une œuvre aristocratique.

Ernest RENAN, *La Réforme intellectuelle et morale*, 1871.

• L'avis de Flaubert :

Le respect, le fétichisme qu'on a pour le suffrage universel me révolte plus que l'infaillibilité du Pape. [...] Croyez-vous que si la France, au lieu d'être gouvernée en somme par la foule, était au pouvoir des mandarins, nous en serions là ?

Gustave FLAUBERT, *Lettre à George Sand*, 3 août 1870.

La honte de l'esprit humain. [...] Le nombre domine l'esprit, l'instruction, la race et même l'argent.

Gustave FLAUBERT, *Lettre à George Sand*, 8 septembre 1871.

• D'autres adversaires :

La société se meurt du suffrage universel ; c'est de l'aveu de tous, l'instrument fatal de sa ruine prochaine.

Ed. DE GONCOURT, *Journal*, 11 juillet 1871.

Dernièrement, l'homme de la vérité, le Pape, a donné son nom au suffrage universel : il l'a appelé le *mensonge universel*.

Louis VEUILLOT, *Derniers Mélanges*, 5 décembre 1877, parlant du Pape Pie IX.

Le suffrage universel ne sème, ni ne cultive, ni ne laboure, ni ne conserve. Il dissipe, il gâche, il dévore. [...] Pour tout dire, en un mot, c'est le gouvernement absolu des anonymes et des irresponsables.

Louis VEUILLOT, *Derniers Mélanges*, 7 décembre 1878.

C'est admirable. L'Urne bâille pour tout le monde, sans exception. Soyez Chinois, apache ou Groenlandais ; soyez du bagne, du ministère de l'Instruction publique, du bureau des Longitudes ou de la maison Dufayel ; soyez académicien ou aviateur ; soyez cocu, si cela vous chante : vous êtes inscrit, tout est au mieux. Il ne tient qu'à vous d'assurer le salut de la République et le bonheur du genre humain. Car ces deux objets seront le résultat nécessaire et tangible de votre vote. [...]

L'idiot désormais est maître du monde, enfin ! C'est lui qu'il faut, c'est lui qu'on demande. Lui seul est capable de représenter, de légiférer, de présider ! L'expérience est faite. S'il y a quelque chose d'impossible, c'est d'imaginer un homme, je ne dis pas supérieur, mais seulement doué d'une intelligence rudimentaire, pouvant être jugé digne de faire des lois ou d'exercer une fonction publique. Le crétinisme est rigoureusement exigé.

Léon BLOY, *Journal*, 19 mai 1910.

Faisons enfin remarquer l'immense sottise qui consiste à faire gouverner un peuple par lui-même, c'est-à-dire à demander à des foules ignorantes, imbéciles, souvent dégénérées et alcooliques, et par cela même éminemment crédules et suggestives, de choisir parmi elles un individu chargé de les diriger. Demande-t-on dans un collège à une classe de galopins de désigner parmi eux un autre galopin qui les surveillera et dirigera leurs études ? Je sais qu'on me répondra que l'électeur, parvenu à l'âge mûr, est un être raisonnable ! Quelle illusion à ajouter à tant d'autres !

Maurice DE GASTÉ, *La Bêtise humaine et la Science de la vie*, Paris 1922.

• Une argumentation :

Je ne suis point l'ennemi du suffrage universel, mais je le voudrais pondéré et contenu. Je voudrais qu'on ne *comptât* plus les suffrages, mais qu'on les *pesât*, qu'on conservât le droit de voter au savetier et au pauvre à bâton, mais que leurs voix respectives ne valussent qu'un dans l'urne, tandis que celle d'un grand esprit, d'un grand propriétaire ou d'un industriel valût deux, trois ou quatre suffrages. [...]

Veut-on d'autres exemples ? L'été, des couvreurs travaillent sur la coupole de l'Institut, tandis que les académiciens sont rassemblés sous cette coupole. Un orage survient, le tonnerre tombe sur le palais. Le hasard peut faire qu'il tue les quarante couvreurs sur le toit ou les quarante académiciens abrités sous ce toit. Oserait-on prétendre que cette perte des académiciens n'appauvrirait pas plus la France que celle des quarante couvreurs ?

Gustave CLAUDIN, *Mes souvenirs, 1840-1871*, 1884.

• Le pays qui l'a réalisé :

En URSS, pour la première fois dans l'histoire de l'humanité, a été réalisé le véritable suffrage universel, direct et égal (au scrutin secret), sans aucune des restrictions propres à toutes les constitutions bourgeoises, même les plus démocratiques. Tous les citoyens de l'URSS, sans distinction de sexe, de race et de nationalité, disposent de droits égaux dans la vie politique, économique et culturelle du pays du socialisme, participent à la direction de l'État.

M. ROSENTHAL et P. IOUDINE, *Petit Dictionnaire philosophique*, Moscou, 1955.

SUICIDE

• Une distinction :

A ce sujet, les bruits les plus divers ont circulé. Les uns prétendent qu'il s'est suicidé, d'autres qu'il s'est volontairement donné la mort, ce qui revient à peu près au même.

La Dépêche de Brest, 22 janvier 1908.

SUISSE

• Traitée par le mépris :

La Suisse, cette excroissance de l'Europe, où la nature semble avoir jeté ses humeurs froides et stagnantes. [...]

MIRABEAU, *Essai sur le despotisme*, 1773.

• C'est sa marine qui est à craindre pour un stratège :

Puis, sans violer la neutralité suisse — opération pour laquelle l'appui de notre flotte serait indispensable —, nous faisons passer le gros de notre armée par la trouée de Belfort.

Le Gaulois, 20 février 1911.

SULLIVAN (Diamond Joe)

• De mieux en mieux :

Le docteur du condamné à mort Diamond Joe Sullivan dit qu'il va beaucoup mieux et qu'il sera bientôt guéri. Le gouverneur Macrae annonce que, quand Sullivan sera tout à fait rétabli, il fixera le jour de son exécution.

Daily News, juillet 1926.

SURRÉALISME

• De profondis :

La revue *Yggdrasill* (25 mars) publie une étude de M. Raymond Schwab intitulée « En liquidant le Surréalisme », qui réconfortera les amateurs de la vraie poésie : celle qui demeure indépendante de la mode et ignore les courtisaneries au snobisme. En vérité, le surréalisme ne fut que le moyen d'un groupe d'écrivains pour attirer l'attention par le scandale. Une des graves erreurs de la critique fut de discuter les œuvres et les pseudo-théories d'une quasi-école mort-née.

Charles-Henri HIRSCH, *Mercure de France*, 1er mai 1939.

SWING

• Une origine inattendue :

Alors que la musique de jazz proprement

dite peut se recommander de ses origines nègres, l'apparition du *swing* est consécutive à la prédominance juive, tant parmi les compositeurs que les exécutants de cette musique qualifiée de légère.

La Légion, revue française sous l'Occupation, février 1942.

SYLLOGISME

• Un raisonnement qui peut mêler l'utile à l'agréable :

La meilleure forme de gouvernement convient au monde qui est le plus parfait des ouvrages.

Or, la monarchie est la meilleure forme de gouvernement.

Donc, le gouvernement du monde est monarchique.

Guillaume D'OCCAM (vers 1255-1347), *Summa logicae*, Venise, 1491.

Le syllogisme appelé *le cornu* a été fameux chez les anciens, sans qu'on puisse s'expliquer cette célébrité. Ressuscité au Moyen Age, il remplissait d'étonnement l'empereur Conrad III qui, ayant toujours des savants à sa table, s'émerveillait des attaques continuelles qu'ils se livraient. Un des docteurs lui demanda un jour : « Avez-vous un œil ? — Oui, certainement, lui répondit l'empereur. — Avez-vous deux yeux ? — Oui, sans doute. — Un et deux font trois ; vous avez donc trois yeux. » Conrad, pris comme dans un piège, soutint toujours qu'il n'en avait que deux, mais, lorsqu'on lui eut expliqué l'artifice de cette logique, il convint que les gens de lettres menaient une vie bien agréable.

Frédéric REIFFENBERG, *Principes de logique*, 1850.

Si la vérité n'existait pas, rien ne pourrait exister.

Or, j'existe.

Donc, la vérité existe.

A. MACRAKIS, *Le Critérium de la vérité*, 1863.

SYMBOLE

• Sous le titre *La Banane du vendredi* :

Chaque vendredi, depuis des années qu'elle vit seule, je déjeune avec ma mère, en son couvent-pension pour dames. Chaque vendredi, comme je lui donne le baiser du départ, elle tient à me pourvoir d'une banane.

Et chaque fois j'hésite un peu : « Cette banane, mon Dieu, ne vais-je pas l'oublier au fond de ma poche ? Ne connaîtra-t-elle pas le sort de ses nombreuses devancières : lancée au fond d'un tiroir, ne va-t-elle pas noircir de dépit, pour être découverte après quelque temps, dans l'état que vous devinez ? »

Oui, chaque fois, j'hésite un peu. Je lis dans les yeux de la vieille dame un tel souci affectueux, que, cette banane, je l'emporte avec moi — non pas comme un viatique corporel, mais comme une sorte de symbole : le signe que, malgré les années, pour ma mère, c'est toujours un fils qui part à l'école, cet homme-là, il ne faut pas oublier son « quatre-heures ». [...]

Un jour, hélas, me manquera bien fort la banane du vendredi, le fruit dérisoire qui m'était glissé dans la main, après le baiser de l'au-revoir.

Qui sait, si en mémoire de ces vendredis-là, parfois, je n'achèterai point puérilement une banane — pour qu'en la sentant toujours, au fond de ma poche, je me souvienne de ces brèves entrevues avec la vieille maman, où l'on faisait semblant que les années n'avaient point passé, et où, quelques instants d'un long regard, l'éternité s'établissait autour d'une table, entre deux cœurs humains.

*Le Journal du XII*ᵉ, Paris, 1958.

SYMBOLISME

• Autrement dit la décadence :

Non, mille fois non, la littérature décadente et symbolique n'est pas celle que le monde attend.

Sutter LAUMANN, *La Justice*, 20 septembre 1886.

Cette fin de siècle appartient aux toqués. [...] J'ai la conviction absolue que les jeunes décadents ont voulu créer une langue inintelligible, de façon à n'avoir même plus à se donner la peine d'écrire une phrase française et de traiter une idée si pauvre qu'elle fût !

Gaston DESCHAUMES, *L'Événement*, 22 septembre 1886.

Premièrement, je suppose que les poètes dits décadents ne sont point de simples mystificateurs. [...] Secondairement, je suppose que le « Symbolisme » ou le « Décadisme » n'est pas un accident négligeable dans l'histoire de la littérature. Mais j'ai sur ce point des doutes plus sérieux que sur le premier.

Jules LEMAITRE, *La Revue bleue*, 7 janvier 1888.

• **In memoriam :** Les Symbolistes n'ont pas eu la vie longue. Dès 1897, la presse, parlant d'eux, les appelait les « ex-symbolistes ».

F. T. PERRENS, *Histoire de la littérature au XIXe siècle*, 1898.

SYPHILIS

• **S'attrape à trois :**

Chaque homme qui a des rapports sexuels avec deux femmes à la même époque, risque la syphilis, même si les deux femmes lui sont fidèles, car tout libertinage provoque spontanément ce mal.

Alexandre WEILL, *Lois et Mystères de l'amour*, 1891.

• **Elle donne le cancer :**

La syphilis, par les seules conséquences de l'hérédité, est bien une chose laide entre toutes, puisque — associée ou non à l'alcoolisme et à la tuberculose — elle multiplie les tares et les plus fâcheuses prédispositions morales ou physiques, et qu'elle joue même dans la production du cancer un rôle si important que des spécialistes de cet autre fléau ont été récemment jusqu'à dire : sans syphilis antérieure, pas de cancer.

Dr Arthur VERNES, *La syphilis est un facteur incalculable d'incapacité et de sous-production qui peut être supprimé*, Paris, 1928.

SYSTÈME DÉCIMAL

• **N'est pas très catholique :**

Le calcul décimal peut convenir à un peuple mercantile, mais il n'est ni beau ni commode dans les autres rapports de la vie, et dans les équations célestes. La nature l'emploie rarement : il gêne l'année et le cours du soleil. [...] On sait maintenant, par expérience, que le cinq est un jour trop près, et le dix un jour trop loin pour le repos. La Terreur, qui pouvait tout en France, n'a jamais pu forcer le paysan à remplir la décade, parce qu'il y a impuissance dans les forces humaines, et même, comme on l'a remarqué, dans les forces des animaux. Le bœuf ne peut labourer neuf jours de suite ; au bout du sixième, ses mugissements semblent demander les heures marquées par le Créateur pour le repos général de la nature.

François-René DE CHATEAUBRIAND, *Le Génie du christianisme*, 1802.

• **N'est pas très socialiste :**

Oui, oui, réjouis-toi, pauvre science, orgueilleuse en guenilles, surtout hâte-toi de jouir ; car les jours des institutions barbares sont passés, et ton système décimal est un système barbare et indigne de la France et de la Convention ; et de l'heure où la lueur de l'arithmétique passionnelle aura éclairé deux ou trois cerveaux de savants, ils auront honte de ton œuvre et renverseront dans la poudre ton échafaudage métrique, et feront un auto-da-fe général de tes mètres et de tes doubles décalitres. Avant quarante ans, je te le prédis, ton système barbare de numération décimale sera détruit comme Ninive, et le système de la numération passionnelle s'élèvera glorieux sur ses débris !

Alphonse TOUSSENEL, *L'Esprit des bêtes, zoologie passionnelle*, 1847.

SYZYGIE

• **Pour femmes seulement :**

Les mois de femmes concordent avec les lunestices plutôt qu'avec les syzygies.

F. V. RASPAIL, *Histoire naturelle de la santé et de la maladie*, 1860.

T

TABAC

• L'origine véritable :

Or, le tabac ne provient pas d'Amérique ; le tabac, ce narcotique abrutissant, dont les gouvernements constitutionnels se servent pour empoisonner les populations et les tenir endormies sous le joug ; le tabac, qui a perdu l'Espagne, la Turquie et la France, le tabac est une des créations pivotales de la planète Leverrier.

Alphonse TOUSSENEL, *L'Esprit des bêtes, zoologie passionnelle*, 1847.

• Un remède souverain :

Quoi qu'en dise Aristote et sa docte cabale,
Le tabac est divin, il n'est rien qui l'égale...
C'est dans la médecine un remède nouveau
Il purge, réjouit, conforte le cerveau ;
De toute noire humeur promptement il dé-[livre,
Et qui vit sans tabac n'est pas digne de [vivre.

Thomas CORNEILLE, *Le Festin de pierre*, 1677.

Ainsi, de tous les temps,
Le tabac dut servir pour les médicaments.
C'est un fort irritant, c'est un sternutatoire,
C'est un antiputride, un grand expectatoire,
Et le tempérament doit toujours décider
Dans quelle maladie on pourrait l'employer.

Les simples, les odeurs, les tabacs en fumée.
De nos jours, quelquefois, prolongent la [durée,
Et les fumigations sont des effets divins
Qui rendent l'équilibre au sang pur des [humains.
Aristote mourut d'une colique affreuse,
Mais, avant de mourir, son âme courageuse
Lui conseilla, dit-il, de se nourrir d'odeurs...
Herbe nicotiane ou petum tour à tour,
Dites-moi si Voltaire en usait nuit et jour,
S'il sortait du tabac ou de sa cafetière
Cet esprit si tranchant qui ravage la terre ?

BLANDEAU, *L'Empire du tabac*, 1822.

• Un redoutable fléau :

C'est une coutume dégoûtante pour l'œil, détestable pour le nez, nuisible pour le cerveau, dangereuse pour les poumons, et qui, par la fumée noire et infecte qui en résulte, ressemble à l'horrible et infernale fumée de l'abîme qui est sans fond.

JACQUES Ier, *A Counter-blast to Tabacco*, 1691.

L'homme qui fume n'a que faire de la femme. Son amour, c'est cette fumée où le meilleur de lui s'en va.

Jules MICHELET, *Histoire de France*, XI, 1869.

• Un grand réquisitoire :

Les désordres matériels que la pipe et le cigare peuvent produire dans l'organisme animal de l'homme ne sont rien auprès du trouble moral qui en résulte presque toujours. Tous les provoquants factices, comme les boissons fermentées, les boissons alcooliques, l'opium, n'excitent momentanément le système nerveux qu'en l'engourdissant à la longue. De là l'abrutissement des ivrognes, l'idiotisme des mangeurs d'opium. Qu'on ne croie pas que les fumeurs puissent échapper à cette loi générale.

Il y a en ce moment tant de gens d'esprit qui fument que cette matière paraît peut-être assez difficile à traiter. Il semble qu'on pourra toujours répondre par des arguments vivants aux reproches adressés au cigare ou à la pipe comme cause d'affaiblissement intellectuel. Cette difficulté ne nous arrêtera pas, car à chaque fumeur homme d'esprit, de génie même, qu'on viendrait à nous citer, il nous serait toujours parfaitement loisible de répondre que le personnage en question aurait encore plus d'esprit et de génie s'il ne fumait pas.

D'ailleurs nous avons pour nous les aveux et les précieux témoignages de plusieurs écrivains recommandables qui, malheureusement, sont aussi des fumeurs. [...] Nous pouvons dire que les vrais travailleurs de corps et d'esprit ne fument point, en travaillant du moins. Littérature fumante, littérature endormante.

[...] Napoléon III ne discontinuait presque pas, du matin au soir, d'avoir la cigarette à la bouche ; et, malheureusement égaré depuis longtemps dans la fumée de cette herbe abrutissante, où a-t-il voulu conduire la France ? ? ? Dieu seul le sait ! ! !

Voyez tous les peuples d'Orient, autrefois si puissants, aujourd'hui mortellement engourdis, et dites-moi s'ils ne doivent pas une partie de leur dégradation à ce vice que l'on met tant à l'honneur parmi nous ?

[...] Ordinairement, le grand fumeur de pipe a le teint plombé et manifeste une hébétude caractéristique.

[...] Cette infernale plante est actuellement une des principales causes de notre dégénérescence. Nous craignons bien que dans peu de temps la majeure partie de cette pauvre jeunesse ne puisse plus porter les armes pour aller au service de la patrie.

Si l'on continue, dans bien peu de temps les nations entières ne seront plus que de vastes tabagies ; et nous craignons même que les mères finissent par apprendre à leurs enfants en bas âge à fumer plutôt qu'à prier ! ! Car déjà l'on voit un grand nombre de femmes et même de jeunes filles qui se livrent au funeste usage de cette plante infernale. Ho ! La femme qui fume s'achemine à grands pas vers tous les travers, et bientôt après, elle n'est plus que l'enveloppe de son sexe !

[...]Nous sommes obligés d'ajouter que le trop grand abus de tabac porte même au matérialisme. C'est parfaitement bien prouvé par le grand nombre de matérialistes que l'on rencontre parmi les grands fumeurs. [...]

Il faut bien, cependant, se rendre à l'évidence : il n'est plus douteux que l'usage du tabac chez les hommes et l'abus du corset chez les femmes, qui sont passés à l'état de démence, ne soient les principales causes de l'affaiblissement de la race humaine et aussi de la laideur du visage qui frappent tous les observateurs et qui augmentent chaque jour : grand et sinistre avertissement !

L'Espagne a commencé de déchoir lorsqu'elle s'est mise à fumer. Nous prétendons que les cigarettes lui ont fait beaucoup plus de mal que tous les bûchers de l'Inquisition.

Urbain ANGLES, *Une des causes principales de la décadence des nations, histoire d'une funeste plante*, 1873.

TABLES TOURNANTES

• N'aiment pas l'eau bénite :

Pendant que le guéridon était en train de courir, une des personnes présentes alla chercher de l'eau bénite et en versa dessus. Il entra aussitôt dans de terribles convulsions, frappant avec colère et se secouant vivement. Il finit par se renverser, et, dans cette situation, il donnait de la tête contre le parquet, comme pour faire tomber l'eau bénite. Il se releva enfin, et, la porte du salon se trouvant entrouverte, il s'y précipita et sembla vouloir sauter pardessus la rampe.

Mgr GAUME, *L'Eau bénite au XIXe siècle*, 1866.

TACTIQUE

• Un pataquès :

Peu de temps après l'apparition de la *Tactique militaire* de Guibert, une dame dit à l'auteur : « J'ai lu votre *Tic-Tac* ; c'est charmant. »

E. GUÉRARD, *Dictionnaire d'anecdotes*, 1929.

TAILLEUR

• Rousseau était contre :

Donnez à l'homme un métier qui convienne à son sexe, et au jeune homme un métier qui convienne à son âge : toute profession sédentaire et casanière, qui efféminé et ramollit le corps, ne lui plaît ni ne lui convient. Jamais jeune garçon n'aspira de lui-même à être tailleur ; il faut de l'art pour porter à ce métier de femmes le sexe pour lequel il n'est pas fait. L'aiguille et l'épée ne sauraient être maniées par les mêmes mains. Si j'étais souverain, je ne permettrais la couture et les métiers à l'aiguille qu'aux femmes et aux boiteux réduits à s'occuper comme elles.

Jean-Jacques ROUSSEAU, *L'Émile, livre troisième*, 1761.

TALENT

• Il remplace tout :

Lorsque j'écrivais mon roman *Sarati le Terrible*, sur le monde du charbon, sur Alger la Noire, quelques Algérois me dirent : « Comment pouvez-vous écrire un livre sur notre ville puisque vous n'êtes pas d'Alger ? » C'est une prétention un peu abusive, car l'intérêt d'un livre dépend du don de vision de son auteur, de son don de compréhension. Des personnes vivent dans un pays pendant des années sans y rien voir du tout ; au contraire un homme passe, il a de la curiosité, de l'intelligence, il a le sens de l'observation tout cela suffit pour avoir une vision rapide mais extrêmement vive de ce pays... Il y a une chose qui compte en art par-dessus tout, c'est le talent !

Jean VIGNAUD, *Causeries françaises, la littérature coloniale*, 12 juin 1925.

TANAGRA

• Un grand sculpteur :

Une jambe qui, de la pointe du pied à la taille, est irréprochable de finesse et de sculpture. D'ensemble, Phidias, Praxitèle et Tanagra l'eussent signée.

Le Courrier français, 18 janvier 1894.

TANGO

• A l'index :

Au début de 1914, des évêques ayant osé condamner certaines danses nouvelles, il y eut grand émoi. [...] « Nous condamnons, disait le cardinal archevêque de Paris, la danse d'importation étrangère, connue sous le nom de *tango*, qui est, de sa nature, lascive et offensante pour la morale. Les personnes chrétiennes ne peuvent, en conscience, y prendre part. » [...]

« Le *Tango* exécuté suivant ses règles spéciales, disait Mgr Chollet, archevêque de Cambrai, est une danse profondément dangereuse pour les mœurs. Elle tend, par un engouement inconcevable, à se répandre de plus en plus. Nous tenons donc à rappeler sur cette pratique l'attention des familles chrétiennes qui s'interdiront d'y prendre part ou de lui ouvrir leurs salons, et la vigilance des directeurs de conscience qui, dans nos villes surtout, combattront de toute leur énergie un des plus puissants dissolvants de la moralité française. »

F.-A. VUILLERMET, O.P., *Les Catholiques et les danses nouvelles*, 1924.

TARGUI

• Ce qu'il doit au chameau :

C'est à cause du chameau que le Targui s'est fait nomade plutôt qu'agriculteur.

Élisée RECLUS, *Nouvelle Géographie universelle*, 1876-1894.

TAUDIS

• Une bévue classique :

Pour la lutte contre les taudis, le gouvernement prévoit un crédit d'un milliard, pour la destruction et la reconstruction des taudis parisiens.

Le Journal, 2 mai 1938.

Tout un programme de construction des taudis sera mis en œuvre.

Le Phare de la Loire, 20 mai 1938.

TAUREAU

• Une similitude :

Si quelqu'un voit qu'il ne puisse vaincre un taureau par force et le dompter d'une laisse, il vient à lui gratter doucement le col et la tête, espérant venir à bout de son intention par flatterie, puisque par force ne lui a été possible : ainsi les Juifs

femme laide que d'en caresser une belle.

Nicolas VENETTE, *La Génération de l'homme*, édition de 1690.

THÉOPHOBE

• Ce que c'est :

J'appelle athée celui qui se refuse à voir Dieu dans la nature, son ouvrage, mais qui, par pudeur, ou par tout autre motif, ne fait pas bruit de son incrédulité et la garde pour lui seul.

Mais, lorsque le pauvre homme ajoute à son aveuglement le besoin de propagande, celui du scandale, je l'appelle *théophobe*, parce qu'il a horreur de l'idée et du nom de Dieu, à peu près comme le chien enragé a horreur de l'eau.

Dr Évariste BERTULUS, *L'Ame humaine et sa démonstration clinique et médicale mise à la portée des gens du monde*, 1874.

THIERS (Adolphe)

• De la difficulté d'écrire l'histoire :

Notre histoire nationale ne renferme rien qui puisse égaler à ce qu'a fait M. Thiers. Peut-être même, dans le cours entier de l'histoire des hommes, ne rencontre-t-on pas un autre exemple de si prodigieux services, dus par un grand peuple à un simple citoyen.

BARTHÉLEMY-SAINT-HILAIRE, *La Démocratie française*, 1874.

Thiers, qu'on représente comme l'incarnation du patriotisme, était plus Jacobin que Français.

Edmond BRÉLAND, *La France livrée à l'Étranger*, 1909.

THORAX

• Flaubert et l'anatomie :

Il reçut pour sa fête une belle tête phrénologique, toute marquetée de chiffres jusqu'au thorax et peinte en bleu.

Gustave FLAUBERT, *Madame Bovary*, 1857.

THOREZ (Maurice)

• Deux poètes parlent de ce secrétaire général du P C F :

Thorez nous parle d'affection
La vérité moule sa voix
Sa violence est de bonté
Sa clarté nous peint le possible

Paul ÉLUARD, *Poèmes pour tous*, 1950.

Il revient il revient il vient il va venir
En avant le bonheur de tous est dans nos [mains
Il semble qu'à le dire on ouvre l'avenir
Et l'on entend déjà chanter les lendemains

Louis ARAGON, poème sur le retour d'URSS de Maurice Thorez, *L'Humanité*, 8 avril 1953.

• Démonstration sans faille de ses qualités d'historien :

Maurice Thorez est historien parce qu'il est un homme politique de la classe ouvrière. Et en tant qu'homme politique de la classe ouvrière, il indique la voie à suivre parce qu'il est historien.

Rapport de la commission du Cercle des historiens communistes sur la contribution de Maurice Thorez à l'histoire, 1950.

TIEN-AN MEN

• Dix-huit ans avant la révolte étudiante de la place Tien-an Men à Pékin, une maoïste imagine les lendemains qui chantent :

Tels sont les enfants de Mao. Que se passera-t-il dans cinq ou dix ans, si Mao ou un autre leader révolutionnaire chinois les rappelle à Tien-an Men ? Des millions d'ardents militants se lèveront dans toute la Chine : une marée invincible. Ils ont grandi durant la révolution culturelle et se sont furieusement éduqués au courage, à l'héroïsme, au dévouement, à la loyauté, au sacrifice, à la pureté, à la modestie, au mépris de la mort. Voilà le lait dont ils se sont nourris. Une somme de vertus à donner le vertige. [...]

Maria-Antonietta MACCIOCCHI, *De la Chine*, 1971.

TIERCÉ

• Un abus :

Ce qui m'a gêné, je l'avoue, c'est de voir que le 11 novembre 1968, un demi-siècle après l'Armistice, il y eût cinq chevaux allemands dans le tiercé.

Léon ZITRONE, *Week-end Magazine*, 16 novembre 1968.

TIRAILLEUR

• Les qualités du tireur d'élite :

On a dit souvent que le tirailleur noir est un mauvais tireur ; c'est que les circonstances n'ont jamais permis de parachever son instruction, toujours restée à l'état d'ébauche. Il doit, au contraire, devenir un tireur d'élite, lui dont le système nerveux si réduit n'a pas besoin d'être éduqué.

Capitaine MARCEAU, *Le Tirailleur soudanais*, 1911.

TISANE

• Un chaud et froid :

[...] pour en recueillir les principes actifs, il suffit de faire bouillir les feuilles fraîches dans un bol d'eau froide.

Le Mutualiste lorrain, 1982.

TITANIC

• Un navire insubmersible :

Même Dieu ne pourrait pas faire couler ce navire.

Un marin à la passagère Mrs. Caldwell, au moment de l'embarquement à Southampton, 10 avril 1912, cité *in* W. Lord, *La Nuit du Titanic*, 1958.

• Aucune victime :

TOUS SAUVÉS SUR LE TITANIC APRÈS LA COLLISION

« Une » du quotidien *The Evening Sun*, New York, 15 avril 1912.

TOLÉRANCE

• Est inadmissible :

La tolérance est la plus dangereuse de toutes les hérésies, parce qu'elle les renferme toutes, en permettant de les soutenir toutes également.

Père JANIN, bénédictin, *Pensées théologiques relatives aux erreurs du temps*, 1769.

La tolérance n'est pas notre affaire, et grâce à Dieu, car elle n'est pas davantage notre goût.

Louis VEUILLOT, *L'Univers*, 1er avril 1840.

TOLSTOÏ (Léon)

• En bonne compagnie :

Nous avons une preuve évidente que le temps est arrivé où les événements militaires seront jugés sainement ; le public militaire qui lit a déjà entre les mains deux œuvres où l'on essaye de raconter comment les choses se passent et non pas comment elles auraient dû se passer : nous voulons parler de la *Guerre et la Paix* du comte Tolstoï et de la brochure du général Trochu : *L'Armée française en 1867*. Ces deux livres ont beaucoup plus de points communs qu'on pourrait le croire à la première vue... et le dernier pourrait servir de correction et de complément au premier.

Général DRAGOMIROFF, *Étude du roman* La Guerre et la Paix *au point de vue militaire*, Kiev, 1895.

• Il passera :

Très significatif pour la Russie, il n'est chez nous qu'une mode.

Ernest BOVE, professeur à l'université de Zurich, *Lyrisme, épopée, drame*, 1911.

• Tant pis pour la Russie :

Il n'était pas fait pour les idées. Il était un artiste incomparable, un penseur pauvre. [...] Il a nui à la Sainte Russie. Sans être l'inventeur des faux et périlleux évangiles, du moins il les a répandus. [...] Il a propagé plus d'erreurs qu'on n'en peut compter, évaluer. C'est un effroyable malheur pour un peuple d'avoir un Tolstoï, un tel génie, son maître, et qui le conduit magistralement à la démence.

André BEAUNIER, *L'Écho de Paris*, 16 décembre 1917.

• Une inquiétude :

Il s'est trouvé un ministre, à un récent concours général, pour laisser entendre que bientôt dans tous nos collèges Tolstoï remplacerait les Grecs.

Abbé Félix KLEIN, *Nouvelles Tendances en religion et en littérature*, 1893.

• A propos de *Guerre et Paix* :

Lecture de Tolstoï, *La Guerre et la Paix*. L'auteur déshonore autant l'armée russe, qu'il montre, idiotement inerte et sentimentale, que l'armée française *jamais* victorieuse. Eylau est qualifié par lui de *combat*. Une seule chose est grande et belle aux yeux de cet imbécile, c'est la franc-maçonnerie.

Léon BLOY, *Journal*, 4 janvier 1909.

• Une colle :

Voulez-vous me dire, je vous prie, amies lectrices, en quelle langue Tolstoï a écrit Anna Karénine ? En russe ou en français ?

Fémina, 15 avril 1912.

TONKINOIS

• Un titre de gloire :

Je revendique fièrement le titre de

Tonkinois dont les méchants et les sots croient me faire outrage.

Jules FERRY, *Le Tonkin et la mère-patrie*, 1890.

TONNERRE

• Une métaphore :

Selon l'opinion de saint Augustin, si Dieu frappe sans résultat sur les montagnes et les objets insensibles, c'est pour nous faire connaître que, s'il s'en prend ainsi aux choses qui ne pèchent point, c'est pour dénoncer aux pécheurs le péril qui les attend au jour du jugement.

Guibert DE NOGENT (1053-1124) *De Vita sua.*

TOPAZE

• Un tranquillisant :

La topaze, pierre précieuse, a la propriété d'amortir l'ardeur de la concupiscence.

Saint FRANÇOIS DE SALES, *Introduction à la vie dévote*, 1609.

TORTUE

• Elle couve du regard :

On dit que la tortue couve et fait éclore ses œufs en les regardant attentivement.

Jean MOCQUET, *Voyages en Afrique, Asie, Indes orientales et occidentales*, 1617.

TORTURE

• Par qui commencer :

Quand même il est question d'appliquer à la torture plusieurs criminels qui sont accusés d'un même crime, les lois ordonnent, selon que remarque Balde, qu'on y applique le plus laid et le plus difforme de visage le premier.

C. D. DE LA BELLIÈRE, *La Physionomie raisonnée*, 1664.

TOULOUSE-LAUTREC (Henri de)

• Un bon conseil :

Achetez des Maurins ! Lautrec est seulement le peintre d'une époque. Il sera le Gavarni de son temps. Autant que je sache, il n'y a que deux peintres qui comptent, Ingres et Maurins.

Edgar DEGAS au collectionneur Henry Laurent, 1893.

TOUR EIFFEL

• Une diatribe parmi d'autres :

La tour Eiffel, témoignage d'imbécillité, de mauvais goût et de niaise arrogance. [...] C'est le monument-symbole de la France industrialisée. Il a pour mission d'être insolent et bête comme la vie moderne et d'écraser de sa hauteur stupide tout ce qui a été le Paris de nos pères, le Paris des souvenirs, les vieilles maisons et les églises, Notre-Dame et l'Arc de Triomphe, la prière et la gloire. [...]

Édouard DRUMONT, *La Fin du monde*, Paris, 1889.

TOURGUENIEV (Ivan S.)

• Les Goncourt l'ont compris :

Tourgueniev est un cochon dont la cochonnerie est teintée de sentimentalisme.

Journal des Goncourt, 5 mai 1876.

TOUS

• On peut l'entendre différemment :

Les savants n'ignorent pas que ce mot de *tous* a deux sens, et qu'il se prend (comme on parle dans l'École), tantôt pour les genres des singuliers, tantôt pour les singuliers des genres. Ainsi, quand on dit que *tous les hommes meurent*, cela signifie les singuliers des genres et tous les hommes sans exception. Mais lorsqu'on dit que *tous les animaux étaient dans l'arche de Noé*, cela signifie les genres des singuliers, c'est-à-dire toutes les sortes d'animaux sans exception, et non tous les animaux singuliers.

David CAZAN, prédicant protestant, *sermon*, 1692.

TRADUCTION

• Une affaire de spécialistes :

C'était vers 1840, je crois ; il s'agissait de traduire une inscription carthaginoise. Le général Duvivier avait donné cette version : « Ici repose Amilcar, père d'Annibal, comme lui cher à la patrie et terrible à ses ennemis. »

M. de S. soutenait cette autre version : « La prêtresse d'Isis a élevé ce monument au printemps, aux Grâces et aux Roses, qui charment et fécondent le monde. » Les deux savants s'entêtant chacun dans sa traduction, l'Académie des inscriptions et belles-lettres se vit contrainte de nommer un expert, dont voici la traduction : « Cet autel est dédié au dieu des vents et des tempêtes, afin d'apaiser ses colères. »

J. DENIZET, *Les Mensonges de la science*, 1868.

• Exemple :
Puis, reprenant sa place, il se tourne vers son compagnon de voyage et lui dit d'une voix rageuse : « *Those damned reporters !* » (Aimez-vous les reporters ?).

Le Journal, 7 juin 1911.

TRANCHÉES

• On les regrettera :
C'est en raison des effets de l'habitude que les soldats des tranchées sont gais et ne donnent aucun signe de lassitude. L'accoutumance a mis sur eux sa puissante empreinte. Lorsqu'ils retourneront à l'usine, aux champs, au bureau, plus d'un regrettera peut-être les meurtrières tranchées.

Gustave LE BON, *Enseignements psychologiques de la guerre européenne*, 1916.

Nos soldats se montrent étonnés et ravis de l'entente fraternelle où ils vivent. S'ils viennent passer quelques jours au milieu de nous, « à l'arrière », comme ils disent, c'est très vite du désenchantement.

Maurice BARRÈS, *L'Amitié des tranchées*, 1916.

• Le berceau d'un art nouveau :
Une fois dans ces tranchées, impression très forte, inoubliable. On réalise avec quelle rapidité, quel génie, des civilisés s'adaptent à la primitivité du milieu où ils sont forcés de vivre, et le modifient. Ce n'est pas seulement une certaine sorte de confort, c'est l'art qui apparaît, qui ressuscite. On ne pouvait d'avance s'imaginer ce qu'un civilisé contemporain est capable de faire avec de la paille, de la simple paille. On a commencé par jeter cette paille en tas sur le sol, et par en garnir les parois, grossièrement, en maintenant les gerbes par des liens. Mais le souci de la beauté est venu ; et cette paille, tressée de cent manières, est à cette heure la matière première de cent ornements. Bien plus : dans les tranchées de Champagne, taillées dans la craie, on voit des sculptures, des chapiteaux, des linteaux gravés d'arabesques. Et peu à peu se dégage un style de moderne architecture troglodyte.

Propos d'un visiteur, cité *in* Gustave LE BON, *Premières Conséquences de la guerre*, 1916.

• Un saint lieu :
C'est au front qu'a eu lieu le grand miracle moral de cette guerre, la conversion de milliers de cœurs. C'est le Calvaire où l'âme de la France, crucifiée avec le Christ, a imploré le pardon divin. C'est le Thabor, où, transfigurée comme lui, elle est apparue dans la gloire du sacrifice, éblouissante comme la neige et le soleil. Tout à coup, au son du canon, des profondeurs de la race frappée par la main de Dieu, une source a jailli de foi héroïque et de piété, et elle ne cesse, depuis des mois, de couler limpide, généreuse.

« Cette guerre resplendit de surnaturel », écrit le général Cherfils. Un jeune écrivain, cité par Charles Maurras, nous dit : « Il y a dans cette guerre quelque chose de divin qui frappe tout le monde. » Un journaliste suédois exprime la même impression : « La France a pris, depuis le mois d'août 1914, une apparence quasi céleste aux yeux de l'univers. » Un aumônier écrit : « Une fermentation extraordinaire de la grâce divine, tel est le fait merveilleux dont j'ai été constamment le témoin sur le front. »

Nos jeunes gens se sont révélés aussi croyants et même plus pieux que les compagnons de Saint Louis. Les tranchées sont devenues des lieux de prière. Aux heures où tombent les obus, quand il faut se terrer pour laisser passer l'ouragan, ce sont des catacombes où l'on se recommande au Christ, comme au temps des césars païens. Aux heures d'accalmie, ce sont de chastes thébaïdes d'où montent des psalmodies. Des anachorètes de vingt ans y lisent des livres pieux, récitent à haute voix des prières, arborent des médailles, écrivent des lettres toutes ruisselantes de piété.

La Vie catholique dans la France contemporaine, 1918.

TRANSPIRATION

• Un homme très occupé :
Le célèbre médecin italien Sanctorius, mort en 1636, passa ses jours dans une balance construite exprès pour calculer aussi exactement que possible la transpiration insensible produite par le corps humain. Il se plaçait dans sa balance, et, après avoir

pesé les aliments et les boissons qui lui étaient nécessaires, il y restait vingt-quatre heures, et, comparant le poids de ce qu'il avait pris avec celui de ses déjections alvines et urinaires, il évaluait la quantité du fluide perdu par la transpiration insensible. La diminution de ce fluide lui semblait être la cause de toutes les maladies.

Ludovic LALANNE, *Curiosités biographiques*, 1858.

TRAVAIL

• Dans la joie :

Étant donné la facilité et même l'agrément que comportera le travail en régime socialiste, les jeunes filles, certainement, préféreraient le mariage avec le travail que le célibat même avec l'oisiveté.

SIXTE-QUENTIN, *Encyclopédie socialiste, comment nous sommes socialistes*, 1913.

• Il a un sexe :

En assimilant le travail à une marchandise, le capitalisme a commis l'erreur de le ranger parmi les éléments femelles de la production, de le traiter sur le même pied que la matière inerte ; il l'a émasculé, il l'a changé de sexe. Voilà ce qu'il faut proclamer bien haut : le travail est principe mâle...

La Tribune de Genève, 23 novembre 1938.

TRENET (Charles)

• Son passage à Médrano :

M. Charles Trenet a surgi au début de février sur la piste de Médrano, et ce ne fut pas pour se livrer à des culbutes, mais pour chanter, devant le « micro » qui amplifiait son filet de voix, des choses d'une niaiserie sans nom, que le bon public écoutait bouche-bée, avec ravissement, et applaudissait avec frénésie. Après *Boum*, il en demandait une autre ; après *C'est fleur bleue*, il en réclamait une autre, après celle-ci une autre encore, et encore une autre après celle-là, au risque de manquer le dernier métro et de rentrer à pied en fredonnant le refrain de celle-là ou de celle-ci :

Mam'zelle Clio
Le premier jour, je me rappelle
C'était chez des amis idiots.

Les amis de M. Trenet ne sont pas moins idiots que ceux de ladite mam'zelle. Si le surréalisme, mort littérairement, survit dans les « chansons » de M. Georgius, le dadaïsme, défunt également, renaît dans celles de M. Trenet, qui s'intitule le fou chantant. Il exagère deux fois. De s'entendre applaudir, il s'est imaginé, le brave garçon, qu'il a du talent. Maintenant que M. René Bizet lui a pris, pour en régaler les lecteurs de *Candide*, son premier roman : *Dodo Manières*, M. Trenet doit être persuadé que c'est arrivé, qu'il a du génie. Il en déchantera bientôt et le candide M. Bizet itou. M. Trenet n'a pas plus de talent que de voix.

LE PETIT, *Mercure de France*, 1er mars 1940.

TRESSES

• Une coiffure très libre :

Ses longs cheveux roux, ceints d'une bandelette, flottent dénoués sur ses épaules. Elle est la simplicité même sous ses tresses.

L'Indépendance belge, 22 mai 1927.

TRIANGLE

• Un poème didactique

Le triangle rectangle et son hypoténuse
Ont des propriétés que pas un ne récuse ;
La perpendiculaire allant à l'angle droit,
De nous les démontrer aura bientôt le droit.
En deux extrêmes parts coupant l'hypo-[ténuse.
C'est un terme moyen dont au besoin l'on [use.
Les deux côtés de plus sont moyens en tout [temps
Entre l'hypoténuse et chacun des segments :
Les cordes ont reçu le don non équivoque
De se couper toujours en raison réciproque ;
Sécantes qui font angle en un point mitoyen,
Font chacune un extrême et chacune un [moyen,
Ou réciproques sont aux parts extérieures :
Les plus claires raisons sont toujours les [meilleures.

Géométrie en vers techniques, Paris, 1801.

TRICOLORE (Drapeau)

• Ce qu'il fallait faire :

Il semble qu'on aurait pu répudier la signification vulgaire du drapeau tricolore en évoquant des souvenirs devant lesquels Henri V eût été hors d'état de protester : il aurait suffi, par exemple, de rendre une loi ainsi libellée : « L'étendard *bleu* de saint Martin de Tours (déployé par les Mérovingiens), l'oriflamme *rouge* de saint Denis (porté par les Croisés) et la bannière *blanche* (en profitant d'un doute) de Jeanne d'Arc, forment, *par leur réunion*, le drapeau national. »

Edmond BRÉLAND, *La France livrée à l'Étranger*, 1909.

TRIOMPHE

• Sous le titre *Alexandre à Persépolis*, ce poème a été composé pour prouver qu'il existe en français des rimes au mot triomphe :

Au-delà de l'Araxe où bourdonne le grom-
[phe,
Il regardait, sans voir, l'orgueilleux basi-
[leus,
Près du rose granit que poudroyait le leuss,
La blanche floraison des étoiles du romphe.

Accoudé sur l'Homère au coffret chryso-
[gomphe,
Revois-tu ta patrie, ô jeune fils de Zeus,
La plaine ensoleillée où coule l'Aenipeus,
Et le marbre doré des murailles de Gomphe ?

Non ! Le roi qu'a troublé l'ivresse de l'arack,
Sur la terrasse où croît un grêle azédarac,
Vers le ciel, ébloui du vol vibrant du gomphe,

Levant ses yeux rougis par l'orgie et le vin,
Sentait monter en lui comme un amer levain
L'invincible dégoût de l'éternel triomphe.

Philippe et Daniel BERTHELOT, vers 1880.

TRISTESSE

• Bonjour :

La tristesse a fait son entrée dans le monde avec le parlementarisme, la bière allemande et Schopenhauer.

Édouard DRUMONT, *Au Quartier latin*, mi-carême 1895.

TROCADERO

• On préférait l'ancien :

Il est question de détruire le palais du Trocadéro à l'occasion de la prochaine Exposition. [...] Est-ce un progrès ? En réalité le Trocadéro actuel est un très savoureux monument, mille fois préférable aux banalités qu'on médite de construire à sa place. Il est un des enchantements de Paris, terminant fort bien une des perspectives de la Seine, ses deux minarets byzantins se détachant de façon très pittoresque sur le ciel.

H.M., *Le Mercure de France*, 15 août 1935.

TROIE

• Deux explications de la guerre de Troie :

Dès les premiers jours de l'histoire nous voyons l'Aryen en lutte avec le Sémite. Ilion était une ville toute sémitique et le duel entre deux races explique le retentissement particulier qu'eut la guerre de Troie. Le conflit se perpétua à travers les âges et presque toujours c'est le Sémite qui a été le provocateur avant d'être le vaincu.

Édouard DRUMONT, *La France juive*, 1886.

Pâris était un de ces forbans sémitiques qui rôdaient sans cesse autour des rivages de la Grèce. Non content d'avoir enlevé Hélène, ce qu'après tout aurait pu faire un Aryen dans l'entraînement de la passion, il avait enlevé aussi la caisse aux bijoux. [...] Le Sémite Halevy n'a pas montré tout cela dans sa *Belle Hélène*..

Louis BENLŒW, *Les Sémites à Ilion ou la Vérité sur la guerre de Troie*, 1877.

TROMBONE

• Autour d'un instrument :

Yvi Benson dirige en Angleterre un très célèbre orchestre féminin. Elle a constaté que les jeunes filles qui jouent du trombone ont plus de sex-appeal que les autres. [...] Elle en est arrivée à la conclusion qu'il doit y avoir quelque chose dans le trombone qui attire les hommes.

Cité in *Le Pèlerin*, 1955.

TROT

• Ça va vite :

Robert tira la porte sur eux et peu d'instants après une voiture les emportait au trot de deux bons chevaux lancés au galop.

L'Omnibus, 5 janvier 1860.

TROTSKI (Léon)

• Le mystère de sa mort enfin éclairci :

Le 20 octobre 1978, la CIA n'a pas oublié d'accuser Staline d'avoir fait assassiner Trotsky le 20 août 1940 par Ramon Mercuder, dit Jacques Molnari, dont elle a annoncé sa mort par tous les moyens d'informations à La Havane.

Cette falsification est fausse, comme les milliers d'autres accusations. Victor Serge, écrivain collaborateur de Lénine, que nous avons rencontré chez des amis, à Agen, et qui était au Mexique, nous raconta le scénario : « La CIA craignant que Trotsky — qui était un des chefs fascistes — ne dévoilât son secret et qu'il avait échoué en Russie, tenta de le mitrailler dans son logement. Mais Trotsky qui s'y attendait se coucha sur le plancher et ce fut un échec. Alors celui qui le tua était un ami de Trotsky et il eut la mission de le tuer. Trotsky ne se méfiant pas de lui fut assassiné à coups de piolet. »

Victor Serge militait dans le Parti communiste du Mexique. Il fut tué d'une crise cardiaque dans un taxi, quinze jours après une dernière lettre que je reçus de lui.

Ernesto RUSER, *Réhabilitation de Staline*, Édition de l'homme et de la vie, Imprimerie coopérative, Agen, 1979.

TROU

• Application des théories sartriennes à l'urbanisme souterrain :

Il ne faut jamais oublier que l'homme a une extraordinaire propension à boucher partout tous les trous qu'il trouve, et à en faire où il n'y en a pas pour se réserver le plaisir de les boucher.

Travaux souterrains, revue d'architecture, janvier 1970.

TROUBADOURS

• Un son de cloche :

La gloire des troubadours a trouvé sa juste fin dans les dessus de pendule Empire.

Catulle MENDÈS, *Rapport sur le mouvement poétique français de 1867 à 1900*, 1902.

TROUILLEBERT

• Il n'y a pas de raison :

Pourquoi le même tableau vaut-il 60 000 francs s'il est de Corot et 6 000 francs s'il est de Trouillebert ?

Urbain GOHIER, *Pour être sages*, 1914.

TRUISMES

• Un pot-pourri :

Souvent il est fatal de vivre trop longtemps.

Louis RACINE, *Poésies diverses*, édition de 1808.

Plus l'assemblée est grande, et plus elle a d'oreilles !

Alexis PIRON, *La Métromanie*, 1738.

Il est évident que les prodiges ne sont pas dans l'ordre naturel des choses.

R. P. J. DELISLE DE SALES, *Examen pacifique des paradoxes d'un célèbre astronome en faveur des athées*, 1804.

D'avoir pu le tuer vivant,
Je me glorifierai sans cesse.

Eugène SCRIBE, *L'Héritière*, 1823.

Hélas ! que j'en ai vu mourir de jeunes [filles !
C'est le destin : il faut une proie au trépas.

Victor HUGO, *Les Orientales*, 1829.

Je n'y vois plus clair, dit la vieille aveugle.

H. de BALZAC, *Béatrix*, 1842.

Je fais connaître une vérité, en disant que plus il y aura d'hommes vertueux sur la terre, et moins il y aura d'hommes criminels.

Joseph-Aimable GRÉGOIRE, *Les Quatre Vérités, ou le Système de la vertu applicable à toutes les nations*, 1842.

Nul doute que les hommes extraordinaires, en quelque genre que ce soit, ne doivent une partie de leurs succès aux qualités supérieures dont leur organisation est douée.

J.-P. DAMIRON, *Cours de philosophie*, 1842.

Plus on se marie jeune, plus on court la chance d'avoir une famille nombreuse.

Th. H. BARRAU, *Conseils aux ouvriers sur les moyens qu'ils ont d'être heureux*, 1850.

Et plus on a vécu, moins il vous reste à vivre.

Jean-Pons VIENNET, *Poésies*, 1858.

Le roi de Naples, quoique à la dernière extrémité, était encore vivant hier.

Le Constitutionnel, 15 mai 1859.

Où la fourberie règne, la loyauté ne peut rien.

Louis BLAIRET, *Pensées et Maximes*, 1897.

Toute œuvre qui appartient à la littérature française a pour caractère essentiel d'être écrite en français.

A. GAZIER, *Petite Histoire de la littérature française*, 1906.

Les médecins croient cependant que, s'il n'y a pas de complications, la maladie suivra son cours normal.

Le Journal, 22 novembre 1910.

L'empereur Guillaume est arrivé à Londres dans la matinée. Il y restera jusqu'à son départ.

Lyon républicain, 10 décembre 1905.

Édouard VII aura demain 66 ans accomplis et entrera dans sa 67e année.

L'Étoile belge, 10 novembre 1907.

Pour faire une œuvre d'art, la matière ne suffit pas : il faut un artiste.

Le Gaulois, 10 novembre 1902, cité *in* CURNONSKY et BIENSTOCK, *Le Musée des erreurs*, 1925.

L'industriel Philippe, l'auteur du drame que nous avons relaté, a été mis en liberté provisoire. Si le contraire se fut produit, il en eût sans doute été autrement.

L'Ouvrier vosgien, 8 décembre 1912.

La guerre terminée, la paix sera signée quand on voudra.

L'Indépendant du Périgord, 10 septembre 1916.

Une rue dont l'âme est vouée à la tristesse ne peut être gaie.

Henri LAVEDAN, *Le Chemin du salut ; Irène Olette*, roman, prépublication in *Revue des deux mondes*, 15 décembre 1919.

Il est clair que des nouvelles heureuses, si elles étaient fondées, seraient annoncées et proclamées par les gouvernements alliés, et qu'elles n'auraient point de caractère clandestin.

Le Veilleur, *Paris-Midi*, 6 décembre 1939.

L'impasse paraît donc sans issue.

La Tribune de Lausanne, 30 décembre 1968.

Quand le moment est venu, l'heure est arrivée.

Raymond BARRÈS, ancien Premier ministre, à l'émission TV « L'Heure de vérité », 7 janvier 1987.

T.S.F.

• Une invention inutile :
La téléphonie sans fil représente-t-elle un progrès sur sa sœur aînée, la téléphonie avec fil ? Et, même s'il nous est défendu de téléphoner par l'intermédiaire d'un câble sous-marin, la téléphonie sans fil, au prix qu'elle coûte et avec son manque de discrétion, est-elle un vrai progrès sur le câble électrique ?

A. H. P., préface au livre de Néon, *Une illusion, la conquête de l'air*, traduction Thomazi, 1927.

• La meilleure de toutes :
Il n'y a pas une misère que nous ne puissions secourir, pas un pauvre sauvage agonisant aux antipodes, à quatre ou cinq mille lieues d'ici, que nous ne puissions instantanément visiter par la prière : voilà la vraie TSF.

Paul GONTIER, *Les Aqueducs spirituels*, 1930.

• Elle n'aura qu'un temps :
On dit que je suis pessimiste au sujet de la radiodiffusion. [...] La vérité est que j'ai prévu sa complète disparition — persuadé que les malheureux qui doivent actuellement se soumettre à « l'écoute » vont vite trouver un meilleur passe-temps pour leurs loisirs.

H. G. WELLS, *The Way the World is going*, 1928.

• On y entend de belles choses :
Mardi à 20 h 30, le docteur Trenel a donné sa causerie radiodiffusée par le poste de La Doua sur la suite du chapitre « La constipation », faisant partie de son grand sujet : « Comment orienter sa vie vers une belle destinée ».

Journal de Vienne et de l'Isère, 18 mai 1929.

TUBERCULEUX

• A enfermer comme les lépreux :
C'est donc à protéger l'homme sain, la collectivité saine, que doit travailler l'hygiéniste.

Nos ancêtres, au Moyen Age, eurent le génie de supprimer la lèpre, en supprimant les lépreux, c'est-à-dire en les enfermant dans des léproseries. Plusieurs siècles avant Pasteur, ils surent ainsi, sur une vaste échelle pratique, réaliser l'expérience que le savant devait instituer plus tard dans son laboratoire, en séparant les vers à soie malades des colonies saines.

Voici quelque vingt ans que j'ai osé, pour la première fois, parler de *tuberculoseries*. Depuis, l'idée a fait son chemin et le mot revient maintenant assez fréquemment dans les discours. Espérons qu'il passera quelque jour dans les actes.

Dr J. HÉRICOURT, *L'Hygiène moderne*, 1907.

• **Une confusion à éviter :**

Contrairement à la légende, et contrairement aux apparences, le tuberculeux n'est pas une cheminée qui *tire mal* : c'est une cheminée qui *tire trop.*

Dr DAURIAN, *L'Illustration*, décembre 1915.

TUE-LE !

• **Un cri désagréable :**

Il m'a été signalé que les militaires rapatriés des camps de prisonniers d'Allemagne en auraient rapporté l'habitude de pousser fréquemment, en manière de plaisanterie, le cri : « Tue-le ! »

Des soldats peu disciplinés pourraient croire qu'ils pourront employer cette expression au passage d'un supérieur ou d'un fonctionnaire.

Je fais appel au bon esprit de ces hommes pour leur demander de faire disparaître de leur vocabulaire l'expression de « Tue-le ! » qui a déjà provoqué des incidents fâcheux.

Général NIESSEL, *note de service*, 18 juin 1919.

TUER

• **Aucun scrupule :**

Dans la guerre, l'homicide, et l'homicide généralisé, se présente non plus seulement comme excusable, mais comme obligatoire : les scrupules qu'aurait un soldat à frapper l'ennemi sur le champ de bataille ne sauraient nulle part être admis.

Henri MARION, *Leçons de morale*, 1882.

TUNISIE

• **A ne pas oublier :**

Il n'y a pas que des Français, des Italiens, des Maltais en Tunisie. On y trouve aussi des autochtones, presque deux millions.

Ambroise GOT, « La France en Tunisie », *Mercure de France*, avril 1931.

TURCS

• **Les rapports des voyageurs :**

Du reste Constantinople ne laisse pas d'être assez digne de la curiosité d'un honnête homme, quand ce ne serait que par ses antiquités et par la singularité des mœurs et des coutumes de ses habitants, qui sont celles de tous les Turcs en général. Effectivement, ils nous sont opposés presque en toutes choses. Nous ne prenons qu'une seule femme, ils en prennent plusieurs. Nos habits sont courts, et les leurs sont longs. [...] Nous portons les cheveux longs et la barbe rasée, eux portent les cheveux rasés et la barbe longue. Nous écrivons de la gauche à la droite en ligne droite, et ils écrivent de la droite à la gauche en ligne courbe. Je pourrais pousser l'opposition plus loin, mais cela suffit. Dans tout le reste c'est la même chose, et il n'y a pas jusques à la manière de satisfaire aux nécessités de la nature qui ne soit différente de la nôtre, les Turcs s'accroupissant comme les femmes pour épancher leur eau.

Voyages de M. du Mont, 1691.

Il y a aujourd'hui plus de justice, d'humanité, de respect pour le droit des gens chez les Turcs que chez les Chinois, par la raison que ceux-là ont plus de commerce avec nous que ceux-ci.

Abbé FLEXIER DE RÉVAL, *Catéchisme philosophique, ou recueil d'observations propres à défendre la religion chrétienne contre ses ennemis*, 1773.

Le long silence d'un Turc n'a rien d'imposant en lui-même : si vous le regardez, sa physionomie n'indique point qu'il réfléchisse, son imagination n'est ni occupée, ni distraite ; point de pensée sublime, profonde ou absorbante ; la vue se fatigue promptement à examiner le visage d'un Turc, même celui d'un très bel homme : l'âme y manque.

Le Magasin universel, tome VII, 1839.

• **Ce qui reste à prouver :**

On ne saurait admettre que sous bénéfice d'inventaire l'origine finnoise de la race turque.

Comte DE GOBINEAU, *Essai sur l'inégalité des races humaines*, 1853-55.

TYPHIQUES

• **Il y a de l'espoir :**

Typhiques guéris en dix jours, même si le remède n'est posé que six heures avant la mort (Publicité).

Le Petit Marseillais, 16 mai 1911.

TYPHOÏDE

• Comment on l'attrape :

La fièvre typhoïde est une maladie qu'on pourrait en quelque sorte produire expérimentalement chez les jeunes gens, par un excès de travaux intellectuels ou musculaires.

Dr J. HÉRICOURT, *L'Hygiène moderne*, 1907.

• Un exemple :

La fièvre typhoïde est une maladie terrible ; ou on en meurt, ou on en reste idiot. J'en sais quelque chose : je l'ai eue.

Phrase célèbre attribuée au maréchal MAC MAHON.

U

ULCÈRE

• La guérison assurée :

On traite cette maladie par des lavages de l'estomac, mais cette méthode doit être abandonnée parce qu'elle est plus nuisible qu'utile ; on a essayé l'eau de chaux et les alcalins, mais ces médicaments n'ont donné aucun résultat. Le meilleur moyen pour combattre cette maladie avec succès consiste à prendre, deux fois par jour, avant chaque repas, une cuillerée à soupe de « Dépuratif Parnel » et une cuillerée à café d'« Élixir Spark » après chaque repas.

Dr A. NARODETZKI, *La Médecine végétale*, 1910.

ULTRAGAMIE

• Des éclaircissements :

Ultraphilie, Ultragamie. Dans toute gamme passionnelle, un accord heptamode ou de septième est toujours une sorte de déviation, un empiétement sur les attributs d'une autre passion ; par exemple, en amour, il y a ultragamie entre deux femmes saphiennes.

Charles FOURIER, *Théorie de l'unité universelle*, 1822.

UNE

• Plus une égale une :

Depuis son origine, la Sainte-Alliance était vouée à un échec pour deux raisons qui, au fond, n'en constituent qu'une seule. Cependant, nous les traiterons séparément.

Emmanuel MALYNSKI, *La Grande Conspiration mondiale*, 1928.

UNIFORME

• On en parle trop :

Madame, c'est un beau jour sans doute que celui qui rapproche les peuples des souverains qui leur sont chers ; mais ce jour aurait eu des ombres, si nous n'y voyions une princesse que tous les uniformes ont appris à connaître.

Extrait, donné par la Correspondance Havas, de l'allocution de bienvenue prononcée par l'évêque d'Amiens à l'occasion de la visite de Napoléon III et de l'impératrice Eugénie, 1853.

• Et ils ne parlent pas assez :

Et son uniforme même ne l'avertit pas qu'il est doublement lâche et doublement odieux !

M. LAFFERRE, *L'Action*, 6 août 1910, à propos d'un assassinat commis par le soldat Graby.

UNIJAMBISTE

• D'un membre à l'autre :

Si un homme lascif a perdu sa jambe, il s'acquittera beaucoup mieux qu'un autre de son devoir auprès de sa femme, parce que, les parties mutilées ne recevant point d'aliment, le sang s'arrête dans les parties de la génération et les rend plus fortes et plus lascives que dans les autres hommes.

Nicolas VENETTE, *La Génération de l'homme*, édition de 1690.

UNION DES SEXES

• Une faiblesse regrettable :

Je n'ai jamais été marié et je loue fort la résolution de ceux qui ne convolent pas à de secondes noces. Je voudrais que nous puissions nous multiplier comme les arbres, sans copulation, ce moyen vulgaire et trivial.

L'union des sexes est l'acte le plus ridicule qu'un homme sensé puisse se permettre.

Thomas BROWN (1778-1820), *Religio medici.*

• Une esthétique nulle :

Quant aux gestes de l'amour, ils ne sont pas beaux. Ceux qui les font ne s'en doutent point, parce que la préparation du spasme les occupe trop pour leur permettre de s'observer mutuellement : mais la vue de l'accouplement humain et des dispositifs qu'il nécessite ne peut rien avoir d'esthétique.

Camille MAUCLAIR, *De l'amour physique*, 1912.

UNIQUE (Fils)

• Ce qui le guette :

Le fils unique, presque toujours mal élevé, parce qu'on aura toujours sacrifié au moindre de ses caprices, une fois en possession de l'héritage paternel, le dissipera bêtement. Peut-être même précédera-t-il ses parents dans la tombe, emporté, en pleine jeunesse, victime de sa débauche et de ses excès.

Jean DE DOMPIERRE, *Tas de cochons ! Odyssée du fameux marin breton Biennick*, 1905.

UNITÉ CATHOLIQUE

• Le Vatican est condamné :

L'unité catholique supposait le pouvoir temporel ; le pouvoir temporel disparu, l'unité catholique disparaîtra. Les Italiens catholiques sont naïfs de croire qu'ils garderont la Papauté universelle dans la ville de Rome devenue la capitale d'un État particulier ; la conséquence de la constitution du royaume d'Italie, c'est le départ de la Papauté.

Ernest RENAN, *Lettre au prince Napoléon*, 14 juillet 1872.

UNITÉS CYCLISTES

• Ce qu'elles ont à faire :

Dès que le combat est sur le point de s'engager, le chef de la fraction cycliste fait plier les machines et les fait mettre sur le dos ; la troupe cycliste combat alors comme de l'infanterie.

Règlement des unités cyclistes, 10 septembre 1904.

UNIVERS

• Tout est dit :

L'univers est désormais sans mystère.

Marcellin BERTHELOT, *L'Origine de l'alchimie*, 1887.

Presque tout a été découvert. [...] Nous ne faisons maintenant qu'un travail de mise au point. [...] Nous ne faisons que remplir des vides ici et là et perfectionner ceci et cela.

J.C. FURNAS, *Le Siècle à venir*, traduit de l'anglais par O.-M. Petitjean, Paris 1939.

UNIVERSELLE (Langue)

• Très facile à apprendre :

Nous avons dit et nous ne saurions trop répéter que la science du langage, considérée comme langue universelle est DEUX FOIS plus facile à apprendre que la plus simple de toutes les langues imaginées jusqu'à nos jours... Expliquons par un exemple :

Qui sert bien son pays n'a pas besoin d'aïeux.

Dans la théorie du langage, ce vers se transforme ainsi :

Dùa gibêli ji pié ivaé jé gali jéb ibâé té elgai.

C. L. A. LETELLIER, *Établissement immédiat de la langue universelle*, 1861.

• Avec sept notes, on peut tout dire :

Les mots en langue universelle sont composés d'une syllabe, de deux syllabes, de trois syllabes, de quatre et de cinq syllabes.

Voici les mots d'une seule note ou syllabe :

Do signifie : non, pas, point, ne ; *Re* signifie : et ; *Mi* signifie : ou, ou bien ; *Fa* signifie : à, au ; *Sol* signifie : si (conditionnel) ; *La* signifie : le ; *Si* signifie : oui, soit, volontiers, si.

Chaque mot en langue universelle renferme tous les synonymes, c'est-à-dire tous les mots qui ont la même signification.

Ainsi, on exprime par un seul mot : non, pas, point, ne, *do*.

Il n'y a qu'un seul mot en langue universelle pour exprimer : toujours, sans cesse, perpétuellement, *solla*.

Un seul mot en langue universelle pour : craindre, appréhender, redouter, *midosoldo*. Le seul mot *sifadore* signifie : dominer, maîtriser, asservir.

Un peut exprimer : Dieu, l'Être suprême, le Très-Haut, le Tout-Puissant, le Père éternel, la Divinité, l'Éternel, le Créateur, etc., tous mots exprimant la même idée, par un seul et même mot, *domisol*.

Le Diable, Satan, le Démon, Lucifer, Belzébuth, l'esprit infernal, etc., tous mots exprimant aussi la même idée, — opposée à la précédente — sont résumés, en langue universelle, par *solmido*, inverse de *domisol*.

Pour apprendre facilement les mots de la Langue universelle, on les a classés par groupes et ces groupes de mots sont rangés par ordre d'idées, de la manière suivante :

1. Les mots d'une note ou syllabe sont employés aux petits mots usités le plus souvent.

2. Les mots de deux notes ou syllabes sont aussi consacrés aux particules les plus usuelles et aux pronoms.

3. Les mots de trois notes ou syllabes sont consacrés aux mots souvent employés.

4. Les mots de quatre syllabes sont ainsi combinés :

La classe ou clef de *do* appartient à l'homme physique ou moral, à ses facultés intellectuelles, à ses bonnes qualités et à son alimentation.

On appelle classe ou clef de *do* tous les mots de quatre syllabes qui commencent par *do*, classe ou clef de *ré* tous les mots de quatre notes commençant par *re*, etc.

EXEMPLES :

domifado l'homme,
doredore naissance,
domiresi entendre, ouïr,
dofamire qualité,
dofasifa conscience,
dalafare nourriture, aliments,
dofamisol boisson, etc.

La classe ou clef de *ré* est employée aux objets de toilette, à tout ce que renferme une maison, aux travaux de ménage et à la famille.

EXEMPLES :

redofasi habillement, vêtement,
redorefa chemise,
remifasi logement, habitation, demeure,
refaredo armoire,
resolsire travailler,
residosi père de famille,
resiresol fils, etc.

Boleslas GAJEWSKI, *La Science populaire*, 12 octobre 1882.

UNIVERSITÉ

• Un caravansérail :

L'Université pense, travaille et agit tout à fait dans l'esprit sémitique. Son action est diamétralement l'opposé de l'action enfantée par la donnée scientifique et sociale caucasique qui, en Europe, a eu son siège en Thrace, en Grèce, chez les Étrusques et chez les Germains. L'Université est éclectique, anti-rationnelle, anti-thrace et tout arabe. C'est la pensée juive qui l'anime, c'est cette pensée sans majesté qui fait tout son fonds !

D. RAMÉE, architecte, *Théologie cosmogonique ou Reconstitution de l'ancienne et primitive loi*, Paris, 1853.

• Une catastrophe :

La cause est donc bien entendue, l'Université relève sans aucun doute de la Bêtise humaine : elle y a sa place réservée parmi les plus belles variétés et, comme le dit si justement le Docteur G. Le Bon, elle constitue un danger social et une calamité publique. Elle est la cause principale de notre décadence, puisqu'elle ne crée que des fonctionnaires, des hommes du monde, des révolutionnaires, des rêveurs ou des bavards, alors que les destinées des peuples réclament impérieusement des hommes d'expérience et des hommes d'action.

Maurice DE GASTÉ, *La Bêtise humaine et la Science de la vie*, Paris, 1922.

URINE

• Un gaspillage :

Nous pouvons affirmer, en passant, qu'il se perd en France, chaque année, pour plusieurs centaines de millions de francs d'urine seulement qui, vieillie et coaltérée, produirait des merveilles de végétation.

Adolphe BITARD, *La Science populaire*, 30 juin 1881.

• **Les manufactures des Gobelins gardèrent longtemps la réputation d'employer des ouvriers à fournir de l'urine pour la préparation des couleurs, réputation qui leur valait une très curieuse correspondance :**

Monsieur,

J'ai entendu dire, plusieurs fois, que vous admettez dans la maison dont vous avez la direction des personnes condamnées à des peines graves, afin qu'étant nourries par des aliments irritants, elles procurent plus sûrement l'urine pour les écarlates que l'on y fabrique.

Me trouvant, malheureusement condamné à la peine capitale, je désirerais terminer ma carrière dans votre maison ; veuillez donc, monsieur, avoir la bonté de m'instruire s'il est vrai que l'on y admette ces sortes de condamnés, et quelle serait la marche à suivre pour y entrer.

Lettre d'un condamné à mort, adressée au directeur des manufactures des Gobelins, 1823.

Monsieur,

Je suis las de la vie et je suis disposé, pour en finir avec elle, à me soumettre au régime imposé aux teinturiers des Gobelins. Pour vous donner une idée des services que je suis en état de rendre à l'établissement, je dois vous dire que je puis boire par jour vingt bouteilles de vin sans perdre la raison. Si vous voulez me prendre à l'essai, vous jugerez tout à votre aise de ma capacité.

Autre lettre, 1823.

URSS

• **Un poète engagé :**

Frères, l'URSS est le seul chemin libre
Par où nous passerons pour atteindre la paix
Une paix favorable au doux désir de vivre
La nuit se fait toute petite
Et la terre reflète un avenir sans tache.

Paul ÉLUARD, *L'Humanité*, 26 avril 1949.

• **Un avenir radieux :**

Le pays soviétique va vers l'abondance. Bientôt, le pain sera fourni gratuitement et à volonté. La vie est toujours plus belle dans les cités ouvrières et les kolkhoses, où les fleurs tapissent les pelouses et embellissent tous les logements. Grâce à Staline, le citoyen soviétique connaît déjà ce monde heureux où, selon la parole de Marx, il y a pour tous du pain et des roses.

Maurice THOREZ, secrétaire du Parti communiste français, *discours à la Mutualité*, 21 décembre 1949, cité *in* Cerf et Navasky, *Paroles d'experts*, 1989.

• **La plus haute moralité :**

Les qualités morales nouvelles des Soviétiques constituent une des plus grandes acquisitions de la Révolution socialiste.

M. ROSENTHAL et P. IOUDINE, *Petit Dictionnaire philosophique*, Moscou, 1955.

• **Une prophétie intéressante par sa date :**

Si la Russie n'est pas convertie à la Vierge Marie, le communisme envahira le monde.

Mgr LEFEBVRE, évêque traditionaliste, *discours à la cérémonie marquant ses soixante années de sacerdoce*, Le Bourget, 19 novembre 1989, cité in *Le Monde*, 21 novembre 1989.

UTILE

• **Ce n'est pas l'essentiel :**

Je n'ai parlé que de l'utile en fait de polygamie, nous allons parler de l'agréable.

La Phalange, février 1849.

V

VACCINE

• **Un grand poème à la gloire de l'inventeur, l'Anglais Jenner :**

Au fond du Glocester, dont les vertes cam-
[pagnes
Nourrissent des taureaux les utiles compa-
[gnes,
Jenner opposait l'art à ce fléau cruel,
Tribut que la naissance impose à tout
[mortel.
Ses bienfaisantes mains prévenaient la
[nature,
Et, déposant au sein d'une heureuse bles-
[sure
Du poison éprouvé le germe moins fatal,
Transmettaient à la fois le remède et le mal.
C'est ainsi qu'avant nous les peuples de l'Asie
Préservaient ces beautés, trésors de Circasie,
Qu'un avide intérêt, par ce triste secours,
Aux ennuis du sérail condamnait pour tou-
[jours.
Mais c'est peu d'arrêter le torrent dans sa
[course,
Et Jenner plus heureux en doit tarir la source.
Le bien dans tous les arts n'est qu'un pas
[vers le mieux.
Tandis que dans Berkley ses loisirs studieux
Contemplent les troupeaux des fécondes
[génisses,
D'un mal qui le surprend les fraîches cica-
[trices
Ont fixé tout à coup ses yeux observateurs.
« Quelquefois, lui dit-on, de malignes hu-
[meurs
« S'arrêtent sur les chairs de la mamelle
[ardente.
« Le trayon douloureux que la fièvre tour-
[mente,
« Hérissé de tumeurs, couvert d'un pâle azur,
« Prodigue moins les flots de son lait encor
[pur,
« Et, pressé par les doigts du berger trop
[avide,
« Distille goutte à goutte une liqueur limpide.
« Ces venins pénétrants empoisonnent la
[main
« Qui brise leur prison et leur ouvre un che-
[min :
« Mais sitôt qu'un pasteur en a senti l'at-
[teinte,
« Il n'est plus tourmenté par la commune
[crainte :
« Le fléau dont vos soins viennent purger
[ces lieux
« Émousse contre lui ses traits contagieux. »
Jenner entend ces mots, et sa route est tracée.
Il marche, il touche au but que poursuit sa
[pensée.
Par le fer délicat dont il arme ses doigts,
Le bras d'un jeune enfant est effleuré trois
[fois.
Des utiles poisons d'une mamelle impure
Il infecte avec art cette triple piqûre.
Autour d'elle s'allume un cercle fugitif :
Le remède nouveau dort longtemps inactif.
Le quatrième jour a commencé d'éclore,
Et la chair par degrés se gonfle et se colore.
La tumeur en croissant de pourpre se revêt,
S'arrondit à la base et se creuse au sommet.
Un cercle plus vermeil de ses feux l'envi-
[ronne ;
D'une écaille d'argent l'épaisseur la cou-
[ronne ;

Plus mûre, elle est dorée ; elle s'ouvre, et [soudain
Délivre la liqueur captive dans son sein.
Puisez le germe heureux dans sa fraîcheur [première,
Quand le soleil cinq fois a fourni sa carrière.
Si la douzième nuit a commencé son cours,
Souvent il offrira d'infidèles secours.
A peine les accès d'une fièvre légère
Accompagnent les pas de ce mal volontaire,
Et l'ennemi secret par lui seul combattu,
Chassé de veine en veine, expire sans vertu.
Ô triomphe immortel dans les fastes du [monde !

Casimir DELAVIGNE, *La Découverte de la vaccine*, 1813.

VACHE

• Elle a pensé à nous :

La vache s'écarte, d'une manière bien remarquable, des lois générales de la nature, qui a proportionné dans toutes les espèces le nombre des mamelles des mères à celui de leurs petits ; elle a quatre mamelles, quoiqu'elle ne porte qu'un veau et bien rarement deux, parce que les deux mamelles superflues étaient destinées à être les nourrices du genre humain.

BERNARDIN DE SAINT-PIERRE, *Études de la nature*, 1784.

VAINCU

• N'avouez jamais :

Soldats, nous n'avons pas été vaincus.

Napoléon BONAPARTE, *Proclamation du 1er mars 1815.*

La noble armée de Metz a déposé les armes, mais elle n'a pas été vaincue.

Général CHANGARNIER, *Discours à l'Assemblée nationale*, 28 mai 1871.

VALLÈS (Jules)

• Un écrivain maudit :

[...] Le bâtard de Marat, vociférant la haine et la rage, affolé d'orgueil, ulcéré d'envie, sa poche à fiel crevée s'étant répandue sur son style, un talent réel, mais lugubre, ayant les contorsions d'un damné.

Paul DE SAINT-VICTOR, *Le Figaro*, octobre 1871.

Quelque complaisance qu'on y mette, on a peine à pardonner à un enfant, eût-il la quarantaine, de dire en parlant de sa mère : *Cette femme !* Quelque talent qui soit déployé dans ce livre (*Jacques Vingtras*), quelque succès qu'il obtienne, il n'est pas de fils, il n'est pas de mères, qui n'éprouveront comme un sentiment d'étonnement et de répulsion en lisant certaines pages que j'aime mieux ne pas citer.

Philippe GILLE, *La Bataille littéraire*, 1879.

VALSE

• A interdire :

C'est un péché mortel d'assister à des bals gravement déshonnêtes à cause des nudités, de la manière de danser, des paroles et gestes : aussi la danse allemande, vulgairement appelée valse, ne peut jamais être permise, non plus que les danses avec des masques ou habits laissant à découvert les parties déshonnêtes.

Mgr BOUVIER, *Manuel des confesseurs*, 1842.

• C'est une danse lascive :

La valse impétueuse, la valse que prescrivent Saint-Preux et Werther, casuistes non suspects ici, annoncée par le fifre éclatant, s'empare du salon. Un bras nerveux enlace la taille souple et légère de la jeune épousée. [...] Les regards confondus, les mains entrelacées, corps à corps, j'ai presque dit bouche à bouche, ils décrivent, en délirant, des cercles multipliés.

Eh ! dites-moi, Madame, que donnera ce soir à son amant, à son époux, cette fille ingénue, que n'aura pas dévoré l'œil avide de son danseur ? Qu'aura-t-elle, dans le plus intime abandon, de plus à montrer que ces formes ravissantes qu'a pressées son insolente main ? J'en atteste, et cette sueur amoureuse, et cette bouche balbutiante, et ce sein agité par des battements de cœur qui ne sont pas tous pour l'hyménée. Voyez-la, Madame, éperdue, sans mouvement, sans voix, la poitrine pantelante, et décidez si c'est d'une lutte ou d'une danse qu'une femme sort ainsi épuisée.

P.-J. Marie DE SAINT-URSIN, *L'Ami des femmes ou Lettres d'un médecin concernant l'influence de l'habillement des femmes sur leurs mœurs et leur santé*, Paris, 1804.

VAPEUR

• Il faut la convertir :

L'ouvrier doit confier ses enfants à des patrons dignes de sa confiance... S'agit-il d'une jeune fille ? Ici la sollicitude de l'ouvrier sera encore plus éveillée. Il recherchera la manufacture chrétienne, quand la manufacture ne pourra pas être évitée. La manufacture chrétienne est rare dans notre pays : cependant elle existe. C'est une preuve que la vapeur n'est pas irréligieuse et corruptrice par elle-même. Nous n'avons pas besoin de la maudire : mais nous demandons que cette force soit soumise, comme toutes les autres, à la loi de Dieu. On le peut lorsqu'on le veut.

R. P. AT, *Saint Joseph ou la Question ouvrière d'après l'Évangile*, 1876.

• Deux images :

La force vitale vient de la matière, comme la vapeur vient de l'eau. Vous connaissez la force de la vapeur, concluez en ce qui concerne la force de l'Esprit. L'homme est une machine à vapeur consciente.

Albin VALABRÈGUE, *Le Christianisme pour tous*, 1895.

La vapeur n'a pas dit son dernier mot.

Benjamin CAZELLES, *Discours patriotiques*, 1880.

VAPEURS

• Elles viennent d'Asie :

Avant que les Romains eussent fait la conquête de l'Asie, les dames romaines n'étaient point sujettes aux vapeurs ; mais à cette époque, la vie molle et voluptueuse des Asiatiques s'introduisit dans Rome et les femmes devinrent vaporeuses.

M. DE BEAUCHÊNE, *De l'influence des affections de l'âme dans les maladies nerveuses des femmes*, 1781.

VASE DE NUIT

• On n'arrête pas le progrès :

L'ancien vase de nuit est détestable. Sa forme est vicieuse. On ne peut s'y loger. Trois vérités !

La gêne qui en résulte soumet à une contraction malheureuse les ressorts vésiculaires qui doivent s'user prématurément ; c'est trop naturel pour que ce ne soit évident à chacun.

L'ancien ustensile avait en outre le grave inconvénient d'offrir par son vernis de glace une surface intolérable, et le pauvre patient trouvait là un accroissement de maux, tandis que l'homme vigoureux et sain y éprouvait une sensation pénible qui souvent se convertissait en indisposition dont la cause restait inconnue. Et la cause était là !

Chacun en particulier déplorait ce triste état de choses, et pour y obvier les essais n'ont pas manqué. Ainsi les prisons centrales de Marseille et l'hôpital de la Marine de Toulon ont demandé à l'industrie, il n'y a pas trop longtemps, des modifications radicales dans l'ancienne forme du susdit ustensile. Mais cet appel généreux demeurait sans résultats, et on se résignait à ce mal qui paraissait incurable, lorsque cette modification profonde tant recherchée a été enfin trouvée.

Oh ! quel bienfait pour l'humanité !

Un brevet vient d'être pris par un habile modificateur qui a construit son ustensile en dehors de toutes formes usitées, et qui, sous le nom de « Vase Oriental », le livre au commerce. Hygiène, commodité, élégance, et surtout agrément, toutes ces qualités sont réunies dans ce vase, que confectionnent MM. Bon et Cie, fabricants de poterie à Aubagne.

N. B. —. Les commandes importantes continueront à jouir d'une réduction. On céderait le brevet.

Le Courrier de Marseille, 18 avril 1860.

VATICAN

• Quelques informations démographiques :

L'État de la Cité du Vatican possède la population la plus dense d'Europe, soit une moyenne de 4 000 habitants au mètre carré bien que, étant donné sa superficie, il ne compte encore que 1 025 âmes. On y est presque aussi serré que dans le métro, mais il paraît qu'on y vit très bien.

Comœdia, revue, 13 février 1933.

VAUBAN (Sébastien LE PRESTRE DE)

• Un jugement :

C'est un salaud qui, d'un côté, politicaillait en écrivant sa *Dîme royale* et qui, de l'autre, ne songeait qu'à utiliser le plus de moellons possible pour ses fameuses fortifications, qui ont fourni prétexte à bien des pots-de-vin. Je ne crois pas, soit dit en passant, qu'il en ait retiré personnellement beaucoup d'argent ; ç'a été surtout une dupe.

Claude FARRÈRE, interview dans *La Dépêche de Brest et de l'Ouest*, 3-4 décembre 1934.

VAUGELAS (Claude Favre de)

• Amabilités entre confrères :

M. de Vaugelas était un bon homme, mais il était si mauvais Etymologiste, qu'il ne savait pas même comment il fallait écrire le mot d'Étymologiste.

Gilles MÉNAGE, *Observations sur la langue française*, édition de 1675.

VÉLOCIPÈDE

• Il faut le savoir :

Le côté montoir du vélocipède est le même que celui du cheval, c'est-à-dire le côté gauche.

A. BITARD, *Le Livre de la maison*, 1878.

VERCINGÉTORIX

• Un familier de Clovis :

L'ancêtre des Auvergnats, Vercingétorix, n'était lui-même pas dépourvu d'humour : souvenez-vous du vase de Soissons.

Lectures pour tous, avril 1963.

VERDI (Giuseppe)

• Il n'a guère d'avenir :

Le système musical de Verdi, vous le connaissez : il n'a pas encore existé de compositeur italien plus incapable de produire ce qui s'appelle vulgairement une mélodie.

Gazette musicale de Paris, 1er août 1847.

Rigoletto est le moins fort des ouvrages de Verdi [...] la mélodie y manque. [...] Cet opéra n'a guère de chance de se maintenir au répertoire.

Gazette musicale de Paris, 22 mai 1853.

VERDUN (Bataille de)

• Entre la boxe et la lutte :

Voici que cette bataille de Verdun devient l'enjeu de la guerre... C'est le combat de boxe. Il faut que l'un des deux adversaires touche des épaules.

Henry BORDEAUX, *Visages français*, vers 1922.

VERLAINE (Paul)

• Un regret :

Il a dit quelque part, en parlant de je ne sais qui, cela, du reste, n'importe guère :

... elle a
L'inflexion des voix chères qui se sont tues.

Quand on écoute M. Paul Verlaine, on désirerait qu'il n'eût jamais d'autre inflexion que celle-là.

Jules BARBEY D'AUREVILLY, « Trente-sept médaillonnets du Parnasse contemporain », in *Le Nain jaune*, 1869.

• L'écho de la presse :

M. Paul Verlaine, l'archi-ténébreux poète de *Sagesse*, livre hermétique et à jamais inscrutable, au sujet duquel je veux m'abstenir de prononcer toute syllabe.

Léon BLOY, *Le Chat noir*, 3 mai 1884.

Paul Verlaine était un poète de second plan, qui pourrait figurer parmi les talents de petite importance avec avantage, mais il ne faut pas demander plus.

La République libérale d'Angers, 12 janvier 1896.

• Deux points de vue :

Un moment, pourtant, il s'est posé en rival heureux de M. Coppée.

Émile ZOLA, « Les Poètes contemporains », in *Documents littéraires, Œuvres complètes*, tome XLV, édition de 1927-1929.

Il a perdu la langue, abîmé le style et réduit à rien la pensée.

Charles MAURRAS, *La Plume*, février 1896.

• Jules Lemaitre le remet à sa place :

Chose inattendue, ce poète, que ses disciples regardent comme un artiste si consommé, écrit par moments (osons dire notre pensée) comme un élève des écoles professionnelles, un officier de santé ou un pharmacien de deuxième classe qui aurait des heures de lyrisme.

Jules LEMAITRE, *Les Contemporains*, 1889.

VERS LIBRE

• Une folie :

Entrepris avec désespoir, la lecture d'un recueil manuscrit de vers libres soumis à mon examen. C'est navrant. Le vers libre est, à mes yeux, l'une des pires aberrations modernes, l'une de celles qui proclament, avec des éclats de fanfare, l'affaiblissement de la raison. Remplacer le mystère tout à fait surnaturel du rythme et du nombre par des alinéas et des signes de ponctuation, c'est de la perversité.

Léon BLOY, *Journal*, 25 septembre 1902.

VERTU

• C'est le soutien de l'État :

Il y a tant d'imperfections attachées à la perte de la vue chez les femmes, toute leur âme en est si fort dégradée, ce point principal ôté en fait tomber tant d'autres, que l'on peut regarder, dans un État populaire, l'incontinence publique comme le dernier des malheurs et la certitude d'un changement dans la constitution.

MONTESQUIEU, *L'Esprit des lois*, 1748.

• Une proposition raisonnable :

On m'a fait remarquer que les prix de vertu qui seraient fondés annuellement dans chaque commune de France, pour les jeunes gens des deux sexes, s'élèveraient à une forte somme ; je crois pouvoir répondre par les faits suivants : 40 000 communes à 150 francs par commune, feraient 6 000 000 de francs par an.

Les 150 francs seraient employés, savoir : 50 francs à la demoiselle la plus vertueuse ; 50 francs au garçon le plus vertueux et 50 francs pour les deux couronnes de roses et les frais de la fête.

Chacun sait que l'on dépense une somme énorme, chaque année, pour punir le crime ; mais, si la vertu progressait, on regagnerait une partie des dépenses faites pour la vertu, en ayant moins à dépenser pour châtier le crime, et la société jouirait de beaucoup plus de sécurité.

Il serait préférable, je pense, de dépenser l'argent pour récompenser la vertu, que de l'employer pour punir le crime.

Joseph-Aimable GRÉGOIRE, ex-sous-chef de l'ancien bureau des Cultes et Beaux-Arts, *Découverte de la base définitive, immuable et inébranlable du monde, ou véritable base gouvernementale de la terre et du ciel*, 1857.

• L'opinion de la Faculté :

Quant à la vertu, dans le sens complet du mot, elle ne se rencontre que chez les femmes dont le système nerveux génital ne s'est pas développé, c'est-à-dire chez les dégénérées.

Dr BINET-SANGLÉ, *Le Haras humain*, 1921.

VESTE (Retournement de)

• Le cas du pacifiste G. Hervé en 14-18 :

« En cas de guerre, ajoute M. Gustave Hervé, si ceux de l'active ne veulent pas s'insurger [...] tant pis pour eux. Nous nous croiserons les bras. [...] La patrie ne vaut pas la peine que nous nous fassions trouer la peau pour elle. »

Le Matin, 13 août 1907, compte rendu du Congrès socialiste de Nancy.

Que les Russes et les Allemands se battent donc, si ça leur chante ! Mais nous, Français, qu'est-ce que nous faisons dans ce conflit qui ne nous intéresse pas directement, nous qui avons des choses plus utiles à faire chez nous que de nous lancer dans ce sanglant grabuge ?

Gustave HERVÉ, *La Guerre sociale*, 11 mars 1914.

Vive le Tsar !

Gustave HERVÉ, *La Guerre sociale*, 12 septembre 1914.

Moi, je ne capitulerai jamais.

Gustave HERVÉ, *La Guerre Sociale*, 29 mars 1915.

C'est la peau royale et impériale de Guillaume II de Hohenzollern qu'il nous faut !

Gustave HERVÉ, *La Victoire*, 16 juillet 1917.

Oui, oui, je suis un renégat, c'est entendu.

Gustave HERVÉ, *La Victoire*, 4 décembre 1917.

VÉSUVE

• Il domine Palerme :

Toulon vit à côté de la marine comme les Palermitains à côté du Vésuve, comme un village auprès d'une poudrière.

Voilà, 27 juin 1934.

VÊTEMENTS

• Une expérience qui les condamne :

Pour bien sentir l'effet désagréable de cette coupure par nos vêtements, qui divisent le corps en petites parties, il suffirait de mettre des bas, des jarretières à une Vénus, et un pourpoint et des mules du

• A propos de Chatterton :

M. de Vigny a fait non seulement un mauvais ouvrage, mais encore une mauvaise action : à quoi bon protéger, défendre, exalter le talent méconnu ?

La Lanterne magique, 1835.

Une de ces œuvres coupables qui devaient soulever l'unanime réprobation des honnêtes gens et des gens sensés, et que cependant on laisse vivre au milieu des louanges. C'est ce drame de *Chatterton*, mauvaise action, mauvaise pièce, œuvre prétentieuse jusqu'au ridicule.

Louis VEUILLOT, *L'Univers*, 1er avril 1840.

• Le point de vue religieux :

L'ensemble de ses œuvres, et surtout ses poèmes, dénotent un esprit antichrétien, froidement impassible et orgueilleux. [...] Ses poésies sont molles et languissantes.

Abbé Louis BETHLÉEM, *Romans à lire et romans à proscrire*, Cambrai 1905.

• En résumé :

Il ne restera de ce Vigny qu'un sot et qu'un fat dont la postérité se moquera.

Jean-Pons VIENNET, *Journal*, 1829.

VILLON (François)

• Un grossier personnage :

C'est sans doute à cette existence déplorable, où il s'oubliait lui-même, qu'il faut attribuer la rareté des poésies qu'il nous a laissées et que nous a transmises Clément Marot. Nous avouons que nous sommes beaucoup moins frappés de leur mérite que de celui des vers de Charles d'Orléans. [...]

Le poète dont la vie et les écrits outragent également la morale et la religion, et dont le cynisme s'égaie aux dépens de tout ce qu'il y a de sacré sur la terre, ne doit point être offert, sans de sévères restrictions, aux hommages de la postérité.

Édouard MENNECHET, *Cours complet de littérature moderne*, 1862.

En passant de Charles d'Orléans à Villon, nous passons du palais dans la rue ; du prince courtois, élégant et loyal, à l'homme ignoble, grossier, méprisable.

D. SAUCIÉ, *Histoire de la littérature française*, 1863.

VIN

• Un pari imprudent :

Le cœur humain est essentiellement ennemi de toute contrainte, et tout plaisir qui se montre sous l'apparence du devoir, cesse d'avoir pour lui de l'attrait. Que l'on prescrive le vin à un ivrogne, comme un remède, il ne lui paraîtra plus qu'une drogue amère ou insipide.

Chevalier DE LAURENCE, *Plus de maris ! Plus de pères ! le paradis des enfants de Dieu*, 1838.

VIOL

• Un texte compliqué qui finit par dire qu'il ne faut pas crier, car cela compromettrait la réputation de la femme :

On demande ce que doit faire une femme prise de force afin de ne pas être coupable devant Dieu.

1. Elle doit intérieurement repousser toute participation au plaisir, quelle que soit d'ailleurs la violence extérieure qui lui est faite, sans quoi elle pécherait mortellement.

2. Elle doit se défendre de toutes ses forces, avec ses mains, ses pieds, ses ongles, ses dents et tous autres instruments, mais de manière à ne pas tuer ou gravement mutiler l'agresseur.

3. Si elle espère qu'il puisse lui être porté secours, elle doit crier et invoquer l'assistance d'autrui ; car si elle n'oppose pas les résistances qui paraissent en son pouvoir, elle semble consentir.

Or, il vaudrait mille fois mieux mourir que de céder à un pareil danger. Aussi une jeune fille qui se trouve dans cette extrémité, craignant, avec raison, de consentir aux sensations vénériennes, est-elle tenue de crier même au péril évident de sa vie, et alors elle est martyre de la chasteté. C'est ce que décident, généralement, les auteurs contre un petit nombre de probabilistes. Mais, le danger prochain de consentement écarté, il est généralement admis que la jeune fille n'est pas tenue de crier au péril de sa vie et de sa réputation, parce que la vie et la réputation sont des biens de l'ordre le plus élevé.

Mgr J.-B. BOUVIER (1783-1854), *Dissertation sur le sixième commandement*, 2,2.

• Une prodigieuse démonstration :
Une femme, une vierge violée, peut-elle résister au risque d'empêcher sa fécondation ?

Évidemment une femme, une fille peut résister de toutes ses forces à l'agresseur qui tente d'abuser d'elle ; c'est son droit et même presque toujours son devoir. Cependant, lorsque malgré tous ses efforts l'agresseur a réussi à s'introduire dans son sein, je ne crois pas qu'elle puisse continuer sa résistance au risque d'empêcher sa fécondation. Elle est alors *complètement violée* et toute résistance ultérieure n'aurait d'autre résultat que d'outrager la nature en déterminant une double masturbation. L'union sexuelle produit entre l'homme et la femme comme une soudure naturelle qui ne doit pas être rompue contre nature, c'est-à-dire avant qu'elle ait atteint le but pour lequel la nature l'a instituée. D'où il suit que tout acte qui tendrait à rompre avant l'heure cette soudure naturelle serait un acte contre nature et par suite gravement peccamineux.

J. DU VALDOR, *Les Signes de la fin d'un monde*, 1893.

• Il vole bas :
Le viol ne saurait dénoter une tendance vers quelque chose d'élevé. C'est le contraire qui est vrai.

Journal des économistes, 15 mai 1907.

VIOLLET-LE-DUC (Eugène)

• Vie privée :
Viollet-le-Duc, architecte athée parce qu'il est cocu.

Horace DE VIEL-CASTEL, *Mémoires*, II, 1881-1884.

VIOLON

• Nihil obstat :
Que les mères les plus scrupuleuses se rassurent ! Leurs filles peuvent jouer du violon sans effleurer les convenances.

Louis LOMBARD, *Observations d'un musicien américain*, 1905.

VIRGILE

• Ce qui lui a manqué :
On a dit que Virgile avait l'esprit très lourd en conversation, et qu'il ressemblait plus à un homme ordinaire qu'au premier des poètes latins.

Curiosités de la littérature, traduites de l'anglais par M. T. P. Bertin, 1810.

VIRGINITÉ DE MARIE

• Toutes les précisions :
Agée de quatorze ans, trois mois et dix-sept jours, elle accoucha le vingt-cinquième jour du mois de décembre, et vit naître de ses chastes entrailles le Roi de Gloire, le Fils Éternel de Dieu, le Sauveur et l'Époux de nos âmes, qui sortit de son sein virginal en la manière que les rayons du soleil passent à travers le cristal ; n'y ayant pas plus de différence dans la virginité de Marie après l'accouchement et avant la conception, qu'il n'y en a dans le cristal après qu'il a été traversé par les rayons du soleil, si ce n'est qu'avant la conception, c'était la virginité et l'intégrité d'une céleste fille ; et qu'après l'accouchement, c'était la virginité et l'intégrité d'une divine mère. Aussi la douleur, les immondices et le reste des misères des couches des autres femmes furent si éloignés des divines couches de cette admirable Vierge, que l'on ne saurait les y soupçonner sans tomber dans le reproche d'un énorme blasphème.

R.P. Chérubin RUPPÉ, *La Maison de la Sainte Vierge*, 1680.

VIRTUOSE

• Comment on le devient :
Si une femme, pendant sa grossesse, joue du piano tous les jours, son enfant deviendra un virtuose.

G.-J. NATHAN et H.-L. MENCKEN, *The American Credo*, 1921.

VOCABULAIRE

• Les mots à bannir :
Le mot de *génisse* est fort beau dans une églogue ; *vache* ne s'y peut pas souffrir.

BOILEAU, *Neuvième Réflexion sur Longin*, 1693.

Je n'ose décider si en latin les substantifs *vicia, lupinus*, etc., sont bas. Mais vous conviendrez que la poésie française ne supporterait pas les mots *pois, vesce, lupin*, s'ils n'étaient relevés par une épithète ou un tour poétique. Disons la même chose des substantifs *râteau, traîneau, van*, et en général de tous les instruments d'art mécanique, ou d'un usage commun ou journalier. [...] Les poètes donnent souvent l'épithète *pater* aux dieux, aux rois, aux hommes distingués par leur naissance ou leurs belles qualités. Virgile appelle de ce nom Jupiter, Énée, Latinus, le dieu du Tibre, etc. Mais admirez le caprice des langues ! Cette expression, très noble en elle-même, serait, dans la circonstance actuelle, basse et triviale en français. *Le père Énée, le père Latinus*, est-il rien de moins supportable ?

Abbé T., *Le Guide des humanistes, ou Premiers Principes de goût*, 1780.

On regrette que la langue de l'auteur n'ait pas toujours la dignité qui convient. [...] Le traducteur emploie ici et répète plusieurs fois ensuite le mot *billet* au lieu de *lettre*. Ce mot est ignoble.

ANDRIEUX, *La Décade*, 1797, à propos d'une traduction des « Métamorphoses d'Ovide ».

Quoique les mots *âne, cheval, mulet, vache, haricot, chou*, etc., soient exclus de la poésie épique, de la tragédie, de l'ode, ils peuvent trouver place dans la fable, dans le conte, et même dans la poésie didactique, quand elle traite de l'économie rurale.

L. J. M. CARPENTIER, *Dictionnaire de la langue poétique*, 1822.

J'ai donné le nom de *glu* à la cuite du sucre appelée ordinairement la *morve*, ce nom m'ayant paru inconvenant.

T. BERTHE, *Traité de l'office*, 1876.

• Les mots à conserver :
Les deux plus excellents mots des diverses langues de toutes les nations de la terre, ce sont, le premier, le mot *Dieu*, et le second, le mot *vertu*. Ces deux mots sont articulés différemment par les divers peuples, mais la pensée est la même.

J. A. GRÉGOIRE, *Découverte de la véritable base gouvernementale de la terre et du ciel*, 1856.

VOCATION

• La vraie raison :
J'ai acquis la conviction qu'un grand nombre de prétendues vocations sacerdotales n'ont point d'autre origine, d'autre mobile que la paresse et la gourmandise.

Justin RIEL, *Le Curé mis au défi et à l'ordre*, 1883.

VOIX

• Caquetages :
Les voix qui ont quelque rapport à celles des petits oiseaux sont la marque d'une personne sujette à l'inconstance et facile du changement, de même que les petits oiseaux qui vont volant çà et là.

C. D. DE LA BELLIÈRE, *La Physionomie raisonnée*, 1664.

VOL

• Un projet de récompense :
Quand un citoyen aura volé avec adresse un objet quelconque, il devra le remettre au directeur du Trésor public.

Le directeur lui donnera la moitié de la valeur de l'objet volé, sans toutefois dépasser la somme de cent mille francs, bien entendu. Le propriétaire de l'objet volé ira donc le réclamer à cet établissement, qui lui retiendra, comme de juste, le montant du prix qui aura été distribué au voleur.

J. PUTHOD, *Code de la République*, 1874.

VOLCANS

• Pourquoi ils sont nombreux dans les pays chauds :
La nature purge les eaux par les feux des volcans, comme elle purifie l'air par ceux du tonnerre ; et, comme les orages sont plus communs dans les pays chauds, elle y a multiplié pour la même raison les volcans.

BERNARDIN DE SAINT-PIERRE, *Études de la nature*, 1784.

VOLEUR

• Ce nuisible a un terrible ennemi :
Le chien est l'effroi du voleur, c'est son insecticide.

M. CLAUDE, chef de la Sûreté, cité *in* L. Puibaraud, *Les Malfaiteurs de profession*, 1893.

VOLONTÉ

• Il ne suffit pas de vouloir :
On sait également que la volonté n'a aucune influence sur la longueur de la tête.

Armand VILLETTE, *Le Gaulois*, 6 novembre 1902.

VOLTAIRE

• Son premier mérite :
Je dois à la lecture des ouvrages de M. de Voltaire le peu de connaissances que je puis avoir de la poésie.

VAUVENARGUES, *Réflexions critiques sur quelques poètes*, in *Œuvres*, 1797.

• Ce qui lui a manqué :
Si notre siècle est inférieur à celui de Louis XIV n'en cherchons d'autre cause que notre religion. Nous avons déjà montré combien Voltaire eût gagné à être chrétien ; il disputerait aujourd'hui la palme des muses à Racine.

François-René DE CHATEAUBRIAND, *Le Génie du christianisme*, 1802.

Il est bien surprenant que l'on s'obstine à vouloir inonder le public d'ouvrages aussi pernicieux, surtout après l'arrêt solennel que le Parlement a rendu récemment sur de semblables ouvrages. Aussi je crois que vous ne pourrez pas prendre assez de précautions trop promptes et trop efficaces pour arrêter le débit d'une brochure aussi scandaleuse et en découvrir les auteurs.

Omer JOLY DE FLEURY, *Lettre à son frère*, 24 février 1759.

Il ne faut pas juger cette production avec sévérité : elle ne soutiendrait pas une critique sérieuse. Il n'y a, dans *Candide*, ni ordonnance, ni plan, ni sagesse, ni de ces coups de pinceau heureux qu'on rencontre dans quelques romanciers anglais du même genre.

GRIMM, *Correspondance littéraire*, 1er mars 1759.

Ce qui m'étonne actuellement et pour le moins autant que le livre, c'est qu'il ait trouvé un si grand nombre de lecteurs, et même d'admirateurs, parmi des gens qui se piquent d'esprit.

Abbé GUYON, *Suite de l'oracle des nouveaux philosophes*, 1759.

• A propos du *Dictionnaire philosophique* :

J'ai parcouru de l'œil ce *Dictionnaire philosophique*, le plus détestable de tous les livres du pestilentiel auteur.

BONNET, *Lettre à M. Schoeffer*, 12 septembre 1764.

Mystères, dogmes, morale, discipline, culte, vérité de la religion, autorité divine et humaine, tout est donc en butte à la plume sacrilège de cet auteur qui se fait gloire de se ranger dans la classe des bêtes en mettant l'homme à leur niveau, puisqu'il n'admet de bonheur que celui des sens, et qu'il consent à périr entièrement comme elles.

Omer JOLY DE FLEURY, *Réquisitoire au Parlement*, 19 mars 1765.

Ce livre brise tous les liens qui attachent les hommes à la vertu.

Dom Louis-Mayeul CHAUDON, *Dictionnaire anti-philosophique*, 1767.

• Le grand reproche de Nonnotte :
Il n'est presque aucun ouvrage de M. de Voltaire où il ne soit parlé de religion ; et il n'en est aucun où elle soit traitée avec le respect qui lui est dû.

Abbé NONNOTTE, *Les Erreurs de Voltaire*, 1762.

VOLUPTÉ

• Influence de la température :
On doit considérer que les femmes du midi de l'Europe sont bien plus voluptueuses que celles du Nord. La femme portugaise, courte et vive, passe pour l'être davantage que l'Espagnole et l'Italienne. Celles-ci le sont plus que nos Françaises, qu'on accuse d'être parfois plus coquettes que tendres. Au contraire, les Allemandes sont souvent froides et si les femmes russes s'adonnent davantage aux voluptés, c'est autant par la corruption de ce peuple que par l'habitude de vivre à la chaleur continuelle des poêles et sous des vêtements de peaux, lesquels produisent en partie l'effet d'un climat plus méridional.

J.-J. VIREY, *De la femme, sous ses rapports moral, physiologique et littéraire*, 1823.

VORONOFF (Docteur)

• Les femmes ne seront pas oubliées :
Le docteur Voronoff, qui a assisté la semaine dernière, à Londres, au Congrès international de médecine et de chirurgie, annonce qu'il a trouvé le moyen de rendre la jeunesse aux femmes aussi bien qu'aux hommes, qui étaient les seuls jusqu'ici à bénéficier de sa méthode. Le nouveau procédé n'est pas encore tout à

fait au point, mais le docteur Voronoff affirme qu'il le sera au mois de novembre.

Le Journal, 22 juillet 1923.

VOTE PAR CORRESPONDANCE

• Venez quand même :

Les personnes âgées, malades ou infirmes, désirant voter par correspondance, sont priées de passer d'urgence en mairie pour prendre connaissance des opérations à accomplir et des pièces à fournir.

Le Baugeois, quotidien du Maine-et-Loire, 5 mars 1971.

VOYAGE

• Doit se faire de face :

Lorsqu'on voyage, assis sur la banquette du devant, on est, pendant tout le temps du voyage, placé dans la position de recul ; on est donc continuellement forcé de respirer dans une espèce de vide ; de là, tous ces malaises que certaines personnes éprouvent dans cette position, ce qui fait qu'on attache un si grand prix aux places du fond.

F.-V. RASPAIL, *Histoire naturelle de la santé et de la maladie*, 1860.

VOYAGES INTERPLANÉTAIRES

• Tout est bien qui finit bien :

Madrid, 10 novembre. « Il est possible que certains voyageurs interplanétaires, s'ils sont en état de grâce, puissent aller au paradis sans passer par la mort », a déclaré le Père Luis Marcos, docteur en théologie de l'Université pontificale grégorienne de Rome, actuellement aumônier personnel du Mont-de-Piété de Madrid.

La Presse marocaine, 11 novembre 1957.

W

WAGNER (Richard)

• L'homme était un dégénéré :
Richard Wagner est chargé, à lui seul, d'une plus grande quantité de dégénérescence que tous les dégénérés ensemble que nous avons vus jusqu'ici.

Dr Max NORDAU, cité *in* Dr Cabanès, *Grands Névropathes, malades immortels*, 1930.

Son infatuation germanique lui fait prendre pour illuminée et digne de passer à la postérité n'importe quelle suite incohérente de sons que, à des minutes de fatigue, il a cru entendre glapir au fond de son trop énorme cerveau de dégénéré.

Pierre LOTI, *L'Horreur allemande*, 1918.

• Un fou :
Wagner est évidemment fou.

Hector BERLIOZ, *Correspondance*, 5 mars 1861.

Wagner est un fou, un fou d'orgueil. Sa musique de l'avenir est une monstruosité. Improlifique par nature comme tous les monstres, Wagner est impuissant à se reproduire, à se multiplier.

H. PRÉVOST, *Étude sur Richard Wagner*, 1869.

• Un homme politique dangereux :
Wagner est le Marat de la musique, dont Berlioz est le Robespierre.

A. GASPERINI, *Le Siècle*, 1858.

Étant communiste, Herr Wagner veut forcer les arts à communier avec ses idées politiques et sociales.

Musical World, Londres, 30 juin 1855, cité *in* Nicolas Slonimsky, *Lexicon of Musical Invective*, New York, 1953.

• Et bien pis encore :
Wagner est l'incarnation de l'Antéchrist.

Max KALBECK, *Wiener Allegemeine Zeitung*, 28 avril 1880.

• L'œuvre est digne de l'homme :
L'auteur du *Vaisseau fantôme*, de *Tannhäuser*, de *Tristan et Isolde* et de *Lohengrin* ouvre-t-il, comme il l'espère, une voie nouvelle à la composition ? Non, assurément, et il faudrait désespérer de l'avenir de la musique, si l'on voyait se propager la musique de l'avenir.

Oscar COMETTANT, *Almanach musical*, 1861.

[..] La musique ailée et sublime de Weber et de Beethoven devenue la sorcière criarde qui fait son sabbat dans les opéras de Richard Wagner.

Paul DE SAINT-VICTOR, *Barbares et Bandits*, 1871.

Cette musique ne peut que remuer les sens les plus bas. La musique de Wagner réveille le cochon plutôt que l'ange. Je dis pire, elle assourdit les deux. C'est de la musique d'eunuque affolé.

Le Figaro, 26 juillet 1876.

• Elle produit de remarquables effets physiques :
Je ne sais s'il me manque un sixième sens qui est nécessaire, à ce qu'il paraît, pour comprendre et apprécier cette nouvelle musique, mais j'avoue qu'une roulée de coups de poing qu'on m'eût donnée sur la tête ne m'eût point causé une sensation plus désagréable. C'est une série d'accords

stridents, de sifflements aigus, de grincements de cuivres enragés, sans aucune trêve, aucun repos pour l'oreille. Si l'auteur a voulu peindre une tempête, il en a au moins rendu l'effet le plus pénible : cela donne le mal de mer.

P.-A. FIORENTINO, *Le Constitutionnel*, 30 janvier 1860.

Le public a été énervé, surexcité par une orchestration stridente, insatiable d'effets et de dissonances, par le paroxysme de la chanterelle, et surtout par une intempérance de récitatifs qui porte à la torpeur la plus prolongée et de la façon la plus dangereuse pour la santé des auditeurs. « J'y ai survécu », s'écriait un robuste feuilletoniste, au sortir de la dernière répétition générale ; combien de dilettantes intrépides n'ont pu en dire autant à la première représentation.

J.-L. HEUGEL, *Le Ménestrel*, 17 mars 1861, après la première à Paris de *Tannhäuser*.

Wagner, c'est Berlioz moins la mélodie. Sa partition du *Tannhäuser* ressemble à un livre qui serait écrit sans points ni virgules ; on ne sait à quel endroit respirer. L'auditeur étouffe.

D.-F.-E. AUBER, cité in *Le Ménestrel*, 27 septembre 1863.

Après *Lohengrin*, j'ai eu un mal de tête affreux, et toute la nuit j'ai rêvé d'une oie.

Mily BALAKIREV, *Lettre à Vladimir Stasov*, Saint-Pétersbourg, 3 novembre 1868.

L'esthétique n'est autre chose qu'une physiologie appliquée. Je me fonde sur ce fait... que je respire difficilement quand cette musique commence à agir sur moi ; qu'aussitôt mon pied se fâche et se révolte contre elle. [...] Mais n'y a-t-il pas aussi mon estomac qui proteste ? Mon cœur, la circulation de mon sang ? Mes entrailles ne s'attristent-elles point ? Est-ce que je ne m'enroue pas insensiblement ? Pour entendre Wagner, j'ai besoin de pastilles Géraudel.

Frédéric NIETZSCHE, *Le Crépuscule des idoles. Le Cas Wagner*, traduction H. Albert, 1899.

• Jouer Wagner en France, c'est trahir : Rien des Barbares, rien de leur littérature, de leur musique, de leur art, de leur science, rien de leur culture ne doit désormais souiller notre esprit, notre intelligence et notre cœur. Il faut que la France soit la France, qu'elle fasse des Français de France, et qu'elle supprime tout net le Français ou la Française made in Germany. Il faut par la loi, par la persuasion, par la force, au besoin par la violence, imposer une règle qui est la règle même du patriotisme. Messieurs de l'art sans patrie iront, s'il leur plaît, entendre du Wagner en Allemagne ; tant pis pour eux si leur retour est accidenté.

On ne jouera plus du Wagner en France.

Frédéric MASSON, *L'Écho de Paris*, 27 septembre 1914.

Il est clair que certains amateurs, en se livrant aux rêves wagnériens, d'autres curieux, en applaudissant les délices de Nietzsche, ont trahi la cause de la France. Ils n'ont pas servi leur pays.

Maurice BARRÈS, *Le Correspondant*, cité *in* Georges Bonnet, *L'Âme du soldat*, 1917.

• Une opinion de Saint-Saëns : Avant Richard Wagner, tous les grands compositeurs écrivaient « honnêtement », si l'on peut dire ; il a inauguré et mis à la mode, malheureusement, le charlatanisme.

Camille SAINT-SAËNS, *L'Écho de Paris*, 6 octobre 1914.

• Une mise au point de Debussy : Wagner, si l'on peut s'exprimer avec un peu de la grandiloquence qui lui convient, fut un beau coucher de soleil que l'on a pris pour une aurore.

Claude DEBUSSY, réponse à une *Enquête sur l'influence allemande*, 1903.

• A propos de *Tannhäuser* : *Tannhäuser* a passé, et la musique de l'avenir n'était déjà plus... C'est l'art mystique mourant orgueilleusement d'inanition au milieu du vide.

Paul DE SAINT-VICTOR, *La Presse*, mars 1861.

Un dernier ennui, mais colossal, a été *Tannhäuser*. Il me semble que je pourrais écrire demain quelque chose de semblable en m'inspirant de mon chat marchant sur le clavier d'un piano.

Prosper MÉRIMÉE, *Lettre à une inconnue*, 1861.

• **A propos de *Tristan et Isolde* :**
La seconde partie du programme a commencé par un prélude et l'introduction d'un opéra de M. Wagner qui s'intitule *Tristan et Isolde*. Sur ce texte le compositeur a certainement dépassé tout ce qu'on peut imaginer en fait de confusion, de désordre et d'impuissance. On dirait d'une gageure contre le sens commun et les plus simples exigences de l'oreille. Si je n'avais pas entendu trois fois ce monstrueux entassement de sons discordants, je ne le croirais pas possible.

Paul SCUDO, *L'Année musicale*, 1861.

C'est de la musique de chat évolué. Cela pourrait être fait par un pauvre pianiste qui frappe les touches noires à la place des blanches, ou vice versa.

Heinrich DORN, *Aus meinem leben*, Berlin, 1870.

Siegfried a été abominable. Aucune trace de mélodies cohérentes. Cela tuerait un chat et la frayeur provoquée par ces hideuses dissonances transformerait les rocs en œufs brouillés.

Richard STRAUSS, *Lettre à Ludwig Thuille*, 1879.

• **A propos de *La Walkyrie* :**
Après les amours sensuelles jusqu'au *delirium tremens* de *Tristan et Yseult*, gorgés de drogues aphrodisiaques, voici *La Walkyrie*, qui nous offre le tableau répugnant des amours incestueuses, compliquées d'adultère, du frère et de la sœur jumeaux.

Oscar COMETTANT, *Le Siècle*, 8 mars 1886.

Lorsqu'il fut question de représenter à Paris *La Walkyrie*, les wagnériens s'inquiétèrent de l'effet que pourrait produire, sur les spectateurs parisiens, la vue des ailes dont sont ornés les casques des vierges guerrières. Alors on profita de l'étonnante docilité des femmes en matière de modes : on leur fit mettre d'abord sur leurs chapeaux de petites oreilles d'âne, et elles trouvèrent cela charmant ; puis, lorsqu'elles furent bien habituées aux oreilles d'âne, on les remplaça par des ailes. [...] Bien préparées, les ailes des Walkyries ne parurent pas ridicules.

Camille SAINT-SAËNS, *L'Écho de Paris*, 11 janvier 1915.

• **Des précisions contradictoires sur sa tombe :**
Et puis il y a sa tombe (*de Wagner*), là devant moi. Elle ressemble à sa table de travail, car elle était en marbre sa table, comme si, pour écrire ces œuvres titanesques, le granit seul eût été assez noble et assez résistant.

Le Figaro, 22 octobre 1927.

• **Un jugement sans appel :**
Wagner est un homme dépourvu de tout talent.

C.A. CUI, *Lettre à Rimski-Korsakov*, 9 mars 1863.

• **Pour finir, une voix isolée :**
Les Allemands, sauf Wagner, n'ont jamais eu le sentiment de la mesure.

Le Temps, 25 août 1914.

WALLACE (Fontaine)

• **La prophylaxie nécessaire :**
Dans beaucoup d'endroits on dispose des fontaines alimentées par de l'eau potable et munies d'un gobelet enchaîné. Mettre à la disposition de tous une eau fraîche et pure est une idée excellente et le succès des fontaines de ce genre, dues à Paris à la générosité de Richard Wallace, en est une preuve. On a toutefois accusé le gobelet commun de pouvoir devenir un agent de contage. Il est facile tout au moins de le laver sous le jet continu de la fontaine, ce qui constitue déjà une garantie. Peut-être pourrait-on avoir, à côté du robinet, un brûleur à gaz permettant de flamber le gobelet ?

Paul LANGLOIS, *Précis d'hygiène publique et privée*, 1896.

WASHINGTON

• **A propos du projet de construction de cette ville :**
L'on pourrait gager mille contre un que la ville ne se bâtira pas, ou qu'elle ne s'appellera pas *Washington*, ou que le congrès n'y résidera pas.

Joseph DE MAISTRE, *Considérations sur la France*, 1797.

WATER-CLOSET

• **Tout ce qu'il faut savoir :**
Malgré le plus profond désir de s'immatérialiser, la nature humaine est forcée

d'avouer, à certaines heures, qu'elle doit se soumettre à des exigences parfois assez tyranniques et imprévues, qu'il lui faut renoncer à l'apparence poétique d'un corps céleste et que la solitude lui devient indispensable.

La régularité de ces habitudes méditatives est une des conditions les plus sérieuses de bonne santé et par conséquent de beauté ; lorque la nature est rebelle au dégagement, le teint devient terreux, un vague malaise se produit, bouleversant l'organisme dans tous ses rouages.

Il faut solliciter tous les jours à la même heure pour obtenir le dégagement nécessaire et forcer la mauvaise volonté à cesser ce rôle de rébellion ; presque toujours le résultat est favorable en persévérant.

Il y a, en outre, quelques précautions indispensables à prendre dans cette retraite inviolable ; les femmes surtout peuvent y contracter de douloureuses maladies et l'usage des chaises, nécessité jadis par l'absence presque totale de ces *buen retiro* que le confortable moderne sait embellir, avait son côté pratique.

La chaise était personnelle, on ne risquait donc pas de subir le contact d'un prédécesseur pensif dont la distraction pouvait fort bien s'être manifestée sous une forme quelconque.

Il est bien permis en cette matière de témoigner certaines appréhensions nées d'une délicatesse très naturelle.

En ce qui concerne les femmes, elles ont à craindre la névralgie utérine qui les guette par cette voie, il vient parfois une impression d'air froid qui, quoique ne frappant pas au visage, n'en est pas moins fâcheuse et qui développe de cruels malaises.

Enfin, quelque intérêt que puisse offrir la lecture et quelque beauté que révèlent les caractères d'imprimerie, il est dangereux et peu hygiénique de faire usage du papier en principe et de celui qui est imprimé en particulier.

Comtesse DE TRAMAR, *Le Bréviaire de la femme*, 1903.

• Une note de service :
Les W.-C. ne sont pas un salon de lecture. En admettant que les militaires du camp prennent plaisir à lire leur journal pendant la satisfaction d'un besoin intime et personnel, il est inadmissible de laisser traîner des stocks considérables de journaux autour des cabinets.

Par mesure d'économie et d'hygiène, il ne sera toléré qu'une demi-feuille réglementaire par homme. Si les W.-C. se trouvent bouchés de nouveau, des exercices de nuit pour l'ensemble de la compagnie pourront être déclenchés sur préavis de demi-heure.

Capitaine X..., Rapport de compagnie, École militaire de Cherchell, 1957, cité in *Le Canard enchaîné*, 12 juin 1957.

WATERLOO

• Des réserves sur la défaite :
Ne nous lassons jamais de répéter surtout que la Fance a vu avec horreur le tyran, dont le sceptre de fer avait si longtemps pesé sur elle, qui avait épuisé ses trésors et son sang, revenir porté sur le pavois de soldats séduits par des chefs criminels, et souiller encore une fois le trône qu'avait purifié le fils de Saint Louis. Il n'a dû son triomphe éphémère qu'à la perfidie, à la surprise, à la violence : l'armée, entraînée par des traîtres, oublia qu'elle appartenait à la nation, pour se donner à un aventurier ; les légions de la patrie devinrent les cohortes du prétoire, et les soldats français les satellites d'un Corse. L'armée a cruellement expié sa faute et son égarement. En justifiant la France aux yeux de l'Europe, et cette justification est facile, nous aurons doublement vengé la gloire nationale, et nous aurons le droit de dire : Ce n'est pas la France qui a été battue à Waterloo.

Je vais plus loin : ce n'est pas même l'armée française.[...] L'armée française au printemps de 1815, était dans la Vendée, dans le Midi, auprès du Roi : il n'y avait à Waterloo que les soldats de Buonaparte.

Le Drapeau blanc, 18 juin 1819.

Si, dans cette fatale journée, l'étranger humilia nos armes, il n'a pas le droit de s'enorgueillir de son triomphe ; la France, à plus juste titre, peut se montrer fière d'une pareille défaite.

Achille DE VAULABELLE, *Waterloo*, 1845.

• Une version peu connue de la fin de la bataille :
Après la jonction de Blücher, Bonaparte perdit la tête ; il abandonna son armée et disparut. Dans cette situation, un corps de la garde impériale se signale par un acte de désespoir et dont l'histoire offre bien peu d'exemples. Environné de toutes parts et placé sous le feu de la mitraille anglaise, il fut invité à se rendre. — La garde meurt et ne se rend pas ! telle fut la réponse, et aussitôt on vit ces forcenés tirer les uns sur les autres et s'entre-tuer sous les yeux des Anglais, que cet étrange spectacle tenait dans un saisissement mêlé d'horreur.

R. P. LORIQUET, *Histoire de France pour l'éducation des enfants*, 1833.

• Pourquoi les Anglais ont gagné :
Si Wellington avait compris qu'il avait perdu la bataille de la Haie-Sainte, il aurait commencé sa retraite dès trois heures de l'après-midi et Napoléon triomphait. Mais comme il était de compréhension lente, il ne bougea pas de place. Et Blücher, au lieu de surgir trop tard, arriva juste à point pour gagner la victoire.

La force de l'Angleterre est que par ses fautes mêmes elle parvient à ses fins.

LLOYD GEORGE, cité *in* Jean de Pierrefeu, *Plutarque a menti*, 1923.

• Un mot de Cambronne :
Je n'ai pas pu dire « la Garde meurt et ne se rend pas », puisque je ne suis pas mort et que je me suis rendu.

Général Pierre CAMBRONNE, cité *in* Levot, *Biographie bretonne*, 1900.

• Une citation qui mérite des châtiments :
C'était comme à Waterloo. Il neigait, il neigeait toujours.

La Montagne, 11 janvier 1963.

WELLES (Orson)

• Ses limites :
Il me faut encore être sévère pour réagir contre l'idolâtrie d'avant-garde dont a, non bénéficié, mais pâti Orson Welles — contre Orson Welles Tabou. *Citizen Kane*, c'était l'orgueil de la caste — la volonté d'*être*. *La Dame de Changhaï*, c'est la saga lamentable d'une brute veule. La versatilité que prouvent ces trois incarnations successives d'Orson Welles, ces trois rôles successifs qu'il s'est choisis, et qui montrent une espèce d'acharnement à détruire sa mythologie naissante, qu'est-ce, en somme, que cela prouve si ce n'est que notre auteur déborde de frénétique vitalité, et qu'il apporte, à se trouver toujours là où on ne l'attend pas, un goût du jeu qui pourrait bien masquer qu'il n'a pas de message et qu'il n'a pas de vraie personnalité d'auteur ? Qui doive, veux-je dire, s'imposer devant la postérité.[...]

J'admire Orson Welles comme j'admire Jean Cocteau. Je n'aime pas Orson Welles. Je me trompe peut-être ici, et je donne mon sentiment pour ce qu'il vaut. Il n'a pas de pudeur. Il n'a pas de cœur.

Jean QUEVAL, *Mercure de France*, 1er mars 1948.

WILSON (Thomas Woodrow)

• Vendu aux Juifs :
L'étroit accord entre la haute banque juive d'Allemagne et celle des États-Unis fut, d'autre part, la raison fondamentale pour laquelle le gouvernement allemand eut une si aveugle confiance dans la neutralité de Wilson. A l'improviste, cependant, Wilson a déclaré la guerre. Qu'était-il donc survenu ? C'est qu'Israël, très informé et très prévoyant, s'était avisé, bien avant l'Entente, de l'imminente et irréparable défaite de l'Allemagne, et la haute banque abandonna l'Allemagne politique des Hohenzollern pour sauver autant que possible du naufrage les intérêts judéo-allemands, dont la défense est l'objectif immédiat des puissances anticatholiques.

Le Bloc catholique, Toulouse, juin 1920.

X Y

X (Rayons)

• Accueillis avec indignation :
C'est une entreprise satanique que vouloir photographier le squelette d'un être vivant comme s'il était disséqué et mû par des ficelles. Et puis ce procédé comporte des conséquences menaçantes : Si l'on peut photographier à travers des murs de bois ou de pierre, et même dans l'obscurité, toute intimité cesse car partout il fera jour, sauf pour nos yeux qui seront bientôt remplacés par un ersatz approprié.

DOLBEAR, physicien américain, à l'annonce de la découverte des rayons X par l'Allemand Röntgen, novembre 1895.

On annonce maintenant — et nous espérons que c'est faux — que Edison a découvert une substance qui réagit aux nouveaux rayons. La conséquence paraît en être qu'on verra à l'œil nu les os des gens, et même à travers une paroi de bois de huit pouces. Il n'est pas nécessaire de souligner l'immoralité flagrante contenue dans cette possibilité, mais nous voudrions attirer particulièrement l'attention du gouvernement sur le fait qu'il faudrait édicter des réglementations très sévères si l'emploi de cette substance nouvelle venait à se généraliser.

Pall Mall Gazette, Londres, 1896.

• Et avec amusement :
Les rayons Röntgen, une plaisanterie enfantine. Ça me rappelle les expériences de chimie de mon professeur Ratisbonne.

Jules RENARD, *Journal*, 10 avril 1897.

Y A BON

• Trois mots héroïques :
Ces soldats noirs sont homér *bon...* Ah ! ces trois mots, de j gnifiques ! Cette locution, cou solue, hardie, familière, qui ex signifie tout, accepte tout, compre résume tout, tient lieu de phrases, d nes paroles, de promesses, de serme et qui inventée, bégayée d'abord et comn essayée un jour, une première fois, avant de « prendre rang », a su dans la naïveté primesautière de son argot, bien qu'imaginée par un cerveau sauvage et s'échappant des lèvres d'un Noir, trouver cependant, pour être parfaite, une concision toute française, énergique et gaie. *Y a bon !*

Henri LAVEDAN, *Bon an mal an*, 9 août 1913.

YANG

• On a confondu :
Le mot chinois, *lo*, tissu, filet, est devenu en tonkinois le signe écrit de la préposition *la*, qui signifie *dans*. *Yang*, ver, signifie *souci, inquiétude*. Les Chinois, en s'abordant, se disaient : *Wou yang*, avez-vous des ennuis ? Le père Cibot, confondant ce mot avec un autre *yang*, qui signifie *mouton*, a cru que les Chinois se disaient : « Avez-vous vu le mouton, l'agneau ? » d'où il conclut qu'ils attendaient le messie.

Eugène VÉRON, *L'Esthétique*, 1883.

YEU (Ile ... partisans du Maréchal :

• Vue ... faisant de l'île d'Yeu le sé-
Aussi ... des cendres du Maréchal et
jo... ier le caractère quasi surnatu-
... nd cette fraction du sol natio-
... il nécessaire que, dans l'avenir,
... u s'écrivît l'île Dieu.

... l, 28 décembre 1951.

... ont le miroir de l'âme :

... nc des yeux, dit Galien, est presque
... lable à tous ; mais la partie qu'on ap-
... e noire, aux uns est grise, aux autres
... re, à d'aucuns fauve, et à d'autres est
... reille à celle de la chèvre, qui est un si-
... ne de bonnes mœurs.

Joannes TAXILLUS, *La Physiognomie en sa splendeur*, 1608.

La femme qui, sans loucher, sait voir des deux côtés à la fois et donner à ses yeux vifs des directions opposées, ne pourra jamais inspirer confiance.

Manuel du physionomiste des dames, 1843.

• Comment les regarder :

Lorsque vous regardez quelqu'un dans les yeux, c'est toujours dans un œil à la fois que vous regardez, car il est matériellement impossible de faire autrement, rendez-vous d'abord compte de ce fait ; si vous voyez l'ensemble de cet œil, les paupières, la cornée, l'iris et la pupille, vous lirez facilement l'expression de cet œil (le muscle pathétique). Comme un éclair, quittez l'ensemble de cet œil et fixez, en respirant régulièrement, l'iris (la pupille, si vous pouvez le faire), avant que l'œil de la personne soit dirigé sur vos yeux. Cette personne ne pourra plus vous influencer par son regard et vous-même, vous prendrez de l'influence sur cette personne, car elle regardera l'ensemble de votre œil et trouvera dans votre regard une résistance calme et inexplicable.

Guide pour les égarés ou le Livre du prince Korab, cinquième édition, Paris 1909.

YOGI

• L'homme et la bête :

Ainsi, à l'occasion des grandes fêtes religieuses données par les indigènes à Poona, dans la province de Bombay, on remarquait, parmi tant d'hommes saints qui se produisaient le long de la route que devait prendre la procession, un yoghi qui a pu se tenir les jambes en l'air et la tête enfouie dans le sable jusqu'aux épaules pendant sept ou huit heures consécutives, le temps que durait la procession.

Les autruches seules peuvent en faire autant, et cela seulement en cas de danger.

Le Journal, 6 février 1914.

YOUPITER

• Les premiers cris de l'humanité :

On n'avait aucune idée de la durée du temps. Le soleil se montrait et s'en allait, sans qu'on pût se l'expliquer autrement que par une volonté personnelle. Il était donc attendu avec impatience. S'il allait ne pas venir. Enfin le voilà qui s'annonce, entendez les cris de bonheur : *you you you ! you you you ! you you you ! joie ! jeu ! jour ! Youppipi ! Youppipi ! Salut père ! Youpiter ! Jupiter ! Youddidi ! youdddidi ! salut les didi !* Les premiers hommes s'appelaient *Didi, di !*

Jean-Pierre BRISSET, *La Grammaire logique résolvant toutes les difficultés et faisant connaître par l'analyse de la parole la formation des langues et celle du genre humain*, 1883, cité in *Bizarre*, avril 1956.

YQUEM (Château)

• Le poète voit rouge :

La belle fille devint pourpre comme un beau Château-Yquem.

Francis JAMMES, *Revue universelle*, 15 février 1928.

Z

• La lettre de la décadence :

Une remarque qui paraîtra peut-être puérile et qui n'en est pas moins très significative, c'est celle de l'amollissement qui se fit sentir alors dans la prononciation. L'*a*, cette vocale éclatante, retentissante, emphatique, qui abonde chez les peuplades autochtones et dans les idiomes primitifs, est souvent remplacé par l'*e*, voyelle plus efféminée ; et l'*e*, à son tour, se rétrécit jusqu'à l'*i*, qui peint tout ce qui est petit, joli, gentil. Parmi les consonnes, l'*s* dur et sifflant fait place au *z*, lettre bizarre, drôlette, qui fait faire à la bouche une petite moue gracieuse. Presque tous les héros des tragédies et des romans de cette époque sont en *z* : Zaïre, Zaïde, Ziléa, Zulime, Alzire, Aza, Zirphé, Zirphile, Zaïs, Zulmis, Zelmaïde, Zelindor, Zamor, Alzaïde, Athalzaïde, etc.

Jules LADIMIR, Philosophie de l'histoire, « Silhouette du dix-huitième siècle en France », in *Le Magasin universel*, 1839.

ZÈBRE

• Un croisement :

Dans le siècle dernier, lord Clive avait emmené en Angleterre une femelle de zèbre : on lui présenta des ânes qu'elle dédaigna ; un bel étalon arabe ne reçut d'elle que des ruades. Enfin, on s'avisa de peindre un âne et de le zébrer des pieds à la tête ; le stratagème réussit très bien, et il en provint un mulet rayé.

PIERQUIN DE GEMBLOUX, *Traité de la folie des animaux*, 1839.

ZÈLE

• La meilleure preuve :

Comme on l'a remarqué souvent, rien qu'au zèle dont a toujours fait preuve l'Église catholique, on reconnaît sa divinité.

Abbé MIGNE, *Nouvelle Encyclopédie théologique*, tome X, (article Zèle), 1851.

ZENAGA

• Un beau fait d'armes :

L'effet des obus fut foudroyant. Ils éclataient à l'intérieur des maisons et faisaient tout sauter. Pour terminer, le feu fut dirigé sur le minaret de la mosquée de Zenaga. Grâce à la précision de notre tir, le minaret fut éventré et les ailes de droite et de gauche arrachées. Notre artillerie a été admirable.

La Libre Parole, juin 1903.

ZEND-AVESTA

• Ce qu'il doit à la France :

Les moheds (prêtres parsis) ont un très grand respect pour la science européenne, depuis que le Français Burnof leur a expliqué le Zend-Avesta, cette Bible étrange qu'on récitait à leurs offices, depuis des siècles, sans la comprendre.

Jean REVEL, *Chez nos ancêtres*, 1888.

ZÉRO

• Nous y venons :

Seule, jusqu'à présent, la Russie est arrivée à ce zéro absolu, au-dessous duquel il n'y a plus rien ; aussi elle est le seul pays dans l'histoire où la révolution reste stationnaire et ne s'étend plus en profondeur, et où les purs ne trouvent plus de plus purs qu'eux-mêmes pour les épurer. La révolution bolcheviste ne s'étend plus qu'en largeur, et il ne saurait en être autrement.

En admettant qu'un jour elle prenne possession du monde entier, elle ne pourra plus gagner ni en profondeur ni en largeur. Soumis à Israël, le monde restera stationnaire, figé dans l'immobilité ; ce sera le zéro absolu du thermomètre de la Révolution, et ce sera, nous en convenons, la paix universelle dans le sens des deux dimensions : paix verticale et paix horizontale à la fois, une paix comme il n'y en a encore jamais eu d'aussi complète. Mais ce ne sera pas la paix du royaume de Dieu, ce sera celle du royaume du diable, la paix de l'Enfer, sous la houlette de celui qui en fut le révolté et le tentateur depuis le commencement, ainsi que le « Père du Mensonge », et de la secte déicide qui en a fait son patron et son père, selon la parole du Christ. Ce sera véritablement le règne de l'Anté-Christ.

Emmanuel MALYNSKI, *La Grande Conspiration mondiale*, 1928.

ZOLA (Émile)

• L'homme :

Il est, sans conteste, le roi des métis.

Léon DAUDET, cité *in* Jules Bertaut, *Chroniqueurs et Polémistes*, 1906.

• L'œuvre :

Dans les livres de Zola, en dehors d'un langage excrémentiel et de passages scandaleux, qu'y a-t-il ?

Antoine LAPORTE, *Zola contre Zola, erotika naturalistes*, 1896.

Le pornographe Zola.

Mgr GIBIER, *La Revue hebdomadaire*, 15 mai 1909.

• Dans l'affaire Dreyfus, il méritait la mort :

Jusqu'à cette époque (1897), Zola avait été célèbre par ses romans pornographiques, exhalant des odeurs fétides de gange, de pourriture, de déjections et de gangrène.

Il allait le devenir par son dreyfusisme.

Ses romans n'étaient que des peintures démoralisatrices au premier chef, des attaques contre la religion, la société ; des excitations à la haine des citoyens les uns contre les autres ; des œuvres de désorganisation sociale enfin, sous une forme qui était le dernier mot de la plus basse abjection.

La campagne qu'il allait entreprendre en faveur du traître contre l'armée, était le digne couronnement de ses œuvres immondes. Il atteignait ainsi en plein cœur, l'une des plus nobles institutions sociales que son ignoble littérature n'avait pas réussi à entamer.

[...] Le gouvernement eût-il voulu résolument empêcher cet effroyable scandale, qu'il en avait tous les moyens.

La politique n'est pas une affaire de sainteté et nos gouvernants, moins que tous les autres, ne sont dignes d'être canonisés.

Il leur était bien simple, à la sortie d'une de ces audiences de la cour d'assises où la foule exaspérée voulait lyncher Zola, de laisser la police n'arriver que lorsque le pornographe eût été précipité dans la Seine.

Au surplus, il menaçait l'existence même de la patrie, il conspirait au grand jour, il faisait de la politique antifrançaise : on pouvait invoquer la raison politique, la raison d'État pour s'en débarrasser. Dans certaines circonstances politiques, il n'y a pas de crimes, il n'y a que des obstacles.

Et encore un coup, le gouvernement pouvait se laver les mains du malheur qui serait arrivé à Zola si la foule l'eût jeté dans la Seine.

Ernest RENAULD, *Le Péril protestant*, 1899.

• Un condensé :

Monomane coprographe ! tel sera le dernier mot et le jugement final sur l'homme et l'œuvre.

R. P. Étienne CORNUT, s. j., *Les Malfaiteurs littéraires*, 1892.

Ses œuvres sont tellement ignobles que ses amis même finissent par en avoir la nausée.

Abbé Louis BETHLÉEM, *Romans à lire et romans à proscrire*, Cambrai 1905.

• Un grief peu connu :

Il est déplorable que Zola ait gagné de l'argent. Ils ont tous cru que la carrière des lettres est lucrative. Le jour où il a été découvert que Zola gagnait beaucoup d'argent, l'épicier a dit à son fils : « Mon fils, fais de la littérature ! » Alors, le fils de l'épicier a fait la littérature que vous savez.

Propos de J.-K. HUYSMANS, rapporté par Georges le Cardonnel dans l'enquête du *Figaro* « Les écrivains doivent-ils faire un autre métier ? », 2 septembre 1922.

• A propos de *Lourdes* :

En vue d'un article pour *Le Mercure*, j'entreprends la lecture de *Lourdes*. Le pédantisme et la sottise de l'auteur m'accablent. Tous les lieux communs, les plus bas du journalisme de province et de la table d'hôte de commis voyageurs sont là, s'étalent dans ce livre abject, comme des vérités lumineuses. Pas un n'est oublié.

Et quel style de gendarme, d'usinier, de garde-barrière sentimental et cochon ! Ah ! la besogne me sera facile.

Léon BLOY, *Journal*, 3 août 1894.

• Le plus beau texte sur sa mort :

Mort de Zola... Les journaux confirment la bonne nouvelle. D'après un reportage, le Crétin des Pyrénées aurait crevé dans sa littérature. On l'aurait ramassé dans les excréments. [...] Au résumé, l'excrément surabonde en cette mort. Crevailles scatologiques. *L'Écho de Paris* explique que Mme Zola qui survit à son mari — considéré comme ayant vécu — « doit son salut au fait qu'elle a pu arriver jusqu'à son cabinet de toilette. » Émile, moins béni, n'a pu se précipiter assez rapidement sur les latrines...

Léon BLOY, *Journal*, 30 septembre 1902.

• Et il ennuie toujours près d'un siècle plus tard :

Les romans de Zola sont imprégnés de ce caractère puéril qui était celui de leur créateur. La somme des *Rougon-Macquart*, conçue pour prolonger *La Comédie* humaine sous le Second Empire, se détache en traits grossiers et sommaires sur un fond sombre et repoussant. Les personnages se trouvent réduits aux apparences de la vie, à leurs vêtements, à leurs taudis, à leur métier, à leur verre d'alcool, à leurs instincts animaux de primitifs sans conscience. [...] Les compilations de Zola, arbitrairement noires et sordides au début, fadement roses et bleues à la fin sous prétexte de paradis socialiste, devenues à peu près illisibles, n'en trouvent pas moins un nombre considérable de lecteurs. Il est des époques qui mettent l'ennui en tête de leurs plaisirs préférés.

Kléber HAEDENS, *Une histoire de la littérature française*, 1970.

ZOOLOGIE

• Pour une nouvelle nomenclature :
Supposons qu'un zoologue fasse rencontre de quelque animal ; il n'a pas tardé à reconnaître tous les caractères du *crustacé macroure*, il sait donc déjà les trois premières lettres de son nom : âpu. Un examen attentif lui fait reconnaître une espèce de *salicoque* ; il le nomme donc âpuj. Que s'il aperçoit les caractères de l'animal dit *pénée*, il a désormais son nom : âpujé, si c'est une découverte dont il doit enrichir la science. Au lieu de le désigner sous l'un des noms de *penée caramote*, *pénée à trois sillons*, *pénée d'Orbigny*, *pénée monadon*, etc., il l'appellera *âpujé* ou *âpujed*, ou *âpujév*, ou *âpujéj*, etc.

Tels sont les avantages d'une nomenclature bien ordonnée pour la zoologie.

C. L. A. LETELLIER, *Établissement immédiat de la langue universelle*, 1861.

• Quelques problèmes de classification :
Comme reptiles, on ne rencontre que la grosse couleuvre et le scorpion jaune.

Général DE BONNEVAL, *L'Illustration*, 16 juillet 1927.

Qu'un petit carnassier comme la mangouste, aux yeux roses, haut de cinquante centimètres, puisse venir à bout d'un serpent de l'espèce la plus venimeuse, cela semble paradoxal, et pourtant aucune donnée entomologique n'est plus exacte.

Les Annales coloniales, 16 mai 1929.

ZOOPHITES

• On s'est trompé sur leur compte :
Les zoophites, et parmi eux-mêmes les méduses agastriques, ont une organisation bien plus compliquée qu'on ne le pense, et possèdent par conséquent un horizon idéologique moins restreint qu'on ne l'a présumé.

PIERQUIN DE GEMBLOUX, *Traité de la folie des animaux*, 1839.

ZOROASTRE

• Un bon début :
On rapporte que Zoroastre est le seul homme qui ait ri le jour de sa naissance. Et l'on ajoute que, pour présager sa science future, son cerveau palpitait avec tant de force, qu'il repoussait la main qu'on posait dessus.

PLINE, *Histoire naturelle*, 78 ap. J.-C.

BIBLIOGRAPHIE

BIBLIOGRAPHIE SOMMAIRE

Ce livre si incomplet représente plus de cent ans de lectures. C'est l'âge additionné des deux auteurs, qui ont bien sûr utilisé ici ce qu'ils ont glané dans leur quête finale de quatre ans sur le sujet, mais plus encore tout ce qu'ils avaient lu, noté et annoté depuis leur enfance. Car la recherche du bizarre est une tournure d'esprit et presque une manie, une drogue. Mais surtout parce que le bizarre se récolte partout, aussi bien dans les grands dictionnaires que dans des ouvrages sur les tatouages, les biographies de Pierre le Grand ou les manuels de construction au XVIIe siècle...

D'où la difficulté d'une bibliographie. Il n'y a que très peu d'ouvrages déjà consacrés, au moins en totalité, aux originaux, aux extravagants, sauf peut-être en Grande-Bretagne. Si l'on ne citait que ceux-là, la liste comporterait moins de dix ouvrages. Mais si l'on voulait indiquer tout texte dans lequel il y a au moins un cas, un personnage, une histoire bizarre, il faudrait simplement recopier le catalogue d'une grande bibliothèque mondiale, par exemple la Bibliothèque du Congrès à Washington ou la Bibliothèque nationale à Paris.

Entre les deux, la voie moyenne était difficile : rechercher les ouvrages ayant une forte densité bizarre, où la quête avait été spécialement fructueuse pour nous. C'est ce que nous avons tenté ici, étant bien précisé que, devant l'abondance des ouvrages, il ne pouvait être question que d'une liste sommaire, d'une rapide sélection.

I. OUVRAGES GÉNÉRAUX

RECUEILS D'ANECDOTES ET DE CURIOSITÉS

ADELUNG, *Geschichte der menschlichen Narrheit*, vers 1890.
ALEXANDRE (Roger), *Le Musée de la conversation.*
Almanach surréaliste du demi-siècle, Paris, 1956.
Anecdotes intéressantes et historiques de l'illustre voyageur, Paris, 1777.
AURIOL (Chevalier d'), *Anecdotes françaises et étrangères*, Paris, 1830.

GRASSET (Dr), *Demi-Fous et Demi-Responsables*, Paris, 1908.

JANET (Pierre), *De l'angoisse à l'extase*, Paris, 1926. *État mental des hystériques*, Paris, 1892. *Névroses et Idées fixes*, Paris, 1898. *La Force et la Faiblesse psychologiques*, Paris, 1937.

JUNG (C. J.), *Uber die Psychologie der Dementia praecox*, Halle, 1907.

LAGARDELLE, *Histoire clinique de la folie*, Paris, 1870. *Recherches historiques sur la folie*, 1875.

LEGRAIN (P. M.), *Du délire chez les dégénérés*, P. Delahayes, 1886. *Les Anomalies de l'instinct sexuel*, P. Carré, 1896. *Déclassées*, Paris, 1899. *Les Folies à éclipses*, Paris, 1910. *Les Grands Narcotiques sociaux*, Paris, 1925.

LEGRAND-DUSAULLE, *De l'hystéro-épilepsie*, Paris, 1855. *La Folie devant les tribunaux*, Paris, 1864. *La Folie héréditaire*, Paris, 1873. *Le Délire des persécutions*, Paris, 1871. *La Folie héréditaire*, Paris, 1873. *Les Hystériques*, Paris, 1883.

LOUIS (H.), *Contribution à l'étude des délires de jalousie*, thèse, Paris, 1938.

MAGNAN (Dr), *Les Dégénérés. Le Délire chronique. Les Aliénés de la Seine.*

MALLET (R.), *Les Délirants*, Paris, 1930.

MARCÉ (Louis-Victor), *Traité de la folie des femmes enceintes*, Paris, 1858. *Traité pratique des maladies mentales*, Paris, 1860.

MOREAU DE TOURS (Dr), *La Psychologie morbide*, Paris, 1859. *De la folie jalouse*, Paris, 1877. *Aberration du sens génésique*, Paris, 1880. *Les Excentriques, études psychologiques et anecdotiques*, Paris, 1894.

MOREL, *Traité des maladies mentales*, Paris, 1852. *Traité des dégénérescences*, Paris, 1857. *De la folie héréditaire*, Paris, 1862.

RAPPOPORT (Judith), *The Boy Who Couldn't Stop Washing*, Collins, Londres, 1990.

REVEILLÉ-PARISE, *Physiologie et Hygiène des hommes livrés aux travaux de l'esprit*, Paris, 1856.

SACKS OLIVER, *L'homme qui prenait sa femme pour un chapeau*, Seuil, 1988.

SCHREBER (D. P.), *Denkwürdigkeiten eines Nervenkranken*, 1903.

Sketches in Bedlam or Characteristicks of Insanity, London, 1823.

TEBALDI, *Raison et Folie*, Milan, 1884.

TRELAT, *Recherches historiques sur la folie*, Paris, 1839. *La Folie lucide*, Paris, 1861.

VATAR (H.), *La Grande Guerre et la Folie*, thèse, Paris, 1920.

WALLON (H.), *Le Délire chronique*, thèse, Paris, 1908.

III. LA QUESTION DES GÉNIES

Un génie littéraire, musical, scientifique ou pictural est-il un homme comme les autres ou a-t-il un grain de bizarrerie ? Cette question, qui fit beaucoup de bruit à l'époque de Lombroso, n'est plus guère étudiée aujourd'hui. On se référera donc surtout à des ouvrages un peu anciens.

BETINELLI, *De l'enthousiasme dans les beaux-arts*, Milan, 1769.
HAGEN, *Uber die Verwandschaft des Genies mit dem Irresein*. Berlin, 1872.
JOLY (H.), *La Psychologie des grands hommes*, 1891.
JÜRGEN-MEYER, *Genie und Talent*, 1879.
LANGE-EICHBAUM (W.), *Genie, Irrsinn und Ruhm. Eine Pathologie des Genies*, Munich, 1956 (4e éd.).
LAUNAY (J. de), *Psychologie et Sexualité des grands contemporains*, Paris, 1978.
LELUT, *Le Génie, la Raison et la Folie*, Slnd.
LOMBROSO, *L'Homme du génie*, 2e édition, Paris, 1896.
MAGALHAES, *O Pessimismo no ponto de visto da psychologia morbida*, Lisboa, 1891.
MEJJA (Ramos), *Nevrosis de los hombres celebres de la historia argentina*, Buenos Aires, 1889.
NISBET, *The Insanity of Genius*, 1891.
RADESTOCK, *Genie und Wahnsinn*, Breslau, 1884.
REGIS, *Folie et Poésie*, thèse médecine, Paris, 1906.
SCHILLING, *Psychiatrische Briefe*, 1863.
STAROBINSKI, *Une nouvelle conception du génie et du talent*, AMP, 1927.

IV. FOUS LITTÉRAIRES ET ARTISTIQUES

Il ne saurait être question de donner ici une bibiliographie des ouvrages *des* fous littéraires : il y en a des milliers. De plus, la question est un peu annexe à notre présent travail qui ne regarde pas les œuvres, mais les vies, les existences étranges. C'est pourquoi nous renvoyons ici simplement à quelques ouvrages *sur* les fous littéraires et artistiques, où l'on trouvera des renseignements biographiques.

ANDRIEU (Jules), *Excentriques et Grotesques Littéraires de l'Agenais*, 1895.
Art brut (L') neuf fascicules, Paris, 1964-1973.
Art brut (L') catalogue de l'exposition, Paris, 1967.
BIGEARD (M.), *La Folie et les Fous littéraires en Espagne*, Paris, 1972.
BLAVIER (André), *Les Fous littéraires*, Henri Veyrier, 1982.
CHOMEAUX (Roger), *Chomo*, Paris, 1978.
DELEPIERRE, *Essai bibliographique sur l'histoire littéraire des fous*, Paris, 1867.
DUBUFFET (Jean), *Prospectus et tous écrits*, Paris, 1967.
EHRMANN (Gilles), *Les Inspirés et leurs Demeures*, Paris, 1962.
« Fous (Les) littéraires ». Numéro spécial (4) de la revue *Bizarre*. J.-J. Pauvert, avril 1956.
GREIL (Louis), *Les Fous littéraires du Quercy*, Cahors, 1886. *Les Fous littéraires et bibliographiques*, Paris, 1890.
NODIER (Charles), *Bibliographie des fous. De quelques livres excentriques*, Paris, 1835.

PHILOMNESTE Junior, *Les Fous littéraires, essai bibliographique sur la littérature excentrique, les illuminés, visionnaires, etc.* Bruxelles, 1880.
QUENEAU (Raymond), *Les Enfants du limon.*
ROLLIN (Henri), *L'Art de faire des fous.* SI, 1897.
Singuliers de l'Art (Les), catalogue de l'exposition, Paris, 1978.
THEVOZ (Michel), *L'Art brut*, Paris, 1980. *Écrits bruts*, PUF, 1979.
VERROUST (Jacques) et LACARRIERE (Jacques), *Les Inspirés du bord des routes*, Paris, 1978.

V. MORTS ET TESTAMENTS BIZARRES

AVELINE (Claude), *Les Mots de la fin*, Hachette, 1957.
La Mort et les Sépulcres, Bibliothèque des curiosités, Paris, 1868.
BOUREAU-DESLANDES (A. F.), *Réflexions sur les grands hommes qui sont morts en plaisantant*, Paris, 1776.
DONZÉ DE VERTEUIL, *Derniers Sentiments des plus illustres personnages condamnés à mort*, Paris, 1775.
The Dying Speeches and Behaviour of the Several State Prisoners that Been Executed the Last 300 Years, London, 1720.
LE COMTE (Éd.), *Dictionary of Last Words*, New York, 1955.
LEGRAND-DUSAULLE, *Réflexions sur l'état mental et les dispositions testamentaires* (...), Paris, 1878.
Étude médico-légale sur les testaments contestés pour cause de folie, Paris, 1870.
MITFORD (Jessica), *La Mort à l'américaine*, Paris, 1965, (New York, 1963).
MOREAU DE TOURS (Dr), *Suicides étranges*, Paris, 1890.
PEIGNOT (Gabriel), *Testaments remarquables*, Paris, 1870.
SABATIER (Robert), *Dictionnaire de la mort*, Laffont, 1967.
THIESSE (Léon), *Derniers Moments des plus illustres personnages français condamnés à mort*, Paris, 1818.

VI. MÉMOIRES, VIES CÉLÈBRES, DICTIONNAIRES

Archives biographiques contemporaines, Paris, sd.
AUBREY (John), *Lifes.*
AUTRAND (Françoise), *Charles VI*, Fayard, 1986.
BALTEAU, *Dictionnaire de biographie française*, Paris, 1929.
BARBIER, *Dictionnaire des anonymes*, Paris, 1822.
BARESTE (Eugène), *Biographie des hommes du peuple*, Paris, 1850.
BERNHARDT (Sarah), *Mémoires*, 1907.
Biographie universelle, slnd, Paris.
BOURGES (Hervé) et WAUTHIER (Claude), *Les Cinquante Afrique*, Seuil, 1979.
BRANTÔME, *Hommes illustres et Grands Capitaines français.*

BROCKHAUS, *Der grosse Brockhaus*, Leipzig, 1920.
CLAUDE (Monsieur), *Mémoires*, Paris, 1878.
COLETTE, Œuvres.
DUCAMP (Maxime), *Souvenirs littéraires*, seconde édition, Paris, 1887.
Enciclopedia Espana, Madrid, XXᵉ siècle.
Encyclopaedia Britannica, London, 1943-1973.
Encyclopœdia universalis, Paris, 1968.
Encyclopedia international, New York, 1968.
FLOREY (Robert), *Hollywood d'hier et d'aujourd'hui*, 1953.
GENLIS (Mme de), *Mémoires*.
HAHN (Reynaldo), *La Grande Sarah*, 1906.
HOEFER, *Nouvelle Biographie générale depuis les temps les plus reculés*, 1953.
KIRCHER (Athanase), *Œuvres*.
LABRACHERIE (Pierre), *La Vie quotidienne de la bohème littéraire au XIXᵉ siècle*, Hachette.
LAËRCE (Diogène), *Vies, Doctrines et Sentences des philosophes illustres*.
LAROUSSE (Pierre), Grand Dictionnaire universel du XIXᵉ siècle, Paris, 1874.
Mémoires des Sanson.
MERCIER (Louis-Sébastien), *Œuvres*.
Mémoires anecdotiques des siècles de Louis XIV et de Louis XV.
PLUQUET, *Dictionnaire des hérésies*, publié par l'abbé Migne, 1863.
PLUTARQUE, *Vie des hommes illustres*.
REGNAULT (Lucien), *La Vie quotidienne des Pères du désert en Égypte au IVᵉ siècle*, Hachette.
RESTIF DE LA BRETONNE (Nicolas-Edmé), *Œuvres*.
RETZ (Cardinal de), *Mémoires*.
ROCHEFORT (L. de), *Souvenirs et Mélanges*, Paris, 1825.
SAINT-SIMON (Duc de), *Mémoires*.
SUÉTONE, *Vie des douze Césars*.
TALLEMANT DES RÉAUX, *Historiettes*.
Vie des Saints Pères du désert, Anvers, 1714.

VII. DIVERS

AEGESTER (Emmanuel), *Les Hérésies du Moyen Age*, 1939.
ALKAN Aîné, *Berbiguier et son Livre*, Symes, 1889.
AMADOU (R.), *Les Grands Médiums*, Denoël, 1957.
ARLAUD (R. M.), *Cinéma-Bouffe*, 1945.
ATTALI (J.), *L'Ordre cannibale*, Paris, 1979.
BALDICK (R.), *La Vie de Frédérick Lemaître*, Denoël, 1961.
BARNUM (P.-T.), *Les Blagues de l'univers*, Paris, 1886.
BELMONT (Abel), *Dictionnaire historique et artistique de la rose*, Melun, 1896.

BERBIGUIER, *Les Farfadets*, Paris, 1821.

BERCÉ (Yves-Marie), *Le Roi caché, sauveurs et imposteurs*, Fayard, 1990.

BIERCE (Ambrose), *Le Dictionnaire du Diable*, Paris, 1955.

Bizarre, revue éditée par Jean-Jacques Pauvert, Paris, 1955-1967.

BONNEAU (Alcide), *Curiosa, essais critiques de littérature ancienne*, Paris, 1887.

BONTE (Pierre), *Le bonheur est dans le pré*, Stock Poche, 1976.

BOUCHARDON (Pierre), *Procès burlesques*, Perrin, 1928.

BOUE (P. E.), *Flûte et Fusil. Souvenirs écrits sans qui ni que*, Langres, 1894.

BOULENGER (Jacques), *Les Dandys*, Paris, 1907.

BOUTERON (M.), *Le Talisman de Balzac*, Cité des livres, 1925.

BREZOL (G.) et GRAND-CARTERET (J.), *La Flagellation historique*, Paris (vers 1910).

BUET (Charles), *Grands Hommes en robe de chambre*, Paris, 1914.

CABANES (Dr A.), *Légendes et Curiosités de l'histoire*, Paris, 1914. *Fous couronnés*, Paris, 1914. *Curiosités de la médecine*, Paris, 1900. *Les Grands Névropathes*, Paris, 1908. *Folies d'empereurs*, Paris, 1908.

CAILLOIS (Roger), *Approches de l'imaginaire*, PUF.

CAIN (Georges), *Anciens Théâtres de Paris*, Paris, 1906.

CALMEIL (L. F.), *De la folie*, Baillière, 1845.

CANEL, *Une société caennaise du XVIII*e *siècle*, Caen, sd.

CARADEC (François), *Vie de Raymond Roussel*, Pauvert, 1971.

CARADEC (Fr.) et NOHAIN (J.), *Le Pétomane*, Pauvert, 1967. *Frégoli*, Pauvert, 1968.

CAUFFEYNON (Dr), *Les Monstres humains*, J. Fort, sd (vers 1886).

CHAMPFLEURY, *Les Excentriques*, Paris, 1854.

CHARDANS (J. L.), *Dictionnaire des trucs*, Pauvert, 1960.

CIM, *Mystifications littéraires*, Paris, 1912. *Récréations littéraires*, Paris, 1920. *Nouvelles Récréations littéraires*, Paris, 1921.

COISSAC (G. Michel), *Les Coulisses du cinéma*, 1929.

COLIN DE PLANCY, *Anecdotes du XIX*e *siècle*, Paris, 1826. *Dictionnaire infernal*, Paris, six éditions de 1818 à 1863.

COTA (Victor), *Apuntes sobre la estupidez*, Mexico, 1979.

DANSEL (Michel), *Nos frères les rats*, Fayard, 1977. *Ratus*, périodique de l'Académie internationale du rat. Paris, 1977-1978.

DELAHAYE (Hippolyte), *Les Saints Stylites*, Paris, 1923.

DELARVE (J.) et GIRAUD (R.), *Les Tatouages du milieu*, Paris, 1950.

DELVAU (Alfred), *Les Lions du jour*, Paris, 1867.

DEPETRE (José Lion), *La Tragedia de Méjico*, Madrid, 1954.

DUBOIS-DESAULLE, *Étude sur la bestialité du point de vue historique, médical et juridique*, Carrington, 1905.

EVANS (Bergen), *The Natural History of Non-sense*, New York, vers 1958. *The Spoor of Spooks*, New York, 1959 (adaptation française sous le titre d'*Histoire naturelle des sottises*, Plon, 1961). *Excentricité (L') en Grande-Bretagne au XVIII*e *siècle*, par P. G. Boucé, R. Costa de Beauregard, etc., publié par le Centre de recherches sur le XVIIIe siècle, Villeneuve d'Asq, Lille III, P.U.F., 1976.

FESTUGIÈRE (A. J.). OP, *Les Moines d'Orient*, Paris, 1961.
FIGUIER (Louis), *Histoire du merveilleux dans les temps modernes*, Hachette, 1861 (4 vol.).
FOUCAULT, *Histoire de la folie*, PUF, 1961.
FOURNIER (Albert), *En cherchant la petite bête*, Genève, 1955.
GAGNE (Paulin), *L'Histoire des miracles renfermant une dédicace à Mme Gagne, un préambule historique, l'histoire de ma mort, etc.*, Paris, 1860.
GARRISON (Omar V.), *Howard Hughes in Las Vegas*, Lyle Stuart, NY, 1970.
GERMAIN (André), *Les Fous 1900*, Paris, 1954.
GEYRAUD (Pierre), *Sectes et Rites*, Paris, 1854.
Guiness Book, édition anglaise, 1961. Adaptation française sous le titre : *Le Livre des extrêmes*, Hachette, 1962.
GUIKOVATY (Émile), *Les Extravagantes Sœurs Mitford*, Grasset, 1983.
HASTIER (Louis), *Énigmes du temps passé*, Paris, 1946-1948 (2 vol.). *Vieilles Histoires, Étranges Énigmes.* Fayard, 1962 (6 vol.).
JACOB, *Énigmes et Découvertes bibliographiques*, Paris, 1866.
JUDE (R.), *Les Dégénérés dans les bataillons d'Afrique*, Vannes, 1907.
KAPUSCINSKI (Rysbard), *Le Négus*, Flammarion, 1984.
KUHNER (Hans), *Dictionnaire des papes*, Correâ, 1958.
LACARRIÈRE (Jacques), *La Cendre et les Étoiles*, Paris, 1970.
LARCHEY (Lorédan), *Gens singuliers*, Paris, 1880.
LAROUSSE (Pierre), *Pleurs historiques*, Paris, 1862.
LATHAM (Ed.), *Famous Saying and their Authors*, London, 1904.
LAVICOMTERIE, *Les Crimes des papes*, Paris, 1792.
LECERF (Maurice), *Les Faits-Divers*, Larousse, 1981.
LEDOUBLE et HOUSSAY, *Les Velus*, Vigot, 1912.
LEE (Stan), *The Best of the Worst*, New York-Toronto, 1979.
LELUT (Dr), *Le Démon de Socrate*, vers 1860.
LOMBROSO (C.), *La Folie de Cardan*, 1856.
LONDRES (Albert), *Chez les fous*, Paris, sd (vers 1925).
MABRU, *Les Magnétiseurs*, Paris, 1870.
MACNALLY et FLORESCU, *In Search of Dracula*, New York, 1972.
MAGER (Aloys), *Le Problème scientifique de la stigmatisation*, Paris, 1936.
MAGRE (Maurice), *Les Aventuriers de l'Amérique du Sud*, Paris, 1935.
MAILLARD (Firmin), *Les Passionnés du livre*, Paris, 1930.
MAZOYER (Louis), *Enfants mystérieux de l'Histoire*, SCEMI, 1972.
MENNIG (Jean-Luc), *Morgue*, Paris, 1979.
MERLET (G.), *Portraits d'hier et d'aujourd'hui*, 1860.
MESSIE (Pierre), *Les Diverses Leçons*, Tournon, 1616.
MIQUEL (Pierre), *Les Oubliés de l'Histoire*, Nathan, 1978.
MONSELET (Charles), *Statues et Statuettes contemporaines*, 1852. *Les Originaux du siècle dernier*, Paris, 1864. *De A à Z, portraits contemporains*, 1881. *Oubliés et Dédaignés*, 1887.
MURISSIER, *Les Maladies du sentiment religieux*, Alcan, 1901.
MUSSET (Paul de), *Œuvres, les originaux du XVIIe siècle*, Paris, 1882.

NASS (Lucien), *Les Névrosés de l'histoire*, Paris, 1908. *Curiosités médico-artistiques*, Paris, 1909. *La Névrose révolutionnaire*, Paris, 1913.
NORVINS (F. de), *Les Milliardaires américains*, Paris, 1899.
NOU (Jean-Louis), *Les Derniers Maharajahs*, Arthaud, 1980.
OEXMELIN, *Histoire des aventuriers, des flibustiers et des boucaniers d'Amérique*, Paris, sd (vers 1950).
PETITBON (Louis), *Les Originaux à Vichy*, Paris, 1880.
Précis curieux des hérésies, Paris, 1840.
QUÉRARD, *Les Supercheries littéraires dévoilées*, Paris, 1900.
REBIERRE (Paul), *Joyeux et Demi-fous*, Paris, 1909.
REDDING (Cyrus), *Mémoirs of Remarkable Misers.*
Revue anecdotique des excentricités contemporaines, Paris, 1855.
RIBADEAU-DUMAS, *La Folie au pouvoir*, Paris, 1967.
RIVERAIN (Jean), *La Folie des extravagances*, Paris, 1870.
RODIET et HEUYER, *La Folie au XXe siècle*, Paris, 1931.
ROMI, *Histoire de l'insolite*, Pont-Royal, 1964.
SCHWAEBLE, *Les Excentricités médicales*, Paris, 1914. *L'Amour à passions*, vers 1914.
SENLING (Barbara), *You Can't Eat Peanuts in Church and Other Little-Known Laws*, New York, 1975.
SERGENT (A.), *Barnum, roi du bluff*, Horay, 1951.
SOMMERVILLE-LARGE (Peter), *Irish Eccentrics: a Selection*, London, 1975.
SWANSBERG (W. A.), *Citizen Hearst*, Laffont, 1963.
TALAMONDI (Léo), *Universo proibito*, Milan, 1970.
TRAIN (John), *True Remarkable Occurences*, New York, 1978. *Remarkable Names of Real People*, New York, 1978. *Even More Remarkable Names*, New York, 1979.
VEGA (Vicente), *Diccionario illustrado de rarezas, inverosimilitudes y curiositades.* Barcelona, 1962.
VILLENEUVE (Roland), *Gilles de Rais*, Marabout. *Héliogabale, le César fou*, Amiot. *Le Musée de la bestialité*, éditions Azur. *Le Cannibalisme*, Marabout, 1973.
VIRMOND (Ludolphe), *Les Mœurs d'aujourd'hui*, Paris, 1873. *Récréations bibliographiques*, Paris, 1870.
VITOLD DE GOLISH, *Splendeur et Crépuscule des maharajahs*, Paris, 1971. *L'Inde impudique des maharajahs*, Paris, 1973.
WALDSTEIN (Arnold), *Crowley*, CAL, 1975.
WRIGHT (Richardson Little), *American Ways and Eccentrics: from Colonial Times to the Civil War*, New York, Ungar reprint 1965.
WYZEWA (Theodor de), *Excentriques et Aventuriers de divers pays*, Paris, 1910.